Curso de
DIREITO PENAL

— Parte Geral —

Conselho Editorial
André Luís Callegari
Carlos Alberto Molinaro
César Landa Arroyo
Daniel Francisco Mitidiero
Darci Guimarães Ribeiro
Draiton Gonzaga de Souza
Elaine Harzheim Macedo
Eugênio Facchini Neto
Gabrielle Bezerra Sales Sarlet
Giovani Agostini Saavedra
Ingo Wolfgang Sarlet
José Antonio Montilla Martos
Jose Luiz Bolzan de Morais
José Maria Porras Ramirez
José Maria Rosa Tesheiner
Leandro Paulsen
Lenio Luiz Streck
Miguel Àngel Presno Linera
Paulo Antônio Caliendo Velloso da Silveira
Paulo Mota Pinto

Dados Internacionais de Catalogação na Publicação (CIP)

S586c   Silva, Ângelo Roberto Ilha da.
        Curso de direito penal : parte geral / Ângelo Roberto Ilha da Silva. – Porto Alegre : Livraria do Advogado, 2020
        543 p. ; 25 cm.
        Inclui bibliografia.
        ISBN 978-85-9590-083-7

        1. Direito penal - Brasil. I. Título.

CDU 343.2(81)
CDD 345.81

Índice para catálogo sistemático:
1. Direito penal : Brasil   343.2(81)

(Bibliotecária responsável: Sabrina Leal Araujo – CRB 8/10213)

Ângelo Roberto Ilha da Silva

Curso de DIREITO PENAL

— Parte Geral —

livraria
DO ADVOGADO
editora

Porto Alegre, 2020

© Ângelo Roberto Ilha da Silva, 2020

(edição finalizada em julho/2019)

Capa, projeto gráfico e diagramação
Livraria do Advogado Editora

Revisão
Rosane Marques Borba

Imagem da capa
freepik.com/fotos-vetores-gratis/fundo
Fundo vetor criado por Creative_hat

Direitos desta edição reservados por
Livraria do Advogado Editora
Rua Riachuelo, 1334 s/105
90010-273 Porto Alegre RS
Fone: (51) 3225-3311
editora@doadvogado.com.br
www.doadvogado.com.br

Impresso no Brasil / Printed in Brazil

Agradecimentos

O livro que o leitor tem em mãos começou "oficialmente" a ser escrito em março de 2013, sendo que sua conclusão se deu no dia 3 de maio de 2019. Porém, muitas pessoas, de diversas formas, contribuíram para que este *Curso* pudesse ser hoje concluído bem antes de começar a ser redigido, pelo que a seguir oferto meus agradecimentos.

A Deus, que sempre tem me renovado, dado ânimo e saúde.

Ao meu pai, Francisco (*in memorian*), e à minha mãe, Suely, pela dedicação constante.

À Teresinha, pelo companheirismo permanente e compreensão.

Ao Mateus, sempre um verdadeiro amigo e parceiro.

Ao meu avô João Gregório Martins Ilha, que tanto me ajudou a desenvolver o gosto pelo estudo (e pela História) e minha avó Necy Raimundo Ilha, que tanto marcou minha infância e cuja casa era também meu lar (aos dois, *in memorian*)

Aos demais familiares, em especial Ana Lúcia, Jair, Diego, André, Vitor, João Alberto, José Antônio e Jorge Airton e respectivas famílias.

Ao professor Miguel Reale Júnior, com quem tive o prazer de ser orientado em meu doutoramento na Faculdade de Direito da USP, a nossa velha e sempre nova Academia do Largo do São Francisco, pelas lições sempre imprescindíveis.

Aos professores Vicente Greco Filho, Antônio Luiz Chaves Camargo (*in memorian*), Octávio Leitão da Silveira (*in memorian*), Ivette Senise Ferreira, Alaor Caffé Alves, Antonio Scarance Fernandes e Antonio Magalhães Gomes Filho, pelas lições auridas ao tempo de minha formação nas Arcadas.

Aos professores Cláudio Brito, Ney Fayet Júnior, Humberto Sudbrack, Ariovaldo Perrone da Silva, que me proporcionaram cultivar a predileção pelo Direito Penal.

Às professoras Anna Maria Kray, Leda De Conto e Iara Fonseca, que tanto me ajudaram e incentivaram em minha infância e adolescência.

Aos colegas professores da Faculdade de Direito da UFRGS.

Aos tantos amigos e colegas da Academia com quem pude conviver, trocar ideias e receber auxílios de toda ordem, incluindo o incentivo, cujo espaço aqui não permite especificar, especialmente Fábio Roberto D'Ávila, José Antonio Paganella Boschi, Tupinambá Pinto de Azevedo (*in memorian*), Marcus Vinícius Boschi, Aury Lopes Jr., Alexandre Wunderlich, Fabrício Pozzebon, Luciano Feldens, Juarez Tavares, Oswaldo Duek Marques, Cláudio Brandão, Roque de Brito Alves, Ricardo Breier, Daniel Mitidiero, Darci Ribeiro, Miguel Wedy, Alécio Lovatto, Mauro Fonseca Andrade, Pablo Alflen, Renato de Mello Jorge Silveira, Janaína Paschoal, Maurício Zanoide de Moraes, Sérgio Salomão Shecaira, Luiz Flávio Gomes, Alberto Toron, Luiz Flávio Borges D'Urso, Gérson Branco, Danilo Knijnik, Luiz Fernando Barzotto, Jaime Weingartner, Augusto Jaeger Júnior, Cesar Santolim, Cláudia Lima Marques, Juarez Freitas e Carlos Alberto de Oliveira Cruz, mas também tantos outros da Unisinos, USP, Ulbra e PUC/RS.

Aos colegas de Ministério Público Federal que me prestaram ajuda em diversos momentos das mais variadas ordens, especialmente Vitor Hugo Gomes da Cunha, Francisco Sanseverino, Samantha Dobrowolski, Francisco Dias Teixeira, Mário Bonsaglia, Maria Iraneide Olinda Santoro Facchini, Janice Ascari, Maria Cristiana Simões Amorim Ziouva, André de Carvalho Ramos, Paula Bajer, Laura Noeme, Silvio Luís Martins de Oliveira, Pedro Barbosa Pereira Neto, Luiz Carlos dos Santos Gonçalves, Walter Claudius Rothemburg, Osvaldo Capelari Júnior, Mônica Nicida, Luiza Frischeisen, Zelia Pierdoná, João Carlos de Carvalho Rocha, Douglas Fischer, Waldir Alves, José Osmar Pumes, Antônio Welter, Júlio Schwonke de Castro Júnior, Carolina Medeiros, Ana Luísa Chiodelli von Mengden, Jaqueline Buffon, Luiz Carlso Weber, Carlos Eduardo Copetti Leite, Carla Veríssimo, Domingos Dresch da Silveira, Maria Hilda Marsiaj, Geraldo Brindeiro, Rodrigo Janot, Roberto Gurgel, Sandra Cureau, bem como a todos os colegas da PRSP, da PRRS, da PRM-Novo Hamburgo e da PRR-4, aos colegas do GT Crimes contra o Sistema Financeiro, na pessoa de Marcelo Moscogliato, do GT Crimes Cibernéticos, na pessoa de Neide Cavalcanti, e do GT Mercado de Capitais, Defesa da Concorrência e Propriedade Intelectual, na pessoa de Lafayete Josué Petter.

Aos Desembargadores Federais Luís Alberto d'Azevedo Aurvalle, pela amizade e sugestões ao livro, bem como a Carlos Eduardo Thompson Flores Lenz, Victor Luiz dos Santos Laus, Salise Monteiro Sanchotene, Paulo Afonso Brum Vaz, Márcio Antonio Rocha, Vivian Caminha, Cláudia Cristofani, João Pedro Gebran Neto, Leandro Paulsen, Sebastião Ogê Muniz, Vânia Hack de Almeida e Luiz Carlos Canalli, com quem tanto aprendi com os casos que a vida real forense nos apresenta.

Aos Juízes Federais com os quais tive o privilégio de conviver e aprender Roberto Santoro, José Paulo Baltazar Jr., Fernando Zandoná e Rodrigo Coutinho.

A Lauro Sausen, Sandra Ganzen, André Tarouco, Ariane Jaquier, Leonardo Nunes, Elton Kohler, Vanessa Nunes, Fabíula da Silva, Clair Teresinha, pelas trocas de ideias cotidianas.

A Daison Dias, Ricardo Holmer Hodara, Gabriel Gauer, Paulo Teitelbaum e Sami El Jundi, profissionais da Medicina e das Ciências da Mente que muito me enriqueceram relativamente à compreensão do comportamento humano, dos mistérios da mente, da culpabilidade e da capacidade penal.

Aos amigos Antônio Lima e Silva, Antônio Claudemir Weck, Norberto Klauck, Clóvis Maurer, José Vanderlei Pires, Alexandre dos Santos, Carlos Tadeu Ferreira, Luiz Henrique Soares, Vitor Saalfeld, Pedro Kopstein, Marco Reichert, Henrique Rocha, Luiz Felipe Magalhães, Maurício Noschang, Nelson Rorato, Lauro Barreto, Luciano Barreto, Flávio Stein, Carlos Stein, Hippolyto Brum Jr., Oscar Snel, Roberto Rick Martins, Roberto Rodrigues, Edgar Fedrizzi, Delmo Gerhard, Fernando Schmidt, Aloysio Lehnen e respectivas famílias.

À Ana Carolina Carvalho de Melo, por ter-se disponibilizado a ler os originais e fazer apontamentos.

Aos meus alunos das Faculdades de Direito da UFRGS, Unisinos, Ulbra/Canoas e PUC/RS, com os quais muito aprendi.

Aos alunos Sabrina Kirsch Barreto, Luciana Robles de Almeida, Carolina Copetti Leite, Luciane dos Anjos Nunes, Ruth Gonçalves, Nicole Boff, Sayene Nunes, Thomas Freitas, Leandro Fernandez, Leonardo Flach Aurvalle, Leonardo Garcia de Mello, Filipe Barba, Tiago de Castro Pedroso, Giovani Dartora, Walter Dal'Pizol, Renan Feil Brackmann, Clarissa Lima, Laura Schröder Feijó, Laura Salvatori, Patrício Alves, Christian Cardoso, Estéfano Risso, Pedro Hiroshi, Raquel Mazzucco, Sabrina Schuck e Demetrius Teixeira, por vários auxílios prestados.

Aos então estagiários, quando de minha passagem na Procuradoria da República em São Paulo, Fernanda, Glauco e Hudson, bem como à Sigrid.

Às bibliotecárias Cláudia Sanguin, Idelma Pegoraro e Nariman Nemmen.

À Livraria Waterstones da Piccadilly Street, em Londres, onde tive acesso a informações que muito me auxiliaram no capítulo sobre a História do Direito Penal.

À sempre prestimosa e prestigiada Livraria do Advogado Editora, nas pessoas de Walter Abel, Janar Cardoso, Valmor Bortoloti e Rosane Marques Borba.

Nota prévia

Este livro foi escrito para estudantes de graduação e de pós-graduação, também para os interessados em fazer concurso público e profissionais do Direito. Com meu ingresso como professor na Faculdade de Direito da UFRGS, em 2012, pensei ter chegado o momento de escrever um *Curso de Direito Penal*. A experiência por que passei como "concurseiro", Advogado, Procurador da República e depois Procurador Regional da República, professor universitário, examinador de diversos concursos para a carreira do Ministério Público e da Magistratura, dentre outras, favoreceram o trabalho, pelo fato de as referidas experiências terem me propiciado visões diversas do Direito Penal. Assim, tanto daquele que estuda para sua formação inicial, como também daquele que busca uma formação em nível de pós-graduação ou de quem busca uma colocação profissional por via do concurso público.

Na concepção do *Curso*, tive sempre em mente a busca em formular fundamentos teóricos sólidos, com base em obras clássicas e publicações contemporâneas de natureza geral e também de caráter específico, encontrado em trabalhos monográficos, mas sempre visualizando a *praxis* jurídica. Afinal, como repetidamente afirma o professor conimbricense José Faria Costa, com quem tive o prazer de conviver quando de sua vinda ao Brasil para ministrar algumas aulas em pós-graduação em que também eu tive oportunidade de lecionar, o Direito é uma Ciência da Razão Prática. Ainda, por falar nisso, uma menção de ordem prática: quando indicarmos no texto artigos de lei sem especificá-la, estes se referem ao Código Penal.

Minhas principais influências doutrinárias foram o penalista alemão Hans Welzel e os juristas brasileiros Francisco de Assis Toledo, Juarez Tavares e Miguel Reale Júnior, a quem tive o prazer de ter como orientador em meu doutoramento na Faculdade de Direito da USP.

Em grandes linhas, o texto segue a orientação finalista, concebida por Welzel e seguida por grande parte da doutrina nacional. A propósito, percebe-se que muitas soluções legais promovidas pela Reforma Penal de 1984 advêm, nitidamente, do finalismo welzeliano. Porém, esta opção metodológica não é seguida até as últimas consequências, como o leitor poderá perceber ao longo do *Curso*.

Em muitos momentos, optei por "atravessar o Rubicão". O que quero dizer com isso é que não hesitei em transpor certas afirmações, ainda que sedimentadas na doutrina e na jurisprudência brasileiras.

Tomemos o exemplo da imputabilidade penal, sobre a qual muitos livros de hoje repetem concepções que remontam ao século XIX, como se entre aquela época e os dias atuais nada tivesse sido acrescentado. Porém, há que se ter em conta os avanços obtidos na área das ciências da mente desde o referido século. Assim é que o eletroencefalograma, surgido em 1929, trouxe significativa contribuição à Psiquiatria e à Neurologia, esclarecendo, *v.g.*, problemas como a epilepsia do lobo temporal. A tomografia computadorizada remonta ao final da década de 1970. Como salientamos em nosso livro *Da Inimputabilidade Penal em face do Atual Desenvolvimento da Psicopatologia e da Antropologia*, para se ter uma leve ideia dos avanços científicos, é de se referir a descoberta segundo a qual os denominados "neuróticos" poderiam ser até mesmo epiléticos focais e conscientes, fato que era desconhecido no século XIX, entidade nosológica que, segundo a teoria freudiana, era tida, equivocadamente – se bem que justificada, tendo em conta o seu contexto histórico –, como "histeria". Contudo, hoje em dia, é sabido que se pode controlar em grande parte as epilepsias com medicamentos adequados, e não com divã.

Lembro das palavras de Reale Júnior, em nosso convívio, para mim sempre enriquecedor, de que se deve ler os livros com "um pouco de mau humor". Na verdade, o que o singular catedrático queria dizer – se nos é permitido um trocadilho –, de forma bem humorada, é que o estudioso do Direito não deve abrir mão da postura crítica. Assim tentei fazê-lo nesses seis anos em que me ocupei com a pesquisa e a redação do livro. Desejo a todos uma boa leitura! As críticas que se fizerem necessárias sempre serão muito bem-vindas!

Ângelo Roberto Ilha da Silva

Sumário

Abreviaturas...11
Prefácio – *Vicente Greco Filho* 13
Apresentação – *Fabio Roberto D'Avila*...15

Primeira Parte – Propedêutica e Teoria da Lei Penal.............................19
Capítulo I – CONCEITO DE DIREITO PENAL...19
Capítulo II – FUNDAMENTO E MISSÃO DO DIREITO PENAL...................26
Capítulo III – PRINCÍPIOS LIMITADORES DO PODER-DEVER DE PUNIR ESTATAL.....................35
Capítulo IV – AS CIÊNCIAS PENAIS, OBJETO E MÉTODO DO DIREITO PENAL.............58
Capítulo V – RELAÇÕES DO DIREITO PENAL COM OUTROS RAMOS DO DIREITO.............85
Capítulo VI – HISTÓRIA DO DIREITO PENAL..89
Capítulo VII – TEORIA DA LEI PENAL...122

Segunda Parte – Teoria jurídica do crime..177
Capítulo VIII – INTRODUÇÃO..177
Capítulo IX – CONDUTA PUNÍVEL...201
Capítulo X – TIPICIDADE..216
Capítulo XI – ILICITUDE E CAUSAS DE EXCLUSÃO (JUSTIFICANTES).....274
Capítulo XII – CULPABILIDADE E CAUSAS DE EXCLUSÃO (DIRIMENTES)......297
Capítulo XIII – TEORIA DO ERRO JURÍDICO-PENAL................................341
Capítulo XIV – CONSUMAÇÃO E TENTATIVA..357
Capítulo XV – AUTORIA E PARTICIPAÇÃO (CONCURSO DE PESSOAS)....376

Terceira Parte – Consequências jurídicas do crime e dos fatos sujeitos à medida de segurança e punibilidade...................407
Capítulo XVI – CONCEITO, FINS DA PENA E SISTEMAS PENITENCIÁRIOS....407
Capítulo XVII – ESPÉCIES DE PENA..416
Capítulo XVIII – APLICAÇÃO DA PENA..430
Capítulo XIX – SUSPENSÃO CONDICIONAL DA PENA............................463
Capítulo XX – LIVRAMENTO CONDICIONAL...466
Capítulo XXI – EFEITOS DA CONDENAÇÃO E REABILITAÇÃO................468
Capítulo XXII – MEDIDAS DE SEGURANÇA...472
Capítulo XXIII – PUNIBILIDADE, CAUSAS IMPEDITIVAS E CAUSAS EXTINTIVAS DA PUNIBILIDADE.......488
Capítulo XXIV – DA AÇÃO PENAL...508

Bibliografia...513
Índice geral...529

Abreviaturas

ADCT	Ato das Disposições Constitucionais Transitórias
BGH	*Bundesgerichtschof* (Superior Tribunal Federal alemão)
CC	Código Civil
CF	Constituição Federal
CID-10	Classificação de Transtornos Mentais e de Comportamento da CID-10 (publicação da Organização Mundial de Saúde Genebra)
CID-11 – ICD-11	*International Classification of Diseases 11th Revision* (publicação da *World Health Organizatiom Geneva*). Obs.: A CID-11, ainda não publicada em língua portuguesa, entrará em vigor em 1º de janeiro de 2022
CP	Código Penal
CPP	Código de Processo Penal
DSM-IV-TR	Manual Diagnóstico e Estatístico de Transtornos Mentais 4ª ed., texto revisado (publicação da Associação Americana de Psiquiatria)
DSM-5	Diagnostic and Statistical Manual of Disorders Fifth Edition (publicação da *American Psychiatric Association*)
EBCT	Empresa Brasileira de Correios e Telégrafos
EC	Emenda Constitucional
ESMPU	Escola Superior do Ministério Público da União
INSS	Instituto Nacional do Seguro Social
LEP	Lei de Execução Penal
RGSt	*Entscheidungen des Reichsgerichts in Strafsachen* (Decisões do Tribunal do Império em matéria penal)
StGB	*Strafgezetzbuch* (Código Penal)
TPI	Tribunal Penal Internacional
UFRGS	Universidade Federal do Rio do Grande do Sul
USP	Universidade de São Paulo
ZstW	*Zeitschrift für die gesamte Strafrechtswissenschaft* (Revista para a Ciência Conjunta do Direito Penal)

Prefácio

Foi com muita satisfação que recebi o convite para prefaciar o Curso de Direito Penal, de Ângelo Roberto Ilha da Silva, por várias razões: por admiração e respeito quanto à sua carreira funcional; pela sua dedicação e elevada proficiência em sua carreira universitária; e, agora, pela qualidade de sua obra que presenteia a todos os interessados no Direito Penal.

Não é apenas um curso. É uma obra com a profundidade, segurança, coerência e conteúdo dignos de um clássico moderno.

Trata dos temas atuais, como o domínio do fato e a cegueira deliberada, não esquecendo, porém, o que o passado tem a nos ensinar.

Descreve as Escolas Penais não como simples referências arqueológicas, mas como manifestações históricas do pensamento jurídico que nos fazem lembrar que todos os movimentos culturais sucedem-se em forma pendular, como ensinava Antônio Candido de Mello e Souza, mostrando o perigo de serem repetidos os erros do passado e recomendando os seus acertos para o futuro em face das mutações constantes da realidade.

Infelizmente, o Direito Penal tem sido acusado e condenado pelas mazelas do sistema penitenciário e outras deficiências da persecução penal. De outro lado, como se o Direito Penal fosse a panaceia de todos os males sociais, tem havido uma pletora de incriminações, algumas sem nenhum critério, sem proporcionalidade nas penas, em verdadeira "inflação legislativa penal", como disse René Ariel Dotti.

Por outro lado, o pensamento evoluiu sob duas óticas: do ponto de vista da incriminação e do ponto de vista da imputação da responsabilidade.

Quanto ao primeiro, ou seja, da incriminação, é possível apontar, entre outras, duas linhas de desenvolvimento: uma quanto ao tipo de bens jurídicos tutelados; outra quanto às formas de criminalidade. Ambas decorreram, evidentemente, da evolução da sociedade e estão relacionadas. A primeira refere-se à dimensão dos bens jurídicos que merecem a proteção penal: de bens jurídicos individuais o Direito Penal passou a ter de preocupar-se com direitos coletivos e difusos. O segundo refere-se ao tipo de criminoso: do ladrão miserável chegou-se ao crime de colarinho branco, do criminoso individual e furtivo passou-se ao crime organizado e ostensivo.

Diante da mudança quanto ao tipo de bem jurídico atingido, o Direito Penal reagiu com a instituição de crimes como os contra a ordem econômica, contra o sistema financeiro, contra o meio ambiente, etc. E, também, na ampliação da tutela penal dos bens jurídicos quanto ao seu grau de invasão, passando-se da repressão à lesão para a repressão ao perigo, ao risco e à prevenção ou precaução, tendo os últimos aumentado assustadoramente na atualidade.

Quanto ao segundo, o da imputação da responsabilidade criminal, a evolução foi também significativa.

A partir da pura adequação típica formal, a tipicidade como garantia penal foi destacada, por exemplo, por ERNST VON BELING,[1] que inicialmente visualizou o tipo como algo meramente descritivo, mas teve de reconhecer, posteriormente, a existência de elementos valorativos, normativos e subjetivos do injusto.

Os tipos penais não podem prescindir de elementos valorativos (jurídicos ou culturais), podendo até dizer-se que todos os tipos estão sujeitos a valoração, inexistindo tipos puramente naturalísticos. O próprio art. 121 do Código Penal depende de integração normativa na medida em que a situação morte será considerada como tal nos termos do que a ordem jurídica estabelecer que seja.

Mas o que não se pode admitir é a incriminação por meio de tipos de conteúdo indeterminado, que não descrevem com precisão o comportamento proibido, como advertiu WESSELS[2] e o Código Penal Tipo para a América Latina, que adotou como um de seus princípios fundamentais a descrição precisa e inequívoca das proibições.

Do ponto de vista da imputação, desenvolveu-se a necessidade da investigação da imputação objetiva, adequada e precisamente tratada na obra de Ângelo Roberto Ilha da Silva, que merece nossa leitura, meditação e aprendizado, daí a satisfação de escrever estas linhas.

Vicente Greco Filho
Professor Titular da Faculdade de Direito da
Universidade de São Paulo

---

[1] "*Esquema de derecho penal. La doctrina del delito-tipo*. Trad. de Sebastián Soler. Buenos Aires, 1944. Ver também: VASSALLI, Giuliano. *Nullum Crimen sine Lege*. In: *Novissimo Digesto Italiano*. Torino: Unione Tipografico Editrice Torinese, 1957, v. XI, p. 493, com vastíssima bibliografia a respeito, e nosso "Analogia como fonte do direito penal", em Revista "Justitia", n. 51.

[2] *Direito penal*. Trad. de Juarez Tavares, Porto Alegre, 1976, p. 11 e ss.

Apresentação

A oferta de cursos de direito penal no Brasil impressiona em termos de volume. De clássicos a obras contemporâneas, de tratados a resumos, são inúmeras as opções que se abrem tanto ao estudante, em seu primeiro contato com a matéria, quanto ao jurista já experiente. A esse espantoso volume, todavia, não corresponde igual qualidade. Embora as letras jurídicas brasileiras possam se orgulhar de terem sido solo fértil para grandes nomes como Aníbal Bruno e Nélson Hungria, dentre tantos outros, o nosso tempo não tem sido igualmente generoso. Ao lado de obras de renomados penalistas contemporâneos, convivem os incontáveis frutos de um mercado jurídico pautado pela velocidade e pela simplificação, no qual os referenciais de sucesso prestam reverência a valores outros que não a excelência do ensino e, menos ainda, o desenvolvimento da ciência jurídico-penal.

O *Curso de Direito Penal* de Ângelo Ilha da Silva, é, nesse particular contexto, motivo de especial celebração. Trata-se de obra excepcional, dotada de incontáveis e incomuns virtudes, explicáveis, em grande medida, em razão das virtudes do seu próprio autor. Ângelo Ilha da Silva é um jurista no sentido mais pleno da palavra. Culto, experiente professor universitário e destacado membro do Ministério Público Federal, Ângelo sempre soube, como poucos, transitar com rigor entre os mundos da prática e da teoria, retirando daí o que há de melhor e mantendo, como marca sua, rara autonomia e senso crítico. A sua obra, pois, não seria diferente.

O autor apresenta-se como adepto do finalismo penal, na companhia de grandes nomes do direito nacional e estrangeiro. Adesão essa, todavia, que não lhe impede de defender posições pessoais e, inclusive, em suas palavras, um certo "ecletismo metodológico" que irá se fazer presente em inúmeros momentos do Curso. O próprio conceito de conduta, aliás, tão caro ao finalismo, é recepcionado na obra de Ângelo Ilha de forma particular, *i.e.*, sem o peso das múltiplas funções que lhe são usualmente atribuídas enquanto *Oberbegriff* da teoria do crime.

Sob uma perspectiva material, compromete-se, já à partida, e sem tergiversar, com a compreensão de crime como ofensa ao bem jurídico, da qual também eu tenho sido fervoroso defensor. O *"fundamento do Direito Penal"* – afirma o autor – "deve residir na consideração de seu conteúdo material e da necessária *ofensividade a bens jurídicos de particular relevância que os comportamentos devem revelar*". Asseverando, mais adiante, no que tange à função do direito penal, que "quanto a nós, continuamos a entender que o bem jurídico constitui o conteúdo material do delito".

De outra parte, conquanto premido pelo exíguo espaço que um Curso de Direito Penal coloca, o autor não deixa de tomar posição acerca de questões centrais para adequada compreensão do sistema penal. Exemplo suficiente parece ser o intenso debate em torno da relação, e eventual primazia, entre a dogmática e a política criminal no seio da *gesamte Strafrechtswissenschaft*. Alinha-se, no ponto, ao pensamento de José de Faria Costa, em oposição às orientações de cariz funcionalista: "Consoante já antecipamos, não adotamos a amplitude conferida por Roxin e Figueiredo Dias à Política Criminal, muito embora, por outro lado, seja importante hoje dela valer-se o intérprete, mas não em nível de supremacia, como aqui explicitado".

No enfrentamento de outros temas de base, Ângelo Ilha da Silva vale-se de um precioso diálogo com a jurisprudência pátria, sem, todavia, descuidar do necessário espaço de reflexão. Acerca do conhecido precedente do Supremo Tribunal Federal (HC 84.412/SP), *v.g.*, em torno dos critérios e efeitos da insignificância em direito penal, posiciona-se, o autor, de forma crítica – "A nosso ver, o citado precedente não oferece, de fato, critérios operacionais de modo a propiciar ou mesmo 'facilitar' o labor interpretativo" –, colacionando, para tanto, com objetividade e clareza, as suas razões. Prática essa que se mostra recorrente em sua obra.

Outro aspecto de merecido destaque é o constante cuidado com a necessária atualização dos debates em torno da parte geral. Temas controversos como a presunção de inocência e o trânsito em julgado, a compatibilidade da teoria da cegueira deliberada com o direito nacional, a necessidade de um âmbito autônomo reservado a critérios de imputação objetiva, dentre outros, são aqui bons exemplos. A culpabilidade, por seu turno, também não escapa à pretensão de atualização e desenvolvimento, com especial atenção ao tratamento dispensado à imputabilidade e à questão indígena.

Enfim, bem dizíamos, são muitas as virtudes do presente Curso. Há de se resguardar ao leitor, porém, o prazer da sua descoberta, levada pelas mãos do próprio autor. Uma leitura límpida, agradável, concisa e bem referenciada. Tudo o que é necessário para fazer do estudo do direito penal algo ainda mais fascinante, seja aos olhos curiosos de quem pela primeira vez dele se apropria, seja aos olhos já cansados daqueles a quem o direito penal tem sido há anos uma constante e próxima companhia.

Uma última palavra, porém, deve-se ainda ao autor do presente Curso.

Ângelo Ilha da Silva é daquelas pessoas que fazem da experiência docente algo único. Tive a grata alegria de tê-lo como colega quando lecionava na Universidade do Vale do Rio dos Sinos. Bons tempos em que os cafés nos permitiam a troca de ideias e o constante aprendizado. Os caminhos da vida nos levaram a lugares distintos, restando, todavia, a admiração e a profunda amizade.

Erudito, cordato, humilde e, ao mesmo tempo, extraordinário, Ângelo Ilha mantém presente, na sua peculiar forma de ser, o traço dos grandes juristas que em vida tive a oportunidade de conhecer. Mas mais do que isso. Das pessoas, raras pessoas, com quem se pode (e se deve) aprender para muito além do próprio direito.

Ao autor, deixo os meus cumprimentos pelo grandioso feito que significa a conclusão de um Curso de Direito Penal; aos leitores, os votos de uma agradável leitura na excelente companhia de Ângelo Ilha da Silva.

Porto Alegre, verão de 2019.

Fabio Roberto D'Avila
Professor Titular da Escola de Direito e do Programa de
Pós-Graduação em Ciências Criminais, Advogado Criminal.

Primeira Parte

Propedêutica e Teoria da Lei Penal

Capítulo I – CONCEITO DE DIREITO PENAL

1. Denominação: Direito Penal ou Direito Criminal?

Discute-se se nossa disciplina deva denominar-se *Direito Penal* ou *Direito Criminal*. Francesco Carrara,[3] representante maior da Escola Clássica – ao menos na fase dita jurídica –, preferia a designação Direito Criminal, tendo intitulado sua principal obra como *Programma del Corso di Diritto Criminale*, cuja primeira edição remonta ao ano de 1859.

Também Eduardo Correia,[4] que foi catedrático da prestigiada Universidade de Coimbra, adotava a mesma denominação do penalista italiano, ponderando que: "Desde o momento, pois, em que ao lado das penas surgem reacções criminais de outro tipo (medidas de segurança, correcção, tratamento, etc.), a expressão Direito Penal, com que a nossa disciplina continua a ser, entre nós e lá fora, correntemente designada, torna-se demasiado estreita para abarcar totalmente o objecto deste ramo de direito. Por isso se prefere a designação 'direito criminal' que, para além de ser, como vemos, mais exacta, tem por si a tradição dos velhos juristas estrangeiros (Carpzov, Bohemer, etc.) e portugueses (Pereira e Souza, Melo Freire, Souza Pinto, etc.) De todo o modo, o *crime* é o elemento central da nossa disciplina e daí a conveniência de ser ele raiz da sua designação.".

Não é essa, porém, a preferência da maioria dos penalistas. Assim é que, na Alemanha, desde Franz von Liszt,[5] passando por Hans Welzel,[6] Reinhart Maurach,[7] Hans-Heinrich Jescheck,[8] Johannes Wessels,[9] Günther Stratenwerth,[10]

---

[3] Conforme: CARRARA, Francesco. *Programma del Corso di Diritto Criminale*. 11ª ed. Firenza: Fratelli Cammelli, 1924, v. I. p. 9 e ss.

[4] CORREIA, Eduardo. *Direito Criminal*. Coimbra: Livraria Almedina, 1971 (reimpressão), v. I, p. 1-2.

[5] LISZT, Franz von. *Tratado de Direito Penal Allemão*. Trad. da última edição e comentado por José Hygino Duarte Pereira. Rio de Janeiro: F. Briguiet & C. – Editores, 1899, t. I.

[6] WELZEL, Hans. *Das Deutsche Strafrecht*. 11ª ed. Berlin: Walter de Gruyter & Co., 1969.

[7] MAURACH, Reinhart; ZIPF, Heinz. *Derecho Penal – Parte General*. Trad. da 7ª ed. alemã de Jorge Bofill Genzsch e Enrique Aimone Gibson. Buenos Aires: Astrea, 1994.

[8] JESCHECK, Hans-Heinrich; WEIGEND, Thomas. *Lehrbuch des Strafrechts – Allgemeiner Teil*. 5ª ed. Berlin: Duncker & Humblot, 1996.

[9] WESSELS, Joahannes; BEULKE, Werner. *Strafrecht – Allgemeiner Teil*. 36ª ed. Heidelberg: C.F. Müller Verlag, 2006, v. I.

[10] STRATENWERTH, Günther; KUHLEN, Lothar. *Strafrecht – Allgemeiner Teil*. 5ª ed. Köln/Berlin/München: Carl Heymanns Verlag, 2004, v. I.

Gúnther Jakobs[11] e Claus Roxin,[12] dentre tantos, tem-se utilizado a expressão *Direito Penal*, estando a expressão *Direito Criminal* relegada ao passado. Edmund Mezger[13] esclarece, ainda, que a expressão *Direito Penal* (*Strafrecht*) é mais recente do que a designação *Direito Criminal* (*Kriminalrecht*), mas que a partir de 1800 o termo *Direito Penal* passou a ser utilizado cada vez com mais frequência. Na Itália, dentre outros, Francesco Antolisei,[14] Giuseppe Bettiol,[15] Ferrando Mantovani,[16] Giovanni Fiandaca e Enzo Musco[17] utilizam a expressão *Diritto Penale*. Na Espanha, José Cerezo Mir,[18] Miguel Polaino Navarrete[19] fazem uso da designação *Derecho Penal*. Mesmo em Portugal, os doutrinadores que se seguiram a Eduardo Correia, denominam nossa disciplina *Direito Penal*, sendo que assim o fazem Jorge de Figueiredo Dias,[20] José Francisco de Faria Costa,[21] Américo A. Taipa de Carvalho.[22] Na Argentina, Sebastian Soler[23] e Eugenio Raúl Zaffaroni[24] também adotam a expressão *Derecho Penal*. No Brasil, é quase unânime a opção por *Direito Penal*. Assim o fazem, somente para citar alguns, Basileu Garcia,[25] Anibal Bruno,[26] Francisco de Assis Toledo,[27] Miguel Reale Júnior,[28] Luiz Régis Prado[29] e Cláudio Brandão.[30]

---

[11] JAKOBS, Günther. *Strafrecht – Allgemeiner Teil*. 2ª ed. Berlin: Walter de Gruyter, 1993.

[12] ROXIN, Claus. *Strafrecht – Allgemeiner Teil*. 4ª ed. München: Verlag C.H. Beck, 2006, v. I.

[13] MEZGER, Edmundo. *Tratado de Derecho Penal*. Trad. de Jose Arturo Rodriguez Muñoz. Madrid: Editorial Revista de Derecho Privado, 1955, t. I, p. 3-4.

[14] ANTOLISEI, Francesco. *Manuale di Diritto Penale – Parte Generale*. 30ª ed. Milano: Giuffrè, 1994.

[15] BETTIOL, Giuseppe; MANTOVANI, Luciano Pettoelle. *Diritto Penale – Parte Generale*. 12ª ed. Padova: CEDAM, 1986.

[16] MANTOVANI, Ferrando. *Diritto Penale – Parte Generale*. 3ª ed. Padova: CEDAM, 1992.

[17] FIANDACA, Giovanni; MUSCO, Enzo. *Diritto Penale – Parte Generale*. 2ª ed. Bologna: Zanichelli, 1994.

[18] CEREZO MIR, José. *Curso de Derecho Penal – Parte General – Introducción*. 6ª ed. Madrid: Tecnos, 2004, v. I.

[19] POLAINO NAVARRETE, Miguel. *Derecho Penal – Parte General*. 4ª ed. Barcelona: Bosch, 2001.

[20] DIAS, Jorge de Figueiredo. *Direito Penal – Parte Geral*. 2ª ed. Coimbra/São Paulo: Coimbra Editora/Revista dos Tribunais, 2007, t. I.

[21] COSTA, José Francisco de Faria. *Noções Fundamentais de Direito Penal* (*Fragmenta Iuris Poenalis*). 3ª ed. Coimbra: Coimbra Editora, 2012.

[22] CARVALHO, Américo A. Taipa de. *Direito Penal – Parte General*. Porto: Publicações Universidade Católica, 2004, v. II.

[23] SOLER, Sebastián. *Derecho Penal Argentino*. 5ª ed. Buenos Aires: Tea, 1987, v. I.

[24] ZAFFARONI, Eugenio Raúl; ALAGIA, Alejandro; SLOKAR, Alejandro. *Derecho Penal – Parte General*. 2ª ed. Buenos Aires: Ediar, 2002.

[25] Ensinava o saudoso catedrático da Faculdade de Direito do Largo do São Francisco: "A despeito desse plausível fundamento, é generalizada a preferência pela designação Direito Penal, não só no Brasil como em outros países. *Diritto Penale* – em italiano, *Derecho Penal* – e espanhol, *Droit Pénal* – em francês, são expressões encontradas muito mais freqüentemente do que *Diritto Criminale, Derecho Criminal, Droit Criminel*. Para essa predileção mais extensa concorre, sem dúvida, a circunstância de que a punibilidade aparece como característico de maior projeção objetiva ao cuidar-se do crime. E forte motivo de ordem prática nos submete ao critério dominante. Possuímos um Código Penal, não um Código Criminal. Deve ser aceito, pois, para título da matéria, o sugerido pela lei positiva.". GARCIA, Basileu. *Instituições de Direito Penal*. 7ª ed. revista e atualizada por vários colaboradores. São Paulo: Saraiva, 2008, v. I, t. I, p. 3.

[26] BRUNO, Aníbal. *Direito Penal*. 3ª ed. Rio de Janeiro: Forense, 1967, t. 1º.

[27] TOLEDO, Francisco de Assis. *Princípios Básicos de Direito Penal*. 5ª ed. São Paulo; Saraiva, 1994.

[28] REALE JÚNIOR, Miguel. *Instituições de Direito Penal – Parte Geral*. 4ª ed. Rio de Janeiro: Forense, 2013.

[29] PRADO, Luiz Regis. *Curso de Direito Penal Brasileiro*. 10ª ed. São Paulo: Revista dos Tribunais, 2010, v. 1; PRADO, Luiz Regis. *Tratado de Direito Penal Brasileiro*. São Paulo: Revista dos Tribunais, 2014, v. 1.

[30] BRANDÃO, Cláudio. *Curso de Direito Penal – Parte Geral*. 2ª ed. Rio de Janeiro: Forense, 2010.

Não obstante o fato de também contemplar outras consequências jurídicas ao lado da pena, o estatuto legislativo – ao lado de outras leis mais específicas, como a lei de drogas, a lei ambiental, dentre outras – que tipifica crimes, é denominado Código Penal, sendo que a designação consagrada aqui e alhures é, efetivamente, *Direito Penal*, expressão também adotada neste nosso *Curso de Direito Penal*.

2. O Direito Penal objetivo (*jus poenale*)

Segundo Franz von Liszt,[31] "O *Direito Penal* é o conjunto das prescripções emanadas do Estado que ligam ao crime como facto a pena como consequência.". Essa definição do saudoso e extraordinário penalista, posto que aparentemente precisa, ressente-se de maior abrangência, visto que as prescrições do Direito Penal não se limitam a cuidar do crime e da pena como consequência.

Nessa linha, consoante obtempera Edmund Mezger,[32] deve-se considerar também como Direito Penal o conjunto de normas jurídicas que em conexão com o próprio Direito Penal associam ao delito como pressuposto outras consequências jurídicas de índole diversa da pena, mormente medidas que têm por objeto a prevenção de delitos.

Com efeito, o Direito Penal não se restringe em estabelecer a vinculação do crime com a pena, sendo esta sua consequência. Do crime, advêm tanto consequências criminais (a pena) como consequências não criminais (*v.g.*, indenização civil).

Avançando-se um pouco mais, tem-se também a medida de segurança como consequência jurídica quando um fato descrito como crime é praticado por um inimputável por ausência de higidez mental, em virtude das causas previstas no art. 26 do CP. Aqui não há crime, mas a prática de um fato previsto como crime, ou seja, um injusto penal não culpável, visto que a culpabilidade, para nós,[33] e para a doutrina amplamente majoritária, constitui requisito do delito. O que há aqui é um estado perigoso – legalmente determinado – em razão da prática de um fato típico e ilícito por um inimputável.

Nas precisas palavras de Santiago Mir Puig,[34] "la definición propuesta de Derecho Penal se parte de normas que asocian determinadas *consecuencias jurídicas* (penas, medidas de seguridad y responsabilidad civil) a ciertos *presupuestos* (delito, estado peligroso, desequilibrio patrimonial).".

Em suma, tem-se o crime como comportamento humano típico, ilícito e culpável, o qual reclama consequências penais (*a pena criminal*) e não penais (*consequências relativas à responsabilidade civil*), relevando acrescer a possibilida-

---

[31] LISZT, Franz von. *Tratado de Direito Penal Allemão*. Trad. de José Hygino Duarte Pereira. Rio de Janeiro: F. Briguiet & C., 1899, t. I, p. 1.
[32] MEZGER, Edmundo. *Tratado de Derecho Penal*. Trad. de Jose Arturo Rodriguez Muñoz. Madrid: Editorial Revista de Derecho Privado, 1955, t. I, p. 4.
[33] SILVA, Ângelo Roberto Ilha da. *Da Inimputabilidade em face do Atual Desenvolvimento da Psicopatologia e da Antropologia*. 2ª ed. Porto Alegre: Livraria do Advogado, 2015, p. 28 e ss.
[34] MIR PUIG, Santiago. *Introducción a las Bases del Derecho Penal*. Barcelona: Bosch, 1982, p. 30.

de da prática de fato previsto como crime perpetrado por inimputável, tendo como consequência medidas de caráter, a um tempo, de controle social e de tratamento do agente inimputável (*as medidas de segurança*). Neste último caso, não há crime (em seu aspecto ético/reprovatório), pois o crime não é pura mecânica, um puro "acontecer", no plano físico, exigindo que o agente se trate de um sujeito capaz, imputável e que possa, assim, vincular-se, do ponto de vista ético/subjetivo e de forma válida ao injusto penal, ou seja, ao comportamento típico qualificado como ilícito.

Assim sendo, podemos conceituar o Direito Penal como o conjunto de normas que associam o delito como pressuposto de consequências penais e não penais, bem como vinculador do estado perigoso evidenciado pela prática de um fato previsto como crime por um agente incapaz em razão de ausência de higidez mental[35] à medida de segurança como consequência.

3. Sobre o (suposto?) Direito Penal subjetivo (*jus puniendi* ou *potentia puniendi*)

Consoante vimos, o direito penal objetivo traduz-se por um conjunto de normas estabelecedoras de suporte fático/jurídico com determinadas consequências jurídicas, penais e não penais. Em sequência, desafia-nos saber em que consistiria o *direito penal subjetivo*, bem como se essa terminologia é adequada.

Aníbal Bruno[36] observava que alguns autores viam na função estatal de enfrentamento ao crime um direito penal subjetivo, cujo titular seria o Estado. Assim é que, ao lado do direito penal objetivo (*jus poenale*), haveria um direito penal subjetivo (*jus puniendi*), que se constituiria na faculdade da qual seria detentor o Estado para atuar em face dos criminosos na defesa social contra o crime.

Acrescentava o autor que a referida concepção, por um lado, se relacionava com a doutrina dos direitos públicos subjetivos, tendo por titular o Estado, e por outro, a tendência de submeter o Direito Penal ao modelo da estrutura do Direito privado, pretendendo-se, a partir daí, sujeitar o Direito Penal à fórmula segundo a qual "toda norma de Direito objetivo dá vida a um direito subjetivo.".

Ressaltava ainda o catedrático de Recife que semelhante tendência olvidava que as relações jurídicas no âmbito do direito privado se estabelecem entre partes juridicamente iguais, ao passo que no direito penal o que se manifesta é o poder soberano do Estado, ou seja, aquele *imperium*, a partir de regras que ele mesmo prescreve, submetendo o culpado à sanção no escopo de se manter invioláveis os valores elementares da vida em comunidade.

---

[35] Portanto, não se inclui aqui o menor de 18 anos, pois este é penalmente incapaz em razão da idade, pelo critério biológico e por opção legal, ficando sujeito às normas postas no Estatuto da Criança e do Adolescente (ECA), a Lei nº 8.069/90.

[36] BRUNO, Anibal. *Direito Penal*. 3ª ed. Rio de Janeiro: Forense, 1967, t. 1º, p. 33 e ss. Aury Lopes Jr. procede a uma incisiva crítica quanto à utilização das categorias do Direito Processual Civil no âmbito do Direito Processual Penal de forma acrítica, mormente no ponto 7 do Capítulo I de seu Manual, tópico que intitula: "Quando Cinderela terá suas Próprias Roupas? Respeitando as Categorias Jurídicas Próprias do Processo Penal (ou Abandonando a Teoria Geral do Processo).". LOPES JR., Aury. *Direito Processual Penal*. 9ª ed. São Paulo: Saraiva, 2012.

Para o penalista, reduzir esse poder estatal a um direito subjetivo torna falsa a real natureza da função estatal de assegurar as condições de existência e continuidade da organização social. Por isso, o saudoso mestre fazia referência a um *suposto direito penal subjetivo*.

Na mesma linha, está Miguel Reale Júnior,[37] para quem o "Estado soberano caracteriza-se pela imposição de suas decisões do interesse geral", afirmando ainda o professor das Arcadas que este "não tem a liberdade de exercer ou não a aplicação e execução da lei penal", de modo que o que Estado efetivamente exerce em seu mister atinente ao controle social é o seu *poder-dever de punir*.

Como é consabido, no modelo do direito privado, a um direito deve corresponder uma obrigação (*jus et obligatio sunt correlata*). Com efeito, não é isso o que ocorre nos domínios do sistema criminal. Poder-se-ia, a nosso ver, falar-se em direito de punir somente com o delimitado e restrito sentido segundo o qual o poder-dever de punir estatal está fulcrado no direito (ou seja, está fundamentado na Constituição e na legislação infraconstitucional), mas não no sentido privatístico a dar a entender que o Estado é detentor de um direito subjetivo aos moldes do direito civil, por exemplo. O poder punitivo estatal não se equipara a um mero direito subjetivo, de modo a ser absorvido por uma atmosfera, na expressão de Giuseppe Bettiol,[38] *pancivilística*.

É por isso que é de toda a procedência a lição de Eugenio Raúl Zaffaroni[39] ao afirmar que não existe um direito de punir, e sim um poder – estatal – de punir (*potentia puniendi*), carente de contenção e redução. Textualmente: "Se há visto que este *jus puniendi* no existe, sino que se trata de una *potentia puniendi* necesitada de contención y reducción (...).".

Não obstante a posição do penalista argentino, a expressão *jus puniendi* encontra-se consagrada na doutrina e na jurisprudência, motivo por que será utilizada neste *Curso*. Todavia, não com o significado de um suposto direito de impor uma pena no sentido privatístico, mas significando o poder-dever de punir estatal conformado e limitado pela ordem jurídica, ou seja, pelo direito posto pelo próprio Estado que o aplica. Nesse sentido, pensamos ser possível utilizar a expressão *jus puniendi*, no sentido de que tal poder estatal é exercido dentro dos limites do direito emanado do próprio Estado decorrente de seu poder de *imperium*. Assim, utilizaremos as expressões *potentia puniendi* e *jus puniendi* como equivalentes, ambas significando o poder-dever punitivo estatal.

4. Direito Penal substantivo e Direito Penal adjetivo

O *Direito Penal substantivo* é o Direito Penal material ou o Direito Penal propriamente dito, ao passo que o *Direito Penal adjetivo* – numa terminologia

---

[37] REALE JÚNIOR, Miguel. *Instituições de Direito Penal – Parte Geral*. 4ª ed. Rio de Janeiro: Forense, 2013, p. 13 e ss.
[38] BETTIOL, Giuseppe; MANTOVANI, Luciano Pettoelle. *Diritto Penale – Parte Generale*. 12ª ed. Padova: CEDAM, 1986, p. 103.
[39] ZAFFARONI, Eugenio Rául; ALAGIA, Alejandro; SLOKAR, Alejandro. *Derecho Penal – Parte General*. 2ª ed. Buenos Aires: Ediar, 2002, p. 111.

hoje em desuso – é o Direito Penal formal, mais comumente chamado de Direito Processual Penal.

Eis a lição de Basileu Garcia:[40] "O Direito Penal substantivo é representado pela lei penal, que traça as figuras de crimes e contravenções e formula os princípios jurídicos que lhes concernem. Adjetivo é o Direito Processual. Com aquele se entrelaça. O Direito Processual Penal ou Judiciário Penal vai-se constituindo paralelamente ao Direito Penal. Necessita acompanhar-lhe a evolução. O processo penal visa a determinar a forma pela qual se há de realizar o Direito Penal. Regula as solenidades legais para a efetivação da justiça penal.".

Muito embora hoje não se considere adequado falar em direito penal adjetivo, no tocante ao direito processual, resta estreme de dúvida o caráter instrumental deste. Em Luigi Ferrajoli,[41] tal caráter deduz-se de seu sétimo axioma (*nulla culpa sine iudicio*), o qual resulta no princípio da jurisdicionalidade (principio de *giurisdizionalità*). Cândido Rangel Dinamarco,[42] em substancioso trabalho, demonstrou com precisão o prefalado caráter instrumental do processo. Se é correto considerarmos o predicado de instrumentalidade do processo em geral, com maior razão, revela-se a instrumentalidade do processo penal,[43] visto que, diferentemente do Direito Civil e outros ramos do Direito, que se realizam ou podem se realizar sem a intervenção do Estado-Juiz e do processo judicial, o Direito Penal, ou melhor, o poder punitivo estatal somente se realiza por intermédio do (devido) processo penal.

Por derradeiro, Geraldo Prado[44] assinala que "o processo penal não é apenas o instrumento de composição do litígio penal", mas também instrumento de consecução do projeto democrático.

5. Caracteres do Direito Penal

Lecionava o saudoso Magalhães Noronha[45] tratar-se o Direito Penal de ciência cultural, normativa, valorativa, finalista, acrescentando ainda o caráter sancionador do Direito Penal. E, acrescentamos nós, a clarividência do caráter público do Direito Penal, bem como o seu caráter autônomo e coercitivo.

Consoante vimos, o Direito Penal constitui manifestação do *imperium* estatal. Tanto é assim que advertimos não haver um direito de punir, e sim um poder-dever de punir de que é detentor o Estado. Destarte, *salta aos olhos* o *caráter público* do Direito Penal.

O Direito Penal é *cultural* porque inserido em determinada cultura, histórica e territorialmente situada. É por isso que certas práticas podem ser crimes

---

[40] GARCIA, Basileu. *Instituições de Direito Penal*. 7ª ed. revista e atualizada por vários colaboradores. São Paulo: Saraiva, 2008, v. I, t. I, p. 4.
[41] FERRAJOLI, Luigi. *Diritto e Ragione – Teoria del Garantismo Penale*. 4ª ed. Roma: Laterza, 1997, p. 69.
[42] DINAMARCO, Cândido Rangel. *A Instrumentalidade do Processo*. 11ª ed. São Paulo: Malheiros, 2003, *passim*.
[43] LOPES JR., Aury. *Direito Processual Penal*. 9ª ed. São Paulo: Saraiva, 2012, p. 88 e ss.
[44] PRADO, Geraldo. *Sistema Acusatório*. 2ª ed. Rio de Janeiro: Lumen Juris, 2001, p. 50 e ss.
[45] NORONHA, E. Magalhães. *Direito Penal – Introdução e Parte Geral*. 25ª ed. atualizada por Adalberto José Q. T. de Camargo Aranha. São Paulo: Saraiva, 1987, v. 1, p. 5.

em determinadas culturas e não o ser em outras ou, ainda, no seio da mesma e determinada comunidade um fato possa ser crime hoje, e não o ser amanhã. Assim é que, no Brasil, até 2005, o Código Penal tipificava o crime de adultério, deixando de sê-lo em razão de *abolitio criminis* efetivada no referido ano pela Lei nº 11.106/05.

O caráter de ciência *normativa* revela-se evidente na medida em que tem por objeto a norma, contrapondo-se, assim, a outras ciências, *v.g.*, com características causais-explicativas, tendo a norma por objeto a conduta impositiva do que se deve ou não fazer, bem como a consequência jurídica coercitivamente imposta ante a inobservância da determinação legal.

À evidência, o Direito Penal possui também caráter *valorativo*. Deveras, ensina Francisco de Assis Toledo[46] que a carga valorativa contida nos tipos penais incriminadores permite ao legislador cumprir um relevante papel consistente na função seletiva sobre as mais variadas formas de comportamento humano com que se estabelece a linha divisória entre o que é permitido e o que não é permitido na esfera do Direito Penal.

Ainda, possui o Direito Penal caráter *finalista*, porquanto se estabelece tendo em conta determinados escopos, os quais, ao fim e ao cabo, estão a buscar dar-lhe sustentação no que pertine a sua própria legitimidade.

Por fim, diz-se, não sem controvérsia, ser o Direito Penal *sancionador*. A nosso ver, é correto afirmar ser o Direito Penal *preponderantemente sancionador*, servindo como reforço a outros ramos do Direito. Isso fica claro no exemplo da emissão de cheques sem a devida provisão de fundos, cuja conduta, a par de consequências no âmbito cível, constitui crime de estelionato previsto no Código Penal ou no exemplo dos crimes contra a ordem tributária previstos na Lei nº 8.137/90, que serve como reforço às normas tributárias de caráter administrativo, como é o caso do Código Tributário Nacional e outras leis mais específicas, que tratam sobre tributos seja no âmbito da União, dos Estados, do Distrito Federal ou dos municípios.

Porém, não é correto concluir que o Direito Penal seja sempre tão somente sancionador, pois esse assume, por vezes, caráter *constitutivo*,[47] como ocorre nos exemplos do crime de tráfico ilícito de drogas (art. 33 da Lei nº 11.343/06), do crime de maus-tratos a animais (art. 32 da Lei nº 9.605/98)[48] e da omissão de socorro (art. 135 do CP), não havendo qualquer outra norma fora do âmbito penal que venha a tratar das incriminações referidas. Na observação de Jair Leonardo Lopes,[49] o próprio crime de homicídio possui um caráter constitutivo, pois, como esclarece o autor, o "Direito Civil não se preocupou em proteger a vida, tendo, no entanto, cuidado do dano resultante da morte ou dos direitos

---

[46] TOLEDO, Francisco de Assis. *Princípios Básicos de Direito Penal*. 5ª ed. São Paulo: Saraiva, 1994, p. 127.

[47] Nesse sentido: MEROLLI, Guilherme. *Fundamentos Críticos de Direito Penal*. Rio de Janeiro: Lumen Juris, 2010, p. 62.

[48] Exemplo referido por: BETTIOL, Giuseppe; MANTOVANI, Luciano Pettoelle. *Diritto Penale – Parte Generale*. 12ª ed. Padova: CEDAM, 1986, p. 108.

[49] LOPES, Jair Leonardo. *Curso de Direito Penal – Parte Geral*. 4ª ed. São Paulo: Revista dos Tribunais, 2005, p. 40.

que ela pode gerar, como a dissolução da sociedade conjugal (art. 1.571, I, do CC), a abertura da sucessão (arts. 1.784 e 1.788 do CC) etc.".

Posto que detentor de caráter precipuamente sancionador, o Direito Penal é *autônomo*, ou seja, consoante leciona Eugenio Raúl Zaffaroni,[50] o fato de o Direito Penal como regra não contribuir para a criação de ilicitudes, e sim agregar a sanção penal às condutas que já são ilícitas no âmbito de outros ramos do direito (civil, mercantil, laboral, administrativo, etc.), não determina seja subtraída sua autonomia científica e legislativa, porquanto o fato de o Direito Penal sancionar condutas que já eram ilícitas não fará com que sejam criados novos bens jurídicos, mas tão somente que haja um maior recrudescimento na tutela de bens já tutelados por outros ramos. Isso, em absoluto, não fará com que o Direito Penal seja reduzido, no dizer de Giuseppe Bettiol,[51] a "um direito manco que deve pedir muletas a outros para poder prosseguir em seu caminho.".

Por derradeiro, o caráter *coercitivo* revela-se inafastável, porquanto as normas jurídico-penais detêm, como ensina René Ariel Dotti,[52] "esse caráter de coercibilidade na medida em que são providas de reações (penas e medidas de segurança) aplicadas àqueles que as desobedecem.".

Capítulo II – FUNDAMENTO E MISSÃO DO DIREITO PENAL

1. Introdução: a distinção entre fundamento e missão do Direito Penal

A matéria relativa ao *fundamento* e à *missão/função* – ou às funções – do Direito Penal compreende as mais diversas orientações. Dentre os múltiplos posicionamentos doutrinários relativos às funções, destacam-se quatro principais. A primeira orientação, e que reúne o maior número de adeptos, consiste em que a tarefa do direito é a proteção subsidiária de bens jurídicos. Um segundo setor doutrinário preconiza que a missão do Direito Penal é resguardar os valores éticos-sociais da conduta e, por via reflexa, também a proteção de bens jurídicos. A terceira posição afirma constituir tarefa do Direito Penal a confirmação da vigência da norma. Por fim, a quarta, dentre as principais correntes, vincula a proteção de bens jurídicos com outras finalidades, dentre as quais o controle social e a manutenção da paz. Há ainda outras funções menos prestigiadas e objeto de polêmicas mais acentuadas, quais sejam, a função simbólica e a função promocional.

---

[50] ZAFFARONI, Eugenio Raúl. *Manual de Derecho Penal – Parte General*. 6ª ed. Buenos Aires: Ediar, 1991, p. 56 e ss.
[51] BETTIOL, Giuseppe; MANTOVANI, Luciano Pettoelle. *Diritto Penale – Parte Generale*. 12ª ed. Padova: CEDAM, 1986, p. 104: "(...) un diritto azzoppato che deve chiedere ad altri delle stampelle per poter procedere nel suo cammino.".
[52] DOTTI, René Ariel. *Curso de Direito Penal – Parte Geral*. 2ª ed. Rio de Janeiro: Forense, 2004, p. 53.

Nesse ponto, há que se divisar o fundamento e a missão ou função do Direito Penal. Consoante lição de José Ferrater Mora,[53] o termo *fundamento* comporta vários sentidos, podendo significar, por vezes, *princípio*, podendo equivaler, outrossim, a *origem*, bem como a *razão*. Pois é precisamente neste último sentido que estamos a considerar neste tópico, identificando a expressão com o sentido de *razão de ser de algo*. Assim é que *fundamento*, nas palavras de Nicola Abbagnano,[54] constitui a causa, no sentido de razão de ser. Causa, no sentido referido, nos remete à justificação da coisa da qual é causa, remetendo-nos a uma salvaguarda do arbítrio.

Nessa trilha, socorrendo-nos do escólio de António Castanheira Neves,[55] investigar o fundamento do Direito, ou particularmente o fundamento do Direito Penal, significa nos desincumbirmos em proceder ao acertamento do *porquê* do Direito, sendo que em nosso caso, mais particularmente o *porquê* do Direito Penal. Por outro lado, as funções do Direito prestam-se a estabelecer ou esclarecer o seu *para quê* histórico.

Consoante didaticamente disserta Raquel Lima Scalcon,[56] enquanto o porquê do Direito Penal – o seu fundamento – nos remete a um juízo de validade, o para quê – a sua função – nos leva a perscrutar considerações acerca da oportunidade da incidência do Direito Penal sobre determinados comportamentos. O fundamento do Direito Penal é essencialmente axiológico, ao passo que a apreciação da função ou das funções do Direito Penal possui cunho pragmático. O fundamento, porque fundante – seja-nos desculpada a redundância –, busca assentar a validade, volta-se para o passado, a função, por ter caráter prático, aponta para o futuro.

No que tange às funções do Direito Penal, assevera Jesús-María Silva Sanches[57] que a missão do Direito Penal não se restringe a uma só, mas constituem várias. Assim sendo, os temas do fundamento e da missão do Direito Penal são de transcendente importância, podendo-se articular-se perguntas, tais como o que legitima a presença de um mecanismo coativo de tão graves consequências como o Direito Penal em determinada sociedade? Que razões valorativas impedem (ou não) sua supressão? Por que e para que deve haver Direito Penal?

Nos pontos que seguem, ocupar-nos-emos em investigar qual é o fundamento do Direito Penal, bem como, em sequência, trataremos de algumas funções instrumentais em espécie comumente mencionadas pela doutrina.

---

[53] FERRATER MORA, José. *Dicionário de Filosofia*. Trad. de Maria Stela Gonçalves *et al*. São Paulo: Loyola, 2001, t. II, p. 1.159.
[54] ABBAGNANO, Nicola. *Dicionário de Filosofia*. 3ª ed. Trad. de Alfredo Bosi *et al*. São Paulo: Martins Fontes, 1998, p. 474 e 476.
[55] CASTANHEIRA NEVES, António. *Metodologia Jurídica – Problemas Fundamentais*. Coimbra: Coimbra Editora, 1993, p. 12.
[56] SCALCON, Raquel Lima. *Ilícito e Pena – Modelos de Fundamentação do Direito Penal Contemporâneo*. Rio de Janeiro: GZ Editora, 2013, p. 5 e ss.
[57] SILVA SANCHES, Jesús-María. *Aproximación al Derecho Penal Contemporáneo*. Barcelona: Bosch, 1992, p. 180-181.

2. Fundamento do Direito Penal

Após termos dedicado atenção à distinção do que seja fundamento e função, intentaremos fornecer elementos em busca de saber *qual é o fundamento do Direito Penal*, e, no ponto seguinte, tratarmos das funções do Direito Penal.

Como vimos, o fundamento diz respeito aos reclamos de validade. Para nós, cumpre buscar estabelecer, se, e se sim, de que maneira, justifica-se o Direito Penal. A abordagem divisa-se basicamente em duas, tendo como ponto de partida as consequências, nomeadamente da pena, ou o objeto da norma, ou seja, o injusto, ou como prefere a doutrina lusitana, o ilícito-típico.

Consoante aduz José Francisco de Faria Costa,[58] a "primeira daquelas posições é sustentada e sustenta uma compreensão funcional, de significado consequencial, enquanto a segunda se baseia em uma fundamentação de matriz ontológica. Por conseguinte, duas formas diferentes de perceber, olhar e legitimar o direito penal.".

Em atenção a essas duas perspectivas, Castanheira Neves[59] procede a uma análise crítica ao funcionalismo: "Que tanto é dizer que a *fundamentação* cede à *instrumentalização* ou a razão objectivo-material à formal 'razão instrumental' e a *ordem* (de validade ou institucional) à *planificação* (programático-regulamentar), *a validade* à *eficácia* ou à *eficiência*. Ou, de outro modo, aos *valores* substituem-se os fins (subjectivos), aos *fundamentos* os *efeitos* (empíricos) – numa só palavra, trata-se de um *finalismo* que se afere por *consequencialismo*.".

Em outro trabalho, assim escreve o jusfilósofo[60] português: "Uma prática referida a uma validade, seja porventura problemática, mas não prescindindo nunca de interrogar por ela, a implicar um fundamento axiologicamente crítico e o homem transcendendo-se assim a um sentido materialmente vinculante em que assuma o projecto responsabilizante da sua própria humanidade; ou uma prática determinada tão só por juízos de oportunidade, a não exigir mais do que programações finalísticas actuadas por esquemas de uma operatória eficiente, e o homem reduzindo-se à imanente titularidade de estratégias de interesses que lhe permitirão uma existência axiologicamente neutralizante ou uma existência formalmente calculada, e nada mais.".

A nosso ver, quaisquer considerações acerca do fundamento do direito penal devem se embasar no injusto (conduta típica e ilícita), no crime e em seu conteúdo material,[61] e não em suas consequências. Não obstante, uma fundamentação do Direito Penal a partir do injusto (ou do ilícito-típico, como prefe-

---

[58] COSTA, José Francisco de Faria. *Noções Fundamentais de Direito Penal (Fragmenta Iuris Poenalis)*. 3ª ed. Coimbra: Coimbra Editora, 2012, p. 178.
[59] CASTANHEIRA NEVES, António. Entre o "Legislador", a "Sociedade" e o "Juiz" ou entre "Sistema", "Função" e "Problema" – Os Modelos Actualmente Alternativos da Realização Jurisdicional do Direito. In: *Boletim da Faculdade de Direito da Universidade de Coimbra*. Coimbra, Separata v. LXXIV, 1998, p. 25.
[60] CASTANHEIRA NEVES, António. *O Direito Hoje e com que Sentido? O Problema Actual da Autonomia do Direito*. Lisboa: Instituto Piaget, 2002, p. 50.
[61] Vide livro de nossa autoria: SILVA, Ângelo Roberto Ilha da. *Dos Crimes de Perigo Abstrato em Face da Constituição*. São Paulo: Revista dos Tribunais, 2003.

rem os portugueses) não significa uma opção por alijar a Política Criminal do discurso argumentativo.

Tomemos o seguinte exemplo. É consabido que o crime culposo que de mero apêndice do crime doloso passou a ter destacado espaço na Ciência Penal, porquanto a industrialização e a sociedade tecnológica promoveram um incremento de fatos lesivos, tendo como consideração a observância do dever de cuidado. Assim, muito embora entendamos que *o fundamento do direito penal ou mais especificamente das incriminações no domínio da negligência deva residir na ofensividade, ou seja, na lesão a bens jurídicos,* fato é que a ordem jurídica não pode paralisar a vida social.

O fato de a circulação de automóveis acarretar necessariamente danos não se pode impedir que esses continuem a circular. Não há interesse político em se paralisar o progresso. A opção político-criminal que se adota, então, está em edificar, como ressalta Juarez Tavares,[62] "um discurso dirigido a estabelecer os fundamentos para a responsabilidade individual do motorista, sob o pressuposto de que os acidentes irão de qualquer forma ocorrer.".

Nesse contexto, a ordem jurídica orienta-se por critérios de dever de cuidado e de risco permitido. Assim, muito embora o fundamento do Direito Penal seja edificado a partir do injusto ou em considerações sobre a ofensividade, a delimitação legal levará também em conta critérios de Política Criminal. Está não fornecerá um juízo de validade, mas sim um juízo operacional, de oportunidade.

Assim, estamos que a perspectiva sobre o *fundamento do Direito Penal* deve residir na consideração de seu conteúdo material e da necessária *ofensividade a bens jurídicos de particular relevância que os comportamentos devem revelar*. Essa opção deve sempre estar presente quando da interpretação do direito penal.

O funcionalismo, consequencialista que é, e que em sua forma mais radical admite o direito penal apenas para satisfazer as expectativas sociais e para a manutenção da vigência da norma, resta por justificar qualquer coisa, até mesmo um direito penal do inimigo, que não deve ter guarida em um Estado Democrático de Direito. É deveras importante termos em conta que o estudioso do Direito Penal deve pautar-se por uma atitude crítica, de realização constitucional, resguardando-se a dignidade da pessoa humana e promovendo os direitos e garantias individuais, alçando-se o *homem* como verdadeiro *sujeito do direito*, e não, consoante afirma Castanheira Neves,[63] "como simples *objecto* de programação ou de benefícios planificáveis.".

3. Funções do Direito Penal

3.1. Função de proteção subsidiária de bens jurídicos

O entendimento que encontra, sem dúvida, o maior número de adeptos é aquele segundo o qual *o Direito Penal tem por principal incumbência a proteção*

---

[62] TAVARES, Juarez. *Teoria do Crime Culposo*. 3ª ed. Rio de Janeiro: Lumen Juris, 2009, p. 11.
[63] CASTANHEIRA NEVES, António. *O Direito Hoje e com que Sentido? O Problema Actual da Autonomia do Direito*. Lisboa: Instituto Piaget, 2002, p. 50.

subsidiária de bens jurídicos, ainda que haja acesa controvérsia acerca da definição de bem jurídico, bem como em torno de sua fundamentação, de onde adviria a pretensão de autoridade do bem jurídico de modo a vincular o legislador quando da elaboração de tipos penais incriminadores.

Não obstante, há, outrossim, posições que sonegam ao Direito Penal uma função tuteladora de bens jurídicos, como fez, *v.g.*, a Escola de Kiel e como faz hoje Günther Jakobs. Quanto a nós, continuamos a entender que o bem jurídico constitui o conteúdo material do delito,[64] o que faz com que aqui apenas mencionemos a importância da doutrina do bem jurídico, sendo que dela nos ocuparemos com maior atenção ao tratarmos do conceito material do delito.

3.2. Função de proteção de valores ético-sociais

Hans Welzel,[65] para muitos e também para nós, o maior penalista de todos os tempos, assevera que a missão do Direito Penal consiste na *proteção dos valores elementares de consciência, de caráter ético-social*, e só por via reflexa a proteção de bens jurídicos.

Lecionava o penalista titular da cátedra de Bonn que mais essencial do que a proteção de determinados bens jurídicos em concreto é a missão de assegurar a vigência – observância – dos valores de ação da consciência jurídica, constituindo esses o fundamento mais sólido que sustenta o Estado e a sociedade. Para ele, a mera proteção de bens jurídicos possui apenas uma finalidade preventiva, de caráter policial e negativo. Por sua vez, *a missão mais significativa do Direito Penal é de natureza ético-social e de caráter positivo*. Assim é que ao proibir e castigar a inobservância efetiva dos valores fundamentais da consciência jurídica, revela, de maneira mais conclusiva à disposição do Estado, a vigência indelével destes valores positivos de ação, ao mesmo tempo em que se forma o juízo ético-social dos cidadãos e se fortalece a sua consciência de permanente fidelidade jurídica.

Em síntese,[66] a missão do Direito Penal é a proteção dos bens jurídicos por meio da proteção dos elementares valores de ação ético-sociais.

Conquanto deva-se a Hans Welzel a construção do mais perfeito (ou menos imperfeito, dadas as limitações do ser humano) sistema de Direito Penal, o sistema finalista, não há como se concordar – pelo menos em essência –, com suas ponderações. A tarefa do Direito Penal de proteção a bens jurídicos não deve ser pretendida tão só pela via indireta, dando-se prevalência a incutir na sociedade valores ético-sociais, porquanto, na esteira do que sustentam

---

[64] SILVA, Ângelo Roberto Ilha da. *Dos Crimes de Perigo Abstrato em Face da Constituição*. São Paulo: Revista dos Tribunais, 2003, p. 35.
[65] WELZEL, Hans. *Das Deutsche Strafrecht*. 11ª ed. Berlin: Walter de Gruyter & Co., 1969, p. 1 e ss.
[66] Textualmente: "Aufgabe des Strafrechts ist der Rechtsgüterschutz durch den Schutz der elementaren sozialethischen Handlungswerte.". WELZEL, Hans. *Das Deutsche Strafrecht*. 11ª ed. Berlin: Walter de Gruyter & Co., 1969, p. 5.

Giovanni Fiandaca[67] e Enzo Musco, não é tarefa de um Direito Penal de um Estado pluralístico conforme a Constituição educar coercitivamente cidadãos adultos.

3.3. Função de confirmação de vigência da norma

Deve-se a Günther Jakobs[68] o entendimento segundo o qual a tarefa do Direito Penal não consiste em tutelar bens jurídicos, e sim em *confirmar a vigência da norma* ou em *assegurar as expectativas normativas da sociedade*.

Dessa forma, Jakobs resta por sonegar importância à doutrina do bem jurídico, mas, por outra via, ressalta a relevância da vigência da norma e da manutenção do sistema, fato do qual, segundo Tavares,[69] "resultam não apenas divergências ou perplexidades dogmáticas, como também posições ideológicas quanto às suas finalidades.". Com efeito, a renúncia à função de tutela de bens jurídicos faz com que a postura metodológica assumida por Jakobs por vezes, com todas as vênias, se distancie das exigências de um Estado Democrático de Direito.

3.4. Função de controle social

Diz o brocardo latino: *ubi societas, ibi jus* (onde há sociedade, aí está o direito), a significar precisamente que não existe sociedade sem direito, o que faz Winfried Hassemer[70] afirmar que o "controle social é uma *condição fundamental irrenunciável da vida em sociedade.*".

O Direito Penal – a par de outros setores do direito menos invasivos – tem, *também*, porque possui caráter fragmentário e subsidiário, a função de controle social.

Porém, é equivocado e até mesmo um exercício de ingenuidade imaginar que o controle social se faça tão somente por meio do direito. O controle social, com efeito, não se restringe ao âmbito normativo, menos ainda *apenas* à esfera penal. Certo é que onde há sociedade, há também o direito, mas não se pense que o direito – e especialmente o direito penal – sirva, como assevera Assis Toledo,[71] de panaceia a tudo resolver.

"O controle social", ensina Miguel Reale Júnior,[72] "exerce-se, primeiramente, por via da família, da escola, da igreja, do sindicato, atuantes na tarefa

---

[67] FIANDACA, Giovanni; MUSCO, Enzo. *Diritto Penale – Parte Generale*. 2ª ed. Bologna: Zanichelli, 1989, p. 37.
[68] JAKOBS, Günther. *Strafrecht – Allgemeiner Teil*. 2ª ed. Berlin: Walter de Gruyter, 1993, p. 39 e ss.
[69] TAVARES, Juarez. *Teoria do Injusto Penal*. 3ª ed. Belo Horizonte: Del Rey, 2003, p. 182.
[70] HASSEMER, Winfried. *Introdução aos Fundamentos do Direito Penal*. Trad. da 2ª ed. alemã de Pablo Rodrigo Alflen da Silva. Porto Alegre: Sergio Antonio Fabris Editor, 2005, p. 414.
[71] TOLEDO, Francisco de Assis. *Princípios Básicos de Direito Penal*. 5ª ed. São Paulo: Saraiva, 1994, p. 5.
[72] REALE JÚNIOR, Miguel. *Instituições de Direito Penal – Parte Geral*. 4ª ed. Rio de Janeiro: Forense, 2013, p. 3. No mesmo sentido: SANTOS, Juarez Cirino dos. *Direito Penal – A Nova Parte Geral*. Rio de Janeiro: Forense, 1985, p. 25.

de socializar o indivíduo, levando-o a adotar os valores socialmente reconhecidos e os respeitar, independentemente da ação ameaçadora e repressiva do Direito Penal, que constitui uma espécie de controle social, mas de caráter formal e residual, pois só atua diante do fracasso dos instrumentos informais de controle.".

Conforme leciona ainda o jurista,[73] os pais e a família constituem o principal agente de socialização, o qual importa a renúncia de desejos egoísticos imediatos, sendo que as regras desde a etiqueta e vestimenta até os valores morais a serem seguidos, dentre eles a honestidade, a veracidade, a responsabilidade, o empenho em afazeres, o respeito ao próximo, a caridade, o senso de justiça, o acatamento aos mais velhos vão sendo assimilados na convivência cotidiana. Constituem, assim, controles sociais informais, sendo que, somente diante da insuficiência desses controles informais é que será chamado o direito a intervir, mas não de pronto o Direito Penal.

Nesse sentido é a lição de Francisco Muñoz Conde[74] e Mercedes García Arán: "Dentro del control, la norma penal, el sistema jurídico-penal, ocupa un lugar secundario, puramente confirmador y asegurador de outras instancias mucho más sutiles y eficaces.".

Assim é que diante do não cumprimento de um contrato o Direito Civil mostra-se como o instrumento adequado a se utilizar na busca da resolução da controvérsia. Para o inadimplemento de uma dívida, basta uma ação de cobrança e uma ulterior execução da sentença. Diante de uma infração de trânsito, como estacionar em local proibido, recorre-se à multa administrativa.

Portanto, o Direito Penal atua, certamente, como imprescindível instrumento no controle social, mas sob limites estritamente (de)limitados e residuais.

3.5. Função de manutenção da paz social

Sustenta Johannes Wessels[75] que, sob os influxos da Constituição – ou da (denominada) Lei Fundamental no contexto alemão, a *Grundgesetz* –, a tarefa do Direito Penal consiste em proteger os valores elementares da vida em comunidade, ou seja, os bens jurídicos, bem como *a manutenção da paz jurídica* (*Rechtsfriedens*). Trata-se, assim, para o autor – a um tempo –, de incumbência protetiva e pacificadora.

A seu turno, José Francisco de Faria Costa[76] realça "o particular relevo que a *paz jurídica* assume no Direito Penal, enquanto ordenamento de paz (...)", delineando, outrossim, o avanço histórico atinente à compreensão do fenômeno.

---

[73] REALE JÚNIOR, Miguel. *Instituições de Direito Penal – Parte Geral*. 4ª ed. Rio de Janeiro: Forense, 2013, p. 4-6.
[74] MUÑOZ CONDE, Francisco; GARCÍA ARÁN, Mercedes. *Derecho Penal – Parte General*. 5ª ed. Valencia: Tirant lo Blanch, 2002, p. 63.
[75] WESSELS, Johannes; BEULKE, Werner. *Strafrecht – Allgemeiner Teil*. 36ª ed. Heidelberg: C. F. Müller Verlag, 2006, p. 2.
[76] COSTA, José Francisco de Faria. *Noções Fundamentais de Direito Penal* (*Fragmenta Iuris Poenalis*). 3ª ed. Coimbra: Coimbra Editora, 2012, p. 140.

Na Grécia antiga,[77] a compreensão de paz (*eirene*) apontava não tanto para um valor ou bem que se pretendesse atingir, mas como um estágio que funcionaria como "condição fundante para a prossecução de outros valores", não havendo aí, portanto, "qualquer raiz ontológica, limitando-se à natureza fragmentária de fenómeno condicionante ou, dito de outra forma, representa mais o conteúdo e os frutos do tempo de paz do que a expressão de um valor ou bem absolutos.".

Em Roma, a paz assume um valor de tal forma elevado a ponto de fazer com que para sua manutenção não houvesse o menor receio em se utilizar a força bélica. A *pax* romana consistia em um esmagamento cultural, conformando os povos dominados ao modo de ser romano.

No medievo, surge a confluência de várias fontes à compreensão da paz, sendo precipuamente influente o instituto da primitiva paz germânica, em que a religião e o direito se unem para a proteção da paz jurídica, sendo que em seu sentido mais técnico a paz germânica pode ser vista de duas formas: a paz imposta e a paz decorrente de acordo. Assim, a paz funcionava como redutor de conflitos e como tutela de valores entendidos como mais essenciais, apontando para a justiça do caso concreto que o cotidiano propiciava. A essa realidade vem se agregar o pensamento cristão enquanto elemento restritivo de situações conflitantes.

Com a ilustração, a ideia de paz vai apontando de forma progressiva para uma compreensão de paz como bem coletivo, podendo-se, com Faria Costa,[78] "definir o seu conteúdo como aquele que encerra, simultaneamente, o sentimento de segurança individual e comunitário – cuja fronteira seria importante gizar – como, também, a expectativa – baseada no equilíbrio instável das relações sociais – de que a vida comunitária se apresenta possível desde que se expresse em um mínimo de estabilidade e que a consciência comunitária interiorize essa mesma dimensão.".

3.6. Função (meramente) simbólica

É mais ou menos evidente que tudo, conforme consigna Odone Sanguiné,[79] "que se nos apresente no mundo social histórico está indissoluvelmente entrelaçado com o simbólico", sendo assim também com as instituições, e, ainda que não se reduzam ao simbólico, "só podem existir no simbólico.".

Na lição de Jesús-María Silva Sanchez,[80] no âmbito do direito penal, *a função simbólica* ou *retórica* caracteriza-se por ensejar, mais do que a solução direta

---

[77] COSTA, José Francisco de Faria. *Noções Fundamentais de Direito Penal (Fragmenta Iuris Poenalis)*. 3ª ed. Coimbra: Coimbra Editora, 2012, p. 139 e ss.
[78] Ibid., p. 145.
[79] SANGUINÉ, Odone. Função Simbólica da Pena. In: *Fascículos de Ciências Penais*. Ano 5, v. 5. nº 3, Porto Alegre: Sergio Antonio Fabris Editor, jul./ago./set., 1992, p. 114.
[80] SILVA SÁNCHEZ, Jesús-María. *Aproximación al Derecho Penal Contemporáneo*. Barcelona: Bosch, 1992, p. 305.

do problema jurídico-penal – consistente na proteção de bens jurídicos – "a produção na opinião pública de uma impressão tranquilizadora de um legislador atento e decidido.".

Por sua vez, Joaquín Cuello Contreras[81] afirma que o fato de o Direito Penal cumprir uma função simbólica é algo óbvio, mas deve ser objeto de atenção o fato de esta constituir a *única* finalidade em certos casos quando o legislador edita uma norma penal com este escopo.

Por fim, nas palavras de Alessandro Baratta,[82] "na 'política como espetáculo' as decisões são tomadas não tanto visando a modificar a realidade, senão tentando modificar a imagem da realidade nos espectadores: não procuram tanto satisfazer as necessidades reais e a vontade política dos cidadãos, senão vir ao encontro da denominada 'opinião pública'.". A função simbólica do Direito Penal, assim utilizada – ou, melhor, meramente simbólica – constitui, ao fim e ao cabo, um verdadeiro *vender ilusão*. Bem entendido: o direito penal, por evidente, tem e sempre terá o seu simbolismo; o que é de se rechaçar é um direito penal *meramente* simbólico.

3.7. Função promocional

A *função promocional* do Direito Penal – a par de ser deveras controversa – não é comumente mencionada pelos manuais. Segundo Antonio García-Pablos de Molina,[83] por dita função se quer dar a entender que o Direito Penal não deve se limitar a consolidar o *status quo* – modelo conservador –, protegendo bens jurídicos vigentes em um concreto momento histórico, senão que deve atuar como um poderoso instrumento de mudança social e de transformação da sociedade. Dessa forma, o Direito Penal não pode se traduzir num obstáculo ao progresso, mas, ao contrário, um motor que dinamize a ordem social e promova as mudanças estruturais necessárias. Entre nós, Márcia Dometila Lima de Carvalho[84] defende a *necessidade de o Direito Penal inserir-se no movimento do Direito como instrumento de mudança social, deixando de ser obstáculo à transformação social.*

Ressalta ainda Antonio García-Pablos de Molina[85] que os defensores de uma função promocional do Direito Penal argumentam em prol da pretendida função que limitaria a tarefa do Direito Penal a tutela de bens jurídicos consis-

---

[81] CUELLO CONTRERAS, Joaquín. *El Derecho Penal Español – Parte General*. 3ª ed. Madrid: Dykinson, 2002, p. 64.
[82] BARATTA, Alessandro. Funções Instrumentais e Simbólicas do Direito Penal. Lineamentos de uma Teoria do Bem Jurídico. In: *Revista Brasileira de Ciências Criminais*, ano 2, nº 5, São Paulo: Revista dos Tribunais, jan.-mar/1994, p. 22.
[83] GARCÍA-PABLOS DE MOLINA, Antonio. *Introducción al Derecho Penal*. Madrid: Editorial Universitaria Ramón Areces, 2005, p. 196.
[84] CARVALHO, Márcia Dometila Lima de. *Fundamentação Constitucional do Direito Penal*. Porto Alegre: Sergio Antonio Fabris Editor, 1992, p. 28-31.
[85] GARCÍA-PABLOS DE MOLINA, Antonio. *Introducción al Derecho Penal*. Madrid: Editorial Universitaria Ramón Areces, 2005, p. 197.

tiria em uma opção conservadora, fundada nos postulados de um liberalismo anacrônico. Por outro lado, o Estado social intervencionista – o *Welfare State* – reclamaria a assunção de uma função promocional e propulsiva, orientada à consecução de fins e necessidades sociais do novo modelo de Estado, isto é, de um modelo de Estado superador do Estado liberal, invocando de tal forma os fins da Constituição cometidos ao Estado Social de Direito.

A nosso ver, ainda que se invoque uma leitura de nossa disciplina constitucionalmente orientada, pensamos não[86] ser essa tarefa do Direito Penal. Este, enquanto meio interventivo mais invasivo estatal, porque toca em afetar a própria liberdade dos cidadãos, deve continuar a ter como tarefa primordial a proteção subsidiária e fragmentária de bens jurídicos, destinando propósitos promovedores, promocionais ou propulsivos a outros âmbitos, não interventivos na liberdade individual e menos invasivos.

Capítulo III – PRINCÍPIOS LIMITADORES DO PODER--DEVER DE PUNIR ESTATAL

1. A supremacia da Constituição e os direitos fundamentais

Já dizia Vinícius de Moraes que "o destino dos homens é a liberdade.". Em certo sentido, as palavras do poeta não deixam de exprimir um dos pilares fundamentais consagrados na Constituição Federal. Assim é que nossa Lei Maior não só consagra a inviolabilidade do direito à liberdade (art. 5º, *caput*), somente podendo essa ser restringida sob limites estritamente constitucionais e legais, como também, tendo em conta a dignidade da pessoa humana (art. 1º, inc. III), busca, dentre outras coisas, construir uma sociedade livre, justa e solidária (art. 3º, inc. I), não se devendo olvidar que ninguém será obrigado a fazer ou deixar de fazer alguma coisa senão em virtude de lei (art. 5º, inc. II).

Consoante leciona Antonio Scarance Fernandes,[87] "na evolução do relacionamento indivíduo-Estado, sentiu-se a necessidade de normas que garantissem os direitos fundamentais do ser humano contra o forte poder estatal intervencionista. Para isso, os países inseriram em suas Constituições regras de cunho garantista, que impõem ao Estado e à própria sociedade o respeito aos direitos individuais (…).". Por sua vez, consigna José Afonso da Silva[88] que nossa Constituição "é a lei fundamental e suprema do Estado brasileiro.". Também ressalta que "todas as normas que integram a ordenação

---

[86] Pedro Porto, em livro em que trata sobre violência contra as mulheres, preconiza que o direito deva ser "um instrumento de transformação da realidade, prenhe de desigualdades e injustiças.". PORTO, Pedro Rui da Fontoura. *Violência Doméstica e Familiar contra a Mulher – Lei 11.340/06 – Análise Crítica e Sistêmica*. 2.ª ed. Porto Alegre: Livraria do Advogado, 2012, p. 18.
[87] FERNANDES, Antonio Scarance. *Processo Penal Constitucional*. 7ª ed. São Paulo: Revista dos Tribunais, 2012, p. 23.
[88] SILVA, José Afonso da. *Curso de Direito Constitucional Positivo*. 35ª ed. São Paulo: Malheiros, 2012, p. 46.

jurídica nacional só serão válidas se se conformarem com as normas da Constituição Federal.".

A seu turno, Eros Roberto Grau[89] ressalta que: "A interpretação de qualquer texto de direito impõe ao intérprete, sempre, em qualquer circunstância, o caminhar pelo percurso que se projeta a partir dele – do texto – até a Constituição.". E isso nos leva à indeclinável conclusão da supremacia da Constituição, com a ilustração a qual nos conduz Jon Elster[90] quando Ulisses[91] determinou não fosse desamarrado (primeira e fundamental ordem) diante da ordem para que fosse desamarrado (segunda ordem), para não cair no canto das sereias, segundo a qual "mas peço a vós todos que me amarreis com bem fortes calabres, porque permaneça junto do mastro, de pé, com possantes amarras seguro. Se, por acaso, pedir ou ordenar que as amarras me soltem, mais fortes cordas, em torno de meu corpo, deveis apertar-me.". Assim, a Constituição caracteriza-se como primeira e suprema ordem, diante da qual deve ser rechaçado qualquer outro comando que não esteja com ela em conformidade.

Ainda, numa imagem que pode ser recolhida da vida cotidiana, na feliz ponderação de Karl Loewenstein,[92] deve-se ver a *Constituição como um traje que veste bem e que realmente se usa*. Assim, o que se pode concluir, na linha do constitucionalista tedesco, é que a Lei Maior não deve ser mera peça decorativa.

Nesse contexto, inserem-se os princípios que serão estudados neste capítulo. Princípios esses que constituem preceitos limitadores do poder punitivo estatal em face dos direitos fundamentais decorrentes precisamente da Constituição. Ao jurista cabe, portanto, investigar a validade constitucional das normas penais, submetendo-as ao crivo de ditos princípios.

Considerando a carência de acordo sobre a definição de princípio, no próximo tópico trataremos de nos desincumbir em delimitar o conceito de princípio adotado neste *Curso*.

2. Conceito de princípio: à guisa de uma (indeclinável) pré-compreensão

O termo *princípio* apresenta variação de significado. Num sentido comum, de acordo com o léxico, é entendido como início, começo. No âmbito da Ciência do Direito, destacam-se duas vertentes. Um setor que, pode-se dizer, mais tradicional, sustenta constituir um mandamento nuclear ou fundamental do

---

[89] GRAU, Eros Roberto. *Ensaio e Discurso sobre a Interpretação/Aplicação do Direito*. 2ª ed. São Paulo: Malheiros, 2003, p. 39.
[90] ELSTER, Jon. *Ulisses and the Sirens – Studies in Rationality and Irrationality*. Revised edition. New York: Cambridge University Press, 1984.
[91] HOMERO. *Odisséia*. Trad. de Carlos Alberto Nunes. Rio de Janeiro: Ediouro, 2001, p. 2014.
[92] LOEWENSTEIN, Karl. *Teoría de la Constitución*. 2ª ed. Trad. de Alfredo Gallego Anabitarte. Barcelona: Ariel, 1970, p. 217, textualmente: "Para usar una expresión de la vida diaria: la constitución es como un traje que sienta bien y que se lleva realmente.".

sistema jurídico, e outro que afirma constituírem os princípios mandamentos de otimização.

O primeiro entendimento é esposado por Celso Antônio Bandeira de Mello,[93] textualmente: "Princípio – já averbamos alhures – é, por definição, mandamento nuclear de um sistema, verdadeiro alicerce dele, disposição fundamental que se irradia sobre diferentes normas compondo-lhes o espírito e servindo de critério para sua exata compreensão e inteligência exatamente por definir a lógica e a racionalidade do sistema normativo, no que lhe confere a tônica e lhe dá sentido harmônico.".

Sob os auspícios de Robert Alexy,[94] um distinto entendimento doutrinário concebe os princípios como mandamentos de otimização (*Prinzipien als Optimierungsgebote*), ou seja, para o autor alemão, os princípios constituem normas que determinam que algo seja realizado, na maior medida possível, dentro das possibilidades jurídicas e fáticas existentes e que se caracterizam pelo fato de que podem ser cumpridos em diferentes graus e cuja medida de cumprimento depende justamente das referidas possibilidades jurídicas e também fáticas. Para Alexy,[95] enquanto mandamentos a serem otimizados, distinguem-se das regras, as quais somente podem ser cumpridas ou não.

A despeito da distinção morfológica atinente o termo *princípios*, estes devem ser entendidos, nos limites e para os fins deste *Curso* – e aqui já fica declarada a assunção de uma pré-compreensão que servirá de fio condutor neste trabalho –, como *comandos*, e assumidos como *fundamentais*, sim, porquanto decorrentes da Constituição,[96] precisamente *nossa* Lei Fundamental, visto que todos os princípios enunciados neste capítulo constituem, ao fim e ao cabo, comandos limitadores ou restritivos do poder punitivo estatal.

Assim, ainda que, por exemplo, o princípio da proporcionalidade pudesse ser visto não propriamente como princípio, mas como método, para alguns, postulado para outros, ou, ainda, que o princípio da legalidade pudesse ser entendido para um entendimento[97] mais propriamente como regra, e não como um princípio, optamos[98] por designá-los como *princípios*, seja em homenagem à nomenclatura de sobejo consagrada, seja por não entendermos serem incompatíveis os princípios – a um tempo – enquanto mandamentos de otimização – ainda que assim não o seja em todos os casos –, bem como normas fundamentais de um sistema jurídico.

---

[93] MELLO, Celso Antônio Bandeira de. *Curso de Direito Administrativo*. 17ª ed. São Paulo: Malheiros, 2004, p. 841-842.
[94] ALEXY, Robert. *Theorie der Grundrechte*. Frankfurt: Suhrkamp, 1994, p. 75-76.
[95] Ibid., p. 76.
[96] Sobre o tema, vide: ROTHENBURG, Walter Claudius. *Princípios Constitucionais*. Porto Alegre: Sergio Antonio Fabris Editor, 1999.
[97] Para um panorama da evolução da distinção entre princípios e regras, vide: ÁVILA, Humberto. *Teoria dos Princípios – Da Definição à Aplicação dos Princípios Jurídicos*. 14ª ed. São Paulo: Malheiros, 2013, 38 e ss.
[98] Nisso concordamos com Wilson Steinmetz, que aduz ser interessante manter a palavra *princípio*, pelo fato de a terminologia utilizada por Alexy não ser a única operativa possível, nem tampouco a única adotada pela doutrina. Assevera o autor que é comum utilizar-se no discurso jurídico a designação *princípio* para qualificar, por razões várias, *normas muito importantes* "no e para o sistema jurídico.". STEINMETZ, Wilson. *A Vinculação dos Particulares a Direitos Fundamentais*. São Paulo: Malheiros, 2004, p. 211.

3. Os princípios limitadores do poder-dever de punir

Após termos dedicado nossa atenção ao conceito de princípio – ou ao menos em que sentido utilizamos o termo –, passamos a discorrer sobre os específicos princípios limitadores do poder punitivo estatal, devendo-se, ainda, ser esclarecido que, a par dos princípios mais voltados ao direito material penal aqui tratados, há outros relevantes princípios limitadores situados no âmbito do direito processual penal, tais como, dentre outros, o princípio do devido processo legal e o princípio da presunção de inocência.

3.1. O princípio da dignidade da pessoa humana

O *princípio da dignidade da pessoa humana* é uma relevantíssima conquista dos povos, ainda que não prestigiado em alguns Estados. Assim é que a Lei Fundamental da Alemanha, Lei Maior daquele país, editada já no primeiro momento do pós-guerra (1949), em que a causa da paz se encontrava em especial evidência, faz constar em seu art. 1º que *a dignidade da pessoa humana é inviolável* (*Die Würde des Menschen ist unantastbar*).

À compreensão da dignidade da pessoa humana deve-se ter em conta que o homem, na observação de Konrad Hesse,[99] não é um ser isolado, motivo por que irradia seus influxos não apenas no refreamento da intervenção estatal no âmbito da pessoa em particular como também em uma perspectiva de, na via da ordem econômica, assegurar a todos existência digna (CF, art. 170), também na ordem social visando, consoante ressalta José Afonso da Silva,[100] à "realização da justiça social (art. 193), a educação, o desenvolvimento da pessoa e seu preparo para o exercício da cidadania (art. 205) etc., não como meros enunciados formais, mas como indicadores do conteúdo normativo eficaz da dignidade da pessoa humana.".

Certo é que a noção de dignidade da pessoa humana, tal é a dificuldade de estabelecer seus contornos, reivindica estudos de caráter monográfico, podendo ser referido o excelente livro de Ingo Sarlet,[101] intitulado *Dignidade da Pessoa Humana e Direitos Fundamentais*, segundo o qual, aduz o professor, "temos por dignidade da pessoa humana *a qualidade intrínseca e distintiva de cada ser humano que o faz merecedor do mesmo respeito e consideração por parte do Estado e da comunidade, implicando, neste sentido, um complexo de direitos e deveres fundamentais que assegurem a pessoa tanto contra todo e qualquer ato de cunho degradante e desumano, como venham a lhe garantir as condições existenciais mínimas para uma vida saudável, além de propiciar e promover sua participação ativa e co-responsável nos destinos da própria existência e da vida em comunhão com os demais seres humanos.*".

---

[99] HESSE, Konrad. *Grundzüge des Verfassungsrechts der Bundesrepublik Deutschland*. 20ª ed. Heidelberg: C.F. Müller Verlag, 1999, p. 55 e ss.
[100] SILVA, José Afonso da. *Curso de Direito Constitucional Positivo*. 35ª ed. São Paulo: Malheiros, 2012, p. 105.
[101] SARLET, Ingo Wolfgang. *Dignidade da Pessoa Humana e Direitos Fundamentais na Constituição Federal de 1988*. Porto Alegre: Livraria do Advogado, 2001, p. 60.

Releva salientar que a dignidade da pessoa humana constitui princípio informativo e fio condutor dos princípios limitadores da intervenção penal em geral, com repercussões na prática judiciária na interpretação dos institutos penais. Nessa linha, afirmam J. J. Gomes Canotilho e Vital Moreira[102] que é "a dignidade como reconhecimento recíproco (mas não só) que está na base, por exemplo, de princípios jurídicos como o princípio de culpa e o princípio da ressocialização em matéria penal.".

Nas palavras de Luiz Régis Prado,[103] como "viga mestra, fundamental e peculiar ao Estado democrático de Direito, a dignidade da pessoa humana há de plasmar todo o ordenamento jurídico positivo – como dado imanente e limite *mínimo vital* à intervenção jurídica.".

Assim é que a Constituição brasileira, de 1988, nossa "Carta Cidadã", incumbida de instituir um Estado Democrático de Direito, em substituição ao regime totalitário que a precedeu, também consagra,[104] já em seu art. 1º, *a dignidade da pessoa humana* como *um dos fundamentos da nossa República*.

Num plano mais concreto, a proibição, dentre outras, de penas de morte, cruéis, desumanas ou degradantes, estabelecida pela Constituição, é um nítido exemplo da atuação do princípio que ora estudamos (CF, art. 5º, inc. XLVII). A consideração da prática do racismo como crime inafiançável e imprescritível (inc. XLII), a consideração da prática da tortura como crime inafiançável e insuscetível de graça ou anistia (inc. XLIII), o fato de nenhuma pena poder passar da pessoa do condenado (inc. XLV) e de ser assegurado aos presos o respeito à integridade física e moral (inc. XLIX), são exemplos que também se amparam na dignidade da pessoa humana.

Na jurisprudência, precisamente no escopo de resguardar a dignidade da pessoa humana, o STF editou a Súmula Vinculante nº 11, com o seguinte teor:

> Só é lícito o uso de algemas em casos de resistência e de fundado receio de fuga ou de perigo à integridade física própria ou alheia, por parte do preso ou de terceiros, justificada a excepcionalidade por escrito, sob pena de responsabilidade disciplinar, civil e penal do agente ou da autoridade e de nulidade da prisão ou do ato processual a que se refere, sem prejuízo da responsabilidade civil do Estado.

Abstraindo-se as críticas já formuladas em relação à oportunidade, por vezes contestada, acerca da edição da suprarreferida súmula, certo é que seu escopo foi, de fato, a preservação da dignidade da pessoa humana, evitando a

---

[102] CANOTILHO, J. J. Gomes; MOREIRA, Vital. *Constituição da República Portuguesa Anotada*. 1ª ed. brasileira; 4ª ed. portuguesa. São Paulo: Revista dos Tribunais e Coimbra Editora, 2007, v. I, p. 199.

[103] PRADO, Luiz Regis. *Tratado de Direito Penal Brasileiro – Parte Geral*. São Paulo: Revista dos Tribunais, 2014, v. 1, p.171.

[104] Diferentemente da Constituição anterior, a qual, nos primeiros títulos de seu texto, privilegiava disposições atinentes ao Estado, dispondo sobre direitos relativos à pessoa somente em segundo plano, devendo-se ainda não olvidar a inexistência de disposição consagradora da dignidade da pessoa nos moldes do que faz a Constituição de 1988. Uma breve referência era feita no art. 157 ao afirmar que a ordem econômica tinha por fim realizar a justiça social, com base nos princípios da liberdade de iniciativa (inc. I), *valorização do trabalho como condição da dignidade humana* (inc. II), função social da propriedade (inc. III), harmonia e solidariedade entre os fatores de produção (inc. IV), desenvolvimento econômico (inc. V), e repressão ao abuso do poder econômico, caracterizado pelo domínio dos mercados, a eliminação da concorrência e o aumento arbitrário dos lucros (VI).

exposição e a execração pública de investigados e acusados, quando viessem a ser presos. Afirmam Ingo Sarlet e Jayme Weingartner Neto[105] que, no escopo do STF de preservar a dignidade da pessoa humana, pode-se deduzir da súmula, segundo os professores gaúchos, o seguinte preceito: *"não use algemas sem necessidade."*.

3.2. O princípio da legalidade

O *princípio da legalidade* é, seguramente, o mais concreto e efetivo princípio limitador ao *imperium* estatal no que tange a intervenção penal, porquanto sob seu influxo não há falar em crime, assim como não há falar em pena sem que haja uma prévia e formal incriminação legal.

Assim é que o referido princípio, além de ser um limitador do *potentia puniendi* estatal, é fonte indeclinável em nosso sistema no que se refere a definição de crime e de cominação da respectiva consequência jurídica, a pena.

Por razões didáticas e para não sermos repetitivos, trataremos sobre os desdobramentos do princípio da legalidade neste *Curso* em momento ulterior, ao estudarmos a teoria da lei penal.

3.3. O princípio da proporcionalidade

O *princípio da proporcionalidade*[106] remonta a busca de limitação do poder estatal, no âmbito do direito penal[107] e do direito administrativo. Origina-se na ideia de tutela do direito de liberdade individual em face do *imperium* da Administração em um período de transmutação do Estado de Polícia para o Estado de Direito.

Ainda que haja certa semelhança quanto aos objetivos, o princípio da proporcionalidade se distingue[108] do princípio da razoabilidade. O primeiro é de origem – e de construção, de edificação de sua estrutura – germânica, ao passo que o segundo possuí raízes na *Common Law*, notadamente na jurisprudência da Suprema Corte dos EUA (sobretudo a partir da 5ª e da 14ª emendas da

---

[105] SARLET, Ingo Wolfgang; WEINGARTNER NETO, Jayme. *Constituição e Direito Penal – Temas Atuais e Polêmicos*. Porto Alegre: Livraria do Advogado, 2016, p. 89.

[106] MIRANDA, Jorge. *Manual de Direito Constitucional*. 2ª ed. reimpressão. Coimbra: Coimbra Editora, 1998, t. IV, p. 216; BARROS, Suzana de Toledo. *O Princípio da Proporcionalidade e o Controle da Constitucionalidade das Leis Restritivas de Direitos Fundamentais*. Brasília: Brasília Jurídica, 1996, p. 33 e ss.: SILVA, Ângelo Roberto Ilha da Silva. *Dos Crimes de Perigo Abstrato em face da Constituição*. São Paulo: Revista dos Tribunais, 2003, p. 102 e ss.

[107] Assim escreveu Beccaria: "Non solamente è interesse comune, che non si commetano delitti, ma che siano più rari a proporzione del male che arrecano alla società. Dunque più forti debbono esseri ostacoli, che risospingono gli uomini dai delitti, amisura che sono contrarii al ben pubblico, ed a misura delle spinte che ve li portano. Dunque vi deve essere una proporzione fra i delitti e le pene". BECCARIA, Cesare. *Dei Delitti e delle Pene*. Milano: Giuffrè, 1973, p. 79.

[108] Sobre a distinção, consulte-se: SILVA, Luís Virgílio Afonso da. O Proporcional e o Razoável. In: *Revista dos Tribunais*, ano 91, v. 798, abril de 2002, p. 23-50.

Constituição norte-americana), falando-se, na Inglaterra, em princípio da *irrazoabilidade* (que frequentemente se referia, como aduz Richard Glancey[109] *et al*, nos primeiros casos, a situações de *abuso de poder*). O princípio da razoabilidade significa, em síntese, a reivindicação de atuação conforme à razão.

Fala-se, ainda, em devido processo substantivo (*substantive due process*), porquanto o princípio da razoabilidade em sua origem tem seu desenvolvimento ligado ao devido processo como garantia. Numa primeira fase, o devido processo legal refere-se a garantias processuais, ao passo que na segunda fase, segundo Luís Roberto Barroso,[110] "passou a ter um alcance substantivo (*substantive due process*), por via do qual o Judiciário passou a desempenhar determinados controles de mérito sobre o exercício de discricionariedade pelo legislador, tornando-se importante instrumento de defesa dos direitos fundamentais – especialmente da liberdade e da propriedade – em face do poder político.".

Feitas essas distinções, cuidemos do princípio da proporcionalidade[111] quanto a sua estruturação, o qual compreende três subprincípios, quais sejam: *a*) o princípio da adequação ou idoneidade (a norma deve ter aptidão a satisfazer ao reclamo que a ensejou); *b*) o princípio da necessidade ou da exigibilidade (a norma não deve ser dispensável ou desnecessária) e *c*) o princípio da proporcionalidade em sentido estrito (aferição do resultado pretendido à luz de um prognóstico de justa medida entre este e o meio coativo). Para que uma intervenção estatal seja proporcional, terá que atender aos três subprincípios. Assim, para ser necessário, o ato estatal deve ser idôneo e para ser proporcional em sentido estrito terá que ser primeiro idôneo, depois necessário para só então se proceder a um juízo de justa medida.

Se pudéssemos sintetizar o significado do princípio aqui tratado, poderíamos nos valer da figura – conforme nos dá conta Fritz Fleiner,[112] na esteira da afirmação de Walter Jellinek –, segundo a qual *não se abatem pardais com tiro de canhão*. Nas precisas palavras de Juarez Freitas,[113] "o Poder Público está obrigado a *sacrificar o mínimo para preservar o máximo da eficácia direta e imediata dos direitos fundamentais*.". Portanto, o princípio se traduz na ideia de proibição de excesso (*Übermaßverbot*), muito embora hoje seja também utilizado, por vezes, como proibição de insuficiência (*Untermaßverbot*), com uma ampliação[114] das

---

[109] GLANCEY, Richard; SPAIN, Eimear; SMITH, Rhona. *Constitutional and Administrative Law*. 9ª ed. London: Sweet & Maxwell, 2011, p. 134.

[110] BARROSO, Luís Roberto. *Curso de Direito Constitucional Contemporâneo*. 4ª ed. São Paulo: Saraiva, 2013, p. 278.

[111] Para uma abordagem especificamente penal do princípio, consulte-se: GOMES, Mariângela Gama de Magalhães. *O Princípio da Proporcionalidade no Direito Penal*. São Paulo: Revista dos Tribunais, 2003.

[112] FLEINER, Fritz, *Institutionen des deutschen Verwaltungsrechts*. 4ª ed. Tübingen: Tübingen J. C. B. Mohr, 1919, p. 376, referindo-se, no caso, especificamente, à atuação da polícia: "Die Polizei soll nicht mit Kanonen auf Spatzen schießen.".

[113] FREITAS, Juarez. A Constituição, a Responsabilidade do Estado e a Eficácia Direta e Imediata dos Direitos Fundamentais. In: *Constituição e Política* (coord. José Adércio Leite Sampaio). Belo Horizonte: Del Rey, 2006, p. 388.

[114] Nesse sentido: FELDENS, Luciano. *A Constituição Penal – A Dupla Face da Proporcionalidade no Controle de Normas Penais*. Porto Alegre: Livraria do Advogado, 2005.

malhas do direito penal ante alguma insuficiência na tutela de bens jurídicos, bem como perante a imposições constitucionais de criminalização.

Em termos de aplicação, o princípio da proporcionalidade tem sido invocado para reduzir, por exemplo, a pena do art. 273 do CP, flagrantemente desproporcional, aplicando-se em seu lugar a pena do art. 33 da Lei nº 11.343/06, em certos casos.[115] Ou seja, condena-se o agente como incurso no art. 273, mas aplica-se a pena da Lei de Drogas, consoante se observa na seguinte decisão do STJ:

> Portanto, observo que, ao afastar o preceito secundário do art. 273, § 1º-B, do Código Penal, para fazer incidir a pena do art. 33 da Lei de Drogas, com aplicação, inclusive, da redutora prevista no § 4º do mencionado Diploma, as instâncias ordinárias se manifestaram em consonância com o atual e recente entendimento da Corte Especial do Superior Tribunal de Justiça. Dessa forma, buscando o recorrente demonstrar a negativa de vigência do art. 273 do Código Penal, em virtude da substituição do preceito secundário do § 1º-B pelo previsto para os crimes de tráfico de drogas, observo que a insurgência não merece prosperar. De fato, trata-se de pleito que não encontra guarida nesta Corte Superior, que se posicionou, por meio de seu órgão máximo, exatamente em sentido contrário ao pedido recursal. (STJ, REsp 1.360.209/SC 2012/0275229-9, rel. Ministro Leopoldo de Arruda Raposo (Desembargador convocado do TJ/PE), DJ 08/05/2015.

Além da aplicação em casos concretos, na correção de excessos legais, o princípio da proporcionalidade é utilizado como fundamento[116] de determinadas prescrições legais, como ocorre, por exemplo, na imposição de medida de segurança, em que o CP prevê medida com internação se o fato previsto como crime praticado por inimputável (art. 26) for apenado com reclusão, mas abre a possibilidade de tratamento ambulatorial se a pena prevista para o fato for a de detenção, que é menos grave em relação à primeira, propiciando uma solução legal mais branda (art. 97).

3.4. O princípio da ofensividade ou da exclusiva proteção de bens jurídicos

Ao tratarmos do fundamento do direito penal, salientamos que considerações sobre a justificação desta mais rigorosa intervenção estatal só mereceria guarida ante a ofensa a bens jurídicos. Nessa esteira, o *princípio da ofensividade* propugna que as incriminações legais encontrem seu limite na exigência de ofensa a bens jurídicos, contrapondo-se à ideia do crime como mera *violação de*

---

[115] No âmbito do TRF4, diversas soluções podem ser observadas, conforme o caso. Leandro Paulsen oferece a seguinte síntese: "medicamentos com substâncias arroladas em Portarias do Ministério da Saúde como drogas: crime de tráfico de drogas, do art. 33 da Lei n. 11.343/2006, ou, sendo para uso pessoal, infração do art. 28 da mesma lei; outros medicamentos, em grande quantidade, com alto potencial lesivo à saúde pública: crime de medicamentos, do art. 273 do CP; outros medicamentos, em média quantidade, com médio potencial lesivo à saúde pública: crime de tráfico de medicamentos, mas, por razões de proporcionalidade, com as penas da lei de drogas, aplicando-se o preceito primário do art. 273 do CP e o preceito secundário do art. 33 da Lei n. 11.343/2006; outros medicamentos, em pequena quantidade, com baixo potencial lesivo à saúde pública: por razões de proporcionalidade, crime de contrabando, do art. 334 do CP.". PAULSEN, Leandro. *Crimes Federais*. São Paulo: Saraiva, 2017, p. 226-227. BALTAZAR JÚNIOR, José Paulo. *Crimes Federais*. 9ª ed. São Paulo: Saraiva, 2014, p. 390, 407.

[116] Nesse sentido: REALE JÚNIOR, Miguel. *Instituições de Direito Penal – Parte Geral*. 4ª ed. Rio de Janeiro: Forense, 2013, p. 498-499.

dever. Lembremos de um exemplo[117] extremo *ofensivo ao princípio da ofensividade* – se nos é permitido um trocadilho – encontrado no Afeganistão, ao considerar o fato de soltar pipa um crime grave.

José Francisco de Faria Costa[118] afirma que a ofensividade pode "estruturar-se em três níveis, todos eles tendo como horizonte compreensivo e integrativo a expressiva nomenclatura do bem jurídico: dano/violação; concreto pôr-em-perigo e cuidado-de-perigo". Extrai-se da lição do professor conimbricense que os três níveis de ofensividade referidos correspondem, respectivamente, aos crimes de dano, de perigo concreto e de perigo abstrato ou presumido.

Ao tratar do princípio, Nilo Batista[119] enumera quatro funções principais, sendo elas: *a*) "proibir a incriminação de uma atitude interna"; *b*) "proibir a incriminação de uma conduta que não exceda o âmbito do próprio autor; *c*) "proibir a incriminação de simples estados ou condições existenciais"; e *d*) "proibir a incriminação de condutas desviadas que não afetem qualquer bem jurídico.". Consoante afirmamos[120] em nosso livro *Dos Crimes de Perigo Abstrato em face da Constituição*, a primeira função estabelece que "não será possível responsabilizar criminalmente alguém sem que tenha esboçado qualquer conduta que vise a atingir bem alheio, ainda que tenha havido cogitação (*cogitatio poenam nemo patitur*)"; a segunda significa que "não se devem criminalizar meros atos preparatórios, autolesão, etc."; a terceira trata de "suprimir o direito penal do autor para dar lugar ao direito penal do fato"; por fim, a quarta busca afastar as malhas do direito penal em relação a comportamentos considerados, por vezes, inadequados ou desviados, em relação aos quais não se identifique vulneração a algum bem jurídico-penal.

Em conclusão, se a tarefa do direito penal consiste na tutela subsidiária de bens jurídicos, é imperativo que qualquer comportamento somente poderá ser considerado como criminoso se afetar a bens jurídicos.

3.5. O princípio da intervenção mínima: subsidiariedade e fragmentariedade

O *princípio da intervenção mínima* tem sido utilizado em doutrina com pelo menos duas ordens de significado, uma mais restrita, que o identifica com o princípio da subsidiariedade (*ultima ratio*), e outra mais abrangente, como, por exemplo, observamos em Juarez Tavares,[121] para quem constitui "um princípio

---

[117] SILVA, Ângelo Roberto Ilha da. *Dos Crimes de Perigo Abstrato em Face da Constituição*. São Paulo: Revista dos Tribunais, 2003, p. 94. Eis, ainda, a seguinte passagem de Montesquieu: "A lei que obrigava os moscovitas a cortarem a barba e as roupas e a violência de Pedro I, que mandava cortar até os joelhos a longas vestes daqueles que entravam nas cidades, eram tirânicas. Existem meios de impedir os crimes: são as penas; existem meios para fazer com que mudem as maneiras: são os exemplos.". MONTESQUIEU, Charles de Secondat. *O Espírito das Leis*. 2ª ed. Trad. de Cristina Murachco. São Paulo: Martins Fontes, 1996, p. 322.

[118] COSTA, José Francisco de Faria. *O Perigo em Direito Penal*. Coimbra: Coimbra Editora, 1992, p. 642-644.

[119] BATISTA, Nilo. *Introdução Crítica ao Direito Penal Brasileiro*. 3ª ed. Rio de Janeiro: Revan, 1996, p. 92 e ss.

[120] SILVA, Ângelo Roberto Ilha da. *Dos Crimes de Perigo Abstrato em Face da Constituição*. São Paulo: Revista dos Tribunais, 2003, p. 94.

[121] TAVARES, Juarez. Critérios de Seleção de Crimes e Cominação de Penas. In: *Revista Brasileira de Ciências Criminais*, número especial de lançamento. São Paulo: Revista dos Tribunais, 1992, p. 82.

de ordem política, que vincula o legislador, previamente a qualquer elaboração legislativa, de modo que esse se veja obrigado a verificar se a lei que irá propor, formular, discutir, redigir ou promulgar se harmoniza com os postulados dos direito humanos.".

A nosso ver, deve-se adotar o entendimento mais amplo, indo além da ideia de subsidiariedade, acolhendo-se o magistério de Tavares, mas não só, ou seja, sem restringir o princípio ao âmbito legislativo, mas tendo-o em conta no momento da aplicação da lei penal, na trilha de Luigi Ferrajoli,[122] que concebe o "direito penal mínimo como uma técnica de tutela dos direitos fundamentais.". Assim, temos que o princípio está a serviço do resguardo dos direitos fundamentais, o qual abrange, na esteira de Luiz Luisi,[123] de saudosa memória, "o caráter fragmentário do direito penal, bem como sua natureza subsidiária.".

O *caráter fragmentário* do direito penal impõe que "dentre a multidão de fatos ilícitos possíveis, somente alguns – os mais graves – são selecionados para serem alcançados pelas malhas do direito penal.".[124] Ademais, como bem explicita Guilherme Merolli,[125] "o Direito Penal só deve sancionar aquelas condutas **mais graves** praticadas contra os bens jurídicos igualmente **mais importantes** da vida social". Portanto, deve haver a confluência da gravidade da agressão com a relevância do bem jurídico tutelado.

Por sua vez, a outra decorrência do princípio da intervenção mínima, o seu *caráter subsidiário*,[126] significa que mesmo diante de uma conduta grave que agrida algum bem jurídico relevante, o direito penal só deve ser utilizado quando outros meios de controle social não forem aptos a proteger determinado bem jurídico valorado como essencial. Salienta Silva Sanchez[127] que, se o direito penal é um mal, não é de se admiti-lo a não ser em casos em que se revele imprescindível para cumprir seus fins de proteção social mediante a prevenção de fatos lesivos, devendo antes atuar medidas de política social, sanções próprias do direito civil, do direto administrativo, bem como meios de solução privada ou social do conflito.

Portanto, o princípio da intervenção mínima abrange o caráter fragmentário e o caráter subsidiário do direito penal. Disso decorre que o princípio da intervenção mínima não se confunde com abolicionismo. É dizer: direito penal mínimo, mas (ainda) direito penal. Assim é que Janaina Conceição Paschoal,[128] conquanto defenda com veemência um direito penal mínimo, salienta que há "um mínimo irrenunciável.".

---

[122] FERRAJOLI, Luigi. *Diritto e Ragione – Teoria del Garantismo Penale*. 4ª ed. Roma: Laterza, 1997, p. 329.

[123] LUISI, Luiz. *Os Princípios Constitucionais Penais*. 2ª ed. Porto Alegre: Sergio Antonio Fabris, 2003, p. 40.

[124] TOLEDO, Francisco de Assis. *Princípios Básicos de Direito Penal*. 5ª ed. São Paulo: Saraiva, 1994, p. 14-15.

[125] MEROLLI, Guilherme. *Fundamentos Críticos de Direito Penal*. 2ª ed. São Paulo: Atlas, 2014, p. 275.

[126] Consulte-se: QUEIROZ, Paulo de Souza. *Do Caráter Subsidiário do Direito Penal – Lineamentos para um Direito Penal Mínimo*. Belo Horizonte: Del Rey, 1998.

[127] SILVA SANCHEZ, Jesús-María. *Aproximación al Derecho Penal Contemporáneo*. Barcelona: Bosch, 1992, p. 246-247.

[128] PASCHOAL, Janaina Conceição. *Constituição, Criminalização e Direito Penal Mínimo*. São Paulo: Revista dos Tribunais, 2003, p. 147.

3.6. O princípio da adequação social

O *princípio da adequação social* deve-se a Hans Welzel,[129] o qual considera que os tipos penais apresentam o "modelo" de conduta proibida, pondo em manifesto que as condutas selecionadas pelo direito penal têm em consideração o caráter social, ou seja, a vida social, por um lado, as quais, por outro lado, são inadequadas a uma vida social ordenada.

Essa consideração repercute na compreensão e interpretação dos tipos, estabelecendo que no marco da ordem social e histórica da vida não se considerará uma ação típica de lesão ainda que cause uma lesão a um bem jurídico, se a conduta for considerada "normal", ou *socialmente adequada*. Muito embora Welzel não seja muito explícito quanto ao que subjaz sua concepção, a atipicidade da conduta socialmente adequada decorre de uma consideração de (*a*)*tipicidade material*, o que remonta, ao fim e ao cabo, à contribuição neokantista (ou neoclássica), que vê no tipo um sentido de significado, superando a postura causal clássica da neutralidade e o perfil meramente descritivo do tipo.

O professor[130] da Universidade de Bonn salientava tratar-se a adequação social de um princípio geral de interpretação, cujo significado não se limita somente ao âmbito do Direito Penal, mas que abarca o ordenamento em geral, como é o caso, por exemplo, do Direito Civil e do Direito Laboral.

As intervenções médico-cirúrgicas, as lesões decorrentes da prática de esportes como futebol, lutas de boxe e outras são exemplos de atividades em que ocorrem condutas lesivas em um contexto de normalidade ou, noutras palavras, adequadas socialmente, desde que não ultrapassem os limites do que se considera adequado. Por evidente – utilizando-se um exemplo extremo, mas didático – que se um jogador, num contexto de uma disputa futebolística, levar um estilete para cortar o jogador do time contra o qual joga, incorrerá em uma infração penal.

Há uma série de questionamentos diante de problematizações que se possam formular, como, *v.g.*, o multiculturalismo, os maus-tratos de animais, dentre outras. Tomemos o caso das famosas "touradas" que ocorrem na Espanha, que levou aquele país a editar legislação própria excepcionando, consoante Renato de Mello Jorge Silveira,[131] a responsabilização pelos maus-tratos a animais. No Brasil, a denominada "farra do boi", que consiste na perseguição e mutilação de bois, praticada há mais de duzentos, tem propiciado acirrados debates no que tange aos maus-tratos de animais, levando o Estado de Santa Catarina a editar a Lei nº 11.365, regulamentando a "farra do boi". Porém, o Poder Judiciário, ao julgar a ADIN nº 2000.021138-9, declarou a referida lei inconstitucional.

---

[129] WELZEL, Hans. *Das Deutsche Strafrecht*. 11ª ed. Berlin: Walter de Gruyter & Co., 1969, p. 55 e ss.
[130] Ibid., p. 58.
[131] SILVEIRA, Renato de Mello Jorge. *Fundamentos da Adequação Social em Direito Penal*. São Paulo: Quartier Latin, 2010, p. 373.

Mencionamos[132] esses dois exemplos nevrálgicos no intuito de chamar a atenção do leitor para as possibilidades de discussão que o princípio pode propiciar, mas que revoguem aos limites deste *Curso*.

3.7. O princípio da insignificância

O *princípio da insignificância* foi proposto por Claus Roxin,[133] em 1964, o qual busca afastar a incidência das malhas do direito penal ante a ocorrência de lesões ínfimas ou de pouca importância. De ver-se que muito embora tenha sido concebido por Roxin, surge na esteira da evolução doutrinária do tipo penal constituindo, por assim dizer, produto, tal como o princípio da adequação social, de uma concepção de tipicidade material, deflagrada pelo neokantismo.

Com efeito, de modo geral, a contribuição do neokantismo, formulando a ideia de tipicidade material, teve ressonância em outros sistemas. Tanto é assim que, ao conceber o princípio da insignificância, Roxin o fez fundamentado na ideia de tipicidade material. Entre nós, Carlos Vico Mañas,[134] em obra precursora, na mesma linha do penalista tedesco, leciona que o princípio da insignificância "pode ser definido como instrumento de interpretação restritiva, fundado na concepção material do tipo penal (...).".

Fala-se, também, em delitos de bagatela, sob dois grupos, quais sejam, os "independentes ou próprios" e os "dependentes ou impróprios". Maurício Antônio Ribeiro Lopes,[135] invocando a lição de Krupelman, esclarece que: "Os primeiros são aqueles nos quais concorrem todas as características do delito, mas produzem uma lesão social escassa de importância; os segundos são aqueles outros cujos limites delituosos não estão bem definidos.". A utilidade prática apontada[136] seria a possibilidade de nos primeiros, em razão de serem "uma bagatela em toda sua essência e desenvolvimento", ser aplicada a multa, e não a pena criminal, numa "solução administrativa para o problema penal.".

Luiz Flávio Gomes[137] propugna, ainda, que não coincide o princípio da insignificância com o princípio da irrelevância penal. O primeiro, segundo o autor, tem relação com o injusto e é constituído pelo desvalor do resultado e também pelo desvalor da ação. Por sua vez, consoante aduz, o "princípio da irrelevância penal do fato tem correspondência com a culpabilidade e, sobre-

---

[132] Para um estudo verticalizado, consulte-se: SILVEIRA, Renato de Mello Jorge. *Fundamentos da Adequação Social em Direito Penal*. São Paulo: Quartier Latin, 2010.

[133] ROXIN, Claus. *Política Criminal y Sistema del Derecho Penal*. Trad. de Francisco Muñoz Conde. Barcelona: Bosch, 1972, p. 53.

[134] MAÑAS, Carlos Vico. *O Princípio da Insignificância como Excludente da Tipicidade no Direito Penal*. São Paulo: Saraiva, 1994, p. 81.

[135] LOPES, Maurício Antônio Ribeiro. *Princípio da Insignificância no Direito Penal*. 2ª ed. São Paulo: Revista dos Tribunais, 2000, p. 87.

[136] Ibid., p. 87-88.

[137] GOMES, Luiz Flávio. *Princípio da Insignificância e Outras Excludentes de Tipicidade*. São Paulo: Revista dos Tribunais, 2009, p. 28-29.

tudo, com a necessidade concreta da pena (ou necessidade preventiva da pena, como diz ROXIN).".

O princípio da insignificância não encontrou entre nós uma receptividade na jurisprudência, num primeiro momento. Porém, hoje, no cenário brasileiro, após um período inicial de relutância e ulterior e gradual afirmação, o princípio da insignificância não tem sido objeto de oposição. Porém, se por um lado, a adoção do princípio encontra-se praticamente pacificada, por outro, os critérios que possam dar conta a soluções no âmbito de sua aplicação prática ainda se revelam como um desafio, no que tange a um delineamento em moldes mais precisos. A carência de critérios gera dúvidas no momento de sua aplicação/interpretação.

Em atenção a essa carência de critérios, o Supremo Tribunal Federal, em julgado que remonta ao ano de 2004 (HC 84.412/SP, 2ª Turma, Rel. Min. Celso de Mello, unânime, j. 19.10.2004), intentou estabelecer os contornos de modo a delimitar quando um fato típico (formalmente) penal seria insignificante, determinando sua atipicidade material, estabelecendo que, para o reconhecimento da insignificância ou bagatela, necessários seriam os seguintes requisitos: *a)* mínima ofensividade da conduta do agente, *b)* nenhuma periculosidade social da ação, *c)* reduzido grau de reprovabilidade do comportamento, e *d)* inexpressividade da lesão jurídica provocada.

A nosso ver, o citado precedente não oferece, de fato, critérios operacionais de modo a propiciar ou mesmo "facilitar" o labor interpretativo. Nesse sentido, ponderamos[138] em artigo jurídico publicado, do qual reproduzimos o seguinte excerto:

> Em primeiro lugar, a expressão *mínima ofensividade da conduta do agente* é um tanto vaga. Tal afirmação para indicar o que seja insignificância ou bagatela não resulta em qualquer indicativo prático, de modo a orientar o aplicador da lei. Tarefa de real relevância seria estabelecer-se, isso sim, em que consiste a aludida mínima ofensividade.
>
> O segundo requisito, designado *nenhuma periculosidade social da ação*, também se ressente de melhores indicativos, aproximando-se de concepções ao estilo soviético, em que os enunciados de conteúdo vago assumiam prestígio. Senão vejamos o art. 6º do Código Penal russo de 1926, consoante nos socorre o saudoso professor Luiz Luisi: "não se considerará como delito o fato que, reunindo algumas das características de um artigo da parte especial do presente código, careça de perigosidade social, por sua manifesta insignificância e por ausência de conseqüências nocivas". Como se vê, a redação padece de uma enunciação delimitativa.
>
> O terceiro requisito diz respeito, desde a contribuição de Alexander Graf zu Dohna e Hans Welzel, ao juízo de valoração (culpabilidade), e não ao objeto de valoração (injusto), motivo por que se revela como uma espécie de corpo estranho no que tange ao estabelecimento de um critério válido.
>
> Por fim, o quarto e último requisito é, ao fim e ao cabo, uma repetição do primeiro, mas com outras palavras.
>
> O certo é que, não obstante a louvável iniciativa do STF em buscar estabelecer critérios que pudessem delinear parâmetros para a aferição da insignificância/bagatela, fato é que não logrou alcançar tal intento. Definitivamente, não vemos de que forma, com base nos aludidos critérios,

---

[138] SILVA, Ângelo Roberto Ilha da; MELO, Ana Carolina Carvalho de; FERREIRA, Luíza dos Passos. *Boletim IBCCrim*, ano 22, nº 261, ago/2014, p. 7-8.

poderá distinguir-se o valor insignificante em um caso de furto no valor de R$ 50,00 diferentemente de outro na monta de R$ 100,00. No fundo, o juiz irá decidir com base em suas valorações substancialmente subjetivas e ditos critérios poderiam ser utilizados tão somente como uma espécie de *slogan*.

Assim, permanece o desafio relativamente ao estabelecimento de critérios mais precisos a propiciar uma satisfatória delimitação.

3.8. O princípio da igualdade

Em seu discurso *Oração aos Moços*, Rui Barbosa[139] enfatizou: "A regra da igualdade não consiste senão em quinhoar desigualmente aos desiguais, na medida em que se desigualam.". Em consonância com essa afirmação, Gomes Canotilho[140] leciona que "não se pode interpretar o princípio da igualdade como um 'princípio estático' indiferente à eliminação das desigualdades, eu princípio da democracia econômica como um 'princípio dinâmico', impositivo de uma igualdade material.".

Nesse passo, da lição de Paulino Jacques,[141] extrai-se que "o tratamento igual consiste em assegurar às pessoas de situações iguais os mesmos direitos, prerrogativas e vantagens, com obrigações correspondentes", ao passo que "o tratamento desigual consiste em assegurar às pessoas de situações desiguais, direitos, prerrogativas e vantagens desiguais, com as obrigações correspondentes, também, desiguais;".

O *princípio da igualdade*,[142] ou da *isonomia*, foi objeto de intenso debate nos Estados Unidos, onde avultam os exemplos[143] de casos de racismo explícito contra negros, como o caso de Michael Brown, jovem negro morto por um policial, em agosto de 2014, na cidade de Fergusson, no Estado do Missouri, com a absolvição dos policiais, o que deflagrou uma onda de protestos. Cite-se também o caso de Akai Gurley, morto pela Polícia, em Nova Iorque, em novembro de 2014, suscitando protestos e reivindicações de punição dos responsáveis pelo crime. Ainda, referentemente a ocorrências mais recentes, é de se mencionar a morte de Freddie Gray, jovem negro assassinado na cidade

---

[139] BARBOSA, Rui. *Oração aos Moços*. 8ª ed. Rio de Janeiro: Ediouro,1997, p. 55.

[140] CANOTILHO, J. J. Gomes. *Direito Constitucional e Teoria da Constituição*. 2ª ed. Coimbra: Almedina, 1998, p. 332.

[141] JACQUES, Paulino. *Da Igualdade perante a Lei*. Rio de Janeiro: Forense, 1957, p. 234. Observa-se em BARZOTTO, Luis Fernando. *Filosofia do Direito – Os Conceitos Fundamentais e a Tradição Jusnaturalista*. Porto Alegre: Livraria do Advogado, 2010, p. 12: "A regra de justiça no seu aspecto formal, isto é, na consideração da igualdade estabelecida pela lei, é uma exigência da razão. A aplicação correta, isto é, coerente, de uma medida e de uma lei, também é uma exigência da razão: casos iguais são casos iguais (princípio da identidade). O que nos leva de volta ao início: a lei como medida, é 'algo da razão' (Tomás de Aquino).".

[142] Sobre o princípio, vide nosso: SILVA, Ângelo Roberto Ilha da. Política Criminal e Igualdade Étnico-Racial. In: *Estudos de Direito Público – Aspectos Penais e Processuais* (org. Leonardo Schmitt de Bem). Belo Horizonte: D'Plácido, 2018, v. 1. Para um aborgem monográfica exaustiva, consulte-se: JACQUES, Paulino. *Da Igualdade Perante a Lei*. Rio de Janeiro: Forense, 1957.

[143] Para mais exemplos, nos EUA e também em outros países, consulte-se: FARIAS, Vilson. *Racismo à luz do Direito Criminal*. Pelotas: Editora Livraria Mundial, 2015, p. 165.

de Baltimore, no Estado de Maryland, o qual, de igual forma, provocou uma acentuada inconformidade e protestos da população.

Naquele país, a discriminação durante um considerável período permeou a própria legislação sob a chancela dos tribunais. No escopo de um necessário avanço em prestígio aos direitos humanos, reclamavam-se ingentes esforços, na delineação de novos paradigmas.

Fundamental, para tanto, foi a decisão da Suprema Corte no famoso caso *Brown*,[144] julgado em 1954, porquanto não obstante o fato de a doutrina do *separate but equal* ser supostamente aplicável apenas à ocupação de lugares em transportes públicos, ela restou sendo também utilizada para fundamentar a segregação em escolas públicas e outras instituições estatais. Em sua decisão, a Corte Maior norte-americana afirmou que a doutrina *separate but equal* não poderia ser aplicada para justificar a segregação no âmbito escolar, o que se constituiu num importante paradigma de mudança[145] de rumo no terreno jurisprudencial.

No Brasil, o princípio da igualdade é constitucionalmente consagrado (CF, art. 5º, *caput*). A igualdade também constitui o bem jurídico[146] da lei antidiscriminatória (Lei nº 7.716/89), a denominada Lei Caó. Porém, em tempos passados, sob a égide do Código Criminal do Império de 1830, a isonomia era frontalmente rechaçada com previsões como a do art. 60,[147] que dispensava tratamento mais recrudescido, com penas corporais e cruéis, na hipótese de o réu ser escravo, muito embora o fato de a Constituição de 1824[148] consagrar o princípio da igualdade.

Dentre tantos exemplos possíveis no terreno penal, em prestígio do princípio da igualdade, no campo jurisprudencial, é de mencionar-se, em primeiro lugar, por ter propiciado relevante e histórica decisão, o crime de adultério, tipificado no art. 559 do CP italiano, o qual, no entanto, incriminava tão somente a mulher adúltera e o corréu que a levava a adulterar, de modo que o adultério praticado pelo marido não configurava crime, a menos que viesse a ter relações com outra mulher casada. Porém, em decisão de 19 de dezembro de 1968,[149] a Corte Constitucional italiana declarou a inconstitucionalidade da incriminação.

---

[144] NOWAK, John E.; ROTUNDA, Ronald D. *Constitutional Law*. 5th edition. 2nd reprint. West Group. 1999, p. 655 e *passim*.

[145] Nesse sentido: PUMES, José Osmar. *O Poder de Reforma Constitucional: Conceito, o Controle de Emenda e o Papel do STF na Jurisdição Constitucional*. Porto Alegre: PUCRS (dissertação de mestrado), 2009, p. 77.

[146] SILVA, Ângelo Roberto Ilha da. Política Criminal e Igualdade Étnico-Racial. In: *Estudos de Direito Público – Aspectos Penais e Processuais* (org. Leonardo Schmitt de Bem). Belo Horizonte: D'Plácido, 2018, v. 1, p. 348.

[147] Eis a redação: "Art. 60. Se o réo fôr escravo, e incorrer em pena que não seja a capital ou de galés, será condemnado na de açoutes, e, depois de os soffrer, será entregue a seu senhor, que se obrigará a trazê-lo com um ferro pelo tempo e maneira que o juiz o designar. O numero de açoutes será fixado na sentença, e o escravo não poderá levar por dia mais de cincoenta.". O curioso é que a previsão aqui reproduzida não afrontava apenas o princípio da igualdade, mas também a previsão que abolia penas corporais, nos seguintes termos: "Art. 179. (…). XIX – Desde já ficam abolidos os açoites, a tortura, a marca de ferro quente e todas as mais penas cruéis.".

[148] Assim dispunha a Constituição imperial: "Art. 179 (…). XIII – A Lei será igual para todos, quer proteja, quer castigue, e recompensará em proporção dos merecimentos de cada um.".

[149] ALIBRANDI, *Il Codice Penale Commentato per Articolo con la Giurisprudenza*. 8ª ed. Piacenza: Casa Editrice La Tribuna, 1998, p. 209.

O STJ, ao editar a Súmula 527, afirma que: "O tempo de duração da medida de segurança não deve ultrapassar o limite máximo da pena abstratamente cominada ao delito praticado", buscando propiciar uma isonomia da medida de segurança com a pena privativa de liberdade. Outro exemplo advindo da mesma Corte Superior encontramos em caso em que se aplicou a pena prevista no art. 33 da Lei nº 11.343/06 (Lei de Drogas), tendo o agente incorrido na prática do art. 273, cuja pena mínima, de dez anos, revela-se desproporcional. Muito embora o tribunal tenha enfatizado o princípio da proporcionalidade para proceder à redução da pena, nota-se que se ensejou uma isonomia entre as duas previsões, relativamente à pena imposta (STJ, Resp. 1.360.209/SC, D. J. 08/05/2015).

O princípio da igualdade[150] também está (ou deve(ria) estar) subjacente à formulação da lei. Assim é que o art. 29, §§ 1º e 2º, do CP prevê penas mais brandas a agentes que concorreram para a perpetração delitiva com uma contribuição menor. Também quando o CPP estatuí que o perdão concedido a um dos querelados aproveitará a todos, desde que não haja recusa (art. 51), está a atender o princípio ora em estudo. Jorge de Figueiredo Dias[151] assevera que "ofende o princípio da igualdade (...) prejudicar o agente de mais fraca situação econômico-financeira" na imposição da multa. Nessa linha, nosso CP estabelece, por exemplo, que, na fixação da pena de multa, o juiz deve atender, principalmente, à situação econômica do réu (art. 60).

Por outro lado, não afronta[152] o princípio as imunidades parlamentares, porquanto o que se procura preservar é o exercício de suas funções. Também não há violação ao princípio pelo fato de a Lei nº 11.340/06 (Lei Maria da Penha) voltar-se à proteção das mulheres, consoante decidiu o STF, em decisão unânime, ao julgar a Ação Declaratória de Constitucionalidade nº 19 (ADC nº 19), em 09.02.2012.

3.9. O princípio da culpabilidade

O *princípio da culpabilidade*[153] (*nulla poena sine culpa*) é utilizado, em doutrina, com diversos sentidos. Em sua concepção mais básica[154] e adotada, significa que a pena criminal somente pode ser infligida ao agente que tenha praticado

---

[150] Consulte-se, ainda: LOVATTO, Alecio Adão. *O Princípio da Igualdade e o Erro Penal Tributário*. Porto Alegre: Livraria do Advogado, 2008. Em matéria processual penal: COSTA, Paula Bajer Fernandes Martins da. *Igualdade no Direito Processual Penal Brasileiro*. São Paulo: Revista dos Tribunais, 2001.

[151] DIAS, Jorge de Figueiredo. *Direito Penal Português – As Consequências Jurídicas do Crime*. Lisboa: Aequitas/Editorial Notícias, 1993, p. 125.

[152] ZAFFARONI, Eugenio Raúl; PIERANGELI, José Henrique. *Manual de Direito Penal Brasileiro – Parte Geral*. 5ª ed. São Paulo: Revista dos Tribunais, 2004, p. 224-225.

[153] JESCHECK, Hans-Heinrich; WEIGEND, Thomas. *Lehrbuch des Strafrechts – Allgemeiner Teil*. 5ª ed. Berlin: Duncker & Humblot, 1996, p. 23.

[154] LUISI, Luiz. *Os Princípios Constitucionais Penais*. 2ª ed. Porto Alegre: Sergio Antonio Fabris, 2003, p. 32-38; LOPES, Mauricio Antonio Ribeiro. *Princípios Políticos do Direito Penal*. 2ª ed. São Paulo: Revitsa dos Tribunais, 1999, p. 97; MEROLLI, Guilherme. *Fundamentos Críticos de Direito Penal*. 2ª ed. São Paulo: Atlas, 2014, p. 326.

o injusto penal de forma reprovável, ou seja, consiste na exigência de um juízo de censura sobre o autor do fato. Nesses termos, o princípio afasta a responsabilização penal pelo resultado destituído do juízo de reprovação que deve incidir sobre aquele que tenha perpetrado um fato previsto como crime.

Portanto, a culpabilidade, no sentido aqui exposto, constitui o fundamento da pena, consistindo, ao mesmo tempo, também limite da pena, visto que o juízo de censura é graduável, na medida em que o agente, em função da prática do fato, pode ser reprovado em maior ou em menor grau. Sobre o conceito de culpabilidade, formal e material, bem como sua evolução doutrinária, trataremos quando do estudo da teoria jurídica do crime.

Há também quem utilize, como é o caso de Affonso Celso Favoretto,[155] com sentido segundo o qual "o princípio da culpabilidade representa a exigência a exigência de dolo ou culpa (quando houver previsão legal para modalidade culposa) para que se imponha sanção penal a alguém.". A nosso ver, relativamente a esta última concepção, é preferível falar-se em responsabilidade subjetiva, a qual trataremos na sequência.

3.10. O princípio da responsabilidade subjetiva

Ao estudarmos a teoria jurídica do crime, verificaremos que o conceito analítico de crime é aquele que decompõe o crime elementos. De acordo com o conceito estratificado de delito, este consiste na conduta típica, ilícita e culpável, sendo que a conduta típica qualificada como ilícita é denominada injusto, que é o objeto de reprovação, tendo a culpabilidade como elemento último do crime, o juízo de reprovação.

A conduta, que pode ser comissiva ou omissiva, para que seja ensejadora de um fato criminoso, deve ser dolosa (intencional) ou culposa (com inobservância do dever de cuidado), devendo ser o fato, neste último caso, ao menos previsível. Assim é que, de acordo com o *princípio da responsabilidade subjetiva*, a pena criminal somente pode ser imposta ao agente que tenha atuado com dolo ou com culpa. Esse princípio contrapõe-se à responsabilidade objetiva, a qual determina a imposição de pena pela causação do resultado, sem considerar a perspectiva subjetiva do agente, ou seja, se agiu com dolo ou com culpa. No caso do homicídio, por exemplo, somente se responsabilizará o agente que quis cometer o crime, ou seja, quis matar alguém (dolo), ou que o praticou por não ter atendido ao dever de cuidado, como ocorre por vezes no tráfico viário (culpa), afastando-se a responsabilidade na ocorrência de caso fortuito, rechaçando-se o medieval princípio do *versari in re illicita*.

Nilo Batista[156] menciona o Código Hammurabi, rei da Babilônia (1728-1686 a. C.), no qual encontramos um claro exemplo de responsabilidade pelo resultado, sem consideração do elemento subjetivo consistente em dolo e culpa

---

[155] FAVORETTO, Affonso Celso. *Princípios Constitucionais Penais*. São Paulo: Revista dos Tribunais, 2012, p. 151.
[156] BATISTA, Nilo. *Introdução Crítica ao Direito Penal Brasileiro*. 3ª ed. Rio de Janeiro: Revan, 1996, p. 102.

na previsão segundo a qual se um pedreiro construísse uma casa sem fortificá-la e esta desabasse, matando o morador, o pedreiro seria morto. Porém, se o filho do morador viesse a morrer, o filho do construtor também deveria ser morto. O resultado é o que determinaria a punição. O direito penal hodierno não mais admite semelhante solução, precisamente em virtude do princípio ora estudado.

3.11. O princípio do Direito Penal do fato

O *princípio do Direito Penal do fato* (*Tatstrafrecht*) significa que o destinatário da lei penal deve responder pelo fato que tenha praticado, e não por aquilo que é. O princípio, assim, contrapõe-se à ideia de Direito Penal do autor (*Täterstrafrecht*). Consoante João Paulo Orsini Martinelli[157] e Leonardo Schmitt de Bem, relativamente à responsabilidade penal pelo fato, o "agente deve ser incriminado pelas condutas praticadas, e não por sua pessoa, de sorte que se valora um direito penal de fato, e não um direito penal de autor, ao passo que a responsabilidade pessoal proíbe" (...) "que a pena recaia sobre uma pessoa diferente da que praticou o fato que lhe serve de fundamento (STJ, 1ª Turma, Resp. n. 704.873/SP, rel. Min. Denise Arruda, DJ 2-8-2007).".

Interessante exemplo da incidência do princípio aqui tratado encontramos no famoso e fatídico caso da Boate *Kiss*, ocorrido na cidade de Santa Maria, no Rio Grande do Sul, em 27 de janeiro de 2013, relativamente ao chefe do Poder Executivo municipal, em que um incêndio no prédio onde funcionava a referida boate vitimou, de forma fatal, 241 pessoas, além de centenas de outras feridas. No caso, o Tribunal de Justiça do Rio Grande do Sul acolheu pedido de arquivamento promovido pelo Ministério Público, em face do prefeito Cezar Schirmer, na pessoa da Procuradora de Justiça, Drª. Eva Margarida Brinques de Carvalho, por não haver "vinculação entre o fato e o Chefe do Executivo" (TJRS, 4ª Câmara Criminal, APAN 70054066220, rel. Des. Aristides Pedroso de Albuquerque Neto, j. 18.07.2013, unânime).

3.12. O princípio da pessoalidade, personalidade ou da intranscendência da pena

No filme Gladiador (2000), dirigido por Ridley Scott, há uma cena que bem ilustra, *a contrario sensu*, o *princípio da pessoalidade, personalidade ou da intranscendência da pena*. Na película, que é uma mescla de ficção com fatos históricos, o ator principal, Russel Crowe, interpreta o general romano Maximus Decimus Meridius, chamado de espanhol no filme, o qual é leal ao imperador Marco Aurélio.

---

[157] MARTINELLI, João Paulo Orsini; BEM, Leonardo Schmitt de. *Lições Fundamentais de Direito Penal – Parte Geral*. São Paulo: Saraiva, 2016, p. 225-227.

Com a morte do imperador, o general se nega a prestar a mesma lealdade ao novo imperador, o sucessor de Marco Aurélio, seu filho Cômodo, fato que lhe determina a sentença de morte. Ocorre que, no momento da execução, o general, usando de suas habilidades talhadas como comandante em diversas batalhas, prevalece sobre os executores e logra fugir, indo em busca de sua família, mas ao chegar em sua casa depara-se com sua esposa e seu filho mortos, a mando do novo imperador.

O princípio da pessoalidade está exatamente em linha oposta ao ocorrido no filme, em que a pena alcançou pessoas diversas da pessoa do condenado, ou seja, do general que foi considerado desleal, traidor. Entre nós, constitui garantia constitucional, porquanto na dicção do inc. XLV do art. 5º, "nenhuma pena passará da pessoa do condenado, podendo a obrigação de reparar o dano e a decretação do perdimento de bens ser, nos termos da lei, estendidas aos sucessores e contra eles executadas, até o limite do valor do patrimônio transferido;". Assim, a única coisa que poderá alcançar aos sucessores será a responsabilidade civil, mas tão somente até o limite da herança deixada.

3.13. O princípio da individualização da pena

O *princípio da individualização da pena*[158] também constitui garantia constitucional. Prevê o art. 5º, inc. XLVI, da Lei Maior que "a lei regulará a individualização da pena e adotará, entre outras, as seguintes: a) privação ou restrição da liberdade; b) perda de bens; c) multa; d) prestação social alternativa; e) suspensão ou interdição de direitos;".

A individualização da pena possui três fases. A primeira é a legislativa, em que o legislador estabelece a pena mínima, a pena máxima, o regime, etc. Após tem-se a fase judicial, em que o magistrado, com base no critério trifásico adotado pelo CP (art. 68), estabelece o *quantum* da pena, de forma individualizada para cada condenado. Por fim, a individualização executória será observada na fase da execução penal, com a observância das disposições previstas na LEP e em outros diplomas legais.

3.14. O princípio do *ne bis in idem*

O princípio[159] consiste na proibição da dupla punição da mesma pessoa pela prática do mesmo fato. Exemplo temos em nosso CP ao considerar que as circunstâncias agravantes da pena não incidem quando constituem ou quando qualificam o crime (art. 61, *caput*).

---

[158] FAVORETTO, Affonso Celso. *Princípios Constitucionais Penais*. São Paulo: Revista dos Tribunais, 2012, p. 113 e ss.
[159] BERDUGO GÓMEZ DE LA TORRE, Ignacio et el. *Lecciones de Derecho Penal – Parte General*. Barcelona: Praxis, 1996, p. 44.

No plano constitucional, a Constituição portuguesa estabelece que "Ninguém pode ser julgado mais do que uma vez pela prática do mesmo crime" (art. 29º, 5), com o que, no dizer de J. J. Gomes Canotilho[160] e Vital Moreira, a previsão "dá dignidade constitucional ao clássico **princípio *non bis in idem.***". Não obstante a Constituição espanhola não contemple semelhante previsão, o Tribunal Constitucional espanhol entendeu[161] que, ainda que não esteja consagrado de forma expressa nos arts. 14 a 30 da Constituição, os quais consagram os direitos e liberdades suscetíveis de amparo, o *ne bis in idem* integra o princípio da legalidade e tipicidade das infrações, o que se extrai principalmente de seu art. 25.

Entre nós, o STF já manifestou o entendimento segundo o qual: "A incorporação do princípio do *ne bis in idem* ao ordenamento jurídico pátrio, ainda que sem o caráter de preceito constitucional, vem, na realidade, complementar o rol dos direitos e garantias individuais já previstos pela Constituição Federal, cuja interpretação sistemática leva à conclusão de que a Lei Maior impõe a prevalência do direito à liberdade em detrimento do dever de acusar (Plenário, HC 80.263-SP, rel. Ilmar Galvão, j. 20.02.2003).".

Também em consonância com o princípio, o STJ editou o seguinte enunciado:

Súmula 241: A reincidência penal não pode ser considerada como circunstância agravante e, simultaneamente, como circunstância judicial.

Assim, conquanto a nossa Lei Maior não o preveja de forma expressa, trata-se de princípio inconteste, na doutrina e na jurisprudência.

3.15. Princípios limitadores vinculados ao processo penal: devido processo legal e não culpabilidade ou presunção de inocência

3.15.1. *O devido processo legal*

Na lição de Pinto Ferreira,[162] a cláusula do *devido processo legal* "Remonta à *Magna Charta Libertatum*, de 1215 (art. 39), daí passando para o direito norte-americano.". No direito estadunidense, o *due process of law* advém[163] da quinta e da quadragésima emendas, onde goza de grande tradição e prestígio. "Na origem do processo devido", afirma Nereu Giacomolli,[164] "percebe-se, claramente,

---

[160] CANOTILHO, J. J. Gomes; MOREIRA, Vital. *Constituição da República Portuguesa Anotada.* 1ª ed. brasileira; 4ª ed. portuguesa. São Paulo: Revista dos Tribunais e Coimbra Editora, 2007, v. 1, p. 497. Na página citada, afirmam ainda os autores que o princípio "comporta duas dimensões: (*a*) como *direito subjectivo fundamental*, garante ao cidadão o direito de não ser julgado mais do que uma vez pelo mesmo facto, conferindo-lhe, ao mesmo tempo, a possibilidade de se defender contra actos estaduais violadores deste direito (*direito de defesa negativo*); (*b*) como *princípio constitucional objectivo* (dimensão objectiva do direito fundamental), obriga fundamentalmente o legislador à conformação do direito processual e à definição do caso julgado material, de modo a impedir a existência de vários julgamentos pelo mesmo facto.".

[161] Consulte-se, com mais detalhes, em: BERDUGO GÓMEZ DE LA TORRE, Ignacio *et al. Lecciones de Derecho Penal – Parte General.* Barcelona: Praxis, 1996, p. 45.

[162] FERREIRA, Pinto. *Comentários à Constituição Brasileira.* São Paulo: Saraiva, 1989, v. 1, p. 175.

[163] BASSIOUNI, M. CHERIF. *Diritto Penale degli Stati Uniti D'America.* Trad. de Luisella de Cataldo Neuburger. Milano: Giuffrè, 1985, p. 61.

[164] GIACOMOLLI, Nereu José. *O Devido Processo Legal.* São Paulo Atlas, 2014, p. 78.

a função limitativa do poder estatal frente aos particulares e a perspectiva de adoção do Estado de Direito (*Governement under Law*).".

A CF o consagra de forma expressa ao estatuir que "ninguém será privado de sua liberdade ou de seus bens sem o devido processo legal" (art. 5º, inc. LIV). Gustavo Badaró[165] observa que, embora o devido processo legal tenha permanecido durante longo tempo ligado apenas ao aspecto processual, assumiu, na atualidade, uma maior amplitude, podendo ser dividido "em dois aspectos: o procedural *due process* e o substantive *due process*.".

Ainda na lição de Badaró,[166] apoiado em Carlos Alberto de Siqueira Castro, o "devido processo legal substantivo assegura que as leis sejam razoáveis", um requisito de razoabilidade (*rasonableness*) e de racionalidade (*rationality*), dos atos estatais, a cumprir um papel de aferição valorativa no que tange à justiça das regras jurídicas. Como consequência, estando a lei ou qualquer outro ato normativo em desacordo com a razoabilidade, será considerado *inconstitucional*. Já o devido processo legal, em sua feição originária e processual, constitui "um *princípio síntese*, que engloba os demais princípios e garantias processuais assegurados constitucionalmente.".

Rogério Lauria Tucci[167] propõe como síntese do *due process*, se bem que, à evidência, no sentido processual, as seguintes garantias: "*a*) de acesso à Justiça Penal; *b*) do juiz natural em matéria penal; *c*) de tratamento paritário dos sujeitos parciais do processo penal; *d*) da plenitude de defesa do indiciado, acusado, ou condenado, com todos os meios e recursos a ela inerentes; *e*) da publicidade dos atos processuais penais; *f*) da motivação dos atos decisórios penais; *g*) da fixação de prazo razoável de duração do processo penal; e *h*) da legalidade da execução penal.".

Em suma, o devido processo legal (penal) constitui verdadeiro limitativo ao *jus puniendi* estatal, abrangendo os aspectos substantivo e processual, reivindicando um processo escorreito/regular, sendo este último deveras mais perceptível na prática forense sobretudo no terreno das nulidades. Dentre tantos exemplos, referimos a não admissão de escuta telefônica a partir de "denúncia anônima", visto que, consoante entendimento do STF somente é possível "desde que a instauração formal do procedimento investigatório e a produção probatória tenham sido precedidas de averiguação sumária, 'com prudência e discrição', destinada a apurar a verossimilhança dos fatos delatados e da respectiva autoria" (Segunda Turma, HC 135.969 AgR, rel. Min. Celso de Mello, j. 29.11.2016).

3.15.2. Não culpabilidade ou presunção de inocência

Discute-se se a *não culpabilidade* e a *presunção de inocência* seriam princípios que se identificariam ou teriam significado diverso. Na dicção do art. 5º,

---

[165] BADARÓ, Gustavo Henrique. *Processo Penal*. 5ª ed. São Paulo: Revista dos Tribunais, 2017, p. 89.
[166] Idem.
[167] TUCCI, Rogério Lauria. *Direitos e Garantias Individuais no Processo Penal Brasileiro*. 2ª ed. São Paulo: Revista dos Tribunais, 2004, p. 67.

inc. LVII, da Constituição, "ninguém será considerado culpado até o trânsito em julgado de sentença penal condenatória.".

Para Pedro Jorge Costa,[168] a expressão *princípio da presunção de inocência* é imprópria, porquanto se cuidaria rigorosamente de princípio da não culpabilidade, princípio que "é visto como garantia política do estado de inocência, como regra de julgamento no caso de dúvida e como regra de tratamento do acusado ao longo do processo.".

Esclarece o autor[169] que: "No primeiro sentido, traz a necessidade de prova para convencimento sobre a verdade dos fatos para além de qualquer dúvida razoável, *standard* probatório conhecido nos sistemas de *common law* desde o século XVIII.". Por outro lado, no segundo aspecto, consiste em "uma regra de julgamento aplicável se houver dúvida relevante sobre a prova da alegação de um fato no processo.".

Relativamente ao primeiro sentido, há que se ter em consideração que não se pode, rigorosamente, como já se entendeu, falar em verdade absoluta a ser buscada no processo penal. Daí a relevância dos *standards* probatórios, cujos limites deste *Curso* não comportam maior desenvolvimento, motivo por que remetemos o leitor a trabalho específico sobre o tema, bastando aqui afirmar que a condenação não poderá se amparar em conjunto probatório em que haja qualquer dúvida razoável.

O segundo sentido está ligado ao problema do ônus da prova, não havendo necessidade de que a absolvição esteja amparada em provas. Aqui vale a máxima *in dubio pro reo*, vedado, portanto, o *non liquet*.

Porém, assevera Marcelo Lessa Bastos,[170] fundamentado em Ada Pellegrini Grinover, que o princípio da não culpabilidade (terminologia também adotada por este autor) não determina um alijamento do julgador da produção probatória, porquanto "não se pode definir o processo como um meio de se chegar à dúvida dos fatos alegados pelas partes, muito menos, a pretexto de lhe dar um perfil garantista, transformar o juiz em refém da atividade probatória das partes. Não pode ser este o perfil de um processo que se deseje em pleno século XXI. Isto que se sustenta não é um juiz imparcial, na concepção ontológica da palavra. Isso não é imparcialidade. Quando muito, é uma espécie de *parcialidade pró-réu*, o que é um grande equívoco, como já sustentado alhures.".

Em semelhante sentido, Vicente Greco Filho[171] entende o sistema acusatório "não retira do juiz os poderes inquisitivos referentes à prova e perquirição da verdade. (...). O que se repele é a inquisitividade na formulação da acusação, a qual deve ser privativa do Ministério Público ou do ofendido.". Prossegue o autor,[172] referindo-se agora especificamente ao art. 5º, inc. LVII, da Constituição que: "Sob o aspecto prático, a regra constitucional traz

---

[168] COSTA, Pedro Jorge. *Dolo Penal e sua Prova*. São Paulo, Atlas, 2015, p. 165-166.
[169] Ibid., p. 166.
[170] BASTOS, Marcelo Lessa. *Processo Penal e Gestão da Prova – A Questão da Iniciativa Instrutória do Juiz em face do Sistema Acusatório e da Natureza da Ação Penal*. Rio de Janeiro: Lumen Juris, 2014, p. 20.
[171] GRECO FILHO, Vicente. *Manual de Processo Penal*. 7ª ed. São Paulo: Saraiva, 2009, p. 56.
[172] Ibid., p. 62.

implícita disposição sobre o ônus da prova, qual seja: presume-se a inocência do acusado até que, havendo provas, seja ele condenado por sentença definitiva transitada em julgado.".

Diferentemente da posição de Pedro Jorge Costa e de Marcelo Lessa Bastos, Badaró[173] afirma não haver distinção entre as fórmulas "presunção de não culpabilidade" e "presunção de inocência". Para o processualista[174] penal, o conteúdo da presunção de inocência implica "distinguir três significados de tal princípio: (1) garantia política; (2) regra de tratamento do acusado; (3) regra probatória.". A primeira constitui estado de inocência, que somente pode ser afastado mediante prova plena do cometimento de um crime pelo agente; a segunda impõe, em caso de dúvida, a incidência do *in dubio pro reo*; por fim, a terceira visa a garantir ao acusado a não equiparação ao culpado, durante o curso do processo, mas sem vedar a prisão do acusado, mas tão somente a de natureza cautelar.

Por sua vez, Eugenio Pacelli de Oliveira[175] sintetiza o princípio nos seguintes termos: "Afirma-se frequentemente em doutrina que o princípio da inocência, ou *estado* ou *situação jurídica* de inocência, impõe ao Poder Público a observância de duas regras específicas em relação ao acusado: uma de *tratamento*, segundo a qual o réu, em nenhum momento do *iter persecutório*, pode sofrer restrições pessoais fundadas exclusivamente na possibilidade de condenação, e outra de fundo *probatório*, a estabelecer que todos os ônus da prova relativa à existência do fato e à sua autoria devem recair exclusivamente sobre a acusação. À defesa restaria apenas demonstrar a eventual incidência de fato caracterizador de excludente de ilicitude e culpabilidade, cuja presença fosse por ela alegada.".

Certo é que o princípio nunca propiciou tamanho debate como nos tempos atuais. Isso porque o STF, no julgamento do HC 84.078/MG, julgado em 05.02.2009, com base no art. 5º, inc. LVII, da CF, entendeu que a antecipação da execução penal revela-se "incompatível com o texto da Constituição.". Porém, no julgamento do HC 126.292/SP, em 17.02.2016, por maioria de 7 votos a 4, a Corte Suprema alterou aquele entendimento, passando a admitir a execução da pena após a confirmação de condenação por tribunal de segundo grau de jurisdição, de cuja ementa se extrai: "1. A execução provisória de acórdão penal condenatório proferido em grau de apelação, ainda que sujeito a recurso especial ou extraordinário, não compromete o princípio constitucional da presunção de inocência afirmado pelo artigo 5º, inciso LVII da Constituição Federal." (STF, Pleno, HC 126.292/SP, rel. Min. Teori Zavaski, j. 17.02.2016).

No entanto, a questão não está pacificada, sobretudo em virtude da pendência do julgamento das ADCs 43 e 44, que buscam declarar a constitucionalidade do art. 283 do CPP, o qual dispõe que: "Ninguém poderá ser preso senão em flagrante delito ou por ordem escrita e fundamentada da autoridade judiciária competente, em decorrência de sentença condenatória transitada em

---

[173] BADARÓ, Gustavo Henrique. *Processo Penal*. 5ª ed. São Paulo: Revista dos Tribunais, 2017, p. 63.
[174] Ibid., p. 65-67.
[175] OLIVEIRA, Eugênio Pacelli de. *Curso de Processo Penal*. 19ª ed. São Paulo: Atlas, 2015, p. 48.

julgado ou, no curso da investigação ou do processo, em virtude de prisão temporária ou prisão preventiva.". O que se pleiteia nas ADCs, em suma, é o retorno da impossibilidade da execução provisória da pena após o julgamento em segunda instância, sendo incumbência do STF dar a última palavra quanto à questão.

Capítulo IV – AS CIÊNCIAS PENAIS, OBJETO E MÉTODO DO DIREITO PENAL

1. O trinômio Dogmática Penal, Criminologia e Política Criminal: a ciência penal conjunta

Neste primeiro tópico sobre as Ciências Penais, procederemos a uma breve introdução e distinção acerca de três campos de estudo que possuem forte imbricação e que tiveram ao longo do desenvolvimento do Direito Penal uma evolução em termos de conteúdo e também de repercussão prática: a *Dogmática Penal*, a *Criminologia* e a *Política Criminal*. Esses três campos do saber formam o que Franz von Liszt designou como Ciência Penal Conjunta (*Gesamtstrafrechtswissenschaft*).

1.1. A Dogmática Penal

A *Dogmática Jurídico-Penal* constitui o Direito Penal enquanto *saber*, é, noutros termos, a Ciência do Direito Penal. É comum designar-se a nossa disciplina como Direito Penal, não no sentido de direito penal objetivo – que representa o conjunto de normas penais –, mas no sentido de Saber, de Ciência. É por isso que as Faculdades denominam suas disciplinas como Direito Penal I, Direito Penal II, etc.

Jorge de Figueiredo Dias[176] refere que até finais do século XIX a Dogmática Jurídico-Penal era a única ciência que se poderia levar em consideração para a aplicação do direito penal e, por via de consequência, "a única que o jurista-penalista podia e devia legitimamente cultivar.".

No ano de 1881, Franz von Liszt,[177] juntamente com Dochow, fundou a *Zeitschrift für die gesammte Strafrechts wissenschaft* (Revista para a Ciência Penal Conjunta), cujo intuito era fazer uma oposição as ideias da Escola Clássica. Colocando em relevo a Criminologia e a Política Criminal, Von Liszt restou por contribuir de modo significativo à assunção desses dois saberes a patamares, que antes não lhes era franqueados, consoante veremos nos tópicos seguintes.

---

[176] DIAS, Jorge de Figueiredo. *Temas Básicos da Doutrina Penal*. Coimbra: Coimbra Editora, 2001, p. 6.
[177] PEREIRA, José Higino Duarte. *Prefácio do tradutor*. In: LISZT, Franz von. *Tratado de Direito Penal Allemão*. Trad. de José Hygino Duarte Pereira. Rio de Janeiro: F. Briguet & C., 1899, t. I, p. XXIX-XXX.

1.2. A Criminologia

O termo *Criminologia* tornou-se corrente a partir da obra homônima de Rafaelle Garófalo, de 1885. Porém, consoante referem Jorge de Figueiredo Dias[178] e Manuel da Costa Andrade, o termo remonta a Paul Topinard, que o utilizou já no ano de 1879.

A ascensão da Criminologia deve-se precipuamente ao trinômio Lombroso/Ferri/Garófalo.[179] Cesare Lombroso, médico, publicou seu principal livro sob o título *L'Uomo Deliquente* (1876), tendo estudado a morfologia do criminoso para a explicação do fenômeno delitivo, o qual deu início à Escola Positiva italiana. Deve-se ao médico italiano a origem da Antropologia ou Biologia Criminal. Concebeu[180] a figura do delinquente nato e a tese do atavismo, recebendo influência de Charles Darwin. Enrico Ferri, político, publicou a obra *Sociologia Criminale* (1892), pôs em relevo aspectos sociais e econômicos para explicar o comportamento delitivo, mas sem dissociar-se de sua classificação ao considerar o criminoso nato em virtude da dados antropológicos. Por fim, Rafaelle Garófalo, magistrado, publicou, dentre outros, o livro *Criminologia* (1885), dando ênfase ao aspecto psicológico do crime, bem como salientava a existência do "crime natural".

No século XIX, e também em boa parte do século XX, a Criminologia era tida como ciência causal-explicativa que se ocupava do estudo do crime, do criminoso e das causas do crime. Sob a égide do paradigma causal-explicativo ou etiológico, com o método experimental, seu objeto[181] restringe-se à pessoa do delinquente, ao delito e às causas deste. Essa é uma brevíssima noção da denominada *Criminologia Tradicional*.

No transcurso das últimas décadas, procedeu-se a uma sensível mudança em um avanço para uma *Criminologia Crítica*, que volta a atenção não somente para a criminalidade convencional, ao que se designou *Nova Criminologia* ou *Macrocriminologia*. Ney Fayet Júnior[182] aponta os seguintes pensamentos criminológicos, cronologicamente ordenados: "1. Nova Defesa Social (de Marc Ancel);

---

[178] DIAS, Jorge de Figueiredo; ANDRADE, Manuel da Costa. *Criminologia – O Homem Delinquente e a Sociedade Criminógena*. 2ª reimpressão. Coimbra: Coimbra Editora, 1997, p. 5.

[179] Para maiores detalhes, consulte-se: LOMBROSO, Cesare. *L'Uomo Delinquente in Rapporto all'Antropologia, alla Giurisprudenza ed alla Pscichiatria*. 3ª ed. Torino: Fratelli Bocca, 1897; FERRI, Enrico. *Sociologia Criminale*. Torino: Fratelli Bocca, 1892; GAROFALO, Rafaelle. *La Criminologie – Étude sur la Nature du Crime et la Théorie de la Pénalité*. 2ª ed. Paris: Félix Alcan, 1890; DIAS, Jorge de Figueiredo; ANDRADE, Manuel da Costa. *Criminologia – O Homem Delinquente e a Sociedade Criminógena*. 2ª reimpressão. Coimbra: Coimbra Editora, 1997, p. 10-17. Entre nós, consulte-se: BRUNO, Anibal. *Direito Penal – Parte Geral*. 3ª ed. Rio de Janeiro: Forense, 1967, v. 1º, p. 50-59; FRAGOSO, Heleno Cláudio. *Lições de Direito Penal – Parte Geral*. 12ª ed. revista e atualizada por Fernando Fragoso. Rio de Janeiro: Forense, 1990, p. 19-21; REALE JÚNIOR, Miguel. *Instituições de Direito Penal*. 4ª ed. Rio de Janeiro: Forense, 2013, p. 63-70.

[180] LOMBROSO, Cesare. *L'Uomo Delinquente in Rapporto all'Antropologia, alla Giurisprudenza ed alla Pscichiatria*. 3ª ed. Torino: Fratelli Bocca Editori, 1897, *passim*.

[181] GARCÍA-PABLOS DE MOLINA, Antonio; GOMES, Luiz Flávio. *Criminologia*. 2ª ed. São Paulo: Revista dos Tribunais, 1997, p. 52 e ss.

[182] FAYET JÚNIOR, Ney. Considerações sobre a Criminologia Crítica. In: *A Sociedade, a Violência e o Direito Penal* (org. de Ney Fayet Júnior e Simone Prates Miranda Corrêa). Porto Alegre: Livraria do Advogado, 2000, p. 188.

2. A criminologia da Reação Social ou a Teoria do *Labelling Approach*; 4. Criminologia Crítica (Ian Taylor, Paul Walton e Jock Yong); e 5. Criminologia Dialética (cujo principal nome no Brasil seria o de Roberto Lyra Filho).".

Não é nosso escopo neste nosso *Curso de Direito Penal* nos prolongarmos no estudo da Criminologia, e sim apenas fornecer uma breve noção inicial. Para um estudo mais detido, há excelentes trabalhos tanto de caráter específico como também obras gerais para as quais remetemos[183] o leitor. No entanto, importa ainda anotar que a Criminologia teve seu objeto[184] deveras alargado, abrangendo em tempos atuais o estudo do delinquente, do delito, das causas da criminalidade, mas com o acréscimo do estudo da vítima e também do próprio controle social, incluindo-se aí as agências de controle.

A nosso ver, é correta e didática a definição de Antonio García-Pablos de Molina,[185] ao concebê-la "como ciência empírica e interdisciplinar, que se ocupa do estudo do crime, da pessoa do infrator, da vítima e do controle social do comportamento delitivo, e que trata de subministrar uma informação válida, contrastada, sobre a gênese, dinâmica e variáveis principais do crime – contemplado este como problema individual e como problema social –, assim como sobre os programas de prevenção eficaz [desse] e técnicas de intervenção positiva no homem delinquente.".

Estamos de acordo com a definição, porque, segundo o próprio autor,[186] esse conceito apresenta, "desde logo, algumas das características fundamentais do seu *método* (empirismo e interdisciplinariedade), antecipando *objeto* (análise do delito, do delinquente, da vítima e do controle social) e suas *funções* (explicar e prevenir o crime e intervir na pessoa do infrator).". Parece-nos que uma tal concepção está em consonância com o pensamento atual.

---

[183] Dentre o vasto material disponível, mencionamos: DIAS, Jorge de Figueiredo; ANDRADE, Manuel da Costa. *Criminologia – O Homem Delinquente e a Sociedade Criminógena*. 2ª reimpressão. Coimbra: Coimbra Editora, 1997; MANNHEIM, Hermann. *Criminologia Comparada*. Trad. de Manuel da Costa Andrade e José Faria Costa. Lisboa: Fundação Calouste Gulbenkian, 1984, v. 1, 1985, v. 2; GARCÍA-PABLOS DE MOLINA, Antonio; GOMES, Luiz Flávio. *Criminologia*. 2ª ed. São Paulo: Revista dos Tribunais, 1997; SUTHERLAND, Edwin H. *Crime de Colarinho Branco*. Trad. de Clécio Lemos. Rio de Janeiro: Revan, 2015; ANCEL, Marc. *La Défense Sociale Nouvelle* (*Un Mouvement de Politique Criminelle Humaniste*). Paris: Éditions Cujas, 1966; BARATTA, Alessandro. *Criminologia Crítica e Crítica do Direito Penal – Introdução à Sociologia do Direito Penal*. Trad. de Juarez Cirino dos Santos. Rio de Janeiro: Revan, 1997; ELBERT, Carlos Alberto. *Novo Manual Básico de Criminologia*. Trad. de Ney Fayet Júnior. Porto Alegre: Livraria do Advogado, 2009; SANTOS, Juarez Cirino dos. *A Criminologia Radical*. 2ª ed. Rio de Janeiro: Lumen Juris/ICPC, 2006; SHECAIRA, Sérgio Salomão. *Criminologia*. 4ª ed. São Paulo: Revista dos Tribunais, 2012; CARVALHO, Salo de. *Antimanual de Criminologia*. 5ª ed. São Paulo: Saraiva, 2013; BERISTAIN, Antonio. *Nova Criminologia à Luz do Direito Penal e da Vitimologia*. Trad. Cândido Furtado Maia Neto. Brasília: Editora UnB, 2000; FAYET JÚNIOR, Ney. Considerações sobre a Criminologia Crítica. In: *A Sociedade, a Violência e o Direito Penal* (org. de Ney Fayet Júnior e Simone Prates Miranda Corrêa). Porto Alegre: Livraria do Advogado, 2000; BRUNO, Anibal. *Direito Penal – Parte Geral*. 3ª ed. Rio de Janeiro: Forense, 1967, v. 1º, p. 48-59; REALE JÚNIOR, Miguel. *Instituições de Direito Penal*. 4ª ed. Rio de Janeiro: Forense, 2013, p. 63-70.

[184] DIAS, Jorge de Figueiredo; ANDRADE, Manuel da Costa. *Criminologia – O Homem Delinquente e a Sociedade Criminógena*. 2ª reimpressão. Coimbra: Coimbra Editora, 1997, p. 63-90; SHECAIRA, Sérgio Salomão. *Criminologia*. 4ª ed. São Paulo: Revista dos Tribunais, 2012, p. 43-60.

[185] GARCÍA-PABLOS DE MOLINA, Antonio; GOMES, Luiz Flávio. *Criminologia*. 2ª ed. São Paulo: Revista dos Tribunais, 1997, p. 33.

[186] Ibid., p. 34-35.

1.3. A Política Criminal

Na definição de Jair Leonardo Lopes:[187] "A Política Criminal situa-se entre a Criminologia e o Direito Penal, valendo-se dos conhecimentos criminológicos e de sua própria experiência, a fim de escolher os melhores meios para evitar e, se necessário, reprimir os crimes.". Trata-se, pois, de uma "ponte"[188] entre o Direito Penal e a Criminologia.

A *Política Criminal*, somando-se à Dogmática Jurídico-Penal e à Criminologia, torna completo o trinômio que compõe a Ciência Penal Conjunta proposta por Von Liszt. Conquanto essas três disciplinas fossem interligadas, ou, no dizer de Figueiredo Dias,[189] *"relativamente* autônomas", não resta dúvida que o docente da Universidade de Berlim considerava a Dogmática deveria ocupar a posição de ascendência na hierarquia da ciências penais, figurando a Criminologia e a Política Criminal como "ciências auxiliares".

O papel[190] da Política Criminal, segundo o pensamento de Liszt – de certa forma, precavendo-se das críticas que lhe eram dirigidas, especialmente a que arguia a possível vulneração da função de garantia advinda do princípio da legalidade –, consistia em recolher as informações da Criminologia, nos moldes em que era concebida à época, para propor soluções e estratégias ao enfrentamento da criminalidade, mas sempre *de lege ferenda*. Ou seja, tanto a Criminologia quanto a Política Criminal encontravam no Direito Penal seu limite intransponível. Este deveria manter-se impermeável, até que adviesse eventual (nova) solução legislativa.

Hoje, porém, há doutrinadores – se bem que de forma minoritária – que laboram no sentido de conferir uma ascendência à Política Criminal. Claus Roxin[191] é um enfático defensor de soluções penais desde a Política Criminal. Melhor esclarecendo: o sistema penal, para o referido penalista, deve ser construído a partir de considerações político-criminais. Assim é que concebe uma proposta sistemática teleológica/político-criminal (funcional), que realiza, em suas[192] próprias palavras, "uma verdadeira revolução copernicana.".

Dessa maneira, Roxin constrói todo o seu sistema fundado na Política Criminal, incluindo a teoria do crime, refutando o ontologismo nos moldes edificados por Hans Welzel, por exemplo, bem como qualquer outro que possa

---

[187] LOPES, Jair Leonardo. *Curso de Direito Penal – Parte Geral*. 4ª ed. São Paulo: Revista dos Tribunais, 2005, p. 27.
[188] COSTA, José Francisco de Faria. *Noções Fundamentais de Direito Penal* (*Fragmenta Iuris Poenalis*). 3ª ed. Coimbra: Coimbra Editora, 2012, p. 69.
[189] DIAS, Jorge de Figueiredo. *Temas Básicos da Doutrina Penal*. Coimbra: Coimbra Editora, 2001, p. 5.
[190] Para uma excelente e densa exposição crítica, consulte-se: DIAS, Jorge de Figueiredo. *Temas Básicos da Doutrina Penal*. Coimbra: Coimbra Editora, 2001, p. 6-31. Leia-se, ademais, as excelentes considerações em: WEDY, Miguel Tedesco. *A Eficiência e sua Repercussão no Direito Penal e Processo Penal*. Porto Alegre: Elegantia Juris, 2016, p. 229-235.
[191] Confira-se em: ROXIN, Claus. Sobre a Fundamentação Político-Criminal do Sistema Jurídico-Penal. In: *Estudos de Direito Penal*. 2ª ed. Rio de Janeiro: Renovar, 2012, p. 77 e ss.
[192] ROXIN, Claus. Sobre a Fundamentação Político-Criminal do Sistema Jurídico-Penal. In: *Estudos de Direito Penal*. 2ª ed. Rio de Janeiro: Renovar, 2012, p. 79.

decorrer de qualquer outra versão. Assim, o injusto penal é construído por ele sob bases político-criminais. Em semelhante sentido, ou seja, de erigir a Política Criminal a uma posição de especial destaque, Figueiredo Dias afirma que "foi precisamente o alargamento, que acaba de referir-se, da função da dogmática jurídico-penal que permitiu à política criminal não somente reforçar a sua posição, já adquirida, de *autonomia*, mas ganhar uma posição de *domínio* e mesmo de *transcendência* face à própria dogmática.".

Não obstante a inegável importância hoje reconhecida à Política Criminal, a assunção aos patamares defendidos por Roxin e por Figueiredo Dias não deve receber guarida. Consoante afirma Faria Costa,[193] com precisão e assumindo ser provocativo, "obviamente dentro dos princípios e regras constitucionais, a paleta das escolhas político-criminais mostra-se insindicável.". Assevera, ainda, que "não é possível, juridicamente, contestar a escolha de criminalizar ou não criminalizar uma determinada conduta.".

Ao entender que o Direito Penal serve à proteção de valores essenciais em uma comunidade histórico e socialmente situada e que a Política Criminal tem por finalidade a contenção da criminalidade dentro de níveis socialmente aceitáveis, o Catedrático[194] entende que o Direito Penal não pode franquear um espaço à Política Criminal que a lei não concedeu. Assim, tendo em conta essa observação, pondera:[195] "Direito penal que não é só, neste quadro, o instrumento prioritário de que serve a política criminal para seu derradeiro objetivo (contenção da criminalidade), mas é outrossim o limite insuperável da própria política criminal. No seu aspecto de garantia. No seu aspecto de *magna charta* do delinquente.".

Porém, é importante restar claro que Faria Costa[196] concede primazia ao Direito Penal em seu *aspecto garantidor*, mas *não no aspecto científico*, porque, enquanto "ciências" nenhuma é alçada a posição mais elevada em detrimento das demais. Textualmente: "Esta compreensão das coisas impede-nos de podermos atribuir primazia a qualquer uma das 'ciências' integrantes da *Gesamtstrafrechtswissenschaft*. Na justa medida em que nela participam três 'corpos' – o direito penal, a política criminal e a criminologia – com a sua autonomia científica e princípios próprios, cujos planos de valoração se inserem em patamares distintos.".

Consoante já antecipamos, não adotamos a amplitude conferida por Roxin e Figueiredo Dias à Política Criminal, muito embora, por outro lado, seja importante hoje dela valer-se o intérprete, mas não em nível de supremacia, como aqui explicitado. As contribuições Roxin têm sido em muitos pontos acolhida, notadamente na concepção da *imputação objetiva*, como bem demonstram, *v. g.*,

---

[193] COSTA, José Francisco de Faria. *Noções Fundamentais de Direito Penal* (*Fragmenta Iuris Poenalis*). 3ª ed. Coimbra: Coimbra Editora, 2012, p. 67.
[194] Ibid., p. 59 e 68.
[195] Ibid., p. 69.
[196] Ibid., p. 71.

Reale Júnior[197] e Cirino dos Santos,[198] penalistas que aderem à referida concepção, mas que permanecem sendo autores, cada qual a seu modo, filiados ao finalismo.

2. Enciclopédia das ciências penais e as ciências auxiliares

Neste tópico, é importante fazer algumas observações introdutórias, que reputamos possam ser úteis não apenas ao estudante, mas também ao pesquisador. Assim é que impende ressaltar que a adoção de um modelo de uma *Gesamtstrafrechtswissenschaft* não restou isento de críticas doutrinárias. Giulio Bataglini, por exemplo, era refratário a ingerências de outras ciências no *jus conditum*, ou seja, no direito constituído, vigente. Afirmava o penalista[199] italiano: "Assim não fora, e a melhor compreensão seria substituída pela inobservância da lei e pela casuística do direito livre.".

Na passagem adiante reproduzida, Bataglani[200] ratifica: "É justamente em virtude da especificidade e da competência própria do direito penal que se deve repudiar qualquer tentativa de criação de ciência penal unitária ou integral, que se destine a abarcar todos os ramos do conhecimento relativos ao delito (uma *gesamte Strafrechtswissenschaft*, como a chamava, na Alemanha, LISZT).".

Não obstante essa controvérsia apontada, que tem por escopo (apenas) situar o leitor de que havia posicionamentos contrários à concepção de Von Liszt, mas sem pretensões de procedermos aqui a um maior desenvolvimento, cabe referir que se edificou ao longo dos anos o que se convencionou designar como *Enciclopédia das Ciências Penais*, a qual abrangia as mais variadas disciplinas ligadas de alguma forma ao Direito Penal, para cujo delineamento remetemos à obra de Luis Jiménez de Asúa.[201]

---

[197] REALE JÚNIOR, Miguel. *Instituições de Direito Penal*. 4ª ed. Rio de Janeiro: Forense, 2013, p. 126, assevera que "o finalismo tem pressupostos filosóficos absolutamente inconciliáveis com o funcionalismo, o que não proíbe, todavia, que algumas das contribuições da teoria da imputação objetiva possam ser adotadas dentro de uma visão finalista, como se verá com relação, em especial, ao crime culposo.".

[198] SANTOS, Juarez Cirino dos. *A Moderna Teoria do Fato Punível*. 4ª ed. Rio de Janeiro: ICPC/Lumen Juris, 2005, p. 8, 57 e ss.

[199] BATAGLINI, Giulio. *Direito Penal*. Trad. de Paulo José da Costa Jr., Armida Bergamini Miotto e Ada Pellegrini Grinover. São Paulo: Saraiva, 1973, v. 1, p. 15.

[200] Ibid., p. 19.

[201] Luis Jiménez de Asúa referia que, após lenta elaboração, contando com retificações, a Enciclopédia das Ciências Penais poderia ser compreendida nos seguintes termos: *a)* Filosofia e História (Filosofia do Direito Penal, História do Direito Penal e Legislação penal comparada); *b)* Ciências causal-explicativas ou Criminologia (Antropologia e Biologia Criminal, Psicologia Criminal, Sociologia Criminal e Penologia); *c)* Ciências jurídico, repressivas (Direito Penal ou Dogmática Penal, Direito Processual Penal, Direito Penitenciário e Política Criminal?); *d)* Ciências da pesquisa (Criminalística e Polícia judicial científica); e *e)* Ciências auxiliares (Estatística criminal, Medicina Legal e Psiquiatria forense). JIMÉNEZ DE ASÚA, Luis. *Tratado de Derecho Penal*. 2ª ed. Buenos Aires: Losada, 1956, t. I, p. 89-90.

Pois bem! Tanto a Criminologia como também a Política Criminal eram consideradas como espécies de ciências auxiliares. Na lição de Figueiredo Dias,[202] "cada uma delas [e aí inclua-se todas as ciências que compõem a chamada Enciclopédia] não pode aspirar a outro estatuto que não seja o de ciência auxiliar da ciência estrita do direito penal.". Isso porque, neste contexto, ou seja, no pensamento de Von Liszt, como observa o penalista[203] conimbricense, a Dogmática Jurídico-Penal "devia continuar a ocupar o primeiro lugar na hierarquia das ciências penais.".

Porém, quando se fala hoje em ciências auxiliares se quer referir mais especificamente àqueles setores do conhecimento que se prestam a fornecer uma contribuição para a prática[204] do cotidiano forense. Nesta seção, faremos alusão àquelas mais comumente referidas, objeto dos tópicos que seguem.

2.1. Medicina Legal e Psiquiatria Forense

"A Medicina Legal", afirmava Heleno Fragoso,[205] "não é propriamente uma ciência". Francisco Benfica e Márcia Vaz[206] mencionam que está ela a serviço das ciências jurídicas e sociais. Por essa razão, Genival Veloso de França[207] lembra que "a Medicina Legal requer conhecimentos especiais, pois que trata de assuntos exclusivamente de interesse da Medicina e do Direito, quando relacionados.".

Com efeito, a *Medicina Legal*[208] é de notória importância prática ao esclarecimento de crimes como o de homicídio, de lesões corporais, de natureza sexual, na feitura de perícia e outras providências.

---

[202] DIAS, Jorge de Figueiredo. *Temas Básicos da Doutrina Penal*. Coimbra: Coimbra Editora, 2001, p. 5.

[203] Ibid., p. 9.

[204] BATAGLINI, Giulio. *Direito Penal*. Trad. de Paulo José da Costa Jr., Armida Bergamini Miotto e Ada Pellegrini Grinover. São Paulo: Saraiva, 1973, v. 1, p. 18: "Mas a função das *ciências auxiliares*, como se depreende da própria denominação, restringe-se, naquilo que diz respeito à vida cotidiana do direito, em *colaborar para a consecução da justiça* (...).". Também assim: GARCIA, Basileu. *Instituições de Direito Penal*. 7ª ed. revista e atualizada por vários colaboradores. São Paulo: Saraiva, 2008, v. I, t. I, p. 79: "Mencionemos, ademais, as ciências auxiliares do Direito Penal. Nessa referência cabem as disciplinas que, sem serem ciências penais propriamente ditas, coadjuvam a boa aplicação das normas desse ramo do Direito Público.". BRUNO, Anibal. *Direito Penal – Parte Geral*. 3ª ed. Rio de Janeiro: Forense, 1967, v. 1º, p. 59: "Ciências auxiliares do Direito Penal são ciências que, sem se destinarem propriamente ao estudo do crime, trazem esclarecimentos a certas questões da doutrina e sobretudo da prática penal. Contam-se nesse grupo de ciências a Medicina Legal, a Psiquiatria Judiciária, a Psicologia Judiciária e a Polícia Científica.". No mesmo sentido, referindo a medicina legal, a psicologia judiciária e a criminalística: COSTA JR., Paulo José da. *Curso de Direito Penal*. 10ª ed. São Paulo: Saraiva, 2009, p. 7: "Certas disciplinas, sem serem propriamente ciências penais, se prestam à aplicação prática do direito penal.".

[205] FRAGOSO, Heleno Cláudio. *Lições de Direito Penal – Parte Geral*. 12ª ed. revista e atualizada por Fernando Fragoso. Rio de Janeiro: Forense, 1990, p. 21. Ver, também: BENFICA, Francisco Silveira; VAZ, Márcia. *Medicina Legal Aplicada ao Direito*. São Leopoldo: Editora Unisinos, 2003 (2ª reimpressão 2008), p. 12.

[206] BENFICA, Francisco Silveira; VAZ, Márcia. *Medicina Legal Aplicada ao Direito*. São Leopoldo: Editora Unisinos, 2003 (2ª reimpressão 2008), p. 11.

[207] FRANÇA, Genival Veloso de. *Direito Médico*. 13ª ed. Rio de Janeiro: Forense, 2016, p. 9.

[208] Sobre Medicina Legal, em uma abordagem prática, consulte-se: BENFICA, Francisco Siveira *et al*. *Manual Atualizado de Rotinas do Departamento Médico-Legal do Estado do Rio Grande do Sul*. 2ª ed. Porto Alegre: Livraria do Advogado, 2015.

Decorrente da Medicina Legal está a *Psiquiatria Forense*,[209] a qual ganhou autonomia própria, revelando-se de especial relevância para dar amparo ao esclarecimento atinente aos transtornos mentais, a aferir eventual incapacidade penal ou capacidade reduzida.

2.2. Psicologia Judiciária ou Psicologia Forense

À utilização da Psicologia aplicada em relação às pessoas que participam do processo penal, dá-se nome de *Psicologia Judiciária* ou *Psicologia Forense*. Ela revela-se de especial relevância no âmbito da tomada[210] de depoimentos, incluindo-se a apreciação acerca da credibilidade das versões apresentadas. Ademais, a nosso ver, pode vir a ser um relevante instrumental em apoio às vítimas de crimes.

Também é de suma importância como instrumento para o *depoimento sem dano*, com o que se procura não revitimizar crianças vítimas de abuso sexual, cuja prática remonta[211] ao ano de 2003, por iniciativa do então Juiz de Direito Antônio Daltoé Cezar e de João Barcelos de Souza Júnior, à época Promotor de Justiça, com a implementação do projeto-piloto no 2º Juizado da Infância e da Juventude do Foro Central da Comarca de Porto Alegre, no Estado do Rio Grande do Sul. Hoje, ambos são Desembargadores do Tribunal de Justiça. A iniciativa foi a de utilizar câmeras de segurança nas residências, sendo as crianças e os adolescentes ouvidos em ambiente separado do da sala de audiências.

Em plena consonância com a iniciativa, a Constituição, em seu art. 227, consagra à criança, ao adolescente, e também ao jovem, uma prioridade no que tange a diversos direitos, ao passo que o Estatuto da Criança e do Adolescente, em diversos dispositivos, ressalta a dignidade da criança e do adolescente, além de outros diversos[212] direitos fundamentais.

Em atenção à CF e ao ECA, num importante e notório avanço, o Conselho Nacional de Justiça editou a Recomendação nº 33, com o seguinte enunciado: "**Ementa:** Recomenda aos tribunais a criação de serviços especializados para escuta de crianças e adolescentes vítimas ou testemunhas de violência nos processos judiciais.". Os avanços continuam em curso, sendo que, atualmente, o depoimento sem dano, enquanto legado da Psicologia Judiciária, possui previsão legal, o que se observa da Lei nº 13.431/17.

---

[209] Para uma abordagem prática da Psiquiatria Forense, consulte-se: BARROS, Daniel Martins de *et al. Manual de Perícias Psiquátricas* (org. Daniel Martins de Barros e Eduardo Henrique Teixeira). Porto Alegre: Artmed, 2015.

[210] Nesse sentido: FRAGOSO, Heleno Cláudio. *Lições de Direito Penal – Parte Geral*. 12ª ed. revista e atualizada por Fernando Fragoso. Rio de Janeiro: Forense, 1990, p. 21-22.

[211] Disponível em: <http://www.cnj.jus.br/noticias/judiciario/86460-depoimento-especial-surgiu-por-iniciativa-de-magistrados-gauchos>. Acesso em 29.12.2018.

[212] Sobre o ponto, consulte-se: COSTA, Ana Paula Motta. *Os Adolescentes e seus Direitor Fundamentais – Da Invisibilidade à Indiferença*. Porto Alegre: Livraria do Adovgado, 2012.

2.3. Criminalística

Jair Leonardo Lopes[213] leciona que: "A Criminalística reúne conhecimentos de vários ramos científicos para elucidação dos crimes e identificação dos seus autores, co-autores e partícipes.". Fragoso[214] leciona que o "nome 'Criminalística' foi criado por *Hans Gross*, autor de um dos mais famosos tratados sobre a matéria.".

A relevância da contribuição da *Criminalística* é ressaltada por Lopes:[215] "A física, a química, a biologia e a psicologia aplicadas à investigação permitem a descoberta da mentira, a pesquisa sobre manchas, a determinação dos grupos sangüíneos e a identificação das impressões digitais e de plantares, a dosagem etílica, bem como a comparação de manuscritos, as características das armas e seus projéteis, levantamento de locais de crimes, e a avaliação de vários outros indícios materiais que contribuem para descobrir o crime e chegar aos seus autores.".

3. O método e o objeto do Direito Penal

3.1. Método e objeto do Direito Penal

No ano de 1848, auge das denominadas *Ciências da Natureza*, Julius Hermann von Kirchmann,[216] em conferência na *Associação de Juristas de Berlim* (*Juristischen Gesellschaft zu Berlin*), formulava sua conhecida assertiva segundo a qual "três palavras retificadoras do legislador e bibliotecas inteiras se perdem.". Hoje, porém, tal afirmação apenas se justifica[217] se considerarmos os limites do contexto histórico em que foi proferida, porquanto, como é consabido, a própria estabilidade das Ciências Naturais foi posta em causa, diante das constantes alterações e provisoriedade que se fazem notar nos diversos campos do conhecimento.

Tomemos o caso da Medicina, em que os estudiosos médicos Vinayak Prasad e Adam Cifu,[218] no livro intitulado *Ending Medical Reversal*, desvelam,

---

[213] LOPES, Jair Leonardo. *Curso de Direito Penal – Parte Geral*. 4ª ed. São Paulo: Revista dos Tribunais, 2005, p. 38.
[214] FRAGOSO, Heleno Cláudio. *Lições de Direito Penal – Parte Geral*. 12ª ed. revista e atualizada por Fernando Fragoso. Rio de Janeiro: Forense, 1990, p. 22.
[215] LOPES, Jair Leonardo. *Curso de Direito Penal – Parte Geral*. 4ª ed. São Paulo: Revista dos Tribunais, 2005, p. 38.
[216] KIRCHMANN, Julius Hermann von. *Die Wertlosigkeit der Jurisprudenz als Wissenschaft*. Darmstadt: Wissenschaftliche Buchgesellschaft, 1969, p. 24: "drei berichtigende Worte des Gesetzgebers und ganze Bibliotheken werden zu Makulatur.".
[217] À evidência, a postura de Kirchmann não pode ser levada a sério. Gimbernat Ordeig o redargui afirmando que "es dificilmente imaginable un nuevo Código Penal que haga tabla rasa de todo lo anterior, que no regule las causas de exclusión de la antijuridicidad o que no puna los delitos contra la propriedad. Y aunque así fuera: podrá prescindir de esta o de la outra institución penal considerada hasta entonces fundamental; pero seguro que todas no va a prescindir.". GIMBERNAT ORDEIG, Enrique. *Concepto y Método de la Ciencia del Derecho Penal*. Madrid: Tecnos, 1999, p. 109.
[218] PRASAD, Vinayak K.; CIFU, Adam S. *Ending Medical Reversal*. Baltimore: Johns Hopkins, 2015, *passim*.

de forma contundente, as vicissitudes da Ciência Médica, enfatizando que os médicos permanecem prescrevendo medicamentos por décadas que, mais tarde, se revelam ineficazes ou mesmo danosos ou mais danosos do que propiciadores de benefícios e soluções propalados. Em uma rica pesquisa, dentre outras coisas, acentuam que a ascensão e entusiasmo com certas terapias se veem após infirmadas, fato que leva à frustração das pessoas de fora da Medicina.

Especificamente no campo da Psiquiatria, Allen Frances – líder da equipe responsável pela elaboração do *Manual Diagnóstico e Estatístico de Transtornos Mentais*, em sua quarta versão –, opõe severas críticas ao DSM-V, *Manual* que sucedeu aquele por ele liderado, o DSM-IV, ambos publicações da Associação Norte-Americana de Psiquiatria. Na passagem adiante reproduzida, referindo-se ao Transtorno Bipolar Infantil (tomado aqui como um dos tantos exemplos possíveis), Frances[219] expõe com veemência a ausência de acordo: "Uma vez que os rigores das definições do DSM-IV foram jogados no lixo, estabilizadores de humor e antipsicóticos passaram a ser distribuídos sem controle para combater o falso TBI.".

Como se vê, mesmo em uma ciência dita natural, como é o caso da Medicina, tomado aqui como exemplo, a nota mais perene parece ser mesmo a provisoriedade. De modo que se pretender alçar ao *status* de Ciência tão somente aqueles campos de conhecimento que revelem uma suposta verdade definitiva e inabalável não condiz com uma episteme sob parâmetros pautados na realidade.

Ademais, a assertiva de que "três palavras retificadoras do legislador e bibliotecas inteiras se perdem" é flagrantemente divorciada da realidade. Cabe aqui lembrar das pertinentes palavras de Gustav Radbruch:[220] "Um novo impulso do direito nunca se realiza no vazio jurídico, mas antes pela reinterpretação de instituições jurídicas preexistentes ou pela inserção de novas instituições jurídicas num sistema jurídico dado, e em ambos os casos é construído na arquitetura de um poderoso edifício alterado tão somente em alguns detalhes e de cujo estilo não se pode evadir.".

Na verdade, a Ciência é um conhecimento racional organizado. Norbert Horn[221] salienta que "os *métodos* da ciência jurídica são os da interpretação e argumentação". Porém, não existe um elenco de critérios necessários e suficientes

---

[219] Confira-se, no original, em FRANCES, Allen. *Saving Normal – An Insider's Revolt Against Out-of-Control Psychiatric Diagnosis, DSM-5, Big Pharma, and the Medicalization of Ordinary Life*. New York: HarperCollins, 2013, p. 146: "Once the rigors of *DSM-IV* definition were thrown out the window, mood-stabilizing and antipsychotic medications were given out wildly to treat fake CBD". Relativamente a algumas discrepâncias entre o DSM-IV-TR e o DSM-5, consulte-se nosso: SILVA, Ângelo Roberto Ilha da. *Da Inimputabilidade em face do Atual Desenvolvimento da Psicopatologia e da Antropologia*. 2ª ed. Porto Alegre: Livraria do Advogado, 2015.

[220] RADBRUCH, Gustav. *Filosofia do Direito*. Trad. de Marlene Holzhausen. São Paulo: Martins Fontes, 2010, p. 128.

[221] HORN, Norbert. *Introdução à Ciência do Direito e à Filosofia Jurídica*. Trad. de Elisete Antoniuk. Porto Alegre: Sergio Antonio Fabris Editor, 2005, p 68. Importa mencionar que o adágio *in claris cessat interpretatio* (o que está claro não carece de interpretação) encontra-se hoje superado. Nesse sentido: MAXIMILIANO, Carlos. *Hermenêutica e Aplicação do Direito*. 19ª ed. Rio de Janeiro: Forense, 2009, p. 27. Assim, não há como se extrair a norma do texto sem o trabalho interpretativo.

sobre o próprio caráter científico de um campo de conhecimento. Assim é que, como alerta Ulfrid Neumann,[222] "os pontos de vista adoptados como possíveis critérios do caráter científico da ciência jurídica (objecto, método, possibilidade de exame) constituem, eles mesmos, problemas centrais da teoria científica.".

Sobre a interpretação, numa perspectiva filosófica, assim obtemperava Hans-Georg Gadamer:[223] "Entender e interpretar os textos não é somente um empenho da ciência, já que pertence claramente ao todo da experiência do homem no mundo.". Porém, impende ressaltar, por evidente, que nos limites deste *Curso* a interpretação[224] não possui escopo filosófico-gnosiológico, como faz o citado filósofo, e sim, enquanto método, restringe-se a uma perspectiva mais afeita a teoria do direito, ou seja, em fornecer elementos que possam servir como instrumental à compreensão e à aplicação do direito penal, numa conciliação das instâncias dos fundamentos teóricos e da *praxis*, ou, conforme a concepção de Sampaio Júnior, em uma linha zetética analítica aplicada.

O *método* nada mais é do que o caminho a ser percorrido para a obtenção de um resultado, ao passo que a ciência, valendo-se de determinado método, é, nas palavras de Miguel Reale,[225] "uma verificação de conhecimentos, e um sistema de conhecimentos verificados" (...). "Qualquer viajante ou turista", asseverava o saudoso Catedrático das Arcadas, "que vai percorrer terras desconhecidas, procura um guia que lhe diga onde poderá tomar um trem, um navio, um avião; onde terá um hotel para pernoitar, museus, bibliotecas e curiosidades que de preferência deva conhecer.". De modo que a Ciência do Direito – assim como a Ciência do Direito Penal – reivindica um método, um caminho para realizar sua tarefa.

Consideremos a seguinte passagem, em que se dá o diálogo entre Alice e o gato, no livro *Aventuras de Alice no País da Maravilhas*:[226] "Ao ver Alice, o Gato só sorriu. Parecia amigável, ela pensou; ainda assim, tinha garras *muito* longas e um número enorme de dentes, de modo que achou que devia tratá-lo com respeito. 'Bichano de Cheshire', começou, muito tímida, pois não estava nada certa de que esse nome iria agradá-lo; mas ele só abriu um pouco mais o sorriso. 'Bom, até agora ele está satisfeito', pensou e continuou: 'Poderia me dizer,

---

[222] NEUMANN, Ulfrid. Teorias Científicas da Ciência do Direito. In: *Introdução à Filosofia do Direito e à Teoria do Direito Contemporâneas* (org. Arthur Kaufmann e Winfried Hassemer). Trad. de Manuel Seca de Oliveira. Lisboa: Fundação Calouste Gulbenkian, 2002, p. 464.

[223] GADAMER, Hans-Georg. *Verdade e Método – Traços Fundamentais de Uma Hermenêutica Filosófica*. 4ª ed. Trad. de Flávio Paulo Meurer. Petrópolis: Vozes, 1997, p. 31.

[224] Sobre Ciência do Direito, hermenêutica e interpretação, sob diversificadas perspectivas, consulte-se, por exemplo, dentre a vasta bibliografia existente: LARENZ, Karl. *Metodologia da Ciência do Direito*. 7ª ed. Trad. de José Lamego. Lisboa: Fundação Calouste Gulbenkian, 2014; GADAMER, Hans-Georg. *Verdade e Método – Traços Fundamentais de Uma Hermenêutica Filosófica*. 4ª ed. Trad. de Flávio Paulo Meurer. Petrópolis: Vozes, 1997; HEIDEGGER, Martin. *Ser e Tempo*. 12ª ed. Trad. de Marcia Sá Cavalcante Schuback. Petrópolis: Vozes, 2002; CARVALHO, Paulo de Barros. Hermenêutica no Direito. In: *Interpretação, Retórica e Linguagem* (coord. George Salomão Leite e Lenio Luiz Streck). Salvador: Juspodvm, 2018; STRECK, Lenio. *Hermenêutica Jurídica e(m) Crise – Uma Exploração Hermenêutica da Construção do Direito*. 11ª ed. Porto Alegre: Livraria do Advogado, 2014.

[225] REALE, Miguel. *Lições de Preliminares de Direito*. 24ª ed. São Paulo: Saraiva, 1999, p. 10.

[226] CARROLL, Lewis. *Aventuras de Alice no País da Maravilhas*. Trad. de Maria Luiza X. de A. Borges. Rio de Janeiro: Zahar, 2010, p. 76-77.

por favor, que caminho devo tomar para ir embora daqui?' 'Depende bastante de para onde quer ir', respondeu o Gato. 'Não me importa muito para onde', disse Alice. 'Então não importa que caminho tome', disse o Gato.".

O labor metódico a ser empreendido na Ciência do Direito Penal não se compadece com a postura de Alice, pois se não se sabe aonde se pretende chegar, então, de fato, não importa o caminho a ser tomado. Assim, para atingirmos o escopo do conhecimento, há que se identificar e delimitar o objeto do conhecimento e nos valermos de certas premissas que nos proporcionarão chegar a um resultado colimado, tendo em consideração essas mesmas premissas. No magistério de Juarez Tavares,[227] faz-se necessário que "a norma e o fato sejam enriquecidos pela compreensão do texto realizada pelo intérprete, que lhe imprime o sentido que quer conferir ao processo de subsunção. Este sentido tanto pode ser dado pela perspectiva de proteção ao bem jurídico quanto de qualquer outro fundamento, já que a pré-compreensão que se tem do texto não corresponde a um dado real, mas sim a elementos construídos pelo próprio intérprete.".

Enrique Gimbernat Ordeig[228] leciona que *o objeto da Ciência do Direito Penal é a lei positiva jurídico-penal*. Porém, pensamos ser tal assertiva deveras restritiva, porquanto não considera os princípios, os quais são imprescindíveis em uma perspectiva constitucional e pós-positivista. Na observação de Alaôr Caffé Alves,[229] "o objeto de cada ciência é o produto de uma *construção*, visando a um fim de conhecimento. Construção e não invenção.". Na lição do jusfilósofo,[230] "o crime (o ato criminoso) só é crime em razão de um contexto normativo e cultural.". Assim é que o objeto da Ciência Penal é o direito penal positivo, abrangendo as leis (incluída a Lei Maior) e também os princípios. Dessa forma, com apoio em Andrei Schmidt,[231] pode-se afirmar que *o objeto da Ciência Jurídico-Penal é o crime juridicamente concebido com sua significação social e política que subjaz a regulação jurídica*.

Isso porque, na Ciência Penal, tudo está a radicar em torno do crime juridicamente constituído seja por aquilo que designamos por teoria da lei penal (o *crime* é instituído pela lei), teoria *do crime* e teoria das consequências jurídicas *do crime*, bem como o estudo dos diversos *crimes em espécie*, mas os princípios (e não somente as regras) e também a faticidade constituem elementos fundamentais para uma adequada interpretação/aplicação do ordenamento penal. Nesse sentido, *mutatis mutandis*, referindo-se a uma perspectiva mais ampla,

---

[227] TAVARES, Juarez. *Teoria do Injusto Penal*. 3ª ed. Belo Horizonte: Del Rey, 2003, p. 38. Vide, ainda, o excelente estudo: DOBROWOLSKI, Samantha Chantal. *A Justificação do Direito e sua Adequação Social – Uma Abordagem a partir da Teoria de* Aulis Aarnio. Porto Alegre: Livraria do Advogado, 2002.

[228] GIMBERNAT ORDEIG, Enrique. *Concepto y Método de la Ciencia del Derecho Penal*. Madrid: Tecnos, 1999, p. 36

[229] ALVES, Alaôr Caffé. *Dialética e Direito – Linguagem, Sentido e Realidade: Fundamentos a uma Teoria Crítica da Interpretação do Direito*. Barueri: Manole, 2010, p. 137.

[230] Ibid., p. 4.

[231] SCHMIDT, Andrei Zenkner. *O Método do Direito Penal sob uma Perspectiva Interdisciplinar*. Rio de Janeiro: Lumen Juris, 2007, p. 6, 116 e ss.

ou seja, à Ciência do Direito, o grande Catedrático Miguel Reale[232] afirmava que o seu *objeto* consistia na "realidade ou tipo de experiência que constitui a razão de ser de suas indagações e esquemas.". Em nosso caso, isso se traduz na categoria *crime*, consoante suprarreferido.

Foi mérito de Wilhem Dilthey[233] acentuar o caráter compreensivo das Ciências do Espírito (*die Geisteswissenschaften*) ou Ciências Humanas. "A introdução do compreender", afirma Tercio Ferraz Jr.,[234] "traz para a ciência o discutido conceito de valor.". Dessa forma, Karl Larenz[235] acentua que a Ciência do Direito deve desenvolver-se pautada em métodos de um pensamento "orientado a valores" (*wertorientierten*). Se a função precípua e fundamental do Direito Penal é a tutela de forma subsidiária de bens jurídicos (os quais sempre encerram um valor), tal se deve ter em conta no trabalho interpretativo.

Consoante ensinava Miguel Reale,[236] as ciências da natureza são explicativas e laboram com nexos causais ou funcionais, ao passo que "as ciências culturais elaboram juízos de valor, após terem tomado contato com a realidade (...)", conforme se observa do esquema abaixo:

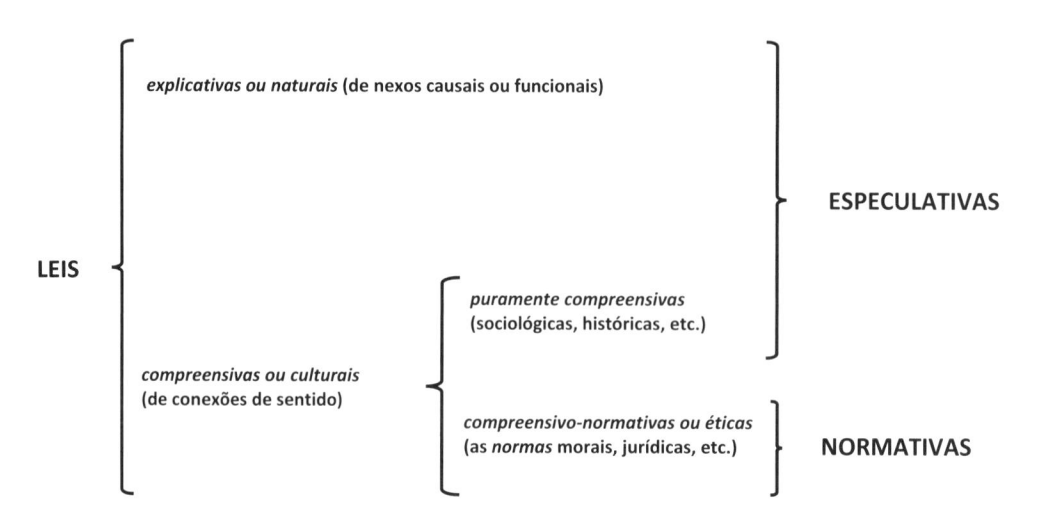

LEIS
- *explicativas ou naturais* (de nexos causais ou funcionais) → ESPECULATIVAS
- *compreensivas ou culturais* (de conexões de sentido)
  - *puramente compreensivas* (sociológicas, históricas, etc.) → ESPECULATIVAS
  - *compreensivo-normativas ou éticas* (as *normas* morais, jurídicas, etc.) → NORMATIVAS

Por sua vez, José Francisco de Faria Costa[237] elenca como elementos interpretativos o fato de se ter como *telos* a proteção do concreto bem jurídico que a lei penal quer proteger, numa linha metodológica ancorada no pensamento teleológico, estabelecendo-se um diálogo com o pensamento e a doutrina cons-

---

[232] REALE, Miguel. *Lições Preliminares de Direito*. 24ª ed. São Paulo: Saraiva, 1998, p. 62.
[233] DILTHEY, Wilhem. *Introdução às Ciências Humanas*. Trad. de Marco Antônio Casanova. Rio de Janeiro: Forense Universitária, 2010.
[234] FERRAZ JR. Tercio Sampaio. *A Ciência do Direito*. 2ª ed. São Paulo: Atlas, 1995, p. 11.
[235] LARENZ, Karl. *Methodenlehre der Rechtswissenschaft*. 6ª ed. Berlin: Springer-Verlag, 1991, p. 6.
[236] REALE, Miguel. *Filosofia do Direito*. 17ª ed. São Paulo: Saraiva, 1996. A reprodução da passagem consta na p. 252 e o esquema da p. 253 do livro do prof. Reale.
[237] COSTA, José Francisco de Faria. *Noções Fundamentais de Direito Penal (Fragmenta Iuris Poenalis)*. 3ª ed. Coimbra: Coimbra Editora, 2012, p. 125 e ss.

titucional – e a primazia da Constituição –, com a devida adequação ao sentido histórico, com um enquadramento em uma solução justa, tendo o horizonte problemático a partir e dentro do princípio da legalidade.

Parece-nos que os elementos mencionados pelo Catedrático de Coimbra compõem um proveitoso instrumental a conferir resultados rigorosamente verificáveis. Isso numa perspectiva de um Estado Democrático de Direito. Acrescentamos, ainda, a relevância do labor analógico, pois, como ressalta Winfried Hassemer,[238] "toda interpretação, toda compreensão de uma lei pressupõe a comparação do caso a ser resolvido com outros casos, que – imaginados ou judicialmente decididos – são *casos desta lei* isentos de dúvida. Não há interpretação sem um *tertium comparationis*, por mais que este seja pobre de conteúdo e que a decisão seja ainda assim inevitável. Interpretação e analogia são estruturalmente idênticos.". Mais específica e detidamente sobre analogia e a interpretação analógica trataremos mais a frente, em tópico específico.

Consoante leciona Santiago Mir Puig,[239] a tendência atual do Direito Penal põe em relevo a aproximação da realidade, privilegiando-se o pensamento problemático, ou seja, o desenvolvimento da tópica, cujo giro remonta a Theodor Viehweg.[240] Danilo Knijnik[241] debruçando-se sobre a problemática da interpretação e da faticidade/realidade, afirma que "teremos certas dificuldades em afirmar se um *smartphone* é um telefone, uma agenda, um diário ou até algo diferente e mais sofisticado que todas essas categorias, por isso merecedor de uma especial qualificação.". Nessa senda, o sentido prático é de essencial relevância. Assim é que consigna Ludwig Wittgenstein:[242] "Interpretar é pensar (...). Deixe que o uso lhe *ensine o* significado.".

Ademais, é de ressaltar-se, com Alaor Caffé Alves,[243] o papel de uma "análise dialética entre direito, cultura e sentido jurídico", o que fatalmente nos coloca numa posição infensa a um sistema fechado, porquanto, como assevera o autor,[244] "a norma jurídica tem seu sentido auferido basicamente da realidade, em que o contexto de dever-ser será entendido na perspectiva do realismo dialético.". Portanto, pensamos que não é correto arquitetar-se quaisquer que sejam os critérios interpretativos quando discrepantes da realidade e dos problemas concretos, pois, como afirma António Castanheira Neves,[245] uma *boa*

---

[238] HASSEMER, Winfried. Direito Justo por meio da Linguagem Correta? Sobre a Proibição da Analogia no Direito Penal. Trad. de Odin Brandão Ferreira. In: *Direito Penal – Fundamentos, Estrutura, Política* (org. e revisão Carlos Eduardo de Oliveira Vasconcelos). Porto Alegre: Sergio Antonio Fabris Editor, 2008, p. 65.

[239] MIR PUIG, Santiago. *Introducción a las Bases del Derecho Penal*. Barcelona: Bosch, 1982, p. 281 e ss.

[240] VIEHWEG, Theodor. *Topik und Jurisprudenz*. München: C. H. Beck'sche Verlagsbuchhandlung, 1953. Em língua portuguesa: VIEHWEG, Theodor. *Tópica e Jurisprudência*. Trad. de Kelly Susane Alflen da Silva. Porto Alegre: Sergio Antonio Fabris Editor, 2008.

[241] KNIJNIK, Danilo. *Prova Pericial e seu Controle no Direito Processual Brasileiro*. São Paulo: Revista dos Tribunais, 2017, p. 24.

[242] WITTGENSTEIN, Ludwig. *Investigações Filosóficas*. 9ª ed. Trad. de Marcos G. Montagnoli. Petrópolis: Vozes, 2014, p. 276.

[243] ALVES, Alaôr Caffé. *Dialética e Direito – Linguagem, Sentido e Realidade*. Barueri: Manole, 2010, p. XIV.

[244] Ibid., p. XVI.

[245] CASTANHEIRA NEVES, António. *Metodologia Jurídica – Problemas Fundamentais*. Coimbra: Coimbra Editora, 1993, p. 84.

interpretação "é antes aquela que numa perspectiva prático-normativa utiliza bem a norma como critério da justa decisão do problema concreto.".

3.2. A Ciência do Direito Penal e sistema

O caráter científico da Ciência do Direito é comumente afirmado a partir da consideração de que se trata de conhecimentos "sistemáticos". Nas palavras de Tercio Sampaio Ferraz Jr.,[246] a "*sistematicidade é, portanto, argumento para a cientificidade.*". E na feliz expressão de Eros Grau,[247] "Não se interpreta o direito em tiras, aos pedaços.".

Claus-Wilhem Canaris[248] faz de seu opúsculo *Systemdenken und Systembegriff in der Jurisprudenz* (*Pensamento Sistemático e Conceito de Sistema na Ciência do Direito*) um verdadeiro tratado sobre o tema. Porém, a ideia de sistema contrapõe-se o argumento segundo o qual aquela proporcionaria muitas vezes soluções injustas e extremadas da realidade, relevando atentar para a ideia de *problema*, cujo livro *Topik und Jurisprudenz* (*Tópica e Jurisprudência*), de Theodor Viehweg[249] constitui obra clássica.

Entre nós, foi mérito de Juarez Freitas proceder a uma síntese harmônica entre a perspectiva sistemática e a tópica. O autor, com talento invulgar, não vê, por exemplo, incompatibilidade entre o pensamento de Hans-Georg Gadamer e o de Emilio Betti.

Já de início, em sua obra *A Interpretação Sistemática do Direito*,[250] assevera que o *objeto* dessa *interpretação sistemática* constitui-se pela "rede de princípios, regras e valores na condição de totalidade dialética, maior do que o conjunto das normas jurídicas.". Assim, ainda que não seja possível aqui resumir o denso pensamento do autor, releva ressaltar que o referido jurista labora na construção de um *sistema aberto*, fundado em princípios, valores e normas. O *sistema*[251] seria assim *tópico-sistemático* com sua unidade orientada pelo elemento teleológico, de modo a sobrepassar as antinomias, considerando-se, ademais "o *metacritério* jurídico da hierarquização [que] posicionará o intérprete em face do objetivo sistemático e incontornável da máxima justiça possível.".

No campo penal, Miguel Reale Júnior[252] procede a precisas considerações, afirmando que o processo de codificação como decorrência do princípio da legalidade e da garantia individual perante o Estado "permite o desenvolvi-

---

[246] FERRAZ JR. Tercio Sampaio. *A Ciência do Direito*. 2ª ed. São Paulo: Atlas, 1995, p. 13.
[247] GRAU, Eros Roberto. *Ensaio e Discurso sobre a Interpretação/Aplicação do Direito*. 2ª ed. São Paulo: Malheiros, 2003, p. 40
[248] CANARIS, Claus-Wilhem. *Systemdenken und Systembegriff in der Jurisprudenz*. 2ª ed. Berlin: Doncker & Humblot, 1983.
[249] VIEHWEG, Theodor. *Topik und Jurisprudenz*. München: C. H. Beck'sche Verlagsbuchhandlung, 1953.
[250] FREITAS, Juarez. *A Interpretação Sistemática do Direito*. 3ª ed. São Paulo: Malheiros, 2002, p. 19.
[251] Ibid,, *passim*.
[252] REALE JÚNIOR, Miguel. *Instituições de Direito Penal*. 4ª ed. Rio de Janeiro: Forense, 2013, p. 60-63.

mento da Ciência do Direito Penal pela identificação dos princípios que se dessumem do Código pelo recorte da matéria disciplinada em institutos (...).".

Assim é que na "Parte Geral do Código fixam-se as condições de eficácia das normas incriminadoras", fornecendo aquilo que o jusfilósofo Miguel Reale denominava modelos dogmáticos, a partir do texto codificado, evidenciando que a Ciência do Direito decorre do direito positivo. Também o professor penalista assevera o caráter aberto do sistema que se extrai da Ciência do Direito Penal, sendo que os "princípios jurídicos são unificadores e permitem entender o sistema como uma ordem de valores, teleologicamente dirigido, ou seja, com vista a determinados escopos valorativos.".

Ressalta ainda o autor o princípio da dignidade da pessoa humana, os valores da Justiça e da liberdade, mencionados no preâmbulo da Constituição e que conduzem ao princípio da proporcionalidade. Nesse empreendimento, de construção de um sistema aberto, Judith Martins-Costa[253] sustenta que sua antítese, um sistema fechado, "supõe que todas as respostas estão já previstas nas premissas dogmáticas do sistema", que "todas as soluções estão na lei cabendo ao julgador, sem margem de arbítrio, retirar delas as saídas concretas.".

Essa deve ser, com efeito, a atitude pós-positivista do jurista. "A doutrina pós-positivista", afirma Luís Roberto Barroso,[254] "se inspira na revalorização da razão prática, na teoria da justiça e na legitimação democrática.". Isso, porém, sem desprezo ao direito posto.

Por fim, para que o estudante tenha em conta a importância da ideia de sistema, façamos um paralelo com a ideia de um edifício, o qual acolha moradores em condomínio. O prédio deverá contar com um fundamento sólido, elevadores adequados, um transformador que dê suporte ao gasto de energia exigido, pagamento mensal e eventualmente extraordinário de despesas, etc. Tudo isso e tudo o mais que o edifício e os moradores necessitarem comporiam, em nossa ilustração, um sistema, a propiciar o bom e adequado funcionamento tanto da edificação quanto de sua funcionalidade, ou seja, com vistas ao fim prático. Assim é que, para que haja o bom funcionamento, certas condutas serão proibidas (derrubar uma parede em um apartamento que poderá comprometer a estrutura do prédio, por exemplo) e outras impostas (pagamento do condomínio, por exemplo). Haverá até mesmo condutas que poderão fazer com que o prédio venha a ruir. Pense-se na hipótese consistente em fazer um buraco tão grande ao lado da fundação que pudesse causar o desabamento do edifício.

Portanto, a Ciência Penal busca exatamente construir uma edificação que funcione bem, que propicie soluções adequadas aos destinatários da norma e, mais ainda, que proporcione medidas para que não venha a determinar que o prédio venha a ruir ou que seja estabelecido o caos. Numa palavra, trata-se da construção de um *sistema*. Assim, releva ter em conta a confluência do

---

[253] MARTINS-COSTA, Judith. *A Boa-Fé no Direito Privado*. São Paulo: Revista dos Tribunais, 2000, p. 364 e 373.
[254] BARROSO, Luís Roberto. *Curso de Direito Constitucional Contemporâneo*. 4ª ed. São Paulo: Saraiva, 2013, p. 271.

objeto, do *método* e da edificação de um *sistema*. Eis o caráter científico do Direito Penal.

Por isso, a nosso ver, andou bem a propositura da Ação Direta de Inconstitucionalidade pela Procuradora-Geral da República, de nº 5.874, em face do Indulto Natalício concedido em 2017, o qual, dada sua manifesta amplitude e desproporcionalidade, restava por subverter o sistema penal posto. Por mais que se entenda o indulto como uma clemência do soberano, não se pode, num Estado Democrático de Direito (que não se identifica, por evidente, com o Estado monárquico), conferir poderes de tal ordem que se tornem ilimitados.

Apesar de o STF, por maioria de votos, ter afastado a inconstitucionalidade do Decreto Presidencial nº 9.246/2017, o exacerbado e desproporcional indulto do Executivo – no caso, condenados que cumpriram pequenas frações da pena, que variam entre um sexto e um quinto do total – resta por atingir a atuação dos demais Poderes, sendo que no caso do Judiciário implica verdadeira abolição de sua atuação, fazendo soçobrar as decisões com a retirada de sua execução (individual) quanto às pessoas condenadas, e relativamente ao Legislativo, termina por retirar a eficácia (geral) das normas penais elencadas no indulto natalino de caráter geral, cujo benefício ultrapassa sua natureza de extinção da punibilidade como política criminal de desencarceramento, subvertendo a finalidade do Direito Penal de proteção dos bens jurídicos atingidos.

No exemplo do indulto aqui utilizado, a ideia de sistema deve proteger o edifício do Direito Penal, para que a edificação não venha a ruir.

3.3. Os critérios clássicos de interpretação da norma penal

Os critérios ou cânones ditos clássicos da interpretação têm sido, como expõe Robert Alexy,[255] desde Friedrich Karl von Savigny, objeto de variadas ordens de discussões. Não há consenso[256] quanto a uma precisa formulação, hierarquia ou valor, ou, ainda, sequer quanto ao número que comporia o rol de critérios interpretativos. Porém, os cânones que serão estudados são, não raro, insuficientes para dar conta aos reclamos interpretativos ante a complexidade dos fenômenos jurídicos, como, por exemplo, as antinomias, o conflito entre

---

[255] ALEXY, Robert. *Teoria da Argumentação Jurídica – A Teoria do Discurso Racional como Teoria da Fundamentação Jurídica*. 3ª ed. Trad. de Zilda Hutchinson Schild Silva, revisão de Cláudia Toledo. Rio de Janeiro: Forense, 2011, p. 23.

[256] Segundo Karl Larenz, Savigny propugnava que os diversos cânones ou elementos interpretativos não deveriam ser considerados de forma isolada, mas serem considerados (atuarem) de forma conjunta. Conforme LARENZ, Karl. *Methodenlehre der Rechtswissenschaft*. 6ª ed. Berlin: Springer-Verlag, 1991, p. 319: "Er bemerkt bereits, daß diese verschiedenen Elemente nicht isoliert werden dürfen, sondern stets zusammenwirken müßten.". Já Cuello Contreras afirma que, não obstante o fato de na interpretação deverem todos os cânones serem levados em conta, bem como não haver entre eles uma ordem hierárquica, é frequente, segundo ele, tomar-se como ponto de partida o "teor literal" do preceito, ou seja, a "interpretação gramatical", seguindo-se a "lógico-sitemática" e, por fim, a "teleológica". CUELLO CONTRERAS, Joaquín. *El Derecho Penal Español – Parte General*. 3ª ed. Madrid: Dykinson, 2002, p. 226-227.

regras e a colisão de princípios, questões que ensejaram trabalhos[257] de caráter monográfico, cuja amplitude refoge aos limites deste *Curso*. Não obstante, não se pode desprezar o valor dos critérios objeto do presente ponto, desde que se tenha em conta que em muitos casos não se revelarão suficientes, mas funcionarão como uma auxiliar interpretativo. Ademais, os clássicos cânones de interpretação têm sido objeto de indagação em diversos concursos públicos, o que recomenda darmos uma atenção a seu estudo.

3.3.1. *A interpretação literal*

A *interpretação literal* ou *gramatical* pretende estabelecer que o sentido a ser dado a determinada norma deve ser dado nos estritos termos da letra do texto legal. É intuitivo que a interpretação tem como ponto de partida o texto legal.

Não há grandes óbices em demonstrar que o também chamado elemento *linguístico*, de *literalidade*, ressente-se em alguns casos de flagrantes dificuldades. Tomemos o seguinte exemplo, trazido por Tércio Ferraz Jr.[258] de um texto legal que assim dispusesse: "a investigação de um delito *que* ocorreu num país estrangeiro não deve se levar em consideração pelo juiz brasileiro". Percebe-se que "o pronome que não deixa claro se se reporta à investigação ou ao delito.".

Por sua vez, Edmundo Oliveira[259] oferece o exemplo do crime de furto, tipificado no art. 155 do CP, cuja dicção é: "Subtrair para si ou para outrem coisa alheia móvel.". Eis a lição do autor: "Parece uma expressão clara, mas importa numa análise léxica para abstrairmos as dúvidas. Quando é que tem de supor a coisa como realmente 'subtraída'? Quando o agente põe a mão na coisa? Quando ele remove a coisa do lugar? Quando ele move a coisa para outro lugar? Ou quando ele finalmente deposita a coisa no lugar de sua destinação? Quando é que a coisa realmente se deve haver como subtraída? Notemos um vocábulo dando margem a interpretações diferentes. É preciso então ao intérprete chegar com clareza à *mens legis*, ou seja, ao que quis dizer o legislador quando tipificou um fato como crime.".

Como se vê, a interpretação literal ou gramatical apresenta significativa limitação. Constitui, como ponto de partida, um critério válido, mas que em grande parte dos casos se revelará insuficiente. Opiniões mais extremas rechaçam por completo a interpretação dita literal, como se vê em Luis Recaséns Siches:[260] "El *literal*: que quiere atenerse al significado de las palabras de la ley, y que constituye un imposible, porque interpretación literal es un absurdo, tanto

---

[257] Tal como o livro *Theorie der Grundrecht*, de Alexy. Consulte-se, em língua portuguesa: ALEXY, Robert. *Teoria dos Direitos Fundamentais*. Trad. de Virgílio Afonso da Silva. São Paulo: Malheiros, 2008.
[258] FERRAZ JR., Tércio Sampaio. *Introdução ao Estudo do Direito – Técnica, Decisão, Dominação*. 6ª ed. São Paulo: Atlas, 2013, p. 253.
[259] OLIVEIRA, Edmundo. *Comentários ao Código Penal – Parte Geral*. 3ª ed. Rio de Janeiro: Forense, 2005, p. 182.
[260] RECASÉNS SICHES, Luis. *Introducción al Estudio del Derecho*. 6ª ed. México: Editorial Porrua, 1981, p. 215.

como el intento de pensar en un cuadrado redondo, ya que si es interpretación no puede ser literal, y si es literal, no es interpretación.".

A nosso ver, com Reale Júnior,[261] assume relevo como limite à interpretação, não podendo ultrapassar o sentido literal possível, o limite semântico. Assim, quando o Código Penal estabelece o limite máximo da pena, este limite deve ser tomado em termos literais. Se, estando identificado o termo inicial, o prazo de prescrição da pretensão punitiva em relação a determinado delito é de vinte, dezesseis ou doze anos, etc., o rigor literal não abrirá espaço a outras interpretações.

Em caso no qual atuamos, com decisão do TRF4 no sentido de nossa manifestação, parece-nos ilustrativo relativamente a rigidez da literalidade do texto como limitadora do alcance penal. O fato, em síntese, consistiu em saber se estaria configurado o crime tipificado no art. 34 da Lei nº 9.605/98 em virtude de o juiz de 1ª instância ter rejeitado a denúncia por entender que a pesca, pretensamente proibida, teria ocorrido fora dos limites estabelecidos na Portaria do Ibama nº 84, de 15 de julho de 2002. Isso porque o art. 1º da citada portaria assim preceituava: "Art. 1º Proibir, no interior da Baía da Babitonga, na região abrangida pelos municípios de São Francisco do Sul. Joinville, Araquari, Garuva e Itapoá, no Estado de Santa Catarina, a pesca com o uso dos seguintes métodos ou petrechos: I) redes tipo feiticeira; e II) arrasto de qualquer natureza, com exceção do uso da rede de gerival especificada nesta Portaria.".

No Recurso em Sentido Estrito, o MPF sustentava que o local conhecido como Praia Grande estaria alcançado pela proibição, tendo juntado coordenadas geográficas. Como a referida localidade não estava indicada na Portaria, o TRF4, com acerto, assim decidiu: "1. Ao que tudo indica, na localidade onde os denunciados estavam praticando atividade pesqueira, inexiste a proibição de uso de 'redes tipo feiticeira', de modo que a conduta narrada não constitui pesca mediante utilização de petrechos não permitidos. 2. Sendo atípicos os fatos narrados na denúncia, deve ser mantida a decisão que a rejeitou, com fundamento no art. 395, III, CPP." (TRF4, 7ª Turma, RSE 5014027-59.2012.404.7201/SC, rel. Juíza Federal Salise Monteiro Sanchotene, j. 11.06.2013). A interpretação literal, nesse caso, foi fundamental para atender ao princípio da legalidade e aos reclamos da tipicidade.

Porém, a interpretação literal, por vezes, revela-se adequada não apenas para restringir o alcance da lei, e sim em um resultado declarativo fazer com que determinado fato ou situação sejam alcançados pela norma. Consideramos a seguinte decisão, extraída do Informativo nº 866 do STF (22 a 26 de maio de 2017):

ATENTADO VIOLENTO AO PUDOR QUALIFICADO E RELAÇÃO DE PARENTESCO.
A Segunda Turma, por unanimidade, negou provimento a recurso ordinário em "habeas corpus" no qual se discutiu o alcance da expressão "ascendente" prevista no inciso II do art. 226 (1) do Código Penal (redação anterior à Lei 11.106/2005), para saber se é possível a majoração da reprimenda fixada a bisavô condenado pelo delito de atentado violento ao pudor praticado contra sua bisneta [art. 214 (2) c/c art. 224 (3), "a", do Código Penal (redação anterior à Lei 12.015/2009)].

---
[261] REALE JÚNIOR, Miguel. *Instituições de Direito Penal*. 4ª ed. Rio de Janeiro: Forense, 2013, p. 85.

O Colegiado asseverou que, na relação de parentesco com a bisneta, o bisavô está no terceiro grau da linha reta, nos termos previstos no Código Civil, e não há, no ordenamento jurídico, nenhuma regra de limitação quanto ao número de gerações.

Nesse contexto, pontuou ser juridicamente possível a majoração da pena privativa de liberdade imposta ao recorrente, bisavô da vítima, em razão da incidência da causa de aumento prevista no inciso II do art. 226 do Código Penal, considerada a figura do ascendente.

Ademais, observou que a vítima foi violentada dos sete aos nove anos de idade, entre o ano de 2003 e o início de 2006. Nesse período, o recorrente se aproveitou da sua condição especial de ascendente e, em consequência, da confiança dos demais familiares. Assim, não só a relação de parentesco tem relevância jurídica no caso, mas também a autoridade que o recorrente exerce sobre a vítima, ameaçando-a ou presenteando-a para satisfazer o desejo sexual dele.

(1) CP/1940: "Art. 226. A pena é aumentada da quarta parte: (...) II – se o agente é ascendente, pai adotivo, padrasto, irmão, tutor ou curador, preceptor ou empregador da vítima ou por qualquer outro título tem autoridade sobre ela" (Redação anterior à Lei 11.106/2005).

(2) CP/1940: "Art. 214. Constranger alguém, mediante violência ou grave ameaça, a praticar ou permitir que com ele se pratique ato libidinoso diverso da conjunção carnal: Pena – reclusão de dois a sete anos" (Redação anterior à Lei 12.015/2009).

(3) CP/1940: "Art. 224. Presume-se a violência, se a vítima: a) não é maior de catorze anos" (Redação anterior à Lei 12.015/2009).

(RHC 138.717/PR, rel. Min. Ricardo Lewandowski, j. 23.5.2017).

No caso supratranscrito, a interpretação literal ou gramatical, à evidência, serviu para afirmar que no tremo *ascendente* está incluído também o bisavô, pois a lei penal não estabelece limitação relativamente à distância entre o grau de parentesco em linha reta, ou seja, quanto ao número de gerações, bastando que haja uma relação de descendência e ascendência.

3.3.2. A interpretação lógico-sistemática

Diz-se[262] que o elemento *lógico* compreende o *sistemático*. Assim, a interpretação *lógico-sistemática*[263] é mais abrangente do que a interpretação literal e consiste em estabelecer as conexões conceituais entre a norma a aplicar e o restante das normas, seja do sistema penal, seja do ordenamento jurídico como um todo.

Na observação de Giovanni Fiandaca e Enzo Musco,[264] o cânone hermenêutico ora estudado consiste em estabelecer as conexões conceituais existentes entre a norma a ser aplicada e o restante das normas, tanto do sistema penal como do sistema jurídico como um todo.

---

[262] BRUNO, Anibal. *Direito Penal – Parte Geral*. 3ª ed. Rio de Janeiro: Forense, 1967, v. 1º, p. 216; DOTTI, René Ariel. *Curso de Direito Penal – Parte Geral*. 2ª ed. Rio de Janeiro: Forense, 2004, p. 251. Ainda que grande parte dos autores se refiram a interpretação lógico-sistemática, também há, como é o caso de Heleno Fragoso, que trata do elemento lógico e do sistemático de forma separada. FRAGOSO, Heleno Cláudio. Lições de Direito Penal – Parte Geral. 12ª ed. revista e atualizada por Fernando Fragoso. Rio de Janeiro: Forense, 1990, p. 82-84.

[263] GIMBERNAT ORDEIG, Enrique. *Concepto y Método de la Ciencia del Derecho Penal*. Madrid: Tecnos, 1999, p. 51; LANDROVE DÍAZ, Gerardo. *Introduccion al Derecho Penal Español*. 3ª ed. Madrid: Tecnos, 1994, p. 99; FIANDACA, Giovanni; MUSCO, Enzo. *Diritto Penale – Parte Generale*. 2ª ed. Bologna: Zanichelli, 1994, p. 100.

[264] FIANDACA, Giovanni; MUSCO, Enzo. *Diritto Penale – Parte Generale*. 2ª ed.. Bologna: Zanichelli, 1989, p. 100.

Afirmava Hungria:[265] "No elemento sistemático, assumem relevo, embora sem caráter decisivo, as *rubricas* da lei, pois quase sempre informam a respeito da órbita ou latitude dos preceitos que lhes estão subordinados". Sobre o ponto, e a título de exemplo, eis a lição de Reale Júnior:[266] "A colocação topológica de uma norma em um Código pode explicitar o valor principal que se tutela e que dará sentido e parâmetros de interpretação. Assim, o crime de denunciação caluniosa, constante do capítulo dos crimes contra a Administração da Justiça do Código Penal, indica que a ofensa à honra pela acusação de prática de crime cede posto à ofensa à Justiça, utilizada para o exercício de perseguição contra um inocente.".

A título de exemplo, tomemos em consideração a expressão "várias pessoas", presente como causa de aumento nos crimes contra a honra (art. 141, inc. III). Tendo em conta a *sistemática* do CP, observa-se que quando o legislador se satisfaz com duas pessoas o faz expressamente, como é o caso das previsões dos arts. 150, § 1º, 155, § 4º, inc. IV, 157, § 2º, inc. II, 158, § 1º, 161, § 1º, inc. II, art. 226, inc. I. Então a ideia de sistema ou de interpretação sistemática conduz à conclusão segundo a qual a expressão "várias pessoas" deve ser entendida como mais do que duas.

3.3.3. A interpretação teleológica

O Direito constitui uma Ciência da Razão Prática, sendo que, como alerta Ferraz Jr.,[267] "todo ato interpretativo tem primariamente uma qualidade pragmática, isto é, deve ser entendido numa relação de comunicação entre emissores e receptores das mensagens normativas.".

A relevância da perspectiva *teleológica* é de tal significado que a própria Lei de Introdução às Normas do Direito Brasileiro (Dec.-Lei nº 4.657/42, alterado pela Lei nº 12.376/10), faz referência a esse reclamo, nos seguintes termos: "Art. 5º Na aplicação da lei, o juiz atenderá aos fins sociais a que ela se dirige e às exigências do bem comum.".

Nesse ponto do *Curso*, parece-nos já estar devidamente claro que a função do Direito Penal é, essencialmente, a tutela de bens jurídicos. Portanto, o intérprete deverá ter sempre em conta essa premissa. No labor interpretativo, Faria Costa[268] alerta que "não há uma interpretação geral e abstracta que cubra todo o direito penal.". O que há são interpretações de infrações penais. Ainda os apoiando no autor conimbricense,[269] deve-se atentar para o princípio da legalidade, mas sem olvidar os limites da Constituição – tanto a formal como a

---

[265] HUNGRIA, Nelson; FRAGOSO, Heleno Cláudio. *Comentários ao Código Penal*. 6ª ed. Rio de Janeiro: Forense, 1980, v. I, t. I, p. 86.
[266] REALE JÚNIOR, Miguel. *Instituições de Direito Penal – Parte Geral*. 4ª ed. Rio de Janeiro: Forense, 2013, p. 88.
[267] FERRAZ JR., Tercio Sampaio. *Introdução ao Estudo do Direito – Técnica, Decisão, Dominação*. 6ª ed. São Paulo: Atlas, 2013, p. 265.
[268] COSTA, José Francisco de Faria. *Noções Fundamentais de Direito Penal* (*Fragmenta Iuris Poenalis*). 3ª ed. Coimbra: Coimbra Editora, 2012, p. 125.
[269] Ibid., p. 125 e ss.

material –, o que redunda em uma exigência de soluções justas, tendo em conta o caso concreto. E é por isso que quando tratamos sobre o sistema ressaltamos que a ideia de sistema é necessariamente de um sistema aberto.

A relevância da interpretação teleológica resta evidente ao utilizarmos um exemplo de Angelo Latagliata,[270] por nós adaptado tendo em conta o CP brasileiro, em que o bem jurídico tutelado se revela fundamental para aferirmos o enquadramento legal diante do quadro fático: *a*) o agente imobiliza a vítima, apontando-lhe um fuzil; *b*) aproveitando-se da situação de ausência de reação da vítima, um outro agente subtrai-lhe dinheiro. No caso descrito, sem que haja o concerto entre os agentes, aquele que apontou o fuzil contra a vítima, imobilizando-a, responderia pelo crime de constrangimento ilegal qualificado (art. 146, § 1º). Por sua vez, o sujeito que subtraiu o dinheiro responderia pelo crime de furto (art. 155). Porém, se houvesse a comum resolução entre os sujeitos ativos, ambos responderiam pelo crime de roubo majorado (art. 157, § 2º, inc. II, e § 2º-A inc. I).

A solução diversa conforme se trate de um ou de outro caso, ou seja, *sem* ou *com* o ajuste entre os agentes, tem em conta o bem jurídico. Isso porque se o escopo do agente que aponta a arma fosse apenas constranger a vítima, o bem tutelado pela incriminação (art. 146, § 1º) seria tão somente a liberdade pessoal, ao passo para o agente que subtraiu dinheiro o bem jurídico é o patrimônio, por isso o enquadramento no tipo de furto (art. 155). Porém, quando se considera a segunda hipótese, ou seja, com o ajuste entre os dois agentes, um apontando a arma e outro subtraindo o dinheiro, o enquadramento legal é o do roubo majorado, pois neste último caso as ações conjuntas estão dirigidas a ofensa do bem jurídico patrimônio, mediante grave ameaça e com a participação de duas pessoas em concurso, o que determina a incidência do art. 157, § 2º, inc. II, e § 2º-A, inc. I, do CP. Essas duas diversas interpretações tem em conta a perspectiva teleológica, tendo como referência o bem jurídico agredido.

3.3.4. *A interpretação histórica*

Friedrich Karl von Savigny[271] afirmava a importância do conhecimento histórico prévio à compreensão do Direito, com o que, como refere de Anibal Bruno,[272] o autor alemão alargou o sentido e os recursos da interpretação. Segundo Bruno,[273] o Direito "é um produto da História, elaborado pelo espírito do povo, em concordância com as necessidades de cada época.". Nesse sentido, é de se ressaltar a noção de "mulher honesta", expressão que constava em tipos penais hoje revogados, como os arts. 215, 216 e 219 do CP, cujo sentido foi se alterando com o passar do tempo e com os diversos contextos históricos que

---

[270] LATAGLIATA, Angelo Raffaele. *I Principi del Concorso di Persone nel Reato*. 2ª ed. Pompei: Morano Editore, 1964, p. 95.
[271] SAVIGNY, Friedrich Karl von. *Metodologia Jurídica*. Trad. de J. J. Santa-Pinter. Buenos Aires: Depalma, 1994, p. 30.
[272] BRUNO, Anibal. *Direito Penal – Parte Geral*. 3ª ed. Rio de Janeiro: Forense, 1978, t. I, p. 213.
[273] Idem.

se sucederam, até a total superação da referida fórmula, tendo os dispositivos que mencionavam tal expressão sido em tempos mais recentes revogados.

Lecionava, ainda, Bruno[274] que: "O estudo do elemento *histórico* nos leva à consideração do Direito em vigor ao tempo da formação da lei, dos documentos referentes à sua elaboração, dos anteprojetos, projetos e exposições de motivos, que nos podem esclarecer, embora sem valor absoluto, sobre o pensamento que se quis imprimir no texto legal.".

Na precisa observação de Faria Costa: "O âmbito de protecção da norma, levado a cabo em um determinado momento histórico, não fica aí cristalizado.". Adiante consigna: "O decurso do tempo muda, altera, queiramo-lo ou não, tudo.". "A consideração do contexto histórico-social" – di-lo Plauto Faraco de Azevedo[275] –, "em que se insere e se realiza o processo interpretativo, é indispensável para perceber-se (e eventualmente para modificar-se) o substrato teórico a orientar o raciocínio na aplicação das normas jurídicas (…).".

Por sua vez, afirmava Giuseppe Bettiol[276] que se na sucessão de leis penais ocorre uma mudança, essa alteração poderá servir ao esclarecimento de seu conteúdo substancial e, assim, em prol desse aclaramento deve o intérprete proceder ao necessário exame. Isso porque, nas palavras textuais do saudoso professor, enquadra-se perfeitamente "nas exigências de uma interpretação teleológica.".

Tomemos em consideração a Lei nº 9.613/98 (Lei de Lavagem de Dinheiro), cuja redação original de seu inc. I do § 2º do art. 1º assim preceituava: "§ 2º Incorre, ainda, na mesma pena quem: I – utiliza, na atividade econômica ou financeira, bens, direitos ou valores *que sabe* serem provenientes de qualquer dos crimes antecedentes referidos neste artigo;" (g.n.). Com a edição da Lei nº 12.683/12, o mencionado inc. I foi alterado, resultando com a seguinte redação: "I – utiliza, na atividade econômica ou financeira, bens, direitos ou valores provenientes de infração penal;". À vista da supressão da expressão "que sabe", a nós parece claro concluir pela admissão da prática delitiva também com dolo eventual,[277] e não mais somente com dolo direto.

3.4. Analogia e interpretação analógica

A analogia é de especial relevância para a interpretação, porquanto, consoante afirma Winfried Hassemer,[278] estão postas em recíproca relação. A

---

[274] BRUNO, Anibal. *Direito Penal – Parte Geral*. 3ª ed. Rio de Janeiro: Forense, 1978, t. I, p. 217.
[275] AZEVEDO, Plauto Faraco de. *Crítica à Dogmática e Hermenêutica Jurídica*. Porto Alegre: Sergio Antonio Fabris Editor, 1989, p. 15-16.
[276] BETTIOL, Giuseppe; MANTOVANI, Luciano Pettoelle. *Diritto Penale – Parte Generale*. 12ª ed. Padova: CEDAM, 1986, p. 150-151.
[277] Nesse sentido: BALTAZAR JÚNIOR, José Paulo. *Crimes Federais*. 9ª ed. São Paulo: Saraiva, 2014, p. 1.121.
[278] HASSEMER, Winfried. Direito Justo por meio da Linguagem Correta? Sobre a Proibição da Analogia no Direito Penal. Trad. de Odin Brandão Ferreira. In: *Direito Penal – Fundamentos, Estrutura, Política* (org. e revisão Carlos Eduardo de Oliveira Vasconcelos). Porto Alegre: Sergio Antonio Fabris Editor, 2008, p. 64.

analogia não se confunde com a *interpretação analógica* ou, como prefere Régis Prado,[279] *argumento analógico*. No Direito Penal, a analogia relaciona-se com possibilidade de aplicação de uma previsão legal a um caso análogo não previsto em lei, que pode ser permitida em certos casos (analogia *in bonam partem*), e não permitida, em outros (analogia *in malam partem*).

Na interpretação analógica, o alcance da norma é ampliado em virtude de previsão, segundo Assis Toledo,[280] "contida *in potentia* nas palavras, mais ou menos abrangentes da própria lei.". Ilustrativa é a previsão do homicídio qualificado quando cometido "à traição, de emboscada, ou mediante dissimulação ou outro recurso que dificulte ou torne impossível a defesa do ofendido" (art. 121, § 2º, inc. IV). Note-se que, além da traição, da emboscada e da dissimulação, o próprio inciso prevê também a incidência da qualificadora se o crime for praticado mediante "outro recurso que dificulte ou torne impossível a defesa do ofendido.". A interpretação analógica decorre da expressão "ou outro recurso que dificulte ou torne impossível a defesa do ofendido", a qual fundamenta e possibilita a ampliação.

Parte da doutrina considera as expressões *interpretação analógica* e *interpretação extensiva* como sinônimas. A nosso ver, tais categorias devem ser distinguidas. A primeira foi a que vimos no parágrafo anterior. A segunda, não decorre de abertura *explícita* prevista no próprio dispositivo legal, como se verifica em termos tais como "ou por outro motivo torpe" (art. 121, § 2º, inc. I), "ou outro meio insidioso ou cruel, ou de que possa resultar perigo comum" (art. 121, § 2º, inc. III), "ou outro recurso que dificulte ou torne impossível a defesa do ofendido" (art. 121, § 2º, inc. IV), e outros semelhantes. Na *interpretação extensiva*, o resultado extensivo da interpretação decorre da interpretação ampliativa não prevista ou indicada de forma expressa, e sim de interpretação lógica, teleológica ou sistemática, conforme o caso. Numa palavra, pode-se dizer que decorre da *ratio legis*.[281] Assim é que o crime de bigamia (art. 235) incrimina, de igual forma, a poligamia, porquanto, se o crime está a tutelar o casamento, evidente que a poligamia também está incriminada. A "emoção" e "paixão" não excluem a imputabilidade penal, consoante art. 28, inc. I. Porém, essa previsão "tem-se de entender", como afirmava Hungria,[282] "que se refere a esses estados psíquicos quando *não patológicos*, pois, de outro modo, seria irreconciliável" com o, para atualizarmos, art. 26, visto que o penalista se referia ao antigo art. 22.

---

[279] PRADO, Luiz Régis. *Tratado de Direito Penal Brasileiro – Parte Geral*. São Paulo: Revista dos Tribunais, 2014, v. 1, p. 248.

[280] TOLEDO, Francisco de Assis. *Princípios Básicos de Direito Penal*. 5ª ed. São Paulo: Saraiva, 1994, p. 27.

[281] Eis a seguinte passagem do *Il Digesto Italiano – Enciclopedia Metodica e Alfabetica di Legislazione, Dottrina e Giurisprudenza*. Torino: Unione Tipografico Editrice, 1895, v. III, 167: "*L'interpretazione estensiva* opera e si svolge intorno ad una disposizione di legge, ne ricerca lo spírito e la *ratio*, ne pone in essere tutta la portata, trae da essa tutte le deduzioni ed i corollari, di cui è capace, *ostendit vim legis seu legislatoris voluntatem*, e conduce a questo risultato pratico di far comprendere in un disposto legislativo casi non espressi nella lettera di esso, ma compresi virtualmente nel suo spírito, quale logica deduzione dei casi espressamente contemplati.".

[282] HUNGRIA, Nelson; FRAGOSO, Heleno Cláudio. *Comentários ao Código Penal*. 6ª ed. Rio de Janeiro: Forense, 1980, v. I, t. I, p. 91.

Essas soluções não estão previstas ou indicadas na redação dos dispositivos citados, mas decorrem da confluência de interpretação teleológica, sistemática e até mesmo lógica. Note-se que *na interpretação extensiva propriamente dita*, diferentemente da interpretação analógica, *não existe o elemento expresso no tipo que sirva de referência para uma compreensão análoga*, como ocorre no exemplo do homicídio qualificado, antes referido, em que, *v. g.*, a expressão "ou outro recurso que dificulte ou torne impossível a defesa do ofendido" (art. 121, § 2º, inc. IV), o qual tem como elementos de apoio analógico a "traição", a "emboscada" e a "dissimulação" como parâmetros, além do enunciado, com o perdão pela repetição, "ou outro recurso que dificulte ou torne impossível a defesa do ofendido". Já no exemplo da "emoção" ou da "paixão" a compreensão é diversa, pois não há uma sinalização voltada para algum elemento comparativo na previsão legal. A conclusão segundo a qual a previsão não alcança a emoção e a paixão patológicas decorre de uma compreensão sistemática, teleológica e até mesmo lógica, visto que a emoção e a paixão fazem parte da psicologia das pessoas normais, a menos que sejam doentias.

Pode-se até admitir que a interpretação analógica tenha um caráter extensivo, mas não é correto afirmar que a interpretação extensiva, considerando os exemplos aqui trabalhados (bigamia, emoção e paixão) decorram de uma análise analógica em virtude de previsão legal nos artigos que tratam dos referidos casos.

3.4.1. Analogia "in bonam partem" e analogia "in malam partem"

Consoante dispõe o art. 4º do Dec.-Lei nº 4.657/42, a Lei de Introdução às Normas do Direito Brasileiro (LINDB),"Quando a lei for omissa, o juiz decidirá o caso de acordo com a analogia, os costumes e os princípios gerais do direito.". Porém, segundo o STJ: "O juiz não pode preferir uma lei em detrimento de outra lei vigente" (REsp 956.876/RS). Por exemplo, o art. 128 do CP dispõe que "não se pune o aborto praticado por médico se não há outro meio de salvar a vida da gestante (inc. I) e se a gravidez resulta de estupro e o aborto é precedido de consentimento da gestante ou, quando incapaz, de seu representante legal (inc. II). Essa previsão não é aplicável ao enfermeiro, por analogia. Se esse praticar aborto para salvar a vida da gestante, por exemplo, poderá ter a ilicitude de sua conduta afastada em razão do estado de necessidade (art. 24), mas não da previsão do art. 128, a qual somente alcança ao médico.

Porém, admite-se a analogia *in bonan partem*, ou seja, aquela em favor do agente, mas quando não haja previsão específica consoante o exemplo suprarreferido. Por outro lado a analogia *in malam partem*, que pretenda aplicar uma previsão legal ao agente para situação não prevista, de forma a prejudicá-lo, não é permitida em Direito Penal. Assim o crime de omissão de notificação de doença somente pode ser praticado pelo médico (art. 269), ante a previsão *"deixar o médico* de denunciar à autoridade pública doença cuja notificação é compulsória", não alcançando qualquer outro profissional da saúde, pois redundaria em analogia em prejuízo do agente. Retornaremos à questão da analogia, acrescentando outros exemplos, ao estudarmos o princípio da legalidade.

3.5. Fontes ou sujeitos da interpretação

A interpretação, tendo em conta quem a realiza, divide-se em autêntica, judicial e doutrinária.

A *interpretação autêntica*, também chamada de *legislativa*, *primária* ou *originária*, é aquela realizada pelo legislador. Essa interpretação diz-se *contextual*, quando feita no próprio texto legal, como nos exemplos do conceito de funcionário público (art. 327), e da equiparação legal da energia elétrica ou qualquer outra que tenha valor econômico à coisa móvel (art. 155, § 3º). Poderá também ser *posterior*, quando o texto à interpretação legislativa é editado em momento ulterior ao texto ao qual se refere. Tem efeito *ex tunc*, mas deve respeitar a coisa julgada.

A *interpretação doutrinária* é a feita pela *communis opinio doctorum*, ou seja, pelos doutores, juristas, preceptores, escritores de textos doutrinários em suas publicações de livros e artigos jurídicos. A palavra *doutrina* deriva do vocábulo *doutor*, cuja origem[283] remonta ao *Antigo Testamento*, em que os *doutores* e profetas exerciam o magistério da lei hebraica. *Doctor*, do latim, é derivado de *doctum*, sendo que o verbo correlato *docere* tem o significado de ensinar. No *Novo Testamento*, em diversas passagens, como é o caso do versículo 35 do Capítulo 22 do livro de Mateus, há menção à expressão *doutor da lei*, também dito escriba. No âmbito da Universidade,[284] o grau de doutor remonta ao século XII, especificamente à Faculdade de Direito de Bolonha, fundada em 1110 ou 1113, grau esse ulteriormente conferido também na Faculdade de Teologia. Mais tarde, foi estendido a outras áreas como Medicina, Filosofia, etc.

Assim, no estudo do Direito, a doutrina é designada[285] como "a opinião comum dos doutores", sendo ela de fundamental importância para embasar a prática jurídica. Eis a lição de Fragoso:[286] "Na antiguidade a opinião dos doutores teve grande importância na aplicação do direito, sendo considerada fonte subsidiária; e ainda hoje esta opinião é comumente invocada em decisões judiciais para esclarecimento e interpretação do direito.".

A *interpretação judicial*, *judiciária* ou *jurisprudencial* é aquela feita pelos julgadores (juízes e tribunais) na aplicação da lei em casos concretos. Diz-se, como lembra Paulo José da Costa Jr.,[287] que a jurisprudência representa "a forma viva do Direito". Possuem ela e a interpretação estreita ligação, porquanto cabem aos tribunais e, em última instância ao STF, dar a última palavra sobre a aplicação do Direito.

---

[283] *Enciclopédia Saraiva do Direito*. São Paulo: Saraiva, v. 29, p. 360-361.

[284] *Novissimo Digesto Italiano*. Torino: Unione Tipografico Editrice Torinese, 1964, v. VII, p. 294; ULLMANN, Reinholdo Aloysio. *A Universidade Medieval*. 2ª ed. Porto Alegre: EDIPUCRS, 2000, p. 140-143.

[285] *Enciclopedia del Diritto*. Milano: Giuffrè, 1965, v. XIV, p. 50.

[286] FRAGOSO, Heleno Cláudio. *Lições de Direito Penal – Parte Geral*. 12ª ed. revista e atualizada por Fernando Fragoso. Rio de Janeiro: Forense, 1990, p. 81.

[287] COSTA JR., Paulo José da. O Papel da Jurisprudência. In: *Código Penal e sua Interpretação Jurisprudencial*. 4ª ed. São Paulo: Revista dos Tribunais, 1993, p. 5. Recomenda-se a leitura do conciso, mas extremamente rico texto introdutório da obra aqui referida do saudoso professor da Faculdade de Direito do Largo do São Francisco.

A jurisprudência assim constitui fonte interpretativa de especial relevo, sendo considerada verdadeira fonte do Direito. As súmulas editadas pelos tribunais têm tido especial influência na resolução dos casos, em especial as súmulas vinculantes editadas pelo STF. Refira-se que hoje o Recurso Extraordinário interposto ao STF exige, em virtude da Emenda Constitucional nº 45, a demonstração da *Repercussão Geral*, cujas finalidades, segundo a própria Corte, sintetizadas por Aury Lopes Jr.,[288] consistem em: "a) firmar o papel do STF como Corte Constitucional, e não como instância recursal; b) ensejar que o STF só analise questões relevantes para a ordem constitucional, cuja solução extrapole o interesse subjetivo das partes; c) fazer com que o STF decida uma única vez cada questão constitucional, não se pronunciando em outros processos com idêntica matéria.".

Ada Pellegrini Grinover, Antonio Magalhães Gomes Filho e Antonio Scarance Fernandes[289] assim lecionam sobre a repercussão geral: "Desse modo, além das exigências tradicionais (que não são poucas) para que o Supremo Tribunal Federal efetivamente conheça do recurso extraordinário interposto pela parte, é preciso, ainda, que esteja demonstrada a *significação política* dos temas constitucionais versados na impugnação, aferida em face de uma possível influência da decisão para a solução de outros.". Numa fórmula sintética, Luiz Guilherme Marinoni, Sérgio Cruz Arenhart e Daniel Mitidiero[290] afirmam que a repercussão geral concretiza-se da conjugação da *relevância* somada à *transcendência*. Com isso, a nosso ver, as decisões exaradas nos Recursos Extraordinários pelo STF tornam-se ainda mais contundentes.

3.6. Resultados da interpretação: declarativos, restritivos e extensivos

Quanto aos possíveis resultados, a interpretação poderá ser declarativa, restritiva e extensiva.

Na *interpretação com resultado declarativo*, o resultado não amplia e nem reduz o enunciado da do texto legal, mas restringe-se a esclarecer. Por exemplo, o art. 141, inc. III, do CP, prevê o aumento de um terço da pena quando os crimes contra a honra forem praticados "na presença de várias pessoas.". A indagação a ser respondida é qual o significado de várias pessoas? Procedendo-se a uma interpretação sistemática, chega-se à conclusão que sempre que o Código se contenta com duas pessoas para a agravação da pena, o indica expressamente, como no exemplo, dentre outros, do furto qualificado (art. 155, § 4º, inc. IV) ou do roubo majorado (art. 157, § 2º, inc. II). Logo, a conclusão que se chega no caso da expressão várias pessoas, para o aumento de pena nos crimes contra a honra, é que devem ser mais do que duas, ou seja, três ou mais. Outro exemplo podemos observar na decisão do STF que afirmou que no crime de atentado

---

[288] LOPES JR., Aury Lopes. *Direito Processual Penal*. 9ª ed. São Paulo: Saraiva, 2012, p. 1.288.
[289] GRINOVER, Ada Pellegrini; GOMES FILHO, Antonio Magalhães; FERNANDES, Antonio Scarance. *Recursos no Processo Penal*. 7ª ed. São Paulo: Revista dos Tribunais, 2011, p. 206.
[290] MARINONI, Luiz Guilherme; ARENHART, Sérgio Cruz; MITIDIERO, Daniel. *O Novo Processo Civil*. 3ª ed. São Paulo: Revista dos Tribunais, 2017, p. 574.

violento ao pudor a agravação da pena alcançava também ao bisavô, pois a norma referia-se a ascendente, e não estabelecia limitação quanto ao número de gerações (RHC 138.717/PR, rel. Min. Ricardo Lewandowski, j. 23.5.2017).

A *interpretação com resultado restritivo* ocorre quando o texto legal, isolada e literalmente considerado, diz menos do que a abrangência compreensiva. Assim é que o art. 28, inc. I, do CP, preceitua que a *emoção e a paixão não excluem a imputabilidade penal*. O enunciado deve ser considerado nos limites da emoção e da paixão em um contexto em que em face delas o agente não seja detentor de algum transtorno mental incapacitante ou redutor da capacidade, porquanto *se a emoção e a paixão forem patológicas*, poderão determinar a *inimputabilidade* (art. 26, *caput*) ou a *semi-imputabilidade* (art. 26, parágrafo único), conforme o caso.

Por fim, a *interpretação com resultado extensivo* não se limita à literalidade do texto legal, como ocorre em caso em o que o que é vedado ao menos também o é ao mais (*a minori ad maius*). Como ensinava Carlos Maximiliano,[291] a interpretação extensiva faz-se *por força de compreensão*, de modo a atender ao "sentido integral" da norma. Nesse sentido, já a seu tempo, Vincenzo Manzini[292] afirmava que a norma que incrimina a bigamia, com muito mais razão compreende hipóteses em que o casado contrai outros novos matrimônios. Pode-se dizer, sem receio que o tipo incriminador da *bigamia* também incrimina a *poligamia* (art. 235). A mesma perspectiva vale para o crime de extorsão mediante sequestro (art. 159), pois, não obstante mencione somente o sequestro para a consecução da extorsão, abrange também o cárcere privado, o qual, a propósito é ainda mais restritivo à liberdade. Na hipótese referida, o texto legal diz – em uma consideração meramente gramatical ou literal – menos do que sua real abrangência (*minus dixit quam voluit*).

Capítulo V – RELAÇÕES DO DIREITO PENAL COM OUTROS RAMOS DO DIREITO

1. Direito Penal e Direito Constitucional

Ao tratarmos sobre a supremacia da Constituição, mencionamos que, consoante se extrai de Jon Elster,[293] o papel da Constituição nas sociedades democráticas pode ser ilustrado com a passagem da *Odisseia*, na obra de Homero, em que Ulisses dá o comando para que o amarrem no mastro da embarcação, devendo os tripulantes taparem seus ouvidos com cera para não serem expostos aos cantos das sereias. Assim, uma segunda ordem que determinasse o contrário da primeira não deveria ser atendida; ao contrário, deveria ser redarguida, apertando-se ainda mais as amarras. A primeira ordem ilustraria,

---

[291] MAXIMILIANO, Carlos. *Hermenêutica e Aplicação do Direito*. 19ª ed. Rio de Janeiro: Forense, 2009, p. 165.
[292] MANZINI, Vicenzo. *Trattato di Dirittto Penal Italiano*. Torino: UTET, 1933, v. I, p. 301.
[293] ELSTER, Jon. *Studies in Rationality and Irrationality*. New York: Cambridge University Press, 1996 (*reprinted*).

assim, a Constituição como norma primeira e intransponível diante de outras determinações a ela contrárias. Assim, numa fórmula ilustrativa, poderíamos dizer que aquela primeira ordem, aquela inafastável, significaria, nessa figura, a Constituição, a qual, diante de uma segunda a ela contrária, deverá sempre prevalecer.

Assim, o *Direito Constitucional* está relacionado com o *Direito Penal* de forma estreita, visto que a Constituição é o limite e o fio condutor do ordenamento infraconstitucional, com isso autorizando o controle de constitucionalidade.[294] De acordo com entendimento[295] hoje amplamente aceito, os próprios bens jurídicos penalmente tutelados devem ser dedutíveis da Lei Maior. Também os princípios limitadores do *jus puniendi*, sejam eles expressos ou implícitos, possuem assento na Lei das Leis.

Impende ademais mencionar que, a par do controle de constitucionalidade, soma-se, atualmente, o controle de convencionalidade das normas, havendo a EC nº 45/2004 inserido o § 3º ao art. 5º da CF, que prevê a possibilidade de os tratados e as convenções internacionais sobre direitos humanos terem equivalência à emenda constitucional, desde que aprovados em dois turnos, pela maioria de três quintos de votos de cada Casa do Congresso Nacional, cujo controle pode-se dar nos âmbitos difuso e concentrado.[296] Dessa forma, passa a ter lugar a aferição da compatibilidade das normas internas com os tratados e convenções internacionais aos quais o Brasil tenha aderido e que tenham sido internalizadas com *status* de emenda constitucional.[297]

A *Lex Mater* também estabelece cláusulas[298] criminalizantes, como se pode observar de hipóteses elencadas no art. 5º, tais como "a lei punirá qualquer discriminação atentatória dos direitos e liberdades fundamentais" (inc. XLI), "a prática do racismo constitui crime inafiançável e imprescritível, sujeito à pena de reclusão, nos termos da lei" (inc. XLII), "a lei considerará crimes inafiançáveis e insuscetíveis de graça ou anistia a prática da tortura, o tráfico ilícito de entorpecentes e drogas afins, o terrorismo e os definidos como crimes hediondos, por eles respondendo os mandantes, os executores e os que, podendo evitá-los, se omitirem" (inc. XLIII), "constitui crime inafiançável e imprescritível a ação de grupos armados, civis ou militares, contra a ordem constitucional e o Estado Democrático" (inc. XLIV).

---

[294] KELSEN, Hans. *Teoria Pura do Direito*. 6ª ed. Trad. de João Baptista Machado. São Paulo: Martins Fontes, 1998, p. 300 ss.

[295] SILVA, Ângelo Roberto Ilha da. *Dos Crimes de Perigo Abstrato em Face da Constituição*. São Paulo: Revista dos Tribunais, 2003, p. 44-49, 83-92.

[296] ALVES, Waldir. Controle de Convencionalidade das Normas Internas em Face dos Tratados e Convenções Internacionais sobre Direitos Humanos Equivalentes às Emendas Constitucionais. In: *Controle de Convencionalidade: um Panorama Latino-Americano – Brasil, Argentina, Chile, México, Peru, Uruguai*. (coord. Luiz Guilherme Marinoni e Valerio de Oliveira Mazzuoli). Brasília: Gazeta Jurídica, 2013, p. 327 ss.

[297] MAZZUOLI, Valerio de Oliveira. *O Controle Jurisdicional da Convencionalidade das Leis*. 3ª ed. São Paulo: Revista dos Tribunais, 2013, p. 132 ss.

[298] Para mais detalhes, consulte-se: CUNHA, Maria da Conceição Ferreira da. *Constituição e Crime – Uma Perspectiva da Criminalização e da Descriminalização*. Porto: Universidade Católica Portuguesa, 1995; FELDENS, Luciano. *A Constituição Penal – A Dupla face da Proporcionalidade no Controle de Normas Penais*. Porto Alegre: Livraria do Advogado, 2005, p. 69-154.

2. Direito Penal e Direito Processual Penal

A Constituição estabelece que "ninguém será privado da liberdade ou de seus bens sem o devido processo legal" (art. 5º, inc. LIV). Essa previsão, só por si, deixa estreme de dúvida a relação insindicável entre o *Direito Penal* e o *Direito Processual Penal*. Se Cândido Rangel Dinamarco[299] demonstra o caráter instrumental do processo, de forma geral, com maior razão, não há se falar em exercício do *jus puniendi* sem o devido processo penal.

Luigi Ferrajoli[300] afirma o caráter instrumental a partir de seu sétimo axioma (*nulla culpa sine iudicio*), o qual resulta no princípio da jurisdicionalidade (princípio de *giurisdizionalità*). Aury Lopes Júnior[301] é enfático ao propugnar que sua "noção de instrumentalidade tem por conteúdo a máxima eficácia dos direitos e garantias fundamentais da Constituição, pautando-se pelo valor dignidade da pessoa humana", consistindo em "um instrumento a serviço da máxima eficácia das garantias constitucionais.". Em semelhante sentido, Geraldo Prado[302] assevera que "o processo penal não é apenas o instrumento de composição do litígio penal", mas também instrumento de consecução do projeto democrático. A partir da doutrina referida, pode-se ir mais além da consideração acerca da relação entre Direito Penal e Processual Penal e concluir-se que o trinômio Constituição/Direito Penal/Processo Penal é, muito claramente, incindível.

3. Direito Penal e Direito Administrativo

O *Direito Penal* se vê em confluência com o *Direito Administrativo* em diversos aspectos. Assim é que os arts. 312 a 359 do Código Penal tipificam os crimes contra a Administração Pública.

Também se pode observar que determinadas leis que compõem a legislação extravagante consagram tipos penais incriminadores no escopo de tutelar interesses administrativos. Tal é o caso dos crimes contra a ordem tributária (Lei nº 8.137/90), da Lei de Licitações (Lei nº 8.666/93), do Código de Trânsito Brasileiro (Lei nº 9.503/97) e da Lei Ambiental (Lei nº 9.605/98), dentre outros.

Ademais, as leis penais em branco são não raro complementadas por atos administrativos. Assim é que o crime de tráfico de drogas (art. 33 da Lei nº 11.343/06) é complementado por portaria da Agência de Vigilância Sanitária (Anvisa), que especifica quais substâncias são consideradas drogas para os fins da incriminação.

---

[299] DINAMARCO, Cândido Rangel. *A Instrumentalidade do Processo*. 11ª ed. São Paulo: Malheiros, 2003, *passim*.
[300] FERRAJOLI, Luigi. *Diritto e Ragione – Teoria del Garantismo Penale*. 4ª ed. Roma: Laterza, 1997, p. 69.
[301] LOPES JR., Aury. *Direito Processual Penal*. 9ª ed. São Paulo: Saraiva, 2012, p. 90-91.
[302] PRADO, Geraldo. *Sistema Acusatório*. 2ª ed. Rio de Janeiro: Lumen Juris, 2001, p. 50 e ss.

4. Direito Penal e Direito Penitenciário ou da Execução Penal

Afirma Armida Bergamini Miotto[303] que no III Congresso Internacional de Direito Penal, no ano de 1933, em Palermo, na Itália, foi apresentado o conceito de *Direito Penitenciário* como sendo o "conjunto de normas jurídicas que regulam as relações entre o Estado e o condenado, desde que a sentença condenatória legitima a execução, até que dita execução se finde no mais amplo sentido da palavra.". Assim sendo, não se confunde com o Direito Penal, tampouco com o Direito Processual Penal.

Da lição de Aliomar Baleeiro[304] extrai-se que a autonomia de uma disciplina é dedutível das relações jurídicas específicas que dela decorrem, da sua consagração constitucional e também de sua autonomia didática. Nessa senda, o *Direito Penitenciário* ou *Direito da Execução Penal* possui uma lei própria, qual seja, a Lei nº 7.210/84, a denominada de Lei de Execuções Penais (LEP), que confere uma especificidade da relação jurídica do condenado com o Estado, a consagração constitucional – ao preceituar que compete à União, aos Estados e ao Distrito legislar concorrentemente sobre direito penitenciário (CF, art. 24, inc. I) –, bem como a autonomia didática, na medida em que as Faculdades de Direito em geral oferecem, como disciplina autônoma, o *Direito Penitenciário* ou *da Execução Penal*.

Relativamente à sua *natureza jurídica*, a saudosa professora Ada Pellegrini Grinover[305] afirmava que "não se nega que a execução penal é atividade complexa, que se desenvolve, entrosadamente, nos planos jurisdicional e administrativo.". No mesmo sentido é a opinião de Vanessa Chiari Gonçalves,[306] a qual afirma que "parece vigorar na prática um sistema misto, no qual a execução penal é tanto administrativa quanto jurisdicional.".

A relação do Direito Penal com o Direito Penitenciário ou da Execução Penal salta aos olhos. Isso porque, como afirmava Eduardo Correia:[307] "Uma vez fixada a reacção criminal há que executá-la.". No mesmo sentido, destaca Grinover[308] que "a relação entre sanção e o *ius puniendi*, pertencente ao direito penal;".

---

[303] MIOTTO, Armida Bergamini. *Temas Penitenciários*. São Paulo: Revista dos Tribunais, 1992, p. 18.

[304] BALEEIRO, Aliomar. *Direito Tributário Brasileiro*. 10ª ed. atualizada por Flávio Bauer Novelli. Rio de Janeiro: Forense, 1993, p. 3-5.

[305] GRINOVER, Ada Pellegrini. Natureza Jurídica da Execução Penal. In: GRINOVER, Ada Pellegrini *et al*. *Execução Penal* (org. Ada Pellegrini Grinover e Anna Cândida da Cunha Ferraz). São Paulo: Max Limonad, 1987, p. 7.

[306] GONÇALVES, Vanessa Chiari. Direito Penitenciário: Reflexões e Noções Preliminares. In: *Temas de Direito Penal, Criminologia e Processo Penal* (org. Ângelo Roberto Ilha da Silva). Porto Alegre: Livraria do Advogado, 2015, p.74.

[307] CORREIA, Eduardo. *Direito Criminal*. Coimbra: Livraria Almedina, 1971 (reimpressão), v. I, p. 14.

[308] GRINOVER, Ada Pellegrini. Natureza Jurídica da Execução Penal. In: GRINOVER, Ada Pellegrini *et al*. *Execução Penal* (org. Ada Pellegrini Grinover e Anna Cândida da Cunha Ferraz). São Paulo: Max Limonad, 1987, p. 6.

5. Direito Penal e Direito Internacional Público

As relações entre *Direito Penal* e *Direito Internacional Público* revelam-se evidentes quando se trata de aplicar a lei penal com relação a determinadas pessoas, como é o caso das imunidades diplomáticas. Também as disposições do art. 7º do CP, relativas à extraterritorialidade, envolvem nitidamente as relações internacionais tanto entre os diversos países como também entre esses e os infratores que se enquadrem nas hipóteses do referido dispositivo legal.

Ademais, a partir da previsão do art. 7ª do ADCT, segundo a qual o Brasil propugnaria pela criação de um Tribunal Penal Internacional, a EC nº 45/2004 inseriu o § 4º ao art. 5º da CF, submetendo o Brasil à jurisdição do TPI (criado pelo do *Estatuto de Roma* de 1998, que deu impulso à responsabilização penal individual internacional), submetendo os brasileiros aos crimes previstos no Estatuto de Roma. Em virtude dessa adesão, o Brasil passou a comprometer-se a entregar os nacionais – natos ou naturalizados – à jurisdição internacional (art. 91, § 2º, alínea "c", do Estatuto), o que não se confunde com a extradição.[309]

6. Direito Penal e Direito Privado

Também com relação ao *Direito Privado*, as relações com nossa disciplina ficam evidentes. Assim é que o CP, em título próprio, tipifica e regula os crimes contra o patrimônio (arts. 155 a 183). Ademais, conceitos[310] como patrimônio, posse, propriedade, coisa alheia móvel, condômino, cheque e outros advêm do Direito Civil. Exemplo deveras ilustrativo é o da emissão de cheques sem fundos, que, além de constituir um ilícito do âmbito do Direito Privado, constitui também um ilícito penal (art. 171, inc. VI).

Capítulo VI – HISTÓRIA DO DIREITO PENAL

1. Primeira aproximação: vingança privada, vingança divina e vingança pública

Mencionamos linhas atrás que onde há sociedade aí há o direito. Assim, é que, ainda que em períodos mais rudimentares da História, sempre houve algum modo de regulação da vida em comunidade.

A *História do Direito Penal* não é destituída de importância, porquanto não é raro constituir-se em importante elemento para uma melhor compreensão de

---

[309] MAZZUOLI, Valerio de Oliveira. *Curso de Direito Internacional Público.* 7ª ed. São Paulo: Revista dos Tribunais, 2013, p. 1.015-1.016.
[310] SALVADOR NETTO, Alamiro Velludo. *Direito Penal e Propriedade Privada – A Racionalidade do Sistema Penal na Tutela do Patrimônio.* São Paulo: Atlas, 2014, p. 30.

instituos com os quais laboramos hoje. Nesse sentido, Basileu Garcia[311] referia a afirmação de certo escritor, segundo a qual, "a propósito do Direito privado, que a História era o anzol de ouro com que pescava nas profundezas do Direito Civil. E outro ponderou que era mister conhecer as leis pela História e a História pelas leis.". Ao que concluía o saudoso professor: "Sabendo-se como adveio o texto, pode ter-se ideia nítida da *ratio legis*, da sua razão determinante.".

É comum falar-se em quatro perspectivas históricas no que tange ao modo de se visualizar a reação penal em face de ofensas praticadas, as quais, não raro, seguem um movimento pendular, quais sejam, a *vingança divina*, a *vingança privada*, a *vingança pública* e o *período humanitário*. As três primeiras remontam aos tempos mais primitivos da vida em comunidade, mas estão presentes ainda em séculos ulteriores. Já o período humanitário é deflagrado ao tempo da ilustração. Por evidente, esses períodos não são estanques e rigidamente delimitados, havendo uma interpenetração com preponderância maior ou menor relativamente a cada uma dentre essas formas de reação penal, num movimento pendular, mas evoluindo, em todo caso, no sentido da humanização.

A *vingança divina*, que vigorava em tempos primitivos, considerava o crime como uma ofensa ao sagrado, em que a pena é medida imposta no objetivo de aplacar a vingança divina. O direito penal está, assim, ligado ao *tabu*, ou seja, ao sagrado e proibido, sendo a pena uma resposta de extremo rigor

A *vingança privada*, tão comum em antigos povos germânicos, caracteriza-se pela luta entre famílias e grupos, a denominada "vingança do sangue", sem a preocupação com uma ideia de proporcionalidade, o que restou por debilitar antigas populações. Nessa senda, surge o *talião*, que no contexto de tempos rudimentares, manifestava-se como um avanço, pois a ele está subjacente considerações de proporcionalidade. Porém, quando a infração se limitava ao contexto interno de determinado grupo, a reação se dava pela chamada "perda da paz", em que o indivíduo era expulso da comunidade, ficando à mercê da própria sorte, sendo equiparado no antigo direito germânico a um "um lobo selvagem".[312] A perda da paz significava, desse modo, na prática, um decreto de morte ao agente.

A *vingança pública*[313] advém da gradual consolidação do *imperium* estatal. Sendo a figura do soberano alçada a poderes praticamente ilimitados, as penas são extremamente cruéis, sendo empregada a pena de morte como uma prática comum. A execução era prodigalizada por meio de requintadas formas de impor sofrimento, com castigos corporais. A par disso, as penas eram infligidas em forma de espetáculo, visando a incutir o terror e, por conseguinte, a intimidação. A vingança pública perdurou essencialmente até o advento do Iluminismo.

---

[311] GARCIA, Basileu. *Instituições de Direito Penal*. 7ª ed. revista e atualizada por vários colaboradores. São Paulo: Saraiva, 2008, v. I, t. I, p. 215.
[312] MEROLLI, Guilherme. *Fundamentos Críticos de Direito Penal*. 2ª ed. São Paulo: Atlas, 2014, p. 17.
[313] GARCIA, Basileu. *Instituições de Direito Penal*. 7ª ed. revista e atualizada por vários colaboradores. São Paulo: Saraiva, 2008, v. I, t. I, p. 9-11.

2. Principais influências do Direito Penal continental europeu e latino-americano (*civil law*)

2.1. Direito Penal romano

Roma tem sido apontada como a cidade mais importante e influente no mundo ocidental.

Entre o fim de Troia, em 1184 a.C., e a fundação[314] da *Cidade Eterna* ou *Cidade das Sete Colinas*, em 753 a.C., transcorreram cerca de 430 anos, período imerso em lendas, sendo que, segundo a narrativa cujos elementos sofreram influência grega, os fundadores de Roma, Rômulo e Remo, seriam descendentes de Enéias, filho de Marte e da vestal Réia Sílvia.

Segundo a tradição, os irmãos gêmeos Rômulo e Remo foram lançados em uma cesta ao rio Tibre logo após terem nascido. Os irmãos então foram recolhidos por uma loba que os amamentou até serem adotados por um pastor. Na idade adulta, Rômulo veio a matar seu irmão Remo.

Em grandes linhas,[315] Roma antiga, que na sequência de sua história e expansão de domínio sobre outros povos e territórios viria a se converter no maior império que já existiu, pode ser dividida em três grandes períodos: Monarquia, República e Império.

O período da Monarquia ou período dos reis, que vai desde a data de sua fundação, em 753 a.C., tendo como primeiro rei o seu fundador Rômulo, até o ano de 509 a.C., quando o sétimo e último rei desse período, Tarquínio, o Soberbo, veio a ser expulso, momento em que se instaura a República.

O período da República estende-se desde 509 a.C. até o ano de 27 a.C., quando Otávio Augusto César, sobrinho neto de Caio Júlio César, põe fim ao período republicano para inaugurar o período imperial, o qual veio a ser encerrado no ano de 476, com a queda do Império do Ocidente.

Pode-se afirmar que Roma passa a ser (ou talvez inicia a ser) o mais poderoso império da antiguidade no ano de 197 a.C., quando na batalha de Cinoscéfalos[316] (*Kunokephaloi*, cabeças de cães, em grego) o general romano Tito Flamínio derrotou o exército macedônico comandado por Felipe V, que buscava seguir os passos de Alexandre, "o Grande". Como resultado, o general Tito

---

[314] Consulte-se: GRANDAZZI, Alexandre. *As Origens de Roma*. Trad. de Christiane Gradvohl Colas. São Paulo: UNESP, 2010, *passim*.

[315] José Carlos Moreira Alves faz uma divisão um pouco diferente, um pouco mais específica, mormente a partir da queda da República, nos seguintes termos: "1º – *período real* (vai das origens de Roma à queda da realeza em 510 a.C.); 2º – *período republicano* (de 510 a 27 a.C., quando o Senado investe Otaviano – o futuro Augusto – no poder supremo com a denominação de *princeps*); 3º – *período do principado* (de 27 a.C. a 285 d.C., com o início do dominato por Diocleciano); 4º – *período do dominato* (de 285 a 565 d.C., data em que morre Justiniano). ALVES. José Carlos Moreira. *Direito Romano*. 14ª ed. Rio de Janeiro: Forense, 2007, p. 1.

[316] HAMMOND, N. G. L. The Campaign and the Battle of Cynoscephalae in 197 BC. In: *Journal of Hellenic Studies CVIII*. London: The Society for the Promotion of Hellenic Studies, 1988, p. 60 e ss. Consulte-se, ainda: ECKSTEIN, Arthur M. *Rome Enters the Greek East: From Anarchy to Hierarchy in the Hellenistic Mediterranean*, 230-170 BC. Oxford: Wiley-Blackwell, 2012, p. 282 e ss.

Flamínio é declarado "o libertador da Grécia", Roma impõe pesados impostos e sujeição plena aos derrotados, inclusive no âmbito militar, e passa a ter domínio absoluto de todo o mundo mediterrâneo.

Desde então, o Império Romano sobrepujou sobre o mundo ocidental trilhando seu desiderato expansivo com mão de ferro. Noutro quadrante, se a batalha de Cinoscéfalos impulsionou a consolidação do Império Romano enquanto poder estatal no contexto do mundo antigo, a batalha de Adrianópolis,[317] em 378, contra os Godos, ao revés, submeteu o Império, já naquele momento em ritmo de decadência, a um forte abalo em seu poderio bélico, em que dois terços do exército romano,[318] sob o comando do general Valente, foram mortos, vindo o Império do ocidente a cair definitivamente no ano de 476.

De mencionar-se, ainda, que no ano de 324 o imperador Constantino I transferiu a Capital do Império de Roma para Bizâncio, que se tornou Constantinopla (cidade de Constantino), sendo que em 395, após a morte do imperador Teodósio (379-395), o Império foi divido em Império do Ocidente e Império do Oriente, perdurando este último até o ano de 1453,[319] com a queda de Constantinopla, que determinou, na verdade, o fim do Império Romano.

Releva mencionar, no decorrer de sua história, a edição da *Lex Valeria*, por volta de 500 a. C., da Lei das XII Tábuas, entre 453-451 a. C., que significou uma limitação à vingança privada, da *Leges Corneliae*, entre 82 e 80 a. C., promulgadas por Cornelio Sila, que constituíam o núcleo de direito penal romano clássico. Para a afirmação do caráter público, importante foi o sistema das *quaestiones perpetuae*, tribunais presididos por magistrados, competentes para o julgamento de crimes públicos, surgidos ao tempo da República e que perdurou até o século III.

Tendo sido um Império de tamanha proporção, a influência de Roma Antiga para o direito penal ocidental foi significativa. No denominado direito penal comum no contexto da Idade Média, formado pelos direitos romano, germânico e canônico, o primeiro prevaleceu em influência, tendo a importante contribuição da obra dos glosadores e pós glosadores, consoante estudaremos no tópico sobre a matéria. O direito penal romano está contido principalmente nos *Libri Terribili* (Livros 47 e 48 do Digesto, Livro IX do *Codex* e Livro IV, Títulos 1 a 5 e 18, das *Institutas*) do *Corpus Juris Civilis*, de Justiniano.

Dentre as principais contribuições do *Direito Penal Romano*, estão a afirmação do caráter público do direito penal, o desenvolvimento inicial dos elementos subjetivos dolo (*dolus malus*), culpa, bem como do erro, da legítima defesa, da imputabilidade e culpabilidade e também do crime tentado, agravantes e atenuantes, etc.

---

[317] WEIR, William. *50 Batalhas que Mudaram o Mundo: Os Conflitos que Mais Influenciaram o Curso da História*. 3ª ed. Trad. de Roger Maioli dos Santos. São Paulo: M.Books, 2010, p. 80 e ss.
[318] Ibid., p. 84.
[319] Ibid., p. 197.

2.2. Direito Penal germânico

O Direito Penal ocidental, tal qual o conhecemos hoje, teve, no que tange a povos da antiguidade e também do medievo, além de forte influência do Direito Penal romano, também a contribuição do *Direito Penal Germânico*. De notar-se que a influência de um em relação a outro foi recíproca,[320] se bem que com prevalência do primeiro.

Isso deveu-se às conquistas romanas,[321] jamais consolidadas no que diz respeito aos germanos, e às vicissitudes migratórias e invasões.

Muitas são as dificuldades em investigar o direito germânico, visto que os germanos, assim como a generalidade dos povos (ditos) bárbaros não escreviam, de modo que significativo aporte de fontes advém dos romanos,[322] sendo famosos os *Commentarii de Bello Gallico*, de Caio Júlio César, e o escrito *De Situ ac Populis Germaniae*, de Caio Tácito.

Porém, tais fontes devem ser vistas com cautela e cotejadas com outras, por tratar-se do ponto de vista do povo conquistador – e mais tarde sujeito às invasões bárbaras – e externo, não se podendo, por isso, entender que a apreciação – em muitos pontos – seria feita nos mesmos termos caso fosse feita pelo próprio povo germânico. Assim, constituem importantes fontes principais as literárias, arqueológicas, epigráficas, numismáticas e linguísticas.

A título de exemplo,[323] as fontes arqueológicas, a partir de escavações executadas em sepulturas bárbaras, apesar da ausência de inscrições funerárias e de material numismático, possuem o mérito de revelar costumes, tendo em conta os objetos encontrados, em geral fabricados em metal, os quais servem como complementação de outros dados relativos ao povo germânico.

Os germanos incluíam-se entre os povos bárbaros. Como é consabido, bárbaro – expressão com origem na Grécia antiga imputada aos povos que não falavam o grego e tampouco eram considerados civilizados – é, para os romanos, todo povo que não participa da civilização greco-romana, e que no período do império romano são significativamente os germanos.

Com a vitória de Mário sobre os teutões em Aix e Cimbrios em Vercelli, entre 102 e 101 a.C., dá-se o primeiro contato entre os romanos com o mundo germânico.[324] Posteriormente, com a conquista da Gália por Júlio César, houve contato com os suevos de Ariovisto, em 58 a.C. Porém, a expansão romana sobre os germanos nunca chegou a consolidar-se. Nos primeiros anos da era cristã, sob o império de Otávio Augusto (27 a.C. a 14 d.C), havia uma suposta harmonia entre romanos e germanos, até que, segundo relato do historiador Dion Cassio, o imperador veio a perder três legiões que ocupavam território

---

[320] GIORDANI, Mário Curtis. *História dos Reinos Bárbaros*. 2ª ed. Petrópolis: Vozes, 1976, v. II, p. 127

[321] Sobre as incursões de Roma frente aos germanos, bem como sobre as características desses, ver: TACITO. *Germania*. Trad. de Elisabetta Risardi. Milano: Oscar Mondadori, 1991.

[322] GIORDANI, Mário Curtis. *História dos Reinos Bárbaros*. Petrópolis: Vozes, 1974, p. 15.

[323] Ibid., p. 8.

[324] GUERRAS, Maria Sonsoles. *Os Povos Bárbaros*. 2ª ed. São Paulo: Ática, 1991, p. 25 e ss.

bárbaro em relativa harmonia. Isso porque o general romano Quintílio Varo, confiando em Armínio – um príncipe da etnia germânica dos queruscos e antigo aliado das tropas imperiais romanas –, foi levado a cair em emboscada na floresta de Teutoburgo, no ano 9 depois de Cristo, fato que rendeu aos romanos longo período traumático e proporcionou o recuo no que tange a escopos expansionistas em relação aos povos da margem direita do Reno, optando pelo estabelecimento de *limes*, que constituía uma defesa estática, bem como por acordos diplomáticos com chefes germanos romanizados.

Segundo Heinrich Brunner,[325] de acordo com "resultados da investigação filológica, os germanos se dividem em germanos do Oeste ou alemães e em germanos do Leste, que se formaram dos grupos de população gótico-vandálicos e das tribos escandinavas.". Não obstante a referida subdivisão, segundo revelam relatos romanos, há uma confluência no que tange a identificação cultural desses povos.

O Direito Penal germânico pode ser dividido em duas partes fundamentais,[326] quais sejam, a época germânica (período anterior ao séc. V) e a época franca. A época franca tem seu marco inicial com a monarquia franca, remontando ao ano de 481 d.C., em razão da unidade política que pela vez primeira se estabeleceu entre os povos germânicos, estendendo-se até o séc. XI. Feitas as considerações introdutórias, passemos a examinar o "sistema penal" dos germanos.

Ao estudarmos o direito germânico antigo, no escopo de evitar-se algum equívoco, cumpre advertir que a utilização de aspas na expressão "sistema penal", antes mencionada, foi um tanto proposital, visto que, como esclarece Nilo Batista,[327] o termo *sistema* "supõe uma articulação estável de operadores e agências simplesmente inconcebível à época, quando sequer existia um cotidiano penal, e sim conflitos episódicos que eram solucionados a partir da tradição oral acerca da solução de conflitos análogos.".

Por período germânico, consoante supra-aludido, consideraremos aquele que se dá entre os primeiros contatos com os romanos até o início da fase monárquica, quando pela primeira vez estabeleceu-se um Estado unitário e com uma estrutura espacial estável, com a dinastia merovíngia (entre 481 e 751),[328] a partir do reinado de Clodoveu.

---

[325] BRUNER, Heinrich. *Historia del Derecho Germánico* (según la octava edición alemana de Claudius von Schwerin). Traducida y Anotada por José Luis Álvares López. Barcelona/Madrid/Buenos Aires/Rio de Janeiro: Editorial Labor, 1936, p. 9.

[326] Eis a lição de Bernardino Alimena: "O Direito germânico subdivide-se em dois períodos. O primeiro chega até o século V, inclusive, e, por sua vez, subdivide-se em dois subperíodos: o das leis romanas emanadas dos reis bárbaros e o Direito romano primitivo. O segundo, que começa no século VI e termina no XI, está constituído por leis longobardas, leis francas e leis feudais". ALIMENA, Bernardino. *Introdução ao Direito Penal*. Trad. de Maria Fernanda de Carvalho Bottallo. São Paulo: Rideel, 2007, p. 37. Vide, ainda: FRAGOSO, Heleno Cláudio. *Lições de Direito Penal – Parte Geral*. 12ª ed. revista e atualizada por Fernando Fragoso. Rio de Janeiro: Forense, 1990, p. 30.

[327] BATISTA, Nilo. *Matrizes Ibéricas do Sistema Penal Brasileiro*. Rio de Janeiro: Freitas Bastos, 2000, v. I, p. 30.

[328] MEZGER, Edmundo. *Tratado de Derecho Penal*. Nueva edición, revisada y puesta al día por Jose Arturo Rodriguez Muñoz. Madrid: Editorial Revista de Derecho Comparado, 1955, t. I, p. 21.

Porém, tal delimitação temporal não significa afirmar que os costumes e práticas dos povos germânicos não ocorriam antes do período referido ou que tenham cessado a partir de período franco, e sim que a ênfase de determinadas práticas puderam ser identificadas num e noutro período – como o incremento do caráter público do Direito Penal no período franco, por exemplo – escritas pelo trabalho dos historiadores, sendo certo que no período anterior ao da vitória de Mário sobre os teutões em Aix e a de Cimbrios em Vercelli, entre 102 e 101 a.C., e mesmo os contatos havidos entre os germanos com Júlio César e suas legiões, as informações são nitidamente precárias.

Nessa fase da história, o Direito Penal germânico é eminentemente consuetudinário. É na tradição que se fincam as bases do direito, e não na lei escrita, sendo o direito uma espécie de ordem de paz, cuja ruptura é propiciada pela prática de um crime.

Ante a ausência de um poder estatal constituído e organizado, o crime é tratado como assunto privado, sobrelevando a importância dos vínculos de parentescos que formam a *Sippe*, o clã ao qual o indivíduo se encontra vinculado. Lydio Bandeira de Mello[329] leciona que, enquanto a lei dos judeus fundava-se na justiça, a lei dos germanos fundava-se na honra. Assim sendo, rechaçava-se o talião, desconsiderando-se a ideia de proporcionalidade.

Consoante se observa nas lições de Franz von Liszt[330] e Edmundo Mezger,[331] no âmbito interno, ou seja, nos limites dos domínios da própria *Sippe*, o poder punitivo é exercido pelo chefe da família. Por sua vez, o Direito Penal externo é regido pelo princípio segundo o qual aquele que rompe com paz em face de um membro de determinada *Sippe* converte-se em inimigo dela. No primeiro caso, a punição é dirigida ao membro da própria tribo. No segundo, reclama-se a punição do *estranho* que veio de fora a afrontar a estrutura familiar alheia. A perpetração de um crime significa a quebra da paz (*Friedlosigkeit*), revelando caráter sacral,[332] porquanto a paz encontra-se sob a proteção dos deuses, alcançando a vingança fundamento divino.

A perda da paz entre os povos germânicos consistia em exclusão social ou, pior do que isso, perda da tutela social, fato que determinava a possibilidade de qualquer pessoa vir a matar o infrator. Eduardo Correia[333] destaca dois aspectos: um negativo, que consistia justamente na possibilidade de o infrator ser morto por qualquer um, sem qualquer apoio ou guarida da comunidade, e outro positivo, consistente no dever de perseguição do *Friedlos*. O catedrático de Coimbra conclui que: "Assim se teria criado a pena de morte.".

---

[329] MELLO, Lydio Machado Bandeira de. *O Direito Penal Hispano-Luso Medievo*. Belo Horizonte: Faculdade de Direito da Universidade de Minas Gerais, 1961, p. 37.
[330] LISZT, Franz von. *Tratado de Direito Penal Allemão*. Trad. da ultima edição e commentado por José Hygino Duarte Pereira. Rio de Janeiro: F. Briguiet & C. – Editores, 1899, t. I, p. 5-6.
[331] MEZGER, Edmundo. *Tratado de Derecho Penal*. Nueva edición, revisada y puesta al día por Jose Arturo Rodriguez Muñoz. Madrid: Editorial Revista de Derecho Comparado, 1955, t. I, p. 20-21.
[332] Anota Aníbal Bruno que o "tom religioso, que certamente impregnava as primitivas reações anticriminais germânicas, não está bem claro nas fontes". BRUNO, Aníbal. *Direito Penal*. 3ª ed. Rio de Janeiro: Forense, 1967, t. 1º, p. 82.
[333] CORREIA, Eduardo. *Direito Criminal*. Coimbra: Livraria Almedina, 1971 (reimpressão), v. I, p. 78.

A partir de então,[334] tratando-se o Direito Penal de assunto privado, surge, em decorrência dessa perda da paz, a vingança de sangue (*Blutrache*) como espécie de reação familiar enquanto dever de vingar um dos seus membros lesados por uma *Sippe* alheia. Porém, além da vingança de sangue, dadas as nefastas consequências que provocava, havia a possibilidade de composição por meio de medidas reparatórias. Assim, o estado de inimizade entre clãs diversos (*faida*) foi sendo progressivamente substituído por acordos reparatórios, com a entrega de cavalos, gado, armas e, depois, também de dinheiro (*Suehnegeld*), segundo a gravidade do fato e o *status* do grupo familiar.

De destacar-se o caráter objetivo do delito, o que irá determinar a responsabilidade penal objetiva (*Erfolgshaftung*) entre os germanos ou, ainda, a responsabilidade pela simples causação material (*Causalhaftung*), sem que se excogite de reclamos volitivos, resultando, daí, a máxima segundo a qual *o fato mata o homem* (*Die Tat tötet den Mann*).[335]

Contudo, como alerta Hans Welzel,[336] isso não está a significar uma cegueira absoluta com respeito ao aspecto volitivo, senão tão somente uma arcaica responsabilidade pela conduta "típica", visto que o fato lesivo implica "tipicamente" a vontade lesiva. Daí, segundo ainda o autor, se explicam certos fatos delitivos em que a ausência de vontade muitas vezes, como, *v.g.*, derrubar uma árvore e vir a matar alguém involuntariamente, determinava uma pena mais branda, bem como o fato de casos típicos de tentativa sem resultado lesivo – como sacar um instrumento mortal – virem a acarretar uma pena como consequência. A tentativa, porém, permanece fundamentalmente impunível.

Devido a seu caráter marcadamente individualista, muito comum eram as *ordálias* ou *juízos de Deus* nos domínios do Direito Penal germânico, as quais "consistiam na sujeição do acusado a determinado tipo de prova da qual ele somente resistiria com vida se fosse inocente.".[337] Isso, é claro, na concepção supersticiosa e subjugadora que então reinava, visto que na prática tais provas não ofereciam a menor chance de êxito ao investigado.

O período franco inicia-se com a instituição de um poder estatal, notadamente com a assunção do Império Merovíngeo (481 a 751) ao que se seguiu a dinastia Carolingia (751-843), em que passa a se destacar uma concepção penal de natureza pública. As *Leges barborum*, da época franca, assim como outras posteriores a essa compilação, tornaram-se, como lembra Anibal Bruno,[338] "na sua maior parte, um minucioso tabelamento de taxas penais, variáveis segundo a gravidade das lesões e também segundo a categoria do ofendido, ou a sua idade ou sexo.".

---

[334] JESCHECK, Hans-Heinrich; WEIGEND, Thomas. *Lehrbuch des Strafrechts – Allgemeiner Teil*. 5ª ed. Berlin: Duncker & Humblot, 1996, p. 91.

[335] WELZEL, Hans. *Das Deutsche Strafrecht*. 11ª ed. Berlin: Walter de Gruyter & Co., 1969, p. 10. Também: JESCHECK, Hans-Heinrich; WEIGEND, Thomas. *Lehrbuch des Strafrechts – Allgemeiner Teil*. 5ª ed. Berlin: Duncker & Humblot, 1996, p. 91.

[336] WELZEL, Hans. *Das Deutsche Strafrecht*. 11ª ed. Berlin: Walter de Gruyter & Co., 1969, p. 10.

[337] DOTTI, René Ariel. *Curso de Direito |Penal – Parte Geral*. 2ª ed. Rio de Janeiro: Forense, 2004, p. 135.

[338] BRUNO, Aníbal. *Direito Penal*. 3ª ed. Rio de Janeiro: Forense, 1967, t. 1º, p. 84.

Após o ano de 911, segundo Edmund Mezger,[339] houve um enfraquecimento do poder estatal, com um movimento de retrocesso no Direito Penal, revigorando o direito costumeiro. A partir do século XII, se bem de que de forma um pouco limitada, a legislação estatal passa a ocupar novamente seu lugar.

Em forma de síntese, observa-se no direito penal germânico a vingança privada em concorrência com a vingança divina, um direito costumeiro, a vingança de sangue (*Blutrache*), o estado de *faida* (estado de inimizade entre o ofendido e seu grupo, a *Sippe*, e o criminoso), a perda da paz (*Friedenslosigkeit*), o elemento subjetivo do crime não é posto em relevo, e sim o dano causado. De destacar-se o sistema composicional, em que por meio da *Friedensgeld* ou *fredum* era dado cumprir o preço da paz, havendo ainda a *Busse* para a composição de crimes menos graves. Por aí se vê a grande contribuição do direito penal germânico para o estabelecimento das penas pecuniárias.

2.3. Direito Canônico

O *Direito Canônico* não se confunde com direito sacro, direito eclesiástico e direito pontifício, muito embora essas diversas qualificações sejam não raro tomadas como sinônimas.

Em rigor, o *Direito Canônico*[340] seria aquele que consta das normas, dos cânones estabelecidos nos Concílios. O *direito sacro*[341] "designa mais propriamente o objeto a qual esse direito de refere, isto é, a pessoa, a coisa, o lugar, que pelo vínculo religioso recebe uma destinação especial aplicando-lhe ao serviço do culto divino.". O *direito eclesiástico*[342] diz respeito ao governo da Igreja, ao passo que *direito pontifício*[343] possui diversos significados, por vezes identificando-se com direito canônico, por outras designando a totalidade das constituições dos pontífices romanos, também tomado como promulgação de direito canônico editado pelo pontífice enquanto poder supremo católico (*Leges instituuntur cum promulgantur*) e, ainda, no sentido de uma contraposição ao direito romano, que no medievo era este último usualmente chamado de *cesareo*.

Em termos mais abrangentes, de acordo com *Il Digesto Italiano*,[344] fala-se em direito canônico compreendendo três períodos: *a*) o *antigo*, que vai da fundação da Igreja cristã até meados do séc. XII, por volta de 1140,[345] quando Graciano publicou sua coleção denominada *Concordia discordantium canonum*, mais comumente chamada de *Decreto de Graciano*; *b*) o *novo*, que se estende do

---

[339] MEZGER, Edmundo. *Tratado de Derecho Penal*. Trad. de Jose Arturo Rodriguez Muñoz. Madrid: Editorial Revista de Derecho Privado, 1955, t. I, p. 21.

[340] *Il Digesto Italiano – Enciclopedia Metodica e Alfabetica di Legislazione, Dottrina e Giuriprudenza*. Torino: Unione Tipografico Editrice, 1888, v. VI, parte prima, p. 644.

[341] Idem.

[342] Ibid., p. 645.

[343] Ibid., p. 645.

[344] Ibid., p. 652.

[345] SHELLEY, Bruce L. *História do Cristianismo*. Trad. de Giuliana Niedhardt. Rio de Janeiro: Thomas Nelson, 2018, p. 223.

séc. XII ao final do séc. XV; e o *novíssimo*, a partir do séc. XV. Contudo, o conjunto de normas emanadas do poder temporal e que vieram propriamente a constituir o direito penal canônico remonta sobretudo ao séc. XII.[346]

Eduardo Correia[347] lecionava que, com o reconhecimento da Igreja pelo Império Romano, "surge um poder disciplinar exercido pelos bispos, embora, de começo, só relativamente, a assuntos espirituais (*Eclesia vivit lege romana*).". Porém, complementa o saudoso catedrático que a tendência foi, desde logo, considerar os crimes religiosos como crimes públicos.

A influência do direito canônico propiciou um significativo número de delitos que vieram a compor o direito penal, dentre os quais os denominados *delicta mere eclesiastica*, que ofendiam direta e particularmente a religião, como a heresia, a blasfêmia, a feitiçaria, a bruxaria, a magia, a simonia,[348] etc. Ao lado desses, havia os *delicta mixta*, como é o caso do adultério, do incesto, do concubinato, da sodomia, do perjúrio e da usúra, dentre outros. Por sua vez, com esses conviviam os *delicta mere secularia*, que ofendiam tão somente a ordem jurídica laica, sendo exemplos o homicídio, o roubo e o furto, os quais, de resto, constituíam crimes desde tempos remotos, desde muito antes do próprio direito canônico.

Luis Jiménez de Asúa afirmava a grande importância do papel do direito penal pelas seguintes razões: a) em primeiro lugar, por sedimentar a norma jurídica romana na vida ocidental; b) em segundo, como fator civilizatório da brutal prática germânica, adaptando-a ao direito público.

Sob o Imperador Teodósio, o catolicismo torna-se a religião oficial e exclusiva estatal. Com a gradual ascensão do poder temporal, observa-se não poucos avanços em face da vingança privada, ensejando limitações ao poder de punir, como a instituição de asilos. Nos delitos eclesiásticos, lançava-se mão da *paenitencia*, com o que se busca proporcionar emenda do infrator, com caráter nitidamente precursor da nossa hoje conhecida prevenção especial.

O direito canônico tinha, por assim dizer, um cariz generalizador, porquanto a religião católica deveria a todos alcançar, o que contribuiu para uma espécie de "estabilização" e consolidação do direito frente aos fiéis/súditos. Não obstante as referidas conquistas, o poder papal veio, a partir da instituição da *Santa Inquisição*, no ano de 1184,[349] cada vez mais a palmilhar um caminho que restou por instaurar um estado de verdadeira opressão[350] ao povo, sen-

---

[346] Nesse sentido: BRUNO, Aníbal. *Direito Penal*. 3ª ed. Rio de Janeiro: Forense, 1967, t. 1º, textualmente: "O conjunto dessas normas, emanadas do poder pontifício, sobretudo do século XII, veio a constituir o Direito Penal canônico, que teve influência na prática da justiça punitiva, principalmente porque decisões eclesiásticas recebiam execução por tribunais civis e muitas daquelas normas tornaram-se obrigatórias, com a conquista do poder temporal pela Igreja, mesmo para a autoridade civil.".

[347] CORREIA, Eduardo. *Direito Criminal*. Coimbra: Livraria Almedina, 1971 (reimpressão), v. I, p. 81.

[348] GONZAGA, João Bernardino. *A Inquisição em seu Mundo*. 8ª ed. São Paulo: Saraiva, 1994, p. 84: "Simonia (palavra alusiva a Simão Mago, que tentou comprar os dons do Espírito Santo, At 8, 18) é 'a intenção deliberada de comprar, vender ou permutar por bens economicamente estimáveis, uma coisa intrinsicamente espiritual'.".

[349] SHELLEY, Bruce L. *História do Cristianismo*. Trad. de Giuliana Niedhardt. Rio de Janeiro: Thomas Nelson, 2018, p. 236.

[350] Como leitura completar, sugere-se: EYMERICH, Nicolau. *Manual dos Inquisidores*. 2ª ed. Trad. de Maria José Lopes da Silva. Brasília: Fundação Universidade de Brasília, 1993; KRAMER, Heinrich; SPRENGER,

do que, em 1252, com a autorização da tortura pelo papa Inocêncio IV para a obtenção da confissão dos acusados, o terror é definitivamente instaurado. Registre-se que quando a pena capital fosse imposta deveria ser aplicada pelo tribunais da Justiça Comum, e não pelos eclesiásticos. As perseguições aos pagãos perduraram até o séc. XVIII, sendo que a supressão[351] dos tribunais do Santo Ofício ocorreram no interregno de 1718 a 1834.

A Inquisição, cuja ideia central era como uma espécie de *caça aos hereges*, restou por ter acentuada influência no processo penal, em prol de um modelo inquisitivo. Eis a lição de Mauro Fonseca Andrade:[352] "Contudo, a crescente expansão da Igreja Católica por toda Europa continental, e sua necessidade de se consolidar como religião oficial, a fim de não permitir a progressão de outras manifestações religiosas, fez com que a caça aos hereges se transformasse e eu principal objetivo. Por essa razão, mas também motivado pela depravação do clero, Inocêncio III abandonou o modelo de processo acusatório, e fez ressurgir o modelo de processo inquisitivo, com a consagração do brocardo *Tribus modis procesit possit: per accusationem, per denuntiationem et per inquisitionem*, sendo que o processo *per inquisitionem* deveria ter seu início nos casos de clamor público (*Inquisitionem clamosa debet insinuatio prevenire*).".

Apesar do referido período de triste memória, a contribuição do cristianismo, sobretudo nos primeiros tempos legou significativa contribuição[353] para a humanização do direito penal, como a manutenção e desenvolvimento do elemento subjetivo, da imputabilidade e da culpabilidade, que já se faziam presentes no direito romano, em contraposição ao objetivismo germânico. Não obstante, impende salientar, o fato de haver em certos casos concessões ao objetivismo em detrimento do elemento subjetivo, como no caso da infâmia de filhos incestuosos e interdições que recaiam sobre descendentes em casos de heresia e apostasia, bem como a responsabilização das corporações.

De referir-se, ainda, a condução a um sentido de direito público, a limitação à faida germânica, a idealização da penitenciária, com a introdução da pena privativa de liberdade e um real impulso em prol do princípio da igualdade, sob o fundamento de que *todos são iguais perante Deus*. Note-se[354] que o *status* da mulher no seio cristão, por exemplo, era nitidamente superior ao das

---

James. *O Martelo das Feiticeiras*. 18ª ed. Trad. de Paulo Fróes. Rio de Janeiro: Editora Rosa dos Tempos, 2005.

[351] BETHENCOURT, Francisco. *História das Inquisições*. São Paulo: Companhia das Letras, 2000, p. 377 e ss.; GONZAGA, João Bernardino. *A Inquisição em seu Mundo*. 8ª ed. São Paulo: Saraiva, 1994, *passim*.

[352] ANDRADE, Mauro Fonseca. *Sistemas Processuais Penais e seus Princípios Reitores*. Curitiba: Juruá, 2008 (primeira reimpressão 2009), p. 269-270.

[353] Da vasta bibliografia disponível, mencione-se, exemplificativamente: JIMÉNEZ DE ASÚA, Luis. *Tratado de Derecho Penal*. 2ª ed. Buenos Aires: Losada, 1956, t. I, p. 282-286; SOLER, Sebastián. *Derecho Penal Argentino*. 5ª ed. Buenos Aires: Tea, 1987, v. I, p. 79; CORREIA, Eduardo. *Direito Criminal*. Coimbra: Livraria Almedina, 1971 (reimpressão), v. I, p. 81; *Il Digesto Italiano – Enciclopedia Metodica e Alfabetica di Legislazione, Dottrina e Giuriprudenza*. Torino: Unione Tipografico Editrice, 1888, v. VI, parte prima, p. 643-669; COSTA JR. Paulo José da. *Curso de Direito Penal*. 10ª ed. São Paulo: Saraiva, 2009, p. 14; GONZAGA, João Bernardino. *A Inquisição em seu Mundo*. 8ª ed. São Paulo: Saraiva, 1994.

[354] Sobre o ponto, consulte-se: STARK, Rodney. *The Rise of Christianity*. New York: HarperOne, 1996, p. 95-128.

mulheres pagãs. No crime de estupro, fez com que as penas de banimento, exílio e galés do direito romano pudessem ceder espaço à possibilidade de o agente desposar ou mesmo propiciar cuidados e reparação à vítima.[355] Esses três direitos que estudamos vieram a compor o que designamos como direito penal comum, o qual trataremos em sequência.

2.4. Direito Penal comum nos países europeus anterior ao pensamento humanitário

Da confluência dos direitos romano, germânico e canônico, formou-se o que se convencionou designar como *Direito Penal comum*, com características, portanto, ecléticas, de diversas matizes, advindas das três referidas concepções.

O direito canônico teve o mérito de trazer a notável contribuição para o fortalecimento da autoridade pública, sobretudo em face do individualismo que era presente no espírito do direito germânico. Com isso, a *faida* e a vingança privada cedem espaço para a pena pública.

Everardo Cunha Luna[356] afirma que, após a invasão do Império Romano pelos bárbaros, os costumes destes "aos poucos, foram cedendo lugar ao direito da Igreja, que se enraizava na tradição romana, humanizada pelo sopro fecundante da doutrina cristã. E o direito germânico, finalmente absorvido, começa a representar o seu papel na formação do direito moderno. *Papel secundário* em relação ao representado pelos direitos romano e canônico, porque, di-lo a ciência histórica contemporânea, a contribuição dos germanos, como de todos os povos bárbaros, para a civilização, a cultura e o direito do Ocidente, foi, inegavelmente, escassa.".

Nesse contexto, o elemento subjetivo da infração é posto em revelo, em oposição ao objetivismo germânico. As ordálias e os duelos são postos em causa, restando por serem rechaçados. A base retribucionista ainda se faz presente, mas como vingança divina, que está plasmada no *zelo justitiae et bono animo*, e não no *amore ipsius vindictae*, dirigindo-se à correção, à emenda do infrator.

Porém, dentre os três direitos, sobressaia o romano, especialmente em face da *recepção* do antigo direito romano, por obra dos *glosadores* e dos *pós-glosadores*, também denominados estes últimos de *práticos* (*praxistas*) ou *comentaristas*. A escola dos glosadores foi inaugurada em Bolonha, em 1088, tendo como nome mais proeminente o de Irnério, ao qual somavam-se os nomes de Búlgaro, Martino Gosia, Ugo di Porta Ravennate e Jacopo.

O trabalho dos glosadores era, de certa forma, restrito, pois limita-se a fazer uma *glosa*, uma frase, um breve comentário do texto romano. José Reinaldo

---

[355] *Il Digesto Italiano – Enciclopedia Metodica e Alfabetica di Legislazione, Dottrina e Giuriprudenza*. Torino: Unione Tipografico Editrice, 1888, v. VI, parte prima, p. 649.
[356] LUNA, Everardo Cunha. *Capítulos de Direito Penal – Parte Geral*. São Paulo: Saraiva, 1985, p. 64-65.

de Lima Lopes[357] afirma que o propósito das anotações não era com o fim de utilização na vida prática, e sim de comprovar o texto "como instrumento de razão da verdade da autoridade.".

Por sua vez, a segunda escola, a dos pós-glosadores, que teve início no final do séc. XIII e perdura até o séc. XVI, tinha propósitos de cunho prático, daí o nome praxistas. Também são chamados de comentaristas em razão de exercerem a interpretação com maior liberdade, respondendo a indagações e consultas. Importantes representantes italianos dos pós-glosadores são Gandino, Bártolo, Ângelo Aretino, Júlio Claro, Deciano e Farinácio. Na Alemanha, Carpzóvio. Na França, Andréas Tiraquellus.

Na afirmação do direito penal como um direito público e, portanto, da pena pública, foi de especial relevância a edição, sob o reinado de Carlos V, na Alemanha, da *Constitutio Criminalis Carolina* (C.C.C.), no alemão, *Peinliche Gerichtsordnung* (P.G.O.), cuja vigência se inicia em 1532, a qual sucedeu à *Constitutio Criminalis Bamberquensis*, de 1507. Sobre ela, Jiménez de Asúa[358] assim leciona: "La importância de este Código se debe a que com él se asienta definitivamente el poder público del Estado en materia punitiva, y se da fijeza al Derecho, pretensión que ya se formula en la *Bambergensis*.".

Impende também mencionar que muitos dos institutos que permanecem até os dias atuais remontam ao período do direito comum, ora estudado, seja pelo fato de, nessa época, alguns terem sido concebidos, como é o caso do crime continuado, seja pelo fato de outros terem recebido seus contornos mais definitivos de instituições já existentes na antiguidade. Exemplo suficiente deste último caso recolhemos da principal causa justificante do direito penal, qual seja, a legítima defesa, que, conquanto encontre sua formulação inicial no direito romano, veio a ter sua moldura nos moldes que conhecemos hoje com a contribuição acrescentada pelo direito canônico, "com a criação do *moderamen inculpatae tutelae*".[359] Em sequência, estudaremos o período que veio a inaugurar o direito penal moderno ou humanitário.

2.5. O iluminismo, a obra de Beccaria e o surgimento do Direito Penal moderno

Luis Jiménez de Asúa[360] afirmava que, antes de Beccaria, "o Direito penal era o legislado [se bem que, é bom aqui esclarecer, não nos moldes atuais] e os escritores somente resolviam questões práticas (os práticos) e glosavam as leis"." Beccaria foi além e se "atreveu" a criticar a ordem vigente.

---

[357] LOPES, José Reinaldo de Lima. *O Direito na História – Lições Introdutórias*. 4ª ed. São Paulo, Atlas, 2012, p. 119.
[358] JIMÉNEZ DE ASÚA, Luis. *Tratado de Derecho Penal*. 2ª ed. Buenos Aires: Losada, 1956, t. I, p. 295.
[359] SIQUEIRA, Leonardo. Gênesis da Legítima Defesa como Ponto de União entre o Direito Romano e o Direito Canônico. In: *História do Direito e do Pensamento Jurídico em Perspectiva*, (coord. Cláudio Brandão, Nelson Saldanha e Ricardo Freitas). São Paulo: Atlas, 2012, p. 542.
[360] JIMÉNEZ DE ASÚA, Luis. *Tratado de Derecho Penal*. 2ª ed. Buenos Aires: Losada, 1956, t. I, p. 75.

É que o direito penal do *Ancien Régime* era, de fato, muito rudimentar, sem qualquer pudor em se valer do suplício como modo de atuação do *potestas* contra o acusado e o condenado, tanto na investigação como também na execução da pena. Eis a síntese de Correia:[361] "Tratava-se na verdade de um direito grosseiro; casuístico e arbitrário, pois nenhuma construção geral do delito existia; dominado por ideia de intimidação brutal, com penas extraordinàriamente cruéis (açoites, marcas, mutilações, morte por suplícios) e acompanhadas de sofrimentos morais (como a exposição no pelourinho à irrisão pública) – penas aliás transmissíveis e que variavam consoante a categoria do ofensor e do ofendido.".

Cesare Bonesana, Marquês de Beccaria, então, depara-se com esse estado de coisas. E aqui se abram parênteses para lembrar as palavras de Gustav Radbruch:[362] "Um novo impulso do direito nunca se realiza no vazio jurídico.". Fundamentado nas ideias iluministas e do contrato social, Beccaria, recebendo a influência de pensadores como Montesquieu, Locke, Grocio, Hobbes, Rousseau, além de outros com quem convivia e estudava, como é o caso dos irmãos Verri, publica, em 1764, aos 26 anos de idade, o revolucionário opúsculo *Dos Delitos e da Penas*, com o qual finca as bases do direito penal moderno. No livro, Cesare Beccaria faz uma síntese das ideias que fervilharam na segunda metade do século XVIII. Mencione-se ainda o livro[363] *Observações sobre a Tortura*, de Pietro Verri, que é uma contundente crítica ao *modus faciendi* que impunha verdadeiro terror ao investigado nas persecuções criminais, que então vigorava.

O livro de Beccaria,[364] que é o inaugurador da denominada (pelos positivistas) Escola Clássica, em sua fase dita filosófica, assenta as bases para um direito penal humanitário e até mesmo para um desenvolvimento da Ciência Penal, a partir da sedimentação do princípio da legalidade. Além desse princípio mais elementar do direito penal, o arauto das novas ideias estabeleceu as bases do fundamento do direito penal (por que punir), defendeu a separação dos poderes, em que o estabelecimento de delitos e penas devesse ficar reservado ao legislador, a proporcionalidade entre a ofensa e a correspondente consequência penal, a intervenção penal somente ante uma real necessidade, a igualdade entre os destinatários da lei, o direito penal do fato e da culpabilidade. Em uma perspectiva processual, preconizava a resposta penal sem delongas, o devido processo penal público. Nesses breves apontamentos, pode-se observar a grande contribuição da Escola Clássica (que, depois, foi duramente criticada pela Escola Positiva), nesta primeira fase, ou seja, na filosófica, para o direito penal atual, sem contar as contribuições advindas da segunda fase, designada jurídica.

Em um modo de síntese, pode-se dizer que Beccaria foi uma voz a clamar pela humanização do direito e do processo penal. Além do ideário limitador

---

[361] CORREIA, Eduardo. *Direito Criminal*. Coimbra: Livraria Almedina, 1971 (reimpressão), v. I, p. 83.
[362] RADBRUCH, Gustav. *Filosofia do Direito*. Trad. de Marlene Holzhausen. São Paulo: Martins Fontes, 2010, p. 128.
[363] VERRI, Pietro. *Observações sobre a Tortura*. Trad. Federico Carotti e Roberto Leal Ferreira. São Paulo: Martins Fontes, 1992.
[364] BECCARIA, Cesare. *Dei Delitti e delle Pene*. Milano: Giuffrè, 1973, *passim*.

do *potestas puniendi*, o princípio da legalidade em especial passa definitivamente a assentar-se como pedra angular para o desenvolvimento da legislação penal e do próprio desenvolvimento da Ciência Penal.

Nesse sentido, esclarecedora é a lição de Reale Júnior:[365] "A exigência de codificação penal, ordenando-se a matéria em uma parte geral, relativa ao crime e às penas, e uma parte especial definidora das ações delitivas, é decorrência dos princípios de ordem filosófico-política do século XVIII. O primeiro Código, filho do Iluminismo, surgiu no reinado de José II, o Código da Áustria, de 1787.". Foi o mencionado código o primeiro a consagrar legal e expressamente o princípio *nullum crimen ine lege*.

De referir-se, ainda, as mais influentes legislações[366] da codificação europeia e latino-americana. Assim o foi o CP francês de 1810, chamado *Código de Napoleão*. Na Itália, à época da unificação, foi utilizado o Código do até então Reino da Sardenha, o Código Sardo, de 1859, ao que se seguiu o *Código Zanardelli*, de 1889, sendo substituído após pelo *Código Rocco*, de 1930, que permanece em vigor e que foi a principal influência do CP brasileiro de 1940. Com a unificação alemã, em 1871, o CP adotado é o prussiano, de 1851, que na prática já regia a maior parte dos territórios alemães e cuja feição é mais nitidamente francesa do que tedesca, sendo que o CP alemão, com a reformulação de sua parte geral que entrou em vigência a partir de 1º de janeiro de 1975 (e também a doutrina alemã, notadamente Hans Welzel), exerceu forte influência na reforma da parte geral do CP pátrio, ocorrida em 1984.

Em sequência, estudaremos, ainda que de forma breve, as denominadas Escolas penais que se sucederam, as quais, umas mais e outras menos, influenciaram na edificação de institutos penais e também como forte pano de fundo em Códigos Penais modernos, ou seja, consagradores do princípio da legalidade e divididos em parte geral e especial.

3. Escolas penais e tendências

Neste tópico, faremos o estudo das diversas escolas e de algumas tendências ou projeções que não são propriamente uma escola em seus aspectos mais essenciais, remetendo o leitor às excelentes obras[367] existentes para um maior

---

[365] REALE JÚNIOR, Miguel. *Parte Geral do Código Penal* (*Nova Interpretação*). São Paulo: Revista dos Tribunais, 1988, p. 9.
[366] Sobre o ponto, ver: JIMÉNEZ DE ASÚA, Luis. *Tratado de Derecho Penal*. 2ª ed. Buenos Aires: Losada, 1956, t. I, p. 310-311.
[367] Exemplificativamente: JIMÉNEZ DE ASÚA, Luis. *Tratado de Derecho Penal*. 2ª ed. Buenos Aires: Losada, 1950, t. II, p. 30-192; BRUNO, Aníbal. *Direito Penal*. 3ª ed. Rio de Janeiro: Forense, 1967, t. 1º, p. 91-139; GARCIA, Basileu. *Instituições de Direito Penal*. 7ª ed. revista e atualizada por vários colaboradores. São Paulo: Saraiva, 2008, v. I, t. I, p. 125-173; NORONHA, E. Magalhães. *Direito Penal – Introdução e Parte Geral*. 25ª ed. atualizada por Adalberto José Q. T. de Camargo Aranha. São Paulo: Saraiva, 1987, v. 1, p. 28-43; FRAGOSO, Heleno Cláudio. *Lições de Direito Penal – Parte Geral*. 12ª ed. revista e atualizada por Fernando Fragoso. Rio de Janeiro: Forense, 1990; ARAGÃO, Antonio Moniz Sodré de. *As Três Escolas – Clássica, Antropológica e Crítica* (*Estudo Comparativo*). São Paulo: Freitas Bastos, 1977.

detalhamento. Em seu livro *As Três Escolas*, Antonio Moniz Sodré de Aragão[368] faz um interessante e didático estudo em que busca responder as seguintes indagações num estudo comparativo entre a Escola Clássica, a Escola Positiva e a Escola Eclética, quais sejam: "1ª Em que se funda a responsabilidade penal do criminoso? 2ª Que é crime, qual o seu conceito? 3ª O criminoso é um homem normal, igual ao comum dos indivíduos, ou um tipo anômalo, uma variedade distinta do gênero humano? 4ª Qual o conceito e quais os efeitos da pena?". São essas, de fato, as principais disputas entre as duas primeiras, as quais a terceira busca estabelecer uma composição. Já o tecnicismo jurídico e a defesa social não são propriamente escolas, e sim abordagens quanto a uma metodologia penal.

3.1. A Escola Clássica

A denominada *Escola Clássica*, na lição de Jiménez de Asúa,[369] não reúne um conjunto coeso de concepções que possam ser agrupados de forma harmônica, de modo a constituírem uma escola propriamente dita. Na verdade, este nome foi atribuído de forma pejorativa pelos positivistas à atividade dos juristas que precederam a Escola Positiva. O clássico aqui não era tomado em seu sentido etimológico de consagrado, ilustre, excelso. Não! O sentido pretendido pela escola opositora era o de conferir uma pecha segundo a qual seus antecessores eram os juristas das "velhas doutrinas", com o injusto significado, portanto, de ultrapassadas, visto que eles, sim, os positivistas, eram os *modernos*.

Assim é que em tom provocador, em contraponto à postura pedante dos positivistas, enfatizava Heleno Fragoso:[370] "Não existiu realmente uma Escola 'clássica'.". Não obstante, essa foi a designação que restou consagrada. A Escola Clássica possui duas fases: a filosófica, que vai de Beccaria até Carrara, e a jurídica, a partir do professor peninsulano, que escreveu a monumental obra *Programma del Corso di Diritto Criminale*. Entre os representantes desta escola estão Beccaria, Filangieri, Rossi, Carmignani, Carrara e Feuerbach. As principais características da Escola Clássica são as seguintes: *a)* método dedutivo ou lógico-abstrato; *b)* o direito é anterior ao homem; *c)* o crime é um ente jurídico, ou seja, um conceito meramente jurídico embasado no direito natural, e não um fenômeno natural e social; *d)* o homem age por livre arbítrio; *e)* a pena como retribuição.

3.2. A Escola Positiva

A *Escola Positiva* surge como produto do positivismo de Augusto Comte e do evolucionismo de Darwin e Spencer. Nasce, portanto, em momento de franca ascensão das ciências naturais, sendo seus principais representantes

---

[368] ARAGÃO, Antonio Moniz Sodré de. *As Três Escolas – Clássica, Antropológica e Crítica* (*Estudo Comparativo*). São Paulo: Freitas Bastos, 1977, p. 55-56.
[369] JIMÉNEZ DE ASÚA, Luis. *Tratado de Derecho Penal*. 2ª ed. Buenos Aires: Losada, 1950, t. II, p. 32-33.
[370] FRAGOSO, Heleno Cláudio. *Lições de Direito Penal – Parte Geral*. 12ª ed. revista e atualizada por Fernando Fragoso. Rio de Janeiro: Forense, 1990, p. 41.

Lombroso, Ferri e Garófalo. Ao tratarmos sobre criminologia, no capítulo IV deste *Curso*, forma postas as grandes linhas da escola em questão, motivo por que remetemos o leitor ao referido capítulo.

Porém, cabe aqui lembrar, resumidamente, que coube ao médico Cesare Lombroso o estudo da morfologia do criminoso à explicação do crime, tendo publicado o livro *L'Uomo Delinquente* (1876), com o que se inaugura a escola em estudo. Lombroso concebe[371] a concepção do criminoso nato e do atavismo. Enrico Ferri publicou o livro *Sociologia Criminale* (1892), expandindo as explicações relativas às causas do crime, enfatizando os aspectos antropológicos, sociais e físicos. Por fim, o magistrado Rafaelle Garófalo dá início à fase jurídica, tendo publicado, dentre outros, o livro *Criminologia* (1885), pondo em relevo o aspecto psicológico do crime, bem como salientando a existência do "crime natural". Além dessas três figuras proeminentes, podem ser citados como integrantes desta escola, dentre outros, os nomes de Fioretti, Puglia, Berenini, Magno, Altavilla, Florian e Grispigni.

As principais características da Escola Positiva podem ser assim resumidas: *a*) método indutivo ou experimental no estudo da criminalidade; *b*) o direito é resultante da vida em sociedade; *c*) o crime é um fenômeno natural e social; *d*) o determinismo, ou seja, o homem não é livre em seu agir, sendo sua conduta determinada por forças inatas, do que decorre a responsabilidade social e a periculosidade; *e*) a pena como prevenção.

3.3. A *Terza Scuola* italiana

A *Terza Scuola*, também denominada *Positivismo Crítico*, com seu viés eclético, procura a proceder a uma conciliação das duas anteriores. Assim, observam-se, em essência, as seguintes características: *a*) substitui o livre-arbítrio pelo determinismo psicológico, mas adota a divisão imputáveis e inimputáveis, de acordo com a Escola Clássica; *b*) admite a responsabilidade moral, mas não sob o fundamento do livre-arbítrio. Na verdade, esta escola evitava recair nas discussões metafísicas em que disputavam preferência o livre-arbítrio e o determinismo. A pena possui função preventiva, defensiva da sociedade, mas preserva o caráter aflitivo. Seus principais representantes são Alimena, Carnevale e Impallomeni.

3.4. A Escola Moderna alemã

Tal como a escola anterior, a *Escola Moderna alemã* também faz parte das escolas ecléticas. Recebe ela uma diversidade terminológica, tais como Escola Moderna, Positivismo Crítico e Escola Sociológica. Jimenéz de Asúa[372] denomi-

---
[371] LOMBROSO, Cesare. *L'Uomo Delinquente in Rapporto all'Antropologia, alla Giurisprudenza ed alla Psichiatria*. 3ª ed. Torino: Fratelli Bocca Editori, 1897, *passim*.
[372] JIMÉNEZ DE ASÚA, Luis. *Tratado de Derecho Penal*. 2ª ed. Buenos Aires: Losada, 1950, t. II, p. 89.

na esta, que também é uma terceira escola, com a particularidade de situar-se em terras germânicas, como Escola de Política Criminal.

Dentre os nomes dessa escola estão Franz von Liszt, M. E. Mayer, Adolf Merkel, Ebehardt Schmidt, Gustav Radbruch e Graf zu Dohna. Magalhães Noronha[373] elenca os seguintes "caracteres dessa escola: *a*) método lógico-jurídico para o direito penal e experimental para as *ciências penais*; *b*) distingue o inimputável do inimputável, sem se fundar, porém, no livre-arbítrio, e sim na determinação normal do indivíduo; *c*) aceita a existência do estado perigoso; *d*) tem o crime como fato jurídico, mas também como fenômeno natural; *e*) a luta contra o crime far-se-á não só pela pena, mas também com as medidas de segurança.".

3.5. O Tecnicismo Jurídico

O *Tecnicismo Jurídico* é apontado[374] como o mais importante dentre os novos movimentos, devendo assim ser entendidos (como os novos) aqueles que sucederam às escolas clássica e positiva. "Na verdade", afirmava Anibal Bruno,[375] "a chamada escola do tecnicismo jurídico é mais uma corrente de renovação metodológica do que propriamente uma escola.". Nas palavras de Fragoso,[376] "o movimento técnico-jurídico italiano nada mais foi do que a repercussão na Itália da concepção básica da corrente histórico-positiva alemã, que teve em Karl Binding seu representante mais notável.".

Esta corrente aproxima-se em grandes linhas da Escola Clássica, mas extrema-se desta por ser refratária à utilização da Filosofia no Direito Penal. Pelo que se infere do próprio nome, o método é o técnico-jurídico, sendo suas principais características: "*a*) negação das investigações filosóficas; *b*) o crime como relação jurídica de conteúdo individual e social; *c*) responsabilidade moral, distinguindo entre imputáveis e inimputáveis; *d*) pena retributiva e expiatória para os primeiros e medida de segurança para os segundos.".[377] Seus principais representantes são Arturo Rocco, Vincenzo Manzini, Giuseppe Bettiol, Giuseppe Maggiore, Biagio Petrocelli e Giulio Bataglini.

3.6. A "Velha" e a Nova Defesa Social

O movimento de *Defesa Social*, em sua evolução, teve diversas facetas. Por isso, parafraseando Reale Júnior, designamos o título deste tópico como a

---

[373] NORONHA, E. Magalhães. *Direito Penal – Introdução e Parte Geral*. 25ª ed. atualizada por Adalberto José Q. T. de Camargo Aranha. São Paulo: Saraiva, 1987, v. 1, p. 40.

[374] BRUNO, Aníbal. *Direito Penal*. 3ª ed. Rio de Janeiro: Forense, 1967, t. 1º, p. 130; FRAGOSO, Heleno Cláudio. *Lições de Direito Penal – Parte Geral*. 12ª ed. revista e atualizada por Fernando Fragoso. Rio de Janeiro: Forense, 1990, p. 49.

[375] BRUNO, Aníbal. *Direito Penal*. 3ª ed. Rio de Janeiro: Forense, 1967, t. 1º, p. 132.

[376] FRAGOSO, Heleno Cláudio. *Lições de Direito Penal – Parte Geral*. 12ª ed. revista e atualizada por Fernando Fragoso. Rio de Janeiro: Forense, 1990, p. 50.

[377] NORONHA, E. Magalhães. *Direito Penal – Introdução e Parte Geral*. 25ª ed. atualizada por Adalberto José Q. T. de Camargo Aranha. São Paulo: Saraiva, 1987, v. 1, p. 42.

Velha e a Nova Defesa Social. Assim é que, como afirma Antonio García-Pablos de Molina,[378] a ideia de defesa social surge na Ilustração, cujo auge encontra-se no marco do positivismo. Essa defesa social, que podemos chamar de *a velha*, sob os auspícios positivistas, não reluta em propugnar, digamos, o que for necessário para atingir seus escopos, que é, precisamente, "a salvaguarda frente aos atos contrários às condições da existência individual e coletiva.".[379] Eis a lição de Reale Júnior:[380] "Em face do 'delito natural', que revela uma crueldade inata e instintiva, decorrente de anomalias psíquicas permanentes, apenas cabe como reação de defesa da sociedade a pena que constitui uma defesa social, expurgando do corpo da sociedade o tumor por via da profilaxia total: a pena de morte.".

A Nova Defesa Social surge no segundo pós-guerra, cujo iniciador é Filippo Gramatica, que fundou, em 1945, o *Centro Internacional de Estudos de Defesa Social*, em que se buscava um novo sistema jurídico em substituição ao sistema tradicional. Defende o jurista italiano[381] uma melhoria da sociedade, com a socialização do indivíduo. Eis a síntese de García-Pablos de Molina:[382] "A su juicio, lo que procede no es sancionar, sino 'socializar' al delincuente; no imponer 'penas' en función del 'delito' cometido, sino aplicar 'medidas' de defensa social, preventivas, educativas y curativas de acuerdo con la 'personalidad' de aquél (antisocialidad subjetiva).".

Por sua vez, Marc Ancel,[383] que foi juiz da Suprema Corte francesa, e integrou o grupo fundado[384] por Gramatica e outros juristas, propugnava uma *Nova Defesa Social*, que conservasse os aportes essenciais do direito clássico, rompendo com o sistema do antigo direito, estabelecendo a legalidade, a proporcionalidade e a humanidade das penas. Assim, preconizava o jurista um *engagement*, uma nova atitude, com a manutenção da perspectiva humanista da ilustração, uma política criminal perspectivada em prol da ressocialização, em que a missão social da justiça criminal fosse orientada no equilíbrio entre as garantias do homem e as da coletividade. Dessa forma, a *Défense Sociale Nouvelle* consiste em um *aggiornamento* da ciência criminal de modo a plasmar uma doutrina humanista de proteção social em face do crime ou, como consta no próprio subtítulo de seu livro, um *movimento de política criminal humanista*.

Assim, muito embora não se possa considerar a Nova Defesa Social propriamente como uma escola, ela faz um contraponto à Escola Positiva, que

---

[378] GARCÍA-PABLOS DE MOLINA, Antonio. *Introducción al Derecho Penal*. Madrid: Editorial Universitaria Ramón Areces, 2005, p. 672.
[379] Idem.
[380] REALE JÚNIOR, Miguel. *Instituições de Direito Penal – Parte Geral*. 4ª ed. Rio de Janeiro: Forense, 2013, p. 49.
[381] GRAMATICA, Filippo. *Principi di Difesa Sociale*. Padova: Cedam, 1961.
[382] GARCÍA-PABLOS DE MOLINA, Antonio. *Introducción al Derecho Penal*. Madrid: Editorial Universitaria Ramón Areces, 2005, p. 673.
[383] ANCEL, Marc. *La Défense Sociale Nouvelle (Un Mouvement de Politique Criminelle Humanista)*. 2ª ed. Paris: Éditions Cujas, 1966, p. 367, 370-372.
[384] ANITUA, Gabriel Ignacio. *Histórias dos Pensamentos Criminológicos*. Trad. de Sérgio Lamarão. Rio de Janeiro: Revan, 2008, p. 549-550.

representa, com sua ideia de *delito natural*, precisamente a velha escola social. Em linha de uma síntese conclusiva, pode-se afirmar, quiçá numa simplificação que não seja suficiente para delinear as fases mencionadas da defesa social, mas que possivelmente aponte suas ideias centrais, que: *a*) a *Velha Defesa Social* carregava todo seu arsenal contra o infrator na busca de seu intento; *b*) a *Nova Defesa Social*[385] eleva o infrator a uma condição de prestígio e consideração, cuja reintegração é o ideal a ser buscado.

4. Evolução epistemológica do Direito Penal

No presente tópico, faremos uma breve menção às principais concepções e que mais influenciaram na formação da doutrina do crime. Ao estudarmos a teoria jurídica do crime, traremos maiores detalhes no estudo de cada uma dentre as características do delito (conduta, tipicidade, ilicitude e culpabilidade).

4.1. Sistema causal: causalismo e neokantismo

Há quem entenda que o *causalismo* e *neokantismo* tenham sido concepções, digamos, "bem" distintas, ao passo que há quem as trate indistintamente, como se fossem a mesma coisa. Na verdade, ao compulsarmos os tratadistas causalistas e neokantistas, observamos que, nos domínios do Direito Penal, o neokantismo constitui uma evolução do causalismo, mas sem se desvincular de seus fundamentos, motivo por que Juarez Tavares[386] fala em sistemas causais, abrangente de ambas as concepções. No dizer de Hans-Heinrich Jescheck,[387] na concepção neoclássica, não há um distanciamento significativo da concepção clássica, mas tão somente reformulações que em todo caso permanecem *imanentes ao sistema causal*.

Em sua concepção clássica (Liszt, Beling), o causal-naturalismo, sob a forte influência das ciências da natureza, que gozavam de grande prestígio no séc. XIX, busca nessas ciências sua fórmula metodológica, de modo que os conceitos jurídico-penais eram formulados com essa lógica. Busca ela ser neutra, extremando de considerações valorativas. Assim, o resultado estava presente (de forma indevida) no conceito de ação. O conceito de culpabilidade era puramente psicológico, sem qualquer elemento normativo que pudesse levar a um juízo ético, ou seja, a um juízo de censura, de reprovação pela prática do injusto.

O neokantismo (Frank, Goldschmidt, Mayer, Radbruch, Freudenthal), no entanto, deu novo alento ao sistema causal, revigora-o com elementos valora-

---

[385] Pode-se dizer que a Nova Defesa Social também foi uma das inspirações da Reforma Penal de 1984, no que se refere à prevenção especial, sob o ideal de reintegração do infrator: REALE JÚNIOR, Miguel *et al*. *Penas e Medidas de Segurança no Novo Código*. 2ª ed. Rio de Janeiro: Forense, 1987, p. 165-166.

[386] TAVARES, Juarez. *Teorias do Delito – Variações e Tendências*. São Paulo: Revista dos Tribunais, 1980, p. 17 e ss.

[387] JESCHECK, Hans-Heinrich; WEIGEND, Thomas. *Lehrbuch des Strafrechts – Allgemeiner Teil*. 5ª ed. Berlin: Duncker & Humblot, 1996, p. 204.

tivos que se revelavam indispensáveis. No entanto, o crime continua bipartido em parte objetiva e subjetiva, residindo esta última na culpabilidade. São admitidos elementos subjetivos e normativos no tipo, mas apenas naqueles considerados anormais, pois o tipo haveria de ser em regra isento de tais elementos. Essa postura, porém, deparava-se com dificuldades. Como mantinha o dolo na culpabilidade, não havia como explicar a tentativa,[388] pois em tal caso o agente atua com vontade de realizar o resultado típico, e essa vontade, a que denominamos dolo, só poderia estar, no injusto, na conduta do agente, e não na culpabilidade. Também no crime de furto qualificado pelo concurso de duas (ou mais) pessoas (CP, art. 155, § 4º, inc. IV), se um dos coautores é menor de dezoito anos e, portanto, inimputável, isso não afasta a qualificação delitiva e relação ao agente maior, o que demonstra que os inimputáveis agem com dolo, ainda que sem culpabilidade. Não obstante, essa era a concepção adotada pelos doutrinadores brasileiros que escreveram sob a égide do CP de 1940, até meados dos anos setenta.

4.2. Finalismo

O *finalismo*, concebido por Hans Welzel, procedeu a uma alteração de rumos na doutrina do crime. Confere às categorias pré-jurídica ou lógico-objetiva papel fundamental em sua construção. Retirou o dolo e a culpa da culpabilidade, fazendo-os migrar para a conduta típica, ou seja, para o injusto. A consciência da ilicitude, porém, é retirada do dolo e torna-se um elemento autônomo da culpabilidade, passando esta a constituir um puro juízo de reprovação, juízo este que tem por objeto o injusto, a conduta típica qualificada como ilícita. A repercussão da teoria finalista na resolução de problemas práticos é visível e nitidamente superior. Sendo esta a teoria por nós adotada, será ela perceptível no decorrer das páginas deste livro.

4.3. Funcionalismo

O *funcionalismo* abarca concepções que almejam superar, transpor o finalismo, tanto que as construções doutrinárias inseridas naquele são designadas como pós-finalismo. Extrema-se das categorias lógico-objetivas para voltar a atenção a uma construção jurídico-penal tendo como foco o sistema ou considerações político-criminais. Fala-se em funcionalismo radical, o qual tem em Günther Jakobs seu artífice e representante maior, e em funcionalismo moderado, que tem em Claus Roxin seu expoente. A maior contribuição do funcionalismo está na construção da teoria da imputação objetiva, a qual será tratada quando do estudo do tipo penal.

---

[388] TAVARES, Juarez. *Teorias do Delito – Variações e Tendências*. São Paulo: Revista dos Tribunais, 1980, p. 48-49.

5. Breve evolução histórica do Direito Penal brasileiro

O propósito desta breve evolução histórica do Direito Penal brasileiro não é outra senão a de um primeiro contato[389] com as diversas legislações que se sucederam no Brasil, a partir do descobrimento, com destaque para as características de maior relevo.

5.1. As ordenações do Reino de Portugal

Após a independência de Portugal, no século XII, passam a vigorar os forais, ou seja, as leis editadas e que eram adotadas nas diversas regiões do Reino, baseadas em usos e costumes locais, em lugar do Código visigodo e dos cânones dos concílios, que até então vigoravam. Passando pela edição de leis gerais, a partir de 1211, e por um desenvolvimento gradativo para o qual remetemos o leitor à obra de Augusto Thompson,[390] foram posteriormente promulgadas legislações de cunho orgânico, a que se denominou *Ordenações do Reino de Portugal*, sendo elas, respectivamente, as *Afonsinas*, de 1446, as *Manuelinas*, de 1512, e as *Filipinas*, de 1603. São essas ordenações que interessam particularmente ao direito penal brasileiro.

Ao tempo do descobrimento do Brasil, estavam em vigor, em Portugal, as Ordenações Afonsinas, editadas no período do reinado de D. Afonso V, em 1446, mas essas foram logo em seguida substituídas pelas Manuelinas, em 1512, no reinado de D. Manuel I, as quais foram beneficiadas com a descoberta da imprensa, ou seja, a impressão tipográfica, inventada por Johann Gutenberg, na década de 1430, que chegou a Portugal em 1487. Porém, a legislação que veio a ser de fato aplicada no Brasil foram as Ordenações Filipinas, advindas em 1603, sob o reinado de Felipe II, rei da Espanha, que então reinava também em Portugal, como Felipe I. Isso porque as anteriores muitas vezes sequer chegavam às mãos dos julgadores, tal era a precariedade da época. Como bem lembra Magalhães Noronha:[391] "Tudo estava por fazer e organizar.".

---

[389] Para um estudo mais detido e específico, consulte-se o excelente livro, incluindo toda a legislação que vigorou no Brasil, desde o descobrimento até o vigente CP, de 1940:PIERANGELI, José Henrique. *Códigos Penais do Brasil – Evolução Histórica*. Bauru: Jalovi, 1980. Também: LOPES, José Reinaldo de Lima. *O Direito na História – Lições Introdutórias*. 4ª ed. São Paulo, Atlas, 2012, p. 255 e ss.; GARCIA, Basileu. *Instituições de Direito Penal*. 7ª ed. revista e atualizada por vários colaboradores. São Paulo: Saraiva, 2008, v. I, t. I, p.173 e ss.; BRUNO, Aníbal. *Direito Penal*. 3ª ed. Rio de Janeiro: Forense, 1967, t. 1º, p. 169 e ss.; MARQUES, José Frederico. *Tratado de Direito Penal*. 2ª ed. São Paulo: Saraiva, 1964, v. I, p. 83 e ss.; NORONHA, E. Magalhães. *Direito Penal – Introdução e Parte Geral*. 25ª ed. atualizada por Adalberto José Q. T. de Camargo Aranha. São Paulo: Saraiva, 1987, v. 1, p. 53 e ss. FRAGOSO, Heleno Cláudio. *Lições de Direito Penal – Parte Geral*. 12ª ed. revista e atualizada por Fernando Fragoso. Rio de Janeiro: Forense, 1990, p. 55 e ss. THOMPSON, Augusto F. G. *Escorço Histórico do Direito Criminal Luso-Brasileiro*. Rio de Janeiro: Liber Juris, 1976; BATISTA, Nilo. *Apontamentos para uma História da Legislação Penal Brasileira*. Rio de Janeiro: Revan, 2016.

[390] THOMPSON, Augusto F. G. *Escorço Histórico do Direito Criminal Luso-Brasileiro*. Rio de Janeiro: Liber Juris, 1976.

[391] NORONHA, E. Magalhães. *Direito Penal – Introdução e Parte Geral*. 25ª ed. atualizada por Adalberto José Q. T. de Camargo Aranha. São Paulo: Saraiva, 1987, v. 1, p. 54.

O livro V das Ordenações Filipinas era o que continha as disposições penais e era um exemplo do que havia de pior em tempos antigos e medievais, em termos de horror e desprezo a um direito minimamente humanitário. O "morra por ello", como aduz Magalhães Noronha,[392] "se encontrava a cada passo.". O Conselheiro João Batista Pereira, que fora encarregado pelo Ministro da Justiça de elaborar um projeto de reforma da legislação penal, em virtude dos avanços do pensamento penal e também da abolição da escravatura, sintetizou de forma magistral o que eram as tais Ordenações em matéria penal, o que foi reproduzido por José Frederico Marques:[393]

> Espelho, onde se refletia, com inteira fidelidade, a dureza das codificações contemporâneas, era um misto de despotismo e de beatice, uma legislação híbrida e feroz, inspirada em falsas ideias religiosas e políticas, que invadindo as fronteiras da jurisdição divina, confundia o crime com o pecado, e absorvia o indivíduo no Estado fazendo dêle um instrumento. Na previsão de conter os maus pelo terror, a lei não media a pena pela gravidade da culpa; na graduação do castigo obedecia, só, ao critério da utilidade. Assim, a pena capital era aplicada com mão larga; abundavam as penas infamantes, como o açoite, a marca de fogo, as galés, e com a mesma severidade com que se punia a heresia, a blasfêmia, a apostasia e a feitiçaria, eram castigados os que, sem licença de El-Rei e dos Prelados, benziam cães e bichos, e os que penetravam nos mosteiros para tirar freiras e pernoitar com elas. A pena de *morte natural* era agravada pelo modo cruel de sua inflição; certos criminosos, como bígamos, os incestuosos, os adúlteros, os moedeiros falsos eram queimados vivos e *feitos em pó*, para que nunca de seu corpo e sepultura se pudesse haver memória. Com a volúpia pelo sangue, negação completa do senso moral, dessa lei que, na frase de CÍCERO, é *in omnibus diffusa, naturae, congruens, constans*, eram supliciados os réus da lesa-majestade, crime tão grave e abominável, e os antigos sabedores tanto o estranharam, que o compararam à lepra, porque, assim como esta enfermidade enche o corpo, sem nunca mais se poder curar, assim o êrro da traição condena o que a comete, e impece e infama os que da sua linha descendem, *pôsto que não tenham culpa*. A êste acervo de monstruosidade outras se cumulavam: a aberrância da pena, o confisco dos bens, a transmissibilidade da infâmia do crime.

Como se vê, as ordenações reproduziam os suplícios do direito penal comum, que era constituído pelos direitos romano, germânico e canônico, antes do advento do ideário iluminista. A legislação portuguesa perdurou mesmo após a vinda de D. João VI ao Brasil, com a elevação do Brasil à condição de Reino Unido. Ulteriormente, consoante refere Pierangeli,[394] também D. Pedro I "determinou que as Ordenações permanecessem em inteiro vigor na parte em que não tivessem sido revogadas, para por elas se regularem os negócios do interior do Império.".

5.2. O Código Criminal de 1830

Com a independência do Brasil, em 7 de setembro de 1822, surge a necessidade de se editar um novo CP diante da nova realidade. Assim é que a própria Constituição de 1824, em seu art. 179, XVIII, preceituara: "Organizar-se-ha

---

[392] NORONHA, E. Magalhães. *Direito Penal – Introdução e Parte Geral*. 25ª ed. atualizada por Adalberto José Q. T. de Camargo Aranha. São Paulo: Saraiva, 1987, v. 1, p. 54.
[393] MARQUES, José Frederico. *Tratado de Direito Penal*. 2ª ed. São Paulo: Saraiva, 1964, v. I, p. 85-86.
[394] PIERANGELI, José Henrique. *Códigos Penais do Brasil – Evolução Histórica*. Bauru: Jalovi, 1980, p. 8.

quanto antes um Código Civil e Criminal, fundado nas sólidas bases da Justiça e Eqüidade.". Também, dentre outros avanços, assegurava a Constituição imperial que: XIX. "Desde já ficam abolidos os açoites, a tortura, a marca de ferro quente, e todas as mais penas crueis.". (art. 179 XIX) e que "XX. Nenhuma pena passará da pessoa do delinquente. Por tanto não haverá em caso algum confiscação de bens, nem a infâmia do Réo se transmitirá aos parentes em qualquer grau, que seja.". (art. 179, XX).

Não obstante a Constituição determinar presteza ("quanto antes"), o advento do *Código Criminal do Império* veio a concretizar-se somente em 16 de dezembro de 1830. Roberto Lyra[395] apontava os seguintes avanços: "1º) – no esboço da indeterminação relativa e de individualização da pena, contemplando, já, os motivos do crime, só meio século depois tentado na Holanda e, depois, na Itália e na Noruega; 2º) – na fórmula da cumplicidade (co-delinqüência como agravante) com traços do que viria a ser a teoria positiva a respeito; 3º) – na previsão da circunstância atenuante da menoridade, desconhecida, até então, das legislações francesa, napolitana e adotada muito tempo depois; 4º) no arbítrio judicial no julgamento dos menores de 14 anos; 5º) – na responsabilidade sucessiva nos crimes por meio da imprensa antes da lei belga, e, portanto, esse sistema é brasileiro, e não belga, como é conhecido; 6º) – a indenização do dano ex-delicto como instituto de direito público, também antevisão positivista; 7º) – na imprescritibilidade da condenação.".

O novel estatuto foi considerado um trabalho digno de encômios. Sobre ele, assim escreveu Joaquim Augusto de Camargo,[396] em seu livro *Direito Penal Brasileiro*, cuja primeira edição foi publicada em 1881: "Como a lei orgânica, o Código Penal brasileiro é uma verdadeira conquista das ideias modernas sobre o passado, e é uma das leis mais perfeitas e completas que temos. A ilustração e sabedoria de suas disposições, a justiça com que são punidas as ações e omissões que constituem crimes, a quase exata proporção entre o mal do delito e o mal da pena, as bases desta honram sobremodo o legislador brasileiro.". Sobretudo em comparação com a legislação anterior, consagrava o Código um direito penal mais humanitário, além de trazer avanços como era o caso do sistema de dias-multa. Não obstante, fazia Camargo[397] reparos quanto a reminiscências de barbarismo e crueldade na parte em que o Código estabelecia "a conversão das penas que não a capital e a de galés, em açoites e ferro ao pescoço por certo e determinado tempo, e os arts. 113 e 114, quando os réus forem escravos.". Ausência notável foi a dos crimes culposos, porquanto o Código contemplava tão somente crimes dolosos. Também o tratamento discriminatório em detrimento dos escravos afrontava de forma clara a Constituição, a qual assegurava que: "A Lei será igual para todos, quer proteja, quer castigue, o recompensará em proporção dos merecimentos de cada um." (art. 179, XIII). Assim é que para os escravos remanescia a pena de morte e a pena de galés.

---

[395] LYRA, Roberto. *Introdução ao Estudo do Direito Criminal*. Rio de Janeiro: Editora Nacional de Direito, 1946, p. 89.
[396] CAMARGO, Joaquim Augusto de. *Direito Penal Brasileiro*. 2ª ed. São Paulo: Revista dos Tribunais, 2005, p. 142.
[397] Idem.

O Código Criminal recebeu a influência das ideias do filósofo e jurisconsulto inglês Jeremy Bentham[398] (que também teve influência no CP francês), pois baseava-se no princípio da utilidade pública, sendo que, em muitos pontos, teve presente o Código de Napoleão, de 1810, e Código napolitano, de 1819. Tendo sido considerado uma obra exemplar em seu tempo, veio o nosso Código imperial a influenciar o CP espanhol de 1848 e diversos CPs latino-americanos, além do CP português de 1852. Chegou até mesmo a estimular que juristas estrangeiros, como Haus e Mittermayer, aprendessem o português para terem acesso a suas disposições. Jiménez de Asúa[399] afirmava que o Código continha disposições incompatíveis com a cultura ulterior, como a que rechaçava a escravatura, *v.g.*, mas que eram escusáveis ao tempo em que foi editado.

5.3. O Código Penal de 1890 e a Consolidação das Leis Penais de 1932

Com a proclamação da República, era a vez e a hora de editar-se um *Código republicano*, o que veio a concretizar-se com a promulgação do Código Penal, pelo Decreto 847, de 11 de outubro de 1890. Desde seu surgimento, o novo diploma foi severamente criticado, tendo João Monteiro asseverado, conforme depoimento de Magalhães Noronha,[400] ser ele "o pior de todos os códigos conhecidos.".

Heleno Cláudio Fragoso[401] fazia, sobre aquele CP, o seguinte comentário: "Elaborado às pressas, antes do advento da primeira Constituição Federal republicana, sem considerar os notáveis avanços doutrinários que então já se faziam sentir, em conseqüência do movimento positivista, bem como o exemplo de códigos estrangeiros mais recentes, especialmente o Código Zanardelli, o CP de 1890 apresentava graves defeitos de técnica, aparecendo atrasado em relação à ciência de seu tempo. Foi, por isso mesmo, objeto de críticas demolidoras, que muito contribuíram para abalar o seu prestígio e dificultar sua aplicação.".

Exemplo emblemático da infelicidade do Código pode ser extraído do art. 27, § 4º, que tinha a seguinte dicção: "Não são criminosos os que se acharem em estado de completa privação de sentidos e intelligencia no acto de commetter o crime.". No dizer de Magalhães Noronha,[402] foi "grande a celeuma provocada, alegando-se que a disposição se referia a quem estava de fato impedido de qualquer atividade, pois outra não é a situação de quem se acha completamente *privado* dos sentidos e da inteligência.".

---

[398] BRUNO, Aníbal. *Direito Penal*. 3ª ed. Rio de Janeiro: Forense, 1967, t. 1º, p. 178-179.
[399] JIMÉNEZ DE ASÚA, Luis. *Tratado de Derecho Penal*. 2ª ed. Buenos Aires: Losada, 1956, t. I, p. 1.242.
[400] NORONHA, E. Magalhães. *Direito Penal – Introdução e Parte Geral*. 25ª ed. atualizada por Adalberto José Q. T. de Camargo Aranha. São Paulo: Saraiva, 1987, v. 1, p. 58.
[401] FRAGOSO, Heleno Cláudio. *Lições de Direito Penal – Parte Geral*. 12ª ed. revista e atualizada por Fernando Fragoso. Rio de Janeiro: Forense, 1990, p. 60.
[402] NORONHA, E. Magalhães. *Direito Penal – Introdução e Parte Geral*. 25ª ed. atualizada por Adalberto José Q. T. de Camargo Aranha. São Paulo: Saraiva, 1987, v. 1, p. 58.

Diz-se que o Código já nasceu com os dias contados, carente de uma obra que viesse a lhe substituir, por vezes com críticas demasiado severas. Com isso, sucederam-se os reparos legislativos, que resultaram num arcabouço que exigiu fosse realizada uma organização que veio a dar ensejo à *Consolidação das Leis Penais*, levada a efeito pelo Decreto nº 22.213, de 14 de dezembro de 1932. Este era o estado da arte que precedeu ao Código de 1940, vigente, em sua parte especial, até os dias atuais.

5.4. O Código Penal de 1940

O *Código Penal de 1940* é o que permanece em vigência até os dias atuais, sendo que sua parte geral foi objeto da Reforma Penal ocorrida em 1984. Da Exposição de Motivos, colhe-se o menoscabo ao CP de 1890 e a necessidade de substituí-lo: "1. Com o atual Código Penal nasceu a tendência de reformá-lo. A datar de sua entrada em vigor começou a cogitação de emendar-lhe os erros e falhas. Retardado em relação à ciência penal do seu tempo, sentia-se que era necessário colocá-lo em dia com as ideias dominantes no campo da criminologia e, ao mesmo tempo, ampliar-lhe os quadros de maneira a serem contempladas novas figuras delituosas com que os progressos industriais e técnicos enriqueceram o elenco dos fatos puníveis.".

O CP teve como base inicial o Projeto Alcântara Machado, mas esse veio a ser significativamente alterado pela Comissão Revisora (formada por Vieira Braga, Nélson Hungria, Narcélio de Queirós e Roberto Lyra), que mais se aproximava do Projeto Sá Pereira e que seguia a tendência político-criminal que à época prevalecia. Tanto que o próprio Ministro Francisco Campos considerava o trabalho resultante da Comissão Revisora, na prática, um outro projeto, e isso fica claro na Exposição de Motivos: "Da revisão resultou um novo projeto. Não foi este o propósito inicial. O novo projeto não resultou de plano preconcebido; nasceu naturalmente, à medida que foi progredindo o trabalho de revisão. Isto em nada diminui o valor do projeto revisto. Este constitui uma etapa útil e necessária à construção do projeto definitivo.".

O estatuto substantivo teve como principais influências o CP italiano do 1930, o famoso Código Rocco, e o CP suíço de 1937, mas era superior a ambos. Não obstante tenha surgido em momento ditatorial (o denominado Estado Novo, que perdurou de 1937 a 1945), incorporou, como obtemperava Fragoso,[403] "fundamentalmente as bases de um direito punitivo democrático e liberal.".

Na Exposição de Motivos, percebe-se uma opção de índole eclética, em face das contribuições das diversas escolas: "3. Coincidindo com a quase-totalidade das codificações modernas, o projeto não reza em cartilhas ortodoxas, nem assume compromissos irretratáveis ou incondicionais com qualquer das escolas ou das correntes doutrinárias que se disputam o acerto na solução dos

---

[403] FRAGOSO, Heleno Cláudio. *Lições de Direito Penal – Parte Geral*. 12ª ed. revista e atualizada por Fernando Fragoso. Rio de Janeiro: Forense, 1990, p. 63.

problemas penais. Ao invés de adotar uma política extremada em matéria penal, inclina-se para uma política de transação ou de conciliação. Nele, os postulados clássicos fazem causa comum com os princípios da Escola Positiva.". Daí advém a corrente afirmação[404] segundo a qual "o legislador acendeu uma vela a Carrara e outra a Ferri.".

Assim é que o CP parte da ideia de "vontade livre", enquanto pressuposto de todas as disciplinas práticas", no que se aproxima da Escola Clássica, mas adota a medida de segurança em relação aos doentes mentais, no que esposa as contribuições da Escola Positiva, medidas essas que "são essencialmente preventivas, destinadas à segregação, vigilância, reeducação e tratamento dos indivíduos perigosos, ainda que moralmente irresponsáveis.".

Para os crimes, vigia o princípio da legalidade estrita, do qual é imanente a anterioridade (art. 1º), e que não alcançava as medidas de segurança, que se regiam pela lei vigente ao tempo da sentença, prevalecendo, no entanto, a lei vigente ao tempo da execução, se diversa (art. 75). Nos domínios do erro jurídico-penal, adotava o binômio erro de fato/erro de direito (arts. 16 e 17), próprio do sistema causal, tanto na versão clássica como também na neoclássica. Adotava as penas de reclusão, de detenção e de multa, como penas principais (art. 28), ao lado de penas acessórias (art. 67). Consagrava o sistema duplo binário, que permitia a aplicação de pena e medida de segurança (art.79), além da possibilidade de aplicação de medida de segurança em caso de crime impossível, em caso de periculosidade do agente (art. 76, parágrafo único, c/c art. 14). Previa a suspensão condicional da pena (art. 57) e um sistema progressivo no cumprimento da pena privativa de liberdade, com livramento condicional (art. 60). A duração da pena privativa de liberdade era limitada a trinta anos (art. 55). Não contemplou a pena de morte e a prisão perpétua, no que estava a frente do Código Rocco, estando, neste ponto, mais para a Nova Defesa Social, apesar de tê-la antecedido, do que para a Escola Positiva. A parte especial compreendia (e compreende, pois permanece em vigor) onze títulos, tendo em consideração os diversos bens jurídicos, dos crimes contra a pessoa, a começar pelo homicídio (art. 121), aos crimes contra a Administração Pública.

5.5. O Código Penal de 1969: o Código natimorto

O *Código Penal de 1969* foi uma tentativa de editar-se um Código que viesse a substituir o CP de 1940. O governo confiou, assim, em 1963, a incumbência a Nélson Hungria de elaborar um novo estatuto. Houve ampla divulgação de modo a que a ciência penal, as entidades e os profissionais do Direito pudessem trazer suas contribuições, destacando-se o ciclo de conferências e debates, realizados em São Paulo, promovido pelo Instituto Latino-Americano de Criminologia, em que o grande penalista brasileiro pôde ouvir críticas, acolher algumas e rebater outras.

---

[404] PIERANGELI, José Henrique. *Códigos Penais do Brasil – Evolução Histórica.* Bauru: Jalovi, 1980, p. 12.

Em 1964, foi designada pelo Ministro Milton Campos uma comissão revisora formada pelo próprio Nélson Hungria, além dos professores Aníbal Bruno e Heleno Cláudio Fragoso. A uma nova comissão, composta Benjamin Moraes Filhos, Heleno Cláudio Fragoso e Ivo D'Aquino, foi submetido o projeto para o fim de revisá-lo, ante a necessidade de uniformizá-lo com o Projeto de Código Penal Militar.

O Código veio a ser promulgado pelo Decreto-Lei nº 1.004, de 21 de outubro de 1969. Tantas foram as críticas a ele endereçadas, como a adoção da pena indeterminada, a redução da imputabilidade penal para 16 anos de idade, dentre outras, que o CP viu ser protelada por diversas vezes a sua entrada em vigor, até que quatro anos depois, veio a ser definitivamente revogado, pela Lei nº 6.016, de 31 de dezembro de 1973, sem nunca ter entrado em vigor.

5.6. A Reforma de 1984

Algumas breves palavras sobre a *Reforma Penal de 1984*,[405] visto que a análise em detalhe da nova parte geral do Código que dela resultou é o próprio objeto deste *Curso*. A Reforma teve uma Comissão para a Elaboração de Anteprojeto de Lei de Reforma Parcial[406] constituída pelos professores Francisco de Assis Toledo (coordenador), Francisco Serrano Neves, Miguel Reale Júnior, Ricardo Antunes Andreucci, Rogério Lauria Tucci e pelo Dr. Hélio Fonseca, por meio da Portaria nº 1.043, de 27 de novembro de 1980, pelo Ministro da Justiça Ibrahim Abi-Ackel, tendo sido acrescido a esses nomes os professores René Ariel Dotti e Sérgio Marcos de Moraes Pitombo, pela Portaria nº 1.150, de 18 de dezembro de 1980. Os trabalhos de revisão contaram com o esforço dos juristas Francisco de Assis Toledo (coordenador), Dínio de Sanctis, Jair Leonardo Lopes, Manoel Pedro Pimentel, Miguel Reale Júnior, Sérgio Marcos de Moraes Pitombo e Ricardo Antunes Andreucci, tendo a eles se somado, na etapa final, o professor José Frederico Marques. A revisão do Português ficou a cargo do professor Aires da Mata Machado.

A Reforma da Parte Geral de 1984 veio a concretizar-se com a promulgação da Lei nº 7.209, de 11 de julho de 1984. A Reforma também propiciou a edição da Lei nº 7.210, na mesma data, a qual institui a Lei de Execução Penal (LEP), tendo, dessa forma, a execução penal ganhado autonomia legislativa em face do Código de Processo Penal.

---

[405] Para quem interessar, sugerimos a leitura dos seguintes livros: TOLEDO, Francisco de Assis *et al*. *Reforma Penal*. São Paulo: Saraiva, 1985; DOTTI, René Ariel. *Reforma Penal Brasileira*. Rio de Janeiro: Forense, 1988; LOPES, Jair Leonardo. *Nova Parte Geral do Código Penal* (*Inovações Comentadas*). Belo Horizonte: Del Rey, 1985; SANTOS, Gérson Pereira dos. *Inovações do Código Penal – Parte Geral*. São Paulo: Saraiva, 1985; LUISI, Luiz. *O Tipo Penal, a Teoria Finalista e a Nova Legislação Penal*. Porto Alegre: Sergio Antonio Fabris Editor, 1987; REALE JÚNIOR, Miguel *et al*. *Penas e Medidas de Segurança no Novo Código*. 2ª ed. Rio de Janeiro: Forense, 1987.
[406] DOTTI, René Ariel. *Reforma Penal Brasileira*. Rio de Janeiro: Forense, 1988, p. 178-179. Vide, também, o item 6 da Exposição de Motivos.

Pode-se se destacar dentre as inovações: o tratamento dispensado ao erro jurídico-penal, que acolhe a concepção finalista, com a assunção do binômio erro de tipo/erro de proibição; a adoção insindicável do princípio da culpabilidade, com o rechaço de qualquer forma de responsabilidade objetiva; a extinção das penas acessórias; a consagração do sistema vicariante, em que ao agente é imposta, alternativamente, pena ou medida de segurança, sem a possibilidade de cumulação.

Por fim, impende ainda mencionar que, no ano de 2012, o Senado Federal veiculou o Projeto de Lei do Senado nº 236, de 2012, para instituir um novo Código Penal (PLS 236/12), o Projeto Sarney. A esse projeto foram endereçadas severas e veementes críticas, sendo que, para aqui resumirmos, na audiência pública realizada na Comissão de Constituição e Justiça do Senado Federal, no dia 8 de agosto de 2017, foi apresentada uma proposta alternativa,[407] com o objeto limitado à Parte Geral. O Projeto encontra-se hoje sob relatoria do Senador Antonio Anastasia.

6. Movimentos Político-Criminais contemporâneos

Os *movimentos políticos-criminais* aos quais nos dedicaremos neste tópico conformam diversas formas de reação ao fenômeno delitivo. Dentre eles, alguns diametralmente opostos, localizando-se aos extremos, um punitivismo exacerbado, de um lado, e outro que prega a deslegitimação do sistema penal, chegando a pregar sua abolição. O terceiro movimento pode ser tido com um meio-termo entre as referidas posições extremadas, consoante passamos a ver nas linhas que seguem.

6.1. Lei e ordem (*law and order*)

O movimento da *lei e ordem* (*law and order*) defende um recrudescimento do direito penal. O saudoso João Marcello de Araujo Junior[408] observa que, com o aumento da criminalidade, a *mass media* apresenta os crimes atrozes em um viés terrificante e gerador de insegurança que leva ao discurso, notadamente da classe política de um "remédio milagroso" que não é outro senão uma "ideologia da repressão".

Araujo Junior[409] afirma que o movimento (ou os movimentos, como refere) dita uma Política Criminal em que: "a) a pena se justifica como castigo e

---

[407] A propósito das discussões e da proposta alternativa, consulte-se: GRECO, Luís *et al*. *Parte Geral do Código Penal – Uma Proposta Alternativa para Debate*. São Paulo: Marcial Pons, 2017.
[408] ARAUJO JUNIOR, João Marcello de. Os Grandes Movimentos da Política Criminal de Nosso Tempo – Aspectos. In: *Sistema Penal para o Terceiro Milênio – Atos do Colóquio Marc Ancel*, (org. João Marcello de Araujo Junior). Rio de Janeiro: Revan, 1991, p. 70.
[409] ARAUJO JUNIOR, João Marcello de. Os Grandes Movimentos da Política Criminal de Nosso Tempo – Aspectos. In: *Sistema Penal para o Terceiro Milênio – Atos do Colóquio Marc Ancel*, (org. João Marcello de Araujo Junior). Rio de Janeiro: Revan, 1991, p. 72.

retribuição, no velho sentido, não devendo a expressão ser confundida com o que, hoje, denominamos *retribuição jurídica*; b) os chamados crimes atrozes sejam punidos com penas severas e duradouras (morte e privação de liberdade longa); c) as penas privativas de liberdade impostas por crimes violentos sejam cumpridas em estabelecimentos penais de segurança máxima, sendo o condenado submetido a um excepcional regime de severidade, diverso daquele destinado aos demais condenados; d) a prisão provisória tenha o seu espectro ampliado, de maneira a representar uma resposta imediata ao crime; e) haja diminuição dos poderes de individualização do juiz e menos controle judicial da execução, que deverá ficar a cargo, quase exclusivamente, das autoridades penitenciárias.".

Araujo Junior[410] demonstra, ainda, a repercussão do movimento na esfera legislativa: "É caso, por exemplo, das leis norte-americanas, que tornaram opcionais determinadas formas ou técnicas de tratamento penitenciário e, ainda, o da lei francesa de Segurança e Liberdade, de 2 de fevereiro de 1981. Outro sintoma da orientação político-criminal de que estamos tratando está na tendência de abandono, nos Estados Unidos, do tradicional sistema de sentenças indeterminadas e do regime do *parole*, denunciada por Peter Lejins no III Congresso Internacional de Política Criminal reunido em Paris, 1979, e que Ancel informa já ter sido adotada pelo Estado da Califórnia. Também na Suécia, que é o modelo penitenciário, padrão da Europa, repudia-se, hoje, a ideologia do tratamento, retornando-se ao chamado *sistema de penas legais*.".

Sérgio Salomão Shecaira e Alceu Corrêa Junior,[411] em concordância com Araujo Junior, observam que tais ideias fazem eco principalmente na legislação de alguns Estados dos Estados Unidos da América, além do que, referem que, também entre nós, com a edição da Lei nº 8.072/90 (Lei dos Crimes Hediondos), o discurso da *lei e ordem* veio a ser acolhido no plano legislativo. De notar-se que as considerações da doutrina aqui referida, notadamente tendo em conta a realidade estadunidense, foram antes do 11 de setembro de 2001...

6.2. Abolicionismo

O *abolicionismo penal* é uma decorrência da criminologia crítica ou radical, sendo esta uma contraposição da criminologia tradicional, positivista, que se orientava pelo paradigma etiológico, ou seja, como afirma Jesús-María Silva Sanches,[412] "na explicación clásica de la criminalidad como un fenómeno individual, debido a razones antropológicas, psicológicas o sociales, própria de la 'criminología positivista', (....).".

---

[410] ARAUJO JUNIOR, João Marcello de. Os Grandes Movimentos da Política Criminal de Nosso Tempo – Aspectos. In: *Sistema Penal para o Terceiro Milênio – Atos do Colóquio Marc Ancel*, (org. João Marcello de Araujo Junior). Rio de Janeiro: Revan, 1991, p. 72.
[411] SHECAIRA, Sérgio Salomão; CORRÊA JUNIOR, Alceu. *Pena e Constituição – Aspectos Relevantes para sua Aplicação e Execução*. São Paulo: Revista dos Tribunais, 1995, p. 106.
[412] SILVA SÁNCHEZ, Jesús-Maria. *Aproximación al Derecho Penal Contemporáneo*. Barcelona: Bosch, 1992, p.19.

Eis a síntese de Guilherme Merolli:[413] "A ideia central do abolicionismo penal é extremamente simples e prontamente acessível: ora, já que o atual modelo de solução dos conflitos sociais (sistema penal) revela-se impiedosamente irracional, atroz e iníquo, produzindo efeitos nocivos para todas as partes com ele envolvidas, não só para os autores de comportamentos penalmente puníveis, mas também para os funcionários do sistema de justiça criminal, assim como para as próprias vítimas do delito ('as vítimas de um caso penal sofrem duplamente'), configurando-se, portanto, como uma solução falsa e aparente para os conflitos sociais que lhe são ordinariamente atribuídos, impõe-se a sua imediata substituição por outros modelos de solução de conflitos, que se mostrem mais racionais e menos negativos.".

Portanto, o movimento ora estudado, nas palavras de Paulo Queiroz,[414] "recusa validez e legitimidade a todas as premissas sobre as quais tradicionalmente se assenta a teoria do delito, e propõe não apenas a extinção da pena, nem do direito penal, mas a imediata – ou mediata, para alguns autores – abolição de todo o sistema de justiça penal (judiciário penal, Ministério Público, polícia, penitenciárias, etc.).".

Entre os expoentes[415] do movimento abolicionista estão Thomas Mathiesen, Nils Christie, Louk Hulsman, Eugenio Raúl Zaffaroni. Luigi Ferrajoli[416] procede a uma crítica das doutrinas abolicionistas, obtemperando que uma eventual implementação seria um mal maior, acarretando reações informais, selvagens, espontâneas e arbitrárias.

6.3. Garantismo penal

O maior expoente do *garantismo penal* chama-se Luigi Ferrajoli. Em seu livro *Diritto e Ragione – Teoria del Garantismo Penale*, o autor[417] formula dez axiomas de seu garantismo penal que forma o que denomina um sistema garantista, sendo eles: A1 *Nulla poena sine crimine*, A2 *Nullum crimen sine lege*, A3 *Nulla lex (poenalis) sine necessitate*, A4 *Nulla necessitas sine iniura*, A5 *Nulla iniura sine actione*, A6 *Nulla actio sine culpa*, A7 *Nulla culpa sine iudicio*, A8 *Nullum iudicius sine accusatione*, A9 *Nulla accusatio sine probatione*, e A10 *Nulla probatio sine defensione*.

Consoante explica o próprio Ferrajoli,[418] esses dez axiomas, que configuram, segundo ele, garantias penais e processuais, expressam, respectivamente: "1) princípio de *retributividade* ou da consequencialidade da pena ao crime; 2) princípio de legalidade, em sentido *lato* ou em sentido *stricto*; 3) princípio

---

[413] MEROLLI, Guilherme. *Fundamentos Críticos de Direito Penal*. 2ª ed. São Paulo: Atlas, 2014, p. 155-155.
[414] QUEIROZ, Paulo de Souza. *Do Caráter Subsidiário do Direito Penal*. Belo Horizonte: Del Rey, 1998, p. 47.
[415] MEROLLI, Guilherme. *Fundamentos Críticos de Direito Penal*. 2ª ed. São Paulo: Atlas, 2014, p. 155 e ss.; ALMEIDA, Gevan. *Modernos Movimentos de Política Criminal e seus Reflexos na Legislação Brasileira*. 2ª ed. Rio de Janeiro: Lumen Juris, 2004, p. 13-21.
[416] FERRAJOLI, Luigi. *Diritto e Ragione – Teoria del Garantismo Penale*. 4ª ed. Roma: Laterza, 1997, p. 326.
[417] Ibid., p. 69.
[418] Idem.

da *necessidade* ou de economia do direito penal; 4) princípio da *ofensividade* ou da lesividade do evento; 5) princípio da *materialidade* ou da exteriorização da ação; 6) princípio da *culpabilidade* ou da responsabilidade pessoal; 7) princípio da *jurisdicionalidade*, tanto em sentido *lato* como também em sentido *stricto*; 8) princípio do *acusatório* ou da separação entre juiz e acusação; 9) princípio do *ônus da prova* ou de verificação; *10*) princípio do contraditório, ou da defesa, ou da falsificação.".

Conquanto Ferrajoli seja um ardoroso defensor de um sistema garantista, que se contrapõe aos modelos autoritários, sustenta, ao mesmo tempo a legitimidade do direito penal. Pode-se dizer, sem receio, que o garantismo penal se situa no meio-termo entre o movimento da lei e ordem e o abolicionismo. Como vimos, Ferrajoli[419] concebe o "direito penal mínimo como uma técnica de tutela dos direitos fundamentais.".

Impende salientar que alguns doutrinadores pátrios têm propugnado uma perspectiva sob a invocação de ser *verdadeiramente garantista*, numa perspectiva designada como *garantismo integral*. Isso porque, segundo apontam, haveria diversas distorções na recepção da doutrina de Ferrajoli entre nós, consistente numa exacerbada proeminência do infrator em detrimento da vítima e da própria persecução penal. Assim é que no livro *Garantismo Penal Integral*,[420] cujo um dos coautores é o próprio Ferrajoli,[421] organizado por Bruno Calabrich, Douglas Fischer e Eduardo Pelella, são trazidas contribuições a propósito de uma crítica. Nesse sentido, eis as palavras de Fischer:[422] "Compreendemos que a leitura mais racional da tese central do *garantismo* está em que sejam observados rigidamente não só os direitos fundamentais (individuais e também coletivos), mas também os deveres *fundamentais* (do Estado e dos cidadãos), previstos na Constituição.". Para um maior detalhamento, remetemos o leitor à obra citada, a qual reúne artigos com enfoque constitucional, de direito penal, de processo penal e de execução penal.

6.4. Direito penal do inimigo

Na concepção de Günther Jakobs,[423] o *direito penal do inimigo* concorre com o direito penal do cidadão como dois tipos ideias que dificilmente se revelarão

---

[419] FERRAJOLI, Luigi. *Diritto e Ragione – Teoria del Garantismo Penale*. 4ª ed. Roma: Laterza, 1997, p. 329.

[420] FERRAJOLI, Luigi et al. *Garantismo Penal Integral – Questões Penais e Processuais, Criminalidade Moderna e Aplicação do Modelo Garantista no Brasil*. 3ª ed. (org. Bruno Calabrich, Douglas Fischer e Eduardo Pelella). São Paulo: Atlas, 2015.

[421] FERRAJOLI, Luigi. Per un Pubblico Ministero come Istituzione di Garanzi. In: *Garantismo Penal Integral – Questões Penais e Processuais, Criminalidade Moderna e Aplicação do Modelo Garantista no Brasil*. 3ª ed. (org. Bruno Calabrich, Douglas Fischer e Eduardo Pelella). São Paulo: Atlas, 2015.

[422] FISCHER, Douglas. O Que é Garantismo (Penal) Integral? In: *Garantismo Penal Integral – Questões Penais e Processuais, Criminalidade Moderna e Aplicação do Modelo Garantista no Brasil*. 3ª ed. (org. Bruno Calabrich, Douglas Fischer e Eduardo Pelella). São Paulo: Atlas, 2015, p. 39.

[423] JAKOBS, Günther. Direito Penal do Cidadão e Direito Penal do Inimigo. In: *Direito Penal do Inimigo – Noções Críticas*. Trad. de André Luís Callegari e Nereu José Giacomolli (org. André Luís Callegari e Nereu José Giacomolli). Porto Alegre: Livraria do Advogado, 2005, p. 21.

na realidade em uma forma pura. Ana Prata, Catarina Veiga e José Manuel Vilalonga apresentam os contornos do direito penal do inimigo num delineamento sintético:[424]

> Expressão introduzida recentemente no debate doutrinal por Günther Jakobs, na sequência dos atentados de 11 de Setembro de 2001 nos Estados Unidos da América. A expressão direito penal do inimigo refere-se a um setor dentro do sistema penal que pretende fazer face a uma criminalidade particularmente perigosa (da qual constitui exemplo o ocorrido em 11 de Setembro de 2001), através da derrogação de princípios que caracterizam o *direito penal do cidadão* (direito penal comum).
>
> O direito penal do inimigo, pressupondo um estatuto diferenciado de agentes do crime (o inimigo por contraposição ao cidadão), consagra soluções mais graves, em termos de afectação de direitos, liberdades e garantias, do que as consagradas pelo direito penal comum.
>
> São, fundamentalmente, três as suas características: é construído em função de uma ameaça futura; consagra penas desproporcionadamente altas ou gravosas; e determinadas garantias processuais são restringidas ou mesmo suprimidas.
>
> É configurável na actualidade como expressão paradigmática do direito penal do inimigo o estatuto dos detidos na base de Guantánamo.

A essa concepção tem-se oposto não poucas críticas,[425] por carecer de legitimidade no contexto de um Estado Democrático de Direito, a começar pelo fato de ab-rogar o princípio da dignidade da pessoa humana e, para além desse, os demais dela decorrentes.

6.5. Direito penal de duas (ou três?) velocidades e direito de intervenção

Ainda que não se trate propriamente de um movimento, cabe ainda mencionar o *direito penal de duas e três velocidades* e o *direito de intervenção*. De acordo com Jesús-María Silva Sanches,[426] poder-se-ia considerar dois (em princípio) tipos de direito penal, divisando-os pelas velocidades a eles irrogadas.

Assim, na concepção do penalista espanhol, um *direito penal de primeira velocidade* deveria ser reservado aos crimes numa feição tradicional, cuja consequência para o infrator é a pena privativa de liberdade, o direito penal "de la cárcel", em face dos quais devem ser mantidos os princípios de política criminal clássicos, as regras de imputação e os princípios processuais. Por sua vez, um *direito penal de segunda velocidade* alcançaria infrações cuja consequência não seria a pena de prisão, e sim a privação de direitos ou a pena pecuniária, sendo

---

[424] PRATA, Ana; VEIGA, Catarina; VILALONGA, José Manuel. *Dicionário Jurídico – Direito Penal – Direito Processual Penal*. 2ª ed. Coimbra Almedina, 2009, v. II, p. 182.

[425] Para pormenores, consulte-se: ZAFFARONI, Eugenio Raúl. *El Enemigo en el Derecho Penal*. Buenos Aires: Ediar, 2006; MUÑOZ CONDE, Francisco. *De Nuevo sobre el "Derecho Penal del Enemigo"*. Buenos Aires: Hammurabi, 2005; GRACIA MARTÍN, Luis. *O Horizonte do Finalismo e o Direito Penal do Inimigo*. Trad. de Luiz Regis Prado e Érika Mendes de Carvalho. São Paulo: Revista dos Tribunais, 2007; VALENTE, Manuel Monteiro Guedes. *Direito Penal do Inimigo e o Terrorismo – O "Progresso ao Retrocesso"*. Coimbra: Almedina, 2010.

[426] SILVA SANCHES, Jesús-María. *La Expansión del Derecho Penal – Aspectos de la Política Criminal en las Sociedades Postindustriales*. Montevideo/Buenos Aires: B de F, 2006, p. 178 e ss. Consulte-se, na doutrina nacional: SOUZA, Luciano Anderson de. *Expansão do Direito Penal e Globalização*. São Paulo: Quartier Latin, 2007, p. 62 e ss.

que, para esse, os princípios e regras que limitam a intervenção penal poderiam ser flexibilizados, em virtude da menor intensidade da sanção.

Após preconizar o seu direito penal de duas velocidades, Silva Sanches[427] formula a indagação que busca saber se seria de admitir-se um *direito penal de terceira velocidade*, em que "el *Derecho penal de la cárcel concurra con una amplia relativización de garantías político-criminales, reglas de imputación y criterios procesales*.". À indagação, responde que um direito penal de "terceira velocidade" já existe, em ampla medida, relativamente ao direito penal econômico. Porém, considera discutível a existência deste último "tipo" de direito, o qual, segundo sustenta, guarda estreita relação com o direito penal do inimigo. Não obstante, a nosso ver, o direito penal de segunda velocidade não se coaduna à realidade brasileira, nem tampouco o de terceira velocidade em relação ao direito penal econômico, consoante defende.

Por fim, percebe-se que o direito penal de segunda velocidade, concebido por Silva Sanches, aproxima-se ao *direito de intervenção*, proposto por Winfried Hassemer. De acordo com o penalista[428] tedesco, o direito de intervenção situar-se-ia entre o direito penal e o direito das contravenções, bem como entre o direito civil e o direito administrativo, sendo que "ele poderia contar com garantias e formalidades processuais menos exigentes, mas também seria provido com sanções menos intensas contra o indivíduo.".

Capítulo VII – TEORIA DA LEI PENAL

1. Fontes do Direito Penal

Em matéria de direito penal, fala-se em *fontes materiais* e em *fontes formais*. Estas últimas subdividem-se em *imediatas* e *mediatas*. Tais fontes dizem respeito à origem do direito positivo (de onde o direito penal provém). Porém, há autores[429] que rechaçam estas últimas, afirmando que a única fonte do direito penal é a material, ou seja, o Estado, ou mais especificamente a União, sendo que por trás do poder estatal está a consciência do povo. Para esses autores, a lei e o costume, tidos como fontes formais, seriam, na realidade, *formas* do direito, e *não fontes*. Não obstante a controvérsia apontada, aqui trataremos, esposando o entendimento majoritário, de ambas como fontes, tanto as materiais como também as formais.

---

[427] SILVA SANCHES, Jesús-María. *La Expansión del Derecho Penal – Aspectos de la Política Criminal en las Sociedades Postindustriales*. Montevideo/Buenos Aires: B de F, 2006, p. 183.

[428] HASSEMER, Winfried. Características e Crises do Direito Penal Moderno. Trad. de Felipe Rhenius Nitzke. In: *Direito Penal – Fundamentos, Estrutura, Política* (org. e revisão Carlos Eduardo de Oliveira Vasconcelos). Porto Alegre: Sergio Antonio Fabris Editor, 2008, p. 262.

[429] FRAGOSO, Heleno Cláudio. *Lições de Direito Penal – Parte Geral*. 12ª ed. revista e atualizada por Fernando Fragoso. Rio de Janeiro: Forense, 1990, p. 77. Também: COSTA JR., Paulo José da. *Curso de Direito Penal*. 10ª ed. São Paulo: Saraiva, 2009, p. 27.

1.1. Fontes materiais, substanciais ou de produção

Em uma perspectiva *material*, tem-se afirmado que o direito deriva da consciência[430] de determinado povo em determinado momento histórico. Na lição de Antônio José Fabrício Leiria,[431] "a lei penal resguarda os mais altos valores de vivência e convivência. Mais do que em qualquer outra, nela se inserem profundas exigências do valor justiça, com vistas à realização individual e social do homem. Tais circunstâncias fazem com que, no conjunto do ordenamento jurídico, a norma penal seja aquela que mais se avizinhe do direito natural.".

Porém, hoje a doutrina assenta-se em uma ideia de direito construído historicamente, em detrimento de um direito natural. Nessa senda, Reale Júnior[432] sustenta que o direito deve estar "ancorado à realidade própria do momento histórico em que é aplicado (...).".

Portanto, a *fonte material*, *substancial* ou *de produção* do direito penal é a consciência popular, a qual se expressa na figura do Estado. Nesses termos, a Constituição preceitua que *compete privativamente à União legislar sobre direito penal* (CF, art. 22, inc. I). Prevê, ainda, a Lei Maior a possibilidade de que *Lei complementar poderá autorizar os Estados* (os Estados-membros) *a legislar sobre questões específicas das matérias relacionadas neste artigo* (inserindo-se aí, pois, o direito penal) (CF, art. 22, parágrafo único).

1.2. Fontes formais ou de conhecimento

1.2.1. Fontes formais imediatas

1.2.1.1. A Constituição

Em geral, os autores não mencionam a *Constituição* como fonte do Direito Penal, iniciando o estudo das fontes a partir da lei penal.

Porém, ainda que se possa entender que o Direito Penal esteja sustentado pela Lei Maior, de forma subentendida, preferimos, como faz José Francisco Faria da Costa,[433] antes mesmo de procedermos à análise da lei infraconstitucional, dedicarmos atenção no que tange aos influxos da Constituição na seara penal. Isso porque, como afirma, Luiz Régis Prado,[434] a "Constituição é a fonte

---

[430] BRUNO, Aníbal. *Direito Penal*. 3ª ed. Rio de Janeiro: Forense, 1967, t. 1º, p. 201. No mesmo sentido: LOPES, Jair Leonardo. *Curso de Direito Penal – Parte Geral*. 4ª ed. São Paulo: Revista dos Tribunais, 2005, p. 45.
[431] LEIRIA, Antônio José Fabrício. *Teoria e Aplicação da Lei Penal*. São Paulo: Saraiva, 1981, p. 33-34.
[432] REALE JÚNIOR, Miguel. *Instituições de Direito Penal – Parte Geral*. 4ª ed. Rio de Janeiro: Forense, 2013, p. 76.
[433] COSTA, José Francisco de Faria. *Noções Fundamentais de Direito Penal (Fragmenta Iuris Poenalis)*. 3ª ed. Coimbra: Coimbra Editora, 2012, p. 118-119.
[434] PRADO, Luiz Régis. *Tratado de Direito Penal Brasileiro – Parte Geral*. São Paulo: Revista dos Tribunais, 2014, v. 1, p. 209.

normativa *par excellence* do Direito, que regulamenta e organiza as demais, delimitando seu sentido e alcance.".

Pode-se afirmar que a Lei Maior é – a um tempo – fonte material e também formal do direito penal. Relativamente a seu caráter de fonte material, consoante ensinava José Frederico Marques,[435] "como na Constituição se agasalham as regras matrizes sôbre a vida política e social de uma nação, é óbvio que os textos constitucionais se apresentam como fonte material do Direito Penal, porquanto das diretrizes impressas à organização e estrutura do Estado dependem estreitamente as regras que disciplinam o exercício do *jus puniendi*, lhe estabelecem limites e garantem as liberdades individuais frente aos órgãos destinados a combater o crime.". Como fonte formal, a Constituição estatui especificamente certos comandos de natureza penal, como adiante se verá.

Com efeito, a Constituição tanto impõe determinadas incriminações, de forma explícita, como ocorre com o crime de racismo (art. 5°, inc. XLII), os crimes de tortura, tráfico ilícito de entorpecentes e drogas afins e o terrorismo (art. 5°, inc. XLIII), crimes contra o meio ambiente (art. 225, § 3°) e outros, como, também, de forma implícita, como ocorre[436] no caso de proibição deficiente de determinados bens fundamentais constitucionalmente consagrados, como é o caso da tutela da vida, da liberdade e da propriedade (art. 5°, *caput*).

Por outro lado, a Constituição impõe limites a determinadas incriminações que com ela não se revelem compatíveis. Assim é que não se admite a incriminação do reunir-se pacificamente, sem armas, em locais abertos ao público, independentemente de autorização, desde que não se fruste outra reunião anteriormente convocada para o mesmo local, sendo exigido apenas o prévio aviso à autoridade competente (art. 5°, inc. XVI). Lembremos, ainda, da Lei n° 5.250/67, a antiga Lei de Imprensa, a qual, segundo o STF, não foi recepcionada pela Constituição de 1988, por "Incompatibilidade material insuperável", deixando, assim, de ter aplicação (ADF 130, Plenário, Rel. Min. Aires Britto, j. 30.04.09, DJ 6.11.09).

Por fim, impende mencionar o princípio da legalidade, o qual antes mesmo de constituir uma norma infraconstitucional (CP, art. 1°), está consagrado no capítulo dos direitos e garantias fundamentais da Constituição, estabelecendo que *não há crime sem lei anterior que o defina, nem pena sem prévia cominação legal* (art. 5°, inc. XXXIX).

1.2.1.2. A lei

Diz-se que a *lei* é a fonte do Direito Penal por excelência. No escopo de não sermos repetitivos, trataremos sobre a lei no tópico sobre o princípio da legalidade.

---

[435] MARQUES, José Frederico. *Tratado de Direito Penal*. 2ª ed. São Paulo: Saraiva, 1964, v. I, p. 134.
[436] FELDENS, Luciano. *A Constituição Penal – A Dupla Face da Proporcionalidade no Controle de Normas Penais*. Porto Alegre: Livraria do Advogado, 2005, p. 93 e ss.

1.2.2. Fontes formais mediatas ou indiretas

1.2.2.1. O costume

O *costume*[437] é *fonte formal mediata ou indireta* do direito. Como afirmava Giuseppe Maggiore,[438] o costume é uma forma de objetivação da consciência jurídica, e por isso constitui fonte do direito. Em linha de princípio, deve-se consignar que o costume não pode criar um tipo penal incriminador ou agravar alguma pena, mas pode funcionar como *elemento interpretativo* da lei penal ou como *elemento integrativo* (supletivo subsidiário).

Como *elemento interpretativo* (*optima legum interpres*), fala-se em costume *secundum legem*, em que é ele utilizado na compreensão da norma, como ocorre, *v.g.*, ao consideramos o crime de *ato obsceno*, tipificado no art. 233 do CP, cuja noção do que seja só pode ser alcançada tendo em consideração os costumes em determinado contexto. Segundo Francesco Antolisei,[439] tanto dispunha o revogado *Codex Iuris Canonici*, de 1917 (can. 29), como também estabelece o vigente, de 1983 (can. 27), que *consuetudo est optima legum interpres*. Consoante lição de Eduardo Correia,[440] o costume constitui "o conteúdo duma disposição legal quando esta se refira a ele como elemento do seu preenchimento.". Assim é que certas práticas e vestimentas (ou não vestimentas) admitidas no carnaval, por exemplo, são intoleráveis em outras situações. Nos crimes contra a honra, há expressões mais ou menos inequívocas quanto a sua ofensividade, como é o caso em que alguém chame outra pessoa de "burra", a não ser que se evidencie que se trate de uma brincadeira. Porém, há outras expressões que só podem ser devidamente compreendidas de acordo com o contexto histórico cultural, como é o caso da palavra *rapariga*, a qual significa mulher jovem, em determinada região do país, e prostituta em outras regiões.

Pode também o costume ser utilizado como *elemento integrativo*, nesse caso *praeter legem*, suprindo alguma lacuna legal. Assim é que, por exemplo, muito embora o ordenamento jurídico brasileiro não disponha sobre imunidade de chefe de Estado estrangeiro, tal imunidade é admitida pelo costume[441] internacional.

Cumpre esclarecer que o costume, enquanto fonte do direito penal, como bem explica Anibal Bruno,[442] não se trata de uma espécie de um direito costumeiro, "como uma forma de comportamento, de caráter geral, uniforme e constante, praticada com consciência da sua obrigatoriedade, mas [de] usos e costumes geralmente admitidos.".

---

[437] Sobre os costumes, vide: MAGGIORE, Giuseppe. *Diritto Penale – Parte Generale*. 5ª ed. Bologna: Nicola Zanichelli Editore, 1951, v. 1, t. 1º, p. 122 e ss.

[438] MAGGIORE, Giuseppe. *Diritto Penale – Parte Generale*. 5ª ed. Bologna: Nicola Zanichelli Editore, 1951, v. 1, t. 1º, p. 122.

[439] ANTOLISEI, Francesco. *Manuale di Diritto Penale – Parte Generale*. 30ª ed. Milano: Giuffrè, 1994.

[440] CORREIA, Eduardo. *Direito Criminal*. Coimbra: Livraria Almedina, 1971 (reimpressão), v. I, p. 131.

[441] CABRITA, Teresa Mafalda Vieira da Silva. Imunidade Pessoal. In: BÖHM-AMOLLY, Alexandra von *et al*. *Enciclopédia de Direito Internacional* (coord. Manuel de Almeida Ribeiro, Francisco Pereira Coutinho e Isabel Cabrita). Coimbra: Almedina, 2011, p. 248-249.

[442] BRUNO, Aníbal. *Direito Penal*. 3ª ed. Rio de Janeiro: Forense, 1967, t. 1º, p. 203.

Por outra via, é assente que o costume não revoga a lei formal. Não sendo admitido, portanto, *contra legem*. Isso fica evidenciado ao analisarmos certas incriminações que eram previstas no CP, como as adiante reproduzidas, nas quais destacamos a expressão "mulher honesta":

Art. 215. (Posse sexual mediante fraude) – Ter conjunção carnal com *mulher honesta*, mediante fraude:

Pena – reclusão, de um a três anos.

Parágrafo único. Se o crime é praticado contra mulher virgem menor de dezoito anos e maior de quatorze:

Pena – reclusão, de dois a seis anos.

Art. 216. (Atentado ao pudor mediante fraude) – Induzir *mulher honesta*, mediante fraude, a praticar ou permitir que com ela se pratique ato libidinoso diverso da conjunção carnal:

Pena – reclusão, de dois a seis anos.

Parágrafo único. Se a ofendida é menor de dezoito anos e maior de quatorze anos:

Pena – reclusão, de dois a quatro anos.

Art. 219. (Rapto violento ou mediante fraude) – Raptar *mulher honesta*, mediante violência, grave ameaça ou fraude, para fim libidinoso:

Pena – reclusão, de dois a quatro anos.

Nos tipos incriminadores acima reproduzidos, a vítima especificada era a "mulher honesta", expressão que demandava da doutrina e da jurisprudência ingentes esforços interpretativos a estabelecer o significado da referida expressão, sendo certo que os costumes da sociedade brasileira cada vez mais colocavam-se em posição de contradição com essas tipificações penais. Mesmo assim, elas mantiveram-se em plena vigência até que a Lei nº 11.106, de 28.3.2005, viesse a substituir a expressão "mulher honesta" por "mulher", no art. 215, além de revogar o art. 219. Posteriormente, a Lei nº 12.015, de 7.8.2009, substituiu a palavra "mulher" pelo termo "alguém", além de revogar o art. 216. Como se vê, apenas a lei em sentido formal pode revogar outra lei anterior.

Assim, ainda que a lei penal deixe de ter incidência em virtude dos costumes, não restará por isso revogada. Por isso, o denominado *desuetudo*, ou seja, o desuso de uma norma penal não possui o condão de revogá-la. Nos exemplos antes referidos, em que tipos penais incriminadores indicavam como vítima a "mulher honesta", a revogação somente se deu mediante a edição de uma nova lei.

1.2.2.2. Princípios Gerais de Direito

Os denominados *princípios gerais de direito* são aceitos como fonte de direito por alguns autores, mas rechaçados por outros. Convém lembrar o que preceitua o art. 4º da LINDB: "Quando a lei for omissa, o juiz decidirá o caso de acordo com a analogia, os costumes e os princípios gerais de direito.".

Consoante lição de Reale,[443] "princípios gerais de direito são enunciações normativas de valor genérico, que condicionam e orientam a compreensão

---

[443] REALE, Miguel. *Lições Preliminares de Direito*. 24ª ed. São Paulo: Saraiva, 1998, p. 306.

do ordenamento jurídico, quer para a sua aplicação e integração, quer para a elaboração de novas normas.". Tais princípios, di-lo Tercio Sampaio Ferraz Jr.,[444] "constituem reminiscência do direito natural como fonte.". Ainda que se admitam os princípios gerais de direito como fonte do direito penal, a esses é vedado criar crimes ou cominar penas (CF, art. 5º, inc. XXXIX; CP, art. 1º).

Na lição de André de Carvalho Ramos,[445]"reconhece-se hoje que a proteção de direitos humanos é *um princípio geral do Direito Internacional*. Com efeito, a Corte Internacional de Justiça reconheceu, no Parecer Consultivo relativo à Convenção de Prevenção e Repressão ao Crime de Genocídio, que os *princípios protetores de direitos humanos daquela Convenção devem ser considerados princípios gerais de direito* e vinculam mesmo Estados não contratantes.".

Certo é que com razão afirma Gerardo Landrove Díaz[446] o modesto papel supletivo na teoria das fontes dos princípios gerais. Fica até mesmo difícil de se figurar um exemplo para ilustrar alguma hipótese de aplicação. Damásio de Jesus[447] refere, exemplificativamente, o fato de não se punir a mãe que fura a orelha de sua filha criança para pôr brincos. Porém, nesse caso, a hipótese não é propriamente de um princípio geral do direito, no sentido que a doutrina lhe empresta, e sim do princípio da adequação social, que se revela um princípio limitador do direito penal.

Princípio geral de direito de forma indiscutível seria aquele[448] segundo o qual *ninguém deve aproveitar-se da própria torpeza*. Esse princípio é de grande utilidade na resolução de caso em que determinada pessoa viesse a provocar alguém para que a agredisse e, assim, repelir a agressão com outra agressão a fim de invocar a justificante legítima defesa. A nosso ver, parece aqui perfeitamente possível a invocação do princípio justamente para impedir que o provocador se beneficie de seu ardil.

1.3. *Excursus*: é a jurisprudência fonte do direito penal?

Parcela considerável da doutrina[449] tem afirmado que a jurisprudência *não* é fonte de direito penal. Porém, Angel Latorre[450] põe em dúvida as afirmações teóricas que negam o caráter de fonte do direito à jurisprudência.

---

[444] FERRAZ JR., Tercio Sampaio. *Introdução ao Estudo do Direito – Técnica, Decisão, Dominação*. 7ª ed. São Paulo: Atlas, 2013, p. 213.

[445] RAMOS, André de Carvalho. *Teoria Geral dos Direitos Humanos na Ordem Internacional*. 5ª ed. São Paulo: Saraiva, 2015, p. 108.

[446] LANDROVE DÍAZ, Gerardo. *Introduccion al Derecho Penal Español*. 3ª ed. Madrid: Tecnos, 1989, p. 81.

[447] JESUS, Damásio E. de. *Direito Penal – Parte Geral*. 34ª ed. São Paulo: Saraiva, 2013, p. 73.

[448] FERRAZ JR., Tercio Sampaio. *Introdução ao Estudo do Direito – Técnica, Decisão, Dominação*. 7ª ed. São Paulo: Atlas, 2013, p. 213.

[449] Por todos: LANDROVE DÍAZ, Gerardo. *Introduccion al Derecho Penal Español*. 3ª ed. Madrid: Tecnos, 1989, p. 81.

[450] LATORRE, Angel. *Introdução ao Direito*. Trad. de Manuel de Alarcão. Coimbra: Livraria Almedina, 1978, p. 89.

Com efeito, o entendimento segundo o qual a *jurisprudência* não seria fonte do direito não se sustenta ao observamos a realidade. Assim é que Miguel Reale[451] já vaticinava em suas *Lições Preliminares de Direito* que "o ato de julgar não se reduz a uma atitude passiva diante dos textos legais, mas implica notável margem de poder criador.". Em seu livro *Fontes e Modelos do Direito*, o saudoso catedrático jusfilósofo[452] das Arcadas ressalta o papel da jurisdição, ainda que excepcional, "enquanto poder de editar criadoramente regras e direito, em havendo *lacuna* no ordenamento.". Salienta, ainda, o autor[453] a importância da jurisdição na "*determinação hermenêutica* dos modelos em vigor, afeiçoando-se às exigências da vida comunitária.".

Mais especificamente nos domínios do direito penal, Ricardo Antunes Andreucci[454] é incisivo ao afirmar que a "jurisprudência tornou-se o Direito ela mesma (...).". Na mesma linha está Miguel Reale Júnior,[455] para quem "as decisões da jurisprudência colocam-se como fonte dinâmica também no Direito Penal.". Ilustra o penalista[456] com a criação do instituto da prisão albergue, "que se originou de algumas decisões de juízes de comarcas do interior de São Paulo, visando a flexibilizar o rígido sistema de penas do Código Penal de 1940, rompendo a estagnação do Direito legal, tendo por escusa uma interpretação livre do art. 30 deste Código, a respeito de trabalho externo, com o fim de permitir que o condenado trabalhasse fora e à noite se recolhesse à prisão.". Esposando semelhante posição, Régis Prado[457] consigna que: "A jurisprudência vem a ser a revelação *mediata* do Direito" (...) e que "juízes e tribunais 'recriam' o Direito a cada momento (...).". A somar-se a este entendimento mais atual está Mariângela Gama de Magalhães Gomes,[458] em livro originado em sua tese doutoral, afirmando que "não há como negar à jurisprudência a categoria de fonte do direito.".

Muito embora admita o papel criador da jurisdição, René David[459] afirma que as "regras de direito" (...) "não têm a mesma autoridade que as formuladas pelo legislador. São regras frágeis, suscetíveis de serem rejeitadas ou modificadas a todo o tempo, no momento do exame duma nova espécie.".

A nosso ver, na esteira da abalizada doutrina suprarreferida, não há se negar o papel criador da jurisprudência. Para não nos alongarmos demasiada-

---

[451] REALE, Miguel. *Lições Preliminares de Direito*. 24ª ed. São Paulo: Saraiva, 1998, p. 168.

[452] REALE, Miguel. *Fontes e Modelos do Direito: para um Novo Paradigma Hermenêutico*. São Paulo: Saraiva, 2002, p. 70.

[453] Ibid., p. 71.

[454] ANDREUCCI, Ricardo Antunes. *Direito Penal e Criação Judicial*. São Paulo: Revista dos Tribunais, 1989, p. 64.

[455] REALE JÚNIOR, Miguel. *Instituições de Direito Penal – Parte Geral*. 4ª ed. Rio de Janeiro: Forense, 2013, p. 82.

[456] Ibid., p. 82.

[457] PRADO, Luiz Régis. *Tratado de Direito Penal Brasileiro – Parte Geral*. São Paulo: Revista dos Tribunais, 2014, v. 1, p. 217-218.

[458] GOMES, Mariângela Gama de Magalhães. *Direito Penal e Interpretação Jurisprudencial – Do Princípio da Legalidade às Súmulas Vinculantes*. São Paulo: Atlas, 2008, p 40.

[459] DAVID, René. *Os Grandes Sistemas do Direito Contemporâneo*. Trad. de Hermínio A. Carvalho. São Paulo: Martins Fontes, 1998, p. 120.

mente, tomemos apenas o exemplo extraído da Súmula Vinculante nº 24, do STF, cujo enunciado estabelece que *Não se tipifica crime material contra a ordem tributária, previsto no art. 1º, incisos I a IV, da Lei nº 8.137/90, antes do lançamento definitivo do tributo*. Nesse exemplo, tanto o conteúdo do crime tributário quanto o seu momento consumativo são definidos pelo entendimento do STF, o qual ao fim e ao cabo é quem estabelece a caracterização do crime contra a ordem tributária. Porém, falece ao Poder Judiciário competência e legitimidade para tipificar uma conduta como crime, papel esse reservado aos representantes do povo (CF, art. 5º, inc. XXXIX, e CP, art. 1º).

1.4. *Excursus*: o papel da doutrina

Hodiernamente, diferentemente de tempos passados, a *doutrina* ou a *communis opinio doctorum* não constitui fonte do direito. Não obstante, como bem observa Reale,[460] o "fato de não ser fonte de direito não priva, todavia, a doutrina de seu papel relevantíssimo no desenrolar da experiência jurídica.". Segundo ainda o autor: "Como pensamos ter demonstrado em nosso livro *O Direito como Experiência*, enquanto que as fontes revelam *modelos jurídicos* que vinculam os comportamentos, a doutrina produz *modelos dogmáticos*, isto é, *esquemas teóricos*, cuja finalidade é determinar: *a*) como as fontes podem produzir modelos jurídicos válidos; *b*) que é que estes modelos significam; e *c*) como eles se correlacionam entre si para compor figuras, institutos e sistemas, ou seja, modelos de mais amplo repertório.".

2. Princípio da legalidade (*nullum crimen, nulla poena sine lege*)

2.1. Introdução

2.1.1. A origem do princípio

O império romano não conheceu o *princípio da legalidade* tal como hoje é concebido. Nas *quaestiones perpetuae*, era permitida a punição *ad exemplum legis*,[461] ou seja, a aplicação da lei penal não ficava restrita à lei escrita e nem tampouco à lei anterior.

Tem-se referido que o princípio remonta à *Magna Charta libertatum*,[462] imposta pelos barões ingleses em 1215 ao Rei João Sem Terra, que, em seu art. 39,

---

[460] REALE, Miguel. *Lições Preliminares de Direito*. 24ª ed. São Paulo: Saraiva, 1998, p. 176.
[461] MAGGIORE, Giuseppe. *Diritto Penale – Parte Generale*. 5ª ed. Bologna: Nicola Zanichelli Editore, 1951, v. I, t. I, p. 106.
[462] COSTA JÚNIOR, Paulo José da. *Comentários ao Código Penal*. 3ª ed. São Paulo: Saraiva, 1996, v. 1, p. 1. Para um estudo detido e exaustivamente detalhado sobre a evolução do princípio, consulte-se: VASSALLI, Giuliano. *Nullum Crimen sine Lege*. In: *Novissimo Digesto Italiano*. Torino: Unione Tipografico Editrice Torinese, 1957, v. XI, p. 493-506.

assim estatuía: "Nenhum homem livre será preso ou privado de seus bens ou exilado ou de qualquer forma molestado, nem nós procederemos contra ele senão mediante um julgamento regular pelos seus pares ou pela lei da terra".[463]

Porém, o princípio passou a tomar forma tal como hoje o concebemos nos idos de 1764, com a publicação do livro *Dei Delitti e delle Pene*, de Cesare Beccaria[464] em que, sob os influxos iluministas, preconizava o princípio da legalidade, afirmando que só as leis podem instituir delitos e penas, devendo tais leis serem formuladas pelo legislador, o qual representa toda a sociedade unida por um contrato social. Nessa senda, foi proclamado na *Bill of Rigths*, firmada na Filadélfia, em 1774.

Na sequência, surge, como vimos no estudo sobre a História do Direito Penal, o primeiro Código Penal filho do iluminismo[465] a consagrar o princípio da legalidade, o Código da Áustria, de 1787. Ademais é proclamado na declaração dos Direitos do Homem e do Cidadão (*Déclaration des Droits de l'Homme et du Citoyen* – 1789) e instituído em solo francês definitivamente na Constituição francesa de 1791.

A fórmula latina *nullum crimen, nulla poena sine lege* deve-se a Paul Johann Anselm R. von Feuerbach,[466] o qual, no ano de 1801, publicou seu Tratado de Direito Penal Comum Vigente na Alemanha (*Lehrbuch des gemeinen in Deutschland gültigen peinlichen Rechts*).

Segundo a expressão de Franz von Liszt, sempre referida,[467] a lei penal constitui a *Magna Charta* do criminoso (*Magna Charta des Verbrechers*), a estabelecer, segundo Nelson Hungria,[468] o "princípio central de quase todos eles [referindo-se o autor aos Códigos Penais modernos] é o da *legalidade rígida*: o que em seus textos não se proíbe é penalmente lícito ou indiferente. *Permittitur quod non prohibetur*.".

O princípio da legalidade está consagrado na Constituição Federal, em seu o art. 5º, inc. XXXIX, no art. 1º do Código Penal, no art. 1º do Código Penal Militar, bem como no art. 45 da Lei de Execuções Penais, muito embora neste último diploma não se exija a lei formal, visto que refere também a forma regulamentar.

---

[463] Disponível em: http://www.constitution.org/eng/magnacar.htm. Consulta em 18 de maio de 2013. Eis a redação original: "*No freemen shall be taken or imprisoned or disseised or exiled or in any way destroyed, nor will we go upon him nor send upon him, except by the lawful judgment of his peers or by the law of the land*".

[464] BECCARIA, Cesare. *Dei Delitti e delle Pene*. Milano: Giuffrè, 1973, p. 15: "sole leggi possono decretare le pene su i delitti; e questa autorità non può risiedere che presso il legislatore, che rappresenta tutta la società unita per un contratto sociale.".

[465] REALE JÚNIOR, Miguel. *Parte Geral do Código Penal* (*Nova Interpretação*). São Paulo: Revista dos Tribunais, 1988, p. 9.

[466] FEUERBACH, Paul Johann Anselm R. von. *Tratado de Derecho Penal Común Vigente em Alemania*. Trad. da 14ª ed. alemã, 1847, de Eugenio Raúl Zaffaroni e Irma Hagemeier. Buenos Aires: Hammurabi, 1989, p. 63.

[467] JESCHECK, Hans-Heinrich; WEIGEND, Thomas. *Lehrbuch des Strafrechts – Allgemeiner Teil*. 5ª ed. Berlin: Duncker & Humblot, 1996, p. 138.

[468] HUNGRIA, Nelson; FRAGOSO, Heleno Cláudio. *Comentários ao Código Penal*. 6ª ed. Rio de Janeiro: Forense, 1980, v. I, t. I, p. 22.

2.1.2. Significado político e significado jurídico

Ressalta Miguel Reale Júnior[469] a natureza *política* do princípio da legalidade, "como pedra angular do pensamento liberal, que protege o cidadão perante o Estado, diante do poder arbitrário dos juízes, mormente tendo os costumes como fonte.". Assinala ainda o autor a necessidade de a lei ser prévia, clara, precisa, geral e abstrata, submetendo-se a ela o juiz, o Estado e todos os cidadãos, também assim aduzindo:[470] "E a liberdade política de um cidadão decorre da segurança que cada qual tem de não temer o Estado e os demais cidadãos, o que consegue separando o poder de legislar do poder de julgar e da administração. Com o império da lei, garante-se a supressão do arbítrio e da opressão. O despotismo é o regime do medo, a democracia, o da segurança. É graças à lei que se estabelece o princípio da igualdade, dispensando-se tratamento igual a todos.".

Por outro lado, a feição *jurídica* do princípio, segundo Cláudio Brandão,[471] "se presta para equilibrar o sistema penal, dando ao Estado uma fonte – ainda que limitada – para emissão de seus comandos e à pessoa humana uma série de garantias, que são decorrentes da significação jurídica desse Princípio.". Salienta ainda o penalista[472] que o princípio alcança a "interpretação da lei penal e a fundamentação das Teorias do Crime e da Pena", com as consequências ou desdobramentos que lhe são inerentes (*lex praevia*, *lex scripta*, *lex stricta* e *lex certa*), a partir da análise da lei penal.

2.1.3. Legalidade formal e legalidade material

A *legalidade formal*, também denominada legalidade estrita – esta visando a enfatizar a vedação de criminalizações de forma extensiva,[473] é dizer: trata-se de um modo mais enfático de se referir à legalidade –, é aquela decorrente da lei, ou seja, de documento normativo oriundo do Poder Legislativo, obedecida a forma *constitucional* estabelecida para tanto.

Por seu turno, fala-se também em *legalidade material* ou *substancial*, podendo-se divisar, por assim dizer, duas concepções: uma que vislumbra a ideia de sobreposição em face da legalidade formal, e outra que, ao revés, busca acrescentar à legalidade formal um conteúdo material, ou seja, principiológico e valorativo fulcrado em substrato material deduzido da Constituição.

Com a adoção da legalidade material, consoante entendimento tradicional,[474] seriam puníveis condutas perigosas ainda que não expressamente previstas em lei, justificando-se tal princípio em nome da chamada "defesa social"

---

[469] REALE JÚNIOR, Miguel. *Instituições de Direito Penal – Parte Geral*. 4ª ed. Rio de Janeiro: Forense, 2013, p. 35.
[470] Ibid., p. 36.
[471] BRANDÃO, Cláudio. *Introdução ao Direito Penal – Parte Geral*. Rio de Janeiro: Forense, 2002, p. 72.
[472] Idem.
[473] LOPES, Maurício Antonio Ribeiro. *Princípio da Legalidade Penal*. São Paulo: Revista dos Tribunais, 1994, p. 28-29.
[474] COSTA JR., Paulo José da. *Comentários ao Código Penal*. 4ª ed. São Paulo: Saraiva, 1996, p. 1.

(a velha, como vimos), de triste memória e de que são exemplos a legislação da Alemanha nazista e da União Soviética.

Porém, o que é possível sustentar é uma legalidade material não a infirmar a legalidade formal, e sim como um *plus* à legalidade formal, vindo a reforçá-la. Nessa esteira, propugna Ferrando Mantovani[475] uma legalidade *substancial-formal* num esforço entre "legalidade" e "justiça", devendo, assim, a lei penal conformar-se aos valores constitucionais.

Entre nós, Luiz Luisi[476] asseverava tratar-se o sistema penal brasileiro de um "sistema ineficiente, ineficaz, um verdadeiro *elefante branco*", com a contínua edição de leis (meramente) simbólicas, preconizando o saudoso jusfilósofo um Direito Penal enxuto ao qual denominava Direito Penal necessário. Assim, dever-se-ia somar aos corolários do princípio da legalidade – *lex praevia, lex scripta, lex stricta* e *lex certa* – a necessidade da lei, em que, escudado em Mantovani, a pessoa humana é *el fine primo, el fine ultimo*, fiel às tradições beccarianas, um Direito Penal respeitoso da dignidade humana.

Na mesma linha está Edmundo Oliveira,[477] para quem o "legislador precisa cultivar a prudência de construir tipos penais que, efetivamente, protejam valores inerentes aos direitos e garantias individuais para o exercício da cidadania em comunidade, seguindo a orientação normativa do mandamento constitucional.". Ressalta ainda o autor[478] que o "legislador, na tarefa de organizar a previsão legal, e o Juiz, no seu mister de aplicar corretamente a norma, devem avaliar os limites e os anseios da necessidade, para que a punibilidade correspondente ao tipo possa ter proporcional coerência à gravidade da manifestação da conduta delituosa.".

Destaque-se, ainda, a síntese de Andrei Zenkner Schmidt,[479] segundo a qual "o princípio da legalidade material é uma garantia limitadora do poder estatal *dirigida* tanto ao Poder Legislativo quanto aos Poderes Executivo e Judiciário, e que possui como *abrangência* a capacidade de vincular não só a *forma* como o Direito Penal é criado e aplicado, mas também o *conteúdo* de sua criação e de sua aplicação. Disso decorre que o *princípio da legalidade*, no Estado Democrático de Direito Brasileiro, passe a compor-se, além dos quatro desdobramentos do princípio da legalidade (formal) vistos no capítulo anterior, de outro: o *nullum crimen nulla poena sine lege necessariae*.".

Assim, ainda que sob os auspícios do clamor público, rematado absurdo seria, por exemplo, o legislador editar um tipo penal nos seguintes termos: *Não substituir extintor de incêndio de casa noturna dentro do prazo de validade. Pena: reclusão de 15 a 30 anos.*

---

[475] MANTOVANI, Ferrando. *Diritto Penale – Parte Generale*. 3ª ed. Padova: CEDAM, 1992, p. 58.
[476] LUISI, Luiz. *Princípios Constitucionais Penais*. 2ª ed. Porto Alegre: Sérgio Antonio Fabris Editor, 2003, p. 116-117.
[477] OLIVEIRA, Edmundo. *Comentários ao Código Penal – Parte Geral*. 3ª ed. Rio de Janeiro: Forense, 2005, p. 196.
[478] Ibid., p. 200.
[479] SCHMIDT, Andrei Zenkner. *O Princípio da Legalidade Penal no Estado Democrático de Direito*. Porto Alegre: Livraria do Advogado, 2001, p. 273.

De modo que, em conclusão, o princípio da legalidade de um Estado Democrático de Direito, como é o nosso, não deve se contentar apenas com um adequado procedimento legislativo do ponto de vista formal, mas também com o conteúdo da lei penal dedutível da Constituição, a qual possui como objetivo, dentre outros, construir uma sociedade livre, justa e solidária (CF, art. 3º, inc. I).

2.2. Desdobramentos ou corolários do princípio da legalidade

O princípio da legalidade materializa-se por meio de seus *desdobramentos* ou *corolários*, que consistem na exigência de lei anterior (ou irretroatividade da lei penal incriminadora ou mais gravosa), na proscrição ou inadmissibilidade dos costumes na criação de crimes e na agravação das penas ou em qualquer espécie de recrudescimento em detrimento do réu, na proscrição ou inadmissibilidade da analogia em detrimento do infrator, e, por fim, a exigência de taxatividade da lei penal, permitindo a seus destinatários uma clara delimitação do proibido e do permitido. Na sequência, trataremos dos referidos desdobramentos.

2.2.1. Lex praevia *(exigência de lei anterior)*

Antes mesmo de constituir um comando legal, a exigência de lei anterior está consagrada constitucionalmente no título II da Constituição, que consagra os direitos e garantias fundamentais, com a seguinte dicção do art. 5º, inc. XXXIX: "não há crime sem lei anterior que o defina, nem pena sem prévia cominação legal". Esse é o significado da fórmula *nullum crimen, nulla poena sine lege praevia* ou *lex praevia* (exigência de lei anterior).

Se a Constituição garante que a lei que venha a incriminar um fato com a consequente cominação de uma pena deva ser anterior ao fato tipificado, por via da lógica, a lei posterior não poderá retroagir para atingir um fato que lhe é anterior, a não ser que se cuide de lei mais benéfica, e isso está expresso no inciso subsequente, o inc. XL, como, por assim dizer, uma espécie de complementação ao inciso precedente, nos seguintes termos: "a lei não retroagirá, salvo para beneficiar o réu;".

A seu turno, o art. 1º do Código Penal estatui, em fórmula praticamente idêntica, que: "Não há crime sem lei anterior que o defina. Não há pena sem prévia cominação legal.". O princípio é repetido no art. 1º do Código Penal Militar e o no art. 45 da Lei de Execuções Penais ao exigir à instituição de falta ou à cominação de sanção disciplinar a expressa e anterior previsão legal ou regulamentar, ainda que no caso da LEP seja admitida norma regulamentar sem o caráter rígido de lei em sentido formal.

Por lei prévia dever-se-á entender a lei em sentido formal, não sendo admitida qualquer espécie de lei delegada, aí incluída a Medida Provisória. Isso porque a exigência de norma incriminadora reclama a edição de lei forjada no

Poder Legislativo, assumindo, como esclarece Santiago Mir Puig,[480] o sentido de garantia política do princípio da legalidade.

A inadmissibilidade de Medida Provisória em matéria penal se dava até mesmo em momento anterior à edição da Emenda Constitucional nº 32. Isso porque, consoante lecionava Francisco de Assis Toledo,[481] o art. 62 da Constituição de 1988 substituiu o Decreto-Lei pela Medida Provisória, sem alterar o fato da exigência de lei em sentido estrito, pelos seguintes motivos: *a*) A Medida Provisória é uma espécie de "Lei Delegada", com eficácia condicionada a expressa aprovação pelo Congresso Nacional; *b*) a Constituição veda a delegação em matéria de direitos individuais (art. 68, § 1º), destacando-se o direito à liberdade, a teor do art. 5º, *caput*, da Lei Maior.

Com a Emenda Constitucional nº 32, de 11 de setembro de 2001, foi afastada, de forma expressa e definitiva, qualquer possibilidade de Medida Provisória em matéria penal, consoante se observa do texto constitucional: "Art. 62. Em caso de relevância e urgência, o Presidente da República poderá adotar medidas provisórias, com força de lei, devendo submetê-las de imediato ao Congresso Nacional. § 1º É vedada a edição de medidas provisórias, sobre matéria: I – relativa a: (...); b) direito penal, processual penal e processual civil; (...)". Assim a *reserva legal* é *absoluta*,[482] e não meramente relativa, exigindo no debate o monopólio parlamentar.

A norma penal não atinge fatos anteriores a sua vigência (irretroatividade). Assim é que, consoante lecionava Nelson Hungria:[483] "Se a norma penal é uma *norma de conduta*, rematado despropósito será exigir-se que os indivíduos se ajustem a uma norma penal... inexistente.". Miguel Reale Júnior[484] consigna que: "Do contrário, instala-se o arbítrio, pois o detentor do poder torna crime a ação lícita de ontem para alcançar os dissidentes, que, tendo agido no campo da licitude, acordam no dia seguinte como autores de um delito recém-definido.".

Dentre os vários exemplos possíveis, vale destacar o famoso caso da atriz Carolina Dieckmann, que foi vítima de agentes que tiveram acesso a conteúdo de dados que estavam em seu computador, com ulterior uso indevido desses dados, o que deflagrou a edição da denominada Lei Carolina Dieckmann, que introduziu no CP o crime de invasão de dispositivo informático, consistente em, além de outras condutas previstas nos parágrafos do art. 154-A, "invadir dispositivo informático alheio, conectado ou não à rede de computadores, mediante violação indevida de mecanismo de segurança e com o fim de obter, adulterar ou destruir dados ou informações sem autorização expressa ou tácita do titular do dispositivo ou instalar vulnerabilidades, para obter vantagem ilícita" (art. 154-A, do CP, com a redação da Lei nº 12.737/2012). A referida atriz

---

[480] MIR PUIG, Santiago. *Derecho Penal – Parte General*. 4ª ed. Barcelona: Reppertor, 1996, p. 77.
[481] TOLEDO, Francisco de Assis. *Princípios Básicos de Direito Penal*. 5ª ed. São Paulo: Saraiva, 1994, p. 24.
[482] BATISTA, Nilo. *Introdução Crítica ao Direito Penal Brasileiro*. 3ª ed. Rio de Janeiro: Revan, 1996, p. 73.
[483] HUNGRIA, Nelson; FRAGOSO, Heleno Cláudio. *Comentários ao Código Penal*. 6ª ed. Rio de Janeiro: Forense, 1980, v. I, t. I, p. 33.
[484] REALE JÚNIOR, Miguel. *Instituições de Direito Penal – Parte Geral*. 4ª ed. Rio de Janeiro: Forense, 2013, p. 98.

não verá a aplicação da lei apelidada com o seu nome relativamente ao fato que ensejou a nova incriminação justamente em face da exigência de lei prévia, com a consequente irretroatividade da lei penal incriminadora.

2.2.2. "Lex scripta" (proscrição e admissibilidade dos costumes)

Na lição de Mir Puig,[485] a exigência de uma *lex scripta* ou *nullum crimen, nulla poena sine lege scripta* afasta a possibilidade da utilização do costume como possível fonte de delitos e penas, de modo que o costume não pode criar crimes nem agravar penas. Pode, no entanto, ser utilizado como verdadeira fonte mediata de direito, propiciando a compreensão do tipo penal, em certos casos, bem como afastando o caráter criminoso do fato em outros, pela via da interpretação.

Eis a lição de Assis Toledo: "Da afirmação de que a lei pode criar crimes e penas resulta, como corolário, a proibição da invocação do direito consuetudinário para a fundamentação ou agravação da pena, com ocorreu no direito romano medieval. Não se deve, entretanto, cometer o equívoco de supor que o direito costumeiro esteja totalmente abolido do âmbito penal. Tem ele grande importância para elucidação do conteúdo dos tipos. Além disso, quando opera como causa de exclusão da ilicitude (causa supralegal), de atenuação da pena ou da culpa, constitui verdadeira fonte do direito penal. Nessas hipóteses, como é óbvio, não se fere o princípio da legalidade por não se estar piorando, antes melhorando, a situação do agente do fato.".

O que há de se entender por costume? Não vislumbramos os costumes naquele sentido tradicional, próprio do direito privado, com o caráter geral, uniforme e constante, praticado com a consciência de sua obrigatoriedade – pelo menos não sempre –, e sim em conformidade daquilo que não deve ser punido por ser uma prática aceita na vida em comunidade. A se aceitar a ideia de obrigatoriedade ter-se-ia, por via de consequência, que entender que o costume *in bonan partem* seria fonte revogadora de lei, o que é corretamente rechaçado pela doutrina e pela jurisprudência.

Vejamos o exemplo do crime de *casa de prostituição*, previsto no art. 229, antes da alteração procedida pela Lei nº 11.106/05, o qual tinha a seguinte descrição:

Casa de prostituição
Art. 229. Manter, por conta própria ou de terceiro, casa de prostituição ou lugar destinado a encontros para fim libidinoso, haja, ou não, intuito de lucro ou mediação direta do proprietário ou gerente:
Pena – reclusão, de 2 (dois) a 5 anos, e multa.

Como se pode observar da antiga previsão, o simples fato de *manter lugar destinado a encontros para fim libidinoso* já se amoldava formalmente à incriminação prevista no art. 229 com sua redação original. Porém, pelo que se sabe, não se viam os órgãos incumbidos da persecução penal empenhados em submeter

---
[485] MIR PUIG, Santiago. *Derecho Penal – Parte General*. 4ª ed. Barcelona: Reppertor, 1996, p. 77.

os donos de motéis à responsabilização penal. Isso porque mesmo que fosse consabido que os motéis tinham a referida finalidade, o costume determinava que tal prática estava em conformidade com a aceitação, ou seja, algo que não afrontava o direito, no imaginário popular, sem contudo chegar ao ponto de entender-se ser subjacente a ideia de obrigatoriedade de aceitação da manutenção de motéis como algo obrigatório ou impositivo.

Também o ato obsceno (CP, art. 233), no contexto do carnaval, afasta-se das exigências formais, redundando em uma tolerância penal, não no sentido da obrigatoriedade de observância do ato obsceno, e sim, como no exemplo antes dado, numa conformidade como algo admissível em decorrência do costume, de modo a não propiciar uma resposta penal à moça que desfila nua em cima do carro alegórico, rebolando efusivamente seu glúteo, por exemplo.

Porém, em muitos casos, podem, sim, dar lugar a uma obrigatoriedade em sua observação. Tomemos a seguinte passagem de Joaquín Cuello Contreras:[486]

> Muchas actividades de las que se desprenden peligros para las personas y las cosas no dan lugar a responsabilidad por imprudencia, porque se entiende que tales actividades operan dentro del "riesgo permitido", algo que no está contenido en una práctica formada a lo largo del tiempo. – El comportamiento correcto en el ámbito del tráfico automovilístico no viene determinado siempre en el Código de la circulación, sino por la práctica habitual consuetudinaria. – Muchas prácticas comerciales que desembocam en perjuicios económicos a terceros están amparadas en usos comerciales no codificados a los que el Derecho mercantil les reconoce valor jurídico. – Las muertes de soldados en el campo de batalla están justificadas por la guerra justa definida por el Derecho internacional acuñado consetudinariamente en su mayor parte.

Outra situação em que o costume se revela obrigatório é em face da imunidade de chefe de Estado no âmbito do costume no direito internacional. Para não sermos repetitivos, relativamente à aplicação do costume como fonte do direito penal, remetemos o leitor ao ponto sobre as fontes do direito penal, apenas reforçando aqui que o costume não possui eficácia derrogatória do direito consuetudinário em virtude do *desuetudo*.

2.2.3. "Lex stricta" (proscrição e admissibilidade da analogia)

A analogia *in malam partem*, aquela dirigida em prejuízo ao destinatário da lei, é proscrita em Direito Penal, ou seja, vige a exigência de *lex stricta* ou *nullum crimen, nulla poena sine lege stricta*. Exemplo clássico sempre invocado é o do furto de uso (CP, art. 155), ou seja, ninguém pode ser punido pelo (inexistente) crime de furto de uso, pela via da analogia, com o furto em que há o *animus* de subtração de coisa para si ou para outrem. Outro exemplo: o art. 163, parágrafo único, inc. III, que, até a edição da Lei nº 13.531/17, incriminava o dano qualificado quando praticado contra o patrimônio da União, Estado, Município, empresa concessionária de serviços públicos ou sociedade de economia mista, sem mencionar, no entanto, o Distrito Federal, motivo por que,

---

[486] CUELLO CONTRERAS, Joaquín. *El Derecho Penal Español – Parte General*. 3ª ed. Madrid: Dykinson, 2002, p. 186.

se fosse praticado o crime de dano contra este último ente referido, o correto enquadramento se daria nos limites do *caput*, ou seja, dano simples, ante a ausência de previsão legal de dano qualificado contra o Distrito Federal. Hoje, o dano praticado dolosamente contra o Distrito Federal é enquadrável como qualificado, mas não alcança fatos anteriores à citada lei modificadora. Outro exemplo: o art. 269 do CP comina pena ao médico que deixar de denunciar à autoridade doença cuja notificação é compulsória. Se um enfermeiro assume a chefia do Posto de Saúde por falta de médicos, como ocorre, por vezes, no interior do Brasil, não responderá pelo crime.

Na jurisprudência, é ilustrativo o caso em que o STJ afastou a qualificadora do art. 163, inc. III, do CP (tipo qualificado), em virtude de o dano ter sido perpetrado contra o patrimônio da Caixa Econômica Federal, decidindo pela aplicação do *caput* do referido dispositivo (tipo simples) (Quinta Turma, RHC 57.544-SP, rel. Min. Leopoldo de Arruda Raposo (Desembargador convocado do TJ-PE) j. 6.8.2015, Informativo 567). No mesmo sentido, é o precedente em que o tribunal decidiu que: "A conduta de destruir, inutilizar ou deteriorar o patrimônio do Distrito Federal não configura, por si só, o crime de dano qualificado, subsumindo-se, em tese, à modalidade simples do delito. Com efeito, é inadmissível a realização de analogia *in malam partem* a fim de ampliar o rol contido no art. 163, II, do CP, cujo teor impõe punição mais severa para o dano cometido contra o patrimônio da União, Estados, Municípios, empresa concessionária de serviços públicos ou sociedade de economia mista" (Sexta Turma, HC 154.051-DF, rel. Min. Maria Thereza de Assis Moura, j. 4.12.2012, Informativo 515). Em ambas as decisões aqui reproduzidas, o STJ decidiu pela aplicação da forma simples, rechaçando a analogia *in malam partem*, pois naquelas oportunidades não havia previsão típica para a modalidade qualificada, quando o crime fosse praticado contra o Distrito Federal ou contra empresas públicas. Com a edição da Lei nº 13.531, de 7 de dezembro de 2017, foram incluídas as expressões *Distrito Federal* e *empresa pública* no inc. III do art. 163, mas com aplicação, evidentemente, somente a partir de sua vigência.

O TRF da 4ª Região, corretamente, afastou a incidência do tipo incriminador de moeda falsa (CP, 289, § 1º) em caso em que a denúncia narrou "ter restado *comprovado que o réu **intermediou** a compra e venda de cédulas inautênticas*", por entender que o tipo penal imputado não inclui o verbo intermediar, sendo assim atípica a conduta do réu, porquanto *incabível o uso de analogia* para ampliar o campo de incidência da norma penal *em prejuízo do réu* (TRF4, 7ª Turma, AC 5003559-48.2012.404.7003/PR, rel. Juíza Federal Salise Monteiro Sanchotene, unânime, j. 17.03.2014) (destaque em negrito nosso).

Por outro lado, a analogia *in bonam partem* é aceita. Exemplo: Regra do art. 128, II, do CP (aborto sentimental), aplicável à vítima de estupro de vulnerável (com 13 anos), previsto no art. 217-A do CP.

Por fim, questão interessante dá-se no caso de aplicação de *analogia in bonam partem* em caso já com trânsito em julgado em favor do réu. Nesse sentido, decidiu o Tribunal Regional Federal da 4ª Região:

PENAL. *HABEAS CORPUS*. DESCAMINHO. PRINCÍPIO DA INSIGNIFICÂNCIA. ATIPICIDADE MATERIAL. RECONHECIMENTO. PRECEDENTES. CONCESSÃO DA ORDEM. Na linha do entendimento consolidado pela colenda 4ª Seção desta Corte, adotando orientação do e. STF, inexiste justa causa para a persecução penal pela suposta prática do crime de descaminho (CP, art. 334), quando aplicável à espécie *o princípio da insignificância, admissível inclusive na fase de execução penal*, por tornar atípica a conduta.' (TRF4, HC 5002865-39.2012.404.0000, Sétima Turma, Relator p/ Acórdão Márcio Antônio Rocha, D.E. 22/03/2012).

2.2.4. "Lex certa" (exigência de taxatividade da lei penal)

O princípio da legalidade que, como lembrava Hans Welzel,[487] se revela como uma luta contra a arbitrariedade judicial exige que a lei, além de anterior e sem concessões para a analogia ou o costume em desfavor do agente, seja determinada, ou seja, a exigência de *lex certa* ou *nullum crimen, nulla poena sine lege certa*, motivo por que Alberto Silva Franco[488] assevera que o princípio da legalidade não mais se "tresdobra" nos corolários "da reserva legal, da irretroatividade da lei penal incriminadora e da proibição *in malam partem*", porquanto, tendo alcançado "uma quarta dimensão", revela-se como exigência o mandamento de "certeza".

Em consonância com esse entendimento, é a lição de Assis Toledo:[489] "A exigência de lei certa diz com a clareza dos tipos, que não devem deixar margens a dúvidas nem abusar do emprego de normas muito gerais ou tipo incriminadores genéricos, vazios. Para que a lei penal possa desempenhar função pedagógica e motivar o comportamento humano, necessita ser facilmente acessível a todos, não só aos juristas.".

Não obstante, em nossa legislação, encontramos tipos excessivamente imprecisos, consoante se observa na Lei nº 7.492/86:

Art. 23. Omitir, retardar ou praticar, o funcionário público, contra disposição expressa de lei, ato de ofício necessário ao regular funcionamento do sistema financeiro nacional, bem como a preservação dos interesses e valores da ordem econômico-financeira:

Pena – Reclusão, de 1 (um) a 4 (quatro) anos, e multa.

Da Lei nº 8.078/90:

Art. 69. Deixar de organizar dados fáticos, técnicos e científicos que dão base à publicidade. Pena – Detenção de 1 (um) a 6 (seis) meses ou multa.

E também da Lei nº 9.605/98:

Art. 68. Deixar, aquele que tiver o dever legal ou contratual de fazê-lo, de cumprir obrigação de relevante interesse ambiental:

Pena – detenção, de um a três anos, e multa.

Parágrafo único. Se o crime é culposo, a pena é de três meses a um ano, sem prejuízo da multa.

Portanto, de acordo com a exigência de taxatividade, há que se delimitar o âmbito do proibido, ou seja, às pessoas deve ser dado saber em que consiste o crime, de modo inteligível. Também a pena não poderá ser indeterminada.

---

[487] WELZEL, Hans. *Das Deutsche Strafrecht*. 11ª ed. Berlin: Walter de Gruyter & Co., 1969, p. 19-21.
[488] FRANCO, Alberto Silva. *Temas de Direito Penal*. São Paulo: Saraiva, 1986, p. 9.
[489] TOLEDO, Francisco de Assis. *Princípios Básicos de Direito Penal*. 5ª ed. São Paulo: Saraiva, 1994, p. 29.

Não é possível, assim, um tipo penal que descrevesse uma pena nos seguintes termos: "Quem causar dano a outrem será castigado".

2.3. A problemática das leis penais em branco

As *leis penais em branco* (*Blankettstrafgesetze*), também chamadas *cegas* (*blind Strafgesetz*) ou *abertas* (*offene Strafgesetz*), foram concebidas, com essa designação que remonta a Karl Binding, conforme leciona Luis Jiménez de Asúa,[490] "para denominar aquellas leyes penales en las que está determinada la sanción, pero el precepto a que se asocia essa consecuencia, no está formulado más que como prohibición genérica, que deberá ser definido por un Reglamento o por una orden de la autoridad, incluso por una ley presente o futura.".

Esse conceito, foi, posteriormente, ampliado por Edmund Mezger[491] em uma delineação tripartida, qual seja: *a)* o complemento advém da mesma lei; *b)* o complemento está contido em outra lei, mas é emanada da mesma instância legislativa; e *c)* o complemento encontra-se em outra lei, mas é emanada de diversa instância legislativa. No dizer de Mezger, tratava-se esta última hipótese de *leis penais em branco em sentido estrito*. Eis a síntese de Ana Prata, Catarina Veiga e José Manuel Vilalonga:[492] **"Lei penal em branco** (Dir. Penal) – Preceito penal que remete, total ou parcialmente, a descrição do comportamento típico para fonte diversa, por via de regra de natureza regulamentar.".

Leciona Pablo Alflen da Silva[493] que há uma classificação mais tradicional, que divisa as *leis penais em branco* em *próprias* e *impróprias*, e outra, comumente utilizada na Alemanha, que emprega a denominação *leis penais em branco* em *sentido estrito* e *em sentido amplo*. Designa-se, também, as primeiras como *homogêneas*, que se subdividem em *homólogas*, quando a complementação encontra-se na mesma lei, sendo exemplo o conceito de funcionário público, que é elemento do art. 312, mas cujo conceito é dado pelo art. 327, ambos do CP, ou *heterólogas*, quando o preenchimento advém de lei diversa, como é o caso do crime de apropriação de tesouro, previsto no art. 169 do CP, mas cuja complementação extrai-se de outro diploma legal, de mesma instância, qual seja, do CC, mas especificamente de seus arts. 1.264 a 1.266. Também aí se inclui o "cheque", elemento do estelionato, na modalidade prevista no art. 171, § 2º, inc. VI, do CP, cuja disciplina e caracterização encontra-se na Lei nº 7.357/85, notadamente em seu art. 1º.

Por sua vez, as leis penais propriamente ditas ou em sentido estrito, são também chamadas de *heterogêneas*, as quais caracterizam-se pelo fato de seu preenchimento advir de ato de instância diversa. Exemplo por excelência e

---

[490] JIMÉNEZ DE ASÚA, Luis. *Tratado de Derecho Penal*. 2ª ed. Buenos Aires: Losada, 1956, t. I, p. 349.
[491] MEZGER, Edmundo. *Tratado de Derecho Penal*. Trad. de Jose Arturo Rodriguez Muñoz. Madrid: Editorial Revista de Derecho Privado, 1955, t. I, p. 397.
[492] PRATA, Ana; VEIGA, Catarina; VILALONGA, José Manuel. *Dicionário Jurídico – Direito Penal – Direito Processual Penal*. 2ª ed. Coimbra Almedina, 2009, v. II, p. 295.
[493] SILVA, Pablo Rodrigo Alflen da. *Leis Penais em Branco e o Direito Penal do Risco – Aspectos Críticos e Fundamentais*, 2004, p. 66-67.

sempre lembrado é o do crime de tráfico ilícito de drogas, tipificado no art. 33 da Lei nº 11.343/06, cujo rol de drogas ilícitas para fins de configuração delitiva é fornecido por ato administrativo da Agência Nacional de Vigilância Sanitária (Anvisa), a Portaria SVS/MS nº 344/98, atualizada pela Resolução RDC 143, publicada no DOU de 20.03.2017.

Impende atentar para o fato de que as leis penais em branco não infirmam as exigências do princípio da legalidade, mas o seu complemento há de ser preciso, sem concessões a analogias na complementação do tipo. Tomando-se o exemplo da Lei de Drogas, se alguma das drogas que constem na Portaria vier a ser excluída da lista, tal resultará em *abolitio criminis*, como veio a ocorrer com a retirada do "lança-perfume", cuja descriminalização foi mantida em face disso mesmo com a ulterior reintrodução da droga na Portaria da Anvisa, consoante a precisa decisão do STF:

> Tráfico de entorpecentes. Comercialização de 'lança-perfume'. Edição válida da Resolução ANVISA 104/2000. (...) *Abolitio criminis*. Republicação da Resolução. Irrelevância. Retroatividade da lei penal mais benéfica. (...) A edição, por autoridade competente e de acordo com as disposições regimentais, da Resolução ANVISA 104, de 7/12/2000, retirou o *cloreto de etila* da lista de substâncias psicotrópicas de uso proscrito durante a sua vigência, tornando atípicos o uso e tráfico da substância até a nova edição da Resolução, e extinguindo a punibilidade dos fatos ocorridos antes da primeira portaria, nos termos do art. 5º, XL, da Constituição Federal. (2ª Turma, HC 94.397, rel. Min. Cezar Peluso, j. 9..03.2010).

Tal também ocorre em relação ao crime de exercício ilegal da medicina, em que somente incorrerá nas penas previstas no art. 282 do CP aquele que praticar atividade privativa de médico expressamente prevista. Assim é que o STJ decidiu que a prática da acupuntura por quem não é médico não configura o referido crime de exercício ilegal da medicina, pelo fato de não existir lei federal (CF, art. 22, inc. XVI) contendo previsão da acupuntura como atividade privativa de médico (STJ, 6ª Turma, RHC 66.641-SP, rel. Min. Néfi Cordeiro, j. 3.3.2016, Informativo 578).

Por fim, não obstante o entendimento doutrinário aqui exposto, não há concordância doutrinária quanto a certas hipóteses configurarem lei penal em branco. Relativamente aos dois primeiros casos da classificação de Mezger, os quais se incluiriam nas leis penais em branco em sentido amplo, obtempera Andrei Schmidt:[494] "Não se trata de *lei penal em branco*, mas sim de uma técnica legislativa, ou seja, uma opção do legislador em utilizar mais de uma artigo para expressar uma norma dentro da mesma lei, ou em lei diversa. Assim, por exemplo, o conceito da expressão 'funcionário público', encontrada em diversos tipos penais (arts. 312 a 326 do CPB), é fornecido pelo art. 327 do CPB (...).".

Na opinião de Schmidt:[495] "Somente no terceiro caso é que poderemos falar em lei penal em branco, isto é, nos dispositivos legais em que o limite da conduta proibida, ou da própria sanção, é ditado por outra instância legiferan-

---

[494] SCHMIDT, Andrei Zenkner. *O Princípio da Legalidade Penal no Estado Democrático de Direito*. Porto Alegre: Livraria do Advogado, 2001, p. 156-157.
[495] Ibid., p. 157.

te ou autoridade.". Esse entendimento, a nosso ver correto, encontra amparo em Luiz Luisi,[496] que utiliza a expressão *funcionário público* suprarreferida como exemplo de elemento normativo do tipo dos crimes contra a Administração Pública, e não como conceito carente de complementação aos moldes das leis penais em branco.

2.4. *Excursus*: a legalidade no sistema *commom law*

Conforme vimos, o princípio da legalidade, tal qual o conhecemos hoje, é obra do iluminismo, enquanto linha filosófica caracterizada pelo empenho em estender a razão como crítica e guia a todos os campos da experiência humana,[497] destacando-se em especial a contribuição de Cesare Beccaria, sendo que esse movimento frutificou, efetivamente, no continente europeu, não tendo transposto, ao menos no que tange ao princípio de que ora cuidamos, o Canal da Mancha, de modo a suplantar o direito costumeiro (*common law*) em terras inglesas. Numa palavra: o princípio da legalidade, com exigência de lei escrita para a tipificação de crimes não foi adotado na Inglaterra, ainda que contemporaneamente tal realidade tenha significativamente se alterado.

Em exposição aqui necessária e assumidamente em apertada síntese, cumpre lembrar que a *common law* no âmbito da Inglaterra consolida-se a partir da confluência e de uma espécie de reforço e apoio recíproco entre *costume* e *precedente*.

Pode-se, nesse contexto, afirmar o caráter decisivo do reinado de Henrique II[498] na afirmação do direito costumeiro inglês. Isso porque, os recorrentes conflitos do século XII e a necessidade de afirmação do poder monárquico, fizeram com que o referido monarca percorresse o país emitindo ordens denominadas a partir de então de *writs*, as quais eram dirigidas ao *sheriff*, o qual representava a coroa nas diversas cidades e vilarejos ingleses. Na prática, o monarca ou o julgador representante do reino restava por reconhecer a existência do costume e determinarem sua observância de forma obrigatória, sendo que, na ausência de costume, o rei ou o tribunal ditavam ordens que serviam como precedentes que, ao fim e ao cabo, se constituíam como fonte de direito.

Assim é que, diferente do direito continental (*civil law*), num histórico que não há como examinarmos em detalhes nos limites deste livro, o direito costumeiro veio a se firmar na Inglaterra, bem como, ulteriormente, em outros países de raiz anglo-saxã.

Até os dias de hoje, dentre outros crimes, o homicídio em diferentes modalidades (*v.g.*, *murder* ou *manslaughter*) constitui infração penal fundada na

---

[496] LUISI, Luiz. *O Tipo Penal, a Teoria Finalista e a Nova Legislação Penal*. Porto Alegre: Sergio Antonio Fabris Editor, 1987, p. 112-113.
[497] ABBAGNANO, Nicola. *Dicionário de Filosofia*. 2ª ed. Trad. de Alfredo Bosi. São Paulo: Martins Fontes, 1998, p. 534
[498] PAIXÃO, Cristiano; BIGLIAZZI, Renato. *História Constitucional Inglesa e Norte-Americana: Do Surgimento à Estabilização da Forma Constitucional*. Brasília: Editora Universidade de Brasília, 2011, p. 26 e ss.

common law,[499] muito embora haja crescente tendência em submeter novas incriminações à prévia edição de lei escrita (*statutes*), estando a grande maioria dos crimes[500] tipificados por lei.

Por derradeiro, cumpre notar que atualmente convivem três distintas fontes de Direito Penal na Inglaterra, a *common law*, a legislação editada pelo Parlamento inglês (*Act of Parliament*) e a legislação da União Europeia[501] (*EU law*), muito embora esta última não possa tipificar crimes puníveis na Inglaterra, traz consequências em áreas tais como, dentre outras, em questões envolvendo meio ambiente, sonegação fiscal, tráfico de pessoas e pornografia infantil.

Nos Estados Unidos,[502] a exemplo da Inglaterra (e Reino Unido), convivem incriminações oriundas do direito costumeiro e de leis escritas (*statutory law*). A *common law* estadunidense classificava os crimes em *treason, felonies* e *misdemeanors* (infrações menos graves). Dentre os *felonies* constavam[503] *murder* (assassinato), *manslaughter* (homicídio simples), *rape* (estupro), *sodomy* (sodomia), *robbery* (roubo), *larceny* (furto), *arson* (incêndio criminoso), *burglary* (invasão a uma residência com o objetivo de cometer um crime) e, por vezes, *mayhem* (desordem, tumulto). Após dez anos em que esteve em elaboração, foi editado o Código Penal Modelo,[504] em 1962, o qual tem por escopo servir como subsídio para possibilitar uma maior coerência legislativa entre os diversos Estados.

3. Conceito de norma e lei penal

Norma e *lei penal* são conceitos distintos. Armin Kaufmann[505] refere que, segundo a doutrina de Karl Binding, o criminoso não pode atuar contra as diversas leis penais em particular, e sim em consonância com elas. Assim, o que o agente delitivo transgride, segundo essa doutrina, são as proposições jurídicas a que designamos norma. Nas ilustrativas palavras de Binding, reproduzidas por Luis Jiménez de Asúa,[506] "a norma valoriza, a lei descreve.".

---

[499] CARD, Richard; CROSS; JONES. *Criminal Law*. 19ª ed. Oxford: Oxford University Press, 2010, p. 245.

[500] Aponta-se que entre maio de 1997 e o final de 2008 foram tipificadas mais de 3.600 infrações penais pelo Parlamento inglês. CARD, Richard; CROSS; JONES. *Criminal Law*. 19ª ed. Oxford: Oxford University Press, 2010, p. 21.

[501] CARD, Richard; CROSS; JONES. *Criminal Law*. 19ª ed. Oxford: Oxford University Press, 2010, p. 22.

[502] Sobre o advento da *Common Law* nos EUA, incluindo diversos casos emblemáticos, consulte-se: JOBIM, Marco Félix. *Medidas Estruturantes – Da Suprema Corte Estadunidense ao Supremo Tribunal Federal*. Porto Alegre: Livraria do Advogado, 2013, p. 42 e ss. Para uma abordagem mais abrangente do direito inglês e também do direito norte-americano, vide: DAVID, René. *Os Grandes Sistemas do Direito Contemporâneo*. Trad. de Hermínio A. Carvalho. São Paulo: Martins, 1998, p. 279-405

[503] Conforme: HILL JR., Myron G.; ROSSEN, Howard M.; SOGG, Wilton S. *Criminal Law*. St. Paul: West Publishing Co., 1977, p. 3.

[504] HENDLER, Edmundo S. *Derecho Penal y Procesal Penal de los Estados Unidos*. Buenos Aires: Ad-Hoc, 1996, p. 20-22.

[505] KAUFMANN, Armin. *Teoría de las Normas – Fundamentos de la Dogmática Penal Moderna*. Trad. de Enrique Bacigalupo e Ernesto Garzón Valdés. Buenos Aires: Depalma, 1977, p. 3-4.

[506] JIMÉNEZ DE ASÚA, Luis *Tratado de Derecho Penal*. 2ª ed. Buenos Aires: Losada, 1958, t. III, p. 987.

Eis, ainda, a pertinente lição de Antônio Leiria,[507] sobre a referida doutrina: "A norma é que se contrapõe e se atrita com a ação desvaliosa do agente, pois nela é que se concentra toda essência valorativa. (...). Em conclusão, para a teoria em causa, o delinqüente molda sua conduta ao que está descrito pela lei. Esta não é vulnerada pela ação criminosa que a ela se adapta. A norma é que recebe o impacto da ação delitiva e sofre a lesão jurídica causada pelo crime.". Todavia, como lembra René Dotti,[508] nada obsta que a palavra *lei* possa ser utilizada com o sentido de *norma*, o que, de fato, ocorre com frequência. A doutrina de Binding revela-se evidente quando do estudo da estrutura da norma penal.

Releva ainda mencionar neste tópico a *teoria das normas de cultura*, de Mayer, com a qual buscou ampliar ou aperfeiçoar a teoria de Binding. Eis a lição de Leiria:[509] "Aqui, a cultura é considerada como tudo aquilo que seja capaz de levar o homem pelos caminhos de seu aperfeiçoamento moral e material. (...). Elas compreendem todas as normas de ordem religiosa, ética, estética, material, econômica, política, técnica, científica, jurídica e toda sorte de formas orientadoras do convívio social. (...). De tal sorte, o que é violado pelo delinqüente são as chamadas normas de cultura reconhecidas e adotadas pelo Estado no seu contexto social.".

Assim sendo, o que Mayer quis deixar assentado é que ainda que o agente delitivo venha a infringir as normas estatais formalmente positivas, está a ofender, em última instância, as normas de cultura que o Estado reconhece e legalmente as consagra, mediante a ameaça da pena criminal. Com isso, afirma Leiria,[510] "busca Mayer descortinar e ampliar os horizontes da doutrina de Binding.".

4. Estrutura da norma penal

Quando se cuida de delimitar a *estrutura da norma penal* incriminadora, é comum em doutrina[511] afirmar-se ser ela constituída de duas partes: o *preceito* (*praeceptium legis*) e a *sanção* (*sanctio legis*), podendo ainda o preceito ser chamado de *preceito primário* e a sanção de *preceito secundário*.

Estamos não seja este o melhor entendimento.

Ocorre que ao tipificar uma norma incriminadora o legislador o faz mediante a técnica de descrição de um comportamento em abstrato – em regra comissivo, mas, por vezes, também omissivo – com a consequente cominação de uma pena, para o caso de o referido comportamento vir a concretizar-se.

---

[507] LEIRIA, Antônio José Fabrício. *Teoria e Aplicação da Lei Penal*. São Paulo: Saraiva, 1981, p. 14.
[508] DOTTI, René Ariel. *Curso de Direito Penal – Parte Geral*. 2ª ed. Rio de Janeiro: Forense, 2004, p. 221: "Cf. Bruno, a palavra *lei* pode ser utilizada com o sentido de *norma*, porém a sua significação mais adequada é axd e documento legislativo em que se formula o Direito, a fonte formal mais importante de onde esse decorre.".
[509] LEIRIA, Antônio José Fabrício. *Teoria e Aplicação da Lei Penal*. São Paulo: Saraiva, 1981, p. 14-15.
[510] Ibid., p. 15.
[511] Por todos: TELES, Ney Moura. *Direito Penal – Parte Geral*. São Paulo: Atlas, 2004, v. 1, p. 99.

Na realidade, o que se observa é que a norma incriminadora é composta de duas partes, sim, mas que não se identificam com preceito e (acrescido de) sanção, e sim com o suporte ou pressuposto fático, que é a descrição da conduta humana, e a consequência jurídica traduzida na pena cominada.

Isso porque, como advertem Jose Maria Rodriguez Devesa e Alfonso Serrano Gomez,[512] o preceito não é uma parte da norma penal, mas forma um todo indecomponível, abrangendo precisamente o pressuposto fático – a conduta abstratamente descrita – e a sanção como consequência – a pena criminal.

Consoante argumenta Santiago Mir Puig,[513] seria equivocado equiparar preceito e pressuposto, porquanto o pressuposto não é só por si nenhum preceito, afirmando ainda o renomado penalista que o binômio preceito e sanção não corresponde ao binômio pressuposto e consequência jurídica.

Entre nós, em idêntico posicionamento com o que temos sustentado, é a lição de Luiz Régis Prado:[514] "Do ponto de vista lógico-formal, estrutura-se a norma penal basicamente como uma proposição condicional, composta de dois elementos: hipótese legal, previsão fática ou antecedente (tipo legal = modelo de conduta) e consequência jurídica, efeito ou estatuição jurídica (sanção penal = pena/medida de segurança).".

Consoante a lição do sempre atual Anibal Bruno:[515] "Na norma penal moderna, o preceito está geralmente implícito; o que vem expresso é a sanção e o seu pressuposto. Já não se encontram nos Códigos atuais os comandos diretos *não matarás, não furtarás*, como em legislações antigas.".

Com efeito, o preceito resulta da confluência do pressuposto fático e da consequência jurídica. Tomemos como exemplo o crime de homicídio, previsto no art. 121 do Código Penal brasileiro:

Homicídio simples
Art. 121. Matar alguém:
Pena – reclusão, de 6 (seis) a 20 (vinte) anos.
(...).

Da fórmula *matar alguém* (pressuposto fático): *pena – reclusão de 6 a 20 anos*, (consequência jurídica) tem-se, como resultado o *preceito não matarás*, para cujo descumprimento decorre a pena reclusiva estipulada na norma incriminadora.

Por derradeiro,[516] importa salientar que nem sempre a norma incriminadora terá a estrutura acima indicada. Ocorre que, por vezes, seja para evitar repetições desnecessárias de elementos comuns a um grande número de delitos, seja para evitar tipos penais excessivamente descritivos, o legislador vale-se de

---

[512] RODRIGUEZ DEVESA, Jose Maria; SERRANO GOMEZ, Alfonso. *Derecho Penal Español – Parte General*. 18ª ed. Madrid: Dykinson, 1995, p. 185.
[513] MIR PUIG, Santiago. *Introducción as las Bases do Derecho Penal*. Barcelona: Bosch, 1982, p. 31.
[514] PRADO, Luiz Regis. *Tratado de Direito Penal Brasileiro*. São Paulo: Revista dos Tribunais, 2014, v. 1, p. 232.
[515] BRUNO, Anibal. *Direito Penal – Parte Geral*. 3ª ed. Rio de Janeiro, 1967, t. 1º, p. 195-196.
[516] Consulte-se também: RODRIGUEZ DEVESA, Jose Maria; SERRANO GOMEZ, Alfonso. *Derecho Penal Español – Parte General*. 18ª ed. Madrid: Dykinson, 1995, p. 185.

regras complementares encontráveis na Parte Geral do Código Penal, as quais serão aplicadas sem a necessidade de serem postas diretamente no tipo incriminador previsto na Parte Especial do Código.

Exemplos como o da tentativa, o da coautoria e o da participação encontram-se na Parte Geral do Código, aplicando-se, salvo exceções, aos crimes em geral, porquanto seria demasiada redundância fazer constar referidos institutos em cada tipo penal incriminador. Nesses casos, recorre o legislador às denominadas normas de extensão.

5. Função da norma penal

Discute-se, em doutrina,[517] acerca da *função da norma penal*. Para um setor doutrinário, a norma penal teria uma função de *valoração* ou de *desvaloração*, segundo o qual o ordenamento jurídico consistiria em juízos de valor em virtude dos quais seria possível distinguir-se o comportamento ilícito do comportamento em conformidade com o direito. Para outro setor, a norma penal constitui uma *norma de determinação*, resultando em que não consiste em um mero juízo de valor, e sim em um imperativo. Tratar-se-ia, pois, segundo esta posição, de uma norma de determinação. Na Espanha, país em que a discussão assumiu certa importância, em virtude da significativa disputa doutrinária lá instaurada, tem prevalecido, em tempos recentes, segundo Antonio García-Pablos de Molina,[518] as posturas ecléticas ou mistas, que admitem ambas as funções, de forma conciliatória.

6. Lei penal no tempo

O estudo da lei penal no tempo é de especial relevância prática, pois a lei penal surge em determinado momento, tem seu curso de vida até que seja revogada. Isso traz repercussões relativas à retroatividade, ultra-atividade, tempo do crime, combinação de leis que se sucedem, etc.

6.1. Nascimento, vida e morte da lei penal (*tempus regit actum*)

Consoante ensina Manoel Gonçalves Ferreira Filho,[519] a elaboração da lei, em geral, e, por conseguinte, acrescentamos nós, também da lei penal, perpassa por três fases: a introdutória (de iniciativa), a constitutiva (processo legislativo) e a última, complementar, que integra a eficácia da lei.

---

[517] GARCÍA-PABLOS DE MOLINA, Antonio. *Introducción al Derecho Penal*. Madrid: Editorial Universitaria Ramón Areces, 2005, p. 435 e ss.
[518] Ibid., p. 449.
[519] FERREIRA FILHO, Manoel Gonçalves. *Do Processo Legislativo*. 5ª ed. São Paulo: Saraiva, 2002, p. 73.

A iniciativa, que consiste na faculdade atribuída a quem seja detentor de atribuição para apresentar projeto de lei, não constitui, do ponto de vista jurídico, uma fase do processo legislativo, se bem que possa ser considerada uma fase na perspectiva política. À fase introdutória, segue-se a fase constitutiva, ato complexo, ou seja, o processo legislativo, com a deliberação parlamentar, com as discussões e votações nas duas Casas Legislativas, processo esse que tem como deliberação derradeira a sanção presidencial. Com a sanção, tem-se o nascimento da lei penal. No caso de o chefe do Executivo vetar o projeto de lei, o Congresso Nacional poderá rejeitar o veto por maioria absoluta dos Deputados e Senadores (CF, art. 66, § 4º).

Após encerrado o processo legislativo, a lei penal deve ser promulgada. A promulgação é um ato de execução, em geral, coincidente, no instrumento e no tempo, com a sanção, sem contudo coincidirem conceitualmente. Na lição de Ferreira Filho,[520] "a promulgação é a autenticação de que uma lei foi regularmente elaborada.". Assim, a sanção encerra o processo legislativo, com o qual a lei está criada. A promulgação pressupõe a existência da lei e tem o escopo de autenticá-la, conferindo-lhe executoriedade, a aptidão para que possa ser aplicada. Com a publicação, torna-se a lei definitivamente obrigatória a todos os destinatários.

Após o nascimento da lei penal, será ela aplicada a partir do momento de sua vigência, que poderá ser imediata ou em data posterior. Uma vez vigente, será ela aplicada enquanto não for revogada por outra lei que a suceda, salvo eventual ultra-atividade de lei anterior mais benéfica vigente à época dos fatos. Portanto, em regra, aplicar-se-á a lei vigente à época da prática do fato punível, ao que se dá o nome de *tempus regit actum*. Porém, em caso de sucessão de leis penais no tempo, poderá ocorrer tanto a ultra-atividade como também a retroatividade da lei mais benéfica, consoante será estudado nas linhas que seguem.

6.2. Irretroatividade da lei penal

A exigência de lei anterior não permite a retroatividade de lei nova incriminadora, assim como também em caso de recrudescimento das consequências penais de norma já existente.

Recolhemos um exemplo de tal hipótese de decisão do Tribunal Federal Regional da 4ª Região em caso de prescrição penal retroativamente operada, a qual se dá pela pena aplicada, e não pelo máximo da pena privativa de liberdade cominada abstratamente, que é invariavelmente maior do que a pena aplicada em concreto. Assim, o prazo prescricional pela pena aplicada no caso concreto resultará menor.

Consideremos os seguintes elementos do caso julgado pela Corte Federal:

a) Crime: moeda falsa (art. 289 do CP);

b) Data do fato: 27.06.2007;

---

[520] FERREIRA FILHO, Manoel Gonçalves. *Do Processo Legislativo*. 5ª ed. São Paulo: Saraiva, 2002, p. 75.

c) Pena aplicada: 3 anos de reclusão;

d) Recebimento da denúncia: 24.10.2011;

e) Prazo do art. 109, IV – 8 anos;

f) Réu menor de 21 anos na data do fato.

A Lei nº 12.234, de 5.5.2010, ao dar nova redação ao § 1º do art. 110 do CP, afastou a possibilidade de contagem do prazo prescricional pela pena aplicada considerando como termo inicial data anterior à da denúncia ou queixa, o que até a edição da referida lei era possível, de modo que o regramento anterior era mais favorável ao réu.

O TRF4 afastou a incidência da regra contida no § 1º com a nova redação por ser mais gravosa, ou seja, por reduzir as possibilidades de prescrição, aplicando a regra anterior que permitia a contagem com base na pena aplicada em período anterior à denúncia. Como o réu era menor de dezoito anos à época do fato, o prazo prescricional é reduzido pela metade (art. 115). Assim, o tribunal declarou a prescrição (de acordo com a lei anterior mais favorável), com a consequente extinção da punibilidade pelo fato de a lei posterior mais grave não poder retroagir (TRF4, Processo 500445-60.2011.404.7204, Sétima Turma, Rel. Márcio Antônio Rocha).

6.3. Retroatividade da lei descriminalizante (*abolitio criminis*)

A *abolitio criminis*, ou seja, a lei que deixa de considerar como crime uma conduta anteriormente tipificado penalmente tem efeito retroativo (CF, art. 5º, inc. XL; CP, art. 2º, *caput*), operando a extinção da punibilidade (CP, art. 107, inc. III), a qual deve ser declarada de ofício pelo juiz (CPP, art. 61). Nesse caso, cessam tão somente os efeitos penais, remanescendo os efeitos civis. A título ilustrativo, se a emissão de cheques sem provisão de fundos (CP, art. 171, § 2º, inc. VI) deixasse de ser considerada crime, a norma que aboliu a infração penal, em nosso exemplo fictício, não elidiria a dívida da relação civil que ensejou a emissão do cheque, podendo o credor executá-la no juízo cível.

6.4. Retroatividade da lei penal mais benéfica (*lex mitior*)

Segundo dispõe o art. 2º, parágrafo único, do CP: "A lei posterior, que de qualquer modo favorecer o agente, aplica-se aos fatos anteriores, ainda que decididos por sentença condenatória transitada em julgado.". Trata-se da *lex mitior*, a qual também é retroativa para que o agente responda criminalmente de acordo com a lei nova mais favorável.

Consoante decidiu o STJ: "A Lei 13.654/18 extirpou o emprego de arma branca como circunstância majorante de delito de roubo. Em havendo a superveniência de *novatio legis in mellius*, ou seja, sendo a lei nova mais benéfica, de rigor que retroaja para beneficiar o réu (art. 5º, XL, da CF/88)" (Sexta Turma, Ag. Rg. Ag. Resp. 1.249.427/SP, j. 19.06.2018). No exemplo aqui trazido, a consequência prática é o afastamento do roubo majorado em virtude do emprego de arma, que até o advento da Lei nº 13.654/18 era genérico, ou seja, majorava o roubo também pelo emprego de arma branca, mas com a restrição, a partir de então, para considerar o roubo majorado somente e especificamente se a violência ou ameaça for exercida com arma de fogo (CP, art. 157, § 2º, inc. I), sendo a norma posterior mais benéfica retroage, nos termos do citado art. 2º, parágrafo único, o que está em consonância com o art. 5º, inc. XL, da CF.

6.5. Crime continuado e crime permanente: retroatividade da lei penal? (A Súmula 711 do STF)

No caso de uma lei nova mais gravosa, terá ela incidência desde logo, a partir de sua vigência, no caso de crime continuado ou de crime permanente. Isso porque aqui não se trata de retroatividade de lei nova, e sim de *tempus regit actum*, porquanto num e noutro caso a prática delitiva continua a ser perpetrada. Nesse sentido, é o enunciado da Súmula 711 do STF: "A lei penal mais grave aplica-se ao crime continuado ou ao crime permanente, se a sua vigência é anterior à cessação da continuidade ou da permanência.".

6.6. Combinação de leis

De acordo com o entendimento consolidado do STF e do STJ, não é possível a combinação de leis, entendimento esse que era preconizado por Hungria,[521] pois geraria uma *lex tertia*. Segundo o STF: "Os princípios da ultra e da retroatividade da *lex mitior* não autorizam a combinação de duas normas que se conflitam no tempo para se extrair uma terceira que mais beneficia o réu." (2ª Turma, HC 68.416, rel. Min. Paulo Brossard, j. 08.9.1992).

Por sua vez, o STJ editou o seguinte enunciado:

Súmula 501: É cabível a aplicação retroativa da Lei nº 11.343/2006, desde que o resultado da incidência das suas disposições, na íntegra, seja mais favorável ao réu do que o advindo da aplicação da Lei nº 6.368/1976, sendo vedada a combinação de leis.

Em conformidade com esse entendimento, o TRF4 assim decidiu, por unanimidade, no Agravo de Execução nº 50014513120174047210/SC, rel. Des. Canalli, julgado em 05.06.2018:

EXECUÇÃO PENAL. TRÁFICO DE PESSOAS PARA FINS DE EXPLORAÇÃO SEXUAL. ARTIGOS 231 E 231-A DO CÓDIGO PENAL. MINORANTE DO ARTIGO 149-A, § 2º, DO CÓDIGO PENAL. LEI Nº 13.344/2016. COMBINAÇÃO DE LEIS. INCABIMENTO.

1. Os Tribunais Superiores firmaram entendimento no sentido de não se admitir a conjugação de partes mais benéficas das referidas normas, para criar-se uma terceira lei, sob pena de violação aos princípios da legalidade e da separação de Poderes. A aplicação retroativa da lei posterior somente é possível quando feita integralmente, como forma de favorecer o réu.

2. Nessa linha, a aplicação da minorante prevista no artigo 149-A, § 2º, do Código Penal, é possível apenas considerando, na íntegra, as alterações promovidas pela Lei nº 13.344/2016, que

---

[521] HUNGRIA, Nélson; FRAGOSO, Heleno Cláudio. *Comentários ao Código Penal*. 6ª ed. Rio de Janeiro: Forense, 1980, v. I, t. I, p. 120.

introduziu novas disposições sobre o delito de tráfico de pessoas, em substituição aos artigos 231 e 231-A do Código Penal.

De fato, o entendimento segundo o qual a combinação de leis penais resta por criar uma terceira lei (*lex tertia*), motivo por que não a admite, é correto, porquanto a lei penal tem em conta uma valoração que restaria por ser subvertida, caso se admitisse a espécie de moda "colcha de retalhos". Isso porque pode parecer bem ao legislador estabelecer para um crime que ofenda determinado bem ou interesse recrudescer a pena de multa e, ao mesmo tempo, abrandar a pena privativa de liberdade, por exemplo, num todo lógico, que restaria desfigurado se ao julgador fosse dada a opção de pinçar apenas as partes mais favoráveis em diversos tipos penais.

6.7. Leis excepcionais e temporárias

Reza o art. 3º do CP: "A lei excepcional ou temporária, embora decorrido o período de sua duração ou cessadas as circunstâncias que a determinaram, aplica-se ao fato praticado durante sua vigência.".

Eis a concisa e precisa lição de Magalhães Noronha:[522] "Lei temporária é aquela cuja vigência é prefixada. Lei excepcional é a que vige enquanto duram as circunstâncias que a determinaram: guerra, comoção intestina, epidemia etc.". O conceito está em consonância com o dicção legal, estando expressa a lei temporária na descrição "embora decorrido o período de sua vigência" e a lei excepcional na descrição "circunstâncias que a determinaram".

Tais leis são ultrativas, porquanto continuam sendo aplicadas mesmo após o seu período de vigência, desde que o fato tenha sido neste praticado. Se assim não fosse, tratar-se-iam de lei despiciendas, destituídas de sentido, pois a valoração da ilicitude esta circunscrita àquele período excepcional ou temporária.

José Paulo Baltazar Jr.[523] refere como exemplo, com precedentes do TRF4, o aumento do valor mínimo para declaração com vistas à saída do país, para fins de tipificação do crime de evasão de divisas, previsto no art. 22 da Lei nº 7.492/86. Assim, se o agente não declara o valor considerado como obrigatório em determinado período, incorre nas penas do referido crime, mesmo que depois venha a ser o valor estipulado aumentado, não tornando lícitas as condutas quando vigorava limite anteriormente inferior, ou seja, à época da conduta delitiva.

6.8. Tempo do crime

A consumação do crime nem sempre coincide com o momento da ação. Assim é que, *v.g.*, determinado agente pode desferir golpes de punhal no obje-

---

[522] NORONHA, E. Magalhães. *Direito Penal – Introdução e Parte Geral*. 25ª ed. atualizada por Adalberto José Q. T. de Camargo Aranha. São Paulo: Saraiva, 1987, v. 1, p. 78.
[523] BALTAZAR JÚNIOR, José Paulo. *Crimes Federais*. 9ª ed. São Paulo: Saraiva, 2014, p. 750.

tivo de matar a vítima visada em determinado momento, mas o resultado morte dar-se dias após. Em consideração a essa não coincidência temporal, surge a questão que busca saber qual é o *tempo do crime*. Em sequência, estudaremos as três teorias em torno da matéria.

Para a *teoria da atividade* ou *da ação*, como o nome sugere, o *tempo do crime* é o do momento do comportamento do agente. A *teoria do resultado* considera como tempo do crime o momento, de acordo com a própria designação, do resultado delitivo. Por fim, a *teoria mista* outorga tanto ao momento da ação como ao momento do resultado, com ela cronologicamente discrepante, como sendo o tempo do crime.

O CP adotou a primeira teoria, ao estatuir que *considera-se praticado o crime no momento da ação ou omissão, ainda que outro seja o momento do resultado* (art. 4°). A opção possui relevante interesse prático. Assim, se o agente que desfere golpes contra a vítima com *animus necandi* vê seu propósito delitivo consumado dias após a conduta e, no interregno entre a ação e o resultado, advém uma lei mais grave, por exemplo, não poderá ser esta aplicada, pois considera-se tenha sido o crime praticado no momento da ação.

Lembremos ainda do caso em que o "lança-perfume" (cloreto de etila), no dia 7 de dezembro de 2000, por equívoco, "saiu" da lista da Anvisa, descriminalizando o crime de tráfico de drogas, relativamente a essa substância (STF, HC 94.397), o qual depois, no dia 15 de dezembro de 2000, veio a retornar à lista editada pela referida Agência, lista essa que preenche a lei penal em branco, cujo crime de tráfico, à época, era previsto no art. 12 da Lei n° 6.368/76, mas que não alcançava, por óbvio condutas pretéritas, ou seja, anteriores à data da reintrodução da droga na mencionada lista. Assim sendo, operou-se uma *abolitio criminis* nesse interregno.

Com base no ocorrido no plano legislativo, figuremos o exemplo em que determinada pessoa viesse a remeter ("remeter" é um dentre os verbos que tipificam o tráfico, tanto na lei antiga, como também na atual), no dia 14 de dezembro, para outra certa quantidade do aludido cloreto de etila, mas que viesse a receber, retirando-a no Correio, no dia 16 de dezembro, já sendo, portanto, novamente uma figura típica penal. A conduta do destinatário foi a de "adquirir", a qual também compunha (e ainda compõe) o tipo penal de tráfico. Nesse caso, a conduta daquele que remeteu será atípica, pois naquele momento (da ação do remetente) o fato não configurava um crime. Porém, com relação ao destinatário, incidiriam as penas do crime de tráfico, pois a ação de "adquirir", bem como a de, ulteriormente, "ter em depósito" se deram sob a vigência da incriminação reintroduzida.

7. Lei penal no espaço

O estudo da *lei penal no espaço* diz respeito à delimitação espacial sobre a qual incidirá a lei penal de determinado Estado. Por evidente, em regra, será aplicada a do país em que o fato foi praticado, mas nesse âmbito surgem questões como a de saber onde o fato punível foi praticado, pois a conduta e o resultado podem se dar em alto-mar, por exemplo, ou a primeira ocorrer em determinado país e este consumar-se em outro. Esses e outras problemas serão o objeto de estudo nas linhas que seguem.

7.1. Princípios que regem a aplicação da lei penal no espaço

A aplicação da lei pena no espaço é regida pelo princípio da territorialidade, que é a regra, o qual determina a aplicação da lei penal brasileira em relação aos fatos praticados no Brasil, e, também, por outros princípios que estabelecem a aplicação da lei brasileira, embora cometidos no estrangeiro.

7.1.1. Princípio da territorialidade

O primeiro critério regente da aplicação da lei penal é o *princípio da territorialidade*,[524] o qual está consagrado no art. 5º, *caput*, do CP, nos seguintes termos: "art. 5º – Aplica-se a lei brasileira, sem prejuízo de convenções, tratados e regras de direito internacional, ao crime cometido no território nacional.". Esse princípio, enquanto regra geral, vigora desde sempre, pois atende à necessidade prática e também à própria lógica. Ainda sob a égide do CP de 1890, assim lecionava Costa e Silva:[525] "O primeiro sustenta que, dentro da área territorial que lhe é própria, cada Estado, no exercício de sua soberania, tem o direito de estabelecer normas e penas para quantos ahi se achem, nacionaes ou estrangeiros, qualquer que seja a situação local dos bens jurídicos offendidos ou postos em perigo.". Porém, reconhecia o magistrado que, apesar de ser reconhecido por todas as legislações, o princípio não atendia a necessidade ante a prática de crime envolvendo países diversos.

Nesse passo, o art. 5º do CP atual excepciona, em certos casos, a aplicação da lei pátria, nomeadamente em face de convenções, tratados e regras de direito internacional. Assim já o fazia o Código ao tempo da antiga parte geral, de 1940, em face da qual Hungria[526] lecionava que "o Código criou um temperamento à impenetrabilidade do direito interno ou à exclusividade da ordem jurídica do Estado sobre o seu território, permitindo e reconhecendo, em determinados casos, a validez da lei de outro Estado.". A essa opção legislativa, dá-se o nome, em doutrina,[527] de *princípio da territorialidade atenuada, temperada* ou *não absoluta*.

---

[524] Para um estudo no pormenor, consulte-se: CHIARELLI, Giuseppe. Territorio dello Stato (Diritto Costituzionale). In: *Novissimo Digesto Italiano*. Torino: Unione Tipografico Editrice Torinese, 1964, v. XIX, p. 196-209; LEANZA, Umberto. Territorio dello Stato (Diritto Internazionale). In: *Novissimo Digesto Italiano*. Torino: Unione Tipografico Editrice Torinese, 1964, v. XIX, p. 209-226.

[525] COSTA E SILVA, Antonio José da. *Codigo Penal dos Estados Unidos do Brasil Commentado*. São Paulo: Companhia Editora Nacional, 1930, p. 26.

[526] HUNGRIA, Nélson; FRAGOSO, Heleno Cláudio. *Comentários ao Código Penal*. 6ª ed. Rio de Janeiro: Forense, 1980, v. I, t. I, p. 157.

[527] PRADO, Luiz Regis. *Tratado de Direito Penal Brasileiro – Parte Geral*. São Paulo: Revista dos Tribunais, 2014, v. 1, p. 258.

O território deve ser entendido em seu sentido jurídico,[528] o qual é mais abrangente do que o conceito geográfico, não se restringindo ao solo delimitado pelas fronteiras do país. Consoante afirmam Manuel Cobo del Rosal e Tomás S. Vives Antón,[529] o território, em sentido amplo, compreende não somente a *terra firme* (continental ou insular), mas também as águas interiores, o chamado mar territorial, o espaço aéreo situado acima de referidas terras e águas e as embarcações e aeronaves que navegam sob a bandeira de determinado Estado. A essa relação podem ser ainda acrescidos os rios e lagos fronteiriços que separam dois Estados, como é o caso do rio Guaporé, que se situa na divisa entre o Brasil e o Peru.

Por extensão, consideram-se território nacional, consoante o supracitado art. 5º, § 1º, as aeronaves e embarcações brasileiras de natureza pública, onde quer que se encontrem, bem como aquelas a serviço do governo brasileiro, às quais se somam as de natureza mercante ou privada, quando em alto-mar ou no espaço aéreo correspondente. Isso porque, com relação a estas duas últimas, o alto-mar, na lição de Frederico Marques,[530] é *"mare liberum*, não sujeito à soberania de qualquer Estado (...)". De modo que, assim sendo, as embarcações que aí se encontrem ou as aeronaves brasileiras que sobre ele sobrevoem e que sejam de natureza privada são consideradas como extensão do território brasileiro.

De acordo com o art. 5º, § 2º, também será aplicada a lei brasileira aos crimes praticados a bordo de aeronaves ou embarcações estrangeiras de propriedade privada, no caso de acharem as primeiras em pouso no território brasileiro ou em voo no espaço aéreo correspondente, e estas últimas encontrarem-se no mar territorial ou em águas em região de fronteira no lado pertencente ao Brasil.

7.1.2. Princípio da defesa ou real

O *princípio da defesa* ou *real* estabelece a aplicação da lei penal em virtude da ofensa em face da titularidade ou da nacionalidade do bem jurídico ofendido, ou seja, do bem jurídico lesionado ou exposto a perigo. Este é o princípio regente das hipóteses previstas no art. 7º, inc. I, letras *"a"* a *"c"*. O que tem em conta o princípio é a relevância de determinados bens jurídicos nacionais ofendidos.

Hungria[531] assim anotava: "Cresce, cada vez mais, o prestígio desse sistema, que tem merecido das legislações modernas a maior atenção, dada a imperiosa necessidade de se acautelarem os Estados contra os crimes que se praticam no estrangeiro contra seus interesses vitais.".

---

[528] BRUNO, Anibal. *Direito Penal – Parte Geral*. 3ª ed. Rio de Janeiro, 1967, t. 1º, p. 235.
[529] COBO DEL ROSAL, Manuel; VIVES ANTÓN, Tomás S. *Derecho Penal – Parte General*. 5ª ed. Valencia: Tirant lo Blanch, 1999, p. 209-210.
[530] MARQUES, José Frederico. *Tratado de Direito Penal*. 2ª ed. São Paulo: Saraiva, 1964, v. I, p. 255.
[531] HUNGRIA, Nélson; FRAGOSO, Heleno Cláudio. *Comentários ao Código Penal*. 6ª ed. Rio de Janeiro: Forense, 1980, v. I, t. I, p.156.

7.1.3. Princípio da justiça universal

O *princípio da justiça universal*, também chamado da *universalidade*, da *justiça cosmopolita* ou da *jurisdição mundial*, enuncia a aplicação da lei penal do Estado onde se encontre o agente, independentemente de sua nacionalidade ou da vítima, bem como do bem jurídico violado ou do lugar da prática delitiva ou da nacionalidade. Ao que preconiza o princípio, Hungria[532] redarguia: "Não se pode dissimular o caráter nitidamente utópico de tal princípio.".

O princípio tem incidência nas hipóteses do art. 7º, inc. II, letra *"a"*. Porém, é de se observar que sua aplicação é significativamente restrita, podendo-se mesmo afirmar ser excepcional, de raríssima ocorrência. Certo é que o STF tem reafirmado o caráter prevalente do princípio da territorialidade e o consequente caráter subsidiário do princípio da universalidade, com ocorreu no famoso caso Tommaso Buschetta (Extradição nº 415, j. 11.09.1985).

7.1.4. Princípio da personalidade ou da nacionalidade

O *princípio da personalidade* ou *da nacionalidade* divisa-se em personalidade ativa e passiva. O primeiro proclama a aplicação da lei brasileira nos casos em que o fato punível for praticado por brasileiro no exterior, ao passo que, em virtude do segundo, será aplicada a lei brasileira quando algum brasileiro for vítima de crime em outro país. Como ilustração do princípio, vale aqui lembrar a imagem de José Salgado Martins[533] segundo a qual "a lei penal acompanha o nacional de seu Estado por onde ele transite, como se fora a sua própria sombra.".

O princípio da personalidade ativa está em consonância com o fato de o Brasil não extraditar brasileiros, salvo em situações restritas e excepcionais, consoante veremos ao estudarmos o instituto da extradição. Não havendo, pois, extradição, cabe ao Brasil aplicar sua lei penal como resposta ao crime praticado. No art. 7º, inc. II, letra *"b"*, e no art. 7º, § 3º, estão previstas as hipóteses consagradoras do princípio da personalidade ativa e passiva, respectivamente.

7.1.5. Princípio do pavilhão, da bandeira ou da representação

O *princípio do pavilhão, da bandeira* ou *da representação* confere a aplicação da lei penal ao país ao qual está vinculada a bandeira da aeronave ou da embarcação mercante ou de natureza privada na qual o crime foi praticado, quando praticado em território estrangeiro e aí não seja julgado, a teor do art. 7º, inc. II, letra *"c"*.

Trata-se de princípio complementar ao princípio da territorialidade, com previsão nas convenções de Chicago e de Tóquio, e que não se confunde com

---

[532] HUNGRIA, Nélson; FRAGOSO, Heleno Cláudio. *Comentários ao Código Penal*. 6ª ed. Rio de Janeiro: Forense, 1980, v. I, t. I, p. 156.
[533] MARTINS, José Salgado. *Direito Penal – Introdução e Parte Geral*. São Paulo: Saraiva, 1974, p. 112.

as hipóteses previstas no art. 5º do CP, porquanto neste dispositivo trata-se de embarcações ou aeronaves de natureza pública ou a serviço do governo brasileiro, as quais são consideradas como extensão do território nacional, o que não ocorre com essas se forem de natureza privada.

7.2. Aplicação da lei penal a fatos cometidos no Brasil (territorialidade)

7.2.1. *Aplicação do princípio da territorialidade e conceito de território*

Como vimos, no primeiro tópico dentre os quais conceituamos os diversos princípios, o conceito jurídico de território transcende aos limites territoriais, ou seja, aqueles limites referentes ao solo dentro das fronteiras do país. Por evidente, estão dentro dos domínios do território nacional as águas internas como rios, lagos e lagoas.

Relativamente às águas fronteiriças,[534] a regra a ser seguida é a da linha mediana, se não navegável, ou da linha limítrofe com base no talvegue (local de maior profundidade), se navegável, será o local da fronteira entre dois países, salvo a existência de tratado em sentido diverso. Se observamos a Ponte Tancredo Neves (também chamada de Ponte Internacional da Fraternidade) sobre o rio Iguaçu, que liga as cidades de Porto Iguaçu e Foz do Iguaçu, perceberemos que a ponte está pintada de verde e amarelo, no lado brasileiro, e de azul e branco, no lado argentino. Assim, a prática de crime num ou noutro lado determinará a aplicação da lei brasileira ou da lei argentina.

O mesmo se diga com relação à Ponte da Amizade, sobre o Rio Paraná, que liga Foz do Iguaçu à Cidade do Leste, no Paraguai. Suponhamos que ocorra um assalto em cima da ponte, mas já no lado brasileiro, Nesse caso aplicar-se-á a lei brasileira em razão do princípio da territorialidade, ainda que o agente e a vítima sejam estrangeiros, seguindo a mesma lógica se o crime for praticado em um barco que se encontrava no lado brasileiro do rio.

Note-se que o art. 5º, *caput*, excepciona a aplicação da lei brasileira em face de convenções, tratados e regras de direito nacional. Isso quer dizer que esses documentos e também regras não escritas, como ocorre com o costume de direito internacional, cujo exemplo é a imunidade conferida a chefes de Estado, afastam a incidência da lei brasileira e por conseguinte não será aplicável o princípio da territorialidade.

Em complementação ao *caput* do art. 5º do CP, preceitua o § 1º do referido dispositivo que: "Para os efeitos penais, consideram-se como extensão do território nacional as embarcações e aeronaves brasileiras, de natureza pública ou a serviço do governo brasileiro onde quer que se encontrem, bem como as aeronaves e as embarcações brasileiras, mercantes ou de propriedade privada, que se achem, respectivamente, no espaço aéreo correspondente ou em alto-mar.". Por sua vez, o § 2º do art. 5º estatui: "É também aplicável a lei brasileira

---

[534] Sobre o ponto, vide: HUNGRIA, Nélson; FRAGOSO, Heleno Cláudio. *Comentários ao Código Penal*. 6ª ed. Rio de Janeiro: Forense, 1980, v. I, t. I, p. 168-172

aos crimes praticados a bordo de aeronaves ou embarcações estrangeiras de propriedade privada, achando-se aquelas em pouso no território nacional ou em vôo no espaço aéreo correspondente, e estas em porto ou mar territorial do Brasil.".

7.2.1.1. Espaço aéreo territorial

É importante ainda mencionar que, em relação ao *espaço aéreo*, adotou o Brasil a teoria da soberania sobre a coluna atmosférica, a teor o art. 11 do Código Brasileiro de Aeronáutica (Lei nº 7.565/86), a qual corresponde ao espaço aéreo delimitado por linhas imaginárias perpendiculares aos limites do território brasileiro, incluindo, por evidente, o espaço aéreo sobre o mar territorial. A referida lei está em consonância com a Convenção de Chicago sobre Aviação Civil Internacional, de 1944, a qual foi promulgada no Brasil por meio do Decreto nº 21.713, de 27 de agosto de 1946. A Convenção de Chicago havia sido precedida pela Convenção de Paris, de 1919.

Impende ainda ressaltar que o espaço aéreo territorial não compreende o espaço cósmico. Disputam preferência a teoria segundo a qual a soberania dos Estados alcançaria o espaço cósmico em face daquela que nega tal alcance. Em admitindo-se esta última, resta saber se o referido espaço seria *res nullius* ou *res commmunis omnium*. Esta última, segundo Giuseppe Chiarelli,[535] é a que prevalece, na doutrina. Ao que nos parece, essa discussão é de pouca, para não dizer nula, utilidade prática.

7.2.1.2. Mar territorial

De acordo com o art. 1º da Lei nº 8.617/93: "O mar territorial brasileiro compreende uma faixa de doze milhas marítima de largura, medidas a partir da linha de baixa-mar do litoral continental e insular, tal como indicada nas cartas náuticas de grande escala, reconhecidas oficialmente no Brasil.". Por evidente, a soberania do Brasil estende-se ao mar territorial, ao espaço aéreo sobrejacente, bem como ao seu leito e subsolo (art. 2º da Lei nº 8.617/93), sendo que, por conseguinte, será a lei brasileira aplicada, em face do princípio da territorialidade.

A referida lei prevê, em seu art. 6º, que: "A zona econômica exclusiva brasileira compreende uma faixa que se estende das doze às duzentas milhas marítimas, contadas a partir das linhas de base que servem para medir a largura do mar territorial.". Ao passo que o art. 7º assim estatui: "Na zona econômica exclusiva, o Brasil tem direitos de soberania para fins de exploração e aproveitamento, conservação e gestão dos recursos naturais, vivos ou não vivos, das águas sobrejacentes ao leito do mar, do leito do mar e seu subsolo, e no que se refere a outras atividades com vistas à exploração e ao aproveitamento da

---

[535] CHIARELLI, Giuseppe. Territorio dello Stato (Diritto Costituzionale). In: *Novissimo Digesto Italiano*. Torino: Unione Tipografico Editrice Torinese, 1964, v. XIX, p. 205.

zona para fins econômicos.". Em conclusão, até a faixa de doze milhas marítimas, estar-se-á dentro do território brasileiro para fins penais. Nos limites da faixa de duzentas milhas, não se trata de território brasileiro, mas, ainda assim, exerce o Brasil soberania para outros fins, conforme se observa do art. 7º da lei aqui referida.

7.3. Aplicação da lei penal brasileira a fatos praticados no estrangeiro (extraterritorialidade)

7.3.1. Extraterritorialidade incondicionada.

Nas hipóteses de extraterritorialidade incondicionada, a lei brasileira é aplicável independentemente de qualquer condição. É dizer: a lei brasileira sempre é aplicável. O fato deve ser criminoso, não sendo abrangidas as contravenções. Tais hipóteses estão contempladas no art. 7º, inc. I, letras "a" a "d", as quais, segundo a doutrina, se dão em virtude do princípio da defesa. Porém, a nosso ver, a hipótese art. 7º, inc. I, letra "d", estaria a se amoldar ao princípio da personalidade ativa, porquanto aqui tem a lei em conta não a pessoa ou a coisa sobre a qual recai a conduta delitiva, e sim o agente que a pratica.

7.3.1.1. Crimes contra a vida ou a liberdade do Presidente da República

A primeira hipótese de aplicação da lei penal brasileira de forma incondicionada, prevista no art. 7º, inc. I, letra "a", ocorre quando o crime for praticado no exterior contra a vida ou a liberdade do Presidente da República, como no exemplo do homicídio (art. 121) e do sequestro (art. 146), respectivamente.

7.3.1.2. Crimes contra o patrimônio ou a fé pública da União, do Distrito Federal, de Estado, de Território, de Município, de empresa pública, sociedade de economia mista, autarquia ou fundação instituída pelo Poder Público

A segunda hipótese de aplicação incondicionada da lei brasileira dá-se, consoante o art. 7º, inc. I, letra "b", quando o crime for praticado contra o patrimônio (arts. 155 a 180) ou a fé pública (arts. 289 a 311) da União, do Distrito Federal, de Estado-membro, de Território (hoje não existe um sequer território no Brasil), de Município, de Empresa Pública (*v.g.*, a EBTC), de Autarquia (*v.g.*, o INSS) ou de Fundação instituída pelo poder público (*v.g*, a ESMPU).

7.3.1.3. Crimes contra a administração pública, por quem está a seu serviço

Também os crimes contra a Administração Pública quando praticados por quem está a seu serviço determinarão a aplicação da lei penal brasileira de forma incondicionada, conforme o disposto no art. 7º, inc. I, letra "c". Tais crimes estão previstos nos arts. 312 a 326 do CP, mas há também previsões em leis especiais. Isso porque, do ponto de vista da conveniência, ao legislador pareceu ser melhor opção, em certos casos, tipificar crimes contra a Administração Pública em legislação específica. Assim, por exemplo, segundo Vicente Greco Filho,[536] no CP de 1940 "havia três dispositivos protetivos do procedimento licitatório (...)". Referia-se o professor aos arts. 326, 335 3 336, o que nos leva a inferir que a incriminação tanto pode estar tipificada no próprio CP ou em legislação especial, o que não lhe retira o caráter de crime contra a administração pública.

7.3.1.4. Crimes de genocídio, quando o agente for brasileiro ou domiciliado no Brasil

A última hipótese de extraterritorialidade incondicionada é a do art. 7º, inc. I, letra "d", qual seja, quando o crime de genocídio for praticado por brasileiro ou pelo domiciliado no Brasil. O termo *genocídio*, conforme lição de Costa Jr.,[537] foi utilizado com o sentido atual pela primeira vez por R. Lenkin, em 1944, designando a destruição em massa de algum grupo étnico. Trata-se de crime contra a humanidade. Os crimes de genocídio estão tipificados na Lei nº 2.889/56, sendo exemplos algumas condutas previstas no art. 1º, que assim preceitua: "Quem, com a intenção de destruir, no todo ou em parte, grupo nacional, étnico, racial ou religioso, como tal: a) matar membros do grupo; b) causar lesão grave à integridade física ou mental de membros do grupo; c) submeter intencionalmente o grupo a condições de existência capazes de ocasionar-lhe a destruição física total ou parcial; d) adotar medidas destinadas a impedir os nascimentos no seio do grupo; e) efetuar a transferência forçada de crianças do grupo para outro grupo; (...)".

7.4. Extraterritorialidade condicionada

O art. 7º, inc. II, letras "a" a "c", contempla as hipóteses de extraterritorialidade condicionada, cujas condições estão elencadas no § 2º, letras "a" a "e", do referido dispositivo legal. Às hipóteses do inc. II, acrescente-se, ainda, a do § 3º, a qual, além das condições do § 2º, devem somar-se aquelas referidas nas letras "a" e "b" do citado § 3º. Nos casos de extraterritorialidade condicionada, a lei penal brasileira somente será aplicada se todas as condições estiverem presentes. A extraterritorialidade condicionada somente terá incidência em caso de prática de crime, não alcançando fatos que venham a configurar contravenção penal.

7.4.1. Crimes que, por tratado ou convenção, o Brasil se obrigou a reprimir (princípio da justiça penal universal)

A primeira hipótese de extraterritorialidade condicionada é a relativa aos crimes que, por tratado ou convenção, o Brasil se obrigou a reprimir. Consi-

---
[536] GRECO FILHO, Vicente. *Dos Crimes da Lei de Licitações*. São Paulo: Saraiva, 1994, p. 6.
[537] COSTA JR. Paulo José da. *Comentários ao Código Penal*. 4ª ed. São Paulo: Saraiva, 1996, p. 16.

derando que o Brasil é signatário da Convenção Única sobre Entorpecentes, promulgado pelo Decreto nº 54.216, de 27 de agosto de 1964, o crime de tráfico de drogas constitui exemplo da previsão do art. 7º, inc. II, letra "a". Assim, no caso de o agente vir a praticar o crime de tráfico ilícito de drogas em outro país e fugir para o Brasil visando a furtar-se da lei local onde o crime foi praticado, será aplicável a lei brasileira. De notar-se que a aplicação do princípio cosmopolita aqui é nitidamente subsidiária, pois se o país em que o crime for praticado solicitar a extradição e não houver motivo impeditivo para a concessão, será ela possivelmente concedida, prevalecendo, assim, o princípio da territorialidade.

7.4.2. Crimes praticados por brasileiro (princípio da personalidade ativa)

A segunda hipótese prevista em que a lei penal brasileira é aplicada quando o fato é praticado no exterior dá-se quando o agente for brasileiro, a teor do art. 7º, inc. II, letra "b". A previsão, que se orienta pelo ditame do princípio da personalidade ativa, tem aqui em conta o fato de o Brasil não conceder extradição de brasileiros, a não ser em casos excepcionais que serão examinados no título próprio, sendo que, assim procedendo, deve aplicar a lei nacional.

7.4.3. Crimes praticados em aeronaves ou embarcações brasileiras, mercantes ou de propriedade privada (princípio do pavilhão, da bandeira ou da representação)

Em decorrência do princípio do pavilhão, da bandeira ou da representação, aos crimes praticados em aeronaves ou embarcações brasileiras, mercantes ou de propriedade privada será aplicada a lei da bandeira da aeronave ou da embarcação. Lembremos que aqui não se trata de aeronave ou embarcação pública, cujo princípio aplicável é o da territorialidade, de acordo com o art. 5º. Impende ainda atentar para o fato de que a hipótese do art. 7º, inc. II, letra "c" somente é aplicável se o agente e a vítima forem estrangeiros, pois se a autoria delitiva for de brasileiro, aplica-se o do art. 7º, inc. II, letra "b", e se a vítima for brasileira, terá incidência o do art. 7º, § 3º.

7.4.4. Crime praticado por estrangeiro contra brasileiro fora do Brasil (princípio da defesa ou da personalidade passiva)

De acordo com o art. 7º, § 3º, a lei brasileira aplica-se também ao crime cometido por estrangeiro contra brasileiro fora do Brasil, desde que satisfeitas as condições do art. 7º, § 2º, letras "a" a "e", às quais devem-se somar as condições do art. 7º, § 3º, letras "a" e "b". A doutrina em geral afirma que na hipótese incide o princípio da defesa. Fragoso,[538] no entanto, refere que a hipótese acolhe o

---

[538] FRAGOSO, Heleno Cláudio. *Lições de Direito Penal – Parte Geral*. 12ª ed. revista e atualizada por Fernando Fragoso. Rio de Janeiro: Forense, 1990, p. 123.

princípio da defesa ou da personalidade passiva, de modo que no caso se pode dizer que há uma confluência de ambos os princípios.

7.5. Condições

As condições previstas no art. 7º, § 2º, para as hipóteses do inc. II, são as seguintes: *a)* entrar o agente no território nacional; *b)* ser o fato punível também no país em que foi praticado; *c)* estar o crime incluído entre aqueles pelos quais a lei brasileira autoriza a extradição; *d)* não ter sido o agente absolvido no estrangeiro ou não ter aí cumprido a pena *e)* não ter sido o agente perdoado no estrangeiro ou, por outro motivo, não estar extinta a punibilidade, segundo a lei mais favorável. Para que se efetive a aplicação da lei brasileira, devem estar presentes *todas* as condições elencadas.

Para a hipótese do art. 7º, § 3º, ou seja, de crime praticado por estrangeiro contra brasileiro, além de reunidas todas as condições anteriores, deve somar-se a ausência de pedido de extradição, ou se pedido, tenha sido negado, e também a requisição do Ministério da Justiça, a teor das letras *"a"* e *"b"* do citado § 3º.

7.6. Lugar do crime

Após termos tratado das hipóteses de aplicação da lei em brasileira tendo em conta o princípio ou critério da territorialidade, bem como os princípios ou critérios subjacentes às diversas hipóteses de extraterritorialidade, cumpre esclarecermos como se estabelece o lugar do crime.

Considerando que a ação delitiva pode ocorrer em determinado país e o resultado em outro, surge a questão acerca do lugar do crime, o *locus delicti commissi*, sobre o qual três teorias disputam a preferência, sendo elas a teoria da atividade ou da ação, ou seja, que considera o local onde a conduta foi praticada, a teoria da consumação ou do resultado, que tem em conta o local onde o resultado ocorreu ou deveria ter ocorrido, e a teoria da ubiquidade ou mista.

Assim, por exemplo, se o agente desfere golpes de punhal contra a vítima na cidade uruguaia de Rivera, mas esta vem a morrer em Santana do Livramento, considera-se o crime praticado no Brasil, em virtude da adoção da teoria da ubiquidade (art. 6º). O inverso também ocorre, de modo que se o agente envia uma carta bomba do Brasil para o Uruguai, sendo a vítima visada morta ou mesmo ferida ao abrir a carta, considerar-se-á o crime praticado de igual forma no Brasil. Consoante asseverava Hungria,[539] imprescindível que "o crime haja tocado o território nacional.". Certo é que a adoção da teoria da ubiquidade pode acarretar duplicidade de aplicações da lei penal, tendo incidência, em tal caso, o art. 8º do CP, que determina seja feita a detração penal, afastando-se o *bis in idem*.

---

[539] HUNGRIA, Nelson; FRAGOSO, Heleno Cláudio. *Comentários ao Código Penal*. 6ª ed. Rio de Janeiro: Forense, 1980, v. I, t. I, p. 164-165.

7.7. Pena cumprida no estrangeiro

De acordo com o art. 8°, a pena cumprida no estrangeiro atenua a pena imposta no Brasil pelo mesmo crime, quando diversas, ou nela é computada, quando idênticas. A previsão tem por escopo afastar a dupla punição, em atenção ao princípio do *ne bis in idem*.

7.8. Eficácia da sentença penal estrangeira

O art. 9° prevê a possibilidade de a sentença estrangeira ter eficácia em solo brasileiro, nos seguintes termos:

Eficácia de sentença estrangeira
Art. 9º A sentença estrangeira, quando a aplicação da lei brasileira produz na espécie as mesmas conseqüências, pode ser homologada no Brasil para:
I – obrigar o condenado à reparação do dano, a restituições e a outros efeitos civis;
II – sujeitá-lo a medida de segurança.
Parágrafo único – A homologação depende:
a) para os efeitos previstos no inciso I, de pedido da parte interessada;
b) para os outros efeitos, da existência de tratado de extradição com o país de cuja autoridade judiciária emanou a sentença, ou, na falta de tratado, de requisição do Ministro da Justiça.

Pela leitura do dispositivo legal, observa-se que a sentença estrangeira[540] poderá ter efeitos somente relativos à responsabilidade civil decorrente da prática delitiva (art. 9°, inc. I) ou para fins de aplicação de medida de segurança (art. 9°, inc. II). Deveras, o ordenamento brasileiro não admite o reconhecimento de sentença estrangeira para o fim de imposição de pena.

Relativamente ao inc. I, figuremos o exemplo em que o agente cometa o crime de incêndio alhures, sendo que pela prática desse crime seja condenado no exterior, no local do crime. A pena criminal, nesse caso, deverá ser cumprida, mas os efeitos civis poderão concretizar-se no Brasil. Assim, se o infrator tiver bens no Brasil que puderem servir para a indenização, tais bens poderão ser alcançados mediante a homologação da sentença estrangeira.

A hipótese do inc. II terá lugar em caso de inimputabilidade do agente. Assim, se aquele que vier a praticar um fato previsto como crime no exterior for doente mental e encontrar-se no Brasil, a lei pátria admite a homologação da sentença estrangeira para que possa ser aplicada a medida de segurança, com o devido tratamento médico-psiquiátrico.

Para os efeitos relativos à responsabilidade civil, deve haver o pedido da parte interessada. Para a sujeição do agente à medida de segurança, deve haver tratado de extradição com o país de cuja autoridade judiciária emanou a sentença, ou, na falta de tratado, de requisição do Ministro da Justiça. Por fim, a

---

[540] Para um detalhamento sobre a execução de sentença penal estrangeira no Brasil, consulte-se: ABADE, Denise Neves. *Direitos Fundamentais na Cooperação Jurídica Internacional – Extradição, Assistência Jurídica, Execução de Sentença Estrangeira e Transferência de Presos*. São Paulo: Saraiva, 2013, p. 354 e ss.

competência para a homologação da sentença é do STJ, consoante art. 105, inc. I, letra "i", da Constituição.

8. Lei penal com relação a determinadas pessoas

A lei penal é excepcionada com relação a determinadas pessoas que ocupam determinadas funções, sendo a regulação[541] da matéria, dependendo da hipótese, tanto de direito público interno como também atinente ao direito internacional, notadamente nos tratados ou convenções e regras de direito internacional, consoante dicção do art. 5º, *caput*, do CP. Isso porque, como referido na Exposição de Motivos da Parte Geral do Código Penal, na versão original de 1940, "tal matéria escapa ao alcance de um código penal dependendo de acordos entre o Brasil e outras nações ou devendo ser deixada sua solução às normas de direito internacional" (item 9 da Exposição de Motivos). Nos tópicos que seguem, estudaremos as diversas hipóteses.

8.1. Imunidades substanciais e formais

Fala-se em imunidade substancial e formal. A primeira, também denominada inviolabilidade, é uma limitação incontornável no que se refere à aplicação da lei penal, porquanto em tal hipótese a conduta não é punível. A segunda, a imunidade formal, refere-se a condutas puníveis, mas propicia benefícios de ordem processual.

8.1.1. Imunidades decorrentes do direito internacional

8.1.1.1. Imunidade diplomática

As relações diplomáticas têm em consideração os propósitos e princípios relativos à igualdade soberana dos Estados, à manutenção da paz e da segurança internacional e ao desenvolvimento das relações de amizade entre as Nações. Assim, os Estados soberanos reconhecem privilégios e imunidades, não em benefício dos indivíduos, e sim no escopo de garantir o eficaz desempenho das funções das Missões diplomáticas, em seu caráter de representantação dos Estados.

As *imunidades diplomáticas* são reguladas pela *Convenção de Viena sobre Relações Diplomáticas*, promulgada no Brasil pelo Decreto nº 56.435, de 8 de junho de 1965. De acordo com a referida Convenção, os locais da Missão são invioláveis (art. 22). Assim sendo, os agentes do Estado acreditado (país onde se encontra a Embaixada estrangeira) não poderão adentrar em tais locais sem o consentimento do Chefe da Missão. Porém, a sede de Embaixada estrangeira

---

[541] BETTIOL, Giuseppe; MANTOVANI, Luciano Pettoelle. *Diritto Penale – Parte Generale*. 12ª ed. Padova: CEDAM, 1986, p. 191.

é considerada território nacional, e não estrangeiro, de modo que se alguém não investido de imunidade diplomática ali cometer algum crime responderá às autoridades judiciárias do Estado acreditado, e não do Estado acreditante (o país estrangeiro).

O agente diplomático goza de imunidade de jurisdição perante o Estado acreditado (art. 31, 1), o que não o isenta da jurisdição do Estado acreditante (art. 31, 4). Também gozam dos privilégios e imunidades os membros do pessoal administrativo e técnico da missão, assim como os membros de suas famílias que com eles vivam, desde que não sejam nacionais do Estado acreditado nem nele tenham residência permanente (art. 37, 2). A imunidade de jurisdição poderá ser renunciada apenas pelo Estado acreditante (art. 32,1), mas jamais pelo agente diplomático, devendo a renúncia ser sempre expressa (art. 32, 2).

O agente diplomático, os membros de sua família que com ele residam, nos moldes antes mencionados, além do pessoal administrativo e técnico da missão, não poderão ser objeto de nenhuma forma de detenção ou prisão (art. 29 e art. 37, 1, 2), não estão obrigados a prestar depoimento como testemunha (art. 31, 2, e art. 37, 1, 2).

De modo diverso, os membros do pessoal de serviço da Missão que não sejam nacionais do Estado acreditado nem nele tenham residência permanente, gozarão de imunidades somente quanto aos atos praticados no exercício de suas funções (art. 37, 3). Por fim, na terminologia da Convenção, os "criados particulares" dos membros da Missão, que não sejam nacionais do Estado acreditado nem nele tenham residência permanente, só gozarão de privilégios e imunidades na medida reconhecida pelo Estado acreditado, o qual, no entanto, deverá exercer sua jurisdição sobre tais pessoas de modo a não interferir demasiadamente com o desempenho das funções da Missão (art. 37, 4).

8.1.1.2. Imunidade relativa a Chefes de Estado

A *imunidade relativa a Chefes de Estado* também é abrangida pela imunidade diplomática em um sentido mais amplo, visto que atinge a relação entre mais de um Estado soberano. De notar-se que própria Convenção de Viena sobre Relações Diplomáticas afirma que "as normas de Direito internacional consuetudinário devem continuar regendo questões que não tenham sido expressamente reguladas nas disposições da presente Convenção (...).".

As imunidades relativas a Chefes de Estado distinguem-se conforme se trate de monarquia constitucional ou de regime republicano. No âmbito da monarquia britânica, é conhecida a referência segundo a qual o soberano é fonte de justiça[542] (*Sovereign as Fount of Justice*), constituindo-se, segundo Sir William Blackstone, o maior expoente na doutrina anglo-saxônica,[543] princípio necessário e fundamental da Constituição inglesa o fato de o rei não poder

---

[542] Conforme: <www.royal.gov.uk>. Acesso em 26.6.2013.
[543] BLACKSTONE, William. *Commentaries on the Laws of England*. Philadelphia: J.B. Lippincott Company, 1893, v. II, Book III, p. 173.

errar (*the king can do no wrong*). Na Espanha, o art. 56.3 da *Constitución* de 1978 dispõe que "La persona del Rey es inviolable y no está sujeita a responsabilidad.". Sobre a previsão, esclarecem Francisco Muñoz Conde e Mercedes García Arán[544] que "à pessoa do Rei não se pode demandar responsabilidade de nenhum tipo e isso inclui, obviamente, a de caráter penal.".

De notar-se, ainda, que o Tratado de Latrão (*Trattato del Laterano*), firmado entre a Itália e o Vaticano, e ratificado em 11 de fevereiro de 1929, confere ao Papa o *status* de rei, considerando sagrada e inviolável a pessoa do Sumo Pontífice (art. 8º). Segundo Giovanni Findaca e Enzo Musco,[545] essa imunidade é absoluta e é reconhecida não apenas por sua condição de chefe de Estado estrangeiro, mas também pela sua altíssima posição espiritual de chefe da cristandade.

Em países que não adotam o regime monárquico, vige a regra decorrente do costume[546] internacional segundo a qual os chefes de Estado, em exercício – da mesma forma como ocorre com os agentes diplomáticos –, gozam de imunidade no que se refere à persecução penal perante Estados estrangeiros. Nesse sentido, em decisão de 13 de março de 2001,[547] a Corte de Cassação francesa (*Cour de Cassation*) decidiu que a imunidade diplomática é aplicável de igual forma aos chefes de Estado.

8.1.1.3. Imunidade consular

As relações diplomáticas se dão entre diversos Estados soberanos, numa relação Estado-Estado. As relações consulares são atinentes a outras questões, como proteger, no Estado receptor, os interesses do Estado que envia e de seus nacionais, fomentar o desenvolvimento de relações comerciais, econômicas, culturais, científicas, expedir passaporte, representar os nacionais do país que envia e tomar as medidas convenientes para sua representação perante os tribunais e outras autoridades do Estado receptor, dentre outras coisas.

Os funcionários e os empregados consulares, consoante a *Convenção de Viena sobre Relações Consulares* (Decreto nº 61.078, de 26 de julho de 1967), não gozam de imunidade nos moldes da imunidade diplomática, mas "não estão sujeitos à Jurisdição das autoridades judiciárias e administrativas do Estado receptor pelos atos realizados no exercício das funções consulares" (art. 43º, 1). Portanto, os funcionários e os empregados consulares gozam de imunidade perante o Estado receptor no qual atuam estritamente ao que se refere a seus *atos de ofício*, submetendo-se neste último caso à jurisdição de seu próprio país.

---

[544] MUÑOZ CONDE, Francisco; GARCÍA ARÁN, Mercedes. *Derecho Penal – Parte General*. 5ª ed. Valencia: Titant lo Blanch, 2002, p. 173.
[545] FIANDACA, Giovanni; MUSCO, Enzo. *Diritto Penale – Parte Generale*. 2ª ed. Bologna: Zanichelli, 1989, p. 118.
[546] CABRITA, Teresa Mafalda Vieira da Silva. Imunidade Pessoal. In: BÖHM-AMOLLY, Alexandra von *et al. Enciclopédia de Direito Internacional* (coord. de Manuel de Almeida Ribeiro, Francisco Pereira Coutinho e Isabel Cabrita). Coimbra: Almedina, 2011.
[547] PIN, Xavier. *Droit Pénal Général*. 5ª ed. Paris: Dalloz, 2012, p. 116.

8.1.2. Imunidades e tratamentos jurídicos especiais decorrentes do direito público interno

8.1.2.1. Imunidades parlamentares

8.1.2.1.1. Deputados e Senadores

As *imunidades parlamentares* dividem-se em *material* ou *inviolabilidade* e *formal*. A imunidade material, também denominada inviolabilidade, estabelece que os "Deputados e Senadores são invioláveis, civil e penalmente, por quaisquer de suas opiniões, palavras e votos" (CF, art. 53, *caput*). Portanto, os congressistas não cometem crime de opinião no exercício do mandato, desde que haja relação com o exercício de suas funções. Em tais casos, as manifestações parlamentares são penalmente atípicas (STF, Inq. 2.282/DF, rel. Min. Sepúlveda Pertence, j. 30.6.2006, informativo 433).

O Supremo Tribunal Federal rejeitou, por maioria, denúncia contra o então Deputado Jair Bolsonaro, que depois veio a se eleger, em outubro de 2018, Presidente da República, em que a Procuradoria-Geral da República imputava o cometimento de crime em razão de menções apontadas como ofensivas dirigidas a quilombolas, indígenas, refugiados, mulheres e LGBTs (lésbicas, gays, bissexuais, travestis, transexuais e transgêneros) durante palestra no Clube Hebraica, no Rio de Janeiro. No voto-vista, o Ministro Alexandre de Moraes destacou que "a conduta de Bolsonaro não teria ultrapassado os limites da imunidade parlamentar (...)". "Segundo ele, as declarações, proferidas em palestra no Clube Hebraica, para o qual foi convidado a expressar suas opiniões sobre políticas públicas, seriam uma prestação de contas aos cidadãos. Em seu entendimento, essa situação configura correlação entre a manifestação e o mandato, assegurando a incidência da imunidade parlamentar" (STF, Inq. 4.694/RJ, rel. Min. Marco Aurélio, j. 11.09.2018).

A *imunidade formal* ou *processual* diz respeito a privilégios e prerrogativas processuais. Por ela, os congressistas, desde a expedição do diploma, serão submetidos a julgamento perante o STF (CF, art. 53, § 1º), não poderão ser presos, salvo em flagrante de crime inafiançável, a denominada incoercibilidade pessoal ou *freedom from arrest* (STF, Inq. 510/DF, j 1º.2.2001), devendo nesse caso, os autos serem remetidos dentro de vinte e quatro horas à Casa respectiva, para que pelo voto da maioria de seus membros, resolva sobre a prisão (art. 53, § 2º).

Fernando da Costa Tourinho Filho,[548] ao fazer comentários sobre a competência pela prerrogativa de função, afirma que não se trata de privilégio, como ocorre na Espanha, por exemplo, que leva em conta a posição social do agente, determinando que o filho ou neto de Barão deva ser julgado por um juízo especial. Eis a lição do processualista: "O *privilégio* decorre de benefício à pessoa, ao passo que a *prerrogativa* envolve a *função*.". Em conformidade com essa distinção, pondera Tourinho Filho: "O que a Constituição veda e proíbe, como conseqüência do princípio de que todos são iguais perante a lei, é o foro

---

[548] TOURINHO FILHO, Fernando da Costa. *Processo Penal*. 13ª ed. São Paulo: Saraiva, 1992, v. 2, p. 109.

privilegiado, e não o foro especial em atenção à relevância, à majestade, à importância do cargo ou função que essa ou aquela pessoa desempenhe.".

De acordo com a Constituição, recebida a denúncia contra o Senador ou Deputado, por crime ocorrido após a diplomação, o STF dará ciência à Casa respectiva, que, por iniciativa de partido político nela representado e pelo voto da maioria de seus membros, poderá até a decisão final, sustar o andamento da ação (art. 53, § 3º), que será apreciado no prazo improrrogável de quarenta e cinco dias (art. 53, § 4º), ficando suspenso o prazo prescricional enquanto durar o mandato (art. 53, § 53, § 5º). *A contrario sensu*, se o crime tiver sido praticado antes da diplomação, não será o caso de o STF dar ciência à Casa respectiva, nem é possível a sustação do processo não ficando suspenso, por decorrência lógica, o prazo prescricional.

Ademais, os parlamentares não serão obrigados a testemunhar sobre informações recebidas ou prestadas em razão do exercício do mandato (*propter officium*), nem sobre as pessoas que lhes confiaram ou deles receberam informações (art. 53, § 6º).

Curioso – e também rumoroso – foi o caso envolvendo o Senador Aécio Neves em que o plenário do STF, num primeiro momento, por maioria, "assentou que o Poder Judiciário dispõe de competência para impor, por autoridade própria, as medidas cautelares a que se refere o art. 319[549] do Código de Processo Penal (CPP)". Em prosseguimento, a Corte deliberou por encaminhar a decisão ao Senado, concedendo a última palavra à Câmara Alta, que restou por afastar as medidas constritivas aplicadas ao parlamentar (STF, Inf. 881, Plenário, ADI 5.526/DF, rel. original Min. Edson Fachin, red. p/ o ac. Min. Alexandre de Moraes, j. em 11.10.2017).

A decisão do STF não tardou a repercutir, como se observa da Resolução nº 5.221, de 24 de outubro 2017, editada pela Assembleia Legislativa do Estado do Mato Grosso, da qual destacamos as seguintes passagens a seguir reproduzidas:

> **Art. 1º** Fica revogada a prisão preventiva e todas as medidas cautelares impostas ao Deputado Gilmar Donizete Fabris decretadas pela Petição nº 7261/STF, atualmente em tramitação no colendo Tribunal Regional Federal da 1ª Região. Processo nº 0052465-25.2017.4.01.0000.
> Parágrafo único. A presente deliberação está em consonância nos arts. 27, § 1º, e 53, § 2º, da Constituição Federal, e no art. 29, § 2º, da Constituição Estadual, em consonância com a conclusão do julgamento pelo Plenário do Supremo Tribunal Federal na ADI 5526.
> **Art. 2º** Atribui-se força executiva a esta Resolução, servindo como alvará de soltura ou qualquer outro instrumento que se fizer necessário para a liberação do Deputado Estadual.
> (...).

Impende ressaltar que a prerrogativa de foro foi significativamente restringida pelo STF, ficando assentado, na Questão de Ordem trazida na AP 937, Tribunal Pleno, rel. Min. Roberto Barroso, j. 03.05.2018, que:

> (i) O foro por prerrogativa de função aplica-se apenas aos crimes cometidos durante o exercício do cargo e relacionados às funções desempenhadas; e (ii) Após o final da instrução processual, com

---
[549] Ou seja, as medidas cautelares diversas da prisão.

a publicação do despacho de intimação para apresentação de alegações finais, a competência para processar e julgar ações penais não será mais afetada em razão de o agente público vir a ocupar cargo ou deixar o cargo que ocupava, qualquer que seja o motivo. 7. Aplicação da nova linha interpretativa aos processos em curso. Ressalva de todos os atos praticados e decisões proferidas pelo STF e demais juízos com base na jurisprudência anterior. 8. Como resultado, determinação de baixa da ação penal ao Juízo da 256ª Zona Eleitoral do Rio de Janeiro, em razão de o réu ter renunciado ao cargo de Deputado Federal e tendo em vista que a instrução processual já havia sido finalizada perante a 1ª instância.

Por fim, prevê ainda a Constituição que as imunidades dos Deputados e Senadores subsistirão durante o estado de sítio, só podendo ser suspensas mediante o voto de dois terços dos membros da Casa respectiva, nos casos de atos praticados fora do recinto do Congresso Nacional, que sejam incompatíveis com a execução da medida (art. 53, § 8º).

8.1.2.1.2. Deputados estaduais e distritais

A teor do disposto no art. 27, § 1º, da Constituição Federal, aos *Deputados Estaduais* aplicam-se as regras nela previstas sobre sistema eleitoral, inviolabilidade, imunidades, remuneração, perda de mandato, licença, impedimentos e incorporação às Forças Armadas.

As Constituições estaduais preveem a competência do Tribunal de Justiça local para julgamentos dos Deputados estaduais. Assim, por exemplo, a Constituição do Rio de Janeiro (art. 102, § 4º), a de São Paulo (art. 74, inc. I), a do Rio Grande do Sul (art. 55, § 1º), a de Minas Gerais (art. 56, § 1º), a da Bahia (art. 84, § 6º), a de Pernambuco (art. 8º, § 4º), dentre outras.

O STF editou a Súmula 721, que estabelece: "A competência constitucional do Tribunal do Júri prevalece sobre o foro por prerrogativa de função estabelecido exclusivamente pela Constituição estadual.". Porém, a referida súmula não se aplica aos Deputados Estaduais, porquanto a previsão quanto a eles não se limita às Constituições estaduais, já que a própria Constituição Federal confere a prerrogativa de serem julgados pelos Tribunais de Justiça, de acordo com o suprarreferido art. 27, § 1º, da Lei Maior.

O Distrito Federal não possui Constituição, e sim Lei Orgânica, promulgada em 8 de junho de 1993, a qual prevê que os Deputados Distritais são invioláveis, civil e penalmente, por quaisquer de suas opiniões, palavras e votos (art. 61), os quais, desde a expedição do diploma, são julgados pelo Tribunal de Justiça do Distrito Federal (art. 61, § 1º) e gozam de prerrogativas idênticas aos parlamentares federais e estaduais quanto à possibilidade de prisão (art. 61, §§ 2º e 3º), bem como em relação às demais prerrogativas (art. 61, §§ 4º ao 10).

8.1.2.1.3. Vereadores

Os *vereadores* não gozam de quaisquer prerrogativas processuais, mas gozam de inviolabilidade – a imunidade material – por suas opiniões, palavras e votos no exercício do mandato e na circunscrição do Município (CF. Art. 29, inc. VIII).

Apreciando a matéria, decidiu o STJ que: "(...). 5. A imunidade material dos vereadores não abrange as manifestações divorciadas do exercício do mandato, mas apenas aquelas que guardem conexão com o desempenho da função legislativa (prática in officio) ou tenham sido proferidas em razão dela (prática *propter officium*), nos termos do art. 29, VIII, da Constituição da República. 6. No caso, com amplo conhecimento do contexto em que se deram os fatos e das provas acostadas aos autos, as instâncias ordinárias asseveraram que a manifestação do edil não ultrapassou os limites do exercício do seu mandato legislativo, tendo ele exercido o seu poder-dever de fiscalização e informação à sociedade da existência de processo contra a recorrente. Incidência da Súmula 7 do STJ. 7. Consoante asseverado pelas instâncias ordinárias, o discurso supostamente ofensivo à honra da recorrente foi realizado pelo vereador na Assembleia Legislativa, de modo que não há falar em transposição dos limites do município onde exerce a vereança apenas pelo fato de ter sido divulgado pelo rádio cujas ondas atingem outras municipalidades. Incidência da Súmula 7 do STJ. (...)". (STJ, 4ª Turma, Resp. 1.338.010/SP, Min. Luis Felipe Salomão, j. 02.06.2015).

Por sua vez, afirmou o STF que: "Nos limites da circunscrição do município e havendo pertinência com o exercício do mandato, garante-se a imunidade do vereador". No julgamento, reconheceu o Pretório Excelso a repercussão geral, nos seguintes termos:

> IMUNIDADE – VEREADOR – DISCURSO PROFERIDO EM SESSÃO DA CÂMARA – ALEGAÇÃO DE OFENSA AO ARTIGO 29, INCISO VIII, DA CONSTITUIÇÃO FEDERAL – REPERCUSSÃO GERAL CONFIGURADA. Possui repercussão geral o tema relativo ao alcance da imunidade parlamentar – prevista no artigo 29, inciso VIII, da Carta Maior – presentes opiniões, palavras e votos lançados da tribuna da Casa Legislativa. (RE 600063 RG, rel. Min. Marco Aurélio, j. 25.08.2011, Dje 27.09.2011).

8.1.2.2. Chefes do Poder Executivo

8.1.2.2.1. O Presidente da República Federativa do Brasil

Como lembra Anibal Bruno,[550] se é concedida imunidade a diplomatas e até mesmo a funcionários da ONU,[551] os membros e representantes dos seus órgãos especiais, quando em missão no território nacional, com "mais razão ainda se há de reconhecer a inviolabilidade de chefe de Estado estrangeiro,

---

[550] BRUNO, Anibal. *Direito Penal – Parte Geral*. 3ª ed. Rio de Janeiro, 1967, t. 1º, p. 249.

[551] Conforme previsão da Carta das Nações Unidas, promulgada pelo Decreto nº 19.841, de 22 de outubro de 1945: "Artigo 105. 1. A Organização gozará, no território de cada um de seus Membros, dos privilégios e imunidades necessários à realização de seus propósitos. 2. Os representantes dos Membros das Nações Unidas e os funcionários da Organização gozarão, igualmente, dos privilégios e imunidades necessários ao exercício independente de sus funções relacionadas com a Organização. 3. A Assembléia Geral poderá fazer recomendações com o fim de determinar os pormenores da aplicação dos parágrafos 1 e 2 deste Artigo ou poderá propor aos Membros das Nações Unidas convenções nesse sentido".

quando se encontre no território nacional, inviolabilidade que se estende aos membros da sua comitiva.".

O efeito prático da imunidade de *Chefe de Estado*, tal como conferido aos diplomatas, é que diante da prática de um fato previsto como crime esse não ficará sujeito à jurisdição do país estrangeiro em que esse se encontra, e sim a de seu próprio país. E aí há uma discrepância com relação aos países monárquicos, os quais, como vimos, determinam a inviolabilidade absoluta do Chefe de Estado, o Rei.

Em consonância com o acima exposto, o mandatário maior da nação responderá pela prática de crime sempre no Brasil, tanto se for praticado no Exterior – em razão da imunidade diplomática decorrente do costume internacional –, como também, por evidente, se for praticado no território nacional. No tocante ao direito interno brasileiro, a matéria é regulada pela Constituição e também pelo ordenamento infraconstitucional. Na sequência, reproduzimos os dispositivos da Constituição que tratam sobre o tema:

Art. 51. Compete privativamente à Câmara dos Deputados:

I – autorizar, por dois terços de seus membros, a instauração de processo contra o Presidente e o Vice-Presidente da República e os Ministros de Estado;

Art. 52. Compete privativamente ao Senado Federal:

I – processar e julgar o Presidente e o Vice-Presidente da República nos crimes de responsabilidade, bem como os Ministros de Estado e os Comandantes da Marinha, do Exército e da Aeronáutica nos crimes da mesma natureza conexos com aqueles;

Parágrafo único. Nos casos previstos nos incisos I e II, funcionará como Presidente o do Supremo Tribunal Federal, limitando-se a condenação, que somente será proferida por dois terços dos votos do Senado Federal, à perda do cargo, com inabilitação, por oito anos, para o exercício de função pública, sem prejuízo das demais sanções judiciais cabíveis.

Art. 85. São crimes de responsabilidade os atos do Presidente da República que atentem contra a Constituição Federal e, especialmente, contra:

I – a existência da União;

II – o livre exercício do Poder Legislativo, do Poder Judiciário, do Ministério Público e dos Poderes constitucionais das unidades da Federação;

III – o exercício dos direitos políticos, individuais e sociais;

IV – a segurança interna do País;

V – a probidade na administração;

VI – a lei orçamentária;

VII – o cumprimento das leis e das decisões judiciais.

Parágrafo único. Esses crimes serão definidos em lei especial, que estabelecerá as normas de processo e julgamento.

Art. 86. Admitida a acusação contra o Presidente da República, por dois terços da Câmara dos Deputados, será ele submetido a julgamento perante o Supremo Tribunal Federal, nas infrações penais comuns, ou perante o Senado Federal, nos crimes de responsabilidade.

§ 1º O Presidente ficará suspenso de suas funções:

I – nas infrações penais comuns, se recebida a denúncia ou queixa-crime pelo Supremo Tribunal Federal;

II – nos crimes de responsabilidade, após a instauração do processo pelo Senado Federal.

§ 2º Se, decorrido o prazo de cento e oitenta dias, o julgamento não estiver concluído, cessará o afastamento do Presidente, sem prejuízo do regular prosseguimento do processo.
§ 3º Enquanto não sobrevier sentença condenatória, nas infrações comuns, o Presidente da República não estará sujeito a prisão.
§ 4º O Presidente da República, na vigência de seu mandato, não pode ser responsabilizado por atos estranhos ao exercício de suas funções.
Art. 102. Compete ao Supremo Tribunal Federal, precipuamente, a guarda da Constituição, cabendo-lhe:
I – processar e julgar, originariamente:
a) (...);
b) nas infrações penais comuns, o Presidente da República, o Vice-Presidente, os membros do Congresso Nacional, seus próprios Ministros e o Procurador-Geral da *República*;
(...).

Em resumo, o *Presidente da República* pode incorrer em crime comum ou em crime de responsabilidade, que enseja o *impeachment*.[552] No primeiro caso, competente para o julgamento será o STF. No segundo, o Senado Federal, sob a presidência do presidente do STF. Em ambos os casos, compete privativamente à Câmara dos Deputados, por maioria de dois terços de seus membros, autorizar a instauração do processo (CF, art. 51). Admitida a acusação, o Presidente ficará suspenso de suas funções por cento e oitenta dias, sendo que se o prazo for superado, cessará o afastamento do Presidente, sem prejuízo do prosseguimento do processo. No âmbito infraconstitucional, a Lei nº 1.079, de 10 de abril de 1950, define os crimes de responsabilidade e regula o respectivo processo de julgamento.

8.1.2.2.2. Os governadores dos Estados-membros e do Distrito Federal

Conforme vimos acima, a Constituição Federal prevê que para que o Presidente da República possa ser submetido a julgamento pela prática de crime, deve a acusação ser admitida por dois terços da Câmara dos Deputados.

A questão[553] está em saber se é necessário semelhante juízo de admissibilidade pelas Assembleias Legislativas dos Estados-Membros ou do Distrito Federal para que o *governador* de algum desses entes federativos possa ser processado criminalmente.

Na lição de José Afonso da Silva,[554] relativamente aos processos e julgamentos de governadores pelo Superior Tribunal de Justiça, "a admissibilidade do processo depende de autorização da Assembleia Legislativa do Estado.". Isso porque, nas palavras do constitucionalista, tal condição prévia "corresponde a uma exigência democrática de que o governador, como o presidente

---
[552] Sobre o *impeachment*, consulte-se a clássica e excelente obra: BROSSARD, Paulo. *O Impeachment – Aspectos da Responsabilidade Política do Presidente da República*. 2ª ed. São Paulo: Saraiva, 1992.
[553] Sobre o ponto, consulte-se: SILVA, Ângelo Roberto Ilha da. Sobre a (Não Exigência de) Autorização Prévia da Assembléia Legislativa para o Processo e Julgamento do Governador do Estado. In: *Estudos de Direito Público – Aspectos Penais e Processuais*. (org. Leonardo Schmitt de Bem). Belo Horizonte: D'Plácido, 2018, v. 1, p. 593 e ss.
[554] SILVA, José Afonso da. *Comentário Contextual à Constituição*. São Paulo: Malheiros, 2005, p. 568.

da República, só deve ser submetido a um processo que o afaste do cargo, para o qual foi eleito pelo povo, com o consentimento ponderado pelo voto de dois terços dos membros da Assembleia representante desse mesmo povo.". Esse entendimento também era o esposado pelo STF (Inf. 774, Plenário, ADI 4.791/PR, rel. Min. Teori Zavascki, j. 12/2/2015).

Porém, ao julgar as ADI 5.540/MG, em 3/5/2017, a Corte Suprema decidiu que: "Não há necessidade de prévia autorização da assembleia legislativa para o recebimento de denúncia ou queixa e instauração de ação penal contra governador de Estado, por crime comum, cabendo ao Superior Tribunal de Justiça (STJ), no ato de recebimento ou no curso do processo, dispor, fundamentadamente, sobre a aplicação de medidas cautelares penais, inclusive afastamento do cargo" (Inf. 863).

No mesmo sentido, nas ADIs 4.764/AC e 4.798/PI foi assentado que: "É vedado às unidades federativas instituir normas que condicionem a instauração de ação penal contra governador por crime comum à previa autorização da casa legislativa, cabendo ao Superior Tribunal de Justiça (STJ) dispor, fundamentadamente, sobre a aplicação de medidas cautelares penais, inclusive afastamento do cargo.".

8.1.2.2.3. Prefeitos

A Constituição prevê, com relação aos *prefeitos*, que: "Art. 29. O Município reger-se-á por lei orgânica, votada em dois turnos, com o interstício mínimo de dez dias, e aprovada por dois terços dos membros da Câmara Municipal, que a promulgará, atendidos os princípios estabelecidos nesta Constituição, na Constituição do respectivo Estado e os seguintes preceitos: (...); X – julgamento do Prefeito perante o Tribunal de Justiça; (...).".

Impende atentar que o julgamento de prefeito pelo TJ restringe-se a fatos delitivos da competência da Justiça estadual, porquanto se a competência for da Justiça Federal competente para o julgamento será o Tribunal Regional Federal da região onde o crime for praticado, consoante entendimento consolidado pelo STF, ora reproduzido: Súmula 702: "A competência do tribunal de justiça para julgar prefeitos restringe-se aos crimes de competência da justiça comum estadual; nos demais casos, a competência originária caberá ao respectivo tribunal de segundo grau.".

9. Extradição, deportação e expulsão

Nas palavras sempre precisas de Anibal Bruno:[555] "A Extradição é o ato pelo qual um Estado entrega um acusado ou condenado que se encontra em seu território a outro Estado, que o reclama para julgá-lo ou puni-lo segundo as suas leis.". Tal definição está em consonância com o art. 1º da Lei de Migra-

---

[555] BRUNO, Anibal. *Direito Penal – Parte Geral*. 3ª ed. Rio de Janeiro: Forense, 1967, t. 1º, p. 251.

ção⁵⁵⁶ (Lei nº 13.445/17): "A extradição é a medida de cooperação internacional entre o Estado brasileiro e outro Estado pela qual se concede ou solicita a entrega de pessoa sobre quem recaia condenação criminal definitiva ou para fins de instrução de processo penal em curso.". Segundo Artur de Brito Gueiros Souza,⁵⁵⁷ o instituto remonta ao ano de 1376.

A Constituição Federal estabelece que "nenhum brasileiro será extraditado, salvo o naturalizado, em caso de crime comum, praticado antes da naturalização, ou de comprovado envolvimento em tráfico ilícito de entorpecentes e drogas afins, na forma da lei" (art. 5, inc. LI). Ademais, "não será concedida extradição de estrangeiro por crime político ou de opinião" (art. 5º, inc. LII).

O STF deferiu requerimento de *extradição* de um francês naturalizado brasileiro feito pela França, em caso em que o extraditando incorreu na prática dos crimes de transporte, posse, aquisição e exportação de produtos estupefacientes (ou seja, drogas), em observância da exigência contida no art. 36, inc. II, "a", da Convenção Única de Nova Iorque sobre Entorpecentes, de 1961. Interessante notar que, no caso, a turma destacou a qualidade invulgar do trabalho profissional do extraditando que, em trinta anos de residência no Brasil, se dedicara a atividade de grande relevância cultural para o País, observando, ainda, a existência de circunstâncias favoráveis ao extraditando, como residência fixa, ocupação lícita e família estabelecida no Brasil, com mulher, três filhos e dois enteados, fato que, segundo a Corte, não são obstáculos ao deferimento da extradição (STF, Inf. 834, Ext. 1.244/República Francesa, rel. Min. Rosa Weber, j. 9.8.2016).

O brasileiro nato não pode ser extraditado, salvo se vier a perder a nacionalidade brasileira, como ocorre na hipótese de aquisição voluntária de outra nacionalidade. Porém, é de se observar que "não se perde a nacionalidade em duas situações que constituem exceção à regra: a) tratar-se não de aquisição de outra nacionalidade, mas de mero reconhecimento de outra nacionalidade originária, considerada a natureza declaratória deste reconhecimento (art. 12, § 4º, II, "a"); e b) ter sido a outra nacionalidade imposta pelo Estado estrangeiro como condição de permanência em seu território ou para o exercício de direitos civis (art. 12, § 4º, II, "b")" (STF, Inf. 859, Ext. 1.462/DF, rel. Min. Roberto Barroso, j. 28.3.2017). Sob tais fundamentos, a Primeira Turma do STF, por maioria de seus integrantes, considerou preenchidos os requisitos previstos na Lei nº 6.815/80 e no Tratado de Extradição firmado entre o Brasil e os Estados Unidos. No voto vencido, o Min. Marco Aurélio, que indeferia o pedido, sustentava que persistia a condição de brasileira nata da extraditanda.

Além das hipóteses previstas na Constituição (art. 5º, incs. LI e LII), há outras previstas no art. 82 da Lei de Migração (Lei nº 13.445/17) em que o Estado brasileiro não concede a Extradição, quais sejam: o indivíduo cuja extradição é solicitada ao Brasil for brasileiro nato (inc. I), o fato que motivar o

---

⁵⁵⁶ A Lei de Migração, Lei nº 13.445, de 24 de maio de 2017, revogou o Estatuto do Estrangeiro, a antiga Lei nº 6.815, de 19 agosto de 1980, passando a regular a matéria de extradição.
⁵⁵⁷ SOUZA, Artur de Brito Gueiros. *As Novas Tendência do Direito Extradicional*. 2ª ed. Rio de Janeiro: Renovar, 2013, p. 59.

pedido não for considerado crime no Brasil ou no Estado requerente (inc. II), o Brasil for competente, segundo suas leis, para julgar o crime imputado ao extraditando (inc. III), a lei brasileira impuser ao crime pena de prisão inferior a 2 (dois) anos (inc. IV), o extraditando estiver respondendo a processo ou já houver sido condenado ou absolvido no Brasil pelo mesmo fato em que se fundar o pedido (inc. V), a punibilidade estiver extinta pela prescrição, segundo a lei brasileira ou a do Estado requerente (inc. VI), o fato constituir crime político ou de opinião (inc. VII), o extraditando tiver de responder, no Estado requerente, perante tribunal ou juízo de exceção (inc. VIII) ou o extraditando for beneficiário de refúgio, nos termos da Lei nº 9.474, de 22 de julho de 1997, ou de asilo territorial (inc. IX). Como se observa, a hipótese do inc. I da Lei é a mesma prevista no art. 5º, inc. LI, da Constituição.

Não obstante, prevê ainda o art. 82, § 1º, que a previsão constante do inciso VII (ou seja, crime político ou de opinião) do *caput* não impedirá a extradição quando o fato constituir, principalmente, infração à lei penal comum ou quando o crime comum, conexo ao delito político, constituir o fato principal. Além disso, o Supremo Tribunal Federal poderá deixar de considerar crime político o atentado contra chefe de Estado ou quaisquer autoridades, bem como crime contra a humanidade, crime de guerra, crime de genocídio e terrorismo (§ 4º).

Cumpre ainda observar que se distinguem da *Extradição* a *Deportação* e a *Expulsão*. Assim como ocorre com a Extradição, a Deportação e a Expulsão visam à retirada de estrangeiros do Brasil, muito embora a Extradição admita a entrega a Estado estrangeiro de brasileiro naturalizado nas hipóteses previstas no art. 5º, inc. LI da Constituição, consoante acima visto e de brasileiro nato que venha a perder esse *status* (CF, art. 12, § 4º, inc. II, "a" e "b").

Consoante a Lei de Migração,[558] "a deportação é medida decorrente de procedimento administrativo que consiste na retirada compulsória de pessoa que se encontre em situação migratória irregular em território nacional" (art. 50, *caput*), ao passo que "a expulsão consiste em medida administrativa de retirada compulsória de migrante ou visitante do território nacional, conjugada com o impedimento de reingresso por prazo determinado" (art. 54, *caput*).

10. Conflito aparente de normas

Em matéria de aplicação da lei penal, pode dar-se o caso em que haja a sobreposição parcial de duas normas a regular o mesmo fato. Portanto, dá-se o conflito aparente de normas[559] quando há unidade de fato e pluralidade de normas aplicáveis, ainda que haja elementos distintos entre elas. Esses são os pressupostos que caracterizam o concurso objeto de estudo neste tópico, cujos princípios que buscam a propiciar soluções jurídicas, como consectário

---

[558] Para maior detalhamento distintivo quanto à causa, ao processo e aos efeitos, consulte-se: CAHALI, Yussef Said. *Estatuto do Estrangeiro*. 2ª ed. São Paulo: Revista dos Tribunais, 2010, p. 178.

[559] BARBOSA, Marcelo Fortes. *Concurso de Normas Penais*. São Paulo: Revista dos Tribunais, 1976, p. 13-24.

ao princípio *non bis in idem*, foram sistematizados por Karl Binding,[560] os quais estudaremos na sequência.

10.1. Princípio da especialidade

O *princípio da especialidade* estabelece que a lei especial derroga a lei geral (*lex specialis derogat legi generali*). Assim é que o CP estatui em seu art. 12: "As regras gerais deste Código aplicam-se aos fatos incriminados por lei especial, se esta não dispuser de modo diverso.". Considera-se lei especial aquela que contenha todos os elementos da lei geral e mais algum elemento dito especializante.

Porém, impende esclarecer que pode haver o "conflito" entre uma norma específica e outra geral não necessariamente confrontando-se o CP com alguma lei especial, mas até mesmo dentro de um mesmo artigo de lei, como, *v.g.*, entre o disposto no *caput* e em seus parágrafos. Há quem[561] entenda que o princípio ora estudado é suficiente para resolver todos os casos de conflito aparente de normas, de modo que os demais princípios, para este setor doutrinário minoritário, seriam despiciendos.

À guisa de exemplos, tomemos as seguintes confrontações: *a)* o homicídio qualificado (art. 121, § 2º) é especial em face do homicídio simples (art. 121, *caput*); *b)* o infanticídio (art. 123) é especial perante o homicídio (art.121); *c)* o tráfico internacional de drogas (art. 33 da Lei nº 11.343/06) é especial ante o crime de contrabando (art. 334-A).

10.2. Princípio da consunção

O *princípio da consunção* (*lex consumens derogat legi consumptae*), como refere Pedro Jorge Costa,[562] em conceito que remonta a Karl Binding, "existe quando um suporte fático e a pena de uma lei penal absorve parcialmente em si os de outra, a qual, por restar fora de aplicação, é consumida.". Assim, a norma consultiva consome a norma consumida, por ser esta última uma *fase de realização* da primeira ou, ainda, na concepção de Frederico Gomes de Almeida Horta,[563] fundamentado em Edmund Mezger, há a superposição valorativa de uma norma segundo a normal conexão entre ilícitos, e não puramente lógica, como acontece em face do princípio da especialidade.

---

[560] COSTA, Pedro Jorge. *A Consunção no Direito Penal Brasileiro*. Porto Alegre: Sergio Antonio Fabris Editor, 2012, p. 15.

[561] Nesse sentido: ANTOLISEI, Francesco. *Manuale di Diritto Penale – Parte Generale*. 30ª ed. Milano: Giuffrè, 1994, p. 141: "A nostro modo di vedere, un solo criterio, il *principio di specialità*, è necessario e sufficiente per dirimere i dubbi che si presentano in tema di concorso apparente di disposizioni coesistenti.".

[562] COSTA, Pedro Jorge. *A Consunção no Direito Penal Brasileiro*. Porto Alegre: Sergio Antonio Fabris Editor, 2012, p. 16.

[563] HORTA, Frederico Gomes de Almeida. *Do Concurso Aparente de Normas Penais*. Rio de Janeiro: Lumen Juris, 2007, p. 89, 90 e 147 e ss.

A Súmula 17 do STJ é um bom exemplo, ao estabelecer que: "Quando o falso se exaure no estelionato, sem mais potencialidade lesiva, é por este absorvido.". Isso significa que, se o agente, *v.g.*, acrescenta um contrato de trabalho falso para obter aposentadoria, responderá penalmente tão somente pelo estelionato previdenciário, mas não pela falsidade inserida em sua CTPS (crime-meio), pois esta restará absorvida ou consumida pelo crime-fim. Em relação à Lei n° 9.605/98, afirmou o STJ que o crime de edificação proibida (art. 64) absorve o crime de destruição de vegetação (art. 48) (STJ, 6ª Turma, REsp 1.639.723/PR, j. 7.2.2017). Mencione-se ademais o crime contra a ordem tributária (Lei n° 8.137/90, art. 1º, inc. I a V), em face das diversas modalidades de *falsum* que podem ser perpetradas como crime-meio, as quais são absorvidas pelo crime-fim, bem como o crime de furto qualificado em residência pelo emprego de chave falsa (art. 155, § 4º, inc. III), o qual absorve o crime de violação de domicílio (art. 150).

10.3. Princípio da subsidiariedade

O *princípio da subsidiariedade* (*lex primaria derogat legi subsidiariae*) proclama que um tipo penal incriminador dito subsidiário somente terá incidência se outro tipo (sempre mais grave) com relação a ele, que estiver relação de primazia, não vier a se concretizar. Nas palavras de Hungria,[564] em confronto com o *tipo principal* (e mais grave) o "tipo subsidiário pode apresentar-se como *soldado de reserva* e aplicar-se pelo *residuum*.". Assim, a norma principal revela-se como uma progressão em relação à norma subsidiária, reivindicando à constatação uma apreciação teleológica.

Diz-se haver *subsidiariedade expressa* quando o tipo penal faz referência à subsidiariedade. A hipótese se observa da menção "se o fato não constitui crime mais grave", no crime de perigo para a vida ou saúde de outrem (art. 132), no crime de extravio, sonegação ou inutilização de livro ou documento (art. 314), no crime de violação de sigilo funcional (art. 325), no crime de subtração ou inutilização de livro ou documento (art. 337), etc.

Há, por outro lado, *subsidiariedade tácita* ou *implícita* quando o texto legal não fizer referência quanto a essa. Dessa forma, *v.g.*, se o crime de extorsão mediante sequestro (art. 159) não se configurar em virtude da não constatação do elemento subjetivo especial do injusto, ou seja, "o fim de obter, para si ou para outrem, qualquer vantagem, como condição ou preço do resgate" poderá ter incidência subsidiária o crime de sequestro ou cárcere privado (ar. 148).

Por fim, impende mencionar que há situações fáticas que ao exame da solução poderão estar em consideração e em disputa o princípio da consunção e o princípio da subsidiariedade. Assim, no confronto entre o crime de estupro (art. 213) e o crime de constrangimento ilegal (art. 146), o segundo será absorvido pelo primeiro caso aquele (o primeiro) venha a se configurar, ainda que

---

[564] HUNGRIA, Nelson; FRAGOSO, Heleno Cláudio. *Comentários ao Código Penal*. 6ª ed. Rio de Janeiro: Forense, 1980, v. I, t. I, p. 147.

de forma tentada. Porém, se os elementos do caso concreto vierem a afastar a possibilidade do estupro, ainda que tentado, por não estar presente por exemplo, a vontade dirigida à conjunção carnal ou à prática de outro ato libidinoso, terá incidência o tipo incriminador do constrangimento ilegal, aplicado teleologicamente, como *residuum*.

10.4. Princípio da alternatividade

O *princípio da alternatividade* é de duvidosa aplicação. Isso porque, se a alternatividade for tomada num sentido de recíproca exclusão entre tipos incriminadores, revela-se, como já advertia a seu tempo Giuseppe Maggiore,[565] uma "nova categoria pouco sustentável e privada de justificação.". Como afirma Horta,[566] o conflito de normas "pressupõe ao menos uma superposição parcial das ações típicas, o que não ocorre entre tipos alternativos por razões lógicas.".

Tanto é assim que a doutrina sequer apresenta uma fórmula latina (*lex...*) como ocorre com os outros princípios relativos ao conflito aparente de normas. Há autores (como Fragoso e Toledo) que tampouco mencionam o princípio da alternatividade em seus livros. Não obstante, conforme José Cândido de Carvalho Filho, o Anteprojeto Hungria de Código Penal, em seu art. 5º, parágrafo único, consagrava o princípio ao estabelecer que "a norma penal que prevê vários fatos, alternativamente, como modalidades de um mesmo crime, só é aplicável uma vez, ainda quando ditos fatos são praticados pelo mesmo agente, sucessivamente.".

Exemplos citados em doutrina são, como refere Oscar Stevenson,[567] o de que o furto estaria em uma relação de alternatividade com a apropriação indébita, ou, como lembra Álvaro Mayrink da Costa,[568] daquele em que o favorecimento real não poderá configurar a violação típica da receptação. A esses, acrescentamos nós a tentativa de estupro em face do assédio sexual. Porém, a nosso ver, como se pode inferir dos exemplos mencionados, o princípio da alternatividade, de fato, não é sustentável, porquanto não cuida de resolver situações de reais conflitos aparente de normas. Isso porque, como se pode observar nos exemplos referidos, não há sobreposição de normas.

10.5. Antefato e pós-fato impuníveis

No contexto do concurso aparente de normas, fala-se em *antefato* e *pós-fato impuníveis*. A falsificação de documento (arts. 297 ou 298) para a prática de

---

[565] MAGGIORE, Giuseppe. *Diritto Penale – Parte Generale*. 5ª ed. Bologna: Nicola Zanichelli Editore, 1951, v. 1, t. 1º, p. 186.
[566] HORTA, Frederico Gomes de Almeida. *Do Concurso Aparente de Normas Penais*. Rio de Janeiro: Lumen Juris, 2007, p. 91.
[567] STEVENSON, Oscar. Concurso Aparentes de Normas. In: *Estudos de Direito e Processo Penal em Homenagem a Nélson Hungria*. Rio de Janeiro: Forense, 1962, p. 44.
[568] COSTA, Álvaro Mayrink da. *Direito Penal – Parte Geral*. 6ª ed. Rio de Janeiro: Forense, 1998, v. I, t. I, p. 434.

estelionato (art. 171) constitui crime-meio do referido crime contra o patrimônio, absorvido em face do princípio da consunção, sendo, ao mesmo tempo, considerado como antefato impunível.

No caso de o agente furtar coisa alheia móvel (art. 155) e depois vir a destruí-la, não responderá por crime de dano (art. 163), pois este constitui-se em pós-fato impunível em relação ao primeiro. Todavia, como lembra Assis Toledo,[569] se o agente furta e depois vende a coisa para terceiro de boa-fé, responderá pelo crime de furto em concurso material com o crime de estelionato, em virtude da obtenção de vantagem ilícita em prejuízo do referido terceiro de boa-fé.

11. Disposições finais

O Título I da Parte Geral do Código Penal encerra com os arts. 10 a 12. Diferentemente dos prazos processuais penais, em que não se computa o dia do começo (CPP, art. 798, § 1º), o art. 10 estabelece que na contagem dos prazos de direito material o dia do começo inclui-se no cômputo do prazo. Isso significa, por exemplo, que o prazo de cumprimento da pena é contado a partir do primeiro dia de cumprimento da pena, assim como o prazo de prescrição é contado a partir do dia em que o crime foi praticado, seguindo-se a mesma lógica para todos os prazos de direito penal. Ademais, contam-se os dias, os meses e os anos pelo calendário comum (art. 10, parte final). Já o art. 11 estatui que: "Desprezam-se, nas penas privativas de liberdade e nas restritivas de direitos, as frações de dia, e, na pena de multa, as frações de cruzeiro.". Como se pode observar, o CP não atualizou para a moeda corrente atual, mas, por evidente, *in casu*, onde se lê cruzeiro, leia-se real. Relativamente ao art. 12, remetemos o leitor ao tópico que expusemos ao estudarmos o princípio da especialidade.

---

[569] TOLEDO, Francisco de Assis. *Princípios Básicos de Direito Penal*. 5ª ed. São Paulo: Saraiva, 1994, p. 54.

Segunda Parte

Teoria jurídica do crime

Capítulo VIII – INTRODUÇÃO

1. Primeira aproximação

O crime, como afirmava Francisco de Assis Toledo,[570] "além de fenômeno social, é um episódio da vida de uma pessoa humana. Não pode ser dela destacado e isolado. Não pode ser reproduzido em laboratório, para estudo. Não pode ser decomposto em partes distintas. Nem se apresenta, no mundo da realidade, como puro conceito, de modo sempre idêntico, estereotipado. Cada crime tem a sua história, a sua individualidade; não há dois que possam ser reputados perfeitamente iguais. Mas não se faz ciência do particular. E, conforme vimos inicialmente, o direito penal não é uma crônica ou mera catalogação de fatos, quer ser uma ciência prática. Para tanto, a nossa disciplina, enquanto ciência, não pode prescindir de teorizar a respeito do agir humano, ora submetendo-o a métodos analíticos, simplificadores ou generalizadores, ora sujeitando-o a amputações, por abstração, para a elaboração de conceitos, esquemas lógicos, institutos e sistemas mais ou menos cerrados.".

Segundo ainda o saudoso penalista, isso, sem dúvida, mutila a realidade, porquanto põe em destaque "aspectos e elementos de um todo inapreensível.". Lembremos que a vida é complexa e, assim, o fenômeno crime também não poderia deixar de ser complexo. Isso importa ter em conta a necessidade de um pensamento complexo, mas, como ensina Edgar Morin,[571] "o conhecimento completo é impossível", sendo que "um dos axiomas da complexidade é a impossibilidade, mesmo em teoria, de uma omnisciência.". E, nesse passo, não há como olvidar da lição de Francesco Carnelutti,[572] para quem *a verdade está no todo, não na parte; e o todo é demais para nós* ("la verità è nel *tutto,* non nella *parte;* e il tutto è troppo per noi"). Assim, um conhecimento totalizante revela-se infactível pela própria estrutura da realidade. Pode-se se dizer que seria até mesmo um exercício de ingenuidade pretender dar a "última palavra" em matéria penal, assim como em qualquer outra. No entanto, é justamente por isso que a Ciência Penal sempre terá espaço para evoluir.

---

[570] TOLEDO, Francisco de Assis. *Princípios Básicos de Direito Penal.* 5ª ed. São Paulo: Saraiva, 1994, p. 79.
[571] MORIN, Edgar. *Introdução ao Pensamento Complexo.* 5ª ed. Trad. de Dulce Matos. Lisboa: Instituto Piaget, 2008, p. 9.
[572] CARNELUTTI, Francesco. "Verità, Dubbio, Certezza". In: *Rivista di Diritto Processuale,* Anno XX, nº 1, gennaio-marzo, 1965, p. 5.

Novamente nos valemos de Toledo:[573] "Não sem razão afirma Roxin que 'quase todas teorias do delito, apresentadas até agora, *são sistemas de elementos* que desintegram a conduta delitiva em uma pluralidade de características concretas (objetivas, subjetivas, normativas, descritivas, etc.), as quais são incluídas nos diferentes graus da estrutura do crime e depois reunidas, como um mosaico, para a formação do fato punível'. Tal procedimento, porém, desde que se queira fazer ciência, é inevitável, pois – afirma, de outra parte, Radbruch – 'não constitui segredo para ninguém que é justamente da essência do direito a que não é possível renunciar, o ele achar-se eternamente condenado a só poder *ver as árvores e jamais a floresta que elas constituem*'. Talvez assim seja – supomos nós – porque a floresta é realmente indecifrável *selva oscura*. Contentemo-nos, pois, com as árvores, sem todavia cometer o desatino de esquecer ou de negar a existência da floresta.".

Assim, sem perder de vista o quanto até aqui exposto – tendo em conta, portanto, as dificuldades da apreensão que o fenômeno crime nos apresenta –, o estudo da teoria jurídica do crime tem por escopo substancialmente – mas não só – investigar quando um fato configura um delito e também, na via oposta, quando não configura, e, por conseguinte, determinar[574] "as condições de atribuição de responsabilidade penal".

Para tanto, deve-se lançar mão de um conceito estratificado de crime, ou seja, de um conceito que decompõe o fato punível em elementos ou em seus aspectos essenciais, sem os quais a figura delitiva não se aperfeiçoa. Paralelamente a esses elementos, figuram as causas excludentes, as quais, uma vez presentes, descaracterizam a figura delitiva. Assim sendo, a doutrina[575] refere-se a aspectos positivos e negativos do delito, representados no seguinte quadro.

CRIME	
ASPECTOS POSITIVOS (CARACTERIZADORES)	ASPECTOS NEGATIVOS (DESCARACTERIZADORES)
Conduta	Causas excludentes da conduta ou ausência de conduta
Tipicidade	Causas excludentes da tipicidade ou atipicidade
Ilicitude (ou antijuridicidade)	Causas excludentes de ilicitude, justificantes ou descriminantes
Culpabilidade	Causas excludentes da culpabilidade ou dirimentes

---

[573] TOLEDO, Francisco de Assis. *Princípios Básicos de Direito Penal*. 5ª ed. São Paulo: Saraiva, 1994, p. 79-80.
[574] GRACIA MARTIN, Luis, *Fundamentos de Dogmática Penal – Una Introducción a la Concepción Finalista de la Responsabilidad Penal*. Barcelona: Atelier, 2006, p. 64.
[575] MAYER, Max *Ernst. Derecho Penal – Parte General*. Trad. de Sergio Politoff Lipschitz. Montevideo/Buenos Aires: Editorial BdeF, 2007, p. 111; MESTIERI, João. *Manual de Direito Penal*. Rio de Janeiro: Forense, 1999, v. I, p. 106.

A par das características essenciais do crime e suas causas de exclusão, estudam-se ademais as particulares formas de manifestação do delito, quais sejam, a forma consumada ou tentada e o binômio autoria e participação (concurso de pessoas).

Porém, cumpre esclarecer que a compreensão e a construção doutrinária do conceito de crime irá depender da opção metodológica que o intérprete vier a eleger. Isso porque, como veremos no ponto seguinte, a evolução epistemológica da doutrina do crime procedeu a significativas variações ao longo do desenvolvimento da Ciência Penal, desde o positivismo causal-naturalista, passando pelo neokantismo e pelo finalismo e chegando ao atual período dito pós-finalista, muito embora essa última expressão deva ser vista com reservas.

A propósito, a nosso ver, ao falar-se em período pós-finalista – como é corrente – não se está a oferecer uma ideia muito fiel à realidade, porquanto o sistema que reúne ainda hoje os maiores méritos para a solução dos problemas de aplicação da lei penal, visto que nossa Ciência constitui uma Ciência da Razão Prática, é, com efeito, o finalista, proposto por Hans Welzel, não em sua feição original, mas em uma perspectiva atualizada, sem que isso signifique que contribuições de outros sistemas não possam ser úteis.

Estamos de acordo com Juarez Cirino dos Santos[576] quando afirma que o "modelo *finalista* de fato punível se generalizou na literatura e na jurisprudência contemporâneas, com diferenças de detalhe que não afetam a estrutura do paradigma, além de influenciar diretamente algumas legislações modernas, como a reforma penal alemã, de 1975, e a nova parte geral do Código Penal brasileiro, de 1984. Por isso, o texto trabalha com um *modelo* de fato punível construído pelo *finalismo* – como, aliás, fazem todas as teorias pós-finalistas –, mas incorporando importantes contribuições científicas produzidas pela teoria posterior, como, por exemplo, a categoria da *imputação objetiva do resultado* e a teoria correlacionada da *elevação do risco*, desenvolvidas, basicamente, por ROXIN, que simplificam o método de compreensão e aprofundam o nível de conhecimento dogmático do conceito de crime.".

No mesmo entender está Miguel Reale Júnior[577] o qual, ainda que seja um adepto do sistema finalista – com algumas divergências de Welzel –, não deixa de ressaltar a importância da teoria da imputação objetiva formulada por autores funcionalistas, como Roxin e Jakobs.

A irrefutável influência do finalismo também é assinalada por Juarez Tavares:[578] "A estrutura finalista do tipo irradiou-se para outros sistemas, como o da teoria social da ação, representado por JESCHECK e WESSELS, bem como do funcionalismo, que tem como principais articulistas JAKOBS e de certa

---

[576] SANTOS, Juarez Cirino dos. *A Moderna Teoria do Fato Punível*. 4ª ed. Rio de Janeiro: ICPC/Lumen Juris, 2005, p. 8.
[577] REALE JÚNIOR, Miguel. *Instituições de Direito Penal – Parte Geral*. 4ª ed. Rio de Janeiro: Forense, 2013, p. 126.
[578] TAVARES, Juarez. *Teoria do Injusto Penal*. 3ª ed. Belo Horizonte: Del Rey, 2003, 142.

forma, ROXIN". Ressalta ainda o preclaro professor,[579] referindo-se ao tipo penal, que "quanto à sua estrutura, acolhe ROXIN a solução da teoria finalista, dividindo o tipo em tipo objetivo e tipo subjetivo (...)".

Como se vê, as aquisições científicas que remontam ao finalismo imprimiram suas marcas indeléveis na Ciência do Direito Penal, sendo que, ainda que seja correto falar hoje em um *ecletismo metodológico*, a estrutura do delito tem como substrato, essencialmente, o modelo finalista formulado por Welzel, o qual, ressalvadas as observações prefaladas, é esposado neste *Curso*.

Nas linhas que seguem, faremos uma breve referência evolutiva da doutrina do crime, na sequência procederemos a algumas delimitações terminológicas, para, então, tratarmos do estudo do fato punível por meio da análise de suas características essenciais.

2. Breve referência evolutiva das principais concepções doutrinárias do crime

Para uma devida compreensão da doutrina do crime, imprescindível se faz delinear, ainda que de forma breve, as principais concepções epistemológicas que se sucederam. Não é nosso propósito nos delongarmos no presente ponto, porquanto voltaremos a tratar de forma mais detida ao estudarmos especificamente a conduta, a tipicidade, a ilicitude e a culpabilidade, momento em que desceremos a maiores detalhes dos referidos aspectos do delito, inclusive na perspectiva evolutiva. Por ora, nos limitaremos a indicar as características de cada sistema de forma mais sintética, consoante passaremos a tratar a seguir.

2.1. O positivismo causal-naturalista: a concepção clássica

O *positivismo causal-naturalista* ou *concepção clássica de delito* surge no final do século XIX, momento histórico em que as ciências naturais alcançavam o ápice em prestígio. Nesse passo, as ciências por excelência eram as ciências da natureza, fato que restou por estabelecer um monismo científico e um monismo metodológico, porquanto a ciência por excelência só poderia ser aquela a que se pudesse se submeter a um procedimento metodológico pautado no empirismo naturalista.

Assim, o Direito, reputando-se uma espécie de *primo pobre* no âmbito científico, adota as mesmas bases das ciências naturais.

A ação funciona como substrato do sistema e é entendida, de forma naturalística, como *movimento corporal voluntário produtor de um resultado no mundo exterior*. *A tipicidade*, cujo desenvolvimento teórico deflagrou-se essencialmente apenas a partir de 1906, com a obra de Ernst Beling, intitulada *A Doutrina do*

---

[579] TAVARES, Juarez. *Teoria do Injusto Penal*. 3ª ed. Belo Horizonte: Del Rey, 2003, 144.

Crime (*Die Lehre vom Verbrechen*), numa perspectiva *estritamente formal*. *O tipo é meramente descritivo, neutro* e *avalorado*. *A ilicitude* é entendida simplesmente como a *relação de contrariedade entre o fato e a norma*, sem qualquer consideração valorativa. Por fim, *a culpabilidade* constitui *o vínculo psicológico entre o autor e o fato típico praticado*.

Por sua vez, a atuação do jurista circunscrevia-se a interpretação do direito positivo, afastando-se quaisquer valorações de ordem filosófica, sendo que Ernst Beling e Franz von Liszt são os principais nomes dessa concepção de delito.

2.2. O neokantismo: a concepção neoclássica

A *concepção neoclássica* de delito ou *positivismo normativo*, numa concepção neokantiana, ampara-se na filosofia dos valores, preconizando uma instância intermediária entre o mundo da natureza e o mundo dos valores, qual seja, o domínio formado pela cultura, em que os fatos são vistos sobre uma perspectiva valorativa.

Fundamentalmente, a noção de ação não difere do sistema anterior, para alguns doutrinadores deste sistema, sendo que para outros a definição de ação torna-se irrelevante, partindo a construção da doutrina do crime da tipicidade, seguindo-se as categorias da ilicitude e da culpabilidade. O tipo penal continua sendo objetivo como regra, mas desvela-se a presença de elementos subjetivos em certos crimes e, mais tarde, também elementos normativos. No entanto, tais tipos são considerados – neste contexto – como *tipos anormais*, porquanto os *tipos normais* para este sistema seriam aqueles destituídos de elementos subjetivos e normativos. O tipo, como mostra Max Ernst Mayer, passa a ter um sentido de significado, ou seja, deixa de ser meramente formal para tornar-se um tipo ou tipicidade (também) material. A ilicitude deixa de ser meramente formal para tornar-se também material, ampliando-se as possibilidades para sua exclusão e possibilitando um juízo de gradação. A culpabilidade é enriquecida, superando a ideia de mero vínculo psicológico entre o autor e o fato, passando a ser psicológico-normativa, tendo em vista que passa a se constituir em juízo de reprovação.

Constituem importantes representantes desse sistema Gustav Radbruch, Max Ernst Mayer, H. A. Fischer, August Hegler, Edmund Mezger, Reinhard Frank, James Goldschmidt e Berthold Freudenthal, dentre outros.

2.3. O finalismo: concepção ontológica

No ano de 1931, Hans Welzel publica seu famoso texto intitulado *Kausalität und Handlung* (*Causalidade e Ação*) e depois, em 1939, de forma mais elaborada em *Studien zum System des Strafrechts* (*Estudos sobre o Sistema de Direito Penal*), em que propõe uma nova concepção de delito, buscando superar dificuldades havidas nos sistemas anteriores com a reacomodação de elementos que compunha o conceito analítico de crime, mormente a culpabilidade e a conduta típica.

Welzel assevera que a normatividade deve se assentar na *natureza das coisas*, não podendo o direito ignorar as estruturas do ser, ou seja, as categorias lógico-objetivas, buscando, então, um conceito de ação prévio ao direito, visto que este, *mundo do dever-ser*, deve apoiar-se na realidade, no *mundo do ser*.

O dolo e a culpa que residiam na culpabilidade migram para a conduta típica, assim a conduta típica ou é dolosa ou é culposa, consignando Welzel,[580] com melhor desenvolvimento em trabalhos ulteriores, bem como tendo em conta a contribuição de Alexander Graf zu Dohna,[581] a nítida separação entre o *objeto de reprovação*, o *injusto penal* (conduta típica qualificada como ilícita) e o *juízo de reprovação* (a culpabilidade).

Essa nova compreensão do fato punível fornece um inegável aprimoramento ao criar a ideia de *injusto pessoal*, no tratamento do crime tentado e na teoria do erro jurídico-penal.

No Brasil, o *finalismo* é a concepção seguida pela ampla maioria dos autores (se bem que muita vezes com variações doutrinárias pontuais), ainda que hoje haja uma significativa influência de concepções funcionalistas, mormente no âmbito do tipo com a formulação da teoria da imputação objetiva.

Além de seu criador, Hans Welzel, representam essa concepção doutrinária, a título de exemplo, Armin Kaufmann, Reinhart Maurach, Günter Stratenwerth e Hans Joachim Hirsch, na Alemanha, José Cerezo Mir e Luis Gracia Martin, na Espanha, Eugenio Raúl Zaffaroni, na Argentina, João Mestieri, Luiz Luisi, Manoel Pedro Pimentel, Heleno Cláudio Fragoso, Francisco de Assis Toledo, Miguel Reale Júnior, René Ariel Dotti, Luiz Régis Prado, Juarez Cirino dos Santos, Nilo Batista, Damásio de Jesus, José Henrique Pierangeli, Cláudio Brandão, como, de resto, a ampla maioria dos autores pátrios, doutrina esta que também adotamos.

2.4. O funcionalismo: a concepção normativa

Como vimos, o finalismo agrega significativa adesão em nosso país. Por outro lado, pode-se afirmar que a doutrina do funcionalismo é bem recente entre nós.

Há duas correntes funcionalistas que têm sido mais invocadas em nosso meio, a de Claus Roxin e a de Günther Jakobs, cujo *principal* objeto de discussão é no âmbito do tipo penal, o que se faz por intermédio da teoria da imputação objetiva.

---

[580] WELZEL, Hans. Studien zum System des Strafrechts. In: *Zeitschrift für die gesamte Strafrechtswissenschaft*, nº 58, 1939, p. 491 e ss. Também: WELZEL, Hans. *Das Deutsche Strafrecht*. 11ª ed. Berlin: Walter de Gruyter & Co., 1969. A primeira edição deste importante livro foi publicada em 1940.
[581] DOHNA, Alexander Graf zu. *La Estructura de la Teoría del Delito*. Trad. de Carlos Fontán Balestra. Buenos Aires: Abeledo-Perrot, 1958, p. 14 e ss.

Roxin formula seu sistema a partir de uma orientação axiológica com base nos princípios da Política Criminal, com forte repercussão, como anteriormente afirmamos, no âmbito do tipo, o que vem a ser uma importante contribuição tendo em conta as insuficiências da teoria da *conditio sine qua non*, relativamente ao nexo causal. O penalista também formula um conceito pessoal de ação e concebe a categoria da responsabilidade, mais ampla do que a culpabilidade, acrescentando critérios de necessidade para que possa ser imposta a pena. Enfim, trata-se de um sistema que busca romper com as estruturas lógico-objetivas como embasadoras da construção da doutrina do crime.

Por sua vez, Jakobs propõe uma refundação normativa da doutrina do crime, protagonizando uma linha funcionalista radical, em comparação a Roxin. Para o autor, ao contrário deste, a função do Direito Penal não é a tutela de bens jurídicos, e sim a reafirmação da vigência da norma, com a preocupação da manutenção do sistema vigente. Jakobs também formula sua teoria da imputação objetiva e assume posições inovadoras no tocante à teoria do crime como um todo.

Para não sermos repetitivos, sintetizamos este ponto sobre a evolução das diversas concepções epistemológicas do delito. Porém, ao desenvolvermos cada aspecto do crime, envidaremos fazer uma exposição mais detida em particular. Nas teorias da ação, percorreremos todas as principais concepções, bem como no tipo e tipicidade, na ilicitude e na culpabilidade, de igual forma, procederemos à exposição, apontando os méritos e defeitos das teorias em cada aspecto do crime, o que tornará a exposição mais didática.

3. Conceito de crime

O Crime pode ser conceituado sob as mais diversas perspectivas, tais como a jurídica, a criminológica, a sociológica, etc., sendo que a nós interessa a primeira, visto que neste *Curso* nos ocupamos da teoria jurídica do crime, é o que trataremos nas linhas que seguem.

3.1. Algumas precisões conceituais

Em primeiro lugar, há que se destacar que há países que dividem as infrações penais(gênero) em crimes, delitos e contravenções, ao passo que outros utilizam os termos *crime* e *delito* como sinônimos.

De acordo com o sistema francês,[582] desde o Código Penal de 1810, as infrações penais são classificadas, segundo a gravidade, em *crimes*, *delitos* e *contravenções*. O crime é a forma mais grave de infração penal, seguindo-se o delito e, por fim, a contravenção, como forma menos grave.

---

[582] Confira-se o art. 111-1 do CP francês vigente: "Les infractions pénales sont classées, suivant leur gravité, en crimes, délits et contraventions". Sobre a origem da classificação: PIN, Xavier. *Droit Pénal Général*. 5ª ed. Paris: Dalloz, 2012, p. 33-34.

Consoante Adolf Schönke e Horst Schröder,[583] a Alemanha seguia idêntica orientação tricotômica, contemplando crime (*Verbrechen*), crime menos grave (*Vergehen*) e contravenção (*Übertretung*), até a ulterior adoção dicotômica, consoante o atual Código Penal alemão, o qual não mais contempla a contravenção penal (StGB, § 12).

No país tedesco, utiliza-se a palavra *delito* (*Delikt*) como sinônimo de *crime*. Assim é que, por exemplo, Christian Köhler[584] utiliza a expressão *delito qualificado pelo resultado* com o mesmo significado de *crime qualificado pelo resultado*. Por isso, é preferível[585] traduzir a expressão *Vergehen* como crime menos grave, traduzindo-se a expressão *Delikt* como delito, que seria, por seu turno, sinônimo de *Verbrechen*.

Registre-se, ademais, uma certa preferência por parte da doutrina alemã[586] pela expressão *fato punível* (*Die Straftat*), assim como também, entre nós, Aníbal Bruno[587] e Cirino dos Santos, que intitula seu livro sobre teoria do crime como *A Moderna Teoria do Fato Punível*.

Na Itália, utiliza-se a palavra *reato* como abrangente dos delitos e das contravenções, prescrevendo o art. 39 do *Codice Penale* que os *reati* se distinguem em delitos (*delitti*) e contravenções (*contravvenzioni*), segundo a diversa espécie de pena estabelecida. Porém, o termo *reato* é comumente utilizado simplesmente com o significado de crime.

Na Espanha, emprega-se *delito* ao lado de *falta*. A primeira constitui infração penal mais grave e a última menos grave, sendo que o Código Penal espanhol ainda divisa os delitos em graves e menos graves (art. 13, 2 e 3).

Tradicionalmente, o sistema anglo-saxão[588] classificava as infrações penais em *treasons* (compreendendo a *high treason* e a *petty* ou *petit treason*), *felonies* e *misdemeanors*.

Na Inglaterra,[589] a *high treason*, de acordo com o *Treason Act*, de 1351, incluía fatos como violar a esposa do rei ou sua filha mais velha solteira ou, ainda, a esposa do filho mais velho do rei, no escopo de atentar contra a sucessão do trono. Outras infrações consideradas como *treason* eram matar o chanceler ou algum juiz em razão do exercício de seus misteres. A *treason* foi redefinida por meio do *Treason Act*, de 1795, estabelecendo como *high treason*, por exemplo, a

---

[583] SCHÖNKE, Adolf; SCHRÖDER, Horst. *Strafgesetzbuch Kommentar*. 24ª ed. München: C. H. Beck, 1991, p. 117.
[584] KÖHLER, Christian. *Beteilung und Unterlassen beim erfolgsqualifizierten Delikt am Beispiel der Körperverletzung mit Todesfolge* (§ 227 I StGB). Berlin: Springer, 2000.
[585] Assim, preferimos utilizar a expressão crime menos grave em vez de delito, visto que na Alemanha crime (*Verbrechen*) e delito (*Delikt*) são expressões sinônimas (assim como no Brasil), portanto sem hierarquia de maior ou menor gravidade.
[586] Por exemplo: STRATENWERTH, Gúnter; KUHLEN, Lothar. *Strafrecht Allgemeiner Teil – Die Straftat*. 5ª ed. Köln: Carl Heymanns Verlag, 2004, v. I.
[587] BRUNO, Aníbal. *Direito Penal – Parte Geral*. 3ª ed. Rio de Janeiro: Forense, 1967, t. 1º, p. 281.
[588] Em língua portuguesa, consulte-se: FRAGOSO, Heleno Cláudio. Notas sobre o Direito Penal Anglo-Americano. In: *Direito Penal e Direitos Humanos*. Rio de Janeiro: Forense, 1977, p. 83 e ss.
[589] Vide: LAW, Jonathan; MARTIN, Elizabeth A. *A Dictionary of Law*. 7ª ed. Oxford: Oxford University Press, 2009.

morte ou a lesão grave do soberano(a) ou de sua(seu) esposa(o) ou de seu filho mais velho, ações de insurreição contra o soberano com motins e pertubações violentas, bem como dar assistência ao inimigo em tempo de guerra. Segundo William Blackstone,[590] a *petty treason*, hoje abolida, compreendia, por exemplo, a morte de superior perpetrada pelo servo. Para a *high treason*[591] passou-se a adotar a prisão perpétua em detrimento da pena de morte.

Na divisão *felonies* e *misdemeanors*, as primeiras distinguiam-se por constituírem modalidade mais grave do que estas. O *felony* abarcava delitos como assassinato (*murder*), homicídio (*manslaughter*), roubo (*robbery*) e lesões graves (*injury*), dentre outros, cuja pena era originalmente a de morte. Para Blackstone,[592] o verdadeiro critério diferenciador para a configuração do *felony* era o confisco como consequência jurídica que recaía sobre o agente da infração. Não obstante, a distinção hoje possui valor meramente histórico, visto que foi abolida na Inglaterra por meio do *Criminal Law Act*, de 1967,[593] estando as duas antigas modalidades reunidas sob a denominação *misdemeanour*.

Nos Estados Unidos, o crime de *treason* possui previsão constitucional, consistindo, a teor do art. 3º da Seção III da Constituição,[594] no fato de fazer guerra contra o Estado ou aliar-se aos seus inimigos, prestando-lhe auxílio ou apoio.

Em matéria de crime envolvendo as pessoas em geral, remanesce em terras norte-americanas a distinção entre *felonies* e *misdemeanors*, sendo as primeiras mais graves do que estas, ainda que não haja um critério único para distingui-las, havendo variações de um Estado-Membro para outro. Pelo direito costumeiro (*commow law*), o qual convive com o direito escrito, eram considerados *felonies*, segundo Myron G. Hill Jr., Howard M. Rossen e Wilton S. Sogg,[595] o assassinato (*murder*), o homicídio (*manslaughter*), o estupro (*rape*), a sodomia (*sodomy*), o roubo (*robbery*), o furto (*larceny*), o incêndio (*arson*), entrar numa casa para cometer *felony* (*burglary*) e, às vezes, a desordem (*mayhem*). O *misdemeanor* é a infração residual e menos grave, em geral apenada com pena de prisão inferior a um ano.

Impende salientar que a classificação anglo-saxônica não corresponde à classificação tricotômica ou dicotômica da *civil law*. Porém, um estudo mais detido refoge aos limites deste livro.

No sistema brasileiro, a Lei de Introdução ao Código Penal consagra o sistema dicotômico, consoante adiante se verá.

---

[590] BLACKSTONE, William. *Commentaries on the Laws of England*. Philadelphia: J.B. Lippincott Company, 1893, v. I, Book I, p. 427.
[591] CARD, Richard; CROSS; JONES. *Criminal Law*. 19ª ed. Oxford: Oxford University Press, 2010, p. 813.
[592] BLACKSTONE, William. *Commentaries on the Laws of England*. Philadelphia: J.B. Lippincott Company, 1893, v. II, Book IV, p. 96: "In short, the true criterion of felony is forfeiture".
[593] LAW, Jonathan; MARTIN, Elizabeth A. *A Dictionary of Law*. 7ª ed. Oxford: Oxford University Press, 2009, p. 227-228.
[594] United States Constitution, art. 3º: "*Treason against the United States shall consist only in levying war against them, or in adhering to their enemies, giving them aid an comfort*".
[595] HILL JR., Myron G.; ROSSEN, Howard M.; SOGG, Wilton S. *Criminal Law*. St. Paul: West Publishing Co., 1977, p. 3.

3.2. Conceito formal

O conceito formal tem como foco de referência a lei penal. Assim é que Giuseppe Maggiore[596] define crime, na acepção formal, como *toda a ação legalmente punível*. Nas palavras de Aníbal Bruno:[597] "Crime é todo fato que a lei proíbe sob a ameaça de pena". Continua o autor:[598] "Por meio de fórmulas desse gênero, estritamente jurídicas, sintéticas e formais é que se define geralmente o fato punível; por meio dessas ou de outras aproximadas, como aquela de CARMIGNANI, que ainda hoje se repete, dizendo-se que o crime é o fato humano contrário à lei penal". Em semelhante sentido, a fórmula de Jean Jacques-Joseph Haus:[599] segundo a qual, em síntese, *crime é a violação da lei penal*.

Como se vê, o conceito formal, muito embora tenha o mérito de fazer assentar a ideia segundo a qual não há crime sem lei, conduz, por outro lado, ao perigo de levar-se a uma compreensão segunda a qual isso seria suficiente, quando, em realidade, em um Estado Democrático de Direito, reivindica-se que o crime deva ser um fato ofensivo a bens jurídicos,[600] rechaçando-se incriminações de mera obediência.

O conceito formal, portanto, ressalta a ideia de contradição do fato com a lei, estabelecendo que *crime é aquilo que a lei diz que é*, noção que não fornece aportes para fins práticos, podendo levar, ademais, a uma opção pela mera obediência, destituída de finalidade e legitimidade.

3.3. Conceito material

O conceito material[601] vê no crime a conduta humana (ação ou omissão) voluntária vulneradora de um bem jurídico, efetiva (lesão) ou potencial (exposição a perigo). "Há implícito", nas palavras de José Frederico Marques,[602] "assim, em tôda norma penal incriminadora, um *juízo de valor*, de que resulta a cominação de pena para determinados atos contrários a um 'bem' que a ordem jurídica deve garantir. Daí decorre que o crime, em sentido substancial, pode ser definido, ainda, como a lesão de um bem jurídico penalmente tutelado, uma vez que essa tutela descansa justamente o juízo de valor que considerou delituosa determinada conduta em razão de estar em antagonismo com interêsses vitais da coletividade".

---

[596] MAGGIORE, Giuseppe. *Diritto Penale – Parte Generale*. 5ª ed. Bologna: Nicola Zanichelli Editore, 1951, v. 1, t. 1º, p. 189.

[597] BRUNO, Aníbal. *Direito Penal – Parte Geral*. 3ª ed. Rio de Janeiro: Forense, 1967, t. 1º, p. 281.

[598] Idem.

[599] Textualmente: HAUS, Jacques-Joseph. *Cours de Droit Criminel*. 3ª ed. Gand: H. Hoste Libraire-Éditeur, 1864, p. 61: "L'infraction n'est done, en d'autres termes, que la violation d'une loi pénale.".

[600] Sobre a problemática do crime como ofensa a bens jurídicos, vide nosso: SILVA, Ângelo Roberto Ilha da. *Dos Crimes de Perigo Abstrato em face da Constituição*. São Paulo: Revista dos Tribunais, 2003, p. 29 e ss.

[601] SILVA, Ângelo Roberto Ilha da. *Da Inimputabilidade Penal em face do Atual Desenvolvimento da Psicopatologia e da Antropologia*. 2ª ed. Porto Alegre: Livraria do Advogado, 2015, p. 26.

[602] MARQUES, José Frederico. *Tratado de Direito Penal*. 2ª ed. São Paulo: Saraiva, 1965, v. II, p. 4.

Como se observa, o conceito material de crime possui o mérito de buscar estabelecer um conteúdo material ou substancial à noção de delito, tendo em conta sua *mens legis*. Porém, por outro lado, revela-se insuficiente para o estudo da Ciência Penal, na medida em que não propicia uma análise de cunho compreensivo e sistemático.

3.4. Conceito analítico

O conceito formal e o material de crime, com efeito, não se revelam suficientes para o escopo do estudo da infração penal. Consoante aduz Francisco Muñoz Conde[603] a "teoria geral do delito se ocupa das características comuns que deve ter qualquer fato para ser considerado delito.". Assim sendo, o conceito formal, apesar de ter o mérito de ressaltar o princípio *nullum crimen sine lege*, nada diz sobre os elementos que deve ter a conduta castigada pela lei com uma pena.

Por sua vez, o conceito material ressente-se das mesmas dificuldades do conceito formal, visto que, da mesma forma, não fornece os elementos ou características que devem conter a infração penal para fins de estudo.

Surge, então, a necessidade de construir-se um conceito analítico o qual decompõe os crime em elementos, aspectos ou características, um conceito estratificado de delito. Portanto, o conceito analítico de crime, também dito dogmático ou, ainda, operacional é aquele que permite o estudo de cada um dos elementos essenciais à caracterização do fato punível, quais sejam, a conduta, a tipicidade, a ilicitude e a culpabilidade, além das causas que afastam esses elementos, consoante adiante se estudará.

4. O crime como ofensa ou exposição a perigo de bens jurídicos

Antes de iniciarmos o estudo das características que tornam um fato punível, ou seja, uma infração penal, mostra-se relevante proceder-se ao estudo do bem jurídico, o qual se constitui no conteúdo material do injusto culpável.

4.1. Breve referência evolutiva à teoria do bem jurídico

A *teoria do bem jurídico*[604] começou a ser construída no início do século XIX, quando, a partir das ideias iluministas, passou-se a buscar uma concepção material de delito.

---

[603] MUÑOZ CONDE, Francisco. *Teoría General del Delito*. 2ª ed. Valencia: Tirant lo Blanch, 1991, p. 17.
[604] SILVA, Ângelo Roberto Ilha da. *Dos Crimes Perigo Abstrato em face da Constituição*. São Paulo: Revista dos Tribunais, 2003, p. 30.

Nesse contexto, Paul Johann Anselm Ritter von Feuerbach constitui figura expoente. Em Feuerbach, o *crime é uma lesão a direitos subjetivos*, porquanto, para o autor,[605] "toda pena jurídica dentro del Estado es la consecuencia jurídica, fundada en la necessidad de preservar los derechos externos, de una lesión jurídica y de una ley que conmine un mal sensible.". Na observação de Maria da Conceição Ferreira da Cunha,[606] a doutrina de Feuerbach veio a concretizar-se no Código Penal da Baviera, de 1813, quando este diploma deixa de incriminar a heresia, a blasfêmia, o incesto e a bigamia.

Porém, a ideia propriamente dita de bem jurídico surge com Johann Michael Franz Birnbaum,[607] em 1834, com a publicação de seu *Über das Erfodernis einer Rechtsverletzung zum Begriffe des Verbrechens, mit besonderer Rücksicht auf den Begriff der Ehrenkränkung*. Como bem explica Manuel da Costa Andrade,[608] Birnbaum não chegou a utilizar a expressão "bem jurídico" (*Rechtsgut*), mas um conjunto diversificado de expressões "de conteúdo mais ou menos descritivo e cuja compreensão se identifica substancialmente com a de bem jurídico". A contribuição de Birnbaum, posto que valiosa, concebia o bem jurídico como uma realidade estritamente material,[609] fato que, segundo Eduardo Correia,[610] redundava numa imprópria restrição, num "positivismo estreito".

Em Karl Binding,[611] é estabelecida uma relação de dependência do bem jurídico à norma. Para o autor, consoante já escrevemos[612] "o bem jurídico era criado pelo legislador, entendendo que este não deveria se preocupar com interesses singulares, mas com a manutenção das condições de uma vida são da comunidade jurídica, paz, desenvolvimento, com livre exercício dos direitos". Ademais, Binding aperfeiçoou o conceito ao registrar o caráter axiológico que esse encerra.

Franz von Liszt, diferentemente de Binding, não limitava o bem jurídico à norma ou à vontade do legislador, e sim preconizava que o bem jurídico decorria das relações sociais e que o legislador apenas o reconhecia ou o encontrava.

---

[605] FEUERBACH, Paul Johann Anselm R. von. *Tratado de Derecho Penal Común Vigente em Alemania*. Trad. da 14ª ed. alemã, 1847, de Eugenio Raúl Zaffaroni e Irma Hagemeier. Buenos Aires: Hammurabi, 1989, p. 63.

[606] CUNHA, Maria da Conceição Ferreira da. *Constituição e Crime – Uma Perspectiva da Criminalização e da Descriminalização*. Porto: Universidade Católica Portuguesa, 1995, p. 39.

[607] BIRNBAUM, Johann Michael Franz. *Sobre la Necesidad de una Lesión de Derechos para el Concepto de delito*. Trad. de José Luis Guzmán Dalbora. Montevideo/Buenos Aires: B de F/Julio César Faira Editor, 2010.

[608] ANDRADE, Manuel da Costa. *Consentimento e Acordo em Direito Penal*. Coimbra: Coimbra Editora, 1991, p. 51.

[609] Nesse sentido, Eugenio Raúl Zaffaroni, para quem: "(...) el bautismo y la positivización del concepto de bien jurídico se debe a Birnbaum, que los entendia como objetos materiales". ZAFFARONI, Eugenio Raúl. *Tratado de Derecho Penal – Parte General*. Buenos Aires: Ediar, 1981, v. III, p. 247-248.

[610] CORREIA, Eduardo. *Direito Criminal*. Coimbra: Almedina, 1971, v. I, p. 278.

[611] "Bene giuridico", afirmava o autor, "è dunque tutto ciò che per sè stesso non è diritto, ma secondo il pensiero del legislatore vale come condizione di vita sana della comunanza giuridica, al cui mantenimento invariato e indisturbato essa, secondo la opinione di quello, há un interesse, talchè il legislatore cerca con le sue norme di difendersi dalla non desiderata lesione o pericolo". BINDING, Carlo. *Compendio di Diritto Penale – Parte Generale*. 12ª ed. Trad. de Adelmo Borettini. Roma: Atheneum, 1927, p. 198.

[612] SILVA, Ângelo Roberto Ilha da. *Dos Crimes Perigo Abstrato em face da Constituição*. São Paulo: Revista dos Tribunais, 2003, p. 32.

O autor austríaco, além de ressaltar os interesses vitais dos indivíduos e da coletividade, colocava em destaque as relações sociais como propiciadora do bem jurídico. Afirmava o penalista[613] que "a ordem jurídica não cria o interesse, o cria a vida.".

No desenvolvimento da doutrina, Honig[614] procurou identificar bem jurídico mediante a finalidade da norma, na perspectiva da denominada teoria metodológica, que viria a ter uma efetiva difusão pela chamada Escola de Marburgo, representada por Schwinge e Zimmerl.

A doutrina do bem jurídico perdurou, na Alemanha, até ser negada, durante o período das ideias nazistas, pela Escola de Kiel, a qual entendia constituir o delito não ofensa ou exposição de perigo de bens jurídicos, mas a violação de "deveres". Consoante assinalam Giovanni Fiandaca e Enzo Musco, para a Escola de Kiel, a danosidade criminal é determinada pelo "são sentimento popular", impregnado de valores éticos. Na Itália, a negação do bem jurídico encontrou eco em Francesco Antolisei.

Nos dias atuais, a adesão à doutrina do bem jurídico é praticamente unânime, havendo, não obstante, autores, como Günther Jakobs,[615] que opõem crítica à doutrina. Para o autor, o que importa ao direito penal é reafirmar a vigência da norma. No caso do homicídio, por exemplo, segundo sustenta, o que constitui lesão é a oposição à norma subjacente ao "homicídio evitável"[616] (*Die vermeidbare Tötung*). Em síntese, para Jakobs, o bem jurídico é a própria norma. Ai reside, para ele, a tutela do direito penal.

Apesar da respeitável opinião do Jakobs, hoje praticamente não há relutância em aceitar-se o bem jurídico como conteúdo material no âmbito do estudo da teoria do crime, havendo, contudo, acesso debate sobre sua delimitação conceitual. É o que veremos no próximo tópico.

4.2. Conceito de bem jurídico

Numa fórmula (bem!) sintética, poderíamos afirmar que *o bem jurídico constitui o objeto de proteção penal*. Em semelhante síntese, Miguel Polaino Navarrete,[617] para quem "o *bem jurídico* pode ser definido de forma sintética, a nosso juízo, como o bem ou valor merecedor da máxima proteção jurídica, cuja outorga é reservada às prescrições do direito penal". Porém, evidentemente, uma fórmula nesses moldes não nos diz muito, ou melhor, diz muito pouco

---

[613] LISZT, Franz von. *Tratado de Direito Penal Allemão*. Traduzido da ultima edição e commentado por José Hygino Duarte Pereira. Rio de Janeiro: F. Briguiet & C. – Editores, 1899, t. I, p. 94.
[614] FRAGOSO, Heleno Cláudio. Objeto do Crime. In: *Direito Penal e Direitos Humanos*. Rio de Janeiro: Forense, 1977, p. 40.
[615] JAKOBS, Günther. *Strafrecht – Allgemeiner Teil*. 2ª ed. Berlin: Walter de Gruyter, 1993, p. 34 e ss. Consulte-se, ainda: JAKOBS, Günther. *Proteção de Bens Jurídicos? Sobre a Legitimação do Direito Penal*. Trad. de Pablo Rodrigo Alflen. Porto Alegre: Livraria do Advogado, 2018.
[616] JAKOBS, Günther. *Strafrecht – Allgemeiner Teil*. 2ª ed. Berlin: Walter de Gruyter, 1993, p. 36.
[617] POLAINO NAVARRETE, Miguel. *El Bien Juridico en el Derecho Penal*. Sevilla: Publicaciones de la Universidad de Sevilla, 1974, p. 270.

para as pretensões da Ciência Penal. Há quem diga, e esse é o caso de Juarez Tavares,[618] ser praticamente impossível empreender um conceito de bem jurídico. Em todo caso, intentaremos fazer uma aproximação conceitual na medida do possível.

Segundo Nicola Abbagnano,[619] *bem* é "tudo o que possui valor, preço, dignidade, a qualquer título", ou seja, tudo o que tem valor, de modo que os bens, "além de serem o que são, valem.". Utilizando-se a terminologia de Francisco Pontes de Miranda, o bem jurídico constitui o bem que, por ser relevante para o direito, entrou para o mundo jurídico. É o bem que, por ter sido selecionado (valorado) como essencial, tornou-se portador de tutela jurídica.

Na lição de Francisco de Assis Toledo,[620] "bens jurídicos são valores ético-sociais, que o direito seleciona, com o objetivo de assegurar a paz social, e coloca sob sua proteção para que não sejam expostos a perigo de ataque ou a lesões efetivas". Em trabalho que escrevemos há alguns anos, consignamos[621] ser "o bem valorado como essencial à convivência social de certa comunidade, em dado momento histórico, e por isso tutelado pela norma penal.".

Assim, o bem jurídico é objeto da tutela penal, porquanto encerra um valor. O que nos desafia é saber o significado, o sentido e o conteúdo que deve ter o bem para que lhe seja conferida a assunção de bem jurídico-penal. Pois bem, quanto a isso, foram empreendidas diversas teses. Hernán Hormazábal Malarée,[622] por exemplo, reivindica seja dedutível das relações sociais, estabelecendo-se um conceito material, bem como se agregando o merecimento de proteção.

Fala-se em conceitos *imanentes*, que seriam aqueles que decorriam da norma, cujo principal exemplo encontramos em Binding, em contraste com os conceitos *transcendentes*, que não dependeriam da norma, conceitos autônomos, como propugnava Von Liszt.

Na esteira de Claus Roxin, deve-se buscar um conceito que vá além de conceitos *meramente metodológicos*, ou seja, conforme já afirmamos,[623] daqueles que "busquem acomodar as coisas de tal modo que resulte em que qualquer finalidade legal já possua o condão de criar um bem jurídico.".

Roxin segue afirmando que o conceito – ou a noção – deve, portanto, ser crítico, para bem cumprir sua função de garantia, excluindo-se incriminações vinculadas a um puro moralismo (punição do homossexualismo), a um paternalismo não condizente com a sociedade livre (autolesão ou autocolocação em

---

[618] TAVARES, Juarez. *Teoria do Injusto Penal*. 3ª ed. Belo Horizonte: Del Rey, 2003, p. 181.

[619] ABBAGNANO, Nicola. *Dicionário de Filosofia*. Trad. de Alfredo Bosi *et al*. 2ª ed. São Paulo: Martins Fontes, 1998, p. 107.

[620] TOLEDO, Francisco de Assis. *Princípios Básicos de Direito Penal*. 5ª ed. São Paulo: Saraiva, 1994, p. 16.

[621] SILVA, Ângelo Roberto Ilha da. *Dos Crimes Perigo Abstrato em face da Constituição*. São Paulo: Revista dos Tribunais, 2003, p. 38.

[622] HORMAZÁBAL MALARÉE, Hernán. *Bien Jurídico y Estado Social e Democrático de Derecho (El Objeto Protegido por la Norma Penal)*. Barcelona: PPU, 1991.

[623] SILVA, Ângelo Roberto Ilha da. Os Crimes de Perigo Abstrato e a Constituição. In: *Livro Homenagem a Miguel Reale Júnior* (coord. Janaína Conceição Paschoal e Renato de Mello Jorge Silveira). Rio de Janeiro: GZ Editora, 2014, p. 62.

perigo) ou a proteção de sentimentos (como é o caso da pornografia entre adultos). Nessa esteira, para o penalista,[624] *os bens jurídicos são os dados ou finalidades necessários para o livre desenvolvimento do indivíduo para a realização de seus direitos fundamentais ou para o funcionamento de um sistema estatal baseado em finalidades.*

Em se tratando de um *Curso de Direito Penal*, e não de trabalho monográfico, não cabe aqui nos alongarmos em demasia, mas cumpre ainda referir que na concepção de bem jurídico se discute também acerca do papel da Constituição como, nas palavras de Guilherme Guedes Raposo,[625] "fonte valorativa", e a ideia de *harm principle*, que trataremos no tópico seguinte.

4.3. Bem jurídico e Constituição

A assunção do bem jurídico enquanto propiciador do conteúdo material de crime é imprescindível para conferir efetividade ao *princípio da ofensividade*.[626] Se, por um lado, a função precípua do direito penal é a tutela subsidiária de bem jurídico, por outro, uma conduta somente pode ser erigida à infração penal se for lesiva, ou seja, causar dano ou expor a perigo algum bem jurídico.

Se o bem jurídico encerra um valor, há que se examinar de onde decorrem os valores subjacentes aos bens jurídicos. Em nosso primeiro livro,[627] pugnamos os valores constitucionais como fator de embasamento e projeção dos bens jurídico-penais. Assim, os valores constitucionais são fatores fundantes na catalogação de bens jurídicos no âmbito infraconstitucional, havendo, portanto, um atrelamento à ordem constitucional.

A exigência de que o crime consista em uma ofensa a bens jurídicos constitui uma decorrência da Constituição, porquanto advém em última instância da dignidade da pessoa humana, bem como está relacionada com a observância a diversos outros princípios constitucionais, como a ofensividade, a proporcionalidade, dentre outros. Sobre à questão, há autorizada doutrina a qual remetemos[628] o leitor.

---

[624] ROXIN, Claus. Sobre o Recente Debate em Torno do Bem Jurídico. In: *O Bem Jurídico como Limitação do Poder Estatal de Incriminar?* Trad. de Luís Greco; org. Luís Greco e Fernanda Lara Tórtima. Rio de Janeiro: Lumen Juris, 2011, p. 187.

[625] RAPOSO, Guilherme Guedes. *Teoria do Bem Jurídico e Estrutura do Delito*. Porto Alegre: Nuria Fabris, 2011, p. 110.

[626] ZAFFARONI, Eugenio Raúl; ALAGIA, Alejandro; SLOKAR, Alejandro. *Derecho Penal – Parte General*. 2ª ed. Buenos Aires: Ediar, 2002, p. 486.

[627] SILVA, Ângelo Roberto Ilha da. *Dos Crimes Perigo Abstrato em face da Constituição*. São Paulo: Revista dos Tribunais, 2003, p. 44.

[628] BIRNBAUM, Johann Michael Franz. *Sobre la Necesidad de una Lesión de Derechos para el Concepto de delito*. Trad. de José Luis Guzmán Dalbora. Montevideo/Buenos Aires: B de F/Julio César Faira Editor, 2010; HEFENDEHL, Roland *et al*. La Teoría del Bien Jurídico. Madrid: Marcial Pons, 2007; JAKOBS, Günther. *Proteção de Bens Jurídicos? Sobre a Legitimação do Direito Penal*. Trad. de Pablo Rodrigo Alflen. Porto Alegre: Livraria do Advogado, 2018; HASSEMER, Winfried *et al*. *O Bem Jurídico como Limitação do Poder Estatal de Incriminar?* (org. de Luís Greco e Feenanda Lara Tórtima). Rio de Janeiro: Lumen Juris, 2011; ROXIN, Claus. *A Proteção de Bens Jurídicos como Função do Direito Penal*. Trad. André Luís Callegari e Nereu José Giacomolli. Porto Alegre: Livraria do Advogado, 2009; POLAINO NAVARRETE, Miguel. *El Bien Jurídico en el Derecho Penal*. Sevilla: Publicaciones de la Universidad de Sevilla, 1974; BOZZA, Fábio da Silva. *Bem Jurídico e Proibição de*

A doutrina do bem jurídico tem semelhança com o *harm principle*, que, segundo Helena Regina Lobo da Costa,[629] "consiste no principal critério para a análise da legislação de normas penais nos países anglo-saxões e foi inicialmente delineado por Stuart MILL, em sua obra *On Liberty*.". O sistema anglo-saxão não labora com uma teoria do bem jurídico, mas, em atenção ao referido "princípio do dano", como registra Ana Bechara,[630] "a partir da preocupação com a garantia da liberdade individual, a tentativa de estabelecimento dos limites e da justificação do poder punitivo do Estado, discutindo-se a necessidade de afastar o Direito Penal da moral dominante.".

4.4. Bem jurídico e objeto da conduta: distinções

Não se deve confundir[631] *bem jurídico* (o *objeto jurídico do crime*) com o *objeto da conduta*. O primeiro é valorativo ao passo que o segundo se refere ao substrato material sobre o qual recai a ação delitiva. Assim é que no crime de homicídio o bem (ou objeto) jurídico é a vida humana sendo que, por sua vez, o objeto material é o corpo humano sobre o qual recai a conduta do agente.

Não obstante, há crimes que não possuem objeto da conduta ou da ação, como ocorre no caso do crime de reingresso de estrangeiro expulso (CP, art. 338), o qual constitui um crime de mera conduta ou de mera atividade. Os crimes de mera conduta, por não possuírem objeto da conduta, são também denominados de *delitos intransitivos*.

4.5. Bem jurídico individual e transindividual

O bem jurídico-penal ou objeto de proteção, tendo em conta seu titular, pode ser individual ou transindividual (coletivo). O primeiro grupo refere-se, por exemplo, à tutela da vida, da integridade física, da liberdade e do patrimô-

---

Excesso como Limites à Expansão Penal. São Paulo: Almedina, 2015; PRADO, Luiz Regis. *Bem Jurídico-Penal e Constituição*. 3ª ed. São Paulo: Revista dos Tribunais, 2003; BECHARA, Ana Elisa Liberatore Silva. *Bem Jurídico-Penal*. São Paulo: Quartier Latin, 2014; RAPOSO, Guilherme Guedes. *Teoria do Bem Jurídico e Estrutura do Delito*. Porto Alegre: Nuria Fabris, 2011; AZEVEDO, André Mauro Lacerda; FACCINI NETO, Orlando. *O Bem Jurídico-Penal – Duas Visões sobre a Legitimação do Direito Penal a Partir da Teoria do Bem Jurídico*. Porto Alegre: Livraria do Advogado, 2013; RODRIGUES, Savio Guimarães. *Bem Jurídico-Penal Tributário – A Legitimidade do Sistema Punitivo em Matéria Fiscal*. Porto Alegre: Nuria Fabris, 2013; LENNACO, Rodrigo. *Bem Jurídico e Perigo Abstrato – Um Desenho Hermenêutico da Ofensividade*. Belo Horizonte: D'Plácido, 2014; LUZ, Yuri Corrêa da. *Entre Bens Jurídicos e Deveres Normativos – Um Estudo sobre os Fundamentos do Direito Penal Contemporâneo*. São Paulo: IBCCrim, 2013.

[629] COSTA, Helena Regina Lobo da. Considerações sobre o Estado Atual da Teoria do Bem Jurídico à Luz do *Harm Principle*. In: *Direito Penal como Crítica da Pena – Estudos em Homenagem a Juarez Tavares por seu 70º Aniversário em 2 de setembro de 2012*. Madri/Barcelona/Buenos Aires/São Paulo: Marcial Pons, 2012, p. 140.

[630] BECHARA, Ana Elisa Liberatore Silva. *Bem Jurídico-Penal*. São Paulo: Quartier Latin, 2014, p. 275.

[631] Consulte-se: CORREIA, Eduardo. *Direito Criminal*. Coimbra: Livraria Almedina, 1971 (reimpressão), v. I, p. 306; TOLEDO, Francisco de Assis. *Princípios Básicos de Direito Penal*. 5ª ed. São Paulo: Saraiva, 1994, p. 20; TAVARES, Juarez. *Teoria do Injusto Penal*. 3ª ed. Belo Horizonte: Del Rey, 2003, p. 202, 227.

nio, em crimes como o homicídio (art. 121), lesões corporais (art. 129), ameaça (art. 147), furto (art. 155) e outros.

São exemplos de bens jurídicos transindividuais ou coletivos o meio ambiente (tutelado pela Lei nº 9.605/98), a ordem econômica[632] (tutelada, além de outras, pela Lei nº 8.137/90, art. 4º), a paz pública (crime de associação criminosa, art. 288) e a fé pública (crime de moeda falsa, art. 289), etc.

4.6. Funções do bem jurídico

Sobretudo em virtude de constituir-se no conteúdo material do crime, o bem jurídico cumpre, como consectário, algumas funções. Régis Prado[633] elenca quatro funções, quais sejam: *a*) função de garantia ("o bem jurídico é erigido como conceito limite na dimensão material da norma penal"); *b*) função teleológica ou interpretativa ("como um critério de interpretação dos tipos penais, que condiciona seu sentido e alcance à finalidade de proteção de certo bem jurídico"); *c*) função individualizadora ("como critério de medição da pena, no momento concreto de sua fixação, levando-se em conta a gravidade da lesão ao bem jurídico"); e *d*) função sistemática ("como elemento classificatório decisivo na formação dos grupos de tipos da parte especial do Código Penal").

Porém, são referidas, em doutrina,[634] ainda outras funções como servir à seleção de tipos incriminadores e a função crítica, que se relaciona à anterior, "consubstanciada na consideração pré-jurídica que se deve ter do bem". Refere-se também às funções dialética, dogmática, orientadora, bem como à funções "relativas à determinação do sujeito ativo do delito, à reincidência, ao consentimento e ao conflito aparente de normas"."

5. Classificação das infrações penais

Após tratarmos sobre o bem jurídico-penal, o qual constitui o conteúdo material do fato punível, ou seja, o substrato do próprio conceito material de delito, cuidaremos da classificação das infrações penais, seja em decorrência da característica típica (do tipo penal incriminador de determinada conduta),

---

[632] Para uma aproximação sobre a ordem econômica, consulte-se: PETTER, Lafayete Josué. *Princípios Constitucionais da Ordem Econômica – O Significado e o Alcance do Art. 170 da Constituição Federal*. São Paulo: Revista dos Tribunais, 2005. Heloisa Estellita observa que: "Os crimes econômicos dirigem-se, muitas vezes, à tutela de bens jurídicos coletivos, que costumam apresentar, como características, uma difícil acessibilidade empírica e uma certa distância em relação à vida cotidiana do cidadão comum. ". Assim, sendo, e aí inclua-se os crimes de acumulação (que muitas vezes, acrescentamos nós, caracterizam também os crimes ambientais), "há que prefira falar, nesses casos, em 'afetação', ao invés de resultado de lesão.". ESTELLITA, Heloísa. *Responsabilidade Penal de Dirigentes de Empresas por Omissão*. São Paulo: Marcial Pons, 2017, p. 41.
[633] PRADO, Luiz Regis. *Bem Jurídico-Penal e Constituição*. 3ª ed. São Paulo: Revista dos Tribunais, 2003, p. 60.
[634] SILVA, Ângelo Roberto Ilha da. *Dos Crimes de Perigo Abstrato em face da Constituição*. São Paulo: Revista dos Tribunais, 2003, p. 38 e ss.

seja, em alguns casos, em razão não propriamente de característica do tipo penal, e sim de designações atribuídas pela doutrina ou jurisprudência.

5.1. Crime, delito e contravenção

No Brasil, segundo o art. 1º da Lei de Introdução ao Código Penal, considera-se *crime* a infração penal a que a lei comina pena de reclusão ou de detenção, quer isoladamente, quer alternativa ou cumulativamente com a pena de multa. O mesmo dispositivo define como *contravenção* a infração penal a que a lei comina, isoladamente, pena de prisão simples ou de multa, ou ambas, alternativa ou cumulativamente.

Assim, a infração penal é o gênero que abrange o crime e a contravenção. *O crime é, entre nós, sinônimo de delito* e caracteriza-se por ser uma espécie de infração penal mais grave do que a contravenção, a qual também é denominada *crime anão*[635] ou *reato nano*, para os italianos.

5.2. Crimes comissivo e omissivo, próprios e impróprios

Crime comissivo é aquele em que o agente pratica uma atividade positiva. O *crime omissivo* perpetra-se mediante a inatividade do agente, o "não fazer" algo que a lei determina. Os crimes omissivos dividem-se *próprios* e *impróprios*. Os primeiros são aqueles em que o tipo penal descreve um comportamento omissivo como é o caso da omissão de socorro (art. 135). Por sua vez, os *crimes omissivos impróprios*, também chamados *comissivos por omissão*, são crimes tipicamente comissivos em que o resultado é imputado àquele que tinha o dever de agir para a evitação do resultado, denominado garantir ou garante, nos termos do art. 13, § 2º, do CP.

5.3. Crimes doloso, culposo e preterdoloso

De acordo com o CP, diz-se o *crime doloso* quando o agente quis o resultado (dolo direto) ou assumiu o risco de produzi-lo (dolo eventual) (art. 18, inc. I). Na dicção do art. 18, inc. II, do CP, diz-se o *crime culposo* quando o agente deu causa ao resultado por imprudência, negligência ou imperícia. O *crime preterdoloso* também chamado de *preterintencional* é aquele que advém da conjugação dolo/culpa, como ocorre no crime de lesão corporal seguida de morte, em que a lesão é produzida dolosamente, mas o resultado morte não é desejado pelo agente, advindo de culpa. No Uruguai, o Código Penal daquele país utilizada a designação *ultraintencional* (art. 18). Todavia, a palavra "ultra" dá uma ideia de maior intensidade, o que não ocorre com o tipo incriminador

---

[635] HUNGRIA, Nelson; FRAGOSO, Heleno Cláudio. *Comentários ao Código Penal*. 5ª ed. Rio de Janeiro: Forense, 1978, v. I, t. II, p. 39.

aqui estudado, pois a intenção do agente está justamente aquém do resultado produzido, e não além. Por isso, o termo ultraintencional não é melhor.

5.4. Crimes instantâneo, permanente e instantâneo de efeitos permanentes

Crime instantâneo é aquele que se consuma em determinado momento, sem que a consumação se prolongue no tempo, ao passo que crime permanente é aquele em que a consumação se prolonga no tempo. São exemplos de crime instantâneo o furto (art. 155) e as lesões corporais (art. 129), ao passo que a exemplificação de crime permanente temos no delito de extorsão mediante sequestro (art. 159).

Podemos identificar o *crime permanente* a partir da constatação segundo a qual a cessação da atividade criminosa está sob o poder do agente. O agente, depois de ter início a *consumação* que se prolonga no tempo, é detentor do poder de interromper a atividade criminosa como ocorre no suprarreferido crime de extorsão mediante sequestro em que o agente pode, a qualquer momento, fazer cessar a consumação do crime, libertando a vítima. No crime instantâneo, tal não é possível, pois tendo o crime se consumado em determinado momento, já não há mais o que interromper.

Por sua vez, os denominados *crimes instantâneos de efeitos permanentes* são aqueles em que o crime se consuma em determinado momento, mas o efeito do crime é permanente em razão da irreversibilidade do resultado. Assim é que o homicídio (art. 121) constitui um crime de instantâneo de efeitos permanentes, porquanto não obstante a consumação ocorra em um momento exato, ou seja, no momento em que a vítima morre, os seus efeitos são permanentes, visto que a morte é definitiva.

5.5. Crimes material, formal e de mera conduta

Relativamente aos crimes que serão estudados neste tópico, pode-se dizer que a doutrina concorda em discordar. *Crime material* ou de *resultado*, também chamado de *ação e resultado* ou de *ação e evento,* é aquele em que há um resultado naturalístico destacado da conduta. Há relevância prática relativamente à relação de causalidade e, por consequência, à análise da tentativa/consumação.

Nelson Hungria[636] identificava o crime material com o crime de dano, mas tal entendimento não é correto. Isso porque a consideração sobre o crime ser de resultado está diretamente relacionada com o objeto da conduta, ao passo que o fato de o crime ser ou não de dano está relacionado à afetação do bem jurídico. Assim, há crimes que são ao mesmo tempo materiais e de dano, como é o caso do crime de homicídio (art. 121), em que o objeto da conduta é o corpo da vítima sobre a qual recai a ação delitiva, ao passo que o dano diz respeito

---

[636] HUNGRIA, Nelson; FRAGOSO, Heleno Cláudio. *Comentários ao Código Penal.* 5ª ed. Rio de Janeiro: Forense, 1978, v. I, t. II, p. 20 e 43.

ao bem jurídico vida. Assim é que num quadro fático em que o agente desfere diversos golpes de punhal contra alguém com a intenção de matá-lo, mas este sobrevive há resultado (os ferimentos), sem contudo haver o dano à vida, e sim um perigo para a vida em virtude da tentativa de homicídio. Por outro lado, há crimes – a um tempo – materiais e de perigo, como é o caso do crime de moeda falsa (art. 289). Há materialidade (resultado físico) relativamente à contrafação da moeda (objeto da conduta), enquanto que em relação ao bem jurídico fé pública há exposição de perigo, de forma presumida (apreciação valorativa).

Heleno Cláudio Fragoso[637] tratava o *crime de mera conduta* ou *de mera atividade* e o *crime formal* como sinônimos, ao passo que Cezar Bitencourt[638] afirma ter "dificuldade de constatar com precisão a diferença entre crime formal e de mera conduta.". Em contraposição a esse entendimento, está Manoel Pedro Pimentel[639] para quem o "crime formal, portanto, ao contrário do crime de mera conduta, é crime de ação *e de resultado*"." No mesmo sentido, posicionam-se, *v. g.*, Sheila Bierrenbach,[640] Cláudio Brandão[641] e Pedro Krebs.[642]

Adotamos a segunda corrente. Isso porque, nos crimes de mera atividade, não há um resultado destacado da conduta temporalmente, sequer de forma implícita, ou seja, "a ação esgota a descrição do tipo",[643] cujo exemplo sempre referido é o do crime de violação de domicílio. Já nos crimes formais há um resultado presente no tipo destacado da ação, mas esse é indiferente à consumação delitiva.

Tomemos os crimes contra a honra, em relação aos quais se discute se se tratariam de crimes de perigo, para alguns,[644] ou crime de dano, para outros.[645] Estamos que tais crimes sejam de perigo, "bastando", como referia Noronha,[646] "a idoneidade da ofensa". Obtemperava o saudoso penalista que "não só não se exige que a pessoa se considere ofendida como também se prescinde de que a difamação ou a calúnia tenham encontrado crédito perante outras pessoas, podendo até suscitar repulsa; nem por isso a honra da pessoa deixou de estar exposta à probabilidade de um dano.".

---

[637] FRAGOSO, Heleno Cláudio. *Lições de Direito Penal – Parte Geral*. 12ª ed. revista e atualizada por Fernando Fragoso. Rio de Janeiro: Forense, 1990, p. 163.

[638] BITENCOURT, Cezar Roberto. *Teoria Geral do Delito – Uma Visão Panorâmica da Dogmática Penal Brasileira*. Coimbra: Almedina, 2007, p. 69.

[639] PIMENTEL, Manoel Pedro. *Crimes de Mera Conduta*. 3ª ed. São Paulo: Revista dos Tribunais, 1975, p. 63.

[640] BIERRENBACH, Sheila. *Teoria do Crime*. Rio de Janeiro: Lumen Juris, 2009, p. 58.

[641] BRANDÃO, Cláudio. *Teoria Jurídica do Crime*. 2ª ed. Rio de Janeiro: Forense, 2002, p. 15.

[642] KREBS, Pedro. *Teoria Jurídica do Delito*. Barueri: Manole, 2004, p. 64

[643] Reproduzindo Maurach: TOLEDO, Francisco de Assis. *Princípios Básicos de Direito Penal*. 5ª ed. São Paulo; Saraiva, 1994, p. 142.

[644] BRUNO, Anibal. *Direito Penal – Parte Especial*. Rio de Janeiro: Forense, 1966, v. I, t. 4º, p. 294-295.

[645] HUNGRIA, Nelson; FRAGOSO, Heleno Cláudio. *Comentários ao Código Penal*. 5ª ed. Rio de Janeiro: Forense, 1982, v. VI, p. 43.

[646] NORONHA, E. Magalhães. *Direito Penal*. 25ª ed. atualizada por Dirceu de Mello e Eliana Passarelli Lepera. São Paulo: Saraiva, 1991, v. 2, p. 111.

Por outro lado, a doutrina[647] é praticamente unânime em considerar tais infrações como crimes formais. Isso porque há o resultado afetação da honra que se destaca da conduta, os quais não estão, por assim dizer, sobrepostos. Em tais delitos, como advertia Helio Tornaghi,[648] "a prova da verificação efetiva do perigo seria tão difícil que poderia ser considerada pràticamente impossível.". Daí decorre o caráter formal, tanto se considerarmos esses como crimes de perigo ou de dano, pois o eventual resultado é indiferente para a consumação.

O crime de extorsão mediante sequestro (art. 159) constitui também exemplo de crime formal. Assim, se o agente sequestra a vítima com o fim de obter, para si ou para outrem, qualquer vantagem, como condição ou preço do resgate, a *não obtenção da condição ou preço pretendidos é indiferente para a consumação do delito*, porquanto a mera conduta não exaure a previsão típica, e sim a conduta e o resultado dela extremado. Há um resultado no tipo, mas não será considerado para o aperfeiçoamento típico.

O interesse prático da distinção entre os crimes formais e os de mera conduta reside no fato de os primeiros comportarem tanto a consumação formal como também a material (exaurimento). Tomando o exemplo suprarreferido da extorsão mediante sequestro, é possível concluir que se houver a consumação material, ou seja, o exaurimento, poderá servir como elemento a ser levado em conta no momento da aplicação da pena de forma mais objetiva, visto que o Código faz referência às consequências do crime a serem consideradas na fixação da pena (art. 59). O mesmo se diga com relação aos crimes contra a honra, visto que se verificando consequências concretas em detrimento da vítima (demissão do emprego, exclusão social, etc.) servirá como elemento a ser posto em consideração na inflição da pena.

5.6. Crimes de dano e de perigo

Crimes de dano são aqueles cujo tipo incriminador reivindica uma lesão efetiva ao bem jurídico à consumação. *Crimes de perigo* são aqueles em que o bem jurídico é exposto a perigo, podendo ser de perigo concreto ou de perigo abstrato ou presumido. *Crimes de perigo concreto* são aqueles em que a exposição de perigo ao bem jurídico deve ser aferida no caso concreto, caso a caso, sendo exemplo[649] o crime de perigo para a vida ou a saúde de outrem (art. 132) e a lesão corporal grave qualificada pelo "perigo de vida" (art. 129, § 1º, inc. II),

---

[647] TORNAGHI, Helio Bastos. *A Questão do Crime Formal*. Rio de Janeiro: A. Coelho Branco Fº, 1944, p. 10; HUNGRIA, Nelson; FRAGOSO, Heleno Cláudio. *Comentários ao Código Penal*. 5ª ed. Rio de Janeiro: Forense, 1982, v. VI, p. 43; COSTA JÚNIOR, Paulo José da. *Comentários ao Código Penal*. 4ª ed. São Paulo: Saraiva, 1996, p. 419.

[648] TORNAGHI, Helio Bastos. *A Questão do Crime Formal*. Rio de Janeiro: A. Coelho Branco Fº, 1944, p. 10.

[649] SILVEIRA, Renato de Mello Jorge. Da Periclitação da Vida e da Saúde. In: SALVADOR NETTO, Alamiro Velludo *et al*. *Código Penal Comentado* (coord. Miguel Reale Júnior). São Paulo: Saraiva, 2017, p. 385; D'URSO Luiz Flávio Borges; D'URSO, Adriana Filizzola. Da Periclitação da Vida e da Saúde. In: SILVA FILHO, Acacio Miranda da *et al*. *Código Penal Comentado – Doutrina e Jurisprudência* (coord. de Mauricio Schaun Jalil e Vicente Greco Filho). Barueri: Manole, 2016, p. 390.

que exige[650] um *perigo concreto de morte* para a qualificação por esse motivo. "Os crimes de perigo abstrato ou presumido[651] são aqueles cujo perigo é ínsito na conduta e presumido, segundo a doutrina majoritária, *juris et de jure*", como é o caso do crime de tráfico ilícito de entorpecente[652] (Lei nº 11.343/06, art. 33), da associação criminosa[653] (art. 288) e da moeda falsa[654] (art. 289).

5.7. Crimes unissubjetivo e plurissubjetivo

Crimes unissubjetivos, monosubjetivos ou *unilaterais* são aqueles passíveis de serem praticados por uma só pessoa, como é o caso do homicídio (art. 121). Diz-se haver concurso eventual de pessoas quando os referidos crimes forem praticados por mais de um agente em concurso, desde haja confluência de vontade entre eles. *Crimes plurissubjetivos*[655] são aqueles que somente podem ser praticados por uma pluralidade de agentes. Trata-se de crimes de concurso necessário. Tais crimes subdividem-se em *bilaterais* ou de *encontro*, exigindo o encontro de duas pessoas, como ocorre no homicídio qualificado mediante paga (art. 121, § 2º, inc. I), na bigamia (art. 235), bem como no revogado crime de adultério (art. 240), e *coletivos* ou *de convergência*, que reinvida o concurso de várias pessoas, como no caso da rixa (art. 137), associação criminosa (art. 288) e do motim de presos (art. 354).

5.8. Crimes unissubsistente e plurissubsistente

Crimes unissubsistentes são aqueles cuja conduta compõe-se de um ato único, não havendo, por esse motivo, o fracionamento do *iter criminis*, como na injúria verbal (art. 140) e na ameaça verbal (art. 147), não sendo possível a tentativa. *Crimes plurissubsistentes* são aqueles em que o comportamento delitivo é composto por vários atos, como ocorre no homicídio (art. 121), os quais admitem a figura da tentativa.

5.9. Crimes comum, próprio e de mão própria

Crimes comuns são aqueles que podem ser praticados por qualquer pessoa, como é o caso da maioria dos delitos. *Crimes próprios* ou *especiais* são aqueles

---

[650] Nesse sentido, citando acórdão do STF (RE 92.449): TOLEDO, Francisco de Assis. *Princípios Básicos de Direito Penal*. 5ª ed. São Paulo: Saraiva, 1994, p. 143.

[651] SILVA, Ângelo Roberto Ilha da. *Dos Crimes de Perigo Abstrato em face da Constituição*. São Paulo: Revista dos Tribunais, 2003, p. 72.

[652] GRECO FILHO, Vicente. *Tóxicos – Prevenção – Repressão*. 14ª ed. São Paulo: Saraiva, 2011, p. 172

[653] ESTELLITA, Heloisa. Dos Crimes contra a Paz Pública. In: SALVADOR NETTO, Alamiro Velludo *et al*. *Código Penal Comentado* (coord. de Miguel Reale Júnior). São Paulo: Saraiva, 2017, p. 849; PATARA, Alexandre Augusto. Dos Crimes contra a Paz Pública. In: SILVA FILHO, Acacio Miranda da *et al*. *Código Penal Comentado – Doutrina e Jurisprudência* (coord. Mauricio Schaun Jalil e Vicente Greco Filho). Barueri: Manole, 2016, p. 737.

[654] SILVA, Ângelo Roberto Ilha da. *Dos Crimes de Perigo Abstrato em face da Constituição*. São Paulo: Revista dos Tribunais, 2003, p. 73.

[655] SALES, Sheila Jorge Selim. *Dos Tipos Plurissubjetivos*. Belo Horizonte: Del Rey, 1997.

cujo tipo incriminador especifica a autoria, como acontece no crime de infanticídio (art. 123), em que o sujeito ativo só pode ser a mãe. *Crimes de mão própria* são aqueles que só podem ser praticados pessoalmente pelo agente, como no caso do crime de falso testemunho (art. 342).

5.10. Crimes de ação única e de ação múltipla

Crimes de ação única são aqueles que encerram um único verbo nuclear à consecução delitiva, como ocorre no homicídio, "matar alguém" (art. 121), na lesão corporal, "ofender a integridade corporal ou a saúde de outrem" (art. 129), no furto, "subtrair" (art. 155), etc. Nos *crimes de ação múltipla*, o tipo incriminador utiliza mais de um verbo, respondendo o agente por apenas um crime, ainda que pratique mais de uma dentre as condutas tipificadas. Exemplo encontramos no crime de tráfico ilícito de drogas em que o art. 33 da Lei nº 11.343/06 contempla dezoito verbos, nos seguintes termos: "Art. 33. Importar, exportar, remeter, preparar, produzir, fabricar, adquirir, vender, expor à venda, oferecer, ter em depósito, transportar, trazer consigo, guardar, prescrever, ministrar, entregar a consumo ou fornecer drogas, ainda que gratuitamente, sem autorização ou em desacordo com determinação legal ou regulamentar: Pena – reclusão de 5 (cinco) a 15 (quinze) anos e pagamento de 500 (quinhentos) a 1.500 (mil e quinhentos) dias-multa." .

5.11. Crimes de forma livre e de forma vinculada

Crimes de forma livre são aqueles que não especificam o modo como o tipo penal deve ser praticado. Nos *crimes de forma vinculada,* o tipo penal delimita a conduta mediante formulação devidamente especificada. Exemplo encontramos no crime de curandeirismo: "Art. 284 – Exercer o curandeirismo: I – prescrevendo, ministrando ou aplicando, habitualmente, qualquer substância; II – usando gestos, palavras ou qualquer outro meio; III – fazendo diagnósticos:". Outro exemplo pode ser extraído da Lei nº 8.137/90, que, em seu art. 1º, prevê crime contra a ordem tributária: "Art. 1º – Constitui crime contra a ordem tributária suprimir ou reduzir tributo, ou contribuição social e qualquer acessório, mediante as seguintes condutas: I – omitir informação, ou prestar declaração falsa às autoridades fazendárias; II – fraudar a fiscalização tributária, inserindo elementos inexatos, ou omitindo operação de qualquer natureza, em documento ou livro exigido pela lei fiscal; III – falsificar ou alterar nota fiscal, fatura, duplicata, nota de venda, ou qualquer outro documento relativo à operação tributável; IV – elaborar, distribuir, fornecer, emitir ou utilizar documento que saiba ou deva saber falso ou inexato; V – negar ou deixar de fornecer, quando obrigatório, nota fiscal ou documento equivalente, relativa a venda de mercadoria ou prestação de serviço, efetivamente realizada, ou fornecê-la em desacordo com a legislação.".

5.12. Crimes principal e acessório

Crime principal é aquele cuja prática independe de qualquer outra infração penal. *Crime acessório* é aquele cuja ocorrência pressupõe alguma outra infração penal, como se dá no crime de receptação (art. 180) e no crime de lavagem de dinheiro (Lei nº 9.613/98).

5.13. Crimes simples, privilegiado, qualificado, *sui generis* e majorado

Crime simples é aquele praticado em sua forma básica ou fundamental, sem aumento ou diminuição de pena previstos no tipo (art. 121, *caput*). *Crime privilegiado*, como tipo derivado do tipo fundamental, é aquele em que incide circunstância que exprime uma atenuação do conteúdo típico e da pena (art. 121, § 1º). *Crime qualificado* é o tipo derivado que, contrariamente à hipótese anterior, agrega uma circunstância propiciadora de um recrudescimento do tipo, estabelecendo um novo *quantum* de pena mínima e de pena máxima, pena essa independente do tipo fundamental (art. 121, § 2º). *Crime* ou *delictum sui generis* é aquele derivado do tipo fundamental, mas em tipo penal autônomo, cujo exemplo[656] é o roubo (art. 157) em relação ao furto (art. 155), bem como o infanticídio, cuja previsão consta em dispositivo apartado (art. 123) daquele que tipifica o homicídio. Trata-se de um "homicídio" privilegiado ao qual o CP designou "infanticídio", em artigo separado. Por fim, diz-se o *crime majorado* quando há a incidência de circunstância agravadora da pena, mas tendo vinculação com a pena do tipo fundamental. É a hipótese do *roubo majorado*, com modalidades previstas no art. 157, § 2º, com o aumento de 1/3, e no art. 157, § 2º-A, com o aumento de 2/3, em relação à pena prevista no art. 157, *caput*.

5.14. Crimes de tipo fechado e de tipo aberto

Crime de tipo fechado é aquele cujo critério, segundo Assis Toledo, "consiste na descrição completa do modelo de conduta proibida, sem deixar ao intérprete, para a verificação da ilicitude, outra tarefa além da constatação da correspondência entre a conduta concreta e a descrição típica, bem como a inexistência de causas de justificação.". Por sua vez, o *crime de tipo aberto* é aquele cujo critério "consiste na descrição incompleta do modelo de conduta proibida, transferindo-se para o intérprete o encargo de completar o tipo, dentro dos limites e das indicações nele contidas.". Exemplo do primeiro é o crime de homicídio, ao passo que exemplos do segundo são os crimes culposos, nos quais o intérprete deve averiguar se houve ou não a observância do dever objetivo de cuidado.

---

[656] WELZEL, Hans. *Das Deutsche Strafrecht*. 11ª ed. Berlin: Walter de Gruyter & Co., 1969, p. 22: "Um novo tipo com natureza delitiva própria (*delictum sui generis*), que se apresenta de forma independente, completamente separado e desvinculado do delito fundamental, como, por exemplo, o roubo (§ 249) em relação ao furto e à coação (§§ 240, 242).".

5.15. Crimes transeunte e não transeunte

Crime transeunte é aquele que não deixa vestígios, como a injúria verbal (art. 140). *Crime não transeunte*, ao contrário, é aquele que deixa vestígio, como, *v. g.*, o homicídio (art. 121) e a lesão corporal (art. 129).

5.16. Crime vago, multivitimário ou de vítimas difusas

Crime vago, multivitimário ou *de vítimas difusas* é aquele cujo sujeito passivo é a coletividade sem personalidade jurídica, como o impedimento ou perturbação de cerimônia funerária (art. 209), violação de sepultura (art. 210), o vilipêndio a cadáver (art. 212), o ato obsceno (art. 233).

5.17. Crime achado

O denominado *crime achado* é aquele identificado a partir de "encontro fortuito" ou "serendipidade", ou seja, ocorre quando, na investigação de determinado delito, descobre-se outro de forma aleatória ou fortuita. A designação foi utilizada em julgamento pelo STF, do qual se extrai: "O Colegiado afirmou que a hipótese dos autos é de crime achado, ou seja, infração penal desconhecida e não investigada até o momento em que se descobre o delito." (STF, 1ª Turma, HC 129.678/SP, rel. Min. Marco Aurélio; rel. para o acórdão Min. Alexandre de Moraes, j. 13.6.2017, Inf. 869).

Capítulo IX – CONDUTA PUNÍVEL

1. Introdução

Consoante observava Heleno Cláudio Fragoso,[657] nossa legislação não faz referência às expressões mais genéricas, como *comportamento humano* ou *conduta*, e sim às expressões mais específicas *ação* (o fazer, a atuação positiva) e *omissão* (o não fazer), muito embora a palavra ação seja utilizada em doutrina comumente de forma mais genérica, ou seja, não indicando especificamente uma atuação positiva. Isso ocorre, por exemplo, quando se fala em teorias da ação, que, neste caso, não se refere somente a uma ideia de conduta positiva, mas de comportamento em um sentido mais amplo, abrangendo, portanto, o "não fazer".

Porém, preferimos intitular este capítulo como *conduta punível*. Isso porque tal designação identifica com maior clareza uma noção mais genérica, assim como é também o caso da expressão *comportamento humano*, capaz de abran-

---
[657] FRAGOSO, Heleno Cláudio. *Conduta Punível*. São Paulo: José Bushatsky, 1961, p. 5.

ger a ação ou omissão. Veja-se que é perfeitamente possível (ou adequado) se falar em conduta comissiva (ação) ou conduta omissiva (omissão), ou, ainda, comportamento comissivo ou omissivo. Todavia, soaria um pouco estranho fazer referência a uma *ação omissiva*. Por isso, utilizaremos as expressões conduta, comportamento humano e ação como sinônimas quando tal utilização não comprometer o entendimento da leitura, mas quando desejarmos oferecer *inequivocamente* uma ideia mais ampla, que abranja a ação e a omissão, utilizaremos as expressões conduta ou comportamento.

Ao compulsarmos o Código Penal, assim como a legislação penal extravagante, observa-se que os tipos penais incriminadores descrevem, ou uma ação (regra), como no caso do homicídio, "matar alguém" (art. 121), ou uma omissão (caso este que se constitui em exceção), como ocorre no caso do crime de omissão de socorro "deixar de prestar assistência..." (art. 135). Só por esse fato, no estudo do Direito Penal, é possível assinalar a importância da conduta, pois sem ela não há crime. Assim sendo, a conduta constitui-se, nas palavras de Manuel Jaén Vallejo,[658] no *primeiro filtro* no que tange caracterização do crime.

Em doutrina,[659] diz-se que o conceito deve (ou deveria) cumprir determinadas funções, quais sejam: *a) função de classificação*, abarcando todas as formas da atuação humana que revelem relevância para o direito penal, tanto o comportamento doloso como o culposo, assim como o comissivo e o omissivo; *b) função de definição*, de modo que o conceito de conduta deve possuir um suficiente conteúdo material, propiciando a conexão dos predicados da tipicidade, da ilicitude e da culpabilidade; *c) função de enlace*, a afastar que no conceito de conduta estejam presentes, de forma antecipada, as mesmas categorias posteriores da tipicidade, da ilicitude e da culpabilidade; e, por fim, *d) função de delimitação*, que confere a exclusão de condutas que sob nenhum ponto de vista apareçam como puníveis.

Assim, para um setor doutrinário, o conceito de ação constituiria, assim, um conceito superior (*Oberbegriff*) que deveria abarcar todas as formas de comportamento humano. Entre nós, Fábio Guaragni,[660] em sua tese publicada sob o título *As Teorias da Conduta em Direito Penal*, assevera que a doutrina finalista – que é a doutrina mais seguida no Brasil – cumpriria as funções antes mencionadas. Em sentido contrário, Claus Roxin[661] opõe óbice à doutrina finalista, concluindo que ela não daria conta a cumprir as funções propaladas.

Pensamos que a ideia de *Oberbegriff*, nos moldes como por vezes é posta, não é de ser acolhida. A conduta, compreendendo a ação e omissão, tem, isso sim, a função de ser elemento básico do crime, pois o crime é, noutras

---

[658] JAÉN VALLEJO, Manuel. *El Concepto de Acción en la Dogmática Penal*. Madrid: Colex, 1994, p. 13.

[659] JESCHECK, Hans-Heinrich; WEIGEND, Thomas. *Lehrbuch des Strafrechts – Allgemeiner Teil*. 5ª ed. Berlin: Duncker & Humblot, 1996, p. 218-219; GUARAGNI, Fábio André. *As Teorias da Conduta em Direito Penal*. São Paulo: Revista dos Tribunais, 2005, p. 38-39.

[660] GUARAGNI, Fábio André. *As Teorias da Conduta em Direito Penal*. São Paulo: Revista dos Tribunais, 2005.

[661] ROXIN, Claus. *Strafrecht – Allgemeiner Teil*. 4ª ed. München: Verlag C.H. Beck, 2006, p. 243 e ss.

palavras, uma *conduta* delitiva, consoante será melhor examinado no tópico 3 desta seção.

São muitas as teorias que buscam fornecer um conceito de ação ou conduta, sendo que, nesse *Curso*, destacaremos cinco teorias, qual sejam, a causal-natularista, a finalista, a social, a da ação pessoal e a da evitabilidade individual. A primeira, sob a égide do CP de 1940, teve a preferência doutrinária no Brasil ao menos até a década de setenta. A finalista, a partir das publicações de João Mestieri e de Luiz Luisi, bem como com a ulterior Reforma Penal de 1984 passou a ter um número crescente e depois majoritário de adeptos. As três últimas, muito embora não guardem uma significativa adesão em nosso país, serão mencionadas por se tratar de "concepções modernas" e cujos autores que as defendem constituem voz corrente no debate.

2. Conceitos de conduta (ou teorias da ação)

O conceito assumiu especial relevância sobretudo com o advento do finalismo, de Hans Welzel. No século vinte, as teorias finalista e causalista da ação foram as principais protagonistas na edificação da doutrina do crime, não obstante existam outras teorias que não assumiram maior destaque ou adesão.

A Reforma Penal de 1984, levada a efeito pela Lei nº 7.209/84, estabeleceu contornos nitidamente finalistas ao Código Penal, ao menos de forma prevalente, pois os sistemas não raro se interpenetram.

Fundamentalmente, o conceito de ação, nas corretas palavras de Ana Prata, Catarina Veiga e José Manuel Vilalonga,[662] "permite excluir do quadro da relevância penal determinados fenómenos insusceptíveis de constituir a base de análise da responsabilidade jurídico-penal de um sujeito.". Daí a relevância da função de elemento básico acima referida.

2.1. Conceito causal-naturalista ou clássico (Liszt, Beling)

O sistema *causal-naturalista,* cujos proeminentes representantes sempre referidos são Franz von Liszt e Ernst Beling, foi um sistema fortemente influenciado pelas Ciências de Natureza, as quais gozavam de forte prestígio na segunda metade do século XIX e isso teve repercussão nas categorias jurídico-penais, a começar pelo conceito de ação.

A doutrina causal-naturalista conceituava *ação* como sendo o *movimento voluntário causador de resultado no mundo exterior.* Na tradução de José Higino Duarte, no antigo vernáculo, Von Liszt,[663] em seu *Tratado de Direito Penal Allemão*, afirmava que a "Acção é pois o facto que repousa sobre a vontade humana,

---

[662] PRATA, Ana; VEIGA, Catarina; VILALONGA, José Manuel. *Dicionário Jurídico – Direito Penal – Direito Processual Penal.* 2ª ed. Coimbra Almedina, 2009, v. II, p. 14.
[663] LISZT, Franz von. *Tratado de Direito Penal Allemão.* Trad. de José Hygino Duarte Pereira. Rio de Janeiro: F. Briguet & C., 1899, t. I, p. 193.

a mudança do mundo exterior referível à, vontade do homem.". A doutrina italiana,[664] de modo geral, adotou o conceito causal de ação, o qual ainda hoje goza de prestígio na península. De observar-se que, nessa concepção, o termo *voluntário* significava basicamente a *ausência de coação*.

Na evolução histórica do Direito Penal, vimos que o sistema causal ou clássico foi sucedido pelo sistema neokantista ou neoclássico. Esta última concepção nada mais é do que um aperfeiçoamento do anterior, mas que mantém de forma muito nítida o delineamento causal-naturalista, sendo que muitos autores neokantistas adotam o conceito causalista de ação, como se observa, *v.g.*, em Edmund Mezger,[665] penalista nitidamente neoclássico.[666] Tal é a identificação entre o modelo clássico e o neoclássico que Juarez Tavares[667] os denomina, como albergadas no mesmo espectro, de sistemas causais.

Todavia, o conceito causal de ação revela claras deficiências, a começar pelo fato de abarcar em seu conceito o resultado, o qual não está compreendido na definição de ação, e sim a consequência da ação. Isso nos casos em que a ação causa algum resultado (no sentido físico), o que nem sempre ocorre, consoante se observa na tentativa ou nos crimes omissivos próprios.

2.2. Conceito finalista (Welzel)

O *conceito finalista* surge com Hans Welzel. Em 1931, Welzel publicou seu escrito *Kausalität und Handlung*[668] (*Causalidade e Ação*) em que salientava a relevância da intencionalidade para a teoria do crime. Após alguns anos, em 1939, o jusfilósofo publicou seu conhecido artigo intitulado *Studien zum System des Strafrechts*[669] (*Estudos sobre o Sistema de Direito Penal*). Neste último texto, o autor delineia de forma mais elaborada de sua teoria do crime, tratando dos elementos do fato punível e da questão da autoria e participação. Em sequência,

---

[664] Por todos, confira-se: MAGGIORE, Giuseppe. *Diritto Penale – Parte Generale*. 5ª ed. Bologna: Nicola Zanichelli Editore, 1951, v. 1, t. 1º, p. 232: "Azione è una *condotta volontaria consistente in un fare o in un non fare, che produce un mutamento nel mondo esteriore.*".

[665] Nesse sentido, afirma: "En el concepto de la acción está comprendido el concepto del resultado.". MEZGER, Edmundo. *Tratado de Derecho Penal*. Nueva edición, revisada y puesta al día por Jose Arturo Rodriguez Muñoz. Madrid: Editorial Revista de Derecho Comparado, 1955, t. I, p. 172.

[666] A adesão do penalista à doutrina neokantista é inconteste, como se vê, dentre tantas possíveis, da seguinte passagem: **"Delito es la acción típicamente antijurídica y culpable.** (...). Su comprobación no puede tener lugar mediante un simple *juicio sobre lo que es*; dicha comprobación siempre lleva em sí una determinada valoración normativa del estado de hecho, por tanto, un *juicio* sobre es *valor*, al lado del juicio sobre que es.". MEZGER, Edmundo. *Tratado de Derecho Penal*. Nueva edición, revisada y puesta al día por Jose Arturo Rodriguez Muñoz. Madrid: Editorial Revista de Derecho Comparado, 1955, t. I, p. 156. Como se observa, Mezger não possui aquela postura "neutra", "avalorada" da doutrina clássica, mas continua em sua abordagem, utilizando-se aqui a menção de Jescheck, *imanente* à perspectiva causal-naturalista. É por isso que Mezger continua a considerar que o resultado (num sentido físico, lembre-se) deve estar inserido no conceito de ação.

[667] TAVARES, Juarez. *Teorias do Delito – Variações e Tendências*. São Paulo: Revista dos Tribunais, 1980, p. 17 e ss.

[668] WELZEL, Hans. Kausalität und Handlung. In: *Zeitschrift für die gesamte Strafrechtswissenschaft*, nº 51, 1931, p. 703 e ss.

[669] WELZEL, Hans. Studien zum System des Strafrechts. In: *Zeitschrift für die gesamte Strafrechtswissenschaft*, nº 58, 1939, p. 491 e ss.

lançou seu livro *Das Deutsche Strafrecht*[670] (*O Direito Penal Alemão*), cuja primeira edição é do ano de 1940, e a última, de 1969.

Em seu livro *O Novo Sistema Jurídico-Penal*,[671] Welzel sintetiza o seu pensamento: "A ação humana é exercício de uma atividade final. A ação é, portanto, um acontecimento final e não puramente causal". (...) "Graças ao seu saber causal prévio, pode dirigir seus diversos atos de modo que oriente o suceder causal externo a um fim e o domine finalisticamente". (...) "A finalidade é, por isso – dito de forma gráfica – 'vidente', e a 'causalidade' 'cega'.".

Welzel, em sua construção do conceito de ação – e também do conceito de crime – vale-se das categorias ou estruturas lógicos-objetivas (*sachlogische Strukturen*), ou seja, das categorias pré-jurídicas, preconizando que o direito penal regula realidades prévias à própria regulação. Assim[672] é que, tendo em conta o fato de a pessoa, dentro de certos limites, poder prever as consequências da atuação humana, o resultado causal é governado pela vontade.

Nessa senda, para o autor,[673] a direção final desenvolve-se em *duas fases*. Uma primeira fase, interna ou do pensamento, consiste na *antecipação mental*, na *seleção dos meios* para a realização do propósito (o qual é denominado retrocesso, visto que o fim já está determinado, o qual constitui o ponto de partida) e na *consideração dos consequências concomitantes ou secundárias* (este último elemento realiza-se para frente). A segunda fase dá-se no mundo real e consiste na *realização da ação concreta*, dominado pela determinação do fim e dos meios na esfera do pensamento.

Welzel[674] ilustra com a diferença que há entre um assassinato e um raio mortal, em que, no primeiro caso, os atos são dirigidos em razão de um fim proposto, ao passo que no caso da causação de morte por um raio, o resultado decorrente é cego. Assim, "a espinha dorsal da ação finalista é a vontade, consciente do fim reitora do acontecer causal.".

Ao *conceito final de ação* também foram opostas críticas, sobretudo no que tange aos crimes culposos e crimes omissivos. Não obstante, a nosso ver, o conceito finalista remanesce como aquele que reúne os maiores méritos, motivo por que trataremos sobre as críticas a este conceito, com mais vagar, na apreciação crítica em tópico específico (n° 3).

---

[670] A edição do livro *Das Deutsche Strafrecht* de 1961 é a décima primeira, mas, na verdade, o livro somou quatorze edições. Ocorre que da primeira à terceira o livro cuidava apenas da parte geral do Código Penal alemão, ao passo que em 1947 aquela que seria a quarta edição foi considerada como primeira, pois a partir de então o livro passou a abranger, além da parte geral, também a especial, ou seja, a parte que trata de cada crime específico previsto no Código. A título de revisão histórica, seguem as edições. Somente a parte geral: 1ª (1940), 2ª (1943) e 3ª (1944). Com a parte geral e a parte geral reunidas: 1ª (1947), 2ª (1949), 3ª (1954), 4ª (1954), 5ª 1956, 6ª (1958), 7ª (1960), 8ª (1963), 9ª 1965, 10ª (1967) e 11ª (1969).

[671] WELZEL, Hans. *O Novo Sistema Jurídico-Penal – Uma Introdução à Doutrina da Ação Finalista*. Trad. de Luiz Regis Prado. São Paulo: Revista dos Tribunais, 2001, p. 27.

[672] JESCHECK, Hans-Heinrich; WEIGEND, Thomas. *Lehrbuch des Strafrechts – Allgemeiner Teil*. 5ª ed. Berlin: Duncker & Humblot, 1996, p. 220.

[673] WELZEL, Hans. *O Novo Sistema Jurídico-Penal – Uma Introdução à Doutrina da Ação Finalista*. Trad. de Luiz Regis Prado. São Paulo: Revista dos Tribunais, 2001, p. 28-29.

[674] Ibid., p. 27-28.

2.3. Conceito social (Ebehardt Schmidt, Jescheck, Wessels)

A *teoria da ação social* remonta a Ebehardt Schmidt e tem como adeptos importantes doutrinadores[675] (Engisch, Jescheck, Kienapfel, Maihofer. R. Lange, Oehler, E. A. Wolff, Wessels). Segundo Jescheck,[676] representante desta corrente, *ação é o comportamento humano socialmente relevante*. Por sua vez, Johannes Wessels,[677] autor que também esposa essa doutrina, reivindica que a teoria da ação social constitui fator sensível da realidade social, capaz de fornecer uma compreensão abrangente de aspectos pessoais, finais, causais e normativos, sendo, dessa forma, para ele, um critério comum a todas as formas de comportamento.

Eugenio Raúl Zaffaroni[678] afirma que *não é de todo correto referir-se a um conceito social de ação*, e *sim* a *conceitos sociais*. Segundo o penalista, por vezes, a teoria é tratada como uma variável da doutrina causal, sendo que, em outras, é tratada como uma síntese superadora da disputa entre o causalismo e o finalismo. Assim, a teoria não laborou para uma construção de uma teoria geral do crime, como procederam as doutrinas causal-naturalista e finalista, limitando-se a buscar delinear os contornos da conduta humana. A nota comum[679] do setor doutrinário identificado com a teoria social da ação está na *relevância social*.

A teoria não reuniu, de modo geral, maior adesão, especialmente no Brasil, sendo-lhe endereçadas críticas, principalmente no tange à imprecisão do que seja relevância social. Zaffaroni[680] procede a sua crítica nos seguintes termos: "Não é possível extrair nenhuma consequência desta teoria que – por ser nebulosa – se tem pretendido sirva de base a todas as estruturas do delito. A exigência da *relevância social* como lesividade social é inadmissível. Uma conduta é uma conduta, ainda que não seja socialmente lesiva. Por outra parte, a lesividade social da ação em um plano pré-típico não pode ser outra coisa além de juízo ético, o que, em uma sociedade pluralista, é sumamente difícil e, ademais, extremamente perigoso. Implica um sociologismo demasiadamente apressado, cujas consequências são imprevisíveis.". Em semelhante sentido, afirma Cirino dos Santos[681] que "a *relevância social* é uma *propriedade* que a ação *pode ter* ou *pode não ter* e, ausente essa propriedade, *não desaparece* a ação, mas somente sua *significação social*.".

---

[675] WESSELS, Joahannes; BEULKE, Werner. *Strafrecht – Allgemeiner Teil*. 36ª ed. Heidelberg: C.F. Müller Verlag, 2006, v. I, p. 32.

[676] JESCHECK, Hans-Heinrich; WEIGEND, Thomas. *Lehrbuch des Strafrechts – Allgemeiner Teil*. 5ª ed. Berlin: Duncker & Humblot, 1996, p. 223: "Handlung ist danach sozialerhebliches menschliches Verhalten.".

[677] WESSELS, Joahannes; BEULKE, Werner. *Strafrecht – Allgemeiner Teil*. 36ª ed. Heidelberg: C.F. Müller Verlag, 2006, v. I, p. 32-33.

[678] ZAFFARONI, Eugenio Rául; ALAGIA, Alejandro; SLOKAR, Alejandro. *Derecho Penal – Parte General*. 2ª ed. Buenos Aires: Ediar, 2002, p. 408.

[679] Confira-se em: TAVARES, Juarez. *Teorias do Delito – Variações e Tendências*. São Paulo: Revista dos Tribunais, 1980, p. 93

[680] ZAFFARONI, Eugenio Raúl. *Manual de Derecho Penal – Parte General*. 6ª ed. Buenos Aires: Ediar, 1991, p. 355.

[681] SANTOS, Juarez Cirino dos. *A Moderna Teoria do Fato Punível*. 4ª ed. Rio de Janeiro: ICPC/Lumen Juris, 2005, p. 22.

2.4. Conceito da ação pessoal (Roxin)

O assim chamado *conceito da pessoal* (*Die personale Handlungbegriff*) deve-se a Roxin,[682] o qual sustenta ser a *manifestação da personalidade*. Para o autor, tal conceito é atribuível ao *ser humano como centro anímico-espiritual*, excluindo fenômenos somáticos-corporais não dominados ou não domináveis pela vontade humana, constituindo-se como elemento básico, como elemento de enlace e elemento de delimitação na formulação do fato punível.

Sobre o conceito, é de relevo a observação de Cirino dos Santos:[683] "A ação como *manifestação da personalidade* constitui a *mais geral* e, por isso mesmo, a *menos específica* definição do conceito de ação, capaz de aprender todas as modalidades de *objetivações da personalidade* – para usar a fórmula semelhante de ARTHUR KAUFMANN –, mas parece excluir o traço humano *específico* que distingue a ação de qualquer outro fenômeno natural ou social: a realização do propósito. Em outras palavras, a manifestação da personalidade como mera relação entre pensamentos/emoções e acontecimentos exteriores, parece negligenciar a natureza *constitutiva* dos *atos psíquicos* para a estrutura da ação humana, conhecimento já incorporado à teoria científica da ação.". De acrescentar-se, e isso é facilmente perceptível pelo referencial teórico no campo da Psicologia que transparece no texto do autor, que os conceitos utilizados em seu paradigma teórico não propiciam enunciados positivos, ou seja, não são fenômenos passíveis de verificação de acordo com procedimentos científicos.

2.5. Conceito negativo ou da evitabilidade individual (Herzberg, Jakobs)

No desiderato de formular um conceito abrangente de conduta, apto a contemplar tanto crimes comissivos como também omissivos, o setor doutrinário identificado com o *conceito negativo de ação*[684] busca delinear a conduta como "não evitar o evitável" (*vermeidbare Nichtvermeiden*). Essa concepção deve-se a Rolf Dietrich Herzberg em livro publicado no ano de 1972, intitulado "A omissão em Direito Penal e o princípio de garantia" (*Die Unterlassung im Strafrecht und das Garantenprinzip*). Em sequência, no ano de 1974, em livro coletivo em homenagem a Welzel com o homenageado ainda em vida (*Festschrift für Welzel*), Günther Jakobs substitui a finalidade pelo requisito da evitabilidade, configurando-se a *ação como a produção de um resultado individualmente evitável*.

Assim concebido, o conceito pretende constituir, a exemplo de tentativas de outras concepções, um supraconceito (*Oberbegriff*) justamente no escopo de abarcar tanto o comportamento comissivo como o omissivo, conforme assina-

---

[682] ROXIN, Claus. *Strafrecht – Allgemeiner Teil*. 4ª ed. München: Verlag C.H. Beck, 2006, p. 256 e ss.
[683] SANTOS, Juarez Cirino dos. *A Moderna Teoria do Fato Punível*. 4ª ed. Rio de Janeiro: ICPC/Lumen Juris, 2005, p. 26-27.
[684] Sobre o tema, consulte-se: JAÉN VALLEJO, Manuel. *El Concepto de Acción en la Dogmática Penal*. Madrid: Colex, 1994, p. 73 e ss. JAKOBS, Günther. *Strafrecht – Allgemeiner Teil*. 2ª ed. Berlin: Walter de Gruyter, 1993, p. 136 e ss. JESCHECK, Hans-Heinrich; WEIGEND, Thomas. *Lehrbuch des Strafrechts – Allgemeiner Teil*. 5ª ed. Berlin: Duncker & Humblot, 1996, p. 222.

lamos acima. Jescheck formula sua crítica à teoria afirmando que não propicia nenhuma vantagem ilustrativa por sua obviedade. Por sua vez, Diego-Manuel Luzón Peña[685] afirma ser rechaçável o conceito por ser substancialmente normativo, e concretamente jurídico-penalmente normativo, na medida em que praticamente se restringe a infrações penais (focando-se quase exclusivamente em crimes de resultado), e no significado de delitos de comissão e omissão com respeito à produção de um resultado típico, e não em consideração à conduta em quanto tal.

3. Apreciação crítica

Dadas as dificuldades em se edificar um conceito de ação, dividem-se as opiniões, acerca da pertinência em envidar esforços para tanto.

Para um setor doutrinário, a conduta humana é tida como uma pedra angular na teoria do delito sobre a qual se assentam os predicados da tipicidade, da ilicitude e da culpabilidade, e que se revestiria de um caráter geral independentemente da teoria do delito. Por outro lado, há quem sonegue tal condição à conduta, sustentando deva esta ser compreendida a partir de uma perspectiva típica, ou seja, numa perspectiva normativo-legal, em que a edificação e o delineamento do tipo penal ganham relevância em detrimento da construção de um conceito de ação.

A nosso ver, revela-se relevante o conceito de ação, bastando atentar para o fato de que todos os crimes são cometidos mediante a prática de uma ação ou de uma omissão expressas por meio do verbo como núcleo do tipo penal incriminador.

Acerca das dificuldades em estabelecer-se um conceito de ação, releva notar que nenhum sistema da teoria do delito é perfeito, mas estamos que o sistema mais coerente de todos é, de fato, o finalista. Nesse sentido, Juarez Tavares[686] assevera: "Ainda que apresente falhas sistemáticas e, às vezes, de ordem epistemológica, não se pode deixar de reconhecer que o finalismo representou, no direito penal, e continua representando e se apresentando como o mais completo e coerente sistema da teoria do delito que, em oposição ao causalismo, se teve notícia desde seu aparecimento.".

Francisco de Assis Toledo, lembra que,[687] "como bem observaram Welzel e Armin Kauffmann, de forma irrespondível, não se podem traçar regras de conduta para fenômenos causais, não dirigidos, mas só se pode pretender ordenar ou proibir o factível ou evitável, isto é, ações ou omissões finalisticamente orientadas.". Paul Bockelmann,[688] mesmo sendo um crítico do finalismo,

---

[685] LUZÓN PEÑA, Diego-Manuel. *Curso de Derecho Penal – Parte General*. Madrid: Editorial Universitas, 1996, p. 262.
[686] TAVARES, Juarez. *Teoria do Crime Culposo*. 3ª ed. Rio de Janeiro: Lumen Juris, 2009, p. 82-83.
[687] TOLEDO, Francisco de Assis. *Princípios Básicos de Direito Penal*. 5ª ed. São Paulo: Saraiva, 1994, p. 100.
[688] BOCKELMANN, Paul; VOLK, Klaus. *Direito Penal – Parte Geral*. Trad. de Gercélia Batista de Oliveira Mendes. Belo Horizonte: Del Rey, 2007, p. 60.

reconhece ter ele "o mérito de ter demonstrado que o núcleo pessoal do injusto, e o desvalor da conduta tem a mesma importância que o desvalor do resultado ou do fato concreto.".

Assim, o finalismo constitui um sistema apto para tomarmos como ponto de partida, embora sejam apontadas dificuldades em matéria dos crimes culposos e dos crimes omissivos. Daí resulta que para a compreensão do comportamento humano não deve se assentar em categorias ontológicas estritamente naturalísticas nos moldes originalmente preconizados por Welzel.

Por outro lado, a norma só pode proibir ações ou omissões expressas na realidade. Eis a lição do jusfilósofo Alaôr Caffé Alves:[689] "A norma jurídica, para ser jurídica, apoia-se em *outro* que não ela mesma: apoia-se na própria conduta como expressão inerente da liberdade". E, mais adiante:[690] "o direito não tem pernas próprias. A norma é feita para dar conta da realidade da conduta, não é a conduta que é feita para realizar a norma abstrata e atemporal, como ocorre na postura positivista racionalista.".

Relativamente ao fato de uma suposta necessidade de o conceito de ação (conduta) reinvidar um conceito genérico que abarque a ação e a omissão, tarefa esta irrealizável se consideramos com Armin Kaufmann,[691] numa concepção que denomina *princípio da inversão*[692] (*das Umkehrprinzip*), que o único elemento comum entre ambas seria a capacidade de ação (*die Handlungsfähigkeit*), estamos que semelhante linha de entendimento se revela equivocada, por proceder a uma exasperada relevância ao aspecto sistemático. O importante é restar fixado que a conduta ou ação *lato sensu* constitui elemento básico à caracterização do delito, cujo maior relevo para *praxis* é verificar se houve ou não a realização da conduta no caso concreto. Lembremos que a teoria jurídica do crime não deve se afastar de seu sentido prático.

Para não nos alongarmos, valemo-nos da lição de José Cerezo Mir,[693] que bem sintetiza e equaciona a questão: "La acción y la omisión cumplen en la teoría del delito la función de elemento básico, aunque no unitario, del sistema (que queda escindido en dos). La función de elemento básico no implica, por outra parte, como se há supuesto erróneamente por exageración del pensamiento sistemático, la necesidad de que pertenezcan a la acción o la omisión todos los elementos del tipo de lo injusto de los delitos dolosos e imprudentes. La función como elemento básico queda satisfecha si el concepto de la acción

---

[689] ALVES, Alaôr Caffé. *Dialética e Direito – Linguagem, Sentido e Realidade – Fundamentos a uma Teoria Crítica da Interpretação do Direito*. Barueri: Manole, 2010, p. 140.

[690] Ibid., p. 142.

[691] KAUFMANN, Armin. *Die Dogmatik der Unterlassungsdelikte*. Göttingen: Verlag Otto Schwarz & Co., 1959, p. 89. Para um conciso, porém proficiente e vertical estudo sobre ação e omissão em Direito Penal, consulte-se: D'ÁVILA, Fábio Roberto. Ação e Omissão em Direito Penal – Alguns Aspectos Teóricos e Práticos. In: *Revista de Estudos Criminais*, nº 66, ano XVI, 2017, p. 201-220.

[692] Para uma crítica a essa concepção, leia-se: D'ÁVILA, Fábio Roberto. *Ofensividade e Crimes Omissivos Próprios (Contributo à Compreensão do Crime como Ofensa ao Bem Jurídico)*. Coimbra: Coimbra Editora, 2005, p. 191 e ss.

[693] CEREZO MIR, José. *Curso de Derecho Penal – Parte General – Teoría Jurídica del Delito*. 6ª ed. Madrid: Tecnos, 1998, v. II, p. 48.

o la omisión permite una interpretación satisfactoria, convincente, de *todos* los tipos de lo injusto.".

No tocante aos crimes culposos, em que o agente não deseja causar o resultado lesivo, Eberhard Struensee[694] sustenta que no tipo subjetivo, em tais casos – com apoio em Hans Joachim Hirsch –, a finalidade da ação culposa se relaciona com um acontecimento prévio ao resultado. Nesse passo, continua válida a lição de Toledo:[695] "Depois, faça-se um exame menos superficial dos delitos culposos e se verá que, no centro de todos eles, está a inobservância de um dever de cuidado (fazer instalações elétricas de modo a que possam expor ao perigo a vida de alguém; dirigir um caminhão sem freios) ou a violação de uma proibição (dirigir veículo sem a necessária aptidão), o que já constitui, de si mesmo, uma conduta voluntária na causa, portanto, finalista. Por outro lado, a exigência de '*previsão*' ou de '*previsibilidade*' do resultado, para a configuração do delito culposo, constitui, quando menos, um sinal de alerta normativo para a realização de um comportamento bem orientado, de modo a não incorrer o agente na ação ou na omissão causadoras de resultados que o direito quer sejam 'finalisticamente' evitados. De qualquer ângulo que se examine a questão, topamos com a 'finalidade' da ação humana.".

No que diz respeito ao comportamento omissivo, consideremos o exemplo em que um atleta, preocupado com sua forma física, faz sua corrida matinal sendo que, em seu trajeto, se depara com pessoa gravemente ferida, mas se abstém em prestar socorro ou mesmo pedir socorro à autoridade pública, por não estar disposto a interromper sua corrida. Nesse exemplo, fica claro que sua omissão só pode ser concebida sob uma perspectiva *valorativa* ou *axiológica*,[696] ou seja, o atleta se omite em relação a um comportamento devido, imposto pela ordem jurídica. Porém, também aqui, a par do aspecto valorativo, é perceptível que o comportamento do agente se *orientou* no sentido de não prestar socorro. Parte da doutrina sustenta que nos crimes omissivos a conduta humana deve ser compreendida como um *aliud agere*, ou seja, um fazer outra coisa que não a ação devida.

Em conferência proferida em 22 de abril de 1968, no *Instituto Nacional de Estudios Jurídicos*, em Madri, Welzel[697] refere que seria preferível se falar em *ação dirigida*, que se traduziria em uma *ação (lato sensu) cibernética*. A conduta, assim, seria um acontecer dirigido. Arthur Kaufmann,[698] ainda, busca oferecer um conceito de conduta que abranja todas as formas de comportamento, que, a nosso ver, é *compatível* com o preconizado por Welzel, ao defini-la como

---

[694] STRUENSEE, Eberhard. Der subjektive Tatbestand des fahrlässigen Delikts. In: *JuristenZeitung*, jan. 1987, p. 53 e ss.

[695] TOLEDO, Francisco de Assis. *Princípios Básicos de Direito Penal*. 5ª ed. São Paulo: Saraiva, 1994 p. 101-102.

[696] Vide: TAVARES, Juarez. *As Controvérsias em torno dos Crimes Omissivos*. Rio de Janeiro: Instituto Latino-Americano de Cooperação Penal, 1996, p. 60.

[697] WELZEL, Hans. La Doctrina de la Acción Finalista, Hoy. In: *Anuario de Derecho Penal y Ciencias Penales*. T. XXI, Fascículo II, mayo-agosto, 1968, p. 221 e ss.

[698] KAUFMANN, Arthur. *Filosofia do Direito*. 5ª ed. Trad. de António Ulisses Cortês. Lisboa: Fundação Calouste Gulbenkian, 2014, p. 152. Nessa passagem, o autor faz uma remissão a sua outra publicação mais específica intitulada *Die ontologische Sruktur der Handlung*, ou, vernáculo, *A Estrutura Ontológica da Ação*.

"responsável e significativa conformação da realidade com resultados (no sentido mais amplo) domináveis pela vontade (e por isso imputáveis ao agente).". Ora, se algo é dominável pela vontade de modo a propiciar uma conformação da realidade com resultados, esse algo (a conduta) é, efetivamente, *dirigido*.

Por derradeiro, cumpre alertar o leitor que o conceito de conduta, que abarque os crimes dolosos, culposos e omissivos, está longe de ser pacificado diante da diversidade de problemas que se apresentam, e que, de fato, os limites deste *Curso* não comportam uma maior extensão, nem é nossa pretensão dar a última palavra, apesar de entendermos que a concepção finalista é a que melhor dá conta frente a uma construção doutrinária do fato punível, mormente no que tange ao grande arcabouço de fatos puníveis que é, de fato, constituído pelos crimes comissivos dolosos. Ademais, estamos com Cerezo Mir que o relevante é ter em conta que a conduta cumpre a função de elemento básico do delito, sem necessidade de exaustivas digressões em torno de um (supostamente) necessário *Oberbegriff*.

Veja-se, com respeito a ausência de consenso, especialmente sobre a faceta mais problemática – a omissão –, a observação feita por Winfried Hassemer[699] no prefácio ao magistral livro de Juarez Tavares, em que este autor investiga a omissão e os tipos omissivos, a ilustrar as infindáveis dificuldades: "Cabe perguntar, então: esse livro respondeu a antigos questionamentos tradicionalmente feitos em relação à punibilidade da omissão de forma tão inovadora, a ponto de os ter resolvido, permitindo que nós, na dogmática penal internacional, deixemos de cuidar deles e passemos a cuidar de novos problemas? Creio que não, pois a questão sobre por que e como a pessoa humana, por causa de um simples *nada fazer* (*Nichtstun*), merece receber uma pena estatal, pertence àquelas perguntas eternas de uma ciência exigente do direito penal e, assim, deve permanecer.".

4. Ausência de conduta

A conduta é a primeira característica do crime sobre a qual recaem os atributos da tipicidade, da ilicitude e da culpabilidade. Sem ela não há fato punível. Daí afirmar José Cerezo Mir[700] que o mero pensamento (*cogitationis poenan nemo partitur*), a mera resolução delitiva não manifestada por fatos externos e a simples disposição de ânimo (*Gesinnung*) não podem configurar um delito.

Manuel Jaén Vallejo[701] afirma que a função prática do conceito de ação está em estabelecer o mínimo de elementos que determinam a relevância de um comportamento humano para o Direito Penal. Nas palavras do autor, trata-se "do primeiro filtro que todo comportamento relevante deve atravessar

---

[699] HASSEMER, Winfried. Prefácio. In: TAVARES, Juarez. *Teoria dos Crimes Omissivos*. São Paulo: Marcial Pons, 2012, p. 12.
[700] CEREZO MIR, José. *Curso de Derecho Penal Español – Parte General – Teoría Jurídica del Delito*. 6ª ed. Madrid: Tecnos, 1998, v. II, p. 28.
[701] JAÉN VALLEJO, Manuel. *El Concepto de Acción en la Dogmática Penal*. Madrid: Colex, 1994, p. 13.

para que se possa afirmar a existência de um delito.". Na síntese de Heleno Cláudio Fragoso,[702] não existe ação sem consciência e vontade. Nos tópicos que seguem, trataremos das causas que afastam a caracterização da conduta para fins penais e, por conseguinte, a caracterização do fato crime, evidenciado-se a utilidade prática da consideração da conduta para fins penais.

4.1. Coação física (*vis absoluta*, *corporalis* ou *atrox*) e força física irresistível

A *coação física*[703] (também dita *vis absoluta*, *corporalis* ou *atrox*) é o constrangimento, por meio da força física, que retira do sujeito que sofre a ação coatora qualquer espaço para atuação voluntária, o qual, em fórmula alegórica, "não age, mas é agido" (*non agit sed agitur*), sendo possível haver ausência de conduta pela coação física no âmbito do dolo, da culpa, da comissão e da omissão.

Figure-se o caso em que *A* intencionalmente empurre *B* na direção de *C*, vindo *B* a desequilibrar-se e, com isso, derrubando e causando lesões em *C*. Nesse caso, não se pode considerar que *B* agiu. Aqui dá-se ausência de ação de *B*, de modo que em relação a *B* não há se cogitar de atributos da ação que seguiriam, quais sejam, a tipicidade, a ilicitude e a culpabilidade. No domínio da culpa – de quem exerce a coação –, pode-se figurar o exemplo em que o motorista *A* aguarda com seu carro que o pedestre *B* atravesse a rua pela faixa de segurança, quando o motorista *C* imprudentemente abalroa a parte traseira do carro de *B*, que avança sobre *C*, em razão do impacto, atropelando-lhe e causando-lhe a morte. Neste caso, *B*, em razão da coação física sobre ele exercida, não agiu, devendo ser apurada responsabilidade apenas do comportamento de *B*.

Nos exemplos trazidos, houve ausência de ação, por tratar-se o coagido de verdadeiro *instrumento material* por parte do coator que veio a proporcionar no plano físico o resultado suportado pela vítima. Porém, a ausência de conduta poderá também ter lugar numa perspectiva de aparente omissão. Assim é que se criminosos amarrassem o salva-vidas que em razão disso ficasse impossibilitado de salvar alguém que estivesse se afogando, não se poderia atribuir uma conduta omissiva ao salva-vidas, em razão da coação física. A propósito, o saudoso Magalhães Noronha[704] afirma que casos de ausência de ação por intercorrência de coação tendem a ser mais comuns nos crimes omissivos.

Pode-se falar também em força física irresistível que atua sobre aquele que deveria agir e não o pôde, tendo como *fonte* a *força da natureza*, e não (somente) o constrangimento humano. A expressão *força física*, mais ampla, abrange

---

[702] FRAGOSO, Heleno Cláudio. *Lições de Direito Penal – Parte Geral*. 12ª ed. revista e atualizada por Fernando Fragoso. Rio de Janeiro: Forense, 1990, p. 151.
[703] Ricardo Andreucci utiliza, como gênero, a expressão "coação irresistível", subdividindo-as em "por violência" e "por ameaça", sendo a primeira precisamente a coação física, falando, ainda, em virtude das exigências próprias de cada uma, em "coação absoluta" e "relativa". ANDREUCCI, Ricardo Antunes. *Coação Irresistível por Violência*. São Paulo: José Buschtsky, 1974, p. 31.
[704] NORONHA, E. Magalhães. *Direito Penal – Introdução e Parte Geral*. 25ª ed. atualizada por Adalberto José Q. T. de Camargo Aranha. São Paulo: Saraiva, 1987, v. 1, p. 157.

segundo Zaffaroni,[705] "qualquer força que impede a uma pessoa a mover-se com vontade.". No último exemplo dado, basta pensar, em uma adaptação, em hipótese em que o salva-vidas não viesse a salvar aquele que estivesse se afogando em virtude de ter seu pé trancado em uma pedra que se encontrava embaixo d'água.

4.2. Estados de inconsciência

Do ponto de vista jurídico-penal, somente se pode considerar perfectibilizada uma ação humana quando houver consciência e vontade.

O *estado de inconsciência* conduz à ausência de conduta. E esse contrapõe-se à ideia de consciência. Há vários sentidos possíveis para esta última expressão. Nos domínios do dolo, é entendida como representação. Em uma acepção ética, poderia se falar em consciência ambiental, por exemplo.

Porém, a definição[706] de consciência sem a qual a conduta não resta caracterizada é a *neuropsicológica*, ou seja, o fato de o agente, para poder agir, dever estar acordado, desperto, em estado de vigília, remetendo à perspectiva de subjetividade e "ao grau de clareza do sensório.".

Assim, a pessoa que se encontre em estado de sonambulismo e venha a derrubar alguém, causando-lhe lesões, não responde criminalmente, por ausência de ação. Isso porque falta-lhe a consciência, o que, só por si, afasta, por via de consequência, a voluntariedade a capacitar uma conduta. O sonambulismo, segundo a CID-10 (F51.3), consiste em "um estado de consciência alterada no qual fenômenos de sono e vigília estão combinados.". A CID-10[707] considera o sonambulismo como um transtorno mental em que após o despertar do episódio "não há usualmente recordação do acontecimento.".

4.3. Movimentos reflexos

Os *movimentos reflexos* também determinam ausência de ação para fins penais. Em contraposição aos movimentos voluntários, os atos reflexos, enquanto movimentos involuntários, conforme se observa em Dale Purves[708] e colaboradores, decorrem da estimulação dos denominados circuitos neuronais

---

[705] ZAFFARONI, Eugenio Rául; ALAGIA, Alejandro; SLOKAR, Alejandro. *Derecho Penal – Parte General*. 2ª ed. Buenos Aires: Ediar, 2002, p. 426.
[706] SIMS, Andrew. *Sintomas da Mente – Introdução à Psicopatologia Descritiva*. 2ª ed. Trad. de Dayse Batista e Marcos Guirado. Porto Alegre: Artmed, 2001, p. 33; PURVES, Dale *et al*. *Neurociências*. 2ª ed. Trad. de Carla Dalmaz, Carlos A. S. Gonçalves, Denise Zancan, Fabiana Horn, Jorge A. Quillfeldt, Matilde Achaval Elena e Renata Menezes Rosat. Porto Alegre: Artmed, 2005, p. 616; DALGALARRONDO, Paulo. *Psicopatologia e Semiologia dos Transtornos Mentais*. 3ª ed. Porto Alegre: Artmed, 2019, p. 69.
[707] CID-10, p. 184.
[708] PURVES, Dale *et al*. *Neurociências*. 2ª ed. Trad. de Carla Dalmaz, Carlos A. S. Gonçalves, Denise Zancan, Fabiana Horn, Jorge A. Quillfeldt, Matilde Achaval Elena e Renata Menezes Rosat. Porto Alegre: Artmed, 2005, p. 348.

locais. O veículo excitatório de um fuso até um motoneurônio alfa que inerva o mesmo músculo é um reflexo monossináptico.

Eis a lição de Purves[709] e colaboradores: "Este reflexo monossináptico é referido como 'de estiramento', 'do tendão profundo' ou 'reflexo miotático' e é a base das respostas do joelho, do tornozelo, da mandíbula, do bíceps ou do tríceps testadas em exame neurológico de rotina. A batida do martelinho no tendão estira o músculo, causando uma descarga de atividade dos fusos sobre axônios aferentes.".

Assim é que os atos ou movimentos reflexos afastam a caracterização da conduta, pois lhes faltam o elemento voluntariedade. Em exemplo[710] retirado de sentença proferida em 23 de setembro de 1983 pelo Tribunal Supremo da Espanha, amigos saíram para beber e, altas horas da noite, no interior de um bar, um deles, em pé, inclina-se em direção ao canto do balcão no intuito de pegar uma garrafa de vinho. Outro se aproxima dele e, num gesto repentino, dá-lhe forte aperto no órgão sexual, a título de pilhéria. Ato contínuo, em movimento reflexo, a vítima da brincadeira vira-se bruscamente e atinge, com o cotovelo, o autor da brincadeira, provocando-lhe a queda e forte pancada na cabeça, pela colisão com o chão de cimento, após o que fica momentos desacordado e sangrando na testa. Em seguida, porém, recupera-se e é levado para casa, após negar-se a ir um hospital. Os amigos, pela manhã, descobrem que a esposa o encontrara morto na calçada, pouco além da frente da casa, onde fora deixado. O caso foi considerado em sentença de 23/09/1983, do Tribunal Supremo espanhol, como ato reflexo, devido "a um estímulo de um centro sensorial a um motor gerador do movimento corporal.".

4.4. *Excursus*: a problemática da hipnose, das ações em curto-circuito e do automatismo

Dúvidas há sobre se a hipnose, as ações em curto-circuito e as ações decorrentes do automatismo seriam excludentes da conduta.

A *hipnose* é objeto de significativas dúvidas. Como afirmava Heinz Hammerschlag,[711] já na década de 1950, a questão que busca saber se a hipnose pode ser considerada como um estado de sono havia há muito, já naquela época, objeto do debate científico. A expressão cunhada em 1842 pelo pesquisador britânico James Braid, do grego, *hipnos* (sono), acrescido da palavra latina *osis* (ação ou processo) sequer expressa a realidade, pois a hipnose não se assemelha ao sono. Eis a lição de Sims:[712] "Superficialmente, a hipnose parece assemelhar-se ao sono, mas não existem características eletroencefalográficas distinguindo

---

[709] PURVES, Dale *et al*. *Neurociências*. 2ª ed. Trad. de Carla Dalmaz, Carlos A. S. Gonçalves, Denise Zancan, Fabiana Horn, Jorge A. Quillfeldt, Matilde Achaval Elena e Renata Menezes Rosat. Porto Alegre: Artmed, 2005, p. 355.

[710] JAÉN VALLEJO, Manuel. *El Concepto de Acción en la Dogmática Penal*. Madrid: Colex, 1994, p. 65.

[711] HAMMERSCHLAG, Heinz. *Hypnose und Verbrechen*. München: Ernst Reinhardt Verlag, 1954, p. 24.

[712] SIMS, Andrew. *Sintomas da Mente – Introdução à Psicopatologia Descritiva*. 2ª ed. Trad. de Dayse Batista e Marcos Guirado. Porto Alegre: Artmed, 2001, p. 53.

a hipnose de outros estados de vigília em relaxamento. O transe na hipnose é produzido, portanto, em um estado de vigília por uma pessoa sobre outra, com o uso de sugestão com cumplicidade (Marcuse).".

No *Dicionário de Psicologia Dorsch*, lê-se: "*Um estado específico de transe* da hipnose não é necessário nem se pode provar fisiologicamente.". Por sua vez, Linda L. Davidoff[713] é categórica: "Não sabemos como opera a hipnose.". Novamente, nos reportamos a Sims:[714] "Uma capacidade para a fantasia é necessária para que ocorra a hipnose. (...). Os efeitos psicológicos são igualmente variáveis e incluem alterações na percepção, cognição, ideação, memória e afeto. O sujeito ingressa em um estado dramaticamente alterado no qual ele temporariamente delega a responsabilidade de suas ações ao hipnotizador. Por sua vez, este retém a confiança do sujeito somente enquanto mantém-se dentro dos limites de comportamento que o sujeito considera aceitáveis; além desses limites, o sujeito abandonará sua relação de dependência e sairá do estado hipnótico.".

Pelo que se constata do até aqui descrito, observa-se que a hipnose não afasta a caracterização do comportamento nos moldes do estado de inconsciência, antes estudado, tanto que Sims afirma que, de acordo com F. L. Marcuse, em seu livro *Hypnosis: Facto and Fiction* (1959), *a hipnose é definida mais pelo o que ela faz do que pelo que ela é*. Portanto, dúvidas avultam em torno da hipnose, mas revela-se indubitável que o agente que pratica algum fato delitivo sob efeito hipnótico – que os estudiosos da ciência da mente sequer conseguem precisar o que seja, muito embora não haja dúvida de que o hipnotizado se mantenha em estado de consciência, se bem que diferente da consciência normal de vigília – não pode ter em seu favor esse fato descaracterizado como conduta, sendo o agente penalmente responsável.

As *ações em curto-circuito* não se confundem com os atos reflexos, consistindo aquelas, no dizer de Francisco Muñoz Conde,[715] em "reações impulsivas ou explosivas, nas quais a vontade participa, ainda que de modo fugaz, e que portanto não excluem a ação.". Ilustra o penalista espanhol com o caso do "assaltante que, nervoso, aperta instintivamente o gatilho ao observar um gesto equívoco de fuga ou defesa no caixa do banco.".

Eis ainda o ilustrativo exemplo de Guaragni:[716] "Classicamente ocorrem nas hipóteses em que o agente é movido por violenta emoção, como no caso do sujeito que, cancelando a viagem de rotina para fazer uma romântica surpresa à esposa, surpreende-a nos lençóis com o jardineiro, em pleno ato sexual. A reação violenta, furiosa, de sacar a arma de fogo e atirar repetidas vezes, levada

---

[713] DAVIDOFF, Linda L. *Introdução à Psicologia*. 3ª ed. Trad. de Lenke Peres. São Paulo: Pearson Makron Books, 2001, p. 193.
[714] SIMS, Andrew. *Sintomas da Mente – Introdução à Psicopatologia Descritiva*. 2ª ed. Trad. de Dayse Batista e Marcos Guirado. Porto Alegre: Artmed, 2001, p. 53.
[715] MUÑOZ CONDE, Francisco. *Teoría General del Delito*. 2ª ed. Valencia: Tirant lo Blanch, 1991, p. 30.
[716] GUARAGNI, Fábio André. *As Teorias da Conduta em Direito Penal*. São Paulo: Revista dos Tribunais, 2005, p.178.

a termo pelo marido traído, muito embora se forme em um átimo, é um fazer guiado por um fim.".

Por sua vez, os *atos automatizados* são apontados[717] como dificuldade da concepção finalista de Welzel, visto que, segundo se afirma, seriam provenientes de um impulso que não está dirigido por uma vontade consciente. Redarguindo às posições críticas, Guaragni[718] assim se posiciona: "Há, porém, solução dentro do finalismo capaz de resolver o problema incluindo-se o automatismo como conduta humana. Trabalhando com o exemplo do obstáculo na pista de rodagem (*v.g.*, um animal), é de ser percebido que a ação do motorista não pode ser identificada no *frear*, porém no dirigir veículo – situação em que frear é apenas ato parcial, componente da ação final em sentido lato de dirigir automotor para algum lugar. Assim, é de se considerar existente a conduta humana de dirigir, guiada por um fim, e situar-se eventual possibilidade de punição na má utilização dos meios – como o dirigir distraído, que leva o agente a frear tarde demais – de modo que eventual morte daí derivada possa ser-lhe atribuída sob forma culposa.".

Em conclusão, diferentemente do que ocorre com os atos de inconsciência, a hipnose não acarreta a ausência de ação, assim como, diversamente do que acontece com os movimentos reflexos, os atos em curto-circuito e os decorrentes de automatismo não descaracterizam a ação. Essa é a posição tanto da doutrina como também da jurisprudência majoritárias.

Capítulo X – TIPICIDADE

1. Introdução

1.1. Referência evolutiva à teoria do tipo

Na Alemanha, no período que antecedeu à edição da obra de Ernst von Beling (*Die Lehre vom Verbrechen*), lançada em 1906, a expressão *tipo penal* não expressava o mesmo sentido consoante a compreendemos hoje, porquanto até aquele momento a expressão *Tatbestand* era entendida como uma espécie de "tipo penal geral", ou seja, "a ideia do delito como um todo, com todos os seus elementos",[719] o fato concreto ou o *corpo de delito* (*corpus delicti*), consoante concepção de Christoph Carl Stübel.

Somente a partir da obra de Beling[720] o tipo penal passa a ser concebido como conjunto de elementos que caracterizavam o crime de forma abstrata,

---

[717] JAÉN VALLEJO, Manuel. *El Concepto de Acción en la Dogmática Penal*. Madrid: Colex, 1994, p. 46.

[718] GUARAGNI, Fábio André. *As Teorias da Conduta em Direito Penal*. São Paulo: Revista dos Tribunais, 2005, p. 183-184.

[719] ARAÚJO, Marina Pinhão Coelho. *Tipicidade Penal – Uma Análise Funcionalista*. São Paulo: Quartier Latin, 2012, p. 45.

[720] Consulte-se: BELING, Ernst von. *Esquema de Derecho Penal – La Doctrina del Delito-Tipo* Trad. de Sebastián Soler. Buenos Aires: Librería El Foro, 2002.

de acordo com sua definição legal. O tipo penal, na versão belingniana, era de caráter eminentemente neutro, objetivo-descritivo, sem qualquer perspectiva valorativa, constituindo o aspecto externo do crime, ao passo que a culpabilidade, o aspecto interno, como, de resto, entendiam os autores causais-naturalistas.

No decurso da evolução doutrinária do crime, restou claro, ulteriormente, que o tipo penal não era composto somente por elementos objetivos-descritivos, mas também, em certos casos, por elementos subjetivos.

O esquema causal-naturalista tradicionalmente dividia o crime em objetivo (tipo e ilicitude) e subjetivo (culpabilidade). Porém, com a publicação de H. A. Fischer,[721] intitulada *Die Rechtswidrigkeit* (*A Ilicitude*), em 1911, o autor demonstra que, com frequência, elementos subjetivos estão presentes no tipo.

Em sequência, consoante refere Edmund Mezger,[722] August Hegler, em texto publicado por este último, em 1914, intitulado *Die Merkmale des Verbrechen* (*As Características do Crime*), afirma que o objetivo não se exaure no injusto, ao passo que o subjetivo não se limitava ao âmbito da culpabilidade. Desvela-se, por conseguinte, com o gradual aperfeiçoamento do sistema, ainda causal, mas agora na versão neokantista, que certos tipos penais possuem, além dos tradicionais elementos objetivo-descritivos, também elementos subjetivos.

Como aponta Daniela de Freitas Marques,[723] a partir da assunção da *Jurisprudência dos Interesses* em detrimento da *Jurisprudência Conceitualista* no sistema jurídico-penal, tal realidade se altera, rompendo-se em definitivo o estanque esquema objetivo-subjetivo.

No curso dessa espécie de reformulação do sistema causal, em 1915, em seu livro sobre Direito Penal alemão (*Der allgemeine Teil des deutschen Strafrechts*), Max Ernst Mayer[724] afirma tratar-se a *tipicidade* de um *indício de ilicitude*. Consoante a lição de Juarez Tavares,[725] isto significa que "o tipo tem, antes de tudo, um caráter formal, não sendo mais do que um objeto, composto de caracteres conceituais objetivo-descritivos do delito, sobre o qual, posteriormente (na antijuridicidade), incidirá um juízo de valor, deduzido das normas jurídicas em sua totalidade.".

Porém, na correta percepção de Franz von Liszt,[726] a ilicitude só se realiza se não houver a incidência de uma causa de justificação (legítima defesa, etc.),

---

[721] MEZGER, Edmundo. *Tratado de Derecho Penal*. Nueva edición, revisada y puesta al día por Jose Arturo Rodriguez Muñoz. Madrid: Editorial Revista de Derecho Comparado, 1955, t. I, p. 347; JESCHECK, Hans-Heinrich; WEIGEND, Thomas. *Lehrbuch des Strafrechts – Allgemeiner Teil*. 5ª ed. Berlin: Duncker & Humblot, 1996, p. 206.

[722] MEZGER, Edmundo. *Tratado de Derecho Penal*. Nueva edición, revisada y puesta al día por Jose Arturo Rodriguez Muñoz. Madrid: Editorial Revista de Derecho Comparado, 1955, t. I, p. 346 e ss.

[723] MARQUES, Daniela de Freitas. *Elementos Subjetivos do Injusto*. Belo Horizonte: Del Rey, 2001, p. 42.

[724] Consulte-se, em versão em espanhol: MAYER, Max Ernst. *Derecho Penal – Parte General*. Trad. de Sergio Politoff Lipschitz). Montevideo/Buenos Aires: Editorial BdeF, 2007, p. 12, 56 e ss.

[725] TAVARES, Juarez. *Teorias do Delito – Variações e Tendências*. São Paulo: Revista dos Tribunais, 1980, p. 23.

[726] LISZT, Franz von. *Tratado de Direito Penal Allemão*. Trad. de José Hygino Duarte Pereira. Rio de Janeiro: F. Briguiet & C., 1899, t. I, p. 219 e ss.

e, assim sendo, com "a existência dessas causas desaparece também o caráter indiciário da tipicidade, surgido com a realização do tipo legal.".[727]

No referido *Tratado* de Mayer,[728] o autor também ressalta a presença de elementos normativos em alguns tipos penais. Assim, com a constatação da presença de elementos subjetivos e normativos que com frequência figuram no tipo, de modo que a doutrina causal supera seu momento dito *clássico* e passa, com a contribuição neokantista, a ser denominada *neoclássica*, muito embora, sempre é bom lembrar, não deixe de ser, ainda, causal-naturalista, mas avançando para um positivismo normativo. Consoante assevera Jescheck,[729] na concepção neoclássica, não há um distanciamento significativo da concepção clássica, mas tão somente reformulações que em todo caso permanecem *imanentes ao sistema causal*.

Assim, a transformação do sistema causal, denominado agora de *neokantismo*, se dá por dois meios. Por um lado, com o desvelamento dos elementos subjetivos do injusto, tendo como protagonistas H. A. Fischer, Johannes Nagler, August Hegler e, também, com a importante contribuição de Mezger, o qual, segundo Juares Tavarez,[730] descartou quase totalmente a concepção de Beling. Por outro lado, com a assunção, por parte de autores como Mayer, Mezger e Max Grünhut de que o tipo é também composto em muitos casos por elementos normativos.

Porém, a doutrina[731] forjada anteriormente à concepção finalista, concebida em 1931, por Hans Welzel, via nos *tipos que continham elementos subjetivos e normativos, tipos anormais*. Eis a lição de Anibal Bruno:[732] "O tipo é por definição a fórmula descritiva das circunstâncias objetivas do crime. Os seus elementos são essencialmente descritivos e objetivos. (...). Vemos, então, em certas construções de tipo, elementos normativos, que implicam uma consideração do ilícito, e, ao lado de elementos puramente objetivos, elementos subjetivos, que pertencem também à culpabilidade.". Nessa linha, E. Magalhães Noronha[733] consignava que ao lado dos tipos *normais*, tipos de mera descrição objetiva, havia *outros* elementos, sendo eles "elementos subjetivos do injusto e normativos, que informam os tipos *anormais*" (...).

Com a assunção do neokantismo, que, como assinalamos, nada mais é do que um aperfeiçoamento do clássico sistema causal-naturalista, e não propriamente um *outro* sistema, porquanto não se distanciava da concepção naturalista, mas a ela agregava aportes axiológicos, surge a concepção da *tipicidade*

---

[727] TAVARES, Juarez. *Teorias do Delito – Variações e Tendências*. São Paulo: Revista dos Tribunais, 1980, p. 23.
[728] Entre nós, dentre outros: CAMARGO, Antonio Luís Chaves. *Tipo Penal e Linguagem*. Rio de Janeiro: Forense, 1982, p. 7.
[729] JESCHECK, Hans-Heinrich; WEIGEND, Thomas. *Lehrbuch des Strafrechts – Allgemeiner Teil*. 5ª ed. Berlin: Duncker & Humblot, 1996, p. 204.
[730] TAVARES, Juarez. *Teoria do Injusto Penal*. 3ª ed. Belo Horizonte: Del Rey, 2003, 134.
[731] E também a doutrina que se seguiu, como, por exemplo, Nelson Hungria no Brasil.
[732] BRUNO, Anibal. *Direito Penal – Parte Geral*. 3ª ed. Rio de Janeiro: Forense, 1967, t. I, p. 343.
[733] NORONHA, E. Magalhães. *Direito Penal – Introdução e Parte Geral*. 25ª ed. atualizada por Adalberto José Q. T. de Camargo Aranha. São Paulo: Saraiva, 1987, p. 96.

material. Consoante se observa em Mezger,[734] o "tipo é ele próprio portador da desvalorização jurídico-penal que o injusto supõe.".

Wilhelm Gallas[735] ressalta, porém, que o tipo não é só conteúdo senão também forma, interessando não apenas o *que*, senão também *como* da tipificação. Isso porque o tipo em sentido material não pode ir além do quanto está delimitado pelo tipo em sentido formal, porquanto para nosso sistema de direito [no caso referia-se ele ao alemão, mas vale também para o sistema brasileiro], dominado pelo princípio *nullum crimen sine lege*, o tipo formal deve ser definido pela lei.

Resulta que, em evidente avanço, a punição de uma conduta não está subordinada à subsunção do comportamento em um tipo em sentido apenas formal, senão também material. Produz-se, assim, uma limitação do tipo formal, o qual é corrigido pelo tipo material, conferindo um substrato de legitimidade. Permitimo-nos, nesses termos, afirmar que um tipo penal assim entendido haverá de ter uma verdadeira *consistência constitucional*. Numa palavra: ausente a tipicidade material, a incidência típica como um todo deve ser afastada.

De modo geral, a contribuição do neokantismo, formulando a ideia de tipicidade material, teve ressonância em outros sistemas. Tanto é assim que, ao conceber o princípio da insignificância, Claus Roxin[736] o fez fundamentado na ideia de tipicidade material.

No ano de 1931, Welzel publica seu famoso artigo intitulado *Causalidade e Ação* (*Kausalität und Handlung*), em que o penalista inicia seus trabalhos com vistas a uma reformulação da concepção de crime. De forma mais completa e elaborada, em 1939, em seu *Studien zum System des Strafrechts* (*Estudos sobre o Sistema de Direito Penal*), fazendo migrar o dolo e a culpa da culpabilidade para o tipo ou para a conduta ou, melhor ainda, para a conduta típica (visto que o tipo penal descreve a conduta), sendo que o dolo passa a constituir um *dolo natural*,[737] ou seja, sem a consciência da ilicitude, a qual passa a ser elemento autônomo da culpabilidade. Porém, o que releva notar nesse olhar evolutivo do tipo penal é que este se torna bipartido, passando a falar-se em tipo subjetivo e tipo objetivo. A conduta típica, já no seu nascedouro, ou será dolosa ou será culposa. Assim, o tipo sempre será – a um tempo – por um lado, objetivo, e, por outro, subjetivo. Nesse passo, não há mais falar em tipos anormais.

O sistema welzeliano passa, assim, a divisar, na esteira da contribuição de Alexander Graf zu Dohna, o *objeto de valoração* (a conduta dolosa ou culposa) do *juízo de valoração*, juízo de censura (a culpabilidade). A culpabilidade torna-se, então, puro juízo de (des)valor, puro juízo de censura ou reprovação.

---

[734] MEZGER, Edmundo. *Tratado de Derecho Penal*. Nueva edición, revisada y puesta al día por Jose Arturo Rodriguez Muñoz. Madrid: Editorial Revista de Derecho Comparado, 1955, t. I, p. 366.
[735] GALLAS, Wilhelm. *La Teoría del Delito en su Momento Actual*. Trad. de Juan Cordoba Roda. Barcelona: Bosch, 1959, p. 30-31.
[736] ROXIN, Claus. *Política Criminal y Sistema del Derecho Penal*. Trad. de Francisco Muñoz Conde. Barcelona: Bosch, 1972, p. 53.
[737] MAURACH, Reinhart; GÖSSEL, Karl Heinz; ZIPF, Heinz. *Derecho Penal – Parte General*. Trad. de Jorge Bofill Genzsch y Enrique Aimone Gibson. Buenos Aires: Astrea, 1994, v. 1, p. 379.

Por derradeiro, uma breve consideração sobre o funcionalismo. No Brasil, dentre os diversos autores funcionalistas, destacam-se Claus Roxin e Günther Jakobs.

Os dois mencionados autores buscam construir as categorias do delito a partir da função do Direito Penal. O primeiro concebe o Direito Penal como tutelador de bens jurídicos e apoia seu sistema essencialmente em considerações Político Criminais, ao passo que o segundo se preocupa com o sistema em si, entendendo que ao Direito Penal cabe, em síntese, assegurar a vigência da norma. Em comum, está a busca pela formulação de uma teoria da imputação objetiva, no âmbito do tipo, mas cada um a sua maneira. Tal teoria, ou tais teorias terão lugar neste nosso *Curso* em tópico próprio.

As diversas aquisições doutrinárias[738] das diversas concepções de delito que avançaram ao longo do tempo proporcionaram significativas contribuições do ponto de vista prático.

A concepção clássica do crime ou positivismo naturalista teve o mérito de formular o conceito de tipo enquanto elemento estrutural do crime, não nos moldes atuais, é verdade, mas o engendramento do tipo penal como requisito do fato punível ao lado da ilicitude e da culpabilidade ensejou uma ulterior evolução nos domínios do tipo penal.

Por sua vez, a concepção neoclássica ou positivismo normativo prestou sua contribuição, por exemplo, na concepção do tipo penal como indício de ilicitude, na constatação da presença de elementos subjetivos e normativos no tipo, e também na concepção do tipo material, fato que enseja a desconfiguração típica, em certos casos, de fatos destituídos de sentido criminoso, como, por exemplo,[739] a lesão à integridade corporal em benefício da saúde do sujeito.

O finalismo, por sua vez, teve o mérito de distinguir com clarividência o objeto de valoração do juízo de valoração. Assim é que o juízo de reprovação se faz em relação ao agente que pratica a conduta típica dolosa ou culposa. Passa-se a falar em tipo objetivo, tipo subjetivo, tipo doloso e tipo culposo. Nos domínios do crime tentado, o finalismo logra explicar a punibilidade deste, visto que na tentativa o agente finalisticamente age com o propósito de atingir o resultado previsto no tipo, e só não o consuma por circunstâncias alheias a sua vontade. Também na teoria do erro, como veremos no tópico próprio, o sistema revela-se de um primoroso rigor científico.

Por derradeiro, ainda que se possa optar por uma prevalência metodológica com base no finalismo welzeliano, não há olvidar das contribuições do funcionalismo, sobretudo na versão exposta por Roxin, visto que hoje o que prevalece em realidade é um *ecletismo metodológico*, porquanto em alguns pontos o finalismo, sobretudo aquele mais ortodoxo, revela-se insuficiente. Para não nos alongarmos demasiadamente neste tópico, sobre as contribuições

---

[738] Numa perspectiva da atual sociedade de risco, confira-se: SALVADOR NETTO, Alamiro Velludo. *Tipicidade Penal e Sociedade de Risco*. São Paulo: Quartier Latin, 2006.

[739] GALLAS, Wilhem. *La Teoría del Delito en su Momento Actual*. Trad. de Juan Cordoba Roda. Barcelona: Bosch, 1959, p. 31.

funcionalistas, remetemos o leitor para o ponto em que tratamos da imputação objetiva.

1.2. Tipo e tipicidade

Tipo e *tipicidade* são categorias não coincidentes, mas com mútua implicação. Isso porque o tipo penal só existe porque tem em conta uma futura conduta que se enquadre em seus moldes abstratamente previstos, sendo que a tipicidade somente ocorre ante uma previsão anterior típica.

O tipo penal nos remete à ideia de arquétipo, modelo ou esquema constituindo, assim, um modelo abstrato de comportamento proibido. Entenda-se, aqui, proibido em sentido amplo, porquanto nos crimes omissivos não há uma proibição a uma conduta, e sim uma determinação a que se faça algo, proibe-se, neste caso, por assim dizer, a omissão, um não fazer.

Segundo Francisco de Assis Toledo,[740] "o *tipo penal* é um modelo abstrato de comportamento proibido. É, em outras palavras, descrição esquemática de uma classe de condutas que possuam características danosas ou ético-socialmente reprovadas, a ponto de serem reputadas intoleráveis pela ordem jurídica.".

A tipicidade ocorre com a subsunção de uma conduta concreta em um tipo penal incriminador previsto em sua forma abstrata.

Assim é que o tipo penal decorre da lei, ao passo que a tipicidade é decorrente da conduta concreta, a qual se subsume ao tipo penal incriminador. No tipo, há a previsão abstrata da conduta criminosa. Na tipicidade, há a subsunção da conduta concreta ao tipo penal incriminador.

Quando o art. 121 do Código Penal descreve "Matar alguém: Pena – reclusão, de 6 (seis) a 20 (vinte) anos", tem-se aí o tipo penal incriminador do homicídio, neste caso, do *caput*, em sua forma simples. Agora se o agente Otávio desfere um tiro certeiro em Cássio, com *animus necandi*, ou seja, com a intenção de matá-lo (dolo), tem-se a tipicidade, a subsunção da ação concreta em um tipo penal incriminador.

1.3. Tipicidade formal e tipicidade material

A *tipicidade formal* é a mera subsunção da conduta no tipo penal, ou seja, o enquadramento da conduta no tipo penal, sem qualquer consideração valorativa. A *tipicidade material*, por seu turno, exige que a tipicidade deva ter um sentido de significado, a atribuir tão somente o caráter típico se, efetivamente, o comportamento delitivo pôs – a um tempo – em crise o bem jurídico tutelado pelo significado danoso da conduta típica e de forma relevante, seja por meio de uma conduta que ofenda o bem jurídico-penal mediante uma vulneração,

---
[740] TOLEDO, Francisco de Assis. *Princípios Básicos de Direito Penal*. 5ª ed. São Paulo: Saraiva, 1994, p. 127.

mas que não seja ainda efetivamente uma lesão (crime de perigo, concreto ou abstrato), seja por intermédio de uma conduta lesiva ao referido bem jurídico (crime de dano).

A ideia de tipicidade material serve, assim, como fundamento aos princípios da adequação social e da insignificância, além de servir como fio condutor interpretativo em certos casos.

1.4. Tipicidade conglobante

O finalismo é, entre nós, prevalente. Isso não significa, como já afirmamos, que os doutrinadores que se identifiquem com o finalismo adiram com a referida doutrina em todos os seus termos. Dentre os finalistas, destacamos Eugenio Raúl Zaffaroni – autor argentino com relevante contribuição à doutrina brasileira –, que no âmbito do tipo construiu a ideia de tipicidade conglobante, a qual passamos a abordar.

Em síntese, Zaffaroni[741] entende que o tipo penal não pode proibir o que o direito ordena ou fomenta, pois restaria em incorrer em contradição. Nessa lógica, ter-se-ia: tipicidade penal = tipicidade legal (adequação à formulação legal do tipo) + tipicidade conglobante (averiguação da proibição mediante a indagação do alcance proibitivo da norma não considerada isoladamente, e sim conglobada na ordem normativa).

A *tipicidade conglobante* surge, pois, como um corretivo da tipicidade legal. Da ideia de tipicidade conglobante, chega-se à *atipicidade conglobante*, que decorre de mandamentos ou fomentos normativos ou de outras causas, tais como o acordo, as intervenções cirúrgicas, as leis desportivas e as atividades perigosas fomentadas. Esta atipicidade, nos moldes preconizados por Zaffaroni, difere das justificantes, visto que estas últimas surgem em função de permissões que a ordem jurídica resignadamente concede. A doutrina de Zaffaroni, no que tange a essa particular concepção de tipicidade aqui resumidamente apresentada, não tem encontrado maior adesão na doutrina e na jurisprudência.

1.5. Elementos objetivos e subjetivos do tipo

O tipo penal incriminador é composto de elementos *objetivos* e *subjetivos*. Os elementos objetivos dividem-se em *descritivos* e *normativos*. Os primeiros estão presentes em qualquer tipo penal, visto que o crime é tipificado por meio

---

[741] Para consulta, mencionamos os seguintes livros, tanto originais como também traduções, com adaptações para o direito brasileiro: ZAFFARONI, Eugenio Raúl; SLOKAR, Alejandro; ALAGIA, Alejandro. *Derecho Penal – Parte General*. 2ª ed. Buenos Aires: Ediar, 2002, p. 455-457, 483-507, 556-564; ZAFFARONI, Eugenio Raúl; SLOKAR, BATISTA, Nilo; Alejandro; ALAGIA, Alejandro. *Direito Penal Brasileiro – Teoria do Delito – Introdução Histórica e Metodológica, Ação e Tipicidade*. Rio de Janeiro: Revan, 2010, v. II, p. 159-162, 212-250, 325-337; ZAFFARONI, Eugenio Raúl. *Manual de Derecho Penal – Parte General*. 6ª ed. Buenos Aires: Ediar, 1991, p. 463-476; ZAFFARONI, Eugenio Raúl; PIERANGELI, José Henrique. *Manual de Direito Penal Brasileiro – Parte Geral*. 5ª ed. São Paulo: Revista dos Tribunais, 2004, p. 522-534.

da *descrição* de uma conduta, seja ela comissiva ("matar alguém", art. 121), seja ela omissiva ("deixar de prestar assistência....", art. 135). Por sua vez, os *normativos*, presentes em alguns tipos, são aqueles que reivindicam uma valoração a sua compreensão, de que são exemplos a expressão "alheia", no crime de furto (art. 155) ou a expressão "documento", no crime de *falsum* (art. 297).

Os elementos *subjetivos* dizem respeito ao psiquismo do agente. Nos crimes dolosos, consistem[742] na consciência e vontade dirigida à prática do tipo objetivo, sendo que, por vezes, certos tipos penais dolosos são compostos por elementos subjetivos especiais, com é o caso do especial fim de agir presente, por exemplo, "o fim de obter, para si ou para outrem, qualquer vantagem, como condição ou preço do resgate", no crime de extorsão mediante sequestro (art. 159). Nos crimes culposos, há quem entenda[743] que tais elementos subjetivos somente estejam presentes na culpa consciente, mas não na inconsciente.

Por fim, impende mencionar os crimes preterdolosos ou preterintencionais, em que há a combinação de dolo e culpa, cujo exemplo mais nítido é o crime de lesão corporal seguida de morte (art. 129, § 3º), que estatui que se da ofensa à integridade corporal ou saúde de outrem "resulta morte e as circunstâncias evidenciam que o agente não quis o resultado, nem assumiu o risco de produzi-lo", fica sujeito às penas cominadas.

1.6. Tipo objetivo e tipo subjetivo

Foi mérito da doutrina finalista divisar, para fins didáticos, o *tipo penal em objetivo* e *subjetivo*. O primeiro compreende os elementos objetivos, e este último, os elementos subjetivos, vistos no tópico anterior.

1.7. Funções do tipo e da tipicidade

Considera-se que o tipo penal e a tipicidade desempenham certas funções. Menciona-se, como função do tipo, a *garantidora*, ao estabelecer que a punição de determinada conduta somente poderá ser infligida, se houver previsão legal para tanto, e em seus estritos termos, com o que se está a pôr em evidência o princípio da legalidade. Fala-se também em *função selecionadora*, visto que o tipo penal seleciona da realidade determinadas condutas, erigindo-as a um fato punível, em razão da gravidade da agressão e da relevância do bem jurídico ofendido.

Como vimos, o tipo penal é a previsão delitiva em abstrato, e a tipicidade é a subsunção da ação concreta no tipo incriminador. Para que ocorra a tipi-

---

[742] Aqui estamos em terreno não isento de polêmica, mas ao tratarmos sobre as teorias do dolo tal ponto será melhor esclarecido.

[743] Confira-se em: SANTOS, Juarez Cirino dos. *A Moderna Teoria do Fato Punível*. 4ª ed. Rio de Janeiro: ICPC/Lumen Juris, 2005, p. 122. Heitor Costa Júnior vai mais além, negando caráter subjetivo à culpa de forma absoluta, ou seja, independentemente de ser a culpa consciente ou inconsciente, afirmando ser o conceito de culpa normativo. COSTA JÚNIOR, Heitor. *Teoria dos Delitos Culposos*. Rio de Janeiro: Lumen Juris, 1988, p. 69.

cidade, a conduta praticada deve enquadrar-se exatamente na previsão legal, sendo preenchidos tanto os elementos objetivos, de forma completa (no crime consumado) e de forma parcial (no crime tentado), como também o elemento subjetivo. Em virtude disso, ou seja, da exigência do rígido enquadramento, a tipicidade também desempenha uma função de garantia, pois a subsunção exige exata correspondência entre a ação concreta e a conduta descrita em abstrato no tipo penal. Presente a tipicidade, surge o *indício de ilicitude* (ou de antijuridicidade), algo mais ou menos como "onde há fumaça, há fogo". Esse indício é provisório e *juris tantum* (relativo), de modo que se incidir alguma causa excludente de ilicitude (estado de necessidade, legítima defesa, etc.) aquele indício inicial é afastado. Essa é a *função indiciária da tipicidade*.

2. Tipo objetivo

O *tipo objetivo*[744] é composto por *elementos objetivos*, os quais subdividem-se em *descritivos* e *normativos*. Diz-se objetivos porque *não* pertencem ao psiquismo ou dizem respeito ao ânimo do agente. Trata-se de elementos externos ao agente. *Estão, por assim dizer, no mundo, e não no agente*. Todos os tipos penais incriminadores contêm elementos descritivos, a começar pelo verbo que expressa a conduta comissiva, "matar", no homicídio (art. 121), "subtrair", no furto (art. 155) ou omissiva, "deixar de", na omissão de socorro (art. 135). Os elementos descritivos descrevem, além da ação, o sujeito, que em regra é indeterminado, não especificado, ou seja, qualquer pessoa, como ocorre no furto, e na maioria dos crimes, podendo, em certos casos, restringir a autoria a determinadas pessoas, como ocorre na omissão de notificação de doença, "deixar o médico" (art. 269).

Também são exemplos a descrição do objeto, da ação executiva, eventualmente de formas especiais de comissão, meios, sendo que, caso o tipo exija algum resultado naturalístico, o que ocorre na grande maioria das vezes, estará compreendida no tipo a relação de causalidade (não escrita, e sim implícita). Já os elementos normativos estão presentes eventualmente em alguns tipos incriminadores, os quais, como vimos linhas atrás, demandam um juízo de valor à sua apreensão como ocorre com a expressão "coisa alheia", no furto, e com a expressão "funcionário público", no peculato (art. 312).

2.1. Conduta comissiva: a ação

A expressiva maioria dos tipos penais incriminadores descrevem uma ação propriamente dita (ação *stricto sensu*), ou seja, um fazer, uma comissão,

---

[744] TOLEDO, Francisco de Assis. *Princípios Básicos de Direito Penal*. 5ª ed. São Paulo: Saraiva, 1994, p. 137-139, 152-154; WESSELS, Joahannes; BEULKE, Werner. *Strafrecht – Allgemeiner Teil*. 36ª ed. Heidelberg: C.F. Müller Verlag, 2006, v. I, p. 47.

que infringe uma *norma proibitiva*. São casos de *condutas comissivas*, de *crimes comissivos*. O crime de homicídio é exemplo: "matar alguém" (CP, art. 121).

2.2. Conduta omissiva: a omissão

Ao lado dos crimes comissivos, há os *crimes omissivos*,[745] que se dividem em *próprios* e *impróprios*. Enquanto os crimes comissivos constituem infringência a normas proibitivas, os *crimes omissivos* constituem infringência a *normas preceptivas*, que determinam um fazer.

2.2.1. Crimes omissivos próprios

Crimes omissivos próprios são aqueles em que o tipo penal descreve uma conduta omissiva, um não fazer, como no caso do crime de omissão de socorro, "deixar de prestar assistência" (art. 135), do crime de omissão de notificação de doença, "deixar o médico de denunciar à autoridade pública doença cuja notificação é compulsória" (art. 269) ou do crime consistente em "omitir dizeres ou sinais ostensivos sobre a nocividade ou periculosidade de produtos, nas embalagens, nos invólucros, recipientes ou publicidade", previsto na Lei nº 8.078/90 (CDC, art. 63). Nos crimes omissivos próprios não se indaga sobre relação de causalidade.

2.2.2. Crimes omissivos impróprios ou comissivos por omissão

Crimes omissivos impróprios ou *comissivos por omissão* são crimes comissivos e de lesão (e por conseguinte materiais) em que a lei atribui ao omitente (chamado *garantidor* ou *garante*) que tinha o *dever específico de agir* para evitar o resultado quando lhe era possível agir sem que o tenha, no entanto, realizado a conduta a ele imposta.

É consabido que *do nada, nada se cria* (*ex nihilo nihil fit* ou, ainda, *gigni de nihilo nihil*), e isso, como lembra Giuseppe Maggiore,[746] se opõe a ideia de

---

[745] Sobre crimes omissivos, algumas referências bibliográficas: KAUFMANN, Armin. *Die Dogmatik der Unterlassungsdelikte*. Göttingen: Verlag Otto Schwarz & Co., 1959; SILVA SANCHEZ, Jesús-Maria. *El Delito de Omision – Concepto y Sistema*. Barcelona: Bosch, 1986; MONREAL, Eduardo Novoa. *Fundamentos de los Delitos de Omisión*. Buenos Aires: Depalma, 1984; TAVARES, Juarez. *Teoria dos Crimes Omissivos*. Madri/Barcelona/Buenos Aires/São Paulo: Marcial Pons, 2012; TAVARES, Juarez. *As Controvérsias em torno dos Crimes Omissivos*. Rio de Janeiro: Instituto Latino-Americano de Cooperação Penal, 1996; D'ÁVILA, Fábio Roberto. *Ofensividade e Crimes Omissivos Próprios* (*Contributo à Compreensão do Crime como Ofensa ao Bem Jurídico*). Coimbra: Coimbra Editora, 2005; SOUZA, Carmo Antônio de. *Fundamentos dos Crimes Omissivos Impróprios*. Rio de Janeiro: Forense, 2003; PASCHOAL, Janaína Conceição. *Ingerência Indevida – Os Crimes Comissivos por Omissão e o Controle pela Punição do Não Fazer*. Porto Alegre: Sergio Antonio Fabris Editor, 2011; BIERRENBACH, Sheila. *Crimes Omissivos Impróprios – Uma Análise à Luz do Código Penal Brasileiro*. 2ª ed. Belo Horizonte, 2002. É de mencionar-se, também, a excelente tese, de cuja banca de arguição tivemos a honra de participar: SOUSA, Daniel Brod Rodrigues de. *O Tipo-de-Ilícito dos Crimes Omissivos Impróprios no Direito Penal Brasileiro: Contributo à sua Conformação e Delimitação*. Porto Alegre: PUCRS (tese de doutoramento), 2017.

[746] MAGGIORE, Giuseppe. *Diritto Penale – Parte Generale*. 5ª ed. Bologna: Nicola Zanichelli Editore, 1951, v. I, t. I, p. 261.

causalidade. Não obstante, nos crimes ora estudados, labora-se com a noção de nexo causal, mas não num sentido físico ou fático, e sim num sentido jurídico. Nesse sentido, o STF: "A causalidade, nos crimes comissivos por omissão, não fática, mas jurídica, consistente em não haver atuado o omitente, como devia e podia, para impedir o resultado" (Segunda Turma, RHC 63.428/SC, rel. Min. Carlos Madeira, j. 25.10.1985).

Em tais crimes, o dever de agir decorre do art. 13, § 2º ("A omissão é penalmente relevante quando o omitente devia e podia agir para evitar o resultado"). Note-se que a lei não exige que o agente evite o resultado, pois a ninguém é dado um controle absoluto da causalidade. O que a lei determina é que o garantidor aja *para* evitar o resultado. Assim, se não tiver sucesso em evitar o resultado, mas tiver agido, não responderá criminalmente.

2.2.2.1. A teoria das fontes e a posição de garante: o art. 13, § 2º, do CP

O Código Penal pátrio adotou a teoria das fontes, cujas hipóteses estão elencadas nas letras "a" a "c" do § 2º do art. 13.

2.2.2.1.1. A lei

A *lei* (art. 13, § 2º, letra *"a"*) é a primeira hipótese que obriga sujeito em situações em que há um especial vínculo entre ele e a vítima. A obrigação deve decorrer da lei, e não de obrigação moral, ética ou religiosa. Como exemplos, podem-se referir os pais com relação aos filhos menores, o agente penitenciário em relação ao preso, o bombeiro, o capitão do navio, etc.

2.2.2.1.2. A assunção da responsabilidade de impedir o resultado por causa diversa da imposição legal

A segunda hipótese estabelece que o dever de agir incumbe a quem *de outra forma, assumiu a responsabilidade de impedir o resultado* (art. 13, § 2º, letra *"b"*). Eis a lição de Assis Toledo:[747] "Penso que, aqui, a solução deve apoiar-se no princípio de que a *posição de garante* surge para todo aquele que, por ato voluntário, promessas, veiculação publicitária ou mesmo contratualmente, capta a confiança dos possíveis afetados por resultados perigosos, assumindo, com estes, a título oneroso ou não, a responsabilidade de intervir, quando necessário, para impedir o resultado lesivo. Nessa situação se encontram: o guia, o salva-vidas, o enfermeiro, o médico de plantão em hospitais ou pronto-socorros, os organizadores de competições esportivas, etc.".

Figure-se o exemplo em que determinada pessoa, por ato voluntário unilateral ou mesmo contratual, disponha-se a auxiliar um deficiente visual a transitar no Centro de uma grande cidade, com intenso e perigoso tráfego, que em dado momento abandona o deficiente à própria sorte, vindo este, em

---
[747] TOLEDO, Francisco de Assis. *Princípios Básicos de Direito Penal*. 5ª ed. São Paulo: Saraiva, 1994, p. 117-118.

decorrência do abandono, a ser atropelado por um automóvel, fato que lhe causa a morte. Nesse caso, o omitente responde pelo resultado morte.

2.2.2.1.3. A assunção da responsabilidade daquele que, com seu comportamento anterior, criou o risco da ocorrência do resultado

A terceira hipótese consiste na *criação do risco* (art. 13, § 2º, letra *"b"*). Assim, aquele que, com seu comportamento anterior, criou o risco da ocorrência do resultado, por este responderá, caso se omita em agir, podendo. São exemplos o do exímio nadador que convida um amigo para nadar e, diante de dificuldades deste, em virtude de câimbras, não o auxilia; o do alpinista que convida o aprendiz e diante de uma situação de perigo advinda na escalada da montanha se omite em agir, assim como do causador de incêndio que não socorre pessoas necessitadas.

2.2.3. A caracterização típica dos crimes omissivos próprios e impróprios

Nos crimes omissivos, há três requisitos que são comuns ao crime omissivo próprio e ao impróprio, sendo que no caso deste último, há um quarto requisito adicional.

2.2.3.1. A inação

O primeiro requisito à caracterização típica tanto dos crimes omissivos próprios como também dos impróprios é a *inação*. O agente resta inerte diante da norma preceptiva.

2.2.3.2. A real possibilidade de agir

Para que se aperfeiçoe o crime omissivo, faz-se mister a *real possibilidade de agir*. Isso fica evidente da leitura do art. 135 do CP, crime omissivo próprio, quando faz a referência "quando *possível fazê-lo* sem risco pessoal". Semelhante enunciado se extrai do art. 13, § 2º, com referência aos crimes omissivos impróprios: "A omissão é penalmente relevante quando o omitente devia e *podia agir* para evitar o resultado.".

Assim, não se exigirá que aquele que não sabe nadar adentre ao mar para salvar a pessoa que esteja se afogando, ainda que esteja na posição de garantidor, pois, em tal caso, falta-lhe a possibilidade de agir.

2.2.3.3. A situação típica omissiva

"A *situação típica omissiva*", consoante Juarez Tavares,[748] "engloba todos aqueles elementos ou supostos que se associam à *inação* e fundamentam o dever

---

[748] TAVARES, Juarez. *As Controvérsias em torno dos Crimes Omissivos*. Rio de Janeiro: Instituto Latino-Americano de Cooperação Penal, 1996, p. 77.

de agir e o conteúdo de injusto do fato, de modo a justificar sua punibilidade. Assim, por exemplo, no crime de omissão de socorro, constitui essa situação a descrição acerca da criança abandonada ou extraviada e da pessoa inválida ou ferida, que se encontrem ao desamparo ou em grave e iminente perigo.".

Segundo ainda o penalista[749] referido, no crime de omissão de notificação de doença (art. 269), "a situação típica está expressada na natureza da doença (de notificação compulsória) e na circunstância de haver sido ela identificada por médico no exercício profissional.".

2.2.3.4. O dever (específico) de agir para impedir o resultado: requisito adicional aos crimes omissivos impróprios

O último requisito, qual seja, o *dever de agir para impedir o resultado*, restringe-se à caracterização dos crimes omissivos impróprios, não sendo aplicável aos omissivos próprios, em que não se cogita de resultado. Isso porque os primeiros reivindicam um resultado, e estes últimos não.

Pensamos que não é correta a afirmação de Tavares[750] quando se refere ao "dever de impedir o resultado", pois, em certos casos, simplesmente tal não é possível, diante das limitações humanas. Com efeito, o art. 13, § 2º, fala em "agir *para* evitar o resultado". Logo, se o garantidor age com esse escopo, mas sua ação resta infrutífera por algum motivo, vindo a ocorrer o resultado, não responde criminalmente.

2.3. Sujeito ativo: o agente

O tipo objetivo também contempla o *sujeito ativo* da infração penal: o *agente*. Nos crimes em geral, esse não é identificado, o que significa, de forma implícita, que qualquer pessoa pode praticar o crime. É o que a doutrina denomina *crime comum*. Porém, em determinados fatos puníveis, o tipo incriminador especifica o autor, como ocorre no crime de infanticídio, cuja autoria restringe-se à mãe em estado puerperal que mata o filho durante ou logo após o parto (CP, art. 123). É o que se denomina *crime especial*.

2.3.1. A pessoa jurídica criminosa?

Hill, Rossen e Sogg[751] afirmam que nos primórdios a *pessoa jurídica* não era penalmente responsável nos EUA, mas isso veio a se alterar e hoje a *corporação* responde criminalmente. Conquanto não fosse admitida por longo tempo a responsabilização das "personnes morales",[752] também hoje na França são

---

[749] TAVARES, Juarez. *As Controvérsias em torno dos Crimes Omissivos*. Rio de Janeiro: Instituto Latino-Americano de Cooperação Penal, 1996, p 78.
[750] Idem.
[751] HILL JR., Myron G.; ROSSEN, Howard M.; SOGG, Wilton S. *Criminal Law*. St. Paul: West Publishing Co., 1977, p. 22-23.
[752] BOULOC, Bernard. *Droit Pénal Général*. 21ª ed. Paris: Dalloz, 2009, p. 272-273.

penalmente responsáveis, salvo o Estado ("à l'exclusion de l'"État"), em virtude de consagração da responsabilidade penal pelo CP francês atual (art. 121-2). O direito português admite a figura da pessoa jurídica criminosa em certos casos, consoante se vê no Dec.-Lei nº 28/84.

Entre nós, historicamente, vigorou o princípio *societas delinquere non potest*. Porém, com o advento da CF de 1988, tal tradição passou a ser alterada. Isto porque os arts. 173 e 225 consagraram a possibilidade de responsabilização criminal da pessoa jurídica nos crimes contra a ordem econômica e financeira e contra a economia popular e também nos crimes ambientais, sendo que, com referência a estes últimos, a Lei nº 9.605/98 veio a concretizar a previsão constitucional.

Eis as disposições da Constituição Federal:

Art. 173. Ressalvados os casos previstos nesta Constituição, a exploração direta de atividade econômica pelo Estado só será permitida quando necessária aos imperativos da segurança nacional ou a relevante interesse coletivo, conforme definidos em lei.

§ 5º A lei, sem prejuízo da responsabilidade individual dos dirigentes da pessoa jurídica, estabelecerá a responsabilidade desta, sujeitando-a às punições compatíveis com sua natureza, nos atos praticados contra a ordem econômica e financeira e contra a economia popular.

Art. 225. Todos têm direito ao meio ambiente ecologicamente equilibrado, bem de uso comum do povo e essencial à sadia qualidade de vida, impondo-se ao Poder Público e à coletividade o dever de defendê-lo e preservá-lo para as presentes e futuras gerações.

§ 3º As condutas e atividades consideradas lesivas ao meio ambiente sujeitarão os infratores, pessoas físicas ou jurídicas, a sanções penais e administrativas, independentemente da obrigação de reparar os danos causados.

Por sua vez, a Lei nº 9.605/98 prevê a criminalização da pessoa jurídica, bem como penas compatíveis:

Art. 3º. As pessoas jurídicas serão responsabilizadas administrativa, civil e penalmente conforme o disposto nesta Lei, nos casos em que a infração seja cometida por decisão de seu representante legal ou contratual, ou de seu órgão colegiado, no interesse ou benefício da sua entidade.

Parágrafo único. A responsabilidade das pessoas jurídicas não exclui a das pessoas físicas, autoras, co-autoras ou partícipes do mesmo fato.

Art. 21. As penas aplicáveis isolada, cumulativa ou alternativamente às pessoas jurídicas, de acordo com o disposto no art. 3º, são:

I – multa;
II – restritivas de direitos;
III – prestação de serviços à comunidade.

Art. 22. As penas restritivas de direitos da pessoa jurídica são:

I – suspensão parcial ou total de atividades;
II – interdição temporária de estabelecimento, obra ou atividade;
III – proibição de contratar com o Poder Público, bem como dele obter subsídios, subvenções ou doações.

§ 1º A suspensão de atividades será aplicada quando estas não estiverem obedecendo às disposições legais ou regulamentares, relativas à proteção do meio ambiente.

§ 2º A interdição será aplicada quando o estabelecimento, obra ou atividade estiver funcionando sem a devida autorização, ou em desacordo com a concedida, ou com violação de disposição legal ou regulamentar.

§ 3º A proibição de contratar com o Poder Público e dele obter subsídios, subvenções ou doações não poderá exceder o prazo de dez anos.

Art. 23. A prestação de serviços à comunidade pela pessoa jurídica consistirá em:
I – custeio de programas e de projetos ambientais;
II – execução de obras de recuperação de áreas degradadas;
III – manutenção de espaços públicos;
IV – contribuições a entidades ambientais ou culturais públicas.

Art. 24. A pessoa jurídica constituída ou utilizada, preponderantemente, com o fim de permitir, facilitar ou ocultar a prática de crime definido nesta Lei terá decretada sua liquidação forçada, seu patrimônio será considerado instrumento do crime e como tal perdido em favor do Fundo Penitenciário Nacional.

Porém, apesar das previsões nos dispositivos acima reproduzidos da Constituição e do quanto preceitua a Lei Ambiental (Lei nº 9.605/98), remanesce a controvérsia[753] acerca da possibilidade de incriminação da pessoa jurídica. Assis Toledo,[754] já em seu tempo, afirmava acreditar que, "no futuro, o direito penal poderá estender suas malhas sobre a pessoa jurídica, desde que, para tanto, alargue e modifique o atual conceito de pena.". Sérgio Salomão Shecaira,[755] Fausto de Sanctis[756] e Walter Claudius Rothenburg:[757] publicaram em forma de livro suas teses de doutoramento, os dois primeiros, e dissertação de mestrado; o último, suas construções doutrinárias favoráveis à incriminação. Em via oposta, de forma candente estão, dentre outros, René Ariel Dotti[758] e Luiz Régis Prado,[759] visto que, segundo estes últimos autores, a admissão infringiria a própria Constituição e diversos princípios penais (conduta, culpabilidade, etc.).

2.4. Sujeito passivo: a vítima

O tipo penal objetivo também contempla a figura da *vítima*, ou seja, a da pessoa, física ou jurídica, que tem algum bem jurídico ofendido em virtude da conduta delitiva. Não se confunde a vítima com o *terceiro prejudicado*, que é a pessoa física ou jurídica sobre a qual o fato punível tem repercussão, como é caso dos dependentes de uma vítima de homicídio, que não possuem meios para prover suas necessidades.

2.5. Bem jurídico e objeto material da conduta

Ao estudarmos o conceito material de delito, ficou assente que o crime constitui uma ofensa ou exposição a perigo de bens jurídicos. É por esse motivo

---

[753] Sobre a responsabilidade da pessoa jurídica sob diversos enfoques, consulte-se: VERÍSSIMO, Carla. *Compliance – Incentivo à Adoção de Medidas Anticorrupção*. São Paulo: Saraiva, 2017, p. 27-88.

[754] TOLEDO, Francisco de Assis. *Princípios Básicos de Direito Penal*. 5ª ed. São Paulo: Saraiva, 1994, p. 137.

[755] Em sua tese de doutoramento, posteriormente publicada como livro: SHECAIRA, Sérgio Salomão. *Responsabilidade Penal da Pessoa Jurídica*. São Paulo: Revista dos Tribunais, 1998.

[756] SANCTIS, Fausto Martins. *Responsabilidade Penal da Pessoa Jurídica*. São Paulo: Saraiva, 1999.

[757] ROTHENBURG, Walter Claudius. *A Pessoa Jurídica Criminosa*. Curitiba: Juruá, 1997.

[758] DOTTI, René Ariel. *Curso de Direito Penal – Parte Geral*. 2ª ed. Rio de Janeiro: Forense, 2004, p. 302-303.

[759] PRADO, Luiz Regis. *Tratado de Direito Penal Brasileiro – Parte Geral*. São Paulo: Revista dos Tribunais, 2014, v. 2, p. 560-567.

– pelo menos nessa concepção que adotamos – que a ofensividade constitui fundamento do Direito Penal e a tutela de bens jurídicos sua missão (precípua).

Também no estudo do conceito material de crime ou da doutrina do bem jurídico também divisamos a noção de bem jurídico da noção de objeto da conduta, sendo despiciendo neste momento maiores considerações.

Aqui basta consignar que o tipo penal está sempre referido a uma lesão a um bem jurídico tutelado pela norma penal e que este tipo, quando faz referência ao bem jurídico, o faz valorativamente, ao passo que com respeito ao objeto da conduta o substrato tem em conta a perspectiva física.

Por isso, no crime de homicídio, o bem jurídico é a vida humana, enquanto o objeto da conduta é o corpo físico da pessoa. No crime de moeda falsa, o bem jurídico é a fé pública, ao passo que o objeto material é a cédula ou moeda metálica contrafeita. Como se vê, o crime material e crime de dano não são expressões sinônimas,[760] porquanto pode haver crime material e dano (homicídio) como pode haver crime material e de perigo (moeda falsa).

2.6. Resultado

Pode-se falar em *resultado* sob duas perspectivas: a do bem jurídico e a do objeto da conduta. Em rigor, do ponto de vista do bem jurídico, todos os crimes possuem resultado, *resultado jurídico*, que é a *ofensa ao bem jurídico*, na forma de lesão ou de exposição de perigo.

Com relação ao objeto da conduta, ou seja, o substrato material sobre o qual recai a ação, os crimes poderão ser *materiais*, como é o caso do homicídio ou da moeda falsa, exigindo-se uma alteração (física) no mundo exterior. Note-se que, apesar de ambos serem crimes materiais, o primeiro é de dano, e o segundo, de perigo (para a fé pública). Nos crimes de mera conduta, não se cogita de objeto da conduta a ser naturalisticamente atingido. Nesse plano, há crimes de resultado, os primeiros, em contraposição àqueles que *não* são de resultado.

A apreciação acerca da ofensividade, que determinará o resultado jurídico, é valorativa, ao passo que no que diz respeito ao crime ser material, ou não, a apreciação é no plano da constatação físico-naturalística.

2.7. Relação de causalidade ou nexo causal

Nos crimes materiais e de dano[761] releva proceder ao exame da *relação de causalidade* ou do *nexo causal* entre a ação e o resultado. Não há se falar, portanto, em nexo causal, com relação aos crimes de mera conduta ou de mera atividade.

---

[760] SILVA, Ângelo Roberto Ilha. *Dos Crimes de Perigo Abstrato em face da Constituição*. São Paulo: Revista dos Tribunais, 2003, p. 56.

[761] Todo crime de dano é necessariamente material, mas nem todo crime material constitui um crime de dano. Veja-se o exemplo, já anteriormente destacado, do crime de moeda falsa (art. 289 do CP) que é um crime material, mas, ao mesmo tempo, crime de perigo em relação ao bem jurídico fé pública.

Nos domínios do estudo do nexo causal, divisam-se teorias que não distinguem causa de condição, por um lado, das que diferenciam, por outro. Dentre as mais diversas teorias,[762] disputam preferência a teoria da equivalência dos antecedentes ou da *conditio sine qua non*, representando o primeiro setor doutrinário, e a teoria da causalidade adequada, que se insere nesta última corrente doutrinária.

Nas linhas que seguem, estudaremos as mencionadas teorias.

2.7.1. Teoria da conditio sine qua non

O Código Penal atual, o qual teve reformada sua Parte Geral pela Lei nº 7.209/84, adota, ao menos de acordo com a Exposição de Motivos e de uma parcela significativa de autores, a teoria da *conditio sine qua non* – a qual remonta a Maximilian von Buri[763] –, cujo art. 13, em seu *caput* e § 1º, constitui reprodução do art. 11 – salvo a introdução da palavra *relativamente* no § 1º, que é reprodução do parágrafo único do referido art. 11, e a inovação do § 2º, no tocante aos crimes omissivos impróprios – o qual, na versão original do Código de 1940, dava a definição de causa.

Eis o que propunha a Exposição de Motivos do diploma de 1940, da lavra do Ministro Francisco Campos, a qual bem situa a matéria: "11. Seguindo o exemplo do Código italiano, o projeto entendeu de formular, no art. 11, um dispositivo geral sobre a *imputação física* do crime. Apresenta-se, aqui, o problema da causalidade, em torno do qual se multiplicam as teorias. Ao invés de deixar o problema às elucubrações da doutrina, o projeto pronunciou-se *expressis verbis*, aceitando a advertência de Rocco, ao tempo da construção legislativa do atual Código italiano: ...*adossare la responsalilità della resoluzione di problemi gravissimi alla giurisprudenza è, da parte del legislatore, una vegliaccheria intellettuale* (Lav. prep., IV, 2º, 117).".

E segue em parágrafo subsequente: "O projeto adotou a teoria chamada da *equivalência dos antecedentes* ou da *conditio sine qua non*. Não distingue entre *causa* e *condição*: tudo quanto contribui, *in concreto*, para o resultado, é *causa*. Ao agente não deixa de ser imputável o resultado, ainda quando, para a produção deste, se tenha aliado à sua ação ou omissão uma *concausa*, isto é, uma outra causa preexistente, concomitante ou superveniente. Somente no caso em que se verifique uma *interrupção de causalidade*, ou seja, quando sobrevém uma causa que, sem *cooperar* propriamente com a ação ou omissão, ou representando uma cadeia causal autônoma, produz por si só, o evento, é que este não poderá ser atribuído ao agente, a quem, em tal caso, apenas será imputado o evento que se tenha verificado por efeito exclusivo da ação ou omissão.".

---

[762] Para um exame exaustivo, consulte-se: HUNGRIA, Nelson; FRAGOSO, Heleno Cláudio. *Comentários ao Código Penal*. 5ª ed. Rio de Janeiro: Forense, 1978, v. I, t. II, p. 61 e ss. Também: COSTA JR. Paulo José da. *Nexo Causal*. 4ª ed. São Paulo: Revista do Tribunais, 2007, p. 83 e ss.

[763] HUNGRIA, Nelson; FRAGOSO, Heleno Cláudio. *Comentários ao Código Penal*. 5ª ed. Rio de Janeiro: Forense, 1978, v. I, t. II, p. 61. COSTA JR., Paulo José da. *Nexo Causal*. 4ª ed. São Paulo: Revista do Tribunais, 2007, p. 84.

De acordo com a referida teoria adotada pelo Código Penal, para saber-se se a ação ou omissão é causa do resultado, deve-se proceder a um *processo de eliminação hipotética*,[764] na expressão de Thyren, o qual se perfaz por meio da supressão mental da conduta, sendo que esta será causa se eliminada mentalmente, e o resultado *in concreto* desaparecer.

Assim, se o agente *A*, desejando matar *B*, adquire uma arma, depois vai trabalhar, janta à tardinha, sendo que, mais tarde, à noite, encontra seu desafeto em quem desfere, *animus necandi*, um tiro certeiro, vindo *B* a morrer, podemos proceder ao processo de eliminação mental nos seguintes termos: se *A* não tivesse adquirido a arma e desferido o tiro, o resultado morte não teria ocorrido, sendo ambos causa, ao passo que o fato de *A* ter ido trabalhar e depois ter jantado, se eliminados mentalmente não afastam o resultado morte. Portanto, tais ações não são causa.

À teoria da *conditio sine qua non* opõe-se a crítica do regresso *ad infinitum*, de modo que até mesmo os progenitores do assassino seriam causa do resultado morte cometido pelo filho. Ou ainda, na expressão irônica de Binding, citado por Hungria,[765] "a teoria da equivalência, a coberto de limites, levaria a punir-se como partícipe de adultério o carpinteiro que fabricou o leito em que se deita o par amoroso.".

Os defensores da teoria redarguem as críticas, afirmando que o elemento subjetivo serviria como corretivo, na medida em que só seria responsabilizado o agente que contribuísse para o resultado com dolo ou culpa ou ainda se não se fizessem presentes outras excludentes.

Nesse sentido, eis a lição de Anibal Bruno:[766] "O comportamento do agente pode ser naturalisticamente causal em relação ao resultado e escapar à ação do Direito Penal por não ser típico, ou não ser antijurídico, ou não ser culpável. É claro, assim, que nem todo curso causal é relevante para o Direito, mas somente aquele em que a ação praticada pelo sujeito se reveste das características do fato punível. A imputação do fato não inclui desde logo o agente na categoria de autor, acarretando para eles o ônus da responsabilidade penal. Falta acertar ainda os outros elementos do fato punível e, em relação ao agente, sobretudo a culpabilidade.[767] Posto o problema da causalidade nessa posição exata, é a teoria da equivalência das condições a que mais corretamente atende a resolvê-lo.".

2.7.2. Teoria da causalidade adequada

A teoria da causalidade adequada[768] (*Theorie der adequäten Verursachung*) foi formulada, além de outros autores, sobretudo pelo médico friburguês

---

[764] HUNGRIA, Nelson; FRAGOSO, Heleno Cláudio. *Comentários ao Código Penal*. 5ª ed. Rio de Janeiro: Forense, 1978, v. I, t. II, p. 66.

[765] Idem.

[766] BRUNO, Aníbal. *Direito Penal*. 3ª ed. Rio de Janeiro: Forense, 1967, t. 1º, p. 330.

[767] Não se pode olvidar que para Bruno dolo e culpa situavam-se na culpabilidade, porquanto trata-se de autor anterior a influência do finalismo no Brasil, a partir da década de setenta, com as contribuições de João Mestieri e de Luiz Luisi em que dolo e culpa migram para o tipo (subjetivo).

[768] MAGGIORE, Giuseppe. *Diritto Penale – Parte Generale*. 5ª ed. Bologna: Zanichelli, 1951, v. I, t. I, p. 246.

Johannes von Kries, a qual somente considera como causa as condições que ordinariamente se revelam idôneas à produção do resultado. Tal idoneidade funda-se na regularidade estatística (*id quod plerumque accidit*), excluindo-se,[769] assim, acontecimentos fortuitos, excepcionais, extraordinários, dissociados da normalidade de casos semelhantes.

Distingue a teoria a causa da condição do resultado. Considera, assim, que determinado fato somente será causa para determinado resultado se a idoneidade da ação para a consumação deste for previsível ao agente.

O juízo de adequação faz-se mediante uma perspectiva teleológia *ex post*, ou seja, depois que todos os fatores tenham operado, mas por intermédio de um juízo *ex ante*. Não se procede a um ulterior diagnóstico para saber se as condições constituem causa, e sim um prognóstico retrocedendo-se no tempo. Assim, na lição de Giuseppe Bettiol,[770] "o juiz deve colocar-se na posição do agente para determinar se, no quadro das circunstâncias concretas nas quais se operou, o resultado poderia se verificar como consequência da ação.".

À teoria opõem-se várias críticas,[771] estando entre as principais a tentativa de restrição da causalidade, a partir de argumentos não propriamente causais, e a ausência de clarificação dos critérios para a determinação do juízo de adequação.

Paulo José da Costa Jr.,[772] em defesa da teoria, assevera: "a doutrina da causalidade adequada mostra-se completa em relação aos crimes qualificados pelo resultado, aos delitos omissivos, à co-autoria, à tentativa impossível, à conceituação do perigo e a muitos institutos do Direito Penal. Não é, porém, uma teoria propriamente causal. Trata-se mais de uma concepção de relevância jurídica. Contudo, apesar de suas naturais deficiências, afigura-se-nos preferível à teoria da equivalência.".

Por fim, consigne-se que o Código Penal português expressamente adotou a teoria da causalidade adequada, *in litteris*:

Artigo 10º (Comissão por acção o por omissão)
1. Quando um tipo legal de crime compreender um certo resultado, o facto abrange não só a acção adequada a produzi-lo como a omissão adequada a evitá-lo, salvo se outra for a intenção da lei.
(...).

2.7.3. Apreciação crítica e casuística

O CP brasileiro dispõe sobre a relação de causalidade nos seguintes termos:

---

[769] BETTIOL, Giuseppe; MANTOVANI, Luciano Pettoelle. *Diritto Penale – Parte Generale*. 12ª ed. Padova: CEDAM, 1986, p. 313.
[770] Ibid., p. 312.
[771] Para um preciso e exaustivo exame, consulte-se: COSTA JR. Paulo José da. *Nexo Causal*. 4ª ed. São Paulo: Revista do Tribunais, 2007, p. 96 e ss.
[772] COSTA JR. Paulo José da. *Nexo Causal*. 4ª ed. São Paulo: Revista do Tribunais, 2007, p. 99.

Relação de causalidade
Art. 13. O resultado, de que depende a existência do crime, somente é imputável a quem lhe deu causa. Considera-se causa a ação ou omissão sem a qual o resultado não teria ocorrido.

Superveniência de causa independente

§ 1º A superveniência de causa relativamente independente exclui a imputação quando, por si só, produziu o resultado; os fatos anteriores, entretanto, imputam-se a quem os praticou.

Relevância da omissão

§ 2º A omissão é penalmente relevante quando o omitente devia e podia agir para evitar o resultado. O dever de agir incumbe a quem:

a) tenha por lei obrigação de cuidado, proteção ou vigilância;

b) de outra forma, assumiu a responsabilidade de impedir o resultado;

c) com seu comportamento anterior, criou o risco da ocorrência do resultado.

A nosso ver, na linha do que preconizou Wilhem Dilthey, o Direito, enquanto inserido nos domínios das Ciências do Espírito (*Geisteswissenschaften*) ou, na expressão hoje mais usual, das Ciências Humanas, é uma Ciência compreensiva, e não se deve perder de vista tal perspectiva quando se trata de fazer Ciência do Direito.

Isso significa que explicações pautadas de forma restrita ao campo da física ou das Ciências Exatas em geral revelam-se insuficientes para uma compreensão do Direito, inclusive de certos institutos penais, como é o caso do nexo causal.

Assim é que, para Manfred Maiwald,[773] a teoria da causalidade adequada não difere em essência da teoria da *conditio*, sendo antes complementar do que diversa ao considerar causa somente aquelas condições cuja experiência de vida revela serem idôneas à produção do resultado do tipo em questão.

A *causação adequada*, segundo Von Kries, citado por Von Liszt,[774] está em oposição à *causação eventual*. Assim é que, consoante a correta lição do saudoso Antonio Luís Chaves Camargo,[775] a teoria da causalidade adequada não teve por escopo substituir a teoria da equivalência das condições, e sim restringir o conceito de causa, eliminando os cursos causais improváveis, mas mantendo o processo hipotético de eliminação proposto por esta.

Nessa trilha, estamos que nos termos delineados pelo art. 13 do CP, sobretudo nos parágrafos, parece que as soluções dogmáticas não se esgotam nos postulados da teoria da *conditio sine qua non*.

Consoante afirma Miguel Reale Júnior:[776] "O real é o **ponto de partida**, impondo dados inafastáveis, mas não imperando sobre o Direito e o legislador como se ditador fosse. O Direito não reproduz o real, mas parte dele em suas

---

[773] MAIWALD, Manfred. *Causalità e Diritto Penale*. Trad. de Francesca Brunetta d'Usseaux. Milano: Giuffrè, 1999, p. 5.

[774] LISZT, Franz von. *Tratado de Direito Penal Allemão*. Trad. de José Hygino Duarte Pereira. Rio de Janeiro: F. Briguiet & C., 1899, t. I, p. 205.

[775] CAMARGO, Antonio Luís Chaves. *Imputação Objetiva e Direito Penal Brasileiro*. São Paulo: Cultural Paulista, 2001, p. 55 e 56.

[776] REALE JÚNIOR, Miguel. *Instituições de Direito Penal – Parte Geral*. 4ª ed. Rio de Janeiro: Forense, 2013, p. 252.

construções normativas.". Tomemos o exemplo do assassino que mata a vítima com um disparo de um tiro. Adotando-se puramente a teoria da *conditio*, teríamos que, por coerência metodológica, afirmar que o progenitor do autor do disparo foi o causador da morte da vítima. Não há negar que tal afirmação afronta ao senso comum ou um qualquer juízo valorativo de plausibilidade. Não se pode afirmar que o pai do atirador é *causador do resultado*.

Além disso, não obstante o art. 13, *caput*, consagre a teoria da *conditio sine qua non*, os §§ 1º e 2º revelam compatibilidade com a teoria da causalidade adequada.

A nosso ver, o correto, na linha do que sustenta Reale Júnior,[777] será buscar a solução em dois momentos, sendo o primeiro, com o *método eliminatório*, preconizado pela da doutrina da *conditio*, e o segundo consistente na *valoração da condição*, a teor da teoria da causalidade adequada.

Em assim procedendo, podemos com tranquilidade afirmar que o fato de gerar um filho não é causa de um futuro crime de homicídio. É que se eliminarmos mentalmente o nascimento do assassino, o crime não substituiria, sendo o seu progenitor, de acordo com a *conditio sine qua non*, portanto, causa. Porém, procedendo-se à valoração da condição – gerar um filho é causa idônea a um cometimento de homicídio? –, em um segundo momento, transformar-se-á a condição anterior em uma *não causa*.

Dito isso, passemos à análise casuística do art. 13.

Com relação ao *caput* do artigo, reportamo-nos ao que escrevemos linhas acima. Com relação ao § 2º, remetemos o leitor às considerações que fizemos quando do estudo dos crimes omissivos.

Resta, portanto, cuidarmos do problema das concausas, a partir do que dispõe o § 1º do dispositivo em epígrafe, o qual estabelece que *a superveniência de causa relativamente independente exclui a imputação quando, por si só, produziu o resultado*, sendo que *os fatos anteriores, entretanto, imputam-se a quem os praticou*.

Como se vê, o CP não se refere às causas *preexistentes* e às *concomitantes*, de modo que, por via de consequência, estas só irão excluir a imputação quando *absolutamente* independentes, a teor do que estabelece o *caput*.

Vejamos os exemplos de concausas absolutamente independentes trazidos por Nelson Hungria,[778] em seus *Comentários ao Código Penal*, referindo o autor que o terceiro exemplo aqui trazido deve-se à formulação de Von Liszt.

Causa preexistente absolutamente independente: "*A* fere mortalmente *B*, mas este vem a morrer, não em conseqüência do ferimento, mas por efeito de uma dose de veneno que pouco antes ingerira.".

---

[777] REALE JÚNIOR, Miguel. *Instituições de Direito Penal – Parte Geral*. 4ª ed. Rio de Janeiro: Forense, 2013, p. 252.
[778] HUNGRIA, Nelson; FRAGOSO, Heleno Cláudio. *Comentários ao Código Penal*. 5ª ed. Rio de Janeiro: Forense, 1978, v. I, t. II, p. 67.

Causa concomitante absolutamente independente: "*A* desfecha um tiro mortal contra *B*, no mesmo instante em que êste morre exclusivamente por efeito de um colapso cardíaco.".

Causa superveniente absolutamente independente: "*A* fere mortalmente o barqueiro B, mas este, antes que sobrevenha a morte em conseqüência do ferimento, perece afogado, porque um tufão fez soçobrar o barco.".

Note-se que quando a concausa é absolutamente independente, a solução é dada pelo art. 13, *caput*, visto que, neste caso, a ação ou omissão do agente não tem ligação alguma com o resultado, ou seja, se o agente fere mortalmente o barqueiro, mas este perece afogado porque um tufão derribou a embarcação, o ferimento produzido pelo agente torna-se uma *não causa*.

Tratemos agora das hipóteses das concausas relativamente independentes.

Causa preexistente relativamente independente: Giuseppe Maggiore[779] refere como exemplos de causas preexistentes os estados mórbidos da vítima, como aneurisma, tuberculose, diabete, etc. Assim, se o agente *A* desfere golpe mortal em *B*, que vem a morrer em razão dos ferimentos, e comprovando-se que o fato preexistente de a vítima ser diabética contribui para o resultado morte, *A* responderá pelo crime de homicídio.

Causa concomitante relativamente independente: A,[780] em uma noite fria do inverno gaúcho, fere a *B*, vindo este a morrer de hipotermia, cuja perda de sangue proporcionada pelo ferimento conjugou-se decisivamente ao processo de congelamento que levou a vítima à morte. Neste caso, a causa concomitante ou contemporânea à ação do agente delituoso não se incumbiu sozinha da produção do resultado, não podendo, assim, afastar a imputação da ação de *A*, a qual configura, portanto, causa da morte.

Causa superveniente relativamente independente: A^{781} fere mortalmente *B*, que é levado ao hospital onde morre porque a enfermeira, por engano, ministrou-lhe substância tóxica. Em tal caso, a causa superveniente que *por si só* produziu o resultado exclui a imputação da ação de *A*. Aqui se trata de causa relativamente independente, porque *B* só se encontrava no hospital em virtude da ação de *A*, ou seja, se *B* não tivesse sido ferido, não estaria no hospital onde veio a ser morto. Comentando o exemplo aqui trazido, Reale Júnior[782] refere que se "a ação de *A* é condição do evento, mas não *condição adequada*, e a morte de *B* deveu-se a fato superveniente, *apto, por si só à sua produção*, não se pode falar da ação de *A* como causa típica deste resultado.".

---

[779] MAGGIORE, Giuseppe. *Diritto Penale – Parte Generale*. 5ª ed. Bologna: Nicola Zanichelli Editore, 1951, v. I, t. I, p. 253.
[780] Veja-se exemplo semelhante em: BARROS, Flávio Augusto Monteiro de. *Direito Penal – Parte Geral*. 8ª ed. São Paulo: Saraiva, 2010, v. 1, p. 220.
[781] HUNGRIA, Nelson; FRAGOSO, Heleno Cláudio. *Comentários ao Código Penal*. 5ª ed. Rio de Janeiro: Forense, 1978, v. I, t. II, p. 68.
[782] REALE JÚNIOR, Miguel. *Instituições de Direito Penal – Parte Geral*. 4ª ed. Rio de Janeiro: Forense, 2013, p. 254.

Solução diversa dar-se-á no caso de conjugação de causas. Assim, como esclarece Francisco de Assis Toledo,[783] se no exemplo trazido, *B* vem a morrer por deficiência do atendimento médico, *A* responderá penalmente, porquanto o curso causal anterior continuou atuando em certa medida, ou seja, o resultado foi consequência do desdobramento físico da ação de *A*.

Após termos dedicado atenção ao estudo do nexo causal, cumpre procedermos ao estudo da imputação objetiva, que constitui tema correlato ao primeiro.

2.8. Imputação objetiva do resultado

A *teoria da imputação objetiva*, que remonta a Karl Larenz[784] (1927) e Richard Honig[785] (1930), é tida, em doutrina, como uma alternativa a atender certas deficiências presentes na ideia de relação de causalidade na resolução de determinadas situações fáticas.

Tome-se o exemplo referido por Faria Costa[786] do marido ganancioso que, no objetivo de receber a fortuna da esposa, oferece-lhe todos os meses bilhetes de passagem aérea na esperança de que em alguma viagem aérea venha a aeronave a cair, causando a morte da consorte. No caso de o acidente aéreo se concretizar, vindo a mulher morrer em decorrência da queda do avião, é de indagar-se se o viúvo deve responder criminalmente pela morte.

Com base no exemplo, é de referir-se dois conceitos nucleares presentes no instituto: a *criação de um risco não permitido* e da *realização do risco no resultado*. A resposta só pode ser negativa, porquanto "neste caso," afirma Faria Costa,[787] "ter uma esperança – ou até o obsessivo desejo – que algum dos aviões caísse não constitui a potenciação de um risco; configura, antes, uma forma – lícita – de tentar aproveitar um facto normal em proveito próprio.". Aqui o risco para fins do Direito Penal não se mostra juridicamente relevante pelo fato de tratar-se de um risco permitido e, portanto, lícito.

A imputação objetiva do tipo (*die Zurechnung zum objektiven Tatbestand*), para o setor doutrinário[788] que a adota, é considerada como um requisito implícito do tipo objetivo necessário para a atribuição jurídica à determinada ação. Essa concepção significa e preconiza que, numa perspectiva teleológico-funcional ou, ainda, teleológico-valorativa, deve-se, juridicamente, nas palavras

---

[783] TOLEDO, Francisco de Assis. *Princípios Básicos de Direito Penal*. 5ª ed. São Paulo: Saraiva, 1994, p. 115.
[784] MARTINEZ ESCAMILLA, Margarita. *La Imputacion Objetiva del Resultado*. Madrid: Edersa, 1992, p. 19-22.
[785] CAMARGO, Antonio Luís Chaves. *Imputação Objetiva e Direito Penal Brasileiro*. São Paulo: Cultural Paulista, 2001, p. 63-64.
[786] COSTA, José Francisco de Faria. *Noções Fundamentais de Direito Penal* (*Fragmenta Iuris Poenalis*). 3ª ed. Coimbra: Coimbra Editora, 2012, p. 230.
[787] Idem.
[788] LUZÓN PEÑA, Diego-Manuel. *Curso de Derecho Penal – Parte General*. Madrid: Universitas, 1996, p. 376.

de Diego-Manuel Luzón Peña,[789] ao agente *"atribuirse* a una acción como *obra suya*, y no como obra o producto del azar;".

A teoria ou teorias da imputação objetiva tem propiciado intenso debate doutrinário,[790] havendo convictos defensores, de um lado, e não menos convictos opositores de outro. Faremos aqui uma breve menção a dois dentre os principais penalistas alemães que laboram com o tema.

2.8.1. A concepção de Roxin

Em seu livro *Direito Penal* (*Strafrecht*), Roxin desenvolve sua teoria da imputação objetiva ao longo de quase uma centena de páginas, de modo que nosso objetivo não é outro senão a de uma apresentação sintética, o que denota que uma maior aproximação do pensamento do professor alemão demanda a consulta de suas próprias publicações[791] ou de trabalhos mais específicos.[792] Não obstante, um breve menção de seu pensamento poderá ao menos habilitar o leitor do que se trata, ainda que de forma inicial.

---

[789] LUZÓN PEÑA, Diego-Manuel. *Curso de Derecho Penal – Parte General*. Madrid: Universitas, 1996, p. 377.

[790] Para um estudo mais detido, consulte-se: ROXIN, Claus. *Funcionalismo e Imputação Objetiva no Direito Penal*. Trad. de Luís Greco. Rio de Janeiro: Renovar, 2002; ROXIN, Claus. Reflexões sobre a Problemática da Imputação em Direito Penal. In: ROXIN, Claus. *Problemas Fundamentais de Direito Penal*. 2ª ed. Trad. de Ana Paula dos Santos Luís Natscheradetz. Lisboa: Vega, 1993; HIRSCH, Hans Joachim. Acerca de la Teoría de la Imputación Objetiva. Trad. de Daniel R. Pastor. In: HIRSCH, Hans Joachim. *Derecho Penal – Obras Completas*. Buenos Aires: Rubinzal-Culzoni, 1998, t. I; SCHÜNEMANN, Bernd. Consideraciones sobre la Teoría de la Imputación Objetiva. Trad. de Mariana Sacher. In: SCHÜNEMANN, Bernd. *Obras*. Buenos Aires: Rubinzal-Culzoni, 2009; COSTA, José Francisco de Faria. *Noções Fundamentais de Direito Penal* (*Fragmenta Iuris Poenalis*). 3ª ed. Coimbra: Coimbra Editora, 2012, p. 227-233; ZAFFARONI, Eugenio Raúl; ALAGIA, Alejandro; SLOKAR, Alejandro. *Derecho Penal – Parte General*. 2ª ed. Buenos Aires: Ediar, 2002, p. 467-483; MARTINEZ ESCAMILLA, Margarita. *La Imputacion Objetiva del Resultado*. Madrid: Edersa, 1992; PEÑARANDA RAMOS, Enrique; SUÁREZ GONZÁLEZ, Carlos; CANCIO MELIÁ, Manuel. *Um Novo Sistema do Direito Penal – Considerações sobre a Teoria de Günther Jakobs*. Trad. de André Luís Callegari e Nereu José Giacomolli. Barueri: Manole, 2003, p. 81-108; BUSTO RAMÍREZ, Juan; LARRAURI, Elena. *La Imputación Objetiva*. Santa Fe de Bogotá: Temis, 1998; FIERRO, Guillermo Julio. *Causalidad e Imputación*. Buenos Aires: Astrea, 2002; LABORDE, Adolfo Prunotto. *Causalidad e Imputación Objetiva*. Buenos Aires: Editorias Juris, 2004; CAMARGO, Antonio Luís Chaves. *Imputação Objetiva e Direito Penal Brasileiro*. São Paulo: Cultural Paulista, 2001; PRADO, Luiz Regis; CARVALHO, Érika Mendes de. *Teorias da Imputação Objetiva do Resultado – Uma Aproximação Crítica a seus Fundamentos*. 2ª ed. São Paulo: Revista dos Tribunais, 2006; D'ÁVILA, Fábio Roberto. *Crime Culposo e a Teoria da Imputação Objetiva*. São Paulo: Revista dos Tribunais, 2001; GRECO, Luís. *Um Panorama da Teoria da Imputação Objetiva*. 3ª ed. São Paulo: Revista dos Tribunais, 2013; ARAÚJO, Marina Pinhão Coelho. *Tipicidade Penal – Uma Análise Funcionalista*. São Paulo: Quartier Latin, 2012; BRITO, Alexis Couto de. *Imputação Objetiva – Crimes de Perigo e Direito Penal Brasileiro*. São Paulo: Atlas, 2015; ALFLEN, Pablo Rodrigo. Bases Teóricas do Funcionalismo Penal Alemão. In: *Temas de Direito Penal, Criminologia e Processo Penal* (org. Ângelo Roberto Ilha da Silva). Porto Alegre: Livraria do Advogado, 2015; SANTORO FILHO, Antonio Carlos. *Teoria da Imputação Objetiva – Apontamentos Críticos à Luz do Direito Positivo Brasileiro*. São Paulo: Malheiros, 2007.

[791] ROXIN, Claus. *Strafrecht – Allgemeiner Teil*. 4ª ed. München: Verlag C.H. Beck, 2006, v. I, p. 343-432. Entre nós, há uma tradução de Luís Greco que abrange quase todo o capítulo sobre imputação contido no livro de Roxin: ROXIN, Claus. *Funcionalismo e Imputação Objetiva no Direito Penal*. Trad. de Luís Greco. Rio de Janeiro: Renovar, 2002.

[792] Como é o caso de: GRECO, Luís. *Um Panorama da Teoria da Imputação Objetiva*. 3ª ed. São Paulo: Revista dos Tribunais, 2013. Para uma abordagem concisa, mas com significativo conteúdo crítico quanto aos fundamentos, consulte-se: ALFLEN, Pablo Rodrigo. Bases Teóricas do Funcionalismo Penal Alemão. In: *Crimes Cibernéticos*. 2ª ed. (org. Ângelo Roberto Ilha da Silva). Porto Alegre: Livraria do Advogado, 2018.

2.8.1.1. Criação de um risco não permitido

Para Roxin,[793] a imputação do tipo, em sua feição objetiva, deve decorrer da conduta do agente em que haja uma *criação de um risco não permitido*. Desse modo, se o agente cria um risco permitido, o tipo objetivo não se aperfeiçoa.

Por criação de um risco (ou perigo, tomado aqui como sinônimo) entende-se também o quadro fático em que, diante de um risco/perigo preexistente, o comitente o incrementa, ou seja, propicia um aumento do risco. No desvalor da ação[794] (*ex ante*), há o desvalor objetivo dessa, consistente na criação do risco desaprovado e o desvalor subjetivo, nomeadamente o elemento subjetivo. No exemplo do marido que compra o bilhete de passagem aérea para a esposa desejoso de que o avião venha a cair, o que vem a ocorrer, tem-se um caso de não criação de um risco não permitido, motivo por que não há a imputação do tipo objetivo.

Noutro quadrante, se o agente causa lesão à vítima, mas essa advém de uma *diminuição do risco*, pode-se também afirmar que inexiste criação de risco não permitido. Figure-se o exemplo em que A percebe que B, que está com fones de ouvido apreciando uma música e não percebe que um grande galho está se desprendendo de uma árvore que irá fatalmente atingi-lo, com provável resultado fatal. Impossibilitado de sequer alertar B para que se afaste para evitar seja vitimado, A empurra B, que vem a cair, causando-lhe lesões no braço, mas evitando um dano pessoal maior, com risco de morte. Resta, assim, afastado o primeiro requisito para a imputação objetiva de A.

Por fim, há também o problema da criação de perigo no contexto de *cursos causais hipotéticos*, que leva à conclusão pela imputação em caso em que o agente vem a praticar a conduta delitiva sob o argumento de que o resultado de qualquer forma ocorreria. Assim, na hipótese de um fuzilamento[795] ilegal, em tempo de guerra, o agente não poderá ver a imputação contra si afastada sob o argumento de que outro executor o faria de qualquer modo.

2.8.1.2. Realização do risco não permitido

Ao primeiro requisito consistente na criação do risco, deve somar-se o segundo que é a *realização do risco criado no resultado* (*ex post*). É dizer, o resultado deve ser consequência do perigo criado, como no exemplo[796] em que a vítima de tentativa de homicídio vem a morrer em decorrência de um incêndio que atingiu o nosocômio, e não da ação agressora.

---

[793] ROXIN, Claus. *Strafrecht – Allgemeiner Teil*. 4ª ed. München: Verlag C.H. Beck, 2006, v. I, p. 371 e ss. Também em: ROXIN, Claus. *Funcionalismo e Imputação Objetiva no Direito Penal*. Trad. de Luís Greco. Rio de Janeiro: Renovar, 2002, p. 313 e ss.

[794] GRECO, Luís. *Um Panorama da Teoria da Imputação Objetiva*. 3ª ed. São Paulo: Revista dos Tribunais, 2013, p. 25.

[795] ROXIN, Claus. *Strafrecht – Allgemeiner Teil*. 4ª ed. München: Verlag C.H. Beck, 2006, v. I, p. 379. Também em: ROXIN, Claus. *Funcionalismo e Imputação Objetiva no Direito Penal*. Trad. de Luís Greco. Rio de Janeiro: Renovar, 2002, p. 318.

[796] Ibid., p. 328.

Na linha da compreensão da (não) realização do tipo do risco não permitido está o seguinte exemplo ofertado por Roxin,[797] nos seguintes termos (variação do precedente RGSt, 63, 211): o dirigente de uma fábrica de pincéis fornece a suas trabalhadoras pelos de cabras chinesas para que sejam trabalhados sem a desinfectação prévia, consoante exigido. Resulta que quatro trabalhadoras vêm a morrer em decorrência de bacilo antrácico. Porém, a ulterior investigação conclui que, mesmo que tivesse sido feita a desinfectação conforme prescrito, seria ela ineficaz, em face do bacilo até então desconhecido na Europa.

O afastamento da imputação também se dá em caso de *resultados que não estejam cobertos pelo fim de proteção da norma*. Dentre os exemplos propostos, consideremos aquele[798] (RGSt, 63, 392) em que dois ciclistas pedalam, à noite, no escuro, sem iluminarem suas bicicletas. No percurso, o ciclista que trafegava à frente colide com outro ciclista que transitava em sentido contrário, constatando-se que o acidente poderia ter sido evitado se a bicicleta que vinha mais atrás tivesse iluminado a bicicleta a sua frente. Aqui, conquanto o último ciclista tenha incrementado o risco ao não iluminar a bicicleta que rodava a sua frente, não deve haver a imputação pelo fato, pois o fim da norma exige que as bicicletas sejam iluminadas para evitar acidentes envolvendo seu condutor, e não acidentes de terceiros.

Por fim, refere ainda Roxin[799] a discussão acerca da *conduta alternativa conforme o direito e a teoria do incremento do risco*. Eis o exemplo (BGHSt, 11, 1): o condutor de um caminhão deseja ultrapassar um ciclista, mas ao fazê-lo não observa a distância de separação lateral exigida, aproximando-se em torno de 75cm. No momento da ultrapassagem, o ciclista que estava muito embriagado, numa reação de curto-circuito, provocada pelo estado de embriaguez em que se encontrava, vem a cair sob a roda traseira do caminhão. Após, verifica-se que o resultado também teria provavelmente (com a variante da possibilidade) ocorrido ainda que o motorista do caminhão tivesse guardado a distância regulamentar. Neste exemplo, haverá a imputação do resultado, pois o comportamento alternativo não conduz, com certeza, ao mesmo resultado.

2.8.1.3. Alcance do tipo

No caso de o perigo vir a se realizar fora dos limites do risco permitido, a regra geral é de que deve haver a imputação objetiva. Porém, consoante aduz Roxin,[800] tem sido crescente a opinião segundo a qual pode ser afastada a

---

[797] ROXIN, Claus. *Strafrecht – Allgemeiner Teil*. 4ª ed. München: Verlag C.H. Beck, 2006, v. I, p. 387. Também em: ROXIN, Claus. *Funcionalismo e Imputação Objetiva no Direito Penal*. Trad. de Luís Greco. Rio de Janeiro: Renovar, 2002, p. 332. Ver, utilizando, no entanto, este mesmo exemplo sob a hipótese de *comportamentos alternativos*: COSTA, José Francisco de Faria. *Noções Fundamentais de Direito Penal* (*Fragmenta Iuris Poenalis*). 3ª ed. Coimbra: Coimbra Editora, 2012, p. 228-229.

[798] ROXIN, Claus. *Strafrecht – Allgemeiner Teil*. 4ª ed. München: Verlag C.H. Beck, 2006, v. I, p. 390. Também em: ROXIN, Claus. *Funcionalismo e Imputação Objetiva no Direito Penal*. Trad. de Luís Greco. Rio de Janeiro: Renovar, 2002, p. 335.

[799] Ibid., p. 338-339.

[800] Ibid., p. 352 e ss.

imputação quando, no caso concreto, o fim de proteção da norma, contida no tipo, não abrange os resultados produzidos, sendo a problemática de especial importância no âmbito dos crimes culposos.

Eis, resumidamente, as hipóteses: *a) a contribuição para a autocolocação em perigo*: A aconselha ao incauto B a atravessar um lago de gelo quebradiço; *b) a colocação em perigo de um terceiro por este aceita*: um passageiro convence o dono do barco que o transporte, sendo que o barqueiro desaconselha, mas cede ante a insistência do contratante; *c) a atribuição ao âmbito de responsabilidade alheio*: A conduz seu caminhão sem iluminação traseira; a polícia o aborda, determinando que dirija seu caminhão até o posto de gasolina mais próximo; para tanto, o policial coloca uma lanterna de luz vermelha na pista, mas a retira antes que A tenha partido, sendo que, em decorrência disso, um segundo caminhão colide no caminhão não iluminado, vindo a falecer o motorista do segundo caminhão. Na primeira hipótese, A é impunível, de acordo com o direito penal alemão. Na segunda, há franca controvérsia. Na terceira hipótese, o BGH condenou A por homicídio culposo.

2.8.2. A concepção de Jakobs

A teoria da imputação objetiva formulada por Günther Jakobs é coerente com sua perspectiva metodológica com que trata as diversas categorias que compõem a doutrina do crime, as quais vimos por ocasião do estudo da evolução epistemológica do Direito Penal. A exemplo de Roxin, Jakobs,[801] em seu livro *Direito Penal*, também delineia a sua teoria em quase uma centena de páginas, de modo que neste nosso *Curso* será possível apenas mencionar suas linhas mestras de forma reconhecidamente incipiente.

Pablo Alflen[802] afirma, com acerto, que "Jakobs faz da ideia de *imputação* o conceito central da teoria do delito, referindo que a imputação estabelece qual pessoa deve ser punida para a estabilização da validade da norma.". O jurista germânico concebe sua teoria da imputação objetiva em dois níveis: *a)* no nível do desvalor objetivo do comportamento, a criação do risco juridicamente desaprovado; e *b)* no nível da realização ou não realização do risco no resultado.

No primeiro nível, Jakobs propõe quatro critérios para proceder-se ao juízo de tipicidade, quais sejam: *a)* risco permitido; *b)* princípio da confiança; *c)* proibição de regresso; e *d)* âmbito de competência da própria vítima.

---

[801] JAKOBS, Günther. *Strafrecht – Allgemeiner Teil*. 2ª ed. Berlin: Walter de Gruyter, 1993, p. 182-254. Para uma boa síntese, consulte-se: PEÑARANDA RAMOS, Enrique; SUÁREZ GONZÁLEZ, Carlos; CANCIO MELIÁ, Manuel. *Um Novo Sistema do Direito Penal – Considerações sobre a Teoria de Günther Jakobs*. Trad. de André Luís Callegari e Nereu José Giacomolli. Barueri: Manole, 2003, p. 81-108; PRADO, Luiz Regis; CARVALHO, Érika Mendes de. *Teorias da Imputação Objetiva do Resultado – Uma Aproximação Crítica a seus Fundamentos*. 2ª ed. São Paulo: Revista dos Tribunais, 2006, p. 126-132; GRECO, Luís. A Teoria da Imputação Objetiva: Uma Introdução. In: ROXIN, Claus. *Funcionalismo e Imputação Objetiva no Direito Penal*. Trad. de Luís Greco. Rio de Janeiro: Renovar, 2002, p. 119-131.

[802] ALFLEN, Pablo Rodrigo. Bases Teóricas do Funcionalismo Penal Alemão. In: *Temas de Direito Penal, Criminologia e Processo Penal* (org. Ângelo Roberto Ilha da Silva). Porto Alegre: Livraria do Advogado, 2015, p. 20.

Relativamente ao *risco permitido*, entende Jakobs[803] que as normas penais regulam o comportamento humano para possibilitar a vida social, que não pode existir sem o resguardo das expectativas. Preconiza o penalista que não cabe ao direito penal proteger um arsenal de bens, e sim estabilizar as expectativas, sendo admissível certos riscos, havendo riscos permitidos em virtude de ponderação ao lado de riscos permitidos em decorrência de "legitimação histórica", como é o caso da circulação de veículos. Assim, uma vez que o risco seja permitido, há a não imputação da tipicidade objetiva.

Consoante Jakobs,[804] o *princípio da confiança* significa que, apesar de a experiência demonstrar que as pessoas cometem erros, as pessoas estão autorizadas a confiar que os demais se comportem de forma correta. Acrescenta o autor que princípio da confiança é pressuposto do risco permitido, assim como, também, da proibição de regresso.

Ao explicitar o terceiro critério, Jakobs[805] apresenta o seguinte exemplo: o devedor paga a dívida que havia contraído com certo credor, sendo que este último adquire uma arma com o dinheiro recebido, vindo a matar uma pessoa com a referida arma. De notar-se que o devedor, no momento em que pagou, tinha conhecimento do intento de seu antigo credor. No quadro fático apresentado, não será imputada a tipicidade objetiva em razão da *proibição de regresso*.

Por fim, também não haverá imputação quando o fato disser respeito *ao âmbito de competência da própria vítima*,[806] que envolve situações como o consentimento da vítima e autocolocação em perigo. Afirmam Peñaranda Ramos, Suárez González e Cancio Meliá[807] que esse critério, no *Tratado* de Jakobs, "recebe tratamento disperso e pouco coerente em alguns pontos.".

Ultrapassado o primeiro nível para a consideração da imputação objetiva, ou seja, o do comportamento que cria o risco juridicamente desaprovado, deve se verificar o segundo nível, que é o da realização ou não realização do risco no resultado. Aqui reivindica-se a relação de causalidade para a consecução do resultado, a qual compõe a imputação, sendo que, como explica Luís Greco,[808] "cumpre verificar se a ação criadora do risco juridicamente desaprovado é necessária para *explicá-lo*, ou se ele pode ser explicado por outros complexos de fatores ou outros riscos, inclusive criados pelo próprio autor, desde que permitidos.".

---

[803] JAKOBS, Günther. *Strafrecht – Allgemeiner Teil*. 2ª ed. Berlin: Walter de Gruyter, 1993, p. 200-201.
[804] Ibid., p. 208-209.
[805] Ibid., p. 214.
[806] Ibid., p. 220 e ss.
[807] PEÑARANDA RAMOS, Enrique; SUÁREZ GONZÁLEZ, Carlos; CANCIO MELIÁ, Manuel. *Um Novo Sistema do Direito Penal – Considerações sobre a Teoria de Günther Jakobs*. Trad. de André Luís Callegari e Nereu José Giacomolli. Barueri: Manole, 2003, p. 88-89.
[808] GRECO, Luís. A Teoria da Imputação Objetiva: Uma Introdução. In: ROXIN, Claus. *Funcionalismo e Imputação Objetiva no Direito Penal*. Trad. de Luís Greco. Rio de Janeiro: Renovar, 2002, p. 128.

2.8.3. Considerações conclusivas

Impende mencionar que grande parte dos casos utilizados na construção da teoria da imputação objetiva, seja na versão de Roxin, seja na versão de Jakobs, ou mesmo na de outros autores, foram extraídos por esses autores da jurisprudência criminal alemã. Não obstante, há quem assevere, como é o caso de Hans Joachim Hirsch,[809] que a teoria da imputação objetiva "não é, em absoluto, necessária.".

Em linha crítica, Eugenio Raúl Zaffaroni[810] assim pondera: "Na tipicidade dolosa, não se pode negar que, ao menos, é estranho qualquer de ambos critérios funcionalistas: não se ajusta a realidade afirmar que quem causa diretamente um resultado desejado, se diga que introduz um risco.". Se nos voltarmos para os crimes culposos, não é difícil concluir que não transpor os limites do risco permitido significa precisamente que o agente age sem culpa.

Por sua vez, pugnou Armin Kaufmann que a teoria consagraria um conjunto de critérios interpretativos em casos específicos, tal como ocorre com a doutrina da adequação social, enquanto princípio de interpretação, e não uma espécie de teoria geral, aplicável de forma generalizada, como se fosse um requisito típico. Eis as palavras do catedrático de Bonn:[811] "¿Qué queda de la imputación objetiva? Un 'nexus' especial entre el resultado típico y el autor, que pudiesse designarse como 'atribución objetiva', no es posible. Lo que queda es un conjunto de *topoi*, útil para la interpretación de este tipo o aquél, a veces para grupos de tipos.".

Adiante, complementa o jusfilósofo,[812] fazendo um paralelo com o princípio da adequação social: "También Welzel fracasó en el intenso pasajero de elevar la doctrina de la adecuación social a causa de justificación general, por vía consuetudinaria. Su doctrina, convertida por él mismo, dando marcha atrás, em 'principio de interpretación' para la delimitación de los tipos de la Parte especial, resulta todavía hoy imprescindible.".

Ainda que se possa admitir sua aplicação em um ou outro caso, a nosso ver, essa teoria é despicienda em grande parte ou mesmo na absoluta maioria dos casos que reivindicam soluções jurídicas. Isso porque as teorias da causalidade tradicional, da *conditio sine qua non* e da causalidade adequada já dão conta em solucionar a generalidade dos casos. Não obstante, pensamos possa admitir-se sua utilidade em algumas situações, mas sua capacidade de rendimento não conduz a uma ideia de "requisito implícito do tipo objetivo necessário para a atribuição jurídica à determinada ação", aplicável genericamente na totalidade dos casos da *praxis* forense.

---

[809] HIRSCH, Hans Joachim. Acerca de la Teoría de la Imputación Objetiva. Trad. de Daniel R. Pastor. In: HIRSCH, Hans Joachim. *Derecho Penal – Obras Completas*. Buenos Aires: Rubinzal-Culzoni, 1998, t. I, p. 63.

[810] ZAFFARONI, Eugenio Raúl; ALAGIA, Alejandro; SLOKAR, Alejandro. *Derecho Penal – Parte General*. 2ª ed. Buenos Aires: Ediar, 2002, p. 469.

[811] KAUFMANN, Armin. Atribuición. ¿"Atribución Objetiva" en el Delito Doloso? Trad. de Joaquin Cuello. In: *Estudios de Derecho Penal*. Montevideo/Buenos Aires: B de f, 2013, p. 74.

[812] Idem.

3. Tipo subjetivo

3.1. Dolo: a doutrina do crime doloso. Teorias tradicionais

Consoante afirmou Nelson Hungria,[813] o "dissídio entre as teorias da representação e da vontade está, hoje, pode dizer-se superado.". Porém, ao contrário do que expressou o grande penalista, estamos diante de um dos capítulos mais difíceis do Direito Penal, e a questão que procura estabelecer em que consiste o dolo permanece tema de franco debate. Nas linhas que seguem, faremos uma aproximação do conceito de dolo[814] sob perspectivas diversas.

3.1.1. Teoria da vontade

De acordo com a *teoria da vontade*, o dolo consiste na representação e vontade de praticar o fato típico penal, ou seja, a mera representação ou o conhecimento, revela-se insuficiente a caracterizar o dolo, sendo imprescindível o elemento volitivo. A doutrina brasileira afirma, e isso parece mesmo indubitável, que, relativamente ao dolo direto, o Código Penal adotou da vontade, de acordo com o disposto no art. 18, inc. I, primeira parte: "Art. 18. Diz-se o crime: I – doloso, quando o agente quis o resultado (...)". Não obstante, a teoria do consentimento também se traduz em uma teoria da vontade, o que será visto em tópico próprio.

3.1.2. Teoria da representação

Para a *teoria da representação*, a qual pode-se desdobrar em diversas subespécies – tais como possibilidade, probabilidade, qualidade do risco criado, etc. –, basta a representação ou o conhecimento para a caracterização do dolo, prescindindo, assim, da vontade do agente.

3.1.3. Teoria do consentimento ou do assentimento

A *teoria do consentimento* afirma que para a ocorrência do dolo deve o agente consentir com o resultado. De acordo com a doutrina pátria, o Código

---

[813] HUNGRIA, Nelson; FRAGOSO, Heleno Cláudio. *Comentários ao Código Penal*. 5ª ed. Rio de Janeiro: Forense, 1978, v. I, t. II, p. 115.

[814] Para um estudo mais detido, sob diversas perspectivas, consulte-se: LUZÓN PEÑA, Diego-Manuel. *Curso de Direito Penal – Parte General*. Madrid: Editorial Universitas, 1996, v. I, p. 400-436; RAGUÉS I VALLÈS, Ramon. *El Dolo y su Prueba en el Proceso Penal*. Barcelona: Bosch, 1999; COSTA, José Francisco de Faria. *Tentativa e Dolo Eventual (Ou Da Relevância da Negação em Direito Penal)*. Coimbra: Coimbra Editora, 1996; MARTÍNEZ-BUJÁN PÉREZ, Carlos et al. *Dolo e Direito Penal – Modernas Tendências*. 2ª ed. (coord. Paulo César Busato). São Paulo: Atlas, 2014; SILVA, David Medina da. *O Crime Doloso*. Porto Alegre: Livraria do Advogado, 2005; HORTA, Frederico. *Elementos Normativos das Leis Penais e Conteúdo Intelectual do Dolo – Da Natureza do Erro sobre o Dever Extrapenal em Branco*. São Paulo: Marcial Pons, 2016; SANTOS, Juarez Cirino dos. *A Moderna Teoria do Fato Punível*. 4ª ed. Rio de Janeiro: ICPC/Lumen Juris, 2005, p. 61-80; TAVARES, Juarez. *Teoria do Injusto Penal*. 3ª ed. Belo Horizonte: Del Rey, 2003, p. 329-354; COSTA, Pedro Jorge. *Dolo Penal e sua Prova*. São Paulo: Atlas, 2015; VIANA, Eduardo. *Dolo como Compromisso Cognitivo*. São Paulo: Marcial Pons, 2017; GOMES, Enéias Xavier. *Dolo sem Vontade Psicológica – Perspectivas de Aplicação no Brasil*. Belo Horizonte: D'Plácido, 2017; FRANCK JÚNIOR, Wilson. *A Problemática do Dolo (Eventual) no Direito Penal Contemporâneo*. Porto Alegre: PUCRS (dissertação de mestrado), 2013.

Penal brasileiro adotou a teoria de consentimento, com base na segunda parte do inc. I do art. 18, a ver-se: "Art. 18. Diz-se o crime: I – doloso, quando o agente (...) assumiu o risco de produzi-lo.". Porém, a teoria do consentimento, como acima afirmamos, não deixa de ser uma teoria da vontade, consoante explicitaremos ao estudarmos o dolo eventual.

3.2. Elementos do dolo: elemento intelectual e elemento volitivo

O dolo possui um elemento intelectual ou cognitivo, consistente na representação do agente do tipo objetivo, sem o que não se aperfeiçoa. Além do elemento intelectual, afirma a doutrina majoritária brasileira, deve estar presente à configuração do dolo o elemento volitivo. Assim, o dolo seria *conhecer* e *querer*. Este entendimento é posto em causa por um setor doutrinário, sobretudo alhures, prescindindo do elemento volitivo em alguns casos. Nos subitens do ponto sobre o dolo eventual, faremos uma apreciação de concepções atuais e de questões controvertidas.

3.3. Elemento subjetivo geral: o dolo

O *dolo* (*Vorsatz*, na Alemanha) é o elemento subjetivo do tipo por excelência. Ao lado do dolo há a culpa como elemento subjetivo (somente quando for expressamente prevista), em casos em que o agente, muita embora não deseje e não admita a ocorrência do resultado, mas vem a causá-lo em virtude de sua não observância o dever objetivo de cuidado. Não obstante, parte da doutrina nega a qualidade de elemento subjetivo da culpa inconsciente.

Para o estudo das espécies de dolo, tomamos o seguinte exemplo, inspirado no caso Thomas ocorrido na Alemanha. O agente *A*, desejoso de matar seu desafeto, *B*, coloca uma bomba no automóvel da vítima a fim de que, no momento em que fosse dada partida no referido veículo, a bomba fosse detonada. Ocorre que o automóvel de *B* é conduzido pelo motorista deste, *C*, o qual fatalmente vem a ser morto junto com *B*, no momento da explosão. Muito embora *A* não desejasse matar *C*, e até mesmo lamentasse por sua morte, sabendo-a inarredável, não se demoveu de seu plano. Além disso, a explosão causou outras duas mortes de transeuntes que se encontravam perto do veículo no momento da explosão.

A questão que se põe é saber se houve dolo com relação a todas as vítimas e, em caso afirmativo, saber qual a espécie de dolo de *A* em relação a *B*, a *C* e aos transeuntes, o que restará claro ao estudarmos as diversas espécies de dolo nos tópicos que seguem.

3.3.1. Espécies de dolo

Em uma fórmula mais genérica, costuma-se conceituar o *dolo* como a *vontade consciente de praticar o tipo objetivo*. E isso, no direito brasileiro, tem mesmo certa lógica, ao se conjugar o disposto do art. 18 (conceito de dolo) em consonância com o art. 20 (erro de tipo excludente do dolo), visto que o erro sobre elemento constitutivo do tipo legal de crime exclui o dolo. Essa concepção pode ser utilizada como ponto de partida. Porém, ao adentrarmos no estudo do dolo, o problema não se apresenta tão singelo, havendo acirrado debate, notadamente quando se trata de dolo eventual. Faremos um esforço para apresentar uma breve aproximação do estado da arte, da forma mais sintética e didática possível.

Antes de tratarmos das espécies de dolo, duas advertências são necessárias. Em primeiro lugar, *não é correto* conceituar o *dolo como vontade livre e consciente de praticar o fato*, como fazem alguns doutrinadores no Brasil. Isso porque o fato de a vontade ser livre ou não é um problema relativo à culpabilidade, e não ao dolo. Assim, a expressão "vontade livre" no conceito de dolo afigura-se um corpo estranho, tal como era a referência ao resultado no conceito de ação, na formulação causal-naturalista. Em segundo lugar, o dolo, na concepção finalista, é um *dolo natural*,[815] como elemento da ação, que por sua vez pertence ao injusto. Diz-se natural porque não é "penalmente valorado",[816] não se trata, portanto, de um *dolus malus*, como ocorria com a concepção clássica, visto que a consciência da ilicitude hoje reside na culpabilidade, de forma potencial, consoante veremos ao estudarmos o último elemento do crime. Assim, por exemplo, aquele que mata em legítima defesa age com dolo, precisamente porque sua ação dirigiu-se à prática do tipo objetivo do homicídio consistente em "matar alguém", ainda que, nesse caso, de forma lícita, em virtude da exclusão da ilicitude (art. 23, inc. II, e art. 25).

3.3.1.1. Dolo direto de 1º grau

Dolo direto de 1º grau é o *propósito do agente* (na Alemanha, *Absicht*) em realizar o tipo objetivo, é o *querer realizar* o fato punível. Está é a forma mais nítida de dolo. Esta é a espécie de dolo que apresenta menos controvérsia em doutrina. No exemplo fornecido no introito, constitui o elemento subjetivo de A em relação a B.

O dolo direto de 1º grau constitui a primeira hipótese do art. 14º do CP português, que assim dispõe: "Age com dolo quem, representando um facto que preenche um tipo de crime, actuar com intenção de o realizar.". O dolo direto de 1º grau é o elemento subjetivo presente na imensa maioria dos fatos puníveis.

---

[815] Miguel Reale Júnior, não obstante seja um autor adepto ao finalismo, não concorda com a concepção de dolo natural. Confira-se em: REALE JÚNIOR, Miguel. *Instituições de Direito Penal – Parte Geral*. 4ª ed. Rio de Janeiro: Forense, 2013, p. 126-130.

[816] MAURACH, Reinhart; GÖSSEL, Karl Heinz; ZIPF, Heinz. *Derecho Penal – Parte General*. Trad. de Jorge Bofill Genzsch y Enrique Aimone Gibson. Buenos Aires: Astrea, 1994, v. 1, p. 377; MUÑOZ CONDE, Francisco. *Teoría General del Delito*. 2ª ed. Valencia: Tirant lo Blanch, 1991, p. 145; LUISI, Luiz. *O Tipo Penal, a Teoria Finalista e a Nova Legislação Penal*. Porto Alegre: Sergio Antonio Fabris Editor, 1987, p. 64-65.

3.3.1.2. Dolo direto de 2º grau

O *dolo direto de 2º grau* (*Wissentlichkeit*) consiste na prática de um fato punível em que o agente representa as *consequências colaterais e necessárias* de sua conduta e mesmo assim *decide* levar a cabo seu comportamento. Na Alemanha, a terminologia para referir-se ao dolo direto de 2º grau é variada. Welzel[817] costumava utilizar a expressão latina *dolus directus 2. Grades*. Jakobs[818] utiliza a expressão *Wissentlichkeit bei Nebenfolgen*, que dá a ideia de *deliberação com relação aos resultados colaterais*. Deliberação não num sentido emocional (pois o agente pode até mesmo não desejar o resultado, do ponto de vista sentimental), mas num sentido de *decidir* causar o resultado colateral e necessário, ou seja, o dolo de 2º grau vem na esteira do de 1º grau porque o agente assim decidiu. A expressão *wissentlich* também aparece em diversos dispositivos do CP alemão (StGB, § 87, § 109, § 134, § 144, etc.).

Alguns autores[819] denominam esta espécie de dolo simplesmente como *dolo direto* (*Direkter Vorsatz*, *dolus directus*), e o dolo direto de 1º grau, como *propósito* (*Absicht*), ambos compreendidos na ideia de dolo em sentido amplo (*Vorsatz*). No exemplo fornecido no introito, constitui o elemento subjetivo de A em relação a C (o motorista). O exemplo aqui utilizado é uma adaptação do *caso Thomas*, que será descrito no parágrafo seguinte.

Em 1875,[820] na Alemanha, Alexander Keith, conhecido como Thomas, fez com que fosse carregado a bordo de um transatlântico em Bremerhaven um carregamento de material explosivo com um temporizador programado para que a explosão viesse a ocorrer ulteriormente, durante o trajeto marítimo. Ao agente interessava receber o seguro decorrente da explosão do barco, mas bem sabia ele que sua conduta viria a causar a morte da tripulação e também de passageiros. Porém, ainda no cais, a carga de explosivos resvalou das mãos do carregador, explodindo e, com isso, causando diversas mortes. Tais mortes foram imputadas a título de dolo direto de 2º grau.

Na segunda hipótese do didático art. 14º do CP português, está consagrado o dolo ora em estudo, a ver-se: "Age ainda como dolo quem representar a realização de um facto que preenche um tipo de crime como consequência necessária da sua conduta.". Esse elemento subjetivo é excepcional, não estando presente, portanto, na maioria dos crimes praticados. A nosso ver, ainda que o dolo de 2º grau não se identifique com o "propósito" do agente propriamente dito (ao menos no nível do "sentimento"), não há negar que constitua um *ato de vontade e de decisão do agente no sentido do resultado*.

---

[817] WELZEL, Hans. *Das Deutsche Strafrecht*. 11ª ed. Berlin: Walter de Gruyter & Co., 1969, p. 68.

[818] JAKOBS, Günther. *Strafrecht – Allgemeiner Teil*. 2ª ed. Berlin: Walter de Gruyter, 1993, p. 268.

[819] JESCHECK, Hans-Heinrich; WEIGEND, Thomas. *Lehrbuch des Strafrechts – Allgemeiner Teil*. 5ª ed. Berlin: Duncker & Humblot, 1996, p. 298; WESSELS, Joahannes; BEULKE, Werner. *Strafrecht – Allgemeiner Teil*. 36ª ed. Heidelberg: C.F. Müller Verlag, 2006, v. I, p. 79-80.

[820] JESCHECK, Hans-Heinrich; WEIGEND, Thomas. *Lehrbuch des Strafrechts – Allgemeiner Teil*. 5ª ed. Berlin: Duncker & Humblot, 1996, p. 299.

3.3.1.3. Dolo eventual. Teorias e distinção da culpa consciente

O *dolo eventual* (*Eventualvorsatz, dolus eventualis*) está enunciado no CP brasileiro nos seguintes termos: "Diz-se o crime: I – doloso, quando o agente (...) assumiu o risco do resultado" (CP, art. 18, *caput* c/c parte final do inc. I). Note-se que a própria locução "assumiu o risco" é de certa forma equívoca, dúbia, visto que na culpa consciente o agente também "assume o risco" do resultado, mas, ao contrário do que ocorre no caso do dolo, não o aceita. Em outras palavras, na *culpa consciente, ao não observar o dever de cuidado*, o agente também está "arriscando-se" em produzir o resultado, apesar de não o aceitar. Não obstante, a expressão está consagrada entre nós com o sentido de "aceitar o resultado", pois do contrário, ou seja, se o agente "*não* aceitar" o resultado, responderá a título de culpa. No exemplo do introito, haveria dolo eventual de A em relação aos transeuntes. No dolo de 2º grau, o resultado colateral é tido como necessário, certo; no dolo eventual, tal resultado é considerado como possível.

Em doutrina,[821] afirma-se que em matéria de dolo eventual, nosso Código adotou a teoria do *consentimento* ou *assentimento*. O CP português, na terceira hipótese do art. 14º, assim preceitua: "Quando a realização de um facto que preenche um tipo de crime for representada como consequência possível da conduta, há dolo se o agente actuar conformando-se com a aquela realização.". Assim, o CP lusitano exige para a configuração do dolo eventual o resultado "possível" e a resignação do agente ("actuar conformando-se com aquela realização").

Eis dois exemplos clássicos sobre se haveria a caracterização do dolo eventual ou, ao revés, um atuar culposo. O primeiro, proposto por Lackmann (ZstW, 31, 1911), e referido por Jescheck,[822] é o do atirador que aposta 20 marcos alemães que irá acertar uma bola de cristal que está na mão de uma menina, mas acerta esta. O segundo, é o dos *mendigos russos*[823] que utilizavam crianças pequenas para pedir esmolas, sendo que, para produzirem a compaixão das pessoas, mutilavam alguma extremidade delas, sem qualquer cuidado médico, o que determinava a morte das vítimas em alguns casos, mas sem que esse resultado viesse a dissuadir os mendigos de continuar a mutilar outras crianças, com o que se evidenciava a conformação com o resultado morte.

As controvérsias em torno do dolo eventual têm sido insuperáveis, pois o problema, por vezes intransponível, é saber se o agente, de fato, *aceitou ou resignou-se em produzir o resultado*. E nessa esteira seguem as tentativas tanto de estabelecer os contornos do dolo eventual como também distingui-lo da culpa consciente. Sequer quanto a um critério classificatório há concordância. Nos próximos tópicos, estudaremos diversas concepções em torno do tema,

---

[821] HUNGRIA, Nelson; FRAGOSO, Heleno Cláudio. *Comentários ao Código Penal*. 5ª ed. Rio de Janeiro: Forense, 1978, v. I, t. II, p. 114.
[822] JESCHECK, Hans-Heinrich; WEIGEND, Thomas. *Lehrbuch des Strafrechts – Allgemeiner Teil*. 5ª ed. Berlin: Duncker & Humblot, 1996, p. 303.
[823] LUZÓN PEÑA, Diego-Manuel. *Curso de Direito Penal – Parte General*. Madrid: Editorial Universitas, 1996, v. I, p. 418-419.

optando por dividir a doutrinas entre volitivas e da representação (cognitivas), subdividas em duas tradicionais e uma mais atual. É que as teorias do dolo têm em consideração a sua estrutura ou seus elementos, designadamente a *cognição* e a *volição*, sendo que as teorias da representação se satisfazem com a representação, sob diversos critérios, ao passo que as teorias da vontade reivindicam a presença dos dois elementos. Portanto, a teoria do assentimento é uma teoria da vontade, pois o assentimento à resignação é uma expressão da vontade. Por fim, faremos referência à teoria da cegueira deliberada, de origem anglo-saxônica.

3.3.1.3.1. Teorias volitivas

Apesar de na divisão tripartida do dolo falar-se em teorias da vontade, da representação e do consentimento, esta última, como vimos, não deixa de ser também uma espécie de *teoria volitiva*, e isso fica evidente especialmente quando se trata de divisá-la da teoria da representação e suas diversas subespécies. As teorias volitivas assentam-se na ideia da conformação, da resignação com o resultado lesivo representado pelo agente. No dolo direto, o agente quer o resultado, ao passo que no dolo eventual aceita ele o resultado possível. Impende esclarecer que na perspectiva de uma teoria volitiva deverá haver a confluência da representação/cognição com a volição. Não obstante o extenso elenco de teorias referido pela doutrina em tratados e em obras específicas, aqui nos restringiremos à menção da *fórmula de Frank* e da teoria do consentimento embasada no critério do *levar a sério*.

3.3.1.3.1.1. A fórmula de Frank

No estudo do dolo eventual, é recorrente a menção às *fórmulas de Frank*, sendo que a mais invocada possui o seguinte enunciado:[824] "Se o agente diz a si próprio: *seja como for, dê no que der, em qualquer caso não deixo de agir*, é responsável a título de dolo.". Essa fórmula busca pôr em evidência o fato, para a consideração do dolo eventual, de o agente prosseguir em sua ação, apesar de, conscientemente, poder vir a causar o resultado lesivo. A fórmula ajuda mais a compreensão do dolo do que a estabelecer critérios de aferição, pois não esclarece como saber se o agente agiu com o ânimo "dê no que der".

3.3.1.3.1.2. Teoria do consentimento: a jurisprudência alemã e o critério do levar a sério (o caso da correia de couro)

Na Alemanha, a doutrina[825] tem preconizado e a jurisprudência adotado em boa medida o critério do *levar a sério* a ocorrência do resultado, para a

---

[824] Conforme: HUNGRIA, Nelson; FRAGOSO, Heleno Cláudio. *Comentários ao Código Penal*. 5ª ed. Rio de Janeiro: Forense, 1978, v. I, t. II, p. 118.
[825] JESCHECK, Hans-Heinrich; WEIGEND, Thomas. *Lehrbuch des Strafrechts – Allgemeiner Teil*. 5ª ed. Berlin: Duncker & Humblot, 1996, p. 299.

caracterização do dolo eventual. O referido critério remonta ao famoso *caso da correia de couro* (*Lederriemenfall*[826]) julgado em 1955 pelo BGH. Em síntese, K tomou como resolução roubar M (com quem manteve um relacionamento), juntamente com J. No plano inicial, a ideia era fazer com que M tomasse comprimidos para que viesse a dormir. Não tendo havido êxito em pôr em prática o primeiro plano, surgiu a ideia de apertar o pescoço da vítima com um cinto de couro. Porém, receosos de que uma tal ação pudesse vir a matar a vítima, os agentes partiram para a execução de um plano alternativo, consistente em utilizar um saco de areia para atingir a cabeça de M e, com isso, fazê-lo dormir, mas, em virtude de os golpes com o saco de areia não terem surtido o efeito pretendido, retornaram os agentes ao plano anterior, utilizando o cinto de couro. De fato, como haviam receado, M veio a morrer, muito embora não tivessem K e J a intenção de matá-lo.

Assim o caso supradescrito é tido como um *leading case* a evidenciar o dolo eventual quando o agente leva a sério a possibilidade da ocorrência do resultado e se conforma com isso. Muito embora o caso da correia de couro seja, de fato, um exemplo didático e esclarecedor, o critério do levar a sério depara-se, a nosso ver, com dificuldades, por vezes, quando o quadro fático não evidencia uma resignação com o resultado, como, por exemplo, em um caso de atropelamento por um automóvel, a não ser que estejam presentes elementos que possam levar a uma firme conclusão no sentido da conformação da vítima com o resultado lesivo, o que nem sempre é evidente como no caso julgado pelo BGH.

Impende enfatizar que tratamos da teoria do consentimento como um subtópico da teoria volitiva porque, consoante já referimos, se trata de uma espécie de teoria da vontade. Considerando que o CP português faz menção expressa ao dolo eventual sob a locução "conformando-se" (art. 14º, 3), parece-nos oportuno mencionar a doutrina de autores portugueses. Assim é que, mesmo antes do CP português vigente, já propugnava Manuel Cavaleiro Ferreira[827] que "importa considerar o grau de possibilidade na prognose intelectiva e a intensidade da vontade. Um juízo de grande probabilidade é dificilmente conciliável com a ausência do elemento volitivo, ou seja, com a falta de anuência da vontade à realização do crime.". Com o advento do atual CP lusitano, Faria Costa[828] reconhece que "é patente que as modificações operadas ao nível do actual n.º 3 do já mencionado art. 14.º do código penal têm primacialmente a ver com o chamado elemento volitivo do dolo.".

Em semelhante sentido, é a opinião de Figueiredo Dias,[829] para quem, "na doutrina da 'conformação', segundo o nosso ponto de vista – mas julgando nós seguir aqui, no essencial, a posição de Roxin –, que o *agente tome a sério o risco*

---

[826] Disponível em: <http://opinioiuris.de/entscheidung/1495>. Acesso em 31.03.2016.
[827] FERREIRA, Manuel Cavaleiro de. *Lições de Direito Penal – Parte Geral*. Lisboa: Editorial Verbo, 1992, v. I, p. 298.
[828] COSTA, José Francisco de Faria. *Tentativa e Dolo Eventual* (*Ou Da Relevância da Negação em Direito Penal*). Coimbra: Coimbra Editora, 1996, p. 34.
[829] DIAS, Jorge de Figueiredo. *Direito Penal – Parte Geral*. 2ª ed. Coimbra/São Paulo: Coimbra Editora/Revista dos Tribunais, 2007, t. I, p. 372.

de (possível) lesão do bem jurídico, que entre com ele em contas e que, não obstante se decida pela realização do facto.". Em sequência ratifica:[830] "A circunstância de, não obstante os riscos previstos de lesão do bem jurídico, levar a acção a cabo revela uma *decisão contra* a norma jurídica de comportamento, para tanto não interessando saber se as consequências negativas do facto lhe são ou não indesejáveis, se ele confia ou não temerariamente que ainda as poderá evitar.".

Por derradeiro, Américo Tipa de Carvalho, por sua vez, é incisivo ao afirmar que: "O problema do dolo eventual/negligência consciente *não é uma questão de probabilidades, mas sim uma questão psicológico-volitiva de conformação ou não conformação com o risco de produção do resultado desvalioso."*. Assim, revela-se patente que a denominada teoria do consentimento, se bem que com feição própria, constitui, inarredavelmente, uma teoria da vontade.

3.3.1.3.2. Teorias da representação ou cognitivas

As *teorias da representação* ou *cognitivas* contentam-se com o conhecimento do agente relativamente ao objeto do dolo, prescindindo do elemento volitivo. Em que termos deve-se dar esse conhecimento, essa representação é o que buscam se desincumbir as teorias aqui estudadas.

3.3.1.3.2.1. Teorias tradicionais: da possibilidade e a da probabilidade

As duas teorias ditas clássicas da representação ou cognitivas são a da *possibilidade* e a da *probabilidade*, sendo a primeira também chamada (simplesmente) da representação. A teoria da possibilidade[831] (*Möglichkeitstheorie*), que remonta a Schröder, no período do pós-guerra, apoia-se na ideia segundo a qual a mera representação da possibilidade do resultado já deveria, só por si, fazer o agente desistir de seu comportamento, sendo que a confiança na não produção do resultado encerra e si a negação da possibilidade.

A teoria da probabilidade[832] (*Wahrscheinlichkeitstheorie*), como variante da representação, significa mais do que a mera possibilidade, porém menos do que uma probabilidade preponderante. É dizer uma concreta probabilidade.

Ambas as teorias tradicionais, a nosso ver, não dão conta a fundamentar o dolo eventual. A teoria da possibilidade que vê no dolo eventual a simples representação é de todo insustentável. A teoria da probabilidade também não merece melhor sorte. Consoante afirmava Welzel,[833] mesmo que o médico conte com um desfecho fatal e seja mesmo provável a morte de alguém que esteja

---

[830] DIAS, Jorge de Figueiredo. *Direito Penal – Parte Geral*. 2ª ed. Coimbra/São Paulo: Coimbra Editora/Revista dos Tribunais, 2007, t. I, p. 373-373.

[831] ROXIN, Claus. *Strafrecht – Allgemeiner Teil*. 4ª ed. München: Verlag C.H. Beck, 2006, v. I, p. 455; SCHÖNKE, Adolf; SCHRÖDER, Horst. *Strafgesetzbuch Kommentar*. 24ª ed. München: C. H. Beck, 1991, p. 239-240.

[832] Ibid., p. 457; WESSELS, Joahannes; BEULKE, Werner. *Strafrecht – Allgemeiner Teil*. 36ª ed. Heidelberg: C.F. Müller Verlag, 2006, v. I, p. 80; SCHÖNKE, Adolf; SCHRÖDER, Horst. *Strafgesetzbuch Kommentar*. 24ª ed. München: C. H. Beck, 1991, p. 240-241.

[833] WELZEL, Hans. *Das Deutsche Strafrecht*. 11ª ed. Berlin: Walter de Gruyter & Co., 1969, p. 70.

sendo submetido a uma operação perigosa, em todo o caso, o seu propósito é de salvar uma vida. Na lição de Cerezo Mir,[834] não obstante a vontade seja menos intensa nos domínios do dolo eventual, é ela por certo imprescindível.

3.3.1.3.2.2. Teoria da qualidade do risco criado (Ingeborg Puppe)

Contemporaneamente, dentre diversos aportes, a doutrina tem laborado com uma perspectiva qualitativa do risco conscientemente. A título exemplificativo, optamos por mencionar a doutrina de Ingeborg Puppe.[835] Em síntese, a penalista busca afastar-se da ideia de uma presunção ou aprovação do agente, valendo-se de uma regra prática genérica do agir dirigido a alguma finalidade. Para ela, um perigo será doloso se constituir "um método idôneo para a provocação do resultado", ou seja, aquele que segundo os conhecimentos do agente, apresenta-se como relativamente grande. Puppe afirma que as ações não se orientam de acordo com índices de probabilidade, "e sim segundo um repertório de métodos fundados na experiência, para alcançar os mais diversos objetivos.".

Dentre os exemplos trazidos por Puppe,[836] trazemos à colação o seguinte: "Jogar uma *garrafa cheia de gasolina* com pavio aceso (chamado coquetel molotov) em um quarto é um método idôneo para *incendiar a casa*, ainda que no caso concreto só queime o quarto (BGH NstZ 1995, 86). Mas tal só será um método de matar, se se visarem a pessoas ou se a fuga destas do edifício em chamas for dificultada pelo fato de perceberem o incêndio muito tardiamente, ou de a saída estar bloqueada (cf. BGH StV 1983, 360; NstZ 1994, 483 [485]).". Para maiores detalhes, remetemos o leitor ao livro aqui citado da autora.

3.3.1.3.3. A doutrina da cegueira deliberada (*wilful blindness*) ou teoria do avestruz

Ainda que nosso propósito seja antes o de ser exemplificativo do que exaustivo, ante as limitações próprias de um *Curso*, para não nos alongarmos a um número demasiado de páginas, pensamos, por sua atualidade, ser oportuno estudarmos ainda uma teoria advinda da *common law*. A doutrina da cegueira deliberada advém do sistema anglo-saxão[837] (*willful blindness*), em que o agente se colocaria deliberadamente em posição de ignorância ou dúvida a fim de dar curso à sua ação delitiva, por isso também chamada por alguns de

---

[834] CEREZO MIR, José. *Curso de Derecho Penal – Parte General – Teoría Jurídica del Delito*. 6ª ed. Madrid: Tecnos, 1998, v. II, p. 144 e 149.
[835] PUPPE, Ingeborg. *A Distinção entre Dolo e Culpa*. Trad. de Luís Greco. Barueri: Manole, 2004, p. 82-85.
[836] Idem.
[837] No direito anglo saxão, consulte-se: CARD, Richard; CROSS; JONES. *Criminal Law*. 19ª ed. Oxford: Oxford University Press, 2010, p. 98. Eis a lição de Arnold H. Loewy: "A willfully blind defendant is one who aware that there is a high probability that he is committing a crime, but intentionally avoids ascertaining the facts.". LOEWY, Arnold H. *Criminal Law*. 5ª ed. Eagan : West, 2009, p. 132.

teoria do avestruz. Não obstante, há dúvidas quanto a sua equiparação ao dolo eventual, nos moldes da *civil law*.

Consoante observa Edmund S. Hendler,[838] o dolo eventual não figura tanto no Código Penal Modelo como também em outros códigos norte-americanos, mas amoldar-se-ia à hipótese de culpa consciente (*recklessly*).

A invocação da doutrina tem sido utilizada em crimes como, por exemplo, o de lavagem de dinheiro, em que o agente se colocaria deliberadamente em posição de ignorância no que se refere ao delito antecedente à lavagem de ativos.

Isidoro Blanco Cordero,[839] em seu clássico livro sobre lavagem de dinheiro, observa que o Tribunal Supremo espanhol tem decidido que para a caracterização do dolo eventual suficiente se faz que o agente se coloque em posição de ignorância deliberada.

No Brasil, a doutrina tem sido utilizada pelos tribunais como fundamento à caracterização de dolo eventual. Nesse sentido, decidiu o Tribunal Regional Federal da 4ª Região:

> PENAL. USO DE DOCUMENTO FALSO. CRLV. ARTS. 304 C/C 299 DO CÓDIGO PENAL. TIPICIDADE, MATERIALIDADE E AUTORIA COMPROVADAS. DOLO GENÉRICO. CIÊNCIA DA INAUTENTICIDADE DO DOCUMENTO. AFASTADA TESE DA AUSÊNCIA DE DOLO. TEORIA DA CEGUEIRA DELIBERADA. DOSIMETRIA. REINCIDÊNCIA. AFASTAMENTO. AUSÊNCIA DE TRÂNSITO EM JULGADO DA CONDENAÇÃO ANTERIOR. MULTA. PROPORCIONALIDADE COM A PENA CORPORAL. REDUÇÃO. SUBSTITUIÇÃO DA PENA PRIVATIVA DE LIBERDADE POR RESTRITIVAS DE DIREITOS. PRESTAÇÃO DE SERVIÇOS E PRESTAÇÃO PECUNIÁRIA. *QUANTUM* DA PRESTAÇÃO PECUNIÁRIA. *1. Comete o crime de uso de documento falso quem apresenta CRLV – Certificado de Registro e Licenciamento de Veículo inautêntico a policial que faz a abordagem em rodovia.* 2. Comprovadas a materialidade e a autoria do delito, diante da apresentação, pelo réu aos policiais rodoviários federais, de CRLV ideologicamente falso, incorrendo nas sanções do artigo 304 c/c art. 299 do Código Penal, o qual pune a conduta de fazer uso de documento público ideologicamente falso. 3. O dolo, no delito do artigo 304 do Código Penal, é genérico, consubstanciando-se na conduta voluntária de usar a documentação com a ciência de que esta é inidônea. 4. Consoante o artigo 18, inciso I, do Código Penal, age dolosamente não só o agente que quis, de forma consciente, o resultado delitivo (dolo direto), mas também o que assume o risco de produzi-lo (dolo eventual). *5. Hipótese em que, ainda que o réu não tivesse certeza, mas apenas desconfiasse da origem espúria do documento de propriedade do veículo, e tivesse optado por não se certificar de sua regularidade, apenas beneficiando-se do seu desconhecimento, estar-se-ia diante do dolo eventual, em aplicação da teoria da cegueira deliberada, afastando-se a tese de inexistência de dolo.* (...). (TRF4, ACR 5007847-37.2015.404.7002, SÉTIMA TURMA, Relatora CLÁUDIA CRISTINA CRISTOFANI, juntado aos autos em 01/06/2017) (os grifos não constam no original).

Não estamos convencidos da compatibilidade da teoria com o direito brasileiro e até mesmo da necessidade de sua internalização, porquanto se um dos elementos do dolo é a cognição, e essa não está presente na representação do

---

[838] HENDLER, Edmundo S. *Derecho Penal y Procesal Penal de los Estados Unidos*. Buenos Aires: Ad-Hoc, 1996, p. 55.

[839] BLANCO CORDERO, Isidoro. *El Delito de Blanqueo de Capitales*. 3ª ed. Pamplona: Aranzadi, 2012, p. 685-687.

agente, resta duvidosa a caracterização do dolo. A quem possa interessar, há excelentes publicações[840] sobre a teoria, tanto em sua defesa, como também em refutação, para as quais remetemos o leitor.

3.3.1.4. Outras designações: dolo indireto (alternativo e cumulativo), dolo geral e dolo de perigo

Alguns autores fazem referência a outras espécies de dolo, tais como *dolo indireto*, em contraposição ao dolo direto, subdividindo-o em *dolo alternativo* e *cumulativo*, *dolo determinado* e *dolo indeterminado*, e *dolo geral* e *dolo de perigo*.

O *dolo indireto* abrangeria o *dolo alternativo* e o *cumulativo*. O primeiro ocorreria em situações em que o agente desfere um tiro contra a vítima para matar *ou* ferir. No dolo cumulativo, o agente atiraria para matar e ferir. A nosso[841] ver não é correta essa classificação, porquanto, em casos como os descritos, o agente age com dolo direto, e não com um suposto dolo "indireto".

Nélson Hungria[842] fazia referência a uma distinção diversa da anterior, em que o *dolo determinado* se identificaria com o dolo direto, e o *dolo indeterminado* abrangeria duas subespécies, quais sejam, o dolo alternativo (com a previsão de resultado, diversos, reciprocamente autoexcludentes) e o dolo eventual.

O *dolo geral* (que não é a mesma coisa e o que dolo genérico) é aquele que ocorre em situações em que há desvio no curso causal. Assim, se o agente desfere um tiro contra a vítima e, imaginando que esteja ela morta, joga-a em um rio para "livrar-se" do corpo, apurando a perícia que a morte não foi causada pelos ferimentos ocasionados pelos tiros, e sim por afogamento, remanesce a responsabilização do agente a título de dolo, num quadro de dolo geral.

Por fim, o *dolo de perigo* é aquele em que a vontade do agente não está dirigida à produção de uma lesão, mas somente à exposição de perigo para o bem jurídico. Assim, por exemplo,[843] o crime de perigo de contágio venéreo, em sua forma simples, somente pode ser praticado com dolo de perigo (art.130, *caput*), porque se a intenção do agente for transmitir a moléstia, estará caracterizado o dolo de lesão, que enseja o enquadramento na hipótese qualificada (art. 130, § 1º).

Também o crime de abandono de recém-nascido (art. 134) só pode ser praticado com dolo de perigo, pois se a intenção for causar lesão à integridade física ou à morte, não se tratará de crime de abandono, e sim de tentativa de lesões ou de homicídio, no caso de o recém-nascido restar ileso.

---

[840] LUCCHESI, Guilherme Brenner. *Punindo a Culpa como Dolo – O Uso da Cegueira Deliberada no Brasil*. São Paulo: Marcial Pons, 2018; EDINGER, Carlos. *A Cegueira Deliberada como Indicador de Dolo Eventual*. Rio de Janeiro: Lumen Juris, 2018; SYDOW, Spencer Toth. *A Teoria da Cegueira Deliberada*. Belo Horizonte: D'Plácido, 2018; SILVEIRA, Renato de Mello Jorge. A Aplicação da Teoria da Cegueira Deliberada nos Julgamentos da Operação Lava Jato. *Revista Brasileira de Ciências Criminais*, nº 122, set.-out 2016, p. 255-280.

[841] No mesmo sentido: BIERRENBACH, Sheila. *Teoria do Crime*. Rio de Janeiro: Lumen Juris, 2009, p. 103.

[842] HUNGRIA, Nelson; FRAGOSO, Heleno Cláudio. *Comentários ao Código Penal*. 5ª ed. Rio de Janeiro: Forense, 1978, v. I, t. II, p. 116.

[843] Essa posição, que está em consonância com a Exposição de Motivos do CP (itens 44 e 45), já havíamos esposado em nosso primeiro livro: SILVA, Ângelo Roberto Ilha da. *Dos Crimes de Perigo Abstrato em Face da Constituição*. São Paulo: Revista dos Tribunais, 2003, p. 63.

3.4. Elemento subjetivo especial: os elementos subjetivos do tipo ou do injusto

A doutrina tradicional[844] subdividia o dolo em genérico e específico. O *finalismo*, conforme preconizou Welzel, não adota essa distinção, pois *o dolo é um só* (tomado no sentido de consciência e vontade de realização do tipo objetivo). Distingui-se hoje o *elemento subjetivo geral*, ou seja, o *dolo*, do *elemento subjetivo especial*, denominado *elemento subjetivo do tipo*[845] ou *do injusto*,[846] expressões sinônimas. Eis a definição de Daniela de Freitas Marques:[847] "Os elementos subjetivos do injusto são elementos do campo psíquico-espiritual do agente traduzidos em especiais tendências, intenções ou propósitos (*fim especial de agir*), que condicionam ou que fundamentam o juízo de ilicitude do comportamento.".

Welzel[848] afirmava haver o dolo, como elemento subjetivo geral, que fundamenta e configura a ação como acontecer final, sendo que, ao lado do dolo, surgem por vezes elementos subjetivos especiais, os quais encerram o conteúdo ético-social da ação em determinado sentido. Esclarecia o juspenalista que, *v.g.*, a subtração de uma coisa alheia é uma atividade final, cujo elemento subjetivo é o dolo. Porém, em um sentido ético-social, haverá distinção se a subtração estiver informada com um propósito de um uso transitório ou com a intenção de apropriação. Na primeira hipótese, tem-se o furto de uso. Na segunda, há o desvalor ético-social específico do furto. Assim, há o elemento subjetivo geral, nomeadamente o dolo, e há o elemento subjetivo especial, que não coincide com o dolo, motivo por que não há se falar em dolo específico.

Exemplos encontramos no crime de furto: "subtrair, *para si ou para outrem*, coisa alheia móvel" (art.155), no crime de extorsão mediante sequestro: "sequestrar pessoa *com o fim de* obter, para si ou para outrem, qualquer vantagem, como condição ou preço do resgate" (art.159). Também são exemplos, dentre outros, os *delitos que exigem determinado ânimo*, como a intenção de ofender, nos crimes contra a honra, como ocorre na calúnia (art. 138), na difamação (art. 139) e na injúria (art. 140).

Em conclusão, pode-se afirmar que o dolo é a vontade típica, ou seja, a vontade dirigida à prática do tipo objetivo. Por sua vez, o elemento subjetivo do injusto ou do tipo é o elemento subjetivo especial que informa, que anima o dolo, mas que com ele não se confunde. Eis o motivo por que não é correto se falar em dolo específico.

---

[844] HUNGRIA, Nelson; FRAGOSO, Heleno Cláudio. *Comentários ao Código Penal*. 5ª ed. Rio de Janeiro: Forense, 1978, v. I, t. II, p. 177; MARQUES, José Frederico. *Tratado de Direito Penal*. 2ª ed. São Paulo: Saraiva, 1965, v. II, p. 200; NORONHA, E. Magalhães. *Direito Penal – Introdução e Parte Geral*. 25ª ed. atualizada por Adalberto José Q. T. de Camargo Aranha. São Paulo: Saraiva, 1987, v. 1, 137.

[845] LOPES, Jair Leonardo. *Curso de Direito Penal – Parte Geral*. 4ª ed. São Paulo: Revista dos Tribunais, 2005, p. 119.

[846] MARQUES, Daniela de Freitas. *Elementos Subjetivos do Injusto*. Belo Horizonte: Del Rey, 2001.

[847] Ibid., p. 119.

[848] WELZEL, Hans. *Das Deutsche Strafrecht*. 11ª ed. Berlin: Walter de Gruyter & Co., 1969, p. 77-78. Consulte-se, ainda: DÍEZ RIPOLLÉS, José Luis. *Los Elementos Subjetivos del Delito – Bases Metodologicas*. Valencia: Tirancht lo Blanch, 1990.

3.5. Culpa: a doutrina do crime culposo

Com o incremento da tecnologia, o *crime culposo* foi alçado de uma posição marginal a uma posição de muito maior relevo do que já foi no passado. Do ponto de vista legal, trata-se de crime excepcional, que reivindica previsão expressa, a teor do disposto no parágrafo único do art. 18 do CP.

Os tipos culposos são *tipos abertos*. Isso porque, como ensina Zaffaroni,[849] "necessitam da busca de uma norma de cuidado que os complete ou 'encerre', o que não se explica em virtude de arbitrariedade legislativa, mas porque é impossível prever as inumeráveis formas em que a realização de uma ação pode violar um dever de cuidado e criar um perigo.". Acrescenta o penalista argentino que "nos tipos culposos esta estrutura típica é inevitável (...).".

Além de serem tipos abertos, são tipos penais incriminadores cuja técnica de tipificação não consiste na descrição da conduta. Ocorre que o crime culposo, em regra, está vinculado a uma descrição do tipo doloso (como tipo básico ou fundamental), com a menção à hipótese culposa em algum parágrafo do mesmo dispositivo legal. Tomemos como exemplo o homicídio culposo: "Art. 121. Matar alguém: Pena – reclusão, de seis a vinte anos. (...). § 3º *Se o homicídio é culposo*: Pena – detenção, de um a três anos.". A mesma técnica de tipificação pode ser observada na lesão corporal culposa: "Art. 129. Ofender a integridade corporal ou a saúde de outrem: Pena – detenção, de três meses a um ano. (...). § 6º *Se a lesão é culposa*: Pena – detenção, de dois meses a um ano." (g.n.). Note-se que a descrição da conduta, cujo núcleo é o verbo, está no *caput* de ambos os artigos e a ela se reportam implicitamente os parágrafos que fazem a menção à modalidade culposa.

3.5.1. Conceito de crime culposo

O CP[850] define o crime culposo nos seguintes termos:

Art. 18 – Diz-se o crime:
(...).
Culposo
II – culposo, quando o agente deu causa ao resultado por imprudência, negligência ou imperícia.

Do ponto de vista doutrinário, muito embora seja necessário, em tópico específico, um ulterior esclarecimento acerca do resultado – pelo fato de existirem crimes culposos omissivos –, encontramos uma adequada noção em Heleno Fragoso:[851] "*Há crime culposo quando o agente, violando o cuidado, a atenção*

---

[849] ZAFFARONI, Eugenio Rául; ALAGIA, Alejandro; SLOKAR, Alejandro. *Derecho Penal – Parte General*. 2ª ed. Buenos Aires: Ediar, 2002, p. 549-550.

[850] Nosso CP inspirou-se no *Codice Penale* italiano, que assim preceitua: "**Art. 43.** Il delito: (...); è colposo, o contro l'intenzione, quando l'evento, anche se preveduto, non è voluto dall'agente e si verifica a causa di negligenza o imprudenza o imperizia, ovvero per inosservanza di leggi, regolamenti, ordini o discipline.".

[851] FRAGOSO, Heleno Cláudio. *Lições de Direito Penal – Parte Geral*. 12ª ed. revista e atualizada por Fernando Fragoso. Rio de Janeiro: Forense, 1990, p. 220.

ou a diligência a que estava adstrito, causa o resultado que podia prever, ou que previu, supondo, no entanto, levianamente, que não ocorreria.".

Muito embora Fragoso não mencione a violação ao cuidado "objetivo", é deste que se trata. Como ensina Vicente Greco Filho,[852] as "conclusões sobre a culpa procuram generalizar comportamentos considerados inadequados, fundamentando-se em padrões objetivos, o que é revelado, por exemplo, pelas expressões 'o agente que...', 'procede com culpa o motorista que...' etc..". Figure-se o exemplo do motorista que, partindo da cidade de São Paulo e com pressa de chegar ao litoral, resolve conduzir seu automóvel na rodovia pelo acostamento e com velocidade superior à permitida. Se vier a atropelar alguém que estava no acostamento trocando um pneu furado de seu carro, matando-o, responderá por crime de homicídio culposo, pois, do ponto de vista *objetivo*, dirige sem o dever de cuidado.

Importa fazer a distinção entre culpa e culpabilidade. Entre nós, a doutrina adota, de modo geral, a designação culpa para referir-se ao comportamento que não observa o dever objetivo de cuidado. Essa constitui, numa acepção tradicional, a culpa *stricto sensu*, hoje em desuso. A culpa, nesse sentido, é aquela que se localiza no tipo legal de crime. A culpabilidade, por sua vez, é o último elemento ou característica do delito. É o derradeiro predicado da conduta, a qual sucedem a tipicidade e a ilicitude. É a denominada culpa *lato sensu*, segundo a doutrina tradicional.

A doutrina portuguesa utiliza uma terminologia diversa. O que denominamos *culpa*, os autores portugueses denominam *negligência*, num sentido mais geral, e não como uma modalidade de culpa, como faz o nosso CP. Essa também foi a opção do CP[853] português vigente: "Art. 15º (Negligência) Age com negligência quem, por não proceder com o cuidado a que, segundo as circunstâncias, está obrigado e de que é capaz: (...).". Assim, em vez de referirem-se a crime culposo, referem-se a crime[854] negligente. Por sua vez, a categoria que denominamos *culpabilidade*, a doutrina lusitana[855] designa como *culpa*. Já o CP[856] espanhol atual utiliza a palavra *imprudência*: "Art. 5. No hay pena sin

---

[852] GRECO FILHO, Vicente. *A Culpa e sua Prova nos Delitos de Trânsito*. São Paulo: Saraiva, 1993, p. 117-118.

[853] No CP português de 1886, as expressões negligência e culpa eram utilizadas como sinônimas, a ver-se: "Art. 43º (...). § único. A negligência ou culpa considera-se sempre como acto ou omissão dependente da vontade.

[854] CORREIA, Eduardo. *Direito Criminal*. Coimbra: Livraria Almedina, 1971 (reimpressão), v. I, p. 421; DIAS, Jorge de Figueiredo. *Temas Básicos da Doutrina Penal*. Coimbra: Coimbra Editora, 2001, p. 349 e ss.; CARVALHO, Américo A. Taipa de. *Direito Penal – Parte General*. Porto: Publicações Universidade Católica, 2004, v. II, p. 377 e ss.; Germano Marques da. *Direito Penal Português – Parte Geral: Teoria do Crime*. Lisboa: Editorial Verbo, 1998, v. II, p. 173.

[855] Por todos: COSTA, José Francisco de Faria. *Noções Fundamentais de Direito Penal* (*Fragmenta Iuris Poenalis*). 3ª ed. Coimbra: Coimbra Editora, 2012, p. 179: "Muito embora a conduta punível arranque de um ilícito típico, é ainda necessário que sobre esta conduta se faça um juízo de censura, o qual vem a traduzir a *culpa* do agente." (g.n.).

[856] Sobre a opção do CP espanhol atual, Cerezo Mir assim se manifesta: "En el viejo Código penal se utilizaba, en ocasiones [arts. 1.º y 6.º bis b] el término 'culpa' como sinónimo de imprudencia o negligencia, que eran los términos utilizados en los artículos 565, 586 bis y 600, donde se regulaban, mediante cláusulas generales, la mayor parte de los delitos o faltas imprudentes. En el nuevo Código se utiliza exclusivamente el término 'imprudência'. Me parece un acierto que no se utilice el término 'culpa', pues la palabra 'culpa' tiene un sentido más amplio y en el lenguaje jurídico es ambigua, por utilizarse también en sentido amplio, equivalente a culpabilidade.". CEREZO

dolo o imprudencia.". E isso se dá por influência germânica, cuja terminologia é idêntica (*Fahrlässigkeit*[857] e *Schuld*, que literalmente se traduz por *imprudência* ou *negligência* e *culpa*, respectivamente). Assim, a nossa culpabilidade corresponde à culpa, na concepção de crime portuguesa.

3.5.2. Modalidades de culpa

3.5.2.1. Imprudência

Afirma-se que a *imprudência* é constituída por um comportamento positivo, sem a observância do dever objetivo de cuidado, como dirigir um automóvel com pneus carecas, em zigue-zague ou com velocidade superior à permitida, limpar uma arma perto de outras pessoas sem desmuniciá-la, etc. Essa modalidade de culpa é uma das mais comuns, em virtude do incremento nos acidentes de trânsito.

3.5.2.2. Negligência

Na lição de Nélson Hungria,[858] "enquanto a imprudência tem caráter *militante* ou *comissivo*, a negligência é o desleixo, a inação, a torpidez. Uma é *imprevisão ativa* (culpa *in comittendo*), outra é a *imprevisão passiva* (culpa *in omittendo*).

Exemplos, referidos por Magalhães Noronha,[859] "temos no fato de não se colocarem avisos em aberturas ou obstáculos do leito carroçável; em não se trazer convenientemente prêso um cão bravio; em deixar-se ao alcance de criança tóxico ou arma, etc.". Outro exemplo é o do administrador da obra que não fornece os equipamentos de segurança aos trabalhadores, os quais, em razão disso, vêm a lesionarem-se.

3.5.2.3. Imperícia

Hungria[860] lecionava que a *imperícia* "não é mais do que uma forma especial de imprudência ou de negligência: é a inobservância, por despreparo prático ou insuficiência de conhecimentos técnicos, das cautelas específicas no exercício de uma arte, ofício ou profissão.". Pense-se no exemplo dos conhe-

---

MIR, José. *Curso de Derecho Penal – Parte General – Teoría Jurídica del Delito*. 6ª ed. Madrid: Tecnos, 1998, v. II, p. 159.

[857] Juarez Cirino dos Santos refere que a tradução de *Fahrlässigkeit* é negligência ou imprudência, mas dá preferência a esta última expressão em seu livro. Consulte-se em: SANTOS, Juarez Cirino dos. *A Moderna Teoria do Fato Punível*. 4ª ed. Rio de Janeiro: ICPC/Lumen Juris, 2005, p. 95. Até a segunda edição, sob influência germânica, Juarez Tavares intitulava seu livro sobre crime culposo como *Direito Penal da Negligência – Uma Contribuição à Teoria do Crime Culposo* (2003). Na terceira edição, afirmando que o título do livro induzia um entendimento equivocado, visto que alguns leitores pensavam que a publicação tratava "apenas de uma das particularidades do crime culposo", passou a intitulá-lo *Teoria do Crimes Culposo* (2009).

[858] HUNGRIA, Nelson; FRAGOSO, Heleno Cláudio. *Comentários ao Código Penal*. 5ª ed. Rio de Janeiro: Forense, 1978, v. I, t. II, p. 203.

[859] NORONHA, E. Magalhães. *Do Crime Culposo*. São Paulo: Saraiva, 1957, p. 109.

[860] HUNGRIA, Nelson; FRAGOSO, Heleno Cláudio. *Comentários ao Código Penal*. 5ª ed. Rio de Janeiro: Forense, 1978, v. I, t. II, p. 203-204.

cidos *bugueiros*, que fazem transporte de turistas na cidade de Natal, no Rio Grande do Norte. Figuremos o caso em que um recém-saído do curso de como se dirige um automóvel bugue resolve fazer manobras em perigosas dunas, recomendáveis apenas a motoristas mais experientes, para impressionar os contratantes de seus serviços, vindo a causar o capotamento do veículo, ocasionando lesões aos passageiros que o contrataram.

A imperícia requer uma explicação mais detida. Magalhães Noronha,[861] com sua habitual mestria, esclarece:

> A imperícia só existe no exercício de arte ou profissão. Pode ocorrer fora destas, mas sob o ponto de vista jurídico será então imprudência ou negligência. Assim, se uma parteira, assistindo a parto, causa a morte da gestante, será imperita. Se, entretanto, é uma curandeira, já não há falar em imperícia, mas em imprudência.
>
> Por outro lado, os erros da arte ou profissão não se reduzem à imperícia, pois podem ser ditados por negligência ou imprudência. Negligência seria, por exemplo, o médico que, ao receitar, troca-se o nome de medicamento, ocasionando a morte do enfermo.
>
> Negligente ainda seria o cirurgião que, operando, deixasse nas vísceras do paciente um tampão de gaze. Imprudente o operador que, podendo fazer intervenção cirúrgica por processo simples e conhecido, empregue um mais complexo e difícil, com o fito de demonstrar sua técnica apurada, resultando disso, entretanto, a morte do doente.

Após afirmar que no exercício de uma profissão nem todos os profissionais se equivalem em talento, cultura e habilidade, e que nem toda deficiência profissional constitui imperícia, prossegue Noronha:[862]

> Não deve a imperícia ser considerada abstratamente, mas há de ser apurada no caso concreto, apreciando-se as condições particulares do agente e as circunstâncias de tempo e lugar que o rodeiam. Exemplifica ALIMENA, após frisar que o conceito de imperícia é *subjetivo* e não *objetivo*, dizendo que uma cousa é uma intervenção cirúrgica efetuada por modesto médico municipal, que vive isolado em uma aldeia de montanha, onde não chegam os ecos dos progressos da ciência e outra cousa é que ela seja executada pelo primeiro cirurgião do hospital de uma grande cidade ou pelo diretor de clínica cirúrgica universitária. Pelo critério subjetivo se manifestam RICCIO e MANZINI.
>
> Entretanto, os juristas apontados não completam sua afirmação, o que nos parece oportuno: no exemplo agora configurado, o cirurgião-chefe pode ser imperito, mas o médico municipal não se livrará de culpa informada pela *imprudência*; caso contrário, seria premiar o que justamente se houve com mais audácia.

Como se vê, apesar de a imperícia ter lugar no âmbito profissional, bem como no exercício de ofício ou arte, nem sempre dela tratar-se-á, no caso concreto, pois considerando as circunstâncias do fato, poderá cuidar-se de imprudência ou negligência.

3.5.3. Espécies de culpa

3.5.3.1. Culpa consciente

Diz-se ser a *culpa consciente* ou *com previsão* (*culpa ex lascivia*) quando o agente representa o resultado lesivo, mas acredita que não irá causá-lo. Afirma

---

[861] NORONHA, E. Magalhães. *Do Crime Culposo*. São Paulo: Saraiva, 1957, p. 111.
[862] Ibid., p. 112.

Reale Júnior[863] que na culpa consciente "o agente considera que 'tudo andará bem', tudo vai dar certo.".

Sobre culpa consciente, ensinava Assis Toledo,[864] destacando as três modalidades possíveis de perpetração: "Não quer o resultado, mas por erro ou excesso de confiança (imprudência), por não empregar a diligência necessária (negligência) ou por não estar suficientemente preparado para um empreendimento cheio de riscos (imperícia), fracassa e vem a ocasioná-lo.".

No direito pátrio, a culpa consciente não constitui uma categoria mais grave do que a culpa inconsciente. No *Codice Penale* italiano, a culpa consciente tem a pena agravada: "Art. 61. Circostanze aggravanti comuni. Aggravano il reato quando non ne sono elementi costitutivi o circostanze aggravanti speciali, le circostanze seguenti: (...); 3. l'avere, nei delitti colposi, agito nonostante la previsione dell'evento; (...).".

3.5.3.2. Culpa inconsciente

Na *culpa inconsciente* (*culpa ex ignorantia*), nas palavras de Assis Toledo,[865] "o agente não prevê o resultado, comporta-se com desatenção, desleixo, descuido (negligência), afoiteza (imprudência), ou arrisca-se a práticas para as quais não está devidamente habilitado ou preparado (imperícia), transformando-se, assim, em causa cega do evento danoso.".

Eis um exemplo. O motorista pára seu carro e abre a porta sem verificar se algum outro automóvel ou alguma motocicleta esteja trafegando proximamente, vindo um motociclista a colidir na porta aberta do automóvel, sofrendo, assim, lesões corporais.

Tomemos um exemplo colhido da experiência da aviação, qual seja, do voo 5390 da British Airways, em que a aeronave BAC1-11 partiu do aeroporto internacional de Birmingham, na Inglaterra, em direção à Málaga, na Espanha. No referido voo, em junho de 1990, ao alcançar uma altura de 5.200 metros, o para-brisas da aeronave se soltou, fazendo com que o corpo do piloto ficasse parcialmente para fora do avião, tendo o comissário de bordo bravamente o segurado pelas pernas até que o copiloto conseguisse pousar a aeronave no aeroporto de Southampton. Na investigação sobre a causa do incidente, a perícia apurou que o para-brisas se soltou em razão da utilização de parafusos incorretos na manutenção que tinha sido feita no dia anterior. Cabe aqui entrar nos detalhes para demonstrarmos a relevância do dever de cuidado em certos casos. A empresa aérea possuía um sistema em que o profissional responsável pela manutenção deveria verificar uma carta de peças ilustrada, anotar o número do item a ser utilizado e pegar em uma gaveta o item correspondente à peça a ser utilizada. Porém, o engenheiro responsável pela manutenção não

---

[863] REALE JÚNIOR, Miguel. *Instituições de Direito Penal – Parte Geral*. 4ª ed. Rio de Janeiro: Forense, 2013, p. 241.
[864] TOLEDO, Francisco de Assis. *Princípios Básicos de Direito Penal*. 5ª ed. São Paulo: Saraiva, 1994, p. 302.
[865] Idem.

observou essa regra. Ele decidiu utilizar parafusos ignorando o catálogo oficial de peças ilustrado, comparando o tamanho dos parafusos "a olho", achando que se tratava dos parafusos com o tamanho correto. Ocorre que os parafusos utilizados eram 0,6 milímetros mais estreitos do que aqueles que deveriam ser utilizados, de acordo com o catálogo. Assim, à medida que a aeronave alcançava a altitude de cruzeiro, a mudança de pressão atmosférica exercia forças extremas nos parafusos do para-brisas, a uma altura de 5.200 metros, vindo este a desprender-se.

Felizmente, o copiloto conseguiu, de forma heroica, pousar o avião, sendo que o piloto e o comissário que o segurou ficaram feridos. Nesse último exemplo, trata-se, nitidamente, de caso de culpa inconsciente, em que o responsável pela manutenção, do ponto de vista penal, deveria responder pelas lesões a título de culpa por não ter observado o dever de cuidado, ainda que não tenha previsto a possibilidade de acidente, que era, em todo caso, previsível, em face do rigor no cuidado em manutenção de aeronaves, bem como pelo fato de não ter orientado sua ação de acordo com as regras impostas pela empresa aérea.

3.5.3.3. Culpa imprópria

A *culpa imprópria* ou *culpa por extensão, por assimilação*, também dita *por equiparação*, é aquela em que o agente age dolosamente, no sentido de causar o resultado lesivo, em virtude de encontrar-se em uma situação de erro, acreditando estar acobertado por alguma causa excludente de ilicitude.

Figure-se o exemplo do agente que mata, com *animus necandi*, um familiar que adentrou em sua casa no intuito de fazer-lhe uma surpresa, a quem imaginou tratar-se de um assaltante armado que invadira sua residência. Note-se que a morte foi causada intencionalmente, o que configura o dolo, mas o equívoco sobre a situação fática da suposta agressão injusta decorre possivelmente de inobservância do dever de cuidado. Neste caso, incidirá a regra do art. 20, § 1º, respondendo o agente a título de culpa, a qual examinaremos no estudo do erro jurídico-penal.

3.5.4. Excursus: o problema da culpa temerária

Fala-se em *culpa temerária*[866] ou *culpa qualificada* (ou *negligência grosseira*,[867] em Portugal) a qual constitui uma espécie de culpa gravíssima ou substancialmente elevada, que por vezes determina uma reprimenda mais elevada e em certos casos pune exclusivamente a título dessa espécie de culpa. Trata-se de categoria não prevista no ordenamento brasileiro, mas que está presente, *v.g.*, em legislações como a alemã (*Leichtfertigkeit*), a italiana (*colpa grave*), a portuguesa (*negligência grosseira*) e a espanhola (*imprudencia grave*).

---

[866] Para uma rica e exaustiva investigação, consulte-se: SANTANA, Selma Pereira de. *A Culpa Temerária – Contributo para uma construção no Direito Penal Brasileiro*. São Paulo: Revista dos Tribunais, 2005.

[867] DIAS, Jorge de Figueiredo. *Temas Básicos da Doutrina Penal*. Coimbra: Coimbra Editora, 2001, p. 380-381.

Exemplo de culpa temerária (negligência grosseira) como agravante de pena encontramos no CP português, que assim estatui: "Art. 137º 1 – Quem matar outra pessoa por negligência é punido com pena de prisão até 3 anos ou com pena de multa. 2 – Em caso de *negligência grosseira,* o agente é punido com pena de prisão até 5 anos.". Hipótese em que a punição é dirigida exclusivamente a essa espécie de culpa tem previsão no CP português no dispositivo que preceitua sobre intervenções e tratamentos médico-cirúrgicos arbitrários, a ver-se: "Art. 156º (...). 3 – Se, por *negligência grosseira,* o agente representar falsamente os pressupostos do consentimento, é punido com pena de prisão até 6 meses ou com pena de multa até 60 dias." (os grifos são nossos). Pensamos que o comportamento do engenheiro que não conferiu os parafusos para fazer a manutenção da aeronave no voo 5390 da British Airways, em 1990, relatado em tópico anterior, seja um bom exemplo de culpa temerária.

3.5.5. Dolo eventual e culpa consciente. Distinção

O dolo eventual apresenta alguma semelhança com a culpa consciente. Em ambos o agente prevê o resultado lesivo, mas diferem-se na medida em que no dolo eventual o agente se conforma ou se resigna com o resultado, ao passo que na culpa consciente o agente, apesar de prever e dar causa ao resultado, não o aceita, provocando-o por inobservância do dever objetivo de cuidado, e não por admiti-lo. Para maiores detalhes, remetemos o leitor ao tópico em que tratamos sobre o dolo eventual.

3.5.6. Requisitos à configuração do crime culposo

3.5.6.1. Conduta sem observância do dever objetivo de cuidado e excedente aos limites do risco permitido (critério do "homem médio"?)

Partindo-se do pressuposto da existência da previsão expressa do fato como crime culposo, para a prática de um crime culposo, a conduta do agente que não observa o cuidado devido, excedendo os limites do risco permitido, pode vir a ensejar o delito culposo. Dizemos *pode vir a ensejar* porque em regra o crime culposo exige a causação do resultado para que o agente venha a responder criminalmente.

Como o tipo culposo é um tipo aberto, ao julgador caberá preenchê-lo, caso a caso, de acordo com as evidências disponíveis. Em se tratando de acidente de trânsito, em que a vítima seja lesionada ou morta, o CTB (Lei nº 9.503/97) estabelece diversas normas que poderão servir de base à verificação sobre a observância ou não do dever de cuidado, dentre as quais colacionamos as seguintes:

Art. 29. O trânsito de veículos nas vias terrestres abertas à circulação obedecerá às seguintes normas:
I – a circulação far-se-á pelo lado direito da via, admitindo-se as exceções devidamente sinalizadas;

II – o condutor deverá guardar distância de segurança lateral e frontal entre o seu e os demais veículos, bem como em relação ao bordo da pista, considerando-se, no momento, a velocidade e as condições do local, da circulação, do veículo e as condições climáticas;

III – quando veículos, transitando por fluxos que se cruzem, se aproximarem de local não sinalizado, terá preferência de passagem:

a) no caso de apenas um fluxo ser proveniente de rodovia, aquele que estiver circulando por ela;

b) no caso de rotatória, aquele que estiver circulando por ela;

c) nos demais casos, o que vier pela direita do condutor;

IV – quando uma pista de rolamento comportar várias faixas de circulação no mesmo sentido, são as da direita destinadas ao deslocamento dos veículos mais lentos e de maior porte, quando não houver faixa especial a eles destinada, e as da esquerda, destinadas à ultrapassagem e ao deslocamento dos veículos de maior velocidade;

V – o trânsito de veículos sobre passeios, calçadas e nos acostamentos, só poderá ocorrer para que se adentre ou se saia dos imóveis ou áreas especiais de estacionamento;

VI – os veículos precedidos de batedores terão prioridade de passagem, respeitadas as demais normas de circulação;

VII – os veículos destinados a socorro de incêndio e salvamento, os de polícia, os de fiscalização e operação de trânsito e as ambulâncias, além de prioridade de trânsito, gozam de livre circulação, estacionamento e parada, quando em serviço de urgência e devidamente identificados por dispositivos regulamentares de alarme sonoro e iluminação vermelha intermitente, observadas as seguintes disposições:

a) quando os dispositivos estiverem acionados, indicando a proximidade dos veículos, todos os condutores deverão deixar livre a passagem pela faixa da esquerda, indo para a direita da via e parando, se necessário;

b) os pedestres, ao ouvir o alarme sonoro, deverão aguardar no passeio, só atravessando a via quando o veículo já tiver passado pelo local;

c) o uso de dispositivos de alarme sonoro e de iluminação vermelha intermitente só poderá ocorrer quando da efetiva prestação de serviço de urgência;

d) a prioridade de passagem na via e no cruzamento deverá se dar com velocidade reduzida e com os devidos cuidados de segurança, obedecidas as demais normas deste Código;

VIII – os veículos prestadores de serviços de utilidade pública, quando em atendimento na via, gozam de livre parada e estacionamento no local da prestação de serviço, desde que devidamente sinalizados, devendo estar identificados na forma estabelecida pelo CONTRAN;

IX – a ultrapassagem de outro veículo em movimento deverá ser feita pela esquerda, obedecida a sinalização regulamentar e as demais normas estabelecidas neste Código, exceto quando o veículo a ser ultrapassado estiver sinalizando o propósito de entrar à esquerda;

X – todo condutor deverá, antes de efetuar uma ultrapassagem, certificar-se de que:

a) nenhum condutor que venha atrás haja começado uma manobra para ultrapassá-lo;

b) quem o precede na mesma faixa de trânsito não haja indicado o propósito de ultrapassar um terceiro;

c) a faixa de trânsito que vai tomar esteja livre numa extensão suficiente para que sua manobra não ponha em perigo ou obstrua o trânsito que venha em sentido contrário;

XI – todo condutor ao efetuar a ultrapassagem deverá:

a) indicar com antecedência a manobra pretendida, acionando a luz indicadora de direção do veículo ou por meio de gesto convencional de braço;

b) afastar-se do usuário ou usuários aos quais ultrapassa, de tal forma que deixe livre uma distância lateral de segurança;

c) retomar, após a efetivação da manobra, a faixa de trânsito de origem, acionando a luz indicadora de direção do veículo ou fazendo gesto convencional de braço, adotando os cuidados necessários para não pôr em perigo ou obstruir o trânsito dos veículos que ultrapassou;

XII – os veículos que se deslocam sobre trilhos terão preferência de passagem sobre os demais, respeitadas as normas de circulação.

XIII – (VETADO).

§ 1º As normas de ultrapassagem previstas nas alíneas *a* e *b* do inciso X e *a* e *b* do inciso XI aplicam-se à transposição de faixas, que pode ser realizada tanto pela faixa da esquerda como pela da direita.

§ 2º Respeitadas as normas de circulação e conduta estabelecidas neste artigo, em ordem decrescente, os veículos de maior porte serão sempre responsáveis pela segurança dos menores, os motorizados pelos não motorizados e, juntos, pela incolumidade dos pedestres.

E assim ocorre nas mais diversas situações, ou seja, há que se indagar sobre as regras de cuidado, ainda que não estejam escritas, mas decorram de uma valoração objetiva, de acordo com as circunstâncias. Eis a lição de Anibal Bruno:[868] "Êsse dever de cuidado e atenção deve ser julgado de acôrdo com as circunstâncias do caso concreto e as condições individuais do agente. Lançar fora a ponta acesa de um cigarro será imprudência em um aposento onde haja objetos ou resíduos capazes de ganhar fogo ou próximo a substâncias inflamáveis, mas não na praia ou sôbre o calçamento de uma rua. Dirigir um automóvel a grande velocidade, em rua freqüentada é ato de perigo, mas o mesmo não será em uma estrada rural larga e deserta. São as circunstâncias, muitas vêzes, que impõem, mesmo, a não observância das normas em uso, justamente para evitar o perigo. É o exemplo de GERMANN, do automobilista que, em dado momento, é obrigado a seguir contra-a-mão para impedir o acidente.".

Um setor doutrinário[869] utiliza, para a avaliação do cuidado devido, o critério do *homo medius*, do "comum dos homens". Porém, a nosso ver, a razão está com Magalhães Noronha,[870] que se opõe à ideia do homem médio: "O critério subjetivo, ou do próprio agente, rejeita o paradigma do homem médio, que é abstração, para recomendar que se deve ter em vista a personalidade do indivíduo em tela.". Por fim, conclui Noronha:[871] "O juiz deve, portanto, estudar bem o fato e o agente para julgar com justiça.". Na Alemanha, dentre outros, é também a posição de Günther Stratenwerth,[872] para quem se deve ter em consideração as capacidades individuais do agente. Em semelhante sentido, assevera Winfried Hassemer:[873] "O 'homem médio', com cujas capacidades se mede o acusado na reprovação da culpabilidade, não é homo, mas

---

[868] BRUNO, Aníbal. *Direito Penal*. 3ª ed. Rio de Janeiro: Forense, 1967, t. II, p. 86.

[869] Nesse sentido, entre nós, como enfático defensor da ideia do homem médio: HUNGRIA, Nelson; FRAGOSO, Heleno Cláudio. *Comentários ao Código Penal*. 5ª ed. Rio de Janeiro: Forense, 1978, v. I, t. II, p. 189-190.

[870] NORONHA, E. Magalhães. *Do Crime Culposo*. São Paulo: Saraiva, 1957, p. 89.

[871] Ibid., p. 90.

[872] STRATENWERTH, Günther; KUHLEN, Lothar. *Strafrecht – Allgemeiner Teil*. 5ª ed. Köln/Berlin/München: Carl Heymanns Verlag, 2004, v. I, p. 376. Entre nós, para uma cuidadosa crítica: D'ÁVILA, Fábio Roberto. *Crime Culposo e a Teoria da Imputação Objetiva*. São Paulo: Revista dos Tribunais, 2001, p. 92-98.

[873] HASSEMER, Winfried. *Introdução aos Fundamentos do Direito Penal*. Trad. da 2ª ed. alemã de Pablo Rodrigo Alflen da Silva. Porto Alegre: Sergio Antonio Fabris Editor, 2005, p. 309.

um homúnculos, ele é uma figura da imaginação, um 'fenômeno' somente no sentido metafísico.".

3.5.6.1.1. *Excursus*: o princípio da confiança como limitador do dever de cuidado

A imposição da observância do dever objetivo de cuidado parte da premissa de que, uma vez que é a todos dirigida, cada pessoa possa esperar um comportamento adequado dos participantes da vida em comunidade e, em certos casos, dos participantes que contribuem para a realização de uma obra comum.

Nesse contexto, no dizer de Welzel,[874] o *princípio da confiança (Vertrauensgrundsatz)* faz com que, tanto no âmbito do trânsito como em qualquer obra conjunta, em um trabalho dividido entre diversas pessoas, as pessoas confiem que cada envolvido desempenhe suas atribuições de forma correta. Assim, o cirurgião, quando realiza uma cirurgia, deve confiar na correta assistência por parte da enfermeira. Se ela (elegida corretamente de acordo com as circunstâncias) lhe passa uma injeção incorreta, a qual no momento da cirurgia não pode controlar, não terá cometido o médico uma conduta sem o cuidado devido.

Assim, o *princípio da confiança* funciona como *limitador*[875] ao dever de cuidado, de modo que, como observa Assis Toledo,[876] para "a determinação em concreto da conduta correta de um, não se pode, portanto, deixar de considerar aquilo que seria lícito, nas circunstâncias, esperar-se de outrem, ou melhor [diríamos, e também[877]], da própria vítima.".

3.5.6.2. Previsibilidade do resultado

Para a concretização do crime culposo, deve ser possível ao agente a previsão do resultado, a *previsibilidade*, sem o que se mostra inviável sua consecução. Eis a lição de Juarez Tavares:[878] "nos delitos de resultado, o juízo de atribuição pessoal de responsabilidade está condicionado ainda à demonstração de que o agente, em virtude de suas condições e qualidades, tenha previsto ou podido prever o resultado e o nexo causal em toda sua extensão. Deve-se acrescentar a isso a exigência de que tanto o nexo causal quanto o resultado poderiam ter sido evitados pelo agente. Aqui não se trata mais de evitar a realização da conduta descuidada, mas de haver podido evitar a produção causal do resultado proibido.".

---

[874] WELZEL, Hans. *Das Deutsche Strafrecht*. 11ª ed. Berlin: Walter de Gruyter & Co., 1969, p. 133.
[875] COSTA JÚNIOR, Heitor. *Teoria dos Delitos Culposos*. Rio de Janeiro: Lumen Juris, 1988; TAVARES, Juarez. *Teoria do Crime Culposo*. 3ª ed. Rio de Janeiro: Lumen Juris, 2009, p. 313-314.
[876] TOLEDO, Francisco de Assis. *Princípios Básicos de Direito Penal*. 5ª ed. São Paulo: Saraiva, 1994, p. 302.
[877] Isso porque a conduta descuidada pode não advir do autor direto da lesão, nem tampouco da vítima, como no exemplo de Welzel da enfermeira que alcança a injeção errada ao cirurgião.
[878] TAVARES, Juarez. *Teoria do Crime Culposo*. 3ª ed. Rio de Janeiro: Lumen Juris, 2009, p. 438.

Fala-se, ainda, em *previsibilidade objetiva* e *previsibilidade subjetiva*. A primeira, segundo Pedro Krebs,[879] é "a previsão que qualquer homem, nas mesmas condições que o agente, poderia exercer. *Qualquer homem*, aqui, não significa o super-homem prudente. É o homem mediano, o homem qualquer.". A segunda diz respeito às particularidades do agente, com repercussões na culpabilidade, sendo que, consoante o penalista,[880] pode determinar a diminuição da reprovabilidade ou até mesmo sua exclusão.

Impende, ainda, lembrar, como ressaltamos acima, que não estamos de acordo com uma concepção de um homem médio. Além de ser algo inalcançável no plano da realidade, não obstante fosse ela defendida por Hungria, que exerceu grande influência no Direito brasileiro, mostra-se até mesmo despicienda. O que importa, de fato, é recorrer-se a critérios objetivos gerais para a consideração, como não deixar uma arma carregada ou uma faca afiada ao alcance de uma criança pequena, bem como, no âmbito do trânsito, *v.g.*, guardar a distância devida do carro que roda à frente, dar preferência ao veículo que está na via principal, etc.

3.5.6.3. Produção de um resultado e nexo causal (em regra). Desvalor da ação e desvalor do resultado.

Como vimos, preceitua o art. 18, inc. II, do CP, que: "Diz-se o crime: (...) II – culposo, quando *o agente deu causa ao resultado* por imprudência, negligência ou imperícia.". À primeira vista, a redação do inciso parece autorizar a que possamos inferir que os crimes culposos reivindiquem, necessariamente, um resultado. Melhor esclarecendo, um resultado de lesão, o que determinaria uma certa dificuldade em concebermos, por exemplo, um delito omissivo culposo, sem resultado lesivo, o que examinaremos em tópico subsequente, em separado.

Com efeito, de ordinário, os crimes culposos são crimes materiais e de dano, podendo ser citados o homicídio culposo (CP, art. 121, § 3º; CTB, art. 302, se for no trânsito) e a lesão corporal culposa (CP, art. 129, § 6º; CTB, art. 303, se for no trânsito). Assim, se o motorista dirigir de forma imprudente e não vier a colidir com outro veículo, nem tampouco a atropelar um pedestre, não responderá por homicídio ou lesão culposa, por óbvio, pois tais delitos exigem para sua consumação a ocorrência do resultado (lesivo).

Por outro lado, não é suficiente o resultado, devendo estar presente a relação de causalidade entre uma conduta culposa e determinado resultado por ela causado, ou seja, a relação de causalidade ou nexo causal (CP, art. 13). Deve haver uma determinada relação interna entre a causa e o efeito. Nas palavras de Cerezo Mir,[881] "el resultado tiene que haberse producido como consecuencia

---
[879] KREBS, Pedro. *Teoria Jurídica do Delito*. Barueri: Manole, 2004, p. 175.
[880] Ibid., p. 177.
[881] CEREZO MIR, José. *Curso de Derecho Penal – Parte General – Teoría Jurídica del Delito*. 6ª ed. Madrid: Tecnos, 1998, v. II, p. 186. Confira-se, ainda: TOLEDO, Francisco de Assis. *Princípios Básicos de Direito Penal*.

de la inobservancia del cuidado objetivamente debido y tiene que ser, además, uno de los que trataba de evitar la norma de cuidado infringida.".

Em observância a essa exigência, decidiu o STJ: "O representante legal de sociedade empresária contratante de empreitada não responde pelo delito de desabamento culposo ocorrido na obra contratada, quando não demonstrado o nexo causal, tampouco pode ser responsabilizado, na qualidade de garante, se não havia o dever legal de agir, a assunção voluntária de custódia ou mesmo a ingerência indevida sobre a consecução da obra" (6ª Turma, RHC 80.142-SP, rel. Min. Maria Thereza de Assis Moura, por unanimidade, j. 28/3/2017, DJe 4/4/2017).

3.5.6.3.1. *Excursus*: o problema dos crimes omissivos próprios culposos

Conquanto os crimes omissivos impróprios ou comissivos por comissão sejam crimes de resultado, em situações em que há o dever de agir para evitar o resultado por parte do garante (art. 13, § 2º), os crimes omissivos próprios não ensejam, para seu aperfeiçoamento, algum resultado lesivo, não obstante possa haver terceiros prejudicados, o que é indiferente para a consumação.

No CP, exemplo de crime omissivo culposo observamos na facilitação de fuga de pessoa (art. 351, § 4º). Hungria[882] assim leciona: "O crime de que se trata é punível quer a título de dolo (genérico), quer a título de culpa (§ 4º do art. 351). Neste último caso, o sujeito ativo somente pode ser o *funcionário incumbido da custódia ou guarda* (nada importando que a fuga seja executada pelo próprio detento ou por terceiro) (...). Tanto na hipótese do § 3º quanto na de simples culpa, o crime pode ser praticado por simples omissão.".

A Lei nº 8.078/90 (CDC) também prevê crimes omissivos culposos, dentre os quais destacamos, com grifos nossos, o que segue:

Art. 63. *Omitir* dizeres ou sinais ostensivos sobre a nocividade ou periculosidade de produtos, nas embalagens, nos invólucros, recipientes ou publicidade:
Pena – Detenção de seis meses a dois anos e multa.
§ 1º Incorrerá nas mesmas penas quem deixar de alertar, mediante recomendações escritas ostensivas, sobre a periculosidade do serviço a ser prestado.
§ 2º Se o crime é culposo:
Pena – Detenção de um a seis meses ou multa.

O dispositivo supratranscrito, consistente na *omissão* de dizeres ou sinais ostensivos sobre a nocividade ou periculosidade de produtos, nas embalagens, nos invólucros, recipientes ou publicidade, é consagrado, também, na forma culposa (§ 2º). Pode-se observar que, para a consumação do delito, não se exige qualquer resultado lesivo decorrente da conduta. Se houver consumidores prejudicados em virtude da nocividade de determinado produto, isso constitui fator indiferente à consumação.

5ª ed. São Paulo: Saraiva, 1994, p. 299-300; BITENCOURT, Cezar Roberto. *Teoria Geral do Delito – Uma Visão Panorâmica da Dogmática Penal Brasileira*. Coimbra: Almedina, 2007, p. 203-204.
[882] HUNGRIA , Nelson. *Comentários ao Código Penal*. 2ª ed. Rio de Janeiro: Forense, 1959, v. IX, p. 519.

Tendo em consideração o art. 18, inc. II, do CP, que exige a causação do resultado para a tipificação do crime culposo, cabe indagarmos como conciliá-lo com o exemplo do art. 63, § 2º, do CDC, que consagra um crime culposo omissivo, sem reivindicar um resultado lesivo? A resposta só pode ser a que considera o *resultado*[883] *de perigo*, o qual é *presumido* diante da prática da conduta incriminadora do estatuto consumerista. Assim, reiteramos o que afirmamos linhas atrás, ou seja, que os crimes culposos exigem o resultado lesivo ao seu aperfeiçoamento, mas isso de ordinário, visto que casos há em que o resultado consiste na exposição de perigo. Nos primeiros, só há consumação se houver o resultado lesivo, sendo indiferente a conduta culposa que não cause referido resultado. Nos últimos, a prática da conduta já enseja desde logo o resultado de perigo, que é a ela ínsito. A conduta, desde logo, dá lugar à figura delitiva.

3.5.7. Compensação de culpas

Importa ainda saber se ante a concorrência de culpas que venham acarretar um resultado lesivo podem elas ser compensadas. Tomemos o exemplo em que, em um semáforo que funciona em três tempos, dois motoristas para os quais o sinal estava vermelho resolvam arrancar seus automóveis vindo a colidir no meio do cruzamento das ruas, restando ambos lesionados. Nesse caso, os dois motoristas imprudentes responderão pelas recíprocas lesões culposas, pois não existe em direito penal a figura da *compensação de culpas*.

3.6. Crimes qualificados pelo resultado e o elemento subjetivo do crime-base e do resultado agravador. Crimes majorados. Crimes preterdolos ou preterintencionais

Os *crimes qualificados pelo resultado* são aqueles em que há a conjugação de elementos subjetivos, em relação ao tipo básico e em relação ao resultado mais grave que se soma ao primeiro. Tais tipos penais, como gênero, comportam diversas combinações, como espécies, tais como dolo-culpa, dolo-dolo, culpa-dolo e culpa-culpa, e podem consistir em um crime complexo como o latrocínio, em que há a confluência da subtração da coisa alheia móvel com a morte (art. 157, § 3º), ou de combinação em que o resultado que exaspera a pena não constitui um tipo penal autônomo, como a lesão corporal com aceleração de parto (art. 129, § 1º, inc. IV). No caso de o resultado que agrava a pena não estabelecer uma pena autônoma, e sim um aumento da pena em algum percentual referível ao tipo básico, dá-se o nome de crime majorado (*v.g.*, roubo majorado pelo emprego de arma de fogo, art. 157, § 2º-A, inc. I).

---

[883] FONSECA, Antonio Cezar Lima da. *Direito Penal do Consumidor*. 2ª ed. Porto Alegre: Livraria do Advogado, 1999, p. 129.

À combinação *dolo-culpa* é o que denominamos *crime preterdoloso* ou *preterintencional*, (O CP uruguaio utiliza a expressão *ultraintencional*[884]) pelo fato de o resultado mais grave ir além da intenção do agente, sendo imputado a título de culpa. Exemplo clássico é o da lesão corporal seguida de morte, prevista no § 3º do art. 129 do CP, textualmente:

Lesão corporal
Art. 129. Ofender a integridade corporal ou a saúde de outrem:
Pena – detenção, de três meses a um ano.
(...).
Lesão corporal seguida de morte
§ 3º Se resulta morte e as circunstâncias evidenciam que o agente não quís o resultado, nem assumiu o risco de produzí-lo:
Pena – reclusão, de quatro a doze anos.

Note-se que o parágrafo reproduzido é explícito em estabelecer que o resultado morte não é intencional, havendo sequer a assunção do risco de produzi-lo. Isso faz remissão à culpa, visto que, em virtude do princípio da culpabilidade, se o resultado morte decorrer de caso fortuito, não responderá o agente pela forma qualificada do § 3º, mas somente por lesão, que poderá até ser grave ou gravíssima (art. 129, § 1º ou 2º). Se não houver qualquer resultado mais grave atribuível a título de culpa, o agente não incorrerá nas sanções de qualquer das qualificadoras dos §§ 1º a 3º, e sim pela forma simples do delito de lesão (CP, art. 129, *caput*). Assim, o crime preterdoloso é uma espécie de crime qualificado pelo resultado.

Na combinação dolo-dolo, exemplo é o latrocínio, roubo com morte (art. 157, § 3º, inc. II), o qual, porém, admite, também, a combinação dolo-culpa, visto que para a configuração do latrocínio é indiferente se a morte decorreu de dolo ou de culpa. Na combinação culpa-dolo tem-se a lesão corporal culposa na direção de veículo automotor com omissão de socorro (CTB, art. 303, § 1º, c/c art. 302, § 1º, inc. III). Na combinação culpa-culpa, pode ser mencionado o incêndio culposo do qual resulte morte culposa (art. 250, § 2º, c/c art. 258).

---

[884] "Art. 18. Régimen de la culpabilidad. Nadie puede ser castigado por un hecho que la ley prevé como delito, si no es intencional, *ultraintencional* o culposo, cometido además con conciencia y voluntat. El hecho se considera intencional, cuando el resultado se ajusta a la intención; *ultraintencional* cuando el resultado excede de la intención, siempre que tal resultado haya podido ser previsto; culpable, cuando con motivo de ejecutar un hecho, en sí mismo jurídicamente indiferente, se deriva un resultado que, pudiendo ser previsto, no lo fue, por imprudencia, impericia, negligencia o violación de leyes o reglamentos. El resultado que no se quiso, pero que se previó, se considera intencional, el daño que se previó como imposible se considera culpable. En ningún caso podrá castigarse por un resultado antijurídico, distinto o más grave que el querido, que no haya podido ser previsto por el agente"." (g.n.). A nosso ver, a expressão ultraintencional utilizada pelo CP uruguaio não é a melhor. Isso porque a expressão *ultra* remete (também) a uma noção de excesso, de maior intensidade, o que poderia levar a uma ideia de um dolo mais intenso, o que não é o caso. Nesse sentido, também é a opinião de Luiz Jiménez de Asúa: "*Advirtamos que no nos parece afortunado el cambio de nombre*. Ultraintención *utiliza el prefijo* ultra, *latino, que significa 'más allá', pero que al ser adoptado en nuestra lengua puede valer igualmente como indicación de 'exceso'. En cambio, el también prefijo latino* praeter, *más bien há de entenderse como 'fuera'. Y con la* preterintención *no significamos exceso de ella, sino más bien que nos hallamos fuera de lo intencional*.". In: PACHECO, Rodolfo Schurmann. *El Delito Ultra o Preterintencional*. Montevideo: Amalio M. Fernandez, 1968, Prologo, p. 8-9.

4. Ausência de tipicidade

Consoante consignamos, o estudo da teoria jurídica do crime consiste fundamentalmente em estabelecer quais as características que um fato deve ter para que possa ser considerado crime.

Assim é que se são necessários certos requisitos para a configuração da conduta, da tipicidade, da ilicitude e da culpabilidade, sendo que, na ausência de algum requisito essencial qualquer uma das mencionadas categorias, afastado restará o fato punível. Relativamente à tipicidade, passaremos a elencar diversas causas que a afastam.

4.1. Princípio da adequação social

O princípio da adequação social afasta a tipicidade penal em virtude da atipicidade material, visto que aquilo que é considerado normal na vida em sociedade não pode, ao mesmo tempo, ser considerado um fato típico. Para maiores detalhes sobre o princípio, remetemos o leitor ao tópico sobre o ponto que desenvolvemos ao tratarmos sobre os princípios penais.

4.2. Princípio da insignificância

O princípio da insignificância, como corretivo interpretativo da tipicidade formal, também afasta a tipicidade material. Sobre o princípio, remetemos o leitor ao capítulo em que tratamos sobre os princípios penais.

4.3. Consentimento do titular do bem jurídico

Há infrações penais em que a ausência de consentimento constitui elemento constitutivo do tipo penal incriminador. Em tais casos, o consentimento do titular do bem jurídico conduz à ausência de tipicidade penal.

Exemplo da situação referida temos no art. 164 do CP, o qual tipifica o fato de "Introduzir ou deixar animais em propriedade alheia, *sem consentimento de quem de direito*, desde que o fato resulte prejuízo.". Outro exemplo pode ser tomado da descrição típica do crime de estupro: "Art. 213. *Constranger alguém*, mediante violência ou grave ameaça, a ter conjunção carnal ou a praticar ou permitir que com ele se pratique outro ato libidinoso.".

Assim, se a introdução de animais referida no art. 164 for consentida, bem como, no caso do art. 213, se a conjunção carnal for sem constrangimento, ou seja, com o devido assentimento, não há se falar em crime, em ambas as hipóteses, porquanto o consentimento do titular do bem jurídico faz com que o tipo incriminador não se aperfeiçoe.

O consentimento do titular do bem jurídico pode em certos casos afastar não a tipicidade, e sim a ilicitude. Isso nos casos em que a ausência de consentimento não configurar elemento do tipo. A questão será tratada no estudo das causas excludentes de ilicitude, em que se estudarão também os requisitos necessários para a admissão do consentimento como excludente.

4.4. Erro de tipo

O *erro de tipo* afasta a tipicidade dolosa, visto que para haver dolo deve o agente ter conhecimento dos elementos constitutivos do tipo. Estudaremos o erro de tipo em tópico separado, no qual trataremos sobre a teoria do erro jurídico-penal abrangendo todas as espécies de erro.

4.5. Ausência de algum elemento do tipo (ausência não aparente *prima facie*)

Falar-se em ausência de algum elemento do tipo enquanto fator de afastamento da tipicidade poderia parecer uma afirmativa óbvia. Porém, é importante dar destaque a essa hipótese pelo fato de, por vezes, uma conduta concreta aparentar ser típica sem, no entanto, não o ser justamente pela ausência de certo elemento, ausência essa não aparente *prima facie*.

Consoante lição de Heleno Cláudio Fragoso,[885] "há *tipicidade* quando o fato se ajusta ao *tipo*, ou seja, quando corresponde às características objetivas e subjetivas do modelo legal, abstratamente formulado pelo legislador.". Portanto, a ausência de qualquer elemento do tipo, seja ele objetivo ou subjetivo, afastará a tipicidade, ainda que seja erroneamente aparente sob um primeiro olhar superficial.

Tomemos como exemplo o filme *A Serbian Film*, de 2010, dirigido pelo sérvio Srdjan Spasojevic, que no Brasil recebeu o nome de *Terror sem Limites*. O filme mostrava cenas de violência sexual contra criança, ou, pior ainda, contra bebê. Diante de tal fato, poder-se-ia pensar no enquadramento da conduta em dispositivo do Estatuto da Criança e do Adolescente (Lei nº 8.069/90), o qual assim descreve a conduta criminosa:

Art. 241-C. Simular a participação de criança ou adolescente em cena de sexo explícito ou pornográfica por meio de adulteração, montagem ou modificação de fotografia, vídeo ou qualquer outra forma de representação visual:
Pena – reclusão, de 1 (um) a 3 (três) anos, e multa.

Não obstante as críticas que foram dirigidas ao filme, a figura delitiva tipificada no art. 241-C do ECA não se aperfeiçoou pelo fato de não ter sido utilizada nenhuma criança nas cenas de sexo, e sim um boneco aparentando um bebê.

---

[885] FRAGOSO, Hele no Cláudio. *Lições de Direito Penal – Parte Geral*. 12ª ed. (revista e atualizada por Fernando Fragoso). Rio de Janeiro: Forense, 1990, p. 155.

Como vimos, a tipicidade possui uma função de garantia, a qual se relaciona com o princípio da legalidade, o qual, por sua vez, não admite a utilização da analogia para fins de incriminação. Assim sendo, o próprio Código Penal deixa clara a inadmissibilidade de configuração delitiva ante a absoluta impropriedade do objeto. A doutrina fornece como exemplo clássico o caso em que o agente efetua disparos de arma de fogo contra pessoa morta. Aqui, como é notório, a hipótese de crime impossível concretiza-se fundamentalmente pelo fato da ausência de elemento do tipo "alguém", ou seja, a pessoa com vida, sem a qual não se tipifica o crime de homicídio, cuja fórmula legal é *matar alguém*.

Eis outros exemplos: no furto de uso, em que falta o *animus* de subtrair para si ou para outrem a coisa alheia móvel, exigido pelo tipo de furto (art. 155), não há tipicidade. A ausência da vontade de ofender nos crimes contra a honra também faz com que não haja fato punível. Imagine-se um turista que chegue ao Nordeste e chame alguma jovem de rapariga, não no intuito de injuriá-la (art. 140), como poderia ser entendido pela (suposta) vítima e pelo povo local, mas tão somente querendo dizer mulher jovem, que é o significado da expressão no Rio Grande do Sul. Também não há ação típica do crime de prevaricação (art. 319) por parte daquele se não houver o escopo de "satisfazer interesse ou sentimento pessoal", consoante se extrai da dicção do tipo incriminador.

Por derradeiro, trazemos o ilustrativo caso julgado pelo TRF da 4ª Região, que, do ponto de vista técnico, corretamente, afastou a incidência do tipo incriminador de moeda falsa (289, § 1º) em caso em que a denúncia narrou "ter restado *comprovado que o réu **intermediou** a compra e venda de cédulas inautênticas*", por entender que o tipo penal imputado não inclui o verbo *intermediar*, sendo assim atípica a conduta do réu, porquanto *incabível o uso de analogia* para ampliar o campo de incidência da norma penal *em prejuízo do réu*. No voto-condutor, a culta relatora ressaltou a ausência de *tipicidade formal*, negando provimento ao recurso do Ministério Público (TRF4, 7ª Turma, AC 5003559-48.2012.404.7003/PR, rel. Juíza Federal Salise Monteiro Sanchotene, unânime, j. 17.03.2014). Com efeito, o crime de moeda falsa não prevê como criminosa a conduta consistente em *intermediar* compra e venda de cédulas inautênticas.

Relativamente à decisão supracolacionada, cumpre fazermos um esclarecimento, porquanto, em um sistema penal regido pela legalidade, como é o nosso, ao julgador não se defere infligir as consequências da prática de um fato punível fora do formalmente delimitado pela norma penal. Assim, ainda que o agente no caso aqui trazido pudesse ter praticado alguma infração envolvendo moeda falsa, a imputação feita no caso concreto extrapolou os limites legais, porquanto a intermediação não é crime, e por isso não pode haver autoria de um crime inexistente.

Solução diversa teríamos se houvesse na denúncia do Ministério Público algum agente de crime de moeda falsa que tivesse, por exemplo, *introduzido em circulação moeda falsa*, essa sim conduta prevista como crime no art. 289, § 1º, e o intermediador fosse apontado como partícipe, ou seja, na posição de agente que auxilia o autor de um fato típico. Nesse caso, poderia o intermediador responder nos moldes em que dispõe o art. 29, *caput*, do CP, ao estabelecer que *quem, de qualquer modo, concorre para o crime incide nas penas a este cominadas*, visto que o auxílio, que é uma forma de participação, só é punível se houver ao menos um crime tentado praticado por determinado autor (art. 31). Para uma melhor compreensão do quanto aqui sinteticamente exposto, remetemos o leitor para o capítulo que trata da autoria e participação.

4.6. Não imputação objetiva

Consoante afirma com acerto Juarez Tavares,[886] a teoria da imputação objetiva "não é uma teoria para atribuir, senão para restringir a incidência da proibição ou determinação típica sobre determinado sujeito. Simplesmente, por não acentuarem esse aspecto, é que falham no exame do injusto inúmeras concepções que buscam fundamentá-lo.". É por isso que, a nosso ver, não é correto invocar-se *sempre* a teoria da imputação objetiva como requisito necessário ao aperfeiçoamento típico de determinado fato, numa arquitetura nos moldes de uma teoria geral subjacente ao tipo objetivo, porquanto a teoria serve sobretudo para afastar a incidência típica em certos casos.

Por outro lado, hoje vivenciamos um momento de inarredável e inegável *ecletismo metodológico*,[887] convivendo soluções que têm por fundamento diversas concepções epistemológicas. Assim, seja pela não criação de um risco não permitido, seja pela não realização do risco no resultado, ou mesmo sob algum outro argumento, é possível, em certos casos, utilizar a teoria da imputação objetiva como propiciadora de critérios de não imputação, afastando-se, por conseguinte, a tipicidade objetiva.

Capítulo XI – ILICITUDE E CAUSAS DE EXCLUSÃO (JUSTIFICANTES)

1. Ilicitude, antijuridicidade e injusto

A ilicitude – também dita antijuridicidade ou injuridicidade[888] – *é a contradição de um fato com a ordem jurídica* ou, nas palavras de Welzel,[889] com o ordenamento jurídico como um todo, com o direito em seu conjunto. Assim,

---

[886] TAVARES, Juarez. *Teoria do Injusto Penal*. 3ª ed. Belo Horizonte: Del Rey, 2003, p. 279.

[887] ARAÚJO, Marina Pinhão Coelho. *Tipicidade Penal – Uma Análise Funcionalista*. São Paulo: Quartier Latin, 2012, p. 28: "Atualmente, apesar de tantas divergências sobre a metodologia jurídica, a dogmática jurídica caracteriza-se principalmente por um predomínio do ecletismo no que tange à sua função e ao seu método de atuação.".

[888] Era a expressão utilizada por Nelson Hungria. Confira-se: HUNGRIA, Nelson; FRAGOSO, Heleno Cláudio. *Comentários ao Código Penal*. 5ª ed. Rio de Janeiro: Forense, 1978, v. I, t. II, p. 21.

[889] WELZEL, Hans. *Das Deutsche Strafrecht*. 11ª ed. Berlin: Walter de Gruyter & Co., 1969, p. 80.

a ilicitude é uma categoria geral e abrange o ordenamento em sua totalidade. Luiz Regis Prado[890] – referindo ser expressão de Maurach – afirma que "a teoria da ilicitude pode ser entendida como uma *teoria do conforme ao Direito*".

No Brasil, por influência da doutrina italiana e da espanhola, é comum utilizar-se a *antijuridicidade*, em vez de *ilicitude*. Preferimos esta última. Com efeito, a expressão alemã *Rechtswidrigkeit* tem o sentido de contrariedade entre uma conduta e o direito, e não contrariedade ao jurídico, porquanto o crime é um fato jurídico. Nesse sentido, Francesco Carnelutti[891] apontou a contradição do entendimento segundo a qual "o crime é um fato ou um ato *jurídico* e, ao mesmo tempo, um fato ou um ato *antijurídico*.". A doutrina[892] portuguesa, de forma praticamente unânime, prefere a palavra *ilicitude*.

Ilicitude (*Rechtswidrigkeit*) e *injusto* (*Unrecht*) são termos[893] que não se confundem. A ilicitude constitui um predicado da conduta, ou seja, o atributo da ação contrária ao direito. O injusto é o substantivo consistente na conduta qualificada, além de típica, como ilícita. É por isso que se fala em injusto penal culpável como sinônimo de crime. O injusto (objeto da reprovação) diz respeito à ação qualificada como típica e ilícita, ao qual se soma à culpabilidade (juízo de reprovação) para a caracterização do delito.

Em doutrina,[894] divergem dois setores doutrinários: um que considera ser a ilicitude elemento (autônomo) do crime, e outro que preconiza ser ela essência do crime. Tal distinção possui relação com a tipicidade. O entendimento – majoritário – que preconiza ser a ilicitude elemento do crime afirma que a tipicidade constitui indício de ilicitude, ou seja, a tipicidade seria a *ratio cognoscendi* da ilicitude. De acordo com esse entendimento, tipicidade e ilicitude são elementos distintos. Por outro lado, e de forma minoritária, como é o caso de Everardo Cunha Luna,[895] contrapõe-se à concepção antes mencionada o entendimento segundo o qual a ilicitude não constitui elemento do crime, e sim sua essência (*ratio essendi*). Tipicidade e ilicitude não são considerados elementos autônomos. A primeira, por sua vez, também constitui *ratio essendi*[896] desta

---

[890] PRADO, Luiz Regis. *Tratado de Direito Penal Brasileiro – Parte Geral*. São Paulo: Revista dos Tribunais, 2014, v. 2, p. 417.
[891] CARNELUTTI, Francesco. *Teoria Generale del Reato*. Padova: Cedam, 1933, p. 23. No mesmo sentido: TOLEDO, Francisco de Assis. *Princípios Básicos de Direito Penal*. 5ª ed. São Paulo: Saraiva, 1994, p. 159-160.
[892] CORREIA, Eduardo. *Direito criminal*. Coimbra: Livraria Almedina, 1965 (reimpressão com a colaboração de Jorge de Figueiredo Dias 1988), v. II, p. 1,3; DIAS, Jorge de Figueiredo. *Direito Penal – Parte Geral*. 2ª ed. Coimbra/São Paulo: Coimbra Editora/Revista dos Tribunais, 2007, t. I, p. 384; DIAS, Jorge de Figueiredo. O Problema da Consciência da Ilicitude em Direito Penal. 4ª ed. Coimbra: Coimbra Editora, 1995; CARVALHO, Américo A. Taipa de. *Direito Penal – Parte General*. Porto: Publicações Universidade Católica, 2004, v. II, p. 143; SILVA, Germano Marques da. *Direito Penal Português – Parte Geral: Teoria do Crime*. Lisboa: Editorial Verbo, 1998, v. II, p. 68 e ss.
[893] Nesse sentido: MUÑOZ CONDE, Francisco. *Teoría General del Delito*. 2ª ed. Valencia: Tirant lo Blanch, 1991, p. 84. Na doutrina nacional, consulte-se: TOLEDO, Francisco de Assis. *Princípios Básicos de Direito Penal*. 5ª ed. São Paulo; Saraiva, 1994, p. 119 e ss.
[894] BRANDÃO, Cláudio. *Teoria Jurídica do Crime*. 2ª ed. Rio de Janeiro, 2002, p. 87 e ss.
[895] LUNA, Everardo da Cunha. *Estrutura Jurídica do Crime*. 4ª ed. São Paulo: Saraiva, 1993, p. 49-50.
[896] MEZGER, Edmundo. *Tratado de Derecho Penal*. Trad. de Jose Arturo Rodriguez Muñoz. Madrid: Editorial Revista de Derecho Privado, 1955, t. I, p. 376, textualmente: "El tipo jurídico-penal que describe dicho actuar típico posee, por tanto, la más alta significación en orden a la existencia de la antijuridicidad penalmente relevante

última, porquanto o crime é definido como a *ação tipicamente ilícita e culpável*,[897] sendo que o tipo não mais identifica a ilicitude, mas passa a ser seu fundamento. Nessa compreensão tipicidade e ilicitude se fundem.

2. Ilicitude formal e ilicitude material

No tópico anterior, procedemos a uma aproximação da noção de ilicitude, a qual, segundo vimos, consiste na *relação de contrariedade entre o fato e o ordenamento jurídico*, tratando-se, nesse caso, de uma *ilicitude formal (formelle Rechtswidrigkeit)*.

Porém, desde Von Liszt, passou-se a ter-se em consideração o *fundamento material* da ilicitude, o seu *significado substancial, de conteúdo*, como adverte Jescheck,[898] qual seja, a *danosidade* ou *nocividade social*, que se caracteriza pela *ofensa a algum bem ou interesse jurídico tutelado*. Assim, ao lado da ilicitude formal, assume relevo a *ilicitude material*, consistente na *ofensa – a lesão e/ou a exposição a perigo – de bens jurídicos*. Na lição de Giuseppe Bettiol,[899] em muitos casos, ainda que presente a ilicitude formal, o caráter criminoso da conduta é afastado em virtude da ausência de ofensa a um bem jurídico.

A *ilicitude material (materielle Rechtswidrigkeit)*, pelo fato de pôr em realce o conteúdo da ilicitude, permite estabelecer uma graduação do injusto, diferenciando-se, por exemplo, um furto de pequeno valor de um furto de valor elevado, uma lesão leve de uma lesão grave. Além disso, como afirma Diego-Manuel Luzón Peña,[900] supera a concepção puramente objetiva da ilicitude, que não se atém ao desvalor da ação, como, *v.g.*, nas hipóteses de caso fortuito e risco permitido.

Jescheck[901] destaca dois aspectos que conferem relevância prática à concepção material da ilicitude. Em primeiro lugar, funciona como orientação ao legislador para estabelecer tipos penais, como fio condutor para a aplicação da lei no caso concreto, como fator de graduação do injusto, segundo sua gravidade com reflexos na medida da pena, bem como na interpretação teleológica dos tipos, tendo em conta um substrato valorativo. Em segundo lugar, consoante o autor tedesco, a ilicitude material propiciaria a possibilidade em fazer incidir

---

de la acción: *es fundamento real y de validez ('ratio essendi') de antijuridicidad*, aunque a reserva, siempre, de que la acción no aparezca justificada en de una causa especial de exclusión del injusto.".

[897] TAVARES, Juarez. *Teoria do Injusto Penal*. 3ª ed. Belo Horizonte: Del Rey, 2003, p. 136.

[898] JESCHECK, Hans-Heinrich; WEIGEND, Thomas. *Lehrbuch des Strafrechts – Allgemeiner Teil*. 5ª ed. Berlin: Duncker & Humblot, 1996, p. 234: "Porém, a ilicitude não se esgota na relação entre a ação e a norma, mas possui também um significado *substancial (Ilicitude material)*.". No original: "Die Rechtswidrigkeit erschöpft sich aber nicht in dem Verhältnis von Handlung und Norm, sondern sie hat auch *inhaltliche* Bedeutung (*materielle Rechtswidrigkeit*).".

[899] BETTIOL, Giuseppe; MANTOVANI, Luciano Pettoelle. *Diritto Penale – Parte Generale*. 12ª ed. Padova: CEDAM, 1986, p 339.

[900] LUZÓN PEÑA, Diego-Manuel. *Curso de Derecho Penal – Parte General*. Madrid: Editorial Universitas, 1996, p. 324.

[901] JESCHECK, Hans-Heinrich; WEIGEND, Thomas. *Lehrbuch des Strafrechts – Allgemeiner Teil*. 5ª ed. Berlin: Duncker & Humblot, 1996, p. 233-234.

causas supralegais de justificação com base na ponderação de interesses, como no caso, na exemplificação do autor, do médico que viola o dever de segredo´, ao revelar uma enfermidade contagiosa em detrimento do aludido segredo.

Por derradeiro, pensamos deva ser acrescentado outro atributo prático à concepção material da ilicitude, porquanto, se desejarmos levar a sério, a função de proteção de bens jurídicos do direito penal, o não cumprimento da ofensividade que possa ser deduzido de alguma norma penal, deve ser levado ao controle judicial, afastando-se, por essa via, proibições de mera violação de dever, de modo a conformar a legislação infraconstitucional à Constituição, consoante temos sustentado ao longo deste *Curso*. Na linha do quanto expõe Wilhelm Gallas,[902] dando-se atenção ao conteúdo material, põe-se em relevo o elemento portador de conteúdo da qualidade do que seja "digno de castigo.".

3. Ausência de ilicitude. As justificantes, causas de justificação ou causas excludentes de ilicitude

As *causas excludentes de ilicitude* são também denominadas *causas de justificação* ou, ainda, *justificantes*. Distinguem-se as justificantes das dirimentes. As primeiras – como já mencionado – excluem a ilicitude, ao passo que estas últimas afastam a culpabilidade.

3.1. O requisito subjetivo nas causas excludentes de ilicitude

Para a antiga doutrina, era prescindível o requisito subjetivo, ou seja, em hipóteses como a do estado de necessidade ou da legítima defesa, bastava a situação objetiva de necessidade ou de defesa legítima, sem a necessidade de que o agente, do ponto de vista subjetivo, agisse com o objetivo de salvaguardar direito próprio ou alheio de perigo atual, no caso do estado de necessidade, ou a intenção de repelir alguma agressão injusta, no caso da legítima defesa. Porém, a doutrina atual reivindica – e isso é mais uma das contribuições do finalismo – que, além dos requisitos objetivos, deve-se fazer presente a ensejar as justificantes o propósito do agente em agir em consonância com a respectiva causa excludente. Para a doutrina atual, é imprescindível que o agente que se beneficia da justificante aja com a finalidade de ser amparado por ela ou, de forma mais ampla,[903] se *conduza conforme o direito*. Porém, tal exigência se mostra duvidosa no caso do exercício regular de direito, consoante veremos adiante.

---

[902] GALLAS, Wilhelm. *La Teoría del Delito en su Momento Actual*. Trad. de Juan Cordoba Roda. Barcelona: Bosch, 1959, p. 26.
[903] CURY URZÚA, Enrique. *Derecho Penal – Parte General*. 8ª ed. Santiago: Ediciones Universidad Católica de Chile, 2005, p. 365.

3.2. O excesso nas causas excludentes de ilicitude

De acordo com a previsão do art. 23, parágrafo único, do CP: "O agente, em qualquer das hipóteses deste artigo, responderá pelo excesso doloso ou culposo". Trataremos sobre o excesso ao estudarmos cada justificante em particular.

3.3. O estado de necessidade

3.3.1. Conceito e fundamento

A noção de estado de necessidade já se encontra em Roma Antiga. Ainda que sem uma sistematização do instituto, a legislação previa em certos casos a possibilidade de preservação de determinados bens em detrimento de outros, como no exemplo lembrado por Eduardo Correia[904] da disputa da tábua de salvação em que um sobrevive em detrimento da vida de outrem (*tabula unius capax*), consoante apontava Carneades (214-129 a. C.), sendo depois repetido por Cícero (*De officiis*, *lib.* 3, cap. II-III).

No direito germânico, consoante assinala Alberto Rufino de Sousa,[905] o instituto embasava-se na ideia segundo a qual acontecimentos extraordinários desobrigavam a observância legal, ao passo que para o direito canônico o estado de necessidade estava mais ligado a conflitos entre a vida e a propriedade, sendo o exemplo mais frequente e relevante o furto famélico.

No direito medieval e comum,[906] frente aos graves e recorrentes alastramentos de fome, "o furto necessário continuou sendo encarado como modalidade mais importante e mais aguda daquelas situações excepcionais da vida em que recua a pretensão de validez das normas jurídico-punitivas.". Nessa senda, a Carolina disciplinava o instituto em seus arts. 166 e 175, consagrando a não punição do furto necessário.

O Código Penal pátrio define estado de necessidade e indica seus requisitos *objetivos*, de forma expressa, bem como o *subjetivo*, de forma implícita, nos seguintes termos:

> **Art. 24.** Considera-se em estado de necessidade quem pratica o fato para salvar de perigo atual, que não provocou por sua vontade, nem podia de outro modo evitar, direito próprio ou alheio, cujo sacrifício, nas circunstâncias, não era razoável exigir-se.
>
> § 1º Não pode alegar estado de necessidade quem tinha o dever legal de enfrentar o perigo.
>
> § 2º Embora seja razoável exigir-se o sacrifício do direito ameaçado, a pena poderá ser reduzida de um a dois terços.

---

[904] CORREIA, Eduardo. *Direito criminal*. Coimbra: Livraria Almedina, 1965 (reimpressão com a colaboração de Jorge de Figueiredo Dias 1988), v. II, p. 70.

[905] SOUSA, Alberto Rufino R. Rodrigues de. *Estado de Necessidade: Um Conceito Novo e Aplicações mais Amplas*. Rio de Janeiro: Forense, 1979, p. 14.

[906] Ibid., p. 16. Consulte-se, ainda: PIRES, André de Oliveira. *Estado de Necessidade*. São Paulo: Juarez de Oliveira, 2000, p. 5-8.

Relativamente ao fundamento do estado de necessidade, Heleno Cláudio Fragoso[907] afirma que o "que justifica a ação é a necessidade que impõe o sacrifício de um bem em situação de conflito ou colisão, diante da qual o ordenamento jurídico permite o sacrifício do bem de menor valor.". Todavia, a afirmativa do autor revela-se incompatível com o ordenamento brasileiro, o qual adota a teoria unitária não distinguindo dessa forma o maior ou menor valor do bem, mas confere relevância ao fato de não ser exigível o sacrifício do bem preservado, seja ele de maior, igual ou menor valor.

Na lição de Aníbal Bruno,[908] "o que o Direito toma em consideração é a pressão das circunstâncias, a que o instinto de conservação não permite o agente resistir, fato a que deve ser sensível o legislador para evitar um comando da lei, impossível de ser cumprido". E prossegue o catedrático: "Como sistema de disciplina social, ele tem de acomodar-se, para ser eficaz, às possibilidades humanas e não quedar-se irredutível nos limites de princípios abstratos.".

Assim é que, na correta observação de Nelson Hungria,[909] "a inexigibilidade é, precisamente, o fundamento central da *licitude* que na espécie se reconhece e declara". Portanto, não ignorando o direito o fato de que não cabe a ele exigir comportamentos heroicos é que reconhece ser inexigível, em certos casos, o sacrifício de direito legítimo em prol de outro, ainda que seja da mesma forma também legítimo.

Impende ressaltar que certos crimes não admitem o estado de necessidade pelo fato de a própria ilicitude ser indissociável à tipicidade como ocorre, por exemplo, consoante ensina Juarez Tavares,[910] "nos crimes sexuais, cuja descrição da conduta já pressupõe uma prévia exclusão de normas permissivas.".

3.3.2. *Estado de necessidade justificante e estado de necessidade exculpante e a natureza jurídica do instituto no direito brasileiro*

A doutrina[911] distingue o estado de necessidade justificante do estado de necessidade exculpante, configurando-se aquele em situações em que o bem preservado é de valor superior ao bem sacrificado, sendo o caso deste último quando o bem sacrificado for de valor igual ou superior ao bem preservado.

Segundo Reale Júnior,[912] a distinção possui como origem a sentença de 11 de março de 1927, na Alemanha, em que um médico realizou um aborto para salvar a vida da gestante. Naquele contexto, a lei alemã não dava guarida ao comportamento do médico, porquanto a justificação somente se aplicava ao

---

[907] FRAGOSO, Heleno Cláudio. *Lições de Direito Penal – Parte Geral*. 12ª ed. (revista e atualizada por Fernando Fragoso). Rio de Janeiro: Forense, 1990, p. 189.
[908] BRUNO, Aníbal. *Direito Penal*. 3ª ed. Rio de Janeiro: Forense, 1967, t. 1º, p. 394.
[909] HUNGRIA, Nelson; FRAGOSO, Heleno Cláudio. *Comentários ao Código Penal*. 5ª ed. Rio de Janeiro: Forense, 1978, v. I, t. II, p. 271.
[910] TAVARES, Juarez. *Teoria do Injusto Penal*. 3ª ed. Belo Horizonte: Del Rey, 2003, p. 169.
[911] Para um detalhamento em caráter monográfico, consulte-se: REALE JÚNIOR, Miguel. *Dos Estados de Necessidade*. São Paulo: José Bushatsky Editor, 1971; SOUSA, Alberto Rufino R. Rodrigues de. *Estado de Necessidade – Um Conceito Novo e Aplicações mais Amplas*. Rio de Janeiro: Forense, 1979.
[912] REALE JÚNIOR, Miguel. *Dos Estados de Necessidade*. São Paulo: José Bushatsky Editor, 1971, p. 74.

terceiro que agia em benefício de parente. Não obstante, a decisão antes referida reconheceu a excludente, como exculpante, em favor do médico como causa supralegal, fundada no balanceamento de bens. Porém, em termos doutrinários, consoante Juarez Tavares,[913] a teoria diferenciadora remonta a Goldschimidt, em artigo publicado na *Revista Austríaca de Direito Penal* (*Österreichische Zeitschrift für Strafrecht*), em 1913.

Exemplo de estado de necessidade justificante, nos moldes da teoria diferenciadora, seria aquele em que a ação necessária se dá em benefício da pessoa e em detrimento do patrimônio, como ocorre no caso do furto famélico. Por sua vez, o exemplo da disputa da tábua de salvação, que comporta uma só pessoa, sendo que apenas um dentre dois náufragos vem a sobreviver, ilustra a colisão entre bens de igual valor, e que determinaria, para a doutrina diferenciadora, o estado de necessidade exculpante. De igual forma, para esta doutrina, afastaria a culpabilidade os casos em que o bem preservado fosse de valor menor ao bem sacrificado. Eis o exemplo referido por Rufino Rodrigues de Souza: "Para evitar a perda do braço ou da vida, o soldado A solta a granada que segura na mão e ao alto e cujo mecanismo detonador acionara involuntariamente. Nas circunstâncias em que ocorre a explosão, morrem diversos soldados, que se encontravam nas proximidades.". Propusemos, ainda, outro exemplo: o dono de um pequeno cão observa que outros três cães maiores atacam seu animal de estimação; percebendo que se não reagir de imediato, a investida dos três cães maiores e ferozes será fatal, ao que reage, desferindo tiros que restam por abater os cães agressores.

Exemplo da concepção dualista encontramos no Código Penal alemão, que assim dispõe:

§ 34. Estado de necessidade justificante.

Quem comete um fato para afastar perigo atual de si ou de outrem e não de outro modo evitável para a vida, o corpo, a liberdade, a honra, a propriedade ou outro bem jurídico não age ilicitamente se, na ponderação entre os interesses em conflito, ou entre os bens jurídicos atingidos e a intensidade do perigo que o ameaça, o interesse protegido é substancialmente maior do que o lesado. Entretanto, isso somente é válido se o fato constituir meio apropriado para afastar o perigo.

§ 35. Estado de necessidade exculpante.

(1) Quem comete um fato ilícito para afastar perigo atual para a vida, a integridade física ou a liberdade, e não de outro modo evitável, de um parente ou de outra pessoa próxima a ele, age sem culpabilidade. Isso não vigora se, de acordo com as circunstâncias, se puder exigir do agente que suporte o perigo, por ter causado o perigo ou porque ele estava numa determinada relação jurídica em que pudesse ser exigido do agente que suportasse o perigo; porém, pode a pena ser atenuada conforme o § 49, inciso 1, se o agente não tiver que suportar o perigo considerando uma especial relação jurídica.

(2) Se o agente, ao cometer o fato, supõe erroneamente circunstâncias que lhe afastariam a culpabilidade conforme o inciso 1, então só será punido se ele tivesse podido evitar o erro. A pena será atenuada conforme o § 49, inciso 1.

O CP brasileiro de 1969, que jamais entrou em vigor, também adotava a doutrina diferenciadora. A previsão exculpante constava no art. 25:

---

[913] TAVARES, Juarez. *Teorias do Delito – Variações e Tendências*. São Paulo: Revista dos Tribunais, 1980, p. 27.

Art. 25. Não é igualmente culpado quem, para proteger direito próprio ou de pessoa a quem está ligado por estreitas relações de parentesco ou afeição, contra perigo certo e atual, que não provocou, nem podia de outro modo evitar, sacrifica direito alheio, ainda quando superior ao direito protegido, desde que não lhe era razoavelmente exigível conduta diversa.

Por sua vez, o estado de necessidade justificante constava no art. 28:

Art. 28. Considera-se em estado de necessidade quem pratica um mal para preservar direito seu, ou alheio, de perigo certo e atual, que não provocou, nem podia de outro modo evitar, desde que o mal causado, pela natureza e importância, é consideravelmente inferior ao mal evitado, e o agente não era legalmente obrigado a arrostar o perigo.

Como outros exemplos da teoria diferenciadora podemos mencionar o CP português, que prevê o estado de necessidade justificante em seu art. 34º e o exculpante (ou "desculpante", como consta no diploma lusitano) no art. 35º, bem como o CP militar pátrio (Dec.-Lei nº 1.001, de 21 de outubro de 1969), o qual consagra a hipótese exculpante em seu art. 39 e a justificante no art. 43.

O Código Penal brasileiro vigente, cuja redação da Parte Geral resulta da Reforma de 1984 (Lei nº 7.209/84), adota a *teoria unitária*, segundo a qual o estado de necessidade *sempre* afasta a ilicitude. De notar-se que Assis Toledo[914] sustenta que quando o bem sacrificado for de valor superior, tal ensejaria a exculpação, e não exclusão de ilicitude. Todavia, essa posição do penalista não encontra guarida legal.

3.3.3. Estado de necessidade defensivo e estado de necessidade agressivo

Em doutrina, distingue-se o estado de necessidade defensivo do agressivo. O primeiro ocorre quando ato necessário é dirigido contra a pessoa ou a coisa da qual promana o perigo, como no famoso caso do náufrago[915] que derruba no mar outro náufrago que queria lhe tomar a tábua de salvação (*tabula unius capax*). Alberto Rufino Rodrigues de Souza[916] refere o exemplo em que "Um cão suspeito de hidrofobia investe contra *A*. Este mata o cão, que pertence a *B*.". Assis Toledo[917] menciona, ainda, os seguintes exemplos: "quem é atacado por um cão alheio, mata o animal agressor; quem, para evitar a propagação de um incêndio que põe em perigo a vida ou o patrimônio de pessoas, abate árvores da propriedade alheia incendiada.".

O estado de necessidade agressivo é aquele em que o ato necessário se dirige contra pessoa ou coisa diversa da qual promana o perigo para o bem jurídico protegido. Exemplos: o furto famélico de quem não tendo outra opção em virtude de estar perdido em local isolado subtrai víveres alheios para saciar

---

[914] TOLEDO, Francisco de Assis. *Princípios Básicos de Direito Penal*. 5ª ed. São Paulo; Saraiva, 1994, p. 181.

[915] Caso este que proporcionou estudos na Antiguidade, como o do filósofo Carnéades (214-129 a.C.) e, depois, de Cícero (*De Offıcis*, lib. 3, cap. II-III). Confira-se em: SOUSA, Alberto Rufino R. Rodrigues de. *Estado de Necessidade: Um Conceito Novo e Aplicações mais Amplas*. Rio de Janeiro: Forense, 1979, p. 10.

[916] SOUSA, Alberto Rufino R. Rodrigues de. *Estado de Necessidade: Um Conceito Novo e Aplicações mais Amplas*. Rio de Janeiro: Forense, 1979, p. 8.

[917] TOLEDO, Francisco de Assis. *Princípios Básicos de Direito Penal*. 5ª ed. São Paulo: Saraiva, 1994, p. 176.

a fome. Outro exemplo:[918] "Perseguido por um criminoso, *A* invade a casa de *B*, onde se refugia.".

3.3.4. Requisitos do estado de necessidade

3.3.4.1. Perigo atual

O primeiro requisito do estado de necessidade é a presença de perigo no momento da ação necessária, ou seja, o perigo atual. Por evidente, o perigo passado desconfigura a necessidade de ação preservadora de interesse próprio ou alheio. Isso porque o perigo de lesão é o que caracteriza a situação de necessidade, porquanto se o bem já estiver definitivamente lesionado, sacrificar-se-ia inutilmente um bem jurídico, sem que com isso venha se preservar algum interesse, ensejando, ainda, nas palavras de Alaor Leite,[919] o sacrifício de terceiros, por exemplo, que, em regra, "nada tem a ver com o perecimento do bem do agressor.".

Pode dar-se o caso de concorrerem, de forma concomitante, como lembra Rufino Rodrigues de Souza,[920] tanto o dano quanto o perigo para um bem jurídico, como na situação em que o operário, já tendo sofrido esmagamento de sua mão, destrói o comando automático da máquina que lhe causara o dano à mão a fim de salvar sua perna.

É de mencionar-se[921] ademais a situação de perigo permanente, como no caso Albrecht, examinado pela jurisprudência alemã, em que o pai colérico e constantemente embriagado impunha à família diuturnamente risco de dano efetivo. Caso semelhante aconteceu no Rio Grande do Sul em que a esposa de um marido violento suportou reiteradas agressões, tendo-as suportado, em tempos em que não havia a Lei Maria da Penha, até que convicta de que uma ulterior agressão pudesse lhe acarretar a morte e, antes que esse mal maior viesse a se concretizar, tomou um machado com o qual matou o marido agressor, fato que ensejou o Ministério Público a promover o arquivamento do caso, sem responsabilizá-la criminalmente. Nesse caso, não sabemos qual foi o fundamento utilizado pelo Ministério Público, mas adotando-se a doutrina do perigo permanente, teria agido a viúva em estado de necessidade, tal o nível do desespero e perigo constante. Outra possibilidade, caso se entendesse não incidente o estado de necessidade, caberia, ainda, invocar como fundamento a inexigibilidade de conduta diversa, que elide a culpabilidade, a reprovação da conduta.

---

[918] SOUSA, Alberto Rufino R. Rodrigues de. *Estado de Necessidade: Um Conceito Novo e Aplicações mais Amplas*. Rio de Janeiro: Forense, 1979, p. 8.
[919] LEITE, Alaor. Erro, Causas de Justificação e Causas de Exculpação no Novo Projeto de Código Penal. In: *Reforma Penal – A Crítica Científica à Parte Geral do Projeto de Código Penal (PLS 236/2012)* (org. Alaor Leite). São Paulo: Atlas, 2015, p. 143.
[920] SOUSA, Alberto Rufino R. Rodrigues de. *Estado de Necessidade: Um Conceito Novo e Aplicações mais Amplas*. Rio de Janeiro: Forense, 1979, p. 55.
[921] Vide também em: SOUSA, Alberto Rufino R. Rodrigues de. *Estado de Necessidade: Um Conceito Novo e Aplicações mais Amplas*. Rio de Janeiro: Forense, 1979, 55.

3.3.4.2. Não provocação voluntária do perigo

Segundo a dicção do art. 24, a ação necessária para arrostar o perigo atual somente terá guarida legal se o agente não provocou o perigo por sua vontade. A pergunta que se impõe é: o que significa, o termo *vontade*? Isso porque pode-se alegar que também na culpa existe vontade, como no caso de um motorista que deliberadamente resolva descumprir as regras de trânsito e com isso provocando um acidente com lesões sem que a desejasse. A vontade aqui se restringiria à conduta imprudente, e não ao resultado.

Parcela da doutrina compartilha o entendimento segundo o qual a vontade expressa no CP para o caso do estado de necessidade refere-se somente à causação dolosa do perigo (Costa e Silva, Basileu Garcia, Anibal Bruno, Heleno Cláudio Fragoso, Alberto Silva Franco, Damásio de Jesus, André de Oliveira Pires).

Porém, há autores que esposam a opinião segundo a qual tanto a provocação dolosa como também a culposa do perigo não enseja o estado de necessidade a quem o provocou (Hungria, Magalhães Noronha, Frederico Marques, Assis Toledo, Reale Júnior). Nesse sentido, eis a lição de Assis Toledo:[922] "A nós nos parece que também o *perigo culposo* impede ou obsta o estado de necessidade. A ordem jurídica não pode homologar o sacrifício de um direito, favorecendo ou beneficiando quem já atuou contra ela (...).". Pensamos ser esta última posição a melhor. Figure-se o exemplo em que o agente, de forma imprudente, descarte seu cigarro ainda aceso em uma embarcação, causando um incêndio. Em sequência, o agente disputa com outrem a tábua que irá salvá-lo, mas que determine, na disputa pela *tabula unius capax*, a morte de outro náufrago. A nosso ver, não seria o caso de beneficiar o causador do incêndio com a justificante.

Em seu livro *Dos Estados de Necessidade*, Reale Júnior[923] afirmava "que o perigo deve ter sido provocado ao menos culposamente, para que não se possa recorrer às excludentes do estado de necessidade.". Em trabalho mais recente, o autor[924] admite, em certos casos, uma maior abrangência da excludente, consoante se observa da seguinte passagem: "Entendo, na busca de Justiça concreta, que se reconheça, excepcionalmente, a excludente, no caso de se salvar bem consideravelmente superior ao prejudicado, mesmo se tendo criado o perigo voluntariamente. Afinal, em geral, não se coloca em risco um bem valioso, por exemplo, a vida, para, em situação legítima de Estado de Necessidade, vir a lesar o patrimônio de terceiro. A experiência revela que interessa à sociedade que seja salvo bem de maior valor, mesmo que o perigo tenha sido causado voluntariamente.".

3.3.4.3. Inevitabilidade da lesão

A inevitabilidade da lesão constitui requisito sem o qual resta desnaturada a necessidade da ação. Havendo qualquer recurso possível ao agente que

---

[922] TOLEDO, Francisco de Assis. *Princípios Básicos de Direito Penal*. 5ª ed. São Paulo: Saraiva, 1994, p. 186.
[923] REALE JÚNIOR, Miguel. *Dos Estados de Necessidade*. São Paulo: José Bushatsky Editor, 1971, p. 63.
[924] REALE JÚNIOR, Miguel *et al*. *Código Penal Comentado* (coord. Miguel Reale Júnior). São Paulo: Saraiva, 2017, p. 111.

não a lesão do bem sacrificado, impõe-se o comportamento não lesivo, incluindo a possibilidade de fuga. Por isso, diz-se ser o estado de necessidade uma *justificante subsidiária*.

Não obstante, a inevitabilidade da lesão deve ser entendida como aquela necessária na medida de sua imprescindibilidade para a salvaguarda do interesse protegido, mas, consoante alertava Hungria,[925] "deve ser entendida no sentido *relativo*, e não *absoluto*.". Deveras, a fuga deve ser um recurso seguro, e não meramente uma possibilidade incerta. Eis um exemplo trazido por Manzini:[926] "Assim, se um ciclista, perseguido por um touro enfurecido, que escapou da pastagem, utiliza de imediato o revólver e o mata, estará justificado pelo art. 54, porque a fuga teria sido um meio incerto e perigoso de salvar-se.".

3.3.4.4. Inexigibilidade de sacrifício do bem ameaçado

Como visto, de acordo com CP pátrio, o estado de necessidade tem como fundamento a inexigibilidade, visto tratar-se sempre de justificante, ou seja, optou o diploma legislativo pela doutrina unitária, diferentemente da teoria diferenciadora cujo fundamento é a ponderação de bens, em que a justificante reivindica seja o bem sacrificado de menor valor. No caso de o bem sacrificado ser de igual ou maior valor, para a doutrina dualista, estar-se-á diante do estado de necessidade exculpante.

Não obstante, o CP preceitua que, para além dos demais requisitos, não seja razoável exigir-se o sacrifício do direito próprio ou alheio preservado, estabelecendo, dessa forma, uma cláusula de razoabilidade, apurável no caso concreto. O exemplo referido por E. Magalhães Noronha[927] é esclarecedor: "Ninguém se recusaria a aceitar o estado de necessidade do comandante de uma aeronave, que, na iminência de um sinistro, mandasse atirar fora a bagagem dos tripulantes; mas por certo o condenaria – se ele fosse imputável – se, para salvar a bagagem, mandasse... precipitar no espaço os passageiros.".

De notar-se que a ponderação de interesses *nas circunstâncias*, vai além do sopesamento de bens puro e simples. E isso fica claro no seguinte exemplo de Assis Toledo:[928] "Não pode, pois, o médico, diante de dois pacientes necessitados do socorro e só dispondo de um único aparelho salvador, cessar o socorro já iniciado, em relação a um, para instalar o aparelho no que chegou por último, com sacrifício do primeiro.".

---

[925] HUNGRIA, Nelson; FRAGOSO, Heleno Cláudio. *Comentários ao Código Penal*. 5ª ed. Rio de Janeiro: Forense, 1978, v. I, t. II, p. 276.

[926] MANZINI, Vincenzo. *Trattato di Diritto Penal Italiano*. 2ª ed. Torino: UTET, 1941, v. II, p. 364. No mesmo sentido: SOUSA, Alberto Rufino R. Rodrigues de. *Estado de Necessidade – Um Conceito Novo e Aplicações mais Amplas*. Rio de Janeiro: Forense, 1979, p. 53.

[927] NORONHA, E. Magalhães. *Direito Penal – Introdução e Parte Geral*. 25ª ed. (atual. por Adalberto José Q. T. de Camargo Aranha). São Paulo: Saraiva, 1987, v. 1, p. 184.

[928] TOLEDO, Francisco de Assis. *Princípios Básicos de Direito Penal*. 5ª ed. São Paulo: Saraiva, 1994, p. 187-188.

3.3.4.5. *Direito próprio ou alheio*

A alusão ao direito próprio ou alheio expressa no dispositivo legal significa que tanto pode invocar o estado de necessidade o agente que pratica o fato para salvar de perigo atual tanto interesse seu como o alheio, independentemente da relação existente entre o que pratica o ato necessário e aquele que se beneficiou.

3.3.4.6. *Elemento subjetivo: o "animus" de salvamento*

À caracterização do estado de necessidade não basta estejam presentes os requisitos objetivos, mas deve estar presente também o requisito subjetivo consistente no propósito de salvamento da ação necessária, o qual é dedutível da expressão "pratica o fato *para* salvar de perigo atual...", consoante o art. 24 do CP.

No exemplo de Enrique Cury Urzúa,[929] aquele que furta um medicamento raro e caro no objetivo de obter lucro e que, ao chegar em casa, o subministra a sua esposa, a qual, no intervalo entre a conduta delitiva e a chegada a sua residência, havia contraído uma grave enfermidade, cujo medicamento subtraído constitui o único meio de salvá-la, não estará justificado pelo estado de necessidade. Isso porque não se conduziu conforme o direito. O benefício do cônjuge, em tal caso, foi obra do acaso, e não do propósito do agente no momento do furto.

3.3.4.7. *Ausência do dever legal de enfrentar o perigo*

Estabelece o § 1º do art. 24 que: "Não pode alegar estado de necessidade quem tinha o dever legal de enfrentar o perigo.". Com efeito, soaria inusitado, e até mesmo um despropósito, o bombeiro, o agente penitenciário, o policial, o comandante de navio invocarem a justificante para salvaguardarem-se do perigo em detrimento de terceiros.

Todavia, o requisito não afasta seja o incumbido de atender o dever legal de enfrentar o perigo de se furtar a tanto diante de situações em que não haja a mínima plausibilidade em atuar, como é o caso de o policial reagir contra a ação de forte grupo armado em que eventual atuação serviria tão somente para oferecer-se como sacrifício.

Não obstante haja o dever legal de enfrentar o perigo, prevê o § 2º hipótese na qual a pena poderá ser reduzida de um a dois terços.

3.4. Estado de necessidade putativo

O estado de necessidade putativo possui supedâneo no art. 20, § 1º, do CP, o qual dispõe que: "É isento de pena quem, por erro plenamente justifi-

---

[929] CURY URZÚA, Enrique. *Derecho Penal – Parte General*. 8ª ed. Santiago: Ediciones Universidad Católica de Chile, 2005, p. 364.

cado pelas circunstâncias, supõe situação de fato que, se existisse, tornaria a ação legítima. Não há isenção de pena quando o erro deriva de culpa e o fato é punível como crime culposo.".

Figure-se o exemplo em que, durante a exibição de uma peça teatral, o palco seja tomado por uma fumaça, a qual, no entanto, fazia parte da encenação, sendo que uma dentre as pessoas do público grita em tom assustador a frase "fogo! O teatro está pegando fogo!". Em sequência, um outro espectador assustado com a situação foge do recinto, derrubando e lesionando pessoas. Nesse caso, estar-se-ia diante de um caso de estado de necessidade putativo (imaginário), porquanto não havia efetivamente um perigo atual.

No caso concreto, deverá ser aferido se o erro era inevitável ou evitável, é dizer, neste último caso, tenha ele decorrido de culpa. Em se confirmando a conduta culposa, ou seja, aquela praticada em razão da inobservância do dever objetivo de cuidado, o agente responderá por crime culposo, se previsto em lei (CP, art. 18, inc. II).

3.5. Excesso punível

De acordo com o disposto no parágrafo único do art. 23, o agente responderá pelo excesso doloso ou culposo. De notar-se que os casos de excesso são mais comuns no âmbito da legítima defesa, mas se aquele que estiver em estado de necessidade exceder-se dolosa ou culposamente, responderá criminalmente por tal excesso.

4. A legítima defesa

4.1. Conceito e fundamento

O conceito de legítima defesa é fornecido pelo art. 25 do CP: "Entende-se em legítima defesa quem, usando moderadamente dos meios necessários repele injusta agressão, atual ou iminente, a direito seu ou de outrem.". Do conceito legal, extraem-se os requisitos objetivos, os quais conjugam-se ao requisito subjetivo consistente no *animus defendendi*, ou o propósito de defender direito seu ou de outrem.

Desde o direito romano primitivo, a legítima defesa foi admitida como uma reação defensiva (*vim vi repellere licet*). Nas palavras de Assis Toledo:[930] "O direito canônico assim também a admitia, quando exercida nos limites da necessidade e dentro de certa proporcionalidade (*cum moderamine inculpatae tutelae*), segundo as fontes romanísticas e bíblicas em que se inspirava. E ainda a admite, desde que mantida a devida moderação (*debitum servans moderamen*)".

---

[930] TOLEDO, Francisco de Assis. *Princípios Básicos de Direito Penal*. 5ª ed. São Paulo: Saraiva, 1994, p. 194. Para uma maior detalhamento, consulte-se: LINHARES, Marcelo Jardim. *Legítima Defesa*. 4ª ed. Rio de Janeiro: Forense, 1992, p. 14 e ss.

Das origens remotas, não obstante as controvérsias entre subjetivistas e objetivistas, a nosso ver, não há dificuldade em deduzir que a legítima defesa encontra seu fundamento[931]na tutela de bens jurídicos, bem como na tutela do próprio ordenamento jurídico, porquanto a ordem jurídica pretende não apenas punir agressões, mas também preveni-las.

A exemplo do que referimos[932] no estudo do estado de necessidade, há crimes que são incompatíveis com as normas permissivas, porquanto a tipicidade encerra a ilicitude de modo inarredável, como ocorre nos crimes sexuais, visto que é inimaginável se invocar legítima defesa em benefício do autor de um estupro.

Já se discutiu sobre a admissão da legítima defesa da honra em casos de adultério. Assis Toledo[933] refere diversos precedentes em seu livro *Ilicitude Penal e Causas de sua Exclusão*, dentre os quais o caso julgado no Paraná (TJPR, Rel. Ossian França, RTJE 19/327) em que o Júri absolveu o marido traído por sua esposa, por tê-la matado "conforme os sentimentos populares.".

Esse entendimento, não raro em algumas decisões antigas, é inadmissível. Não que a honra não possa ser objeto de legítima defesa em determinadas situações, mas matar em caso de adultério não torna a conduta do agente lícita. O próprio penalista[934] esclarecia: "Isso, porém, não põe em questão a possibilidade de legítima defesa da honra. O que se contesta – e a nosso ver com justa razão – é que nessa hipótese [do marido que mata a esposa que o traiu] ocorra uma real legítima defesa da honra ou que se possa considerar inserido no quadro da necessidade e da moderação o ato de quem mata a mulher infiel ou o seu amante, pelo só fato da infidelidade conjugal.".

4.2. Requisitos da legítima defesa

4.2.1. *Agressão injusta, atual ou iminente*

O primeiro requisito a ensejar a legítima defesa é a agressão injusta a ser repelida, desde que seja atual ou iminente.

Por agressão entende-se toda lesão ou exposição de perigo por parte de uma pessoa em detrimento de outra, agressão essa que será qualificada como injusta se for exercida em afronta ao direito. É dizer, a agressão injusta é a agressão ilícita, contrária ao direito, porquanto se for lícita, como no exemplo de uma prisão em flagrante ou em razão de cumprimento de mandado por um policial, não se cuidará de agressão injusta, não tendo lugar, assim, a legítima defesa. Note-se, porém, que a agressão injusta não precisa configurar um crime, podendo ocorrer, por exemplo,[935] em defesa da posse, "mesmo

---

[931] BRUNO, Aníbal. *Direito Penal*. 3ª ed. Rio de Janeiro: Forense, 1967, t. 1º, p. 372-374.
[932] Nesse sentido: TAVARES, Juarez. *Teoria do Injusto Penal*. 3ª ed. Belo Horizonte: Del Rey, 2003, p. 169.
[933] TOLEDO, Francisco de Assis. *Ilicitude Penal e Causas de sua Exclusão*. Rio de Janeiro: Forense, 1984, p. 101.
[934] TOLEDO, Francisco de Assis. *Princípios Básicos de Direito Penal*. 5ª ed. São Paulo: Saraiva, 1994, p. 200.
[935] Ibid., p. 195.

quando a ação agressiva não caracterize o crime de esbulho possessório (CP, art. 161, II)".

Não só a agressão injusta atual, mas também a iminente são passíveis de serem redarguidas com a legítima defesa. Assim, se *A* e *B* encontram-se em um bar e em certo momento *A* faz elogios demasiados aos atributos estéticos da esposa de *B*, o qual irritado afirma que dará um tiro em *A*, levantando-se para pegar a arma que está no casaco que pendurara na parede, é certo que *A* não precisará ficar aguardando que *B* dê o primeiro tiro para só então se defender. Nesse caso, *A* poderá desde logo agir em legítima defesa da agressão injusta iminente, dentre dos limites de necessidade e proporcionalidade.

Impende salientar que a agressão injusta não necessariamente deve ser dolosa, admitindo-se seja ela culposa desde que apta a causar lesão a bem jurídico alheio. Assim, se um motorista imprudente perde o controle da direção de seu automóvel e vai em direção a pessoas que estão em uma parada de ônibus, por exemplo, um outro motorista que tenha percebido a tragédia iminente poderá legitimamente jogar seu carro contra o carro do motorista imprudente para salvar as pessoas que se encontram na calçada de serem atropeladas.

Cumpre esclarecer que também é possível legítima defesa em face de uma conduta omissiva. Figuremos o exemplo em que *A* esteja se afogando e *B*, salva-vidas, sonegue o auxílio devido. Percebendo a situação, *C*, saca sua arma e mediante grave ameaça a *B*, força-o a salvar a vida de *A*. Nesse caso, *C* agiu em legítima defesa de *A* em face da agressão injusta e omissiva de *B*.

Ainda, para a reação defensiva, é indiferente que o agente agressor seja inimputável, seja por ausência de higidez mental ou em razão de menoridade, pois a injustiça da agressão deve ser considerada objetivamente. Porém, o comportamento do agressor deve revelar ao menos a qualidade de uma conduta humana. Assim, se determinada pessoa sofre um ataque epilético e vem a bater com o braço em alguém que está a seu lado, não deve essa pessoa em quem o braço lhe veio de encontro reagir defensivamente, e sim sair do lado do epilético, se for o caso, para não se machucar, visto que os atos não voluntários (sob coação física, atos de inconsciência e atos reflexos) não configuram uma conduta do ponto de vista penal.

Exigindo a reação defensiva a presença de uma agressão injusta, forçoso é concluir que não há legítima defesa de meras provocações que não cheguem a configurar uma agressão.

Por fim, não há legítima defesa contra ataques de animais, podendo-se falar em tais casos em estado de necessidade.

4.2.2. Direito próprio ou alheio

O CP, em seu art. 25, franqueia a legítima defesa à tutela de direito qualquer bem jurídico, próprio ou alheio (*direito seu ou de outrem*). Não obstante, o fato de vir-nos à mente sobretudo a vida, a integridade física e o patrimônio, qualquer bem jurídico é passível de ser legitimamente defendido, tais como a honra, a liberdade, a liberdade sexual.

Eis um ilustrativo precedente do Tribunal de Justiça de Santa Catarina em matéria de legítima defesa do bem jurídico honra: "*In specie*, o réu não dirigira à vítima a mais leve provocação, e limitou-se a reagir com apenas um soco, sem excessos, presentes a moderação e os meios necessários. Não se podia exigir que aceitasse sem qualquer reação o grosseiro insulto, ou que se restringisse a revidar com palavras da mesma torpeza, o que seria sumamente degradante. E diante do atrevimento da vítima, era bem de supor que não ficaria só no primeiro ultraje, estando, pois, justificada a atitude do acusado. Aos que opinam ser de aplicar, no caso de ofensa verbal, a minorante especial da violenta emoção e não absolver pela legítima defesa, responde-se que o argumento é válido na hipótese de desproporcionalidade, de imoderada repulsa, mas não, *data venia*, quando o réu se detém nos limites necessários, sem excessos ou descomedimentos" (TJSC, Apelação Criminal 12.552, Rel. Marcílio Medeiros, j. 30.04.1974, RT 479/383).

4.2.3. Meios necessários usados moderadamente (proporcionalidade)

Meios necessários são aqueles indispensáveis e idôneos para a reação defensiva. Tais meios somente encontram guarida legal se usados moderadamente, ou seja, reivindica-se haja proporcionalidade entre a agressão injusta e a repulsa

Diferentemente do que ocorre com o estado de necessidade, a defesa legítima não consagra como requisito a inevitabilidade da lesão. Aquele se caracteriza por ser uma justificante subsidiária. Assim, se for possível a fuga, deve ser esta a alternativa a ser seguida. Já na legítima defesa o *commodus discessus*, ou seja, nas palavras de Costa Júnior,[936] "a retirada cômoda da pessoa ameaçada, desviando o caminho, saindo pelos fundos, etc." não é imposta àquele que repele a agressão injusta. Nesses casos, a ninguém se impõe o dever de covardia.

4.2.4. Elemento subjetivo: "animus" de defesa

Consoante supramencionado, o entendimento atual exige à configuração da justificante o elemento subjetivo, o qual, na legítima defesa, consiste no propósito de repelir agressão injusta, atual ou iminente, a direito seu ou de outrem.

Tomemos o exemplo em que *A*, avistando seu desafeto, *B*, desfere-lhe intencionalmente um tiro que venha a acarretar a morte da vítima, sendo que, em sequência, o terceiro, *C*, vem ao encontro de *A* agradecer-lhe por ter-lhe salvado a vida, visto que *B* estava, naquele mesmo momento, em sua perseguição, munido de arma de fogo para matá-lo. No exemplo dado, o salvamento de *C* foi obra do acaso, visto que *A* desconhecia o fato da perseguição com o

---

[936] COSTA JÚNIOR, Paulo José da. *Comentários ao Código Penal*. 4ª ed. São Paulo: Saraiva, 1996, v. 1, p. 108.

intento criminoso de *B*. Dessa forma, a conduta de *A* não estará justificada, pois não agiu para defender interesse da agressão injusta.

4.3. Legítima defesa putativa

A legítima defesa putativa ou imaginária ocorre quando o agente pratica a ação que imaginava ser defensiva de uma agressão injusta, atual ou iminente, por erro plenamente justificado pelas circunstâncias, supondo situação de fato que, se existisse, tornaria a ação legítima.

Figuremos o exemplo em que *A*, conhecido homicida, divulgue sua intenção de executar *B*. *B*, conhecedor da fama de *A*, o qual era seu antigo amigo, passa a andar armado com arma de fogo, no escopo de defender-se, em caso de possível agressão contra sua vida. Devido ao fato da demora em *A* encontrar *B*, em decorrência do tempo, acalma-se e desiste de seu intento. Em sequência, *B*, desconhecendo tal alteração de desígnio de *A*, encontra-o em frente a um bar localizado no bairro em que moravam. *A* vai em direção a *B* na intenção de fazer as pazes com o antigo amigo, coloca a mão no bolso para pegar um cigarro e se vê alvejado por diversos tiros dados por *B*, que supôs ter *A* se aproximado para atacá-lo. Com *A* morto em decorrência dos ferimentos provocados pelos tiros, descobre-se que sua intenção era aproximar-se de *B* não para matá-lo, mas para com ele se reconciliar. No contexto fático aqui ilustrado, pode-se afirmar que *B* agiu em legítima defesa putativa.

Porém, em uma situação imaginária de legítima defesa, pode dar-se o caso de aquele que *supõe* situação de fato agressivo contra si, agir de forma precipitada, ou seja, sem o devido cuidado, o que fará com que o agente que imagina repelir uma agressão injusta (não real) responda por crime culposo, se previsto em lei.

4.4. Excesso punível

O parágrafo único do art. 23 do CP preceitua que o agente, em quaisquer das hipóteses elencadas nos incisos I a III no referido dispositivo, responderá pelo excesso doloso ou culposo. Muito embora o parágrafo se refira a todas as justificantes legais, o seu âmbito de maior aplicação é o da legítima defesa. O excesso na legítima defesa tem sido objeto de trabalhos[937] monográficos, bem como objeto de maior debate na jurisprudência.

O excesso punível pode ser doloso ou culposo. Eis a lição de Marcelo Linhares[938] sobre a primeira hipótese: "Responde a título de dolo o agente quan-

---

[937] Por exemplo: GOULART, Henny. *O Excesso na Defesa*. São Paulo: Revista dos Tribunais, 1968; VENZON, Altayr. *Excessos na Legítima Defesa*. Porto Alegre: Sergio Antonio Fabris Editor, 1989; GUERRERO, Hermes Vilchez. *Do Excesso em Legítima Defesa*. Belo Horizonte: Del Rey, 1997; MOURA, Bruno de Oliveira. *A Não-Punibilidade do Excesso na Legítima Defesa*. Coimbra: Coimbra Editora, 2013.

[938] LINHARES, Marcelo Jardim. *Legítima Defesa*. 4ª ed. Rio de Janeiro: Forense, 1992, p. 294.

do, perseguindo o mesmo objetivo que a legislação considera como causa de exclusão de criminalidade, supera ele voluntariamente os limites da necessidade, usando imoderadamente, de forma consciente, os meios encontrados para repelir a agressão.".

O *excessus defensionis* culposo deriva de culpa, ou seja, não é proposital, mas decorre da não observância do cuidado exigido. Assis Toledo[939] afirma que o excesso culposo possui os seguintes requisitos: "a) que o agente esteja, inicialmente, em uma situação de reconhecida legítima defesa; b) que dela se desvie, em momento posterior, seja na escolha dos meios de reação, seja no modo imoderado de utilizá-los, por culpa estrito senso (negligência, imprudência ou imperícia), isto é, por não ter empregado o dever de cuidado, exigível nas circunstâncias; c) que o resultado lesivo esteja previsto em lei (tipificado) como crime culposo.".

Sobre o excesso culposo, assim já decidiu o STF: "Ementa: – A legítima defesa só se integra com o uso moderado dos meios necessários; mas o excesso culposo pode-se verificar, tanto na escolha dos meios como no uso imoderado que deles faz o réu (...)" (Segunda Turma, RECr 92.244-0/ES, rel. Min. Cordeiro Guerra, j. 29.04.1980, unânime).

O CP de 1969 – que, como já referimos, não chegou a entrar em vigor – previa como excesso exculpante ou "escusável" o proveniente de medo, surpresa, ou perturbação de ânimo, no § 1º do art. 30, a ver-se: **"Excesso escusável § 1º Não é punível o excesso quando resulta de escusável medo, surpresa, ou perturbação de ânimo em face da situação"**.

Por sua vez, o vigente CP alemão[940] assim preceitua:

§ 33. Excesso de legítima defesa. Ultrapassando o agente os limites da legítima defesa por perturbação, medo ou susto, não será ele punido.

Muito embora o CP brasileiro não possua semelhante previsão, a doutrina[941] tem se posicionado favoravelmente à exculpação do excesso de legítima defesa em decorrência dos afetos *astênicos* (fracos), como a perturbação (confusão), o medo e o susto. Em contraposição, estão os afetos *estênicos* (fortes), tais como o ódio, a ira, a paixão que, nas palavras de Assis Toledo[942] "se apresentem embutidos em um ato de vingança", os quais não exculpam a conduta.

Impende salientar que há diversas decisões jurisprudenciais acolhendo esse entendimento, dentro os quais recolhemos o seguinte exemplo, julgado pelo Tribunal de Justiça de Minas Gerais: "É possível que o réu se tenha excedido na repulsa. Mas, diante do estado de *perturbação* [g.n.] em que devia se

---

[939] TOLEDO, Francisco de Assis. *Ilicitude Penal e Causas de sua Exclusão*. Rio de Janeiro: Forense, 1984, p. 93-94.

[940] No original: "§ 33. Überschreitung der Notwehr. Überschreitet der Täter die Grenzen der Notwehr aus Verwirrung, Furcht oder Schrecken, só wird er nicht bestraft".

[941] Consulte-se: TOLEDO, Francisco de Assis. *Ilicitude Penal e Causas de sua Exclusão*. Rio de Janeiro: Forense, 1984, p. 97; VENZON, Altayr. *Excessos na Legítima Defesa*. Porto Alegre: Sergio Antonio Fabris Editor, 1989; GUERRERO, Hermes Vilchez. *Do Excesso em Legítima Defesa*. Belo Horizonte: Del Rey, 1997; MOURA, Bruno de Oliveira. *A Não-Punibilidade do Excesso na Legítima Defesa*. Coimbra: Coimbra Editora, 2013.

[942] TOLEDO, Francisco de Assis. *Ilicitude Penal e Causas de sua Exclusão*. Rio de Janeiro: Forense, 1984, p. 97.

achar, face à brutal agressão a seu filho naquela situação, é natural que não se pudesse conter nos apertados limites do *moderamen*. Ao que parece, agiu com excesso na *ação* ou no *fim*. Não com aquele excesso criminoso na *causa*, fruto de vingança maligna ou de um impulso de perversidade" (Apelação Criminal 23.239, rel. Des. Alfredo de Albuquerque, j. 8.4.1942, *Revista Forense*, v. 92, p. 238).

O excesso passível de exculpação, previsto expressamente no CP alemão – e aceito na doutrina e na jurisprudência brasileiras, ainda que sem previsão em nosso CP –, é o denominado *excesso intensivo*, ou seja, nas palavras do penalista[943] citado, "daquele que decorre de o agente ter imprimido intensidade superior àquela que seria necessária para o ato de defesa, fazendo-o, porém, em virtude do estado de confusão, susto ou medo, de que estava possuído diante da injusta agressão da vítima.". Em linha oposta está o *excesso extensivo*, ou seja, aquele destituído de requisito "atualidade", porquanto em tal situação estar-se-á diante de comportamento vingativo, e não de conduta escusável.

5. Estrito cumprimento do dever legal

Aquele que, com seu comportamento, cumpre um dever legal não pratica crime, pois age justificadamente, é dizer, conforme ao direito. Muñoz Conde[944] afirma que não há excludente mais evidente do que o cumprimento de um dever, chegando mesmo, segundo obtempera, a ser supérflua. Coerente com essa lição é o magistério de Magalhães Noronha:[945] "O fundamento desta descriminante salta aos olhos: a lei não pode punir quem cumpre um dever que ela impõe.".

A causa excludente de ilicitude prevista na primeira parte do inc. III do art. 23 do CP determina que o cumprimento do dever seja *estrito*, limitação que, se não observada, desfigura a licitude da ação, podendo ir além até o ponto do abuso de autoridade, incriminado pela Lei nº 4.898/65, ou do crime de tortura (Lei nº 9.455/97), em casos mais extremos. Consoante Ivan Martins Motta,[946] o adjetivo legal abrange "toda atividade normativa reguladora", tanto as do poder legislativo (leis em sentido estrito) como também do poder executivo (decreto, regulamento, etc.). Luís Augusto Sanzo Brodt[947] assevera que deve estar presente, tal qual nas demais justificantes, o requisito subjetivo consistente no propósito do cumprimento do dever.

---

[943] TOLEDO, Francisco de Assis. *Ilicitude Penal e Causas de sua Exclusão*. Rio de Janeiro: Forense, 1984, p. 96.
[944] MUÑOZ CONDE, Francisco. *Teoría General del Delito*. 2ª ed. Valencia: Tirant lo Blanch, 1991, p. 109.
[945] NORONHA, E. Magalhães. *Direito Penal – Introdução e Parte Geral*. 25ª ed. (atual. por Adalberto José Q. T. de Camargo Aranha). São Paulo: Saraiva, 1987, v. 1, p. 197.
[946] MOTTA, Ivan Martins. *Estrito Cumprimento de Dever Legal e Exercício Regular do Direito*. São Paulo: Juarez de Oliveira, 2000, p. 44.
[947] BRODT, Luís Augusto Sanzo. *Do Estrito Cumprimento de Dever Legal*. Porto Alegre: Sergio Antonio Fabris Editor, 2005, p. 140 e ss.

Para um setor doutrinário,⁹⁴⁸ a causa de justificação somente alberga os funcionários (ou servidores) públicos que ajam no cumprimento de seus deveres, tal como o policial que efetua a prisão, o carrasco que executa o condenado, o oficial de justiça que cumpre a ordem de despejo.

Para outro, no qual se inclui Costa Júnior,⁹⁴⁹ a excludente compreende "aqueles que eventualmente estejam incumbidos do cumprimento de um dever legal (...)". Pensamos ser esta última posição a correta, porquanto há casos em que se recolhem da realidade outros destinatários do dispositivo, ou seja, pessoas que estão sujeitas a deveres legais que não são funcionários públicos, como é o caso da testemunha que depõe em juízo, que não pratica crime contra a honra por descrever em face um quadro fático que venha a atingir a reputação de alguém.

Consideremos, em benefício de ilustração, as seguintes situações: o policial que cumpre o mandado de prisão não deve empregar o uso da força, salvo a indispensável no caso de resistência ou de tentativa de fuga (CPP, art. 284); o carrasco que executará o condenado não pode antes da execução dar-lhe uma surra; o oficial de justiça que cumpre a ordem de despejo não pode proferir ofensas ao executado, chamando-o de caloteiro; a testemunha, ao depor, deve se ater aos termos da causa, não sendo a ela facultado proferir deliberadamente ofensas só com o intuito de ofender alguém.

A realidade pode oferecer certas dificuldades. Figuremos o exemplo em que policiais tenham a incumbência de repelir agressões de um grupo a pessoas e ao patrimônio em que a ordem dada determina seja utilizado gás lacrimogêneo para dissuadir os agressores. Porém, em meio à operação, começa a chover fortemente, sendo que a água em combinação com o gás vem a ocasionar graves queimaduras nas pessoas que estavam expostas ao gás. Nesse caso, tal circunstância deve ser levada em conta no julgamento, pois os policiais não tinham a intenção de produzir as queimaduras, a qual decorreu da chuva inesperada em combinação com o gás lacrimogêneo utilizado.

Também aqui será punível o excesso doloso ou culposo (art. 23, parágrafo único), desde que, nesta última hipótese, haja previsão legal da modalidade culposa (art. 18, parágrafo único).

6. Exercício regular de direito

É intuitivo que aquele que exerce um direito não pratica um fato ilícito. Exercício de direito e ilicitude são reciprocamente contraditórios e excludentes. O exercício de um direito não constitui crime (CP, art. 23, inc. III, parte final).

---

⁹⁴⁸ Por todos: SANTOS, Juarez Cirino dos. *A Moderna Teoria do Fato Punível*. 4ª ed. Rio de Janeiro: ICPC/Lumen Juris, 2005, p. 182.

⁹⁴⁹ COSTA JÚNIOR, Paulo José da. *Comentários ao Código Penal*. 3ª ed. São Paulo: Saraiva, 1989, v. 1, p. 211. No mesmo sentido: TOLEDO, Francisco de Assis. *Ilicitude Penal e Causas de sua Exclusão*. Rio de Janeiro: Forense, 1984, p. 119.

O fundamento[950] da justificante consiste "na valoração positiva feita pelo ordenamento jurídico a respeito dos comportamentos que a ele se ajustam, excluindo-os de sanção penal ainda que possam atingir e ferir bens jurídicos.".

No exemplo trazido por Assis Toledo,[951] não comete crime de dano, ou qualquer outro crime, quem, pelo regular exercício de um direito de vizinhança, corta as raízes e/ou os ramos de árvore da propriedade alheia, que é limítrofe a sua, quando ultrapassam os limites divisórios, a teor do disposto no art. 1.283 do Código Civil.

Reale Júnior[952] refere o seguinte exemplo: "O novo Código Civil autoriza o detentor do 'poder familiar' a exigir dos filhos menores que lhe preste obediência, respeito e os serviços próprios de sua idade e condição (art. 1.634, VII[953]). Não há, portanto, constrangimento ilegal em exigir que a criança de dez anos arrume diariamente sua cama.".

A teor do art. 301 do CPP, além de constituir um dever das autoridades policiais e seus agentes, qualquer do povo poderá prender quem quer que seja encontrado em flagrante delito. Portanto, a pessoa que, sem ser agente público incumbido para tanto, prender alguém que se encontre em flagrante delito estará exercendo um direito, não respondendo por crime de sequestro previsto no art. 148 do CP. Outro exemplo: o contribuinte que reduz seu imposto de renda mediante uma opção de declaração mais favorável e legalmente prevista exerce regularmente um direito, não incorrendo nas sanções da Lei nº 8.137/90.

Muito embora a doutrina propugne a presença do elemento subjetivo nas justificantes em geral, isso é duvidoso no caso do exercício regular de direito. É certo que no mais das vezes quem exerce um direito o faz porque o quer e, nesse caso, o elemento subjetivo está implícito. Porém, pode dar-se o caso de o agente exercer um direito de forma contrariada, não por querer exercê-lo, mas por querer agradar alguém, por exemplo. O que queremos dizer é que, do ponto de vista da realidade, indagar-se sobre qualquer propósito do agente no terreno criminal quando um direito é exercido, sob a ótica de perspectiva incriminatória, se nos é permitido um trocadilho, revela-se um despropósito.

Em se tratando de exercício regular de direito, o excesso é também plenamente possível. Edmundo Oliveira[954] assim exemplifica: "o hoteleiro que pode exercer o penhor legal das bagagens do hóspede inadimplente, mas apreende, também, documentos dele, excede-se do direito.".

---

[950] TOLEDO, Francisco de Assis. *Ilicitude Penal e Causas de sua Exclusão*. Rio de Janeiro: Forense, 1984, p. 109.
[951] Amparava-se o autor no art. 558 do hoje revogado Código Civil de 1916, cuja redação assim estipulava: "Art. 558. As raízes e ramos das árvores que ultrapassarem a extrema do prédio, poderão ser cortados, até o plano vertical divisório, pelo proprietário do terreno invadido.". TOLEDO, Francisco de Assis. *Ilicitude Penal e Causas de sua Exclusão*. Rio de Janeiro: Forense, 1984, p. 111-112. Atualmente, o Código Civil de 2002, em seu art. 1.283, prevê a hipótese, com redação idêntica à previsão do revogado Código Civil de 1916.
[952] REALE JÚNIOR, Miguel. *Instituições de Direito Penal – Parte Geral*. 4ª ed. Rio de Janeiro: Forense, 2013, p. 171.
[953] Atualmente, art. 1.634, inc. IX, com a redação dada pela Lei nº 13.058/2014.
[954] OLIVEIRA, Edmundo. *Comentários ao Código Penal – Parte Geral*. 3ª ed. Rio de Janeiro: Forense, 2005, p. 328.

7. Consentimento do titular do bem jurídico como causa supralegal de atipicidade e como causa supralegal justificante

É comum, em doutrina, falar-se em *consentimento do ofendido*. Todavia, tal expressão não é a mais adequada, porquanto o fato de haver consentimento não significa que tenha havido uma conduta ofensiva a algum bem jurídico – pelo menos, nem sempre –, e, assim, não há se falar em "ofendido", e sim em titular do bem jurídico. Assim é que se duas pessoas maiores de quatorze anos mantiverem conjunção carnal, sem constrangimento de parte a parte, nenhuma delas será *ofendida* do ponto de vista penal. Portanto, mostra-se mais adequado utilizar-se a expressão *consentimento do titular do bem jurídico*.

Em doutrina,[955] divisam-se duas posições no que concerne à natureza do consentimento do titular do bem jurídico com repercussão na responsabilidade penal, uma denominada *teoria diferenciadora* (concepção dualista), segundo a qual o consentimento pode afastar ora a tipicidade ora a ilicitude, conforme o caso, e outra dita *teoria unitária* (concepção monista), para a qual o consentimento, nos casos em que for admitido como excludente, determinará sempre a ausência de tipicidade. Pensamos ser correta a doutrina diferenciadora,[956] consoante a seguir explicitaremos.

Ao estudarmos as causas que propiciam a ausência de tipicidade, vimos que o consentimento do titular do bem jurídico afasta a tipicidade quando a ausência de consentimento for pressuposto ou elemento do tipo penal incriminador. Porém, há casos em que o consentimento afasta a ilicitude, e não a tipicidade. Isso ocorre quando a sua ausência não constitui elemento necessário à caracterização típica. Esse é o entendimento da teoria diferenciadora, que propugna o afastamento tanto da tipicidade quanto da ilicitude. Se o dissentimento não for pressuposto ou elemento do tipo, o consentimento determinará a exclusão da ilicitude. Pensemos no exemplo do delito de dano. Se o agente *destruir*, *inutilizar* ou *deteriorar coisa alheia*, incorrerá nas penas do crime de dano (art. 163). Porém, se o titular da coisa alheia, ou seja, o titular do bem jurídico consentir com o dano, não se pode dizer que a ação não causou um dano à coisa. Dano houve, por óbvio! Mas, nesse caso, a conduta do agente que causou o dano, conquanto típica, não será ilícita, pois justificada pelo assentimento do titular do bem jurídico. Cerezo Mir,[957] que também segue a orientação diferenciadora, refere, ainda, o crime de injúria (art. 140) e o crime de lesões corporais (art. 129) como exemplos em que o consentimento constitui causa de justificação, e não de atipicidade.

---

[955] Sobre o ponto, consulte-se: SEGURA GARCÍA, María José. *El Consentimiento del Titular del Bien Jurídico en Derecho Penal*. Valencia: Tirant lo Blanch, 2000, p. 54 e ss.

[956] Para um detalhamento, incluindo a perspectiva histórica, consulte-se: ANDRADE, Manuel da Costa. *Consentimento e Acordo em Direito Penal*. Coimbra: Coimbra Editora, 1991, p. 137 e ss.

[957] CEREZO MIR, José. *Curso de Derecho Penal – Parte General – Teoría Jurídica del Delito*. 6ª ed. Madrid: Tecnos, 1998, v. II, p. 331.

O consentimento como causa de atipicidade ou como causa justificante, diferentemente do que ocorre em algumas legislações, como na Itália[958] e em Portugal,[959] não decorre de uma regulação legal, e sim da interpretação doutrinária. Trata-se, assim, no direito pátrio, de *causa supralegal* de atipicidade ou de justificação. Cezar Bitencourt[960] refere que a doutrina aponta os seguintes requisitos: "a) que a manifestação do ofendido seja livre, sem coação, fraude ou outro vício de vontade; b) que o ofendido, no momento de consentir, possua capacidade para fazê-lo, isto é, compreenda o sentido e as consequências de sua aquiescência; c) que se trate de bem jurídico disponível; d) que o fato típico se limite e se identifique com o consentimento do ofendido.".

Os requisitos elencados pelo penalista brasileiro estão, em linhas gerais, corretos, mas há que se observar que, quanto à capacidade, mencionada na letra "b", não basta, em certos casos, a compreensão (ou "experiência" da vítima) do sentido e das consequências da pessoa que aquiesce, porquanto, mesmo que eventualmente presente, não exime o agente da responsabilidade penal, como ocorre no estupro de vulnerável, em que a vítima seja menor de quatorze anos (art. 217-A, *caput*), de acordo com entendimento sumulado pelo STJ[961] (Súmula 593). Ou seja, a capacidade aqui não se reduz à compreensão, mas reclama o requisito etário. Isso ocorre de forma expressa no CP português, em que se somam a exigência do requisito da idade de 14 anos *e* do "discernimento necessário" (CP português, art. 38º, inc. 3). Outra observação a ser feita é que não se trata, em muitos casos, em consentimento do ofendido, e sim do titular do bem jurídico, consoante expusemos acima.

Ainda uma palavra sobre o âmbito de aplicação, tendo em conta os requisitos acima mencionados. Consoante esclarecem M. Cobo del Rosal e T. S. Vives Antón,[962] a causa excludente aqui estudada não é aplicável a crimes contra a coletividade, mas tão somente contra particulares. Isso porque os bens coletivos são irrenunciáveis. No caso de bem individual que seja irrenunciável, a causa excludente também não terá aplicação, como ocorre com relação ao bem jurídico vida.

---

[958] *Codice Penale*: Art. 50. (*Consenso dell'avente diritto*). *Non è punibilie chi lede o pone in pericolo un diritto, col consenso della persona che può validamente disporne*.

[959] Código Penal: Art. 38º (Consentimento) 1. Além dos casos especialmente previstos em lei, o consentimento exclui a ilicitude do facto quando se referir a interesses jurídicos livremente disponíveis e o facto não ofender os bons costumes. 2. O consentimento pode ser expresso por qualquer meio que traduza vontade séria, livre e esclarecida do titular do interesse juridicamente protegido, e pode ser livremente revogado até a execução do facto. 3. O consentimento só é eficaz se for prestado por quem tiver mais de 14 anos e possuir o discernimento necessário para avaliar o seu sentido e alcance no momento em que o presta. 4. Se o consentimento não for conhecido do agente, este é punível com a pena aplicável à tentativa. Art. 39º (Consentimento presumido) 1. Ao consentimento efectivo é equiparado o consentimento presumido. 2. Há consentimento presumido quando a situação em que o agente actua permitir razoavelmente supor que o titular do interesse juridicamente protegido teria eficazmente consentido no facto, se conhecesse as circunstâncias em que este é praticado.

[960] BITENCOURT, Cezar Roberto. *Teoria Geral do Delito – Uma Visão Panorâmica da Dogmática Penal Brasileira*. Coimbra: Almedina, 2007, p. 246.

[961] Eis a dicção da Súmula 593 do STJ: "O crime de estupro de vulnerável se configura com a conjunção carnal ou prática de ato libidinoso com menor de 14 anos, sendo irrelevante eventual consentimento da vítima para a prática do ato, sua experiência sexual anterior ou existência de relacionamento amoroso com o agente.".

[962] COBO DEL ROSAL, Manuel; VIVES ANTÓN, Tomás S. *Derecho Penal – Parte General*. 5ª ed. Valencia: Tirant lo Blanch, 1999, p. 492.

Por fim, impende registrar que diante da complexidade da vida, há situações que merecem um estabelecimento de critérios mais rigorosos, como o faz, por exemplo, o CP espanhol (art. 156) com relação a lesões corporais relativas a transplantes de órgãos, esterilizações e cirurgia transsexual facultativa, determinado seja o consentimento válido, livre, consciente e expresso. No caso de transplante, proíbe ainda o diploma espanhol seja feito mediante preço ou recompensa.

8. A controvérsia em torno da natureza jurídica dos ofendículos

Ofendículos ou ofendículas são defesas predispostas, instrumentos destinados à defesa de bens, como o patrimônio, o domicílio ou outro. São exemplos de ofendículos os cacos de vidro colocados sobre o muro, a cerca elétrica, as ponteiras em forma de ponta de lança nas cercas metálicas, cães ferozes.

Discute-se se os ofendículos constituem hipótese de legítima defesa, para alguns (Nelson Hungria, Magalhães Noronha, Assis Toledo, Damásio de Jesus) ou de exercício regular de direito, para outros (Giuseppe Bettiol, Anibal Bruno). Assis Toledo entende que os ofendículos (ou ofendículas, como prefere o autor) "encontram melhor solução dentro das exigências de legítima defesa, sendo tolerados quando colhem o agressor, sendo censurados quando acertam inocentes.".

Conquanto não vislumbremos maior relevância em deslindar a controvérsia, pensamos tratar-se de exercício de direito. Com efeito, na legítima defesa, o agente repele (com sua conduta) agressão injusta atual ou iminente, o que não ocorre no caso dos ofendículos. Se assim o fosse, a pergunta que se impõe é: como seria possível avaliar, por exemplo, se aquele que utiliza os instrumentos necessários o faz de forma moderada? Ora, isso é uma questão de intensidade e de avaliação no caso concreto. Sabe-se que o morador vítima de um furto em sua residência pode sequer estar em casa quando o ladrão tenta pular o muro...

Capítulo XII – CULPABILIDADE E CAUSAS DE EXCLUSÃO (DIRIMENTES)

1. A evolução histórica do conceito de culpabilidade

O conceito de culpabilidade é um dos mais polêmicos em matéria penal, não sendo possível conceituá-la sem que se tenha em conta a concepção epistemológica sobre a qual se assenta o conceito adotado. Nesses termos, para estabelecermos o que é culpabilidade, é mister procedermos a uma referência evolutiva, ainda que breve. Para um maior aprofundamento, há farto material⁹⁶³ doutrinário. Ainda que haja variações doutrinárias dentro de cada concepção, intentaremos delinear a moldura mais estável no âmbito das diversas perspectivas.

A nosso ver, é possível identificar três grupos principais – sobretudo os dois primeiros, pela influência doutrinária, jurisprudencial e até mesmo legislativa – sobre a doutrina do crime, quais sejam, o sistema causal (incluindo o sistema clássico e o neoclássico), o sistema finalista e o sistema funcionalista.

O primeiro deles, o *sistema causal*, teve, na versão *clássica*, forte influência na segunda metade do século dezenove, e, na feição *neoclássica*, considerável adoção no século vinte.

A concepção clássica, também dita teoria ou doutrina causal-naturalista, engendrou o conceito de crime sob forte influência das Ciências Naturais, e por isso buscou formular as categorias do crime de forma neutra, naturalística e meramente descritiva – ou seja, destituída de juízos de valor. Para essa teoria, a ação consistia no movimento corporal voluntário causador de um resultado no mundo exterior, ao passo que *a culpabilidade era considerada como o vínculo psicológico entre o agente o fato*, a denominada *teoria psicológica da culpabilidade*. A culpabilidade tinha a capacidade penal ou imputabilidade como pressuposto e expressava-se mediante duas espécies: culpabilidade dolosa e culpabilidade culposa, ou seja, as espécies de culpabilidade consistiam ou em dolo (o propósito, intencional) ou em culpa (imprudente ou negligente, não intencional). De acrescentar-se que a tipicidade e a ilicitude eram apenas formais, sem considerações valorativas.

---

⁹⁶³ Consulte-se, dentre outros, na doutrina brasileira: AMERICANO, Odin. Da Culpabilidade Normativa. In: *Estudos de Direito e Processo Penal em Homenagem a Nelson Hungria*. Rio de Janeiro: Forense, 1962, p. 328 e ss.; CAMARGO, Antonio Luís Chaves. *Culpabilidade e Reprovação*. São Paulo: Sugestões Literárias, 1994; TOLEDO, Francisco de Assis. *Princípios Básicos de Direito Penal*. 5ª ed. São Paulo: Saraiva, 1994, p. 216 e ss.; TAVARES, Juarez. *Teorias do Delito – Variações e Tendências*. São Paulo: Revista dos Tribunais, 1980; REALE JÚNIOR, Miguel. *Instituições de Direito Penal – Parte Geral*. 4ª ed. Rio de Janeiro: Forense, 2013, p. 177 e ss.; BATISTA, Nilo. Cem Anos de Reprovação. In: *Cem Anos de Reprovação – Uma Contribuição Transdisciplinar para a Crise da Culpabilidade* (org. André Nascimento e Nilo Batista). Rio de Janeiro: Revan, 2011, p. 161 e ss.; DOTTI, René Ariel. Algumas Notas sobre o Oráculo da Culpabilidade. In: *Cem Anos de Reprovação – Uma Contribuição Transdisciplinar para a Crise da Culpabilidade*. (org. André Nascimento e Nilo Batista). Rio de Janeiro: Revan, 2011, p. 181 e ss. MACHADO, Fábio Guedes de Paula. *Culpabilidade no Direito Penal*. São Paulo: Quartier Latin, 2010. TANGERINO, Davi de Paiva Costa. *Culpabilidade*. 2ª ed. São Paulo: Saraiva, 2014.; VELO, Joe Tennyson. *O Juízo de Censura Penal (O Princípio da Inexigibilidade de Conduta Diversa e Algumas Tendências)*. Porto Alegre: Sergio Antonio Fabris Editor, 1993; TEOTÔNIO, Luís Augusto Freire. *Culpabilidade – Concepções e Modernas Tendências Internacionais e Nacionais*. Campinas: Minelli, 2002, p. 35 e ss. Na doutrina estrangeira: FRANK, Reinhardt. *Sobre la Estructura del Concepto de Culpabilidad*. Trad. de Gustavo Eduardo Aboso e Tea Löw. Montevideo/Buenos Aires: Editorial B de F, 2002; GOLDSCHMIDT, James. *La Concepción Normativa de la Culpabilidad*. Trad. de Margarethe de Goldschmidt e Ricardo C. Nunez. 2ª ed. Montevideo/Buenos Aires: Editorial B de F, 2002; FREUDENTHAL, Berthold. *Culpabilidad e Reproche en el Derecho Penal*. Trad. de José Luis Guzmán Dalbora. Montevideo/Buenos Aires: Editorial B de F, 2003; GALLAS, Wilhelm. *La Teoría del Delito en su Momento Actual*. Trad. de Juan Cordoba Roda. Barcelona: Bosch, 1959; WELZEL, Hans. *O Novo Sistema Jurídico-Penal – Uma Introdução à Doutrina da Ação Finalista*. Trad. de Luiz Regis Prado. São Paulo: Revista dos Tribunais, 2001; JIMÉNEZ DE ASÚA, Luis. *Princípios de Derecho Penal – La Ley y El Delito*. 3ª ed. (reimpressão) Abeledo-Perrot, Buenos Aires, 1958, p. 352-358, 410 e ss.; GALDOS, Julio Armaza. Del Concepto Psicológico al Concepto Normativo de Culpabilidade. In: *Cem Anos de Reprovação – Uma Contribuição Transdisciplinar para a Crise da Culpabilidade*. (org. André Nascimento e Nilo Batista). Rio de Janeiro: Revan, 2011, p. 153 e ss.

Não demorou muito para se perceber que tal sistema demonstrava insuficiências notórias. O próprio conceito de ação, ao abranger o resultado em sua definição, não conseguia explicar os crimes omissivos, visto que nesses, ao menos nos omissivos próprios, não há falar em resultado, porquanto tal classe de delito configura-se com a abstenção do dever de agir.

No plano da culpabilidade, saltava aos olhos que em determinadas circunstâncias muito embora houvesse o vínculo psicológico entre o agente e o fato, ou seja, a representação do fato pelo agente, não se poderia considerar o autor do fato culpável, como ocorre em casos em que esse age sob coação moral irresistível. Além disso, há situações em que o agente não possui o vínculo psicológico, mas a culpabilidade não deve ser afastada, como ocorre com os crimes praticados com culpa (*stricto sensu*) inconsciente. Em realidade, faltava, de forma clara, "algo mais" que o mero vínculo psicológico entre o agente e o fato para a caracterização da culpabilidade.

Esse algo mais que referimos consistia no significado axiológico da culpabilidade, e que veio a ser construído a partir de casos concretos julgados pelo Tribunal do Reich alemão, os quais deflagram a ideia de exclusão da culpabilidade diante da anormalidade do comportamento diante de circunstâncias anormais, evoluindo, ulteriormente, para uma ideia de exigibilidade como atributo, os quais se passam a reproduzir, valendo-nos de Luis Jiménez de Asúa:[964]

> El *Reichsgericht* de Alemania fué formando la doctrina de la no "exigibilidad", y sobre sus sentencias elaboraron, primero Freudenthal e después Mezger, la teoría de esa causa de inculpabilidad, monografiada luego por Schaffstein y Räuber.
>
> Voy a citar algunos de esos fallos alemanes, refiriéndome primero a la "no exigibilidad" en la *culpa* y tratando después de su influjo en la esfera del *dolo*.
>
> En la "vida práctica" del Derecho, puesto que se aplica por el más alto Tribunal del Imperio, há sido reconocida en referencia a la culpa la "no exigibilidad de outra conducta". Esas sentencias han sido abundantemente citadas en Tratados y monografías.
>
> La más conocida, y probablemente una de las primeras en que la doctrina se aplica, se designa constantemente como "el caso del *Leinenfäger*" (cabalgadura que no obedece a las riendas). He aquí los hechos: El Propietario de un caballo resabiado y desobediente ordenó al cochero que le enganchara y saliese con él a prestar servicio. El cochero, previendo la posibilidad de un accidente si la bestia se desmandaba, quiso resistirse; pero el dueño le amenazó con despedirle en el acto si no cumplía lo mandado. El cochero obedeció entonces, y una vez en calle, el animal se desbocó causando lesiones a un transeúnte. El Tribunal del *Reich* niega la culpabilidad del procesado, porque, teniendo en cuenta la situación de hecho, no podía serle "exigido" que perdiera "su colocación y su pan" negándose a ejecutar la acción peligrosa.
>
> Después de haber construído la 'no exigibilidad de outra conducta' en el ámbito de la culpa, el Tribunal del Reich se decide a aplicarla ao dolo, pensando razonablemente que es justo traslador esse criterio de la más leve a la más grave de las formas de culpabilidade.
>
> El más célebre de todos los casos de "no exigibilidad de outra conducta" aplicado en la esfera dolosa, es el del "*Klapperstorch ante los jurados*" (*Klapperstorch* es el nombre con que designa a la cigüeña, que, según el dicho alemán, usado también en la Argentina, trae a los niños; lo equivalente a la expresión española de que "los niños vienen de París"). He aquí los hechos, ocurridos en un

---

[964] JIMÉNEZ DE ASÚA, Luis. *Principios de Derecho Penal – La Ley y El Delito*. 3ª ed. (reimpresion) Abeledo-Perrot, Buenos Aires, 1958, p. 410-411.

distrito minero de Alemania. La empresa explotadora de una mina tenía acordado que el día que la mujer de uno de los mineros diera a luz, quedaría el marido relevado del trabajo, pero percebiendo íntegro su jornal. Los obreros de la mina conminaron a la comadrona que asistía a los partos para que, en los casos en que un niño naciera en domingo, declarase en el Registro que el parto había tenido lugar un día laborable de la semana, amenazándola con no volver a requerir sus servicios si no accedía a sus deseos. Temerosa la comadrona de quedar sin trabajo, acabó, en situación tan difícil, por acceder a lo exigido de ella, y en efecto, se hizo autora de una serie de inscripciones falsas en el Registro. Este caso há sido objeto de contradictorias apreciaciones. A mi juicio, está en lo cierto Freudenthal cuando afirma que procede la absolución por faltar la conducta dolosa de la partera, puesto que "no se la podía exigir", teniendo en cuenta el trance en que se hallaba, que no perpetrase los actos ordenados por los obreros, actos que, de o mediar aquellas circunstancias, deberían ser punibles. En cambio, como veremos después, Mezger considera inoportuna la absolución de la comadrona, por las razones que luego se expondrán.

A culpabilidade assim entendida passou a ser normativa ou psicológico--normativa, sendo que dolo e culpa deixam de ser espécies de culpabilidade para tornarem-se seus elementos.

Nesse modelo, a culpabilidade compreendia a imputabilidade, a consciência da ilicitude, o dolo ou a culpa – conforme o caso – e a exigibilidade de conduta diversa, consistente no elemento normativo, introduzindo, dessa forma, um juízo de valor, que se traduz em um juízo de censura ou de reprovação do fato punível praticado.

Para a concepção normativa ou psicológico-normativa, consoante lição de Francisco de Assis Toledo,[965] a "culpabilidade é um juízo de valor sobre uma situação fática de ordinário psicológica;".

Em sequência, foi mérito de Hans Welzel reelaborar o conceito de crime, com consequências indeléveis no âmbito do injusto, mais especificamente na conduta típica, bem como no âmbito da culpabilidade, a partir da publicação do artigo intitulado *Causalidade e Ação* (*Kausalität und Handlung*,[966] 1931), mas notadamente com a publicação de seus *Estudos sobre o Sistema de Direito Penal* (*Studien zum System des Strafrechts*,[967] 1939) e, posteriormente, *Direito Penal alemão* (*Das Deutsche Strafrechts*, 1ª ed. 1940, 11ª ed. 1969[968]).

Em síntese, Welzel retirou o dolo e a culpa da culpabilidade e os fez migrar para a conduta típica, ou seja, para o injusto, que é o *objeto de valoração* ou *reprovação*, sendo que o dolo é deslocado para o injusto sem a consciência da ilicitude (potencial, possível), a qual passa a ser elemento autônomo da culpa-

---

[965] TOLEDO, Francisco de Assis. *Princípios Básicos de Direito Penal*. 5ª ed. São Paulo: Saraiva, 1994, p. 224.
[966] WELZEL, Hans. Kausalität und Handlung. In: *Zeitschrift für die gesamte Strafrechtswissenschaft*, nº 51, 1931, p. 703 e ss.
[967] WELZEL, Hans. Studien zum System des Strafrechts. In: *Zeitschrift für die gesamte Strafrechtswissenschaft*, nº 58, 1939, p. 491 e ss.
[968] WELZEL, Hans. *Das Deutsche Strafrecht*. 11ª ed. Berlin: Walter de Gruyter & Co., 1969. De notar-se que este livro, na realidade, alcançou 14 edições, porquanto à 1ª ed. de 1940, seguiram-se a 2ª ed., de 1943, e a 3ª, de 1944, todas tratando apenas sobre a parte geral do Código Penal. Porém, em 1947, o autor publicou uma nova edição abrangendo a parte geral e a parte especial, tendo passado a contar as edições subsequentes a partir desta última. Assim, o seu Direito Penal alemão possui três edições relativas à parte geral e mais onze ampliadas, ou seja, com o acréscimo da parte especial.

bilidade, o *juízo de valoração* ou *reprovação*, permanecendo na culpabilidade a *exigibilidade de conduta diversa*.

Ainda que remanesça a controvérsia em torno da caracterização da culpabilidade, incluindo-se aí as concepções funcionalistas, a doutrina majoritária brasileira, amplamente amparada em Welzel, adota o entendimento segundo o qual *a culpabilidade constitui um juízo valorativo, juízo de censura ou reprovação que se faz ao autor de um fato tipificado como crime*, cujos *elementos* são a *imputabilidade* (capacidade penal), a *consciência da ilicitude* (potencial ou possível) e a *exigibilidade de conduta diversa*, ou seja, a exigência de o agente conformar sua conduta ao direito.

2. Os requisitos da culpabilidade

2.1. Imputabilidade

A *imputabilidade penal*[969] – e, notadamente, sua exclusão: a inimputabilidade –, enquanto pressuposto da culpabilidade, para alguns (Hans Welzel, Günter Stratenwerth, José Cerezzo Mir, Heleno Cláudio Fragoso, Francisco de Assis Toledo), ou elemento dessa (Giuseppe Bettiol, Juarez Cirino dos Santos, Luiz Régis Prado), para outros, ou, ainda, pressuposto da própria ação, do comportamento humano (Miguel Reale Júnior), também constitui tema longe de apresentar um quadro doutrinário uniforme. Nas palavras de Giuseppe Bettiol:[970] "O problema da capacidade é um dos nós centrais do direito penal e constitui objeto de amplas discussões na doutrina." (*Il problema della capacità è uno dei nodi centrali del diritto penale e ha formato oggetto di ampie discussioni nella doutrina*).

Com efeito, a imputabilidade é o primeiro requisito da culpabilidade. Zaffaroni[971] chega a afirmar que a localização sistemática e o conceito de imputabilidade são questões conectadas, ao ponto de ser impossível falar de uma sem fazer referência à outra. O *Codice Penale* italiano, numa fórmula sintética, preceitua que: "É imputável quem tem a capacidade de entender e de querer" (*È imputabile chi ha la capacità d'intendere e di volere*).

O CP brasileiro não conceitua a imputabilidade, e sim a inimputabilidade (art. 26), sendo possível deduzir-se o conceito da primeira *a contrario sensu* da previsão legal. Nesse sentido, Heleno Fragoso[972] apresenta o seguinte conceito: "*A imputabilidade é a condição pessoal de maturidade e sanidade mental que confere*

---

[969] Para uma abordagem mais detida, remetemos o leitor para o nosso livro sobre a temática: SILVA, Ângelo Roberto Ilha da. *Da Inimputabilidade Penal em face do Atual Desenvolvimento da Psicopatologia e da Antropologia*. 2ª ed. Porto Alegre: Livraria do Advogado, 2015.

[970] BETTIOL, Giuseppe; MANTOVANI, Luciano Pettoello. *Diritto Penale*. 12ª ed. Padova: CEDAM, 1986, p. 455.

[971] ZAFFARONI, Eugenio Rául; ALAGIA, Alejandro; SLOKAR, Alejandro. *Derecho Penal – Parte General*. 2ª ed. Buenos Aires: Ediar, 2002, p. 691.

[972] FRAGOSO, Heleno Cláudio. *Lições de Direito Penal – Parte Geral*. 12ª ed. (revista e atualizada por Fernando Fragoso). Rio de Janeiro: Forense, 1990, p. 197.

ao agente a capacidade de entender o caráter ilícito do fato ou de se determinar segundo esse entendimento.". O conceito de Fragoso é adequado, pois considera os elementos legais e exclui, corretamente tanto os menores da definição, como quem esteja com sua sanidade mental afetada.

Impende esclarecer que responsabilidade não se confunde com imputabilidade. A primeira é mais ampla e decorre também desta. Luigi Ferrajoli[973] conceitua "responsabilidade penal como o conjunto das condições normativamente exigidas para que uma pessoa seja sujeita à pena", tais como pena, delito, lei, necessidade, ofensa, ação, culpabilidade, juízo, acusação, prova e defesa. A imputabilidade constitui a regra;[974] a inimputabilidade, cujas causas serão examinadas na sequência, a exceção.

2.2. Consciência potencial da ilicitude

Diz-se *consciência potencial da ilicitude* porque o conhecimento do agente não precisa estar presente, de fato, no caso concreto. Assim, o agente pode saber que atua contrariamente ao direito e também pode até mesmo não saber, mas se lhe era *possível* ter a consciência da ilicitude de sua ação poderá sofrer o juízo de reprovação, desde que presentes os demais requisitos. O erro de proibição escusável afasta a consciência da ilicitude, e, por via de consequência, a culpabilidade. O erro de proibição inescusável não afasta a reprovação, mas pode reduzi-la. Estudaremos o erro de proibição na seção que trata sobre o erro jurídico-penal.

2.3. Exigibilidade de conduta diversa

A *exigibilidade de conduta diversa* ou *exigibilidade de comportamento conforme ao direito* assenta-se, na expressão de Berthold Freudenthal,[975] no princípio segundo o qual *impossibilium nulla est obligatio*. Assim é que, como o direito tem em conta e é dirigido a seres humanos, não poderá exigir comportamentos sobre-humanos. Porém, se um comportamento agressivo intolerável pode ser evitado pelo agente, é dever do direito assim o exigir.

A noção da categoria em epígrafe é apresentada com precisão por Cláudio Brandão:[976] "A ideia de exigibilidade de outra conduta é ligada à ideia de liberdade, pois se reprova pessoalmente o sujeito que, podendo se comportar conforme o Direito, optou livremente por se comportar contrário ao Direito. Por isso, o referido Direito, exigindo do autor uma conduta diversa da que ele praticou, pode imputar-lhe o juízo de censura da culpabilidade.". Ao estudar-

---

[973] FERRAJOLI, Luigi. *Diritto e Ragione – Teoria del Garantismo Penale*. 4ª ed. Roma: Laterza, 1997, p. 67.

[974] SILVA, Ângelo Roberto Ilha da. *Da Inimputabilidade Penal em face do Atual Desenvolvimento da Psicopatologia e da Antropologia*. 2ª ed. Porto Alegre: Livraria do Advogado, 2015, p. 140.

[975] FREUDENTHAL, Berthold. *Culpabilidad e Reproche en el Derecho Penal*. Trad. de José Luis Guzmán Dalbora. Montevideo/Buenos Aires: Editorial B de F, 2003, p. 98.

[976] BRANDÃO, Cláudio. *Teoria Jurídica do Crime*. 2ª ed. Rio de Janeiro: Forense, 2002, p. 177.

mos as causas excludentes da culpabilidade, deter-nos-emos nas causas excludentes da exigibilidade, ou seja, nas hipóteses de inexigibilidade.

3. A culpabilidade como requisito estrutural do crime

No Brasil, discute-se[977] se a culpabilidade constituiria requisito do crime ou "mero pressuposto de pena". Em outras palavras, se o crime consiste no comportamento humano típico, ilícito e culpável, ou apenas típico e ilícito, restando a culpabilidade como um adereço a possibilitar a pena, sem, contudo, fazer parte do fato punível.

Consoante escrevemos[978] alhures, o entendimento que pôs em causa a culpabilidade como requisito do crime remonta a "René Ariel Dotti, que em seu escrito intitulado *O Incesto*, de 1976, trabalho produzido face à inovação delituosa trazida pelo Código Penal de 1969,[979] que não chegou a vigorar, veio pela primeira vez a defendê-lo, sendo depois aderido por Damásio E. de Jesus, que, com o seu livro *Direito Penal*, veio a divulgar a ideia segundo a qual a culpabilidade seria mero pressuposto de pena, e não requisito do crime.".

Os argumentos dessa corrente podem ser resumidos[980] nos seguintes termos: *a*) quando o CP quer se referir à culpabilidade, utiliza a fórmula "é isento de pena", ou outra semelhante; *b*) a culpabilidade constitui (mero) pressuposto de pena; e *c*) o próprio Welzel teria retirado a culpabilidade da estrutura do delito.

Relativamente ao primeiro argumento, cabe referir que a expressão "é isento de pena" não significa que o Código Penal esteja, *sempre*, referindo-se à culpabilidade. "O exemplo da prática de ato infracional, que somente pode ser perpetrado pelo menor de 18 anos, deixa a questão bem evidente. Assim, do ponto de vista do ordenamento brasileiro, o menor não pratica crime, fica de fora das previsões típicas do CP e de todas as tipificações penais do ordenamento extravagante. No que concerne ao menor de 18 anos, só podem ser aplicadas medidas socioeducativas elencadas no Estatuto da Criança e do Adolescente (ECA), que, aceite-se ou não a presunção de inimputabilidade a

---

[977] Para uma abordagem mais detalhada, consulte-se nosso: SILVA, Ângelo Roberto Ilha da. *Da Inimputabilidade Penal em face do Atual Desenvolvimento da Psicopatologia e da Antropologia*. 2ª ed. Porto Alegre: Livraria do Advogado, 2015, p. 26-38.

[978] SILVA, Ângelo Roberto Ilha da. *Da Inimputabilidade Penal em face do Atual Desenvolvimento da Psicopatologia e da Antropologia*. 2ª ed. Porto Alegre: Livraria do Advogado, 2015, p. 27.

[979] O Código Penal de 1969 (Dec.-Lei nº 1.004, de 21 de outubro de 1969) jamais foi aplicado, tendo sido revogado pela Lei nº 6.578, de 11.10.1978, após sucessivas protelações de sua vigência. Sobre a evolução legislativa que antecedeu a reforma de 1984 e as vicissitudes engendradas em torno do CP de 1969 leia-se REALE JÚNIOR, Miguel et al. *Penas e Medidas de Segurança no Novo Código*, p. 1 e ss. Eis a dicção do então novel delito de incesto: TÍTULO VII – DOS CRIMES CONTRA A FAMÍLIA. Capítulo I. Do crime contra a moral familiar. Incesto: "Art. 258. Ter conjunção carnal com descendente ou ascendente, com irmã ou irmão, se o fato não constitui crime definido no Título anterior: Pena – reclusão, até três anos. *Agravação de pena*. Parágrafo único – A pena é agravada, se o crime for praticado em relação a menor de dezoito ano".

[980] SILVA, Ângelo Roberto Ilha da. *Da Inimputabilidade Penal em face do Atual Desenvolvimento da Psicopatologia e da Antropologia*. 2ª ed. Porto Alegre: Livraria do Advogado, 2015, p. 32-33.

esses agentes, estão de fora da perspectiva criminal/penal, tudo porque o ordenamento os considera sem capacidade de culpabilidade".[981] Por exemplo, o art. 20, § 1º, utiliza a expressão "é isento de pena", no entanto, não se refere à culpabilidade, e sim às descriminantes putativas. Por sua vez, o art. 156, § 2º, usa o termo "não é punível", mas para referir-se à ilicitude, e não à culpabilidade.

No que respeita ao segundo argumento, pode-se dizer que a afirmativa de que a culpabilidade é pressuposto de pena é correta, mas isso, só por si, não possui o condão de alijá-la da estrutura do delito. Com efeito, nenhum dos aspectos ou elementos do crime deixa de ter semelhante característica. A tipicidade e a ilicitude também são pressupostos de pena, já que não se cogita de impor pena a um agente pela prática de ato despido de tipicidade, por ferir o princípio da legalidade, e nem tampouco por fato que não seja ilícito, pelo mesmo motivo. Assim, observa-se que todos os elementos do crime são pressupostos de pena.

Ademais, do ponto de vista lógico-sistemático retirar-se a culpabilidade do conceito de crime geraria perplexidades, como, por exemplo, no campo do concurso de pessoas. Figure-se a hipótese em que três assaltantes de banco subjuguem o gerente de determinada agência e, colocando sua família como refém, o obriguem a dirigir-se à agência e subtrair elevada quantia em dinheiro, da qual os agentes delitivos se apropriam e empreendem fuga. O gerente, por certo, tendo agido sob coação irresistível, fica "isento de pena" (CP, art. 22). Isso porque a coação moral irresistível constitui hipótese expressa de inexigibilidade de conduta diversa, a qual exclui a culpabilidade. No exemplo dado, o gerente não é coautor do crime, e sim instrumento. E, como acertadamente ressaltava Welzel,[982] "nenhum dos coautores deve ser mero instrumento de outro!". Ainda, no caso do gerente, retirando-se a culpabilidade do conceito de crime, restar-se-ia por imputar a posição de criminoso a alguém que é, de fato, vítima. Alijar a culpabilidade do conceito de crime seria, consoante asseveramos[983] em nosso livro *Da Inimputabilidade*, como se assim pudesse ser dito ao gerente: *Sr. Gerente, o senhor é um criminoso, mas não se preocupe: está isento de pena!*

Por fim, o argumento utilizado por alguns de que o próprio Welzel teria considerado o simples injusto, ou seja, ação típica e ilícita, como suficiente à configuração delitiva é errôneo. Quanto a Welzel,[984] observa-se que o juspenalista, no capítulo de seu livro *Das Deustche Strafrecht* (última edição, de 1969) que trata sobre a culpabilidade, no § 19, intitulado "A localização da culpabilidade no conceito de crime" (*Die Stellung der Schuld im Verbrechensbregriff*), afirma, textualmente: "A característica *culpabilidade* adiciona um novo momento à

---

[981] SILVA, Ângelo Roberto Ilha da. *Da Inimputabilidade Penal em face do Atual Desenvolvimento da Psicopatologia e da Antropologia*. 2ª ed. Porto Alegre: Livraria do Advogado, 2015, p. 36.

[982] WELZEL, Hans. *Das Deutsche Strafrecht*. 11ª ed. Berlin: Walter de Gruyter & Co., 1969, p. 107: "da keiner der Mittäter bloßes Werkzeug des anderen sein darf!".

[983] SILVA, Ângelo Roberto Ilha da. *Da Inimputabilidade Penal em face do Atual Desenvolvimento da Psicopatologia e da Antropologia*. 2ª ed. Porto Alegre: Livraria do Advogado, 2015, p. 38.

[984] WELZEL, Hans. *Das Deutsche Strafrecht*. 11ª ed. Berlin: Walter de Gruyter & Co., 1969, p. 138.

ação ilícita, mediante a qual se converte ela em crime." (*Das Merkmal "Schuld" fügt der rechtswidrigen Handlung ein neues Moment hinzu, durch das sie erst zum Verbrechem wird*"). Assim, percebe-se que o professor de Bonn jamais retirou a culpabilidade da estrutura do delito.

4. Ausência de culpabilidade. As exculpantes, dirimentes ou causas excludentes de culpabilidade

4.1. Inimputabilidade

Consoante já afirmamos, a imputabilidade constitui requisito da culpabilidade. Assim sendo, no caso de ser a primeira afastada, ou seja, de estar verificada a *inimputabilidade* do agente, não há se falar em culpabilidade, o que pode acarretar diversas consequências conforme se trate das hipóteses do art. 26 do CP, do menor de 18 e da embriaguez decorrente de caso fortuito ou força maior, como veremos nesta seção.

4.1.1. Sistemas

4.1.1.1. Biológico

O sistema *biológico* ou etiológico remonta ao Código Penal francês de 1810 (e por esse fato também denominado de sistema francês), ao estabelecer, em seu art. 64 que: "Não há crime nem delito quando o imputado se encontrava em estado de demência ao tempo da ação..." (*Il n'y a ni crime ni délit, lorsque le prévenu était en état de démence au temps de l'action, ou lorsqu'il a été contraint par une force à laquelle il n'a pu résister*). Por esse sistema, considera-se inimputável o agente detentor de anomalia mental (ou imaturidade, no caso do menor de 18 anos), sem a necessidade de estabelecer-se se tal anomalia levou o agente a uma condição de não ter condições de entender o injusto penal que pratica.

À evidência, tal fórmula mostra-se inadequada, visto que há casos em que alguém possa – há um tempo – ser doente mental e, mesmo assim, ser imputável, como ocorre no exemplo do esquizofrênico devidamente medicado e que não apresente qualquer sinal[985] de sua esquizofrenia. Isso não se dá, por outro lado, no caso da menoridade, pois aqui não se trata de anomalia, e sim de ausência de maturidade apta a estabelecer a responsabilidade penal ao menor de 18 anos. Tal opção, em *terrae brasilis*, antes de tratar-se de uma opção legal, constitui determinação constitucional, a teor do art. 228 da Constituição Federal: *São penalmente inimputáveis os menores de dezoito anos, sujeitos às normas da legislação especial*. O art. 27 do Código Penal estatui a matéria praticamente nos mesmos termos: *Os menores de 18 (dezoito) anos são penalmente inimputáveis, ficando sujeitos*

---

[985] Sobre a distinção entre sintoma, sinal, sintomatologia, hipótese diagnóstica e diagnóstico, consulte-se: SILVA, Ângelo Roberto Ilha da Silva; DIAS, Daison Nelson Ferreira Dias. *Psicopatas Criminosos e a Sociedade Vulnerável*. Porto Alegre: Livraria do Advogado, 2019, p. 19-22.

às normas estabelecidas na legislação especial. Como se vê, relativamente ao menor de 18 anos, o ordenamento brasileiro adota o critério biológico.

4.1.1.2. Psicológico

O sistema ou critério *psicológico* busca estabelecer a inimputabilidade do agente de acordo com as condições psíquicas deste no momento da prática do fato típico. Na exposição de Motivos da Parte Geral original do Código Penal de 1940, publicada no Diário Oficial da União, em 31 de dezembro de 1940, assim expunha Francisco Campos, então Ministro da Justiça e Negócios Interiores: "O método psicológico não indaga se há uma perturbação mental mórbida: declara a irresponsabilidade se, ao tempo do crime, estava abolida no agente, seja qual for a causa, a faculdade de apreciar a criminalidade do fato (momento intelectual) e de determinar-se de acordo com essa apreciação (momento volitivo).". Na referida Exposição de Motivos, Francisco Campos fazia a crítica ao critério psicológico por entender que este conferia um demasiado arbítrio judicial e um extensivo reconhecimento da irresponsabilidade penal, o que iria de encontro ao interesse da defesa social.

4.1.1.3. Biopsicológico

O critério *biopsicológico* foi o critério adotado pelo ordenamento brasileiro, salvo no caso da menoridade penal, consoante se observa da redação do art. 26, *caput*, do CP: *É isento de pena o agente que, por doença mental ou desenvolvimento mental incompleto ou retardado, era, ao tempo da ação ou da omissão, inteiramente incapaz de entender o caráter ilícito do fato ou de determinar-se de acordo com esse entendimento.* Esse critério é a reunião dos dois primeiros, visto que afasta a responsabilidade penal (decorrente da inimputabilidade) no caso de o agente, a um tempo, possuir enfermidade mental ou, ainda, desenvolvimento mental incompleto ou retardo mental e, em decorrência de alguma dessas causas, não ter condições de apreciar a ilicitude do fato ou de determinar-se de acordo com essa apreciação.

O sistema biopsicológico, mantido pela Reforma Penal de 1984, materializada por intermédio da Lei nº 7.209, de 11 de julho de 1984, já havia sido adotado quando da edição do Código Penal de 1940, em sua versão original. Sobre o critério leciona Miguel Reale Júnior:[986] "Com a junção dos dois critérios afasta-se a visão causalista que reduzia o crime a conseqüência da anormalidade mental, e por outro limita-se o amplo arbítrio judicial, com a exigência de uma base biológica no reconhecimento da inimputabilidade.". Assim, observa-se que há uma relação de mútua dependência entre ausência de higidez mental e a possibilidade de compreensão do injusto, em razão desse déficit mental.

---

[986] REALE JÚNIOR, Miguel. *Instituições de Direito Penal – Parte Geral*. 4ª ed. Rio de Janeiro: Forense, 2013, p. 207.

4.1.2. A inimputabilidade decorrente de doença mental

O CP dispõe sobre a inimputabilidade penal ou incapacidade penal, em razão da ausência de higidez mental, no art. 26, *caput*, nos seguintes termos:

Inimputáveis
Art. 26. É isento de pena o agente que, por doença mental ou desenvolvimento mental incompleto ou retardado, era, ao tempo da ação ou da omissão, inteiramente incapaz de entender o caráter ilícito do fato ou de determinar-se de acordo com esse entendimento.

De acordo com o critério biopsicológico consagrado no dispositivo suprarreproduzido, não basta ao agente ser doente mental (ou estar incurso em alguma das outras hipóteses referidas no art. 26) no momento da prática da ação ou omissão para ser considerado inimputável, pois se faz imprescindível seja ele, em decorrência da doença mental (ou de outra causa prevista no artigo), inteiramente incapaz de entender o caráter ilícito do fato ou de determinar-se de acordo com esse entendimento. Portanto, deve estar afetada a capacidade cognitiva e/ou a autodeterminação do agente.

A primeira causa de inimputabilidade mencionada no artigo é a *doença mental*. À expressão deve ser atribuído o mais amplo sentido, podendo ser citadas como sendo incluídas entre as mais graves e mais importantes, levando-se em conta a incidência mais significativa, a *esquizofrenia* classificada no *Manual da Associação Norte-Americana de Psiquiatria*, DSM-5,[987] e pela OMS, na CID-10, nos códigos F20 a F20.9, e no recentíssimo CID-11, que entrará em vigor em 1º de janeiro de 2022, nos códigos 6A20 a 6A20Z, e o *transtorno de humor bipolar*, que consta no DSM-5,[988] e também na classificação da OMS, CID-10, sob os códigos F30 a F39, sendo que, na versão mais recente, CID-11, o tipo 1, 6A60 a 6A60Z, tipo 2, 6A61 a 6A61Z. Estudo[989] feito no Instituto Psiquiátrico Forense Dr. Maurício Cardoso (IPFMC), de Porto Alegre, revela que, no ano de 1999, dos 618 internos submetidos à medida de segurança, 332 eram esquizofrênicos, correspondendo, assim, a 53,7% do total, ou seja, percentual maior do que todas as outras causas somadas. De especial relevância também estão a *embriaguez patológica*, a *toxicomania grave* e as *demências*, tais como *demência senil*, *Alzheimer*, *Pick*, *demência por traumatismo craniano*, etc.

De notar-se, ainda, o problema da comorbidade, presente em muitos casos. Em outro estudo[990] realizado no referido IPFMC, constatou-se que a comorbidade mais frequente foi a conjunção da esquizofrenia com transtornos por uso de substâncias. Com efeito, a comorbidade não é rara. Há levantamentos que "indicam que até dois terços de crianças e adultos com retardo mental têm transtornos mentais co-mórbidos; essa taxa é bem mais alta do que aquela referida em amostras da comunidade sem retardo mental. A prevalência

---

[987] DSM-5, p. 87 e ss.
[988] DSM-5, p. 123 ess.
[989] MENEZES, Ruben de Souza. Psicoses Esquizofrênicas. In: *Psiquiatria forense – 80 anos de prática institucional* (org. Carlos Alberto Crespo de Souza; Rogério Göttert Cardoso). Porto Alegre: Sulina, 2006, p. 217.
[990] MENEZES, Ruben de Souza. Dados Demográficos e Estatísticos Apresentados pelo IPFMC nos Últimos Cinco Anos. In: *Psiquiatria Forense – 80 Anos de Prática Institucional* (org. Carlos Alberto Crespo de Souza; Rogério Göttert Cardoso). Porto Alegre: Sulina, 2006, p. 217.

de psicopatologia parece estar correlacionada à gravidade do retardo mental; quanto mais grave, mais alto o risco para outros transtornos mentais.".[991] Assim, muito embora o retardo mental não seja considerado doença mental – e sim resultado de um processo patológico no cérebro caracterizado por limitações nas funções intelectual e adaptativa[992] –, observa-se um alto índice de comorbidade, determinando a confluência do retardo com a doença mental. Assim, pode-se afirmar que o retardado mental não é, só por esse fato, doente mental, mas significativa parte dos acometidos de retardo mental também apresentam doença mental.

Neste ponto, cumpre mencionar que a doença mental que esteja a afligir o agente que pratique fato definido como crime poderá ensejar consequência diversa, visto que a doença pode ensejar a inimputabilidade, ou não. Assim, somente haverá inimputabilidade se o agente estiver acometido de doença mental se esta vier a impedi-lo de entender o caráter ilícito do fato ou ainda subtrair do agente a capacidade de autodeterminação de acordo com a apreciação do caráter ilícito do fato.

A doença mental que levar o autor de fato descrito como crime à impossibilidade de compreensão ou de autodeterminação torná-lo-á inimputável, nos termos do art. 26, *caput*, CP, sujeitando-o à medida de segurança. O fator cognitivo é de essencial importância e aqui cabe divisar as alucinações (presentes, *v.g.*, nas esquizofrenias) dos delírios (presentes, *v.g.*, nas pertubações paranoides). Eis a lição de Nancy Andreasen e Donald W. Black:[993] "As *alucinações* são percepções experienciadas sem um estímulo externo aos órgãos dos sentidos e têm qualidade semelhante à de uma percepção verdadeira. Pacientes com esquizofrenia em geral relatam alucinações auditivas, visuais, táteis, gustativas ou olfativas, ou uma combinação destas. As alucinações auditivas são as mais freqüentes e normalmente são experienciadas na forma de ruídos, música ou, o mais comum, fala ('vozes'). As vozes podem ser murmuradas ou ouvidas com clareza, podem falar palavras, expressões ou frases. As alucinações visuais podem ser simples ou complexas, incluindo *flashes* de luz, pessoas, animais ou objetos. As olfativas e gustativas costumam ser experienciadas juntas, em especial odores ou sabores desagradáveis. As táteis podem ser experienciadas como sensações de ser tocado ou picado, sensações elétricas ou sensação de insetos caminhando sob a pele, o que é chamado de *formicação*.".

Relativamente à noção de delírio, afirmam os autores:[994] "Os *delírios* envolvem uma perturbação do pensamento em vez da percepção. São crenças muito firmes que não são verdadeiras e são contrárias à bagagem educacional e cultural da pessoa. Os delírios que ocorrem em pacientes esquizofrênicos podem ter temas somáticos, grandiosos, religiosos, niilistas, sexuais ou perse-

---

[991] SADOCK, Benjamin James; SADOCK, Virginia. *Compêndio de Psiquiatria – Ciência do Comportamento e Psiquiatria Clínica*. 9ª ed. Trad. de Cláudia Dornelles *et al*. Porto Alegre: Artmed, 2007, p. 1.240.

[992] Ibid., p. 1.238.

[993] ANDREASEN, Nancy C.; BLACK, Donald W. *Introdução à Psiquiatria*. 4ª ed. Trad. Magda França Lopes e Cláudia Dornelles. Porto Alegre: Artmed, 2009, p. 130-132..

[994] Ibid, p. 132.

cutórios. O tipo e a freqüência dos delírios tendem a diferir segundo a cultura. Por exemplo, nos Estados Unidos, um paciente pode se preocupar por estar sendo espionado pela CIA ou pelo FBI, enquanto na África subsaariana, um paciente banto ou zulu provavelmente se preocupará mais com uma possessão por demônios ou espíritos". Segundo ainda os mesmos autores, os delírios e as alucinações são mais comumente encontráveis na esquizofrenia, muito embora ocorram também em outros transtornos.

Como se vê, a dimensão cognitiva, que pode ser afetada por meio de alucinações ou delírios no doente mental, revela significativa importância. Assim, poderá haver um esquizofrênico que venha a praticar homicídio supondo ser o "salvador da pátria"! Porém, nem toda a doença mental, dependendo das circunstâncias, determinará a ocorrência de tal hipótese, ou seja, nem sempre a doença mental determinará a incapacidade de compreensão da realidade fática e da ilicitude de seu comportamento. Pode dar-se o caso de alguém acometido de esquizofrenia, por exemplo, devidamente medicado, ter uma vida absolutamente normal, sem qualquer resquício de alienação ou ruptura cognitiva com a realidade. O agente, nessas condições, é plenamente imputável. Imaginemos que esse esquizofrênico, adequadamente medicado, tenha algum desentendimento com um vizinho em razão de discussão por conta de diferenças futebolísticas e resolva dar uma surra em seu oponente, causando-lhe lesões graves. Nesse caso, responderá o autor das lesões por crime, ficando sujeito a uma pena criminal, e não à medida de segurança.

Guido Arturo Palomba[995] exemplifica com "o caso de um doente mental que mandara a filha comprar carnes no açougue. Voltando a menor para casa com troco errado, o pai foi até a venda corrigir a transação. O açougueiro, irritado, passou a destratar o pai, que, para não brigar, saiu de lá. Porém, o irritado açougueiro foi atrás do doente mental, com o facão de cortar carne na mão. Este tropeçou e caiu, e aquele, logo, veio vibrar-lhe golpes com arma. O doente mental, sendo atacado, pegou um pequeno canivete que portava, como qual picava fumo para o cigarrilho de palha, e deu um único golpe no açougueiro, o que foi causa eficiente de sua morte. Neste caso, não há nexo da doença mental com o delito; um independe do outro: o doente mental não matou o açougueiro em face de manifestações mórbidas da doença de que padecia. Portanto, é caso de imputabilidade, ainda que o agente seja doente mental".

Definitivamente, a doença mental só determinará a inimputabilidade do agente se subtrair desse a capacidade de entendimento ou capacidade de autodeterminação, nos moldes do critério biopsicológico, adotado pelo CP brasileiro. Evidente que o doente mental imputável poderá ter agido sob uma excludente de tipicidade, de ilicitude ou mesmo sob uma outra excludente de culpabilidade, como o erro de proibição ou a inexigibilidade de conduta diversa. Nesse caso, o agente deverá ser simplesmente absolvido, sem imposição de medida de segurança.

---

[995] PALOMBA, Guido Arturo. *Tratado de Psiquiatria Forense, Civil e Penal*. São Paulo: Atheneu, 2003, p. 200.

A toxicomania[996] ou toxifilia, que se caracteriza, segundo a Organização Mundial de Saúde, "como um estado de intoxicação periódica ou crônica, nociva ao indivíduo ou à sociedade, produzida pelo repetido consumo de uma droga natural ou sintética", atualmente preferentemente designada dependência, pode afetar a autodeterminação. Daniel de Barros e Eduardo Teixeira[997] trazem o exemplo da toxicomania ou dependência como comprometimento da autodeterminação em caso de quadro clínico de dependência com gravidade aferida "pelas perdas sucessivas, empobrecimento psicossocial e fracasso recorrente nos tratamentos.".

O transtorno bipolar, que se insere no espectro dos transtornos de humor, é um bom exemplo a ser considerado relativamente à afetação da autodeterminação. No caso do transtorno bipolar, o agente oscila entre a depressão e a mania. Na primeira, o agente pode simplesmente não ter energia para agir, o que pode repercutir nos crimes omissivos. Já no caso da mania, o agente tem sensação de poder fazer coisas muito além da realidade ou dos limites. Assim, poderia cometer ofensas contra a honra de alguém, por exemplo, acreditando ser algo absolutamente normal, perdendo a capacidade de avaliação, em decorrência do surto maníaco. Isso reivindicaria uma apuração no curso do processo penal ou do inquérito para aferir sua capacidade.

De fato, os pacientes com transtorno afetivo bipolar sofrem intensa alteração quanto à crítica de sua própria autodeterminação, nos períodos em que estão descompensados nos seus tratamentos. Deveras, ainda que eles relatem, quando sob avaliação em entrevistas psiquiátricas, o que fizeram como se tivessem *livremente* decidido o que fazer, eles demonstram não conseguir evitar as condutas extremadas, seja em direção à mania, seja em direção à depressão. A consciência dos atos se mantém, mas a autodeterminação no sentido de se abster do comportamento determinado pelo surto maníaco ou depressivo resta abolida. Assim, o sujeito maníaco tem extrema dificuldade em não gastar mais do que possui, em não se expor sexualmente (pense-se no caso, noticiado pela imprensa, de uma mulher que simplesmente resolveu transitar nua pelas ruas de Porto Alegre), ou em não relatar projetos homéricos (cuja realização simplesmente não é factível) como se fossem realizações normais e inerentes ao seu próprio cotidiano.

Assim, a doença mental somente afetará a imputabilidade do agente se em virtude dela o agente estiver com sua capacidade de entendimento inteiramente comprometida ou tiver subtraída sua capacidade de autodeterminação. Desse modo, além da doença mental, deve haver o nexo causal entre ela e a incapacidade de compreensão ou de autodeterminação em face do fato praticado.

---

[996] BENFICA, Francisco Silveira; VAZ, Márcia. *Medicina Legal Aplicada ao Direito*. São Leopoldo: Editora Unisinos, 2003 (2ª reimpressão 2008), p. 113.
[997] BARROS, Daniel Martins de; TEIXEIRA, Eduardo Henrique. Perícia em Direito Penal. In: BARROS, Daniel Martins de et al. *Manual de Perícias Psiquiátricas* (org. Daniel Martins de Barros e Eduardo Henrique Teixeira). Porto Alegre: Artmed, 2015, p. 94.

4.1.3. A inimputabilidade decorrente de retardo mental

Neste ponto, invertemos a sequência disposta no *caput* do art. 26 do Código Penal pelo fato de tratarmos, adiante, do desenvolvimento mental incompleto, que abrange, além das categorias que constam no artigo mencionado, também a hipótese do menor de 18 anos, prevista no art. 27, por isso a alteração sequencial.

Relativamente ao retardado mental, enquadrar-se-iam nessa categoria, segundo a terminologia *antiga*, os *oligofrênicos*, cuja característica é o acentuado déficit de inteligência, assim considerados os portadores de *idiotia* (a *oligofrenia grave*, com QI menor do que 25), de *imbecilidade* (a *oligofrenia moderada*, QI 25-49) e a *debilidade mental* (a *oligofrenia leve*, QI 50-69).[998]

Essa terminologia, no entanto, tem sido rechaçada, em razão do caráter pejorativo que assumiu. Hoje, aponta-se como preferível falar-se em *retardo mental* e mais recentemente em *deficiência intelectual* (*transtorno do desenvolvimento intelectual*), em seus diversos graus. As várias classificações do retardo mental estavam codificadas no eixo II do DSM-IV-TR, e atualmente constam no DSM-5, dentro do título *Deficiência Intelectual*. O DSM-IV-TR utilizava a classificação *retardo mental profundo* (QI inferior a 20), *grave* (QI entre 20 e 40), *moderado* (QI entre 35 e 49) e *leve* (QI entre 50 e 69), além da gravidade inespecificada, nos casos em que "existe uma forte suspeita de retardo mental, mas o indivíduo não pode ser adequadamente testado pelos instrumentos habituais de medição da inteligência".[999] A categoria retardo mental limítrofe foi eliminada em 1973. O DSM-5 utiliza a terminologia *deficiência intelectual* (*transtorno do desenvolvimento intelectual*) *leve, moderada, grave* e *profunda*.

Conforme referimos, o DSM-5[1000] substituiu o termo retardo mental, utilizado no DSM-IV,-TR pela expressão deficiência intelectual (transtorno do desenvolvimento intelectual) ou *intellectual disability* (*intellectual developmental disorder*), que, segundo o Manual mais recente, passou a ser de uso comum nas duas últimas décadas entre profissionais da Medicina, da Educação e outros profissionais e pelo público leigo e grupos de apoio, sendo a gravidade determinada pelo funcionamento adaptativo – pelo fato de ser determinante com respeito ao nível de apoio –, e não pelo escore do QI. O DSM-5 especifica a gravidade da deficiência intelectual em leve, moderada, grave e profunda, semelhante, portanto, ao modelo anterior – o do retardo mental –, supradelineado.

Como se sabe, o DSM é um Manual publicado pela *American Psychiatric Association*. Assim, a alteração terminológica encontra maior repercussão nos Estados Unidos da América, país que, a propósito, editou uma Lei Federal

---

[998] Consulte-se BRUNO, Aníbal. *Direito Penal*. 3ª ed. Rio de Janeiro: Forense, 1967, t. II, p. 135; MARQUES, José Frederico. *Tratado de Direito Penal*. 2ª ed. São Paulo: Saraiva, 1965, v. II, p. 177; MESTIERI, João. *Manual de Direito Penal – Parte Geral*. Rio de Janeiro: Forense, 1999, v. I, p. 173; PALOMBA, Guido Arturo. *Tratado de Psiquiatria Forense, Civil e Penal*. Rio de Janeiro: Forense, 2003, p. 202.
[999] Conforme DSM-IV-TR, p. 75.
[1000] Sobre a alteração referida, vide DSM-5, p. 31-41.

(*Public Law* 111-256, *Rosa's Law*) substituindo a expressão *retardo mental* por *deficiência mental*.

Porém, pensamos ser adequadas tanto a expressão *retardo mental*, como também a expressão *deficiência intelectual*, seja porque a primeira encontra-se consagrada entre nós – bem como pelo fato de continuar a ser utilizada pelos profissionais que estudam as ciências da mente[1001] –, seja porque o próprio Código Penal utiliza a expressão *desenvolvimento mental retardado* (art. 26, *caput* e parágrafo único).

Considerando o critério biopsicológico adotado pelo Código Penal brasileiro, bem como a complexidade dos fenômenos criminosos – diz-se que não há dois crimes rigorosamente idênticos – e da própria condição individual de cada pessoa acometida de retardo, como o grau do retardo, avanços que desenvolveu, etc., a pessoa acometida poderá ser inimputável, semi-imputável ou imputável, não sendo o caso aqui de apresentarmos um catálogo ao estilo *prêt-à-porter*, com rigor lógico e hermético. Como regra, não definitiva, o retardo mental leve não retirará do agente a capacidade penal, ao passo que o retardo profundo poderá levar o agente a uma condição tanto de inimputabilidade como de semi-imputabilidade.

A riqueza da realidade dos fenômenos não deve se render aos estreitos limites da lógica formal, de modo a ter-se um prévio esquema pronto, apto a tudo resolver. Melhor é reconhecermos o contexto de complexidade das relações sociais em que vivemos e entender que cada caso deverá ser apreciado em concreto por profissional habilitado. Consoante assinala Francisco de Assis Toledo,[1002] as "mesmas causas acima examinadas [referindo-se o autor as causas de inimputabilidade constantes no *caput* do art. 26 do CP], tal seja o grau de sua evolução, podem conduzir não à anulação completa, mas a uma redução da capacidade de compreensão ou de autodeterminação do agente.". A afirmação do penalista pode ser completada com a consideração de que as causas de inimputabilidade podem levar tão somente à redução da capacidade, mas pode, em certos casos, não vir a sequer restringir a capacidade penal, restando o agente, seja doente mental, seja retardado mental (ou deficiente intelectual), plenamente imputável.

Nessa vereda, se o retardo mental (o leve, *v.g.*) não retirar a capacidade de entendimento e de autodeterminação do agente, será ele imputável, podendo seu comportamento delitivo ser considerado censurável, ou seja, culpável, cuja consequência será a pena criminal. Se houver redução da capacidade, terá lugar a imposição de pena com redução em seu *quantum* de 1/3 a 2/3, nos moldes do parágrafo único do art. 26, sendo de observar-se, todavia, a possibilidade de substituição da pena reduzida pela medida de segurança, "necessitando o condenado de especial tratamento curativo", conforme prevê o art. 98 do Código Penal. No entanto, se o retardo mental for em tal grau que nas

---

[1001] Por exemplo: MARQUES, Natali Maia; SANTOS, Cristiane Ferreira dos. Retardo Mental. In: *Neuropsicologia Forense* (org. Antonio de Pádua Serafim e Fabiana Saffi) Porto Alegre: Artmed, 2015, p. 205 e ss.
[1002] TOLEDO, Francisco de Assis. *Princípios Básicos de Direito Penal*. 5ª ed. São Paulo: Saraiva, 1994, p. 317.

circunstâncias concretas retirar do agente a capacidade de entendimento ou de autodeterminação, deverá ser imposta a medida de segurança.

4.1.4. A inimputabilidade decorrente de desenvolvimento mental incompleto

O entendimento mais corrente afirma que o *desenvolvimento mental incompleto* estaria a albergar os *indígenas*, os *surdos-mudos* e também os *menores de dezoito anos*. Os menores, sob o critério biológico, estão expressamente indicados no art. 27 do CP, ao passo que os indígenas, ainda que de forma não expressa, enquadrar-se-iam na hipótese do art. 26, e isso de forma confessada, consoante se observa da Exposição de Motivos da Parte Geral do Código Penal, em sua versão original. Os (impropriamente denominados) surdos-mudos são considerados inimputáveis por um setor doutrinário, os quais são expressamente assim considerados, *v.g.*, no Código Rocco. Essas categorias serão estudadas nos próximos tópicos.

4.1.4.1. O indígena. Concepção atual

A Exposição de Motivos da Parte Geral do Código Penal, em sua versão original, fazia menção ao desenvolvimento mental incompleto, opção que poderia ser tida como desnecessária, visto que o Código já tratava especificamente da hipótese do menor, hipótese aí enquadrável. No entanto, como obtemperava Nelson Hungria, "a Comissão Revisora entendeu que sob tal rubrica entrariam, por interpretação extensiva, os *silvícolas*, evitando-se que uma expressa alusão a estes fizesse supor falsamente, no estrangeiro, que ainda somos um país infestado de gentio.".[1003] Ou seja, a Comissão Revisora pretendeu atribuir ao indígena a qualidade de detentor de desenvolvimento mental incompleto, mas não quis fazê-lo referindo-se direta e expressamente a mencionada etnia, para que alhures não se imaginasse que nós, brasileiros, nos constituiríamos, por assim dizer, basicamente de índios, ou pelo menos de índios em larga escala.

Ao entendimento de que se trataria o indígena de inimputável contrapunha-se Heleno Cláudio Fragoso,[1004] para quem "só impropriamente se pode dizer que tenham desenvolvimento mental *incompleto*.". No entanto, a doutrina (ainda) majoritária posicionava-se (e ainda se posiciona) no sentido de que falta ao indígena a capacidade de culpabilidade (pelo menos no que diz respeito ao não aculturado), não apenas juristas[1005] como também profissionais da

---

[1003] HUNGRIA, Nelson; FRAGOSO, Heleno Cláudio. *Comentários ao Código Penal*. 5ª ed. Rio de Janeiro: Forense, 1978, v. I, t. II, p. 337. No mesmo sentido: MARQUES, José Frederico. *Tratado de Direito Penal*. 2ª ed. São Paulo: Saraiva, 1965, v. 2º, p. 177-178.
[1004] FRAGOSO, Heleno Cláudio. *Lições de Direito Penal – Parte Geral*. 12ª ed. revista e atualizada por Fernando Fragoso. Rio de Janeiro: Forense, 1990, p. 199.
[1005] Assim, dentre outros: VARGAS, José Cirilo. *Instituições de Direito Penal – Parte Geral*. Belo Horizonte: Del Rey, 1997, t. I, p. 354; JORGE, Wiliam Wanderley. *Curso de Direito Penal*. 7ª ed. Rio de Janeiro: Forense, 2005, p. 306.

medicina forense. Neste sentido, Hélio Gomes[1006] assevera "que em nenhuma hipótese um silvícola deve ser, criminalmente, equiparado a um indivíduo normal, qualquer que seja seu aparente grau de adaptação ao meio.". A seu turno, Guálter Adolfo Lutz,[1007] que foi professor de Medicina Legal na Universidade do Brasil, em artigo publicado em 1941, sustentava que o então novo Código Penal teria deixado implícito na redação do artigo e explícito na Exposição de Motivos "a anexação aos atrasados dos indivíduos dificilmente educáveis, por motivo de surdo-mudez, etc., e os selvícolas.". Não obstante tal posição, esclarecia o autor que cada caso mereceria um estudo individual.

Na história do Brasil, consoante relata Sérgio Buarque do Holanda,[1008] os índios sempre tiveram uma visão peculiar a recair sobre eles, o que proporcionou também um tratamento peculiar a eles dispensado. Chegaram a ser tidos como "seres subumanos, desprovidos de alma, estando mais próximos dos animais.".[1009] Porém, os tempos mudaram, e o entendimento no que concerne à capacidade penal do indígena também, ao menos no que diz respeito à significativa corrente, incluindo o Supremo Tribunal Federal.

Marcelo Beckhausen,[1010] em estudo sobre o reconhecimento da cultura indígena pela Constituição Federal de 1988, sustenta que a Lei Maior conferiu um novo *status* aos indígenas, devendo ser aceita a sua cultura em sua diversidade, e, portanto, consequentemente, com reflexos no campo jurídico. João Mestieri[1011] entende que categorizar o indígena como detentor de desenvolvimento incompleto, consoante pretendeu o legislador de 1940 (e assim manifestado na Exposição de Motivos, conforme acima referido), sob os auspícios de Nelson Hungria, é incorrer em equiparação "absurda, e se constitui em verdadeira indignidade.".

Posicionamento diverso é adotado por Bruno Heringer Júnior,[1012] para quem os silvícolas não devem ser tratados ou considerados como inimputáveis, e sim como passíveis de tratamento no âmbito do erro de proibição, considerando-os, conforme o caso, incursos em uma situação de ausência de compreensão da ilicitude, que pode ser vencível ou invencível, com todos os seus consectários. Não acompanhamos semelhante entendimento, visto que, no âmbito da culpabilidade, a capacidade penal constitui antecedente lógico em relação ao erro de proibição. Assim sendo, só poderá incorrer em erro de proibição o penalmente imputável. Ora, se o agente sequer tem condições de entendimento do caráter ilícito do fato, desde logo é de afastar-se a culpabilidade, a censurabi-

---

[1006] GOMES, Hélio. *Medicina Legal*. 27ª ed. Rio de Janeiro: Freitas Bastos, 1989, p. 101.
[1007] LUTZ, Guálter Adolfo. A Responsabilidade Criminal no Novo Código Penal. In: *Revista Forense*. Rio de Janeiro, v. 38, nº 88, out. 1941, p. 39.
[1008] HOLANDA, Sérgio Buarque de. *Raízes do Brasil*. 26ª ed. São Paulo: Companhia das Letras, 1995, p. 48 e 56.
[1009] MARCONI, Marina de Andrade; PRESOTTO, Zelia Maria Neves. *Antropologia – Uma Introdução*. 7ª ed. São Paulo: Atlas, 2009, p. 216.
[1010] BECKHAUSEN, Marcelo Veiga. *O Reconhecimento Constitucional da Cultura Indígena*. São Leopoldo: Unisinos, 2000 (dissertação de mestrado), p. 83.
[1011] MESTIERI, João. *Manual de Direito Penal*. Rio de Janeiro: Forense, 1999, v. I, p. 173.
[1012] HERINGER JÚNIOR, Bruno. A imputabilidade penal do índio. In: *Revista da Ajuris*. Porto Alegre, nº 73, jul. 1998, p. 155-156.

lidade do fato, não sendo adequada a aferição da consciência do ilícito quando o agente não tinha capacidade para tanto.

Nesses termos, para nós, o entendimento de Bruno Heringer Júnior enfrenta dificuldades, porquanto o erro de proibição deve ser considerado no caso concreto, mas tendo como pressuposto a capacidade de culpabilidade do agente, a qual lhe é anterior. Se o índio não aculturado, de antemão, não pudesse ser detentor da possibilidade de entender a ilicitude por não estar plenamente desenvolvido no plano sociocognitivo, o caso é mesmo de incapacidade, e não de erro.

A nosso ver, a questão foi devidamente tratada pelo Supremo Tribunal Federal, que chancelou o entendimento segundo o qual o indígena é penalmente imputável, sendo "dispensável o exame antropológico destinado a aferir o grau de integração do paciente na sociedade se o Juiz afirma sua imputabilidade plena com fundamento na avaliação do grau de escolaridade, da fluência na língua portuguesa e do nível de liderança exercida na quadrilha, entre outros elementos de convicção" (HC 85.198-3, 1ª Turma, rel. Min. Eros Grau, D. J. 09.12.2005)". Em outro julgado, a Suprema Corte também entendeu tratar-se o indígena de imputável, sujeitando-se o "índio às normas do art. 26 e parágrafo único, do CP, que regulam a responsabilidade penal, em geral, inexistindo razão para exames psicológico ou antropológico, se presentes, nos autos, elementos suficientes para afastar qualquer dúvida sobre sua imputabilidade (...)" (HC 79.530-7, 1ª Turma, rel. Min. Ilmar Galvão, D. J. 25.02.2000). Ainda, nesta decisão, salientou o voto-condutor, da lavra do eminente relator, que se o índio fosse considerado inimputável não teria nenhum sentido a norma do art. 56 da Lei nº 6.001/73, que estabelece atenuação da pena ao indígena condenado criminalmente. De notar-se, ainda, que *a Corte Suprema considera imputável tanto o indígena aculturado quanto o não aculturado*, visto que afirma ficarem sujeitos "às normas do art. 26 e parágrafo único, do CP, que regulam a responsabilidade penal, em geral".

Sobre aculturação, destacamos a lição de Darcy Ribeiro,[1013] que, a seu turno, prefere a expressão *transfiguração étnica*,[1014] ao referir o grau de integração das populações indígenas:

> 1. *Isolados*. São os grupos que vivem em zonas não alcançadas pela sociedade brasileira, só tendo experimentado contatos acidentais e raros com "civilizados". Apresentam-se como simplesmente arredios ou como hostis. Nesta categoria s encontram as tribos mais populosas e de maior vigor físico e, também, as únicas que mantêm completa autonomia cultural.
>
> 2. *Contato intermitente*. Corresponde àqueles grupos cujos territórios começam a ser alcançados e ocupados pela sociedade nacional. Ainda mantêm certa autonomia cultural, mas vão surgindo necessidades novas cuja satisfação só é possível através de relações econômicas com agente da civilização. Freqüentemente têm relações de ambivalência motivadas, por um lado, pelo temor ao homem branco e, por outro lado, pelo fascínio que exerce sobre eles um equipamento infinitamente superior de ação sobre a natureza. Suas atividades produtivas começam a sofrer uma diver-

---

[1013] RIBEIRO, Darcy. *Os Índios e a Civilização – A Integração das Populações Indígenas no Brasil Moderno*. 7ª ed. São Paulo: Companhia das Letras, 1996, p. 488-489.
[1014] Ibid., *passim*.

sificação pela necessidade de. Além das tarefas habituais, serem obrigados a dedicar um tempo crescente à produção de artigos para troca ou se alugarem como força de trabalho. Sua cultura e sua língua começam já a refletir essas novas experiências através de certas modificações que a acercam das características da sociedade nacional.

3. *Contato permanente.* Incluímos nesta categoria os grupos que já perderam sua autonomia sociocultural, pois se encontram em completa dependência da economia regional para o suprimento de artigos tornados indispensáveis. No entanto, ainda conservam os costumes tradicionais compatíveis com sua nova condição, embora profundamente modificados pelos efeitos cumulativos das compulsões ecológicas, econômicas e culturais que experimentaram. O número de índios capazes de exprimir-se em português aumenta, alargando assim os meios de comunicação com a sociedade nacional. A população indígena tende a diminuir, chegando algumas tribos a índices tão baixos que tornam inoperante a antiga organização social.

4. *Integrados.* Estão incluídos nesta classe aqueles grupos que, tendo experimentado todas as compulsões referidas, conseguiram sobreviver, chegando a nosso dias ilhados em meio à população nacional, a cuja vida econômica se vão incorporando como reserva de mão-de-obra ou como produtores especializados em certos artigos para o comércio. Em geral vivem confinados em parcelas de seus antigos territórios, ou, despojados de suas terras, perambulam de um lugar a outro. Alguns desses grupos perderam sua língua original e, aparentemente, nada os distingue da população rural com que convivem. Igualmente mestiçados, vestindo a mesma roupa, comendo os mesmos alimentos, poderiam ser confundidos com seus vizinhos neobrasileiros, se eles próprios não estivessem certos de que constituem um povo à parte, não guardassem uma espécie de lealdade a essa identidade étnica e se não fosse definidos, visto e discriminados com "índios" pela população circundante.

Pelo relato do saudoso Senador e antropólogo, não se vislumbra razão para se ter o indígena como incapaz, só por esse fato, a não ser nas situações particulares que mencionamos neste *Curso*. O fato de não ter sofrido uma *transfiguração étnica* – na expressão de Darcy Ribeiro – não lhe retira a capacidade de percepção da ilicitude de um certo fato, exceto se esse fato estiver *vinculado* a sua cultura como algo lícito. Com efeito, o entendimento esposado pelo Supremo Tribunal Federal parece-nos o mais consentâneo com a realidade indígena e com o que preceitua a Constituição de 1988. O indígena não possui déficit de inteligência ou qualquer pretensa anomalia mental. Na verdade, o silvícola não adaptado, no caso de sua inadaptação subtrair a capacidade de entendimento de determinado fato, pode constituir caso de inimputabilidade em razão de inadaptação sociocognitiva, ou seja, um déficit de desenvolvimento no plano cultural.

Assim, para satisfazer aos reclamos do art. 26 do Código Penal, poder-se-ia admitir o índio não aculturado como tendo desenvolvimento mental incompleto, *apenas* em *determinados casos concretos*, e isso no escopo de empreender-se uma *interpretação mais favorável a ele, apenas num sentido segundo o qual não seria detentor de certos níveis de conhecimento no plano sócio-cognitivo, jamais(!) no plano de uma hipótese de suposta anomalia ou inferioridade étnica*. Não se trata aqui de patologia, mas, como ensinava E. Magalhães Noronha,[1015] "de inadaptação a um viver de nível cultural que não possuem.".

[1015] NORONHA, E. Magalhães. *Direito Penal – Introdução e Parte Geral*. 25ª ed. atual. por Adalberto José Q. São Paulo: Saraiva, 1987, v. 1, p. 164.

Consoante afirmamos na introdução, o direito é dado pela interpretação, tendo-se em conta inarredavelmente a faticidade. Como ressalta A. Castanheira Neves,[1016] uma *boa* interpretação "é antes aquela que numa perspectiva prático-normativa utiliza bem a norma como critério da justa decisão do problema concreto.". A título de exemplo,[1017] mencionamos a antiga crença indígena segundo a qual o nascimento de gêmeos era considerado anormal por suposta interferência de espíritos malignos. Nesse caso, a segunda criança a nascer era sacrificada, ao passo que, se fossem do mesmo sexo, ambos eram estrangulados. Outro fator que levava os indígenas a sacrificar recém-nascido dava-se em casos em que a mulher sonhava com parentes recém-falecidos, sobretudo quando a morte era atribuída à feitiçaria.

Pode-se engendrar enfoque diverso, a partir de prática não considerada delitiva por não indígenas, mas delituosas para os silvícolas, as quais, a juízo desses, mereceriam punição. Para eles, o incesto,[1018] *v.g.*, mais do que pertencer ao direito penal indígena, pertencia ao direito penal público, segundo distinção utilizada entre direito penal público e direito penal privado, sendo o primeiro reservado a casos mais graves e relevantes. Assim, em um semelhante contexto, não se poderá considerar crime, por ausência de capacidade do indígena, e, por conseguinte, ausência de reprovação ético-jurídica, o fato de haver em determinada tribo não aculturada a imposição de uma pena a quem incorresse em prática de incesto. Assim sendo, poder-se-ia concluir que indígenas em um contexto tal como o referido não teriam capacidade de entender o caráter ilícito de uma punição procedida pela tribo, quando o *direito indígena* assim estipulasse. Nesse contexto, a punição seria absolutamente "legal", ainda que para os não indígenas se tratasse o incesto de fato não punível. Assim, o indígena executor da punição infligida a outro indígena, em razão de este ter praticado incesto tido por inaceitável na tribo, constituindo crime, não poderia ser punido pelo "nosso" direito, por tratar-se de pessoa incapaz, inimputável, mas num sentido cultural, e não de déficit mental. Em consonância com o que afirmamos, há dispositivo expresso no Estatuto do Índio (Lei nº 6.001/73), ora reproduzido:

Art. 57. Será tolerada a aplicação, pelos grupos tribais, de acordo com as instituições próprias, de sanções penais ou disciplinares contra os seus membros, desde que não revistam caráter cruel ou infamante, proibida em qualquer caso a pena de morte.

Nas situações peculiares que referimos, poder-se-ia falar, e, frise-se, excepcionalmente, em inimputabilidade do indígena não aculturado, tal o grau de singularidade fática e cultural, sempre apurável no caso concreto. Nesse sentido muito específico, e no escopo de empreender-se a uma interpretação favorável e tuteladora da própria cultura indígena – é dizer: interpretação pautada na Constituição – é que se poderia falar em desenvolvimento incompleto

---

[1016] CASTANHEIRA NEVES. A. *Metodologia Jurídica – Problemas Fundamentais*. Coimbra: Coimbra Editora, 1993, p. 84.
[1017] Consulte-se: COLAÇO, Thaís Luzia. *Incapacidade Indígena: Tutela Religiosa e Violação do Direito Guarani nas Missões Jesuíticas*. Curitiba: Juruá, 1999, p. 50-51.
[1018] COLAÇO, Thaís Luzia. *Incapacidade Indígena: Tutela Religiosa e Violação do Direito Guarani nas Missões Jesuíticas*. Curitiba: Juruá, 1999, p. 186.

do índio, mas nunca num sentido de deficiência mental (só pelo fato de ser índio), e sim num sentido sociocognitivo, no âmbito das apreensões culturais. Isso não significa afirmar que o índio não poderá, eventualmente, encontrar-se em um estado de inimputabilidade, decorrente de uma situação em que haja ausência de higidez mental – como a psicose, por exemplo –, como pode acontecer com qualquer pessoa, a qual ensejará aferição de acordo com o critério biopsicológico, tal como é em relação aos não indígenas, o que implicaria a medida de segurança.

Não obstante o fato de os indígenas serem considerados em regra imputáveis (sejam aculturados ou não), prevê o estatuto do índio, em caso de condenação, a atenuação da pena, bem como um especial regime no que tange ao cumprimento, a ver-se:

> **Art. 56.** No caso de condenação de índio por infração penal, a pena deverá ser atenuada e na sua aplicação o juiz atenderá também ao grau de integração silvícola.
>
> Parágrafo único. As penas de reclusão e de detenção serão cumpridas, se possível,, em regime especial de semiliberdade, no local de funcionamento do órgão federal de assistência aos índios mais próximo da habitação do condenado.

A nosso ver, o tratamento a ser conferido aos indígenas até aqui exposto, bem como a previsão legal ora reproduzida encontra respaldo constitucional, consoante art. 231 da Constituição Federal:

> **Art. 231.** São reconhecidos aos índios sua organização social, costumes, línguas, crenças e tradições, e os direitos originários sobre as terras que tradicionalmente ocupam, competindo à União demarcá-las, proteger e fazer respeitar todos os seus bens.

Em suma, estamos de pleno acordo com o atualizado entendimento da Suprema Corte, podendo-se articular as seguintes conclusões, numa perspectiva constitucional e antropológica: *a*) o indígena, aculturado ou não, é, em princípio, imputável, podendo ser, como qualquer pessoa, eventualmente, inimputável, ficando sujeito à regra geral, a todos aplicáveis (indígenas ou não) do art. 26 do CP; *b*) são desnecessários quaisquer exames psicológicos ou antropológicos, no julgamento de indígena, quando o juiz puder aferir a imputabilidade por outros elementos, tais como grau de escolaridade, liderança exercida no empreendimento criminoso, etc.; *c*) o indígena não possui déficit de inteligência ou patologia só por sua condição étnica; *d*) os casos de inimputabilidade de indígena atendem ao critério biopsicológico; *e*) o indígena poderá apresentar excepcionalmente desenvolvimento mental incompleto, e isso para seu benefício, no que tange ao tratamento penal, e se for pela condição mesma de indígena somente numa perspectiva sociocognitiva, ou seja, cultural, jamais considerando-se tais hipóteses como anomalia mental ou como déficit de inteligência. Salvo isso, poderia ser considerado retardado mental se fosse acometido de retardo como qualquer pessoa, como, por exemplo, se em um caso concreto, apresentasse o índio agente de um fato típico na condição de portador de síndrome de *Down*, por hipótese; *f*) ao índio imputável que tenha incorrido em prática delitiva deverá ser aplicada pena atenuada, observando-se o especial tratamento na execução penal, conforme previsto no estatuto do índio.

4.1.4.2. O surdo-mudo

A surdo-mudez seria a outra incapacidade penal implícita na locução *desenvolvimento mental incompleto*, conforme entendimento de antiga doutrina e da própria Exposição de Motivos da Parte Geral do Código, em sua feição original (1940). A expressão *surdo-mudo* não é precisa. Melhor seria falar-se simplesmente em surdo ou surdez, visto que a quase totalidade dos surdos não são incapazes da fala, desde que possam aprender por meio de algum recurso, é claro. Para um setor doutrinário, o surdo-mudo de nascença seria inimputável, ao passo que com algum grau de aprendizagem seria tido por semi-imputável, sendo essa a opinião do psiquiatra Guido Arturo Palomba,[1019] por exemplo. Cláudio Brandão[1020] afirma que os surdos-mudos se enquadram nas hipóteses de desenvolvimento mental incompleto, visto que "por estarem privados do perfeito domínio do som, não podem chegar à perfeita comunicação com o mundo exterior, assim, têm um desenvolvimento mental incompleto". René Ariel Dotti[1021] lembra que no regime do Código Penal de 1890 estabelecia, em seu art. 27, § 7º, que não incorriam em crime "os surdos-mudos de nascimento que não tiverem recebido educação nem instrucção, salvo provando-se que obraram com discernimento", mas que, no sistema vigente, poderá o surdo-mudo ser considerado imputável, semi-imputável ou inimputável, afirmando o autor ser essa a orientação da jurisprudência.

O Código Penal italiano[1022] estabelece ser inimputável o surdo-mudo que, no momento do cometimento do fato, não possua, por causa de sua enfermidade, a capacidade de entender e de querer, determinando, ainda, a redução da pena para o caso de a capacidade estar significativamente diminuída.

Ferrando Mantovani,[1023] ao interpretar o diploma italiano, obtempera que ainda que o surdo-mudismo esteja compreendido entre as causas que excluem ou diminuam a imputabilidade, em razão de a audição e de a linguagem serem fundamentais ao desenvolvimento psíquico do homem, não se pode falar, no entanto, de enfermidade psíquica, mas de um estado físico de redução sensorial que pode produzir um estado de imaturidade psíquica. Para o autor, o surdo-mudismo não comporta alguma presunção de inimputabilidade, devendo haver a constatação caso a caso, havendo precedente da jurisprudência italiana[1024] em tal sentido.

[1019] PALOMBA, Guido Arturo. *Tratado de Psiquiatria Forense, Civil e Penal*. São Paulo: Atheneu, 2003, p. 200.
[1020] BRANDÃO, Cláudio. *Teoria Jurídica do Crime*. 2ª ed. Rio de Janeiro: Forense, 2002, p. 169.
[1021] DOTTI, René Ariel. *Curso de Direito Penal – Parte Geral*. 2ª ed. Rio de Janeiro: Forense, 2004, p. 420.
[1022] Codice Penale, art. 96. (*Sordomutismo*). Non è imputabile il sordomuto che, nel momento in cui há commesso il fatto, non aveva, per causa della sua enfermità la capacità d'intendere o di volere (85, 222). Se la capacità d'intendere o di volere era grandemente scemata, ma non esclusa, la pena à diminuita (65, 219).
[1023] MANTOVANI. Ferrando. *Diritto Penale*. 3ª ed. Milano: CEDAM, 1992, p. 675.
[1024] ALIBRANDI, Luigi. *Il Codice Penale Commentato per Articolo con la Giurisprudenza*. 8ª ed. Piacenza: Casa Editrice La Tribuna, 1998, p. 640: "L'art. 96 c.p. non ravvisa nel sordomutismo uno stato necessariamente psicopatologico, ma richiede soltanto che nel sordomuto tanto la capacità quanto l'incapacità formi oggetto di specifico accertamento, da compiersi, cioè, caso per caso. Il che sta a significare che il sordomutismo non costituisce una vera e propria malattia della mente, valendo soltanto eventualmente ad impedire o ad ostacolare lo stato di sviluppo della psiche e, dunque, la maturità psichica. È sufficiente, pertanto che dalla decisione risulti che

Com efeito, voltando à situação brasileira, a condição assemelha-se, de certa forma, à do indígena. Por isso poderá ser, de igual forma, imputável, semi-imputável ou inimputável, tudo a depender do caso concreto e da constatação pericial.

Consideremos o conceito de pessoa surda exarado pelo Decreto n° 5.626, de 22 de dezembro de 2005:

Art. 2º Para os fins deste Decreto, considera-se pessoa surda aquela que, por ter perda auditiva, compreende e interage com o mundo por meio de experiências visuais, manifestando sua cultura principalmente pelo uso da Língua Brasileira de Sinais-Libras.

Pelo que se observa da redação do dispositivo suprarreproduzido, não está o surdo, em princípio, impossibilitado de falar, nem tampouco falta-lhe a capacidade cognitiva.

Não obstante, se o surdo-mudo tiver sua capacidade diminuída, ficará sujeito à pena criminal, com a redução de um a dois terços, nos termos do parágrafo do art. 26, podendo ainda ser a pena substituída por medida de segurança (art. 98). Se for inimputável, ficará sujeito à medida de segurança. Porém, entendemos que essa deverá ser eminentemente educativa, e não restritiva de liberdade, se a incapacidade decorrer especificamente da *surdo-mudez*, sobretudo se o fato típico não se revestir de maior gravidade, ainda que a pena prevista para o tipo incriminador seja a de reclusão.

A evidenciar que o surdo-mudo, ou simplesmente o surdo, não possui déficit mental está o fato de praticamente não haver referência na jurisprudência de casos de inimputabilidade por essa causa.[1025] Guido Palomba, em seu *Tratado de Psiquiatria Forense*, refere um único caso, e, mesmo assim, em âmbito não criminal, referente a processo de interdição, sendo oportuno reproduzir a conclusão do caso referido: "Trata-se de surdo-mudez de nascença, talvez de origem hereditária, considerando os casos familiares semelhantes relatados. A educação que recebeu é muito pouco para que possa exercer os atos da vida civil, como vender, comprar, dar quitação, hipotecar etc., pois, para tanto, é necessário tirocínio, adequação e conhecimentos específicos do tipo de negócio a ser feito e as suas conseqüências, que o municiando não tem. Dessarte, por desenvolvimento mental incompleto (surdo-mudez), não reúne as mínimas condições para gerir-se e para administrar os seus bens".[1026] Não obstante a conclusão do laudo, pensamos que eventual relativação de sua capacidade penal deveria ser constatada caso a caso, considerando o tipo de crime e o contexto em sua concretude.

Por derradeiro, traz-se à colação decisão do Tribunal de Alçada Criminal do Estado de São Paulo: "O surdo-mudo, máxime se se tratar de defeito congênito ou adquirido nos primeiros anos de vida, representa um déficit intelectual

---

il detto accertamento sia stato compiuto e che il giudice abbia congruamente motivato sul punto. Cass. pen., sez. VI, 30 settembre 1996, n. 8817 (ud. 3 luglio 1996), Gangitano [RV205911].".

[1025] Mesmo em outras áreas de conhecimento, como as Neurociências, há dificuldades no campo pesquisa, visto que "indivíduos surdos com lesões nas áreas de linguagem são naturalmente difíceis de serem encontrados". PURVES, Dale *et al*. *Neurociências*. 2ª ed. Trad. Carla Dalmaz *et al*. Porto Alegre: Artmed, 2005, p. 600.

[1026] PALOMBA, Guido Arturo. *Tratado de Psiquiatria Forense, Civil e Penal*. São Paulo: Atheneu, 2003, p. 514.

considerável, podendo – em certos casos – acarretar a inimputabilidade ao indivíduo ou determinar a redução de sua responsabilidade criminal. Necessidade, portanto, de se realizar o exame de insanidade mental" (TACRIM-SP – AC – Rel. Emeric Levai – BMJ 86/16).

4.1.4.3. O menor de 18 anos e o critério biológico

No Brasil, o *menor de 18 anos* é considerado inimputável, antes mesmo de consagração legal, por consagração constitucional.[1027] Outrossim, ainda que a menoridade penal seja subespécie de gênero *desenvolvimento mental incompleto*, segue o critério biológico, não se enquadrando, assim, por evidente, nas hipóteses do art. 26 do CP, e sim no art. 27,[1028] sendo a inimputabilidade presumida *juris et de jure*. O Código Penal Militar estatuí em seu art. 50, que o menor de 18 anos é inimputável, salvo se, já tendo completado 16 anos, revela suficiente desenvolvimento psíquico para entender o caráter ilícito do fato e de determinar-se de acordo com esse entendimento, a exemplo do que ocorre nos EUA, em diversos Estados. Todavia, com a promulgação da Constituição de 1988, tal dispositivo foi revogado, no que tange à relativização do menor de 18 anos e maior de 16, à luz do que estabelece o art. 228 da Lei Maior, que estabeleceu a menoridade penal até os 18 anos, indistintamente.

O Estatuto da Criança e do Adolescente (ECA, Lei nº 8.069/90) disciplina a matéria relativa à prática de fato típico perpetrado por menor de 18 anos, utilizando de terminologia peculiar. O menor não pratica crime, e sim *ato infracional*. Também não se sujeita à prisão, mas à *apreensão*. O Juiz de Menores tornou-se Juiz da Infância e da Juventude. Com relação às expressões utilizadas pelo ECA, René Ariel Dotti[1029] afirma tratar-se de um tipo de *linguagem dulcificada*.

Por derradeiro, a prova da menoridade requer comprovação documental, consoante se observa da Súmula 75 do Superior Tribunal de Justiça: "Para efeitos penais, o reconhecimento da menoridade do réu requer prova por documento hábil.".

4.1.5. Alcoolismo: embriaguez patológica e embriaguez não patológica

O consumo de álcool não constitui um mal em si. Nas palavras de Daniel Cruz Cordeiro,[1030] "o fato de um indivíduo beber todos os dias não o torna, necessariamente, um dependente de álcool. Alguns clínicos, inclusive, são fa-

---

[1027] Eis a dicção do texto constitucional: "Art. 228. São penalmente inimputáveis os menores de dezoito anos, sujeitos às normas da legislação especial".
[1028] Com a seguinte redação: "Art. 27. Os menores de 18 (dezoito) anos são penalmente inimputáveis, ficando sujeitos às normas estabelecidas na legislação especial.".
[1029] DOTTI, René Ariel. *Curso de Direito Penal – Parte Geral*. 2ª ed. Rio de Janeiro: Forense, 2004, p. 416.
[1030] CORDEIRO, Daniel Cruz. Dependência Química: Conceituação e Modelos Teóricos. In: *O Tratamento da Dependência Química e as Terapias Cognitivo-Comportamentais* (org. Neide A. Zanelatto e Ronaldo Laranjeira). Porto Alegre. Artmed, 2013, p. 25.

voráveis ao consumo diário de uma taça de vinho, o que diminuiria o risco de acidentes cardiovasculares". No mesmo sentido, Arthur Guerra de Andrade[1031] (professor titular de medicina, com linha de pesquisa específica no terreno do consumo de álcool) e Lúcio Garcia de Oliveira acentuam que o consumo, em especial leve a moderado, pode desempenhar um papel protetivo da saúde, especialmente quanto ao desenvolvimento de doenças cardiovasculares. Porém, o consumo *abusivo* pode ocasionar a embriaguez tanto patológica (em virtude do consumo excessivo e prolongado) como embriaguez não patológica, que pode ser acidental, ou não, com consequências na responsabilização penal, consoante estudaremos nas linhas que seguem.

4.1.5.1. Conceito de embriaguez

A *embriaguez* pode ser definida[1032] como um *estado de intoxicação aguda e transitória, causada pelo álcool ou substância de efeitos análogos*. Observa-se que, além do álcool, o conceito abarca, como causa da embriaguez, consoante Ernesto de Freitas Xavier Filho,[1033] qualquer substância de efeitos análogos, tais como barbitúricos, cloreto de etila ("lança-perfume"), éter, maconha (*cannabis sativa*, internacionalmente também conhecida como *marijuana* ou *haschich*), ópio (e derivados), derivados anfetamínicos (boletas), alucinógenos (por exemplo, mescalina e dietilamina lisérgica, o LSD 25).

Com efeito, o próprio Código Penal, ao tratar da embriaguez, faz referência ao "álcool" e também a "substâncias de efeitos análogos" (CP, art. 28, inc. II). Deve-se entender por *efeitos análogos* aqueles efeitos que *afetam a cognição e/ou a volição do agente*, não se exigindo, por exemplo, que se trate de algum depressor do sistema nervoso central, como é o caso do álcool, sendo suficiente[1034] que a substância de efeitos análogos seja *inebriante*, podendo determinar alterações das funções mentais, bem como alterações neurológicas.

4.1.5.2. Os diferentes graus de embriaguez

O consumo de álcool não produz efeitos idênticos conforme sejam distintos, por exemplo, elementos como sexo, compleição física (o peso determina a quantidade de água no organismo), frequência no consumo, quantidade de

---

[1031] ANDRADE, Arthur Guerra de; OLIVEIRA, Lúcio Garcia de. Principales Consecuencias a Largo Plazo Debidas al Consumo Moderado de Alcohol. In: MALBEIGIER, André et al. El Alcohol y sus Consecuencias: Un Enfoque Multiconceptual (org. Arthur Guerra de Andrade e James C. Anthony; trad. Sandra Martha Dolinsky). Baruerí: Manole, 2011, p. 37.

[1032] BENFICA, Francisco Silveira; VAZ, Márcia. *Medicina Legal Aplicada ao Direito*. São Leopoldo: Editora Unisinos, 2003 (2ª reimpressão 2008), p. 101. Ver também: SILVA, Ângelo Roberto Ilha da. *Da Inimputabilidade em face do Atual Desenvolvimento da Psicopatologia e da Antropologia*. 2ª ed. Porto Alegre: Livraria do Advogado, 2015, p. 78.

[1033] XAVIER FILHO, Ernesto de Freitas. *Manual de Perícias Médico-Legais*. Porto Alegre: Síntese, 1980, p. 126-132.

[1034] Ibid., p. 126-127.

alimento presente no estômago, velocidade com que foi feita a ingestão da substância inebriante.

Não obstante, Xavier Filho,[1035] médico legista do IML de Porto Alegre, por dez anos, e professor titular de Medicina, descreve cinco períodos que habitualmente estão presentes na intoxicação alcoólica, quais sejam:

> **1º período,** assintomático: nenhuma alteração neurológica é encontrada; corresponde à ingestão de pequenas doses de álcool, tal como a de um cálice de vinho durante uma refeição.
>
> **2º período,** subclínico: o exame clínico do paciente é normal; entretanto, pesquisas mais recentes têm ressaltado a importância de alcoolemias entre 5 e 10 dg/l. Testes mais apurados mostram que os pacientes executam tarefas intelectuais e físicas com maior disposição aparente; entretanto, a coordenação motora está atingida e a quantidade de erros aumenta (por exemplo, na datilografia); o paciente pensa que está produzindo com mais rapidez, mas a cronometragem de seu trabalho atinge escores mais baixos.
>
> **3º período; 1ª fase de embriaguez** (excitação): paciente eufórico, coerente, loquaz, orientado quanto ao tempo e ao espaço, lúcido, pouco atento ao examinador, face ruborizada, conjuntivas hiperemiadas, hálito alcoólico, marcha atípica, reflexos fotomotores normais, coordenação muscular perturbada, pulso radial cheio e rápido (100-100 batimentos por minuto). **2ª fase de embriaguez** (confusão): paciente com vestes em desalinho, agressivo, discurso arrastado, desatento ao examinador, face ruborizada, conjuntivas hiperemiadas, hálito alcoólico, reflexo fotomotor retardado, sinal de Ronberg presente ou esboçado, marcha titubeante, coordenação muscular muito atingida. **3ª fase da embriaguez** (sono ou torpor): paciente em completo desalinho, discurso incoerente, desorientado no tempo e no espaço, face ruborizada ou pálida, hálito alcoólico e fétido, atitude deprimida, desatenção total ao examinador, marcha ebriosa, disartria, sinal de Rosenberg presente ou impossível de pesquisar porque o paciente eventualmente não consegue se manter em pé.
>
> **4º período,** coma: paciente caído na posição em que foi abandonado, batimentos cardíacos fracos e espaçados, respiração estertorosa, queda da temperatura do corpo; reflexos muito embotados ou ausentes.
>
> **5º período,** morte: ocorre por resfriamento corporal, esgotamento das reservas de glicogênio, paralisia do centro respiratório. A necrópsia revela edema pulmonar e a dosagem de álcool no sangue costuma exceder 50 dg/litro. A ausência de lesões traumáticas ou de outra natureza, capazes de explicar a causa da morte, é elemento importante para estabelecer a causa da morte.

No terceiro período, em que o autor descreve as três fases da embriaguez comumente mencionadas, quais sejam, excitação/euforia, confusão/agressividade e sono/torpor, revelam-se, de forma ilustrativa, como referimos[1036] em outro trabalho, respectivamente, as denominadas *fases* do *macaco*, do *leão* e do *porco*.

4.1.5.3. Características gerais da embriaguez patológica e tratamento legal

Segundo o dicionário *Dorsch* de Psicologia,[1037] "embriaguez patológica é um estado crepuscular com desconhecimento do ambiente e com ilusões dos sentidos provocadas pelo álcool e por drogas ou substâncias entorpecentes".

[1035] XAVIER FILHO, Ernesto de Freitas. *Manual de Perícias Médico-Legais*. Porto Alegre: Síntese, 1980, p. 124-125.

[1036] SILVA, Ângelo Roberto Ilha da. *Da Inimputabilidade em face do Atual Desenvolvimento da Psicopatologia e da Antropologia*. 2ª ed. Porto Alegre: Livraria do Advogado, 2015, p. 79.

[1037] DORSCH, Friedrich; HÄCKER, Hartmut; STAPF, Kurt-Hermann. *Dicionário de Psicologia Dorsch*. Petrópolis: Vozes, 2001, p. 296.

Na realidade, a *embriaguez patológica*, considerando os fins colimados pelo Código Penal, está abrangida pela expressão *doença mental*, nos termos do art. 26, *caput*, ou parágrafo único, conforme, respectivamente, subtraia do agente integral ou parcialmente a capacidade de entendimento ético-jurídico do caráter ilícito do fato ou de autodeterminação segundo esse entendimento relativo ao injusto penal.

São vários os transtornos ligados ao álcool. Assim, conforme Harold I. Kaplan e Benjamin James Sadock,[1038] por exemplo, transtorno bipolar I, a esquizofrenia e o transtorno de personalidade antissocial oferecem riscos aumentados para transtornos ulteriores relacionados a substâncias.

Segundo o DSM-IV-TR,[1039] em alguns casos, a abstinência pode levar ao *delirium* e a convulsões de grande mal. O Manual refere ainda o *delirium* por intoxicação com álcool, demência persistente induzida por álcool, transtorno amnéstico persistente induzido por álcool, transtorno psicótico induzido por álcool, com delírios, transtorno psicótico induzido por álcool, com alucinações, etc.

Do ponto de vista legal, se o alcoolismo patológico retirar do agente a capacidade de entendimento ou de autodeterminação, ficará ele sujeito à medida de segurança, sendo submetido a tratamento adequado. Vale aqui o que foi dito quando tratamos do tópico *doença mental*. No caso de a embriaguez patológica não retirar, mas apenas reduzir a capacidade do agente, ensejará a esse uma pena reduzida nos moldes do parágrafo do art. 26, salvo se ao semi-imputável for recomendável especial tratamento curativo, caso em que a pena cederá lugar à medida de segurança, consoante dicção do art. 98 do Código Penal, caso que requer exame a ser procedido por *expert* da área das ciências da mente.

4.1.5.4. Embriaguez não patológica: tratamento legal

O tratamento legal da embriaguez não patológica, não alcançada pelo art. 26, portanto, é fornecido pelo art. 28, em seus §§ 1º e 2º, consoante se observa do dispositivo, que ora reproduzimos:

Art. 28. Não excluem a imputabilidade penal:

I – a emoção ou a paixão;

II – a embriaguez, voluntária ou culposa, pelo álcool ou substância de efeitos análogos.

§ 1º É isento de pena o agente que, por embriaguez completa, proveniente de caso fortuito ou força maior, era, ao tempo da ação ou omissão, inteiramente incapaz de entender o caráter ilícito do fato ou de determinar-se de acordo com esse entendimento.

§ 2º A pena pode ser reduzida de 1 (um) a 2/3 (dois terços), se o agente, por embriaguez, proveniente de caso fortuito ou força maior, não possuía, ao tempo da ação ou da omissão, a plena capacidade de entender o caráter ilícito do fato ou de determinar-se de acordo com esse entendimento.

Passamos à análise do texto nos itens seguintes.

[1038] Conforme KAPLAN, Harold I.; SADOCK, Benjamin J. *Tratado de Psiquiatria*. 6ª ed. Trad. Andrea Caleffi, Dayse Batista, Irineo C. S. Ortiz, Maria Rita Hofmeister e Sandra de Camargo Costa. Porto Alegre: Artmed, 1999, v. 1, p. 839-840.

[1039] Vide DSM-IV-TR, p. 226 e ss.

4.1.5.4.1. Embriaguez acidental: proveniente de caso fortuito ou força maior

Pode o agente delitivo praticar o fato em situação de embriaguez para a qual ele não tenha concorrido por sua livre vontade, ou seja, por não ter sido opção sua, é o caso da embriaguez proveniente de caso fortuito ou da embriaguez decorrente de força maior, que constituem espécies da denominada embriaguez acidental.[1040]

A embriaguez proveniente de caso fortuito ocorre em casos em que o agente ignora a natureza tóxica da substância que ingere, ou seja, o fato é *imprevisível*. Formulamos o exemplo de alguém que, convidado para uma recepção, pede ao garçom que lhe seja servido um suco de frutas natural, vindo o garçom, por engano, a servir um coquetel de frutas com adição de bebida alcoólica, sem que isso seja percebido pelo convidado, o qual, por ser abstêmio e, por esse fato, revelar pouca resistência ao álcool, além de ingerir a bebida muito rapidamente, em um só gole, venha, por conseguinte, a embriagar-se.

A embriaguez decorrente de força maior dá-se em situações em que o agente não deseja embriagar-se, mas que por atuação de força superior às suas é forçado a ingerir substância tóxica, sendo assim a embriaguez *inevitável*. Eis a lição de Cezar Roberto Bitencourt: "*Força maior* é algo que independe do controle ou da vontade do agente. Ele sabe o que está acontecendo, mas não consegue impedir".[1041] Exemplos de tal espécie de embriaguez não são raros em casos de "trotes" a que calouros de Universidades são submetidos, nos quais são obrigados a ingerir bebida alcoólica, divulgados pela imprensa.

Para os casos de embriaguez acidental completa, o Código isenta de pena o agente quando, ao tempo da ação ou omissão, for inteiramente incapaz de entender o caráter ilícito do fato ou de determinar-se de acordo com esse entendimento.

Nos casos de embriaguez acidental incompleta, a pena poderá ser reduzida de um a dois terços, se o agente não possuir, ao tempo da ação ou omissão, a plena capacidade de entender o caráter ilícito do fato ou de determinar-se de acordo com esse entendimento.

4.1.5.4.2. Embriaguez não acidental: voluntária ou culposa

Constituem a embriaguez não acidental a voluntária e a culposa, havendo intencionalidade e decisão pela embriaguez, no caso da primeira, e o não desejo e a não aquiescência em se embriagar, no caso desta.

Assim, na embriaguez voluntária, o agente, com ou sem a intenção delitiva, ingere bebida alcoólica ou substância de efeitos análogos com a intenção de embriagar-se, como no exemplo do sujeito que, entristecido pela ruptura de

---

[1040] PRADO, Luiz Régis. *Tratado de Direito Penal Brasileiro – Parte Geral*. São Paulo: Revista dos Tribunais, 2014, v. 2, p. 480.
[1041] BITENCOURT, Cezar Roberto. *Teoria Geral do Delito – Uma Visão Panorâmica da Dogmática Penal Brasileira*. Coimbra: Coimbra Editora, 2007, p. 357.

um relacionamento amoroso, na linguagem popular, "enche a cara", e vem a praticar um fato típico penal sob estado de embriaguez.

Na embriaguez culposa, o agente não quer se embriagar, mas ingere bebida alcoólica ou alguma outra causadora de efeitos análogos e, com isso, embriaga-se por descuido, como é caso do sujeito que ingere várias cervejas em um bar acreditando não estar embriagado, mas, ao levantar-se para ir embora, o chão e as paredes parecem mover-se. O agente que, vindo a dirigir e, assim fazendo, viesse a atropelar pedestre em plena calçada, matando-o, responderia pelo fato.

Em semelhantes casos, o agente é considerado imputável, independentemente de a embriaguez ser completa ou parcial, visto que, na fórmula do Código Penal brasileiro, não há exclusão da imputabilidade (art. 28, II).

4.1.5.5. Actio libera in causa

A teoria da *actio libera in causa* (ação livre na causa) remete a considerações em torno do fundamento da responsabilidade penal do sujeito em estado de embriaguez e que são de cunho marcadamente filosófico.

Narcélio de Queiroz[1042] afirma que a teoria se deve a obra dos práticos e que se referia, em princípio, a casos em que o agente se embriagava propositalmente para o cometimento de um fato delituoso. Porém, pode-se afirmar que a doutrina remonta à Antiguidade. Pela clareza e poder de síntese, trazemos a lição de Aristóteles, reproduzida por Francisco de Assis Toledo: "Aristóteles já a resume: '...punimos alguém por sua própria ignorância, se o consideramos responsável por essa ignorância, como, por exemplo, no caso da embriaguez, em que as penas são dobradas para os delinquentes, porque o princípio do ato reside no próprio agente que tinha o poder de não se embriagar e que, por isso, torna-se responsável pela sua ignorância'."[1043]

Para uma melhor compreensão da teoria, referimos a lição de Nelson Hungria,[1044] o qual apresentava as seguintes "hipóteses formuláveis a respeito do indivíduo que comete crimes em estado de embriaguez: *a*) embriagou-se voluntariamente, com o fim preconcebido de cometer o crime; *b*) embriagou-se voluntariamente, sem o fim de cometer o crime, mas prevendo que em tal estado podia vir a cometê-lo e assumindo o risco de tal resultado; *c*) embriagou-se voluntariamente ou imprudentemente, sem prever, mas devendo prever, ou prevendo, mas *esperando* que não ocorresse a eventualidade de vir a cometer o crime; *d*) embriagou-se por caso fortuito ou força maior (sem intenção de se embriagar e não podendo prever os efeitos da bebida)".

[1042] QUEIROZ, Narcélio de. *Teoria da "Actio Libera in Causa" e Outras Teses*. Rio de Janeiro: Forense, 1963, p. 13.
[1043] TOLEDO, Francisco de Assis. *Princípios Básicos de Direito Penal*. 5ª ed. São Paulo: Saraiva, 1994, p. 322.
[1044] HUNGRIA, Nelson; FRAGOSO, Heleno Cláudio. *Comentários ao Código Penal*. 5ª ed. Rio de Janeiro: Forense, 1978, v. I, t. II, p. 388.

Para o autor, as três primeiras hipóteses configurariam caso de *actio libera in causa*, com o que não concorda Francisco de Assis Toledo, para quem somente os dois primeiros casos seriam enquadráveis na hipótese, sob o seguinte argumento: "Na hipótese sob *c* só se poderá cogitar, segundo supomos, de um crime culposo e se houver previsão legal, para o que, aliás, dispensável será recorrer-se a outros princípios que não os da culpa *stricto sensu*, já estudados, os quais oferecem solução adequada. Considerar-se o crime doloso, nessa hipótese, 'segundo a direção ou atitude da residual vontade que existe no estado de ebriedade', constitui, a nosso ver, uma conjugação de culpa e dolo, criatura não menos monstruosa do que a já referida na citação de Binding.".[1045]

Em suma: para que o autor de delito não venha se socorrer de excludente de imputabilidade a que ele mesmo venha produzir, de modo voluntário ou imprudente, ficando, assim, impune, é que o texto legal determina a não isenção de pena, haja ou não o propósito criminoso no instante em que o sujeito passa a se embriagar. Por fim, verdadeiro e inconteste caso de *actio libera in causa* dá-se quando há o propósito delitivo pré-concebido, hipótese em que, na expressão de Eduardo Correia,[1046] "o agente se serve a si próprio como instrumento". Tal hipótese caracteriza o que o nosso CP denomina embriaguez preordenada, que constitui circunstância agravante de pena (art. 61, inc. II, letra *"l"*).

4.1.6. Toxicomania

A toxicomania, quando patológica, possui, em regra, tratamento idêntico ao alcoolismo, levando o agente às mesmas consequências da embriaguez, conforme acima visto. Porém, em caso de crime relativo à Lei de Drogas e também no caso de o agente encontrar-se sob o efeito de substância entorpecente de forma acidental, a capacidade penal do agente será disciplinada pela respectiva lei de regência. A seguir, reproduzimos os arts. 45 a 47 da Lei nº 11.343/2006, os quais tratam da matéria:

> **Art. 45.** É isento de pena o agente que, em razão de dependência, ou sob o efeito, proveniente de caso fortuito ou força maior, de droga, era, ao tempo da ação ou da omissão, qualquer que tenha sido a infração penal praticada, inteiramente incapaz de entender o caráter ilícito do fato ou de determinar-se de acordo com esse entendimento.
>
> Parágrafo único. Quando absolver o agente, reconhecendo, por força pericial, que este apresentava, à época do fato previsto neste artigo, as condições referidas no *caput* deste artigo, poderá determinar o juiz, na sentença, o seu encaminhamento para tratamento médico adequado.
>
> **Art. 46.** As penas podem ser reduzidas de um terço a dois terços se, por força das circunstâncias previstas no art. 45 desta Lei, o agente não possuía, ao tempo da ação ou da omissão, a plena capacidade de entender o caráter ilícito do fato ou de determinar-se de acordo com esse entendimento.
>
> **Art. 47.** Na sentença condenatória, o juiz, com base em avaliação que ateste a necessidade de encaminhamento do agente para tratamento, realizada por profissional de saúde com competência específica na forma da lei, determinará que a tal se proceda, observado o disposto no art. 26 desta Lei.

[1045] TOLEDO, Francisco de Assis. *Princípios Básicos de Direito Penal*. 5ª ed. São Paulo: Saraiva, 1994, p. 325.
[1046] CORREIA, Eduardo. *Direito Criminal*. Coimbra: Livraria Almedina, 1971, v. I, p. 363.

Em linhas gerais, observa-se que as soluções legais delineadas nos dispositivos reproduzidos seguem o mesmo desfecho da disciplina da embriaguez adotada pelo Código Penal.

Porém, há que se divisar algumas distinções. No Código Penal, a embriaguez patológica (dependência) é abrangida pelo art. 26. Retirando a capacidade do agente, ficará isento de pena (art. 26, *caput*), ao passo que se houver diminuição da capacidade, a pena será reduzida (art. 26, parágrafo único).

Por sua vez, o art. 45 da Lei de Drogas cuida tanto da toxicomania ("em razão da dependência") como também das hipóteses em que o agente se encontre "sob o efeito, proveniente de caso fortuito ou força maior, droga" e que, em razão disso, "ao tempo da ação ou da omissão," seja "inteiramente incapaz de entender o caráter ilícito do fato ou de determinar-se de acordo com esse entendimento". De observar-se, porém, que se o agente for inimputável em razão de dependência, e o crime praticado não for abrangido pela Lei de Drogas, o agente fica sujeito ao que preceitua o art. 26 do CP, e não ao que dispõe a Lei de Drogas.

Interessante notar que o parágrafo único do citado artigo faculta ao juiz o encaminhamento do agente a tratamento. O fato de o parágrafo único utilizar a expressão "poderá determinar o juiz" o encaminhamento para tratamento médico deve ser entendido tendo em conta que o artigo cuida do caso de toxicomania, e não de incapacidade por ingestão de drogas proveniente de caso fortuito ou força maior. No primeiro caso, trata-se de agente doente. Nessas duas últimas hipóteses, não há doença a tratar. Assim, o fato de o dispositivo referir que o "juiz poderá" determinar o tratamento não se aplica a todos os casos, mas tão só para os agentes considerados doentes.

Se em razão das mesmas causas do antes comentado art. 45 o agente tiver sua capacidade diminuída, as penas poderão ser reduzidas de um a dois terços. Se entender o julgador tratar-se de caso de encaminhamento do agente para tratamento, deverá observar o disposto no art. 26 da Lei de Drogas, o qual procura estabelecer providências ao resguardo da saúde do agente, a ver-se:

> **Art. 26.** O usuário e o dependente de drogas que, em razão da prática de infração penal, estiverem cumprindo pena privativa de liberdade ou submetidos à medida de segurança, têm garantidos os serviços de atenção à sua saúde, definidos pelo respectivo sistema penitenciário.

4.2. Semi-imputabilidade: a capacidade diminuída

Avultam as controvérsias em torno da capacidade penal diminuída ou semi-imputabilidade. Há quem até mesmo negue esta categoria, como é o caso do penalista alemão Claus Roxin. E. Magalhães Noronha[1047] lecionava que se houve com acerto o Código Penal ao responsabilizar penalmente os semi-imputáveis, visto que tais "indivíduos não têm supressão completa do juízo ético e são, em regra, mais perigosos que os insanos.".

[1047] NORONHA, E. Magalhães. *Direito Penal – Introdução e Parte Geral*. 25ª ed. atual. por Adalberto José Q. São Paulo: Saraiva, 1987, v. 1, p. 165.

O *Codice Penale* italiano impõe a redução da pena em tais casos (arts. 11 e 89), ao passo que o Código Penal alemão faculta a redução da pena (art. 21).

Cuida o Código Penal brasileiro da hipótese no parágrafo único do art. 26:

Redução de pena

Parágrafo único. A pena pode ser reduzida de um a dois terços, se o agente, em virtude de perturbação de saúde mental ou por desenvolvimento mental incompleto ou retardado não era inteiramente capaz de entender o caráter ilícito do fato ou de determinar-se de acordo com esse entendimento.

Da leitura do parágrafo reproduzido, observa-se que a expressão *doença mental*, foi *substituída* pela expressão *perturbação da saúde mental*, *mantidas*, no entanto, as categorias *desenvolvimento mental incompleto* ou *retardado*.

Nelson Hungria responde à crítica segundo a qual haveria impropriedade em substituir-se a expressão *doença mental* por *perturbação da saúde mental*, que teriam significado idêntico. Eis a lição do autor: "Não procede a crítica. Se toda doença mental é uma perturbação da saúde mental, a recíproca não é verdadeira: nem toda perturbação da saúde mental constitui uma nítida, característica *doença mental*.".[1048]

Adotaremos um procedimento semelhante ao que adotamos quando da análise do *caput* do art. 26, arrolando, para fins didáticos, as hipóteses segundo ordenação do texto legal, ou seja, perturbação da saúde mental, o retardo mental e o desenvolvimento mental incompleto, e as subespécies enquadráveis em tais categorias.

4.2.1. Perturbação da saúde mental

A *perturbação da saúde mental*, referida no parágrafo único do art. 26 como primeira causa de semi-imputabilidade, é uma expressão mais abrangente do que a doença mental mencionada no *caput* do artigo. Assim, tanto abrange a doença mental como também outros distúrbios não considerados como doença mental.

Tal ocorreria, por exemplo, em uma situação de diabetes descompensado que levasse o agente à encefalopatia diabética, ou seja, à intoxicação do cérebro. Nesse caso, poderia haver a secreção produtora de substância que viesse a romper a barreira hematoencefálica, levando à intoxicação do encéfalo, podendo causar delírio, alucinação, perda de memória e até mesmo desmaio. Se uma perturbação da saúde mental como a descrita vier a reduzir a capacidade de entendimento do agente no momento de uma conduta delitiva, aplicar-se-ia o parágrafo único do art. 26, reduzindo-se a pena de um a dois terços.

Em sequência, estudaremos a semi-imputabilidade sob a ótica da doença mental, da neurose e da psicopatia. Estas duas últimas hipóteses têm sido objeto de controvérsia na doutrina penal, porquanto, para alguns, seriam hipóteses

---

[1048] HUNGRIA, Nelson; FRAGOSO, Heleno Cláudio. *Comentários ao Código Penal*. 5ª ed. Rio de Janeiro: Forense, 1978, v. I, t. II, p. 337.

de perturbação da saúde mental a determinar a redução da capacidade, motivo por que optamos por tratá-las em tópicos separados.

4.2.1.1. Doença mental

A *doença mental* pode determinar a semi-imputabilidade ou capacidade reduzida se não subtrair inteiramente a capacidade cognitiva e de autodeterminação, mas apenas reduzir uma ou outra.

Tomemos um caso em que um esquizofrênico que leve uma vida normal e sem alterações em sua cognição pelo fato de se medicar de acordo com a prescrição médica (como *haldol*, por exemplo). Não obstante o cuidado do paciente, este vem a contrair uma pneumonia grave, vindo esta a afetar o metabolismo do remédio. Tal circunstância tanto poderia subtrair a capacidade do agente integralmente, determinando um surto psiquiátrico, podendo ser psicótico (delírio ou alucinação) ou mesmo determinando alteração psicomotora (vulnerando sua autodeterminação). No primeiro caso, teríamos uma incapacidade, ao passo que no segundo, o da alteração psicomotora, com agressividade ao ponto de causar lesões corporais nos profissionais da saúde que trabalham na emergência do nosocômio, por exemplo, estaríamos diante de capacidade reduzida decorrente da afetação na autodeterminação do agente.

O que releva ser fixado é que a doença mental tanto pode acarretar a inimputabilidade como também a semi-imputabilidade, a depender do grau de afetação da capacidade do agente.

4.2.1.2. Neurose

A denominada *neurose*[1049] é tida por significativa corrente doutrinária como causa de diminuição de capacidade. Porém, aqui estamos em terreno de franca polêmica. Asier Urruela Mora[1050] assim adverte, referindo-se ao "concepto popular de neurosis", para "la falta de consenso existente en el seno de la Ciencia psiquiátrica en torno a la relevancia de los referidos trastornos a efectos de su oncidencia sobre las capacidades intelectivas y volitivas del sujeto.". Neste tópico, intentaremos delinear a problemática da neurose à luz dos mais recentes estudos, bem assim atentando para os reflexos penais.

O conceito de neurose,[1051] surgido no século XIX, talvez tenha sido um dentre os mais equívocos e amplos conceitos da psiquiatria em todos os tempos. De acordo com os DSM I e II – os dois primeiros grandes manuais diagnósti-

---

[1049] SILVA, Ângelo Roberto Ilha; HODARA, Ricardo Holmer. Semi-imputabilidade, Neurose e a Teoria dos Eixos. In: *Revista de Ciências Jurídicas/Universidade Estadual de Maringá, Curso de Doutrina em Direito*. V. 6, nº 1, jan.-jun. 2008, p. 39-60.

[1050] URRUELA MORA, Asier. *Imputabilidad Penal y Anomalía o Alteración Psíquica*: La Capacidad de Culpabilidad Penal a la Luz de los Modernos Avances en Psiquiatría y Genética. Bilbao: Comares, 2004, p. 282.

[1051] Para um maior desenvolvimento, consulte-se: SILVA, Ângelo Roberto Ilha da. *Da Inimputabilidade em face do Atual Desenvolvimento da Psicopatologia e da Antropologia*. 2ª ed. Porto Alegre: Livraria do Advogado, 2015, p. 88 e ss.

cos e oficiais da psiquiatria norte-americana, elaborados em estreita correlação com o Código Internacional de Doenças (CID), e que também eram manuais de orientação dinâmica – o paciente diagnosticado poderia sofrer de quase todos os males possíveis e imagináveis em função da neurose.

Havia códigos diagnósticos oficiais para os mais variados tipos de transtorno físico ou cerebral, e que espontaneamente emergiam a partir do multivalente conceito de neurose.

De 1952, data da versão oficial do DSM-I, até 1980, quando da publicação do dissidente e revolucionário DSM-III – o qual marcou época por instaurar o polêmico término da hegemonia na psiquiatria americana e no CID – o cidadão americano poderia ser oficialmente diagnosticado como, por exemplo, portador das mais variadas e díspares afecções (supostamente) de origem puramente psíquica e neurótica, como retirado da própria página do documento médico oficial de 1952 e escaneado a partir da biblioteca dos autores.

No referencial teórico focado na neurose, eram diagnosticados e oficialmente definidos como de causa neurótica, isto é, psicogênica, emocional ou psicofisiológica, às vezes com simbolismo psicanalítico revelador da reação de conversão histérica,[1052] sendo então explicados transtornos clínicos significativamente díspares. À guisa de exemplo, podem ser citados vômito nervoso, amenorreia neurótica, espasmo histérico da laringe (sensação de bola na garganta), falsa gravidez neurótica, "intestino" neurótico, neurose da bexiga e do reto, retenção neurótica de urina, impotência e frigidez neuróticas, excesso ou falta de menstruação por neurose, coito doloroso e menopausa precoce de base neurótica, afecções da pele neuróticas (psicoríase, etc.), dor de garganta neurótica, gastrite emocional neurótica, refluxo neurótico, espasmos da faringe neuróticos, cãibras neuróticas, neurose da bexiga com ou sem incontinência, e muitos outros transtornos somaformes supostamente psicogênicos, incluindo conversões histéricas neuróticas, tais como problemas de coordenação do timbre ou qualidade do som das cordas vocais, anestesia e perda de sensibilidade da garganta, parestesia e hiperestesia supostamente de origem não epilética, paralisia da fala, incontinência urinária, problemas de ereção, boca seca ou com saliva em excesso, mutismo súbito, acne nervosa, estrabismo, oclusão vascular da retina com perda fugaz de visão.

Porém, assim como os pediatras de hoje, quando não sabem o que está acontecendo com a criança, alegam tratar-se de "virose", também os clínicos do passado, quando não entendiam a causa da típica doença somática que observavam, afirmavam tratar-se de "neurose", causa psicossomática, ou seja, gerada pelo inconsciente do paciente e decorrente de traumas de infância mal--elaborados ou imaturidade emocional.

Nessa senda, a neurose era tida como se fosse um grande "guarda-chuva" que tudo podia abarcar ou explicar. O paciente, por consequência, podia sofrer de quase tudo, em termos de neurose, pois acreditava-se que quase todo quadro sintomático concebível juntamente com suas queixas poderia ser de origem

---

[1052] Nesse caso, o sintoma não seria *apenas* neurótico, mas também revelador de trauma ou conflito inconsciente de fundo sexual.

histérica ou hipocondríaca, neurótica, e que, portanto, quase todo transtorno aparente poderia ser psicogênico, criado pela mente do neurótico, com intensa realidade e vívido sofrimento.

Essa perspectiva, sabe-se hoje, não é correta. Aqueles que historicamente eram chamados de neuróticos são, em termos gerais, tão somente pessoas ansiosas, cansadas, passivas ou pouco dotadas em recursos de manejo de estresse, ou, numa palavra, pessoas mal-adaptativas. O denominado neurótico, na expressiva maioria dos casos, trata-se, numa perspectiva atualizada, de indivíduo com transtorno do eixo II do DSM-IV-TR[1053] (personalidade) ou ansioso devido ao estresse ambiental (eixo IV) ou devido a transtorno endógeno de ansiedade (de diversos tipos, principalmente eixo I, poucas vezes eixo III), desde que sem psicose.

Por mais que sofram, pessoas tidas por neuróticas não são "loucas" e merecem ser julgadas como sujeitos em sua integralidade, já que não há nenhum arquétipo ou complexo a agir e fazer escolhas criminais no lugar delas. "Sem dúvida alguma", assevera Roque de Brito Alves,[1054] "o neurótico é penalmente imputável, tem plena capacidade de entendimento e de autodeterminação, não sendo, de modo algum, um alienado ou doente mental a qualquer título.".

Em estudo publicado em comemoração aos 80 anos do Instituto de Psiquiatria Forense no Rio Grande do Sul, a psiquiatra forense Vivian Day,[1055] não obstante não se mostre refratária à categoria neurose, admite que dentre os cerca de quinhentos pacientes em tratamento quando da referida publicação, não havia entre os internados um caso sequer identificado como sendo neurose. Apesar disso, a psiquiatra afirma que poderia haver algum caso no item "outros diagnósticos", os quais, por sua vez, compreendiam "parte não expressiva da amostra.". Assim, até mesmo a prática forense depõe contra admitir-se a neurose como hipótese de inimputabilidade.

Por derradeiro, impende salientar que é absolutamente compreensível que os juristas possam não estar, eventualmente, familiarizados ou mesmo atualizados com os atuais estudos desenvolvidos no campo da Psicopatologia, bem assim como em outros, como, *v.g.*, Economia, Medicina, etc., pois trata-se, ao fim e ao cabo, de conhecimento extrajurídico, ao qual não cabe ao jurista – a menos que tenha um particular interesse para tanto – se debruçar.

Porém, ainda que a afirmação possa causar perplexidade, o termo *neurose* encontra-se hoje de modo geral superado pelas ciências da mente – e a comprovação é nitidamente observada no DSM-IV-TR, no DSM-5 e na CID-11 –, não obstante a forte ligação dos autores pátrios com essa categoria. A evidenciar o que vimos de observar, Paulo Dalgalarrongo,[1056] professor de Psicopatologia da Unicamp, chega a reconhecer a "tendência de abandono do conceito de

---

[1053] O DSM-5, publicado em 2013, aboliu o sistema de eixos.
[1054] ALVES, Roque de Brito. *Crime e Loucura*. Recife: Fundação Antonio dos Santos Abranches, 1998, p. 116.
[1055] DAY, Vivian Peres. Transtornos Neuróticos. In: *Psiquiatria Forense – 80 Anos de Prática Institucional* (org. Carlos Alberto Crespo de Souza e Rogério Göttert Cardoso). Porto Alegre: Sulina, 2006, p. 305.
[1056] DALGALARRONDO, Paulo. *Psicopatologia e Semiologia dos Transtornos Mentais*. 2ª ed. Porto Alegre: Artmed, 2008, p. 319.

neurose", mas preferiu mantê-lo, na segunda edição de seu livro *Psicopatologia e Semiologia dos Transtornos Mentais*, por entender "ser ele consideravelmente útil e heurístico.". A nosso ver, muito pelo contrário. O conceito de neurose vai na via contrária ao que se entende por heurístico! Na terceira edição[1057] do referido livro, o autor suprimiu o tópico *síndromes neuróticas*, mas observa-se que permanece sua adesão à categoria, quando faz a crítica ao DSM-5 e à CID-11.

É importante que se tenha em conta que não se trata de questão meramente terminológica – como é o caso do termo *oligofrenia* substituído por *retardo mental*, por exemplo –, mas sim de mudança de paradigma, com repercussões de cunho científico e prático. Assim, pensamos que o apego a certas categorias não pode se eternizar só por força da tradição ou da simpatia a determinadas correntes, sobretudo quando a ciência aponta justamente para um caminho oposto.

4.2.1.3. Psicopatia

A *psicopatia* é, por vezes, tratada, equivocadamente, como causa de semi-imputabilidade. O reconhecimento da psicopatia remonta ao século XIX,[1058] a qual era conhecida como *loucura moral*, de origem inglesa (a *moral insanity*, expressão atribuída ao médico inglês James Prichard, 1835), ou *manie sans délire* para os franceses (Philippe Pinel,[1059] 1809). No ano de 1888, na Alemanha, o médico J. L. A. Koch, em seu livro *Leitfaden der Psychiatrie*, cunhou a expressão *psychopathische Minderwertigkeit* (ou seja, *inferioridades psicopáticas*). Em 1904, Emil Kraepelin, outro médico alemão, na sétima edição de seu livro *Psychiatrie: ein Lehrbuch für Studierende und Arzte*, utilizou[1060] a expressão *psychopathische Persönlichkeit* (*personalidade psicopática*), para indicar a pessoa em conflito com os parâmetros sociais, não sendo neurótica[1061] nem psicótica.

Impende ressaltar que o conceito de psicopatia passou por vicissitudes que propiciam incompreensões e equívocos até os dias de hoje. O psiquiatra Kurt Schneider, por exemplo, publicou, em 1923, o seu livro intitulado *Die psychopathischen Persönlichkeiten* (*Personalidades Psicopáticas*), em que propunha a definição segundo a qual "personalidades psicopáticas são anormais, que sofrem por sua anormalidade ou fazem sofrer a sociedade.". Essa definição, consoante adiante ficará esclarecido, é incompatível com a noção de psicopatia, do ponto de vista científico. J. Alves Garcia[1062] salienta que nela "cabem a esquizofrenia, a gripe e a fratura do colo do fêmur.". De fato, semelhantemen-

---

[1057] DALGALARRONDO, Paulo. *Psicopatologia e Semiologia dos Transtornos Mentais*. 3ª ed. Porto Alegre: Artmed, 2019, p. 370.
[1058] Consulte-se, ainda: PALOMBA, Guido Arturo. *Tratado de Psiquiatria Forense, Civil e Penal*. São Paulo: Atheneu, 2003, p. 517 e ss. Ainda: TRINDADE, Jorge; BEHEREGARAY, Andréa; CUNEO, Mônica Rodrigues. *Psicopatia: A Máscara da Justiça*. Porto Alegre: Livraria do Advogado, 2009, p. 27 e ss.
[1059] PINEL, Philippe. *Traité Médico-Philosophique sur L'Alienation Mentale*. 2ª ed. Paris: Brosson, 1809, p. 156.
[1060] SILVA, Ângelo Roberto Ilha da. *Da Inimputabilidade em face do Atual Desenvolvimento da Psicopatologia e da Antropologia*. 2ª ed. Porto Alegre: Livraria do Advogado, 2015, p. 96.
[1061] Conforme o sentido atribuído a esta expressão na época, e que não coincide com a noção atual, como vimos.
[1062] GARCIA, J. Alves. *Psicopatologia Forense*. 3ª ed. Rio de Janeiro: Forense, 1979, p. 200.

te ao que ocorreu com a neurose, a psicopatia já funcionou como um grande guarda-chuva para abarcar as mais variadas situações. Por mais absurdo que hoje possa parecer, deparávamos com acórdãos com o seguinte teor:[1063] "Não existe a menor dúvida de que o homossexual é um psicopata, ou seja, indivíduo que, em virtude de mórbida condição mental, tem modificada a juridicidade de seus atos e de suas relações sociais.".

Não obstante o nome, a psicopatia não é uma doença, e sim uma condição. É por isso que não figura nos manuais como o DSM-IV-TR, o DSM-5, a CID-10 ou a CID-11. O conceito de psicopatia, consoante esclarecemos em nosso livro *Psicopatas Criminosos*,[1064] não se confunde com o de sociopatia. O psicopata tem plena habilidade em se integrar ao convívio social, chegando mesmo a ser sedutor, quando tal postura for de seu interesse, ao passo que o sociopata se revela inábil em se inserir socialmente, não tolerando limitações impostas decorrentes da vida em comunidade.

A característica fundamental do psicopata é a *ausência de empatia*, de afeto (o que se poderia traduzir por *afeto indiferente*), mas são mantidas a cognição e a autodeterminação. *O psicopata também não é necessariamente criminoso*, de modo que afirmação de Robert D. Hare segundo a qual os psicopatas são predadores[1065] é equivocada. Podem até mesmo assim se tornarem se decidirem palmilhar o caminho criminoso, mas isso não é um atributo da psicopatia. Veja-se, dentre tantos outros, o exemplo de James Fallon,[1066] "neurocientista dedicado ao estudo com neuroimagem funcional da psicopatia descobriu que ele mesmo tinha um resultado positivo para psicopatia quando investigado com ressonância magnética funcional.". Trata-se de uma pessoa que possui a condição de psicopata, mas isso não é um fator determinante para que pratique crimes, tanto que o referido pesquisador não palmilha o caminho criminoso, mas sim dedica-se à pesquisa científica.

Porém, devido à incompreensão que orbita em torno do conceito, há, relativamente ao tratamento penal, três tendências doutrinárias fundamentais: aplicação de pena pura e simples, aplicação de pena reduzida ou, ainda, imposição de medidas de segurança.

Jorge Trindade, Andréa Beheregaray e Mônica Rodrigues Cuneo entendem que "do ponto de vista científico e psicológico a tendência é considerá-los

---

[1063] SILVA, Ângelo Roberto Ilha da. *Da Inimputabilidade em face do Atual Desenvolvimento da Psicopatologia e da Antropologia*. 2ª ed. Porto Alegre: Livraria do Advogado, 2015, p. 22.

[1064] SILVA, Ângelo Roberto Ilha da Silva; DIAS, Daison Nelson Ferreira Dias. *Psicopatas Criminosos e a Sociedade Vulnerável*. Porto Alegre: Livraria do Advogado, 2019, p. 99-100.

[1065] SILVA, Ângelo Roberto Ilha da. *Da Inimputabilidade em face do Atual Desenvolvimento da Psicopatologia e da Antropologia*. 2ª ed. Porto Alegre: Livraria do Advogado, 2015, p. 97. Note-se que um dentre os erros de Hare foi o de fazer suas avaliações em populações carcerárias. Evidente que no ambiente carcerário os psicopatas que lá estiverem cumprindo pena serão criminosos.... Sobre o ponto, consulte-se: SILVA, Ângelo Roberto Ilha da Silva; DIAS, Daison Nelson Ferreira Dias. *Psicopatas Criminosos e a Sociedade Vulnerável*. Porto Alegre: Livraria do Advogado, 2019, p. 115.

[1066] SILVA, Ângelo Roberto Ilha da Silva; DIAS, Daison Nelson Ferreira Dias. *Psicopatas Criminosos e a Sociedade Vulnerável*. Porto Alegre: Livraria do Advogado, 2019, *passim*. Consulte-se, também, o relato do próprio cientista: FALLON, James. *The Psychopath Inside. A Neuroscientist's Personal Journey into The Dark Side of The Brain*. New York: Penguin, 2013.

plenamente capazes, uma vez que mantêm intacta a sua percepção, incluindo as funções do pensamento e da sensopercepção que, em regra, permanecem preservadas. Isso significa que o agente não apresenta alucinações, como no caso das esquizofrenias, nem delírios, como costuma acontecer nas pertubações paranoides".[1067] (...). "Por isso, entendemos que além da sua capacidade cognitiva, sua capacidade volitiva, em princípio, também se encontra preservada".[1068] Nessa senda, os psicopatas seriam imputáveis e, assim, sujeitos à pena criminal.

Para outro setor doutrinário,[1069] os psicopatas, ou, na incorreta designação "personalidades psicopatas", seriam a principal causa de semi-imputabilidade, fato que levaria esses casos a determinarem uma redução da pena.

Por derradeiro, autores há que consideram o psicopata semi-imputável, mas devendo ser sujeito a tratamento, e não à pena, ainda que reduzida. Essa é a opinião de Heitor Piedade Júnior: "Postula-se, na presente tese, repita-se, como já se vem demonstrando, que os semi-imputáveis, portadores de personalidades psicopáticas, embora condenados, não sejam submetidos à pena privativa de liberdade, mesmo atenuada, nos moldes do nosso sistema jurídico-penal vigente, mas exclusivamente sejam submetidos à Medidas de Segurança, em moldes científicos, cuja meta máxima seria tentar 'refundir' a personalidade desses indivíduos, no sentido de sua harmonia com padrões éticos da vida em sociedade.".[1070]

A primeira corrente é, indubitavelmente, a correta! A psicopatia não se constitui em uma anormalidade, no sentido patológico. Isso porque o psicopata não possui qualquer prejuízo em sua cognição e tampouco em sua volição. Pelo contrário, não está ele vulnerabilizado[1071] pelo sentimento, pela empatia, o que lhe possibilita agir de forma eminentemente "livre", por assim dizer, na tomada de suas decisões. Além disso, não existe tratamento para a psicopatia. Não há como tratar o psicopata[1072] para que se torne alguém passível de ter empatia. Não existe um remédio ou substância curativa para fazer com que um ser humano se importe com outro.

Em conclusão, a definição pela plena capacidade do psicopata é inarredável, seja por não ter afetada sua cognição, como também não há comprometimento de sua autodeterminação. Isso está fartamente pesquisado e

---

[1067] TRINDADE, Jorge; BEHEREGARAY, Andréa; CUNEO, Mônica Rodrigues. *Psicopatia: A Máscara da Justiça*. Porto Alegre: Livraria do Advogado, 2009, p. 133.

[1068] Ibid., p. 135.

[1069] Por todos: NORONHA, E. Magalhães. *Direito Penal – Introdução e Parte Geral*. 25ª ed. atual. por Adalberto José Q. São Paulo: Saraiva, 1987, v. 1, p. 165.

[1070] PIEDADE JÚNIOR, Heitor. *Personalidade Psicopática, Semi-Imputabilidade e Medida de Segurança*. Rio de Janeiro: Forense, 1982, p. 219.

[1071] SILVA, Ângelo Roberto Ilha da Silva; DIAS, Daison Nelson Ferreira. *Psicopatas Criminosos e a Sociedade Vulnerável*. Porto Alegre: Livraria do Advogado, 2019, p. 115.

[1072] Para um detalhamento, com aportes desde as contribuições de Hervey Cleckey, Vincenzo Chiarugi, Philippe Pinel, Isaac Ray, David Kennedy Henderson, Emil Kraepelin, Robert Hare, dentre outros, e uma abordagem neurocientífica, como a neuroquímica, a neuroanatomia, a neuroimagem e as repercussões na capacidade penal do psicopata, consulte-se: SILVA, Ângelo Roberto Ilha da Silva; DIAS, Daison Nelson Ferreira Dias. *Psicopatas Criminosos e a Sociedade Vulnerável*. Porto Alegre: Livraria do Advogado, 2019.

documentado pela Ciência, consoante expusemos em nosso livro *Psicopatas Criminosos e a Sociedade Vulnerável*, publicado em coautoria com o neurocientista Daison Dias, ao qual remetemos o leitor.

4.2.2. Desenvolvimento mental incompleto

O parágrafo único do art. 26 do Código Penal faz referência, além da perturbação da saúde mental, também ao *desenvolvimento mental incompleto*. Diferentemente do *caput* do dispositivo, o parágrafo cuida dos casos em que a causa aqui considerada não leva o agente à incapacidade de compreensão ou autodeterminação, mas tão somente à redução da capacidade.

Sobre a classificação do retardo mental, características e consequências, já tratamos quando da análise do *caput* do art. 26, motivo por que remetemos o leitor para aquele ponto. Porém, sempre é bom lembrar, o desenvolvimento mental referido no parágrafo único do art. 26 deve ser em decorrência das causas do citado parágrafo, não incluindo, portanto, o menor de 18 anos, cuja previsão está no art. 27 do CP.

Aqui cabe acrescentar que se em razão do desenvolvimento mental incompleto o agente não era inteiramente capaz de entender o caráter ilícito do fato ou de determinar-se de acordo com esse entendimento, poderá ver sua pena reduzida de um a dois terços (art. 26, parágrafo único). Porém, se for apurado que o condenado necessita de especial tratamento curativo, a pena privativa de liberdade pode ser substituída pela internação, ou tratamento ambulatorial, pelo prazo mínimo de um a três anos, nos termos do art. 97 e seus §§ 1º a 4º (art. 98).

4.2.3. Retardo mental

Por fim, o parágrafo único do art. 26 do Código Penal refere o *desenvolvimento mental retardado* como última causa redutora da capacidade, na perspectiva biopsicológica, e, por conseguinte, da pena.

Assim, remetemos o leitor para o ponto em que estudamos o retardo mental em seus vários graus, apenas aqui acrescentando que, como não há, no caso do parágrafo, supressão da capacidade, e sim redução, a solução será a mesma que enunciamos ao tratar do desenvolvimento mental incompleto como causa de redução da capacidade, qual seja, pena reduzida de um a dois terços, podendo, constatada a necessidade de especial tratamento curativo, haver substituição por medida de segurança nos moldes do art. 98, conforme mencionamos no item anterior.

4.3. Emoção e paixão

A *emoção* e a *paixão* não excluem a imputabilidade, a teor do disposto no inc. I do art. 28 do CP. Assim já o era antes mesmo da Reforma Penal de 1984, porquanto o mencionado inciso é reprodução *quase* literal do inc. I do art. 24 da redação original do CP, tendo apenas substituído palavra *responsabilidade* por *imputabilidade*.

Com efeito, asseverava Nelson Hungria:[1073] "Não transige o Código, no terreno da responsabilidade penal, com os *emotivos* ou *passionais* que não exorbitam da psicologia normal". Conforme Magalhães Noronha[1074] e Heleno Cláudio Fragoso,[1075] emoção é um estado afetivo que produz uma perturbação do equilíbrio psíquico ou da personalidade, sem, contudo, subtrair a capacidade do agente, *salvo se patológica*. A paixão é a emoção em seu estado crônico, sendo mais intensa e duradoura.

No rol das *emoções*[1076] inserem-se a ira, o medo, a alegria, a ansiedade, o susto, a surpresa, o prazer erótico, a vergonha, ao passo que no âmbito da *paixão* estão o amor, o ódio, a vingança, o fanatismo, a inveja, a avareza, a ambição, o ciúme.

A emoção e a paixão podem ter repercussão penal quando forem patológicas, caso em que serão tratadas como doença mental, conforme o art. 26. Em determinadas circunstâncias, a emoção é tratada como atenuante genérica, quando o agente praticar o fato delitivo *sob influência de violenta emoção, provocada por ato injusto da vítima* (art. 65, inc. III, letras *a* e *c*), ou, como causa de diminuição de pena quando o fato, homicídio (art. 121, § 1º) ou lesão corporal (art. 129, § 4º), é praticado *sob o domínio de violenta emoção, logo em seguida a injusta provocação da vítima*, caso em que o juiz poderá reduzir a pena de um sexto a um terço. Na atenuante genérica, basta a *influência* da violenta emoção injustamente provocada pela vítima, ao passo que nas hipóteses de diminuição de pena (homicídio e lesões corporais) será necessário que o agente esteja sob o *domínio* de violenta emoção, além do lapso temporal consistente no cometimento do crime *logo em seguida* a injusta provocação.

4.4. Consequências jurídicas pela prática de fato definido como infração por inimputável

Em linhas gerais, a consequência jurídica para o agente que pratica fato típico penal nas condições do art. 26, *caput*, será a imposição de medida de segurança. Para o caso de embriaguez completa acidental, não será imposta medida de segurança, ao passo que os menores de 18 anos que venham a praticar um fato típico penal ficarão sujeitos ao que dispõe o Estatuto da Criança e do Adolescente (ECA), Lei nº 8.069/90, conforme vimos ao estudarmos a inimpu-

---

[1073] HUNGRIA, Nelson; FRAGOSO, Heleno Cláudio. *Comentários ao Código Penal*. 5ª ed. Rio de Janeiro: Forense, v. I, t. II, p. 367.
[1074] NORONHA, E. Magalhães. *Direito Penal – Introdução e Parte Geral*. 25ª ed. atual. por Adalberto José Q. São Paulo: Saraiva, 1987, v. 1, p. 172.
[1075] FRAGOSO, Heleno Cláudio. *Lições de Direito Penal – Parte Geral*. 12ª ed. revista e atualizada por Fernando Fragoso. Rio de Janeiro: Forense, 1990, p. 202.
[1076] NORONHA, E. Magalhães. *Direito Penal – Introdução e Parte Geral*. 25ª ed. atual. por Adalberto José Q. São Paulo: Saraiva, 1987, v. 1, p. 172.

tabilidade em face da menoridade. Estudaremos as medidas de segurança na terceira parte deste livro.

4.5. O erro de proibição

O *erro de proibição* ou *erro sobre a ilicitude do fato* (CP, art. 21), quando inevitável, desnatura a culpabilidade, visto que afasta o conhecimento do injusto. Conhecimento e erro estão postos em relação de mútua exclusão. Assim, se o agente não tiver conhecimento de que atua ilicitamente, de forma inevitável, estará albergado pelo erro de proibição escusável. No caso de o erro ser evitável, poderá a pena ser reduzida. Trataremos sobre a matéria quando nos ocuparmos da teoria do erro jurídico-penal.

4.6. Inexigibilidade de conduta diversa

A *inexigibilidade de conduta diversa* significa que o agente que tenha cometido um fato típico e ilícito não deve suportar o juízo de censura quando as circunstâncias concretas do fato determinarem a escusabilidade da não obediência ao direito. Trata-se, portanto, de uma escusa que tem como efeito o afastamento da culpabilidade, do juízo de censura ou reprovação.

A Parte Geral do CP prevê duas hipóteses de inexigibilidade, ambas no art. 22, quais sejam, a coação moral irresistível e a obediência hierárquica. A causa excludente também é admitida como causa supralegal, as quais serão tratadas nas linhas que seguem.

4.6.1. A coação moral irresistível (vis compulsiva ou vis conditionalis)

Ricardo Antunes Andreucci[1077] afirma que a solução científica correta está em classificar a *coação moral irresistível* como um caso de inexigibilidade de conduta diversa. Como vimos no estudo da conduta, a coação física (*vis absoluta*) faz com que aquela seja descaracterizada. Assim, quando o agente não age, mas "é agido" não há se falar em ação. Por sua vez, a coação moral, constituindo hipótese de não exigência de outra conduta, afasta a culpabilidade, o juízo de reprovação. Como afirma, Marcello Jardim Linhares:[1078] "É *física* a coação quando atua sobre o corpo; *moral*, quando exerce pressão sobre a alma.".

Na coação moral, há uma relação entre *coator* (o autor mediato) e *coagido* ou *coato* (o instrumento). Para que a coação moral venha a afastar a exigência de obediência ao direito, é mister seja ela irresistível. Neste caso, terá incidên-

---

[1077] O professor da Faculdade de Direito do Largo do São Francisco utilizava, no entanto, terminologia diversa, referindo-se à "coação relativa": "A solução cientificamente correta, contudo, está em classificar a coação relativa como um caso de não exigibilidade de outra conduta (...).". ANDREUCCI, Ricardo Antunes. *Coação Irresistível por Violência*. São Paulo: José Buschtsky, 1974, p. 104.

[1078] LINHARES, Marcello Jardim. *Coação Irresistível*. São Paulo: Sugestões Literárias, 1980, p. 42.

cia o art. 22 do CP, primeira parte. Se a coação for resistível, a pena poderá ser atenuada, a teor do art. 65, inc. III, letra *"c"*, do CP, ao passo que o coator tem sua pena agravada, consoante a previsão do art. 62, inc. II, do CP. Como na coação irresistível o coato é mero instrumento do coator, não há a figura do concurso de pessoas, pois o coato não pratica crime. Na coação resistível, há o concurso de pessoas.

Exemplo de coação moral irresistível é o do gerente de banco, que vimos páginas atrás, que vê sua família sob a mira de forte armamento e é obrigado a entregar o dinheiro depositado no banco.

4.6.2. A obediência hierárquica

A segunda hipótese de inexigibilidade de conduta diversa prevista na Parte Geral do CP é a *obediência hierárquica à ordem não manifestamente ilegal*, prevista na parte final do art. 22.

Em primeiro lugar, é imperioso que a relação de subordinação[1079] se dê no âmbito do direito público. Não obstante, Rolf Koerner Júnior[1080] obtempera que a obediência não se restringe ao servidor público, pois no direito público há relações de subordinação em que o subordinado não é servidor ou funcionário público, considerando-se o conceito[1081] do direito administrativo, mas poderá sê-lo numa perspectiva penal (art. 327), como é o caso de um estagiário de uma instituição pública.

Para a incidência da parte final do art. 22 do CP, devem estar presentes dois requisitos, quais sejam, a emissão de uma *ordem manifestamente ilegal* e o seu *estrito cumprimento* por parte do subordinado, caso em que responderá penalmente apenas o autor da ordem, restando o subordinado impunível, em razão de não ser passível de um juízo de reprovação, o que significa dizer que age sem culpabilidade. No caso de a ordem não ser manifestamente ilegal, responderão tanto o autor da ordem como também o subordinado O primeiro responderá com a agravante do art. 62, inc. III, e o segundo com atenuante do art. 65, inc. III, letra *"c"*, ambos do CP.

Heleno Fragoso[1082] refere que a ordem será manifestamente ilegal nas seguintes hipóteses: "a) quando é dada por autoridade incompetente; b) quando sua execução não se enquadre nas atribuições legais de quem a recebe; c) quando não se reveste de forma legal; d) quando evidentemente constitui crime.".

Há uma carência, em doutrina, relativamente a exemplos, mormente de hipóteses de ordem não manifestamente ilegal. Com referência a esta última, a nosso ver, pode ser citado o caso ocorrido em dezembro de 2014, quando

---

[1079] FRAGOSO, Heleno Cláudio. *Lições de Direito Penal – Parte Geral*. 12ª ed. revista e atualizada por Fernando Fragoso. Rio de Janeiro: Forense, 1990, p. 213.
[1080] KOERNER JÚNIOR, Rolf. *Obediência Hierárquica*. Belo Horizonte: Del Rey, 2003, p. 89.
[1081] Consulte-se: MEIRELLES, Hely Lopes. *Direito Administrativo Brasileiro*. 16ª ed. São Paulo: Revista dos Tribunais, 1991, p. 356 e ss.
[1082] FRAGOSO, Heleno Cláudio. *Lições de Direito Penal – Parte Geral*. 12ª ed. revista e atualizada por Fernando Fragoso. Rio de Janeiro: Forense, 1990, p. 213.

um juiz de direito, segundo noticiado pela imprensa, ao chegar atrasado para o embarque em aeroporto, deu voz de prisão a empregados da companhia aérea, os quais não o permitiram embarcar, pelo fato de o embarque já estar encerrado, determinando a um policial que procedesse à prisão e conduzisse os presos à Delegacia de Polícia. Note-se que, em semelhante, caso, não cabe a um policial fazer juízo de valor ou de apreciação do ordenamento para fins de cumprimento da ordem judicial, não devendo, portanto, responder por crime.

Figuremos um exemplo de ordem manifestamente ilegal e/ou outro de ordem não manifestamente ilegal recorrendo à hipótese do crime de excesso de exação, previsto no art. 316, § 1º, do CP, nos seguintes termos.

Imaginemos que o STF tenha declarado determinado valor recebido por contribuinte como verba indenizatória e, portanto, não ensejadora de imposto de renda, mas que o superior hierárquico determine ao subordinado, ambos servidores do fisco, a cobrança por não concordar com tal entendimento da Corte Suprema. Nesse caso, se o agente que recebe a ordem manifestamente ilegal proceder à cobrança do tributo incorrerá nas penas do crime de excesso de exação, juntamente com seu superior. O autor da ordem ficará sujeito à circunstância agravante prevista no art. 62, inc. III, do CP (instiga ou determina a cometer o crime alguém sujeito à sua autoridade), ao passo que o executor da ordem terá sua pena atenuada a teor do art. 65, inc. III, letra *"c"* (em cumprimento de ordem de autoridade superior).

Hipótese de ordem não manifestamente ilegal, teríamos, ainda tomando o exemplo do excesso de exação, em situação em que haja dúvida, inclusive jurisprudencial, quanto ao fato de o tributo ser ou não devido. Alteremos o exemplo antes dado considerando que não haja uma decisão da Suprema Corte no sentido de ser indevido o tributo, mas divergência entre tribunais. Imagine-se que o Tribunal Regional Federal de determinada Região decida ser indevido o imposto de renda, enquanto outro venha decidindo em sentido contrário. Nesse caso, poder-se-ia falar em ordem não manifestamente ilegal, diante da ausência de acordo até mesmo entre tribunais, ainda que o STF viesse em momento posterior a decidir pela não incidência do tributo.

4.6.3. *A inexigibilidade de conduta diversa como causa supralegal de exculpação*

A *inexigibilidade de conduta diversa* tem hoje encontrado guarida, na doutrina[1083] e na jurisprudência, como causa supralegal de exculpação. Assim em hipóteses em que a lei não preveja a exclusão da culpabilidade, mas as circunstâncias do caso o autorizem, deve ser afastada a culpabilidade, sendo, dessa forma, o agente impunível.

[1083] Sobre o ponto, consulte-se: NAHUM, Marco Antonio R. *Inexigibilidade de Conduta Diversa – Causa Supralegal Excludente de Culpabilidade*. São Paulo: Revista dos Tribunais, 2001; COSTA, Djalma Martins da. *Inexigibilidade de Conduta Diversa*. Rio de Janeiro: Forense Universitária, 1999; AZUMA, Felipe Cazuo. *Inexigibilidade de Conduta Conforme a Norma*. Curitiba: Juruá, 2007.

Em doutrina, recolhemos o exemplo sugerido por Pierangeli e trazido por Djalma Martins da Costa[1084] da mulher que, "sofrendo constantes agressões físicas e ameaças de morte", vem a matar o marido "em face das agressões que sofria intercaladamente", motivo por que faltaria o requisito da atualidade ou da iminência da agressão a ensejar a legítima defesa, mas sem impedir possa ela ser beneficiada pela inexigibilidade como causa supralegal.

Na jurisprudência, há entendimento sumulado pelo TRF4 no sentido da admissão da inexigibilidade de conduta diversa, nos crimes de não recolhimento de contribuições previdenciárias (antigo art. 95, letra *"d"*, da Lei nº 8.212/90; atual art. 168-A do CP):

> Súmula 68: A prova de dificuldades financeiras, e conseqüente inexigibilidade de outra conduta, nos crimes de omissão no recolhimento de contribuições previdenciárias, pode ser feita através de documentos, sendo desnecessária a realização de perícia.

Ao mesmo tempo em que o tribunal prescreve os requisitos necessários, deixa clara a admissibilidade da inexibilidade de conduta diversa, ainda que não prevista em lei para os casos que embasaram a súmula.

Capítulo XIII – TEORIA DO ERRO JURÍDICO-PENAL

1. A teoria do erro, causalismo, finalismo, teorias do dolo e da culpabilidade

O erro e a ignorância têm relevância para o Direito Penal, em certas circunstâncias. A teoria do erro deve ser entendida de acordo com a perspectiva epistemológica que a subjaz. No modelo causal, vigia o binômio erro de fato/erro de direito, ao passo que no modelo finalista, adotado pela Reforma Penal de 1984, sob os auspícios de Francisco de Assis Toledo,[1085] com importantes repercussões práticas, teve assunção o binômio erro de tipo/erro de proibição.

No modelo causal, adotado pelo Código Penal, em sua versão original, de 1940, o erro de fato, quando escusável, afastava a culpabilidade, visto que o dolo nela residia, ao passo que o erro de direito – diferentemente do atual erro de proibição – era irrelevante para desconstituir a culpabilidade (*error juris nocet*), mas repercutia na atenuação da pena (CP, art. 48, inc. III, com a redação original).

Isso nos remete às antagônicas *teoria do dolo* (*Vorsatztheorie*) e *teoria da culpabilidade* (*Schuldtheorie*).[1086] A teoria do dolo, ligada ao causalismo, recebia essa designação porque tinha como foco de referência específica e tão somente o

---

[1084] COSTA, Djalma Martins da. *Inexigibilidade de Conduta Diversa*. Rio de Janeiro: Forense Universitária, 1999, p. 53-54.

[1085] Para uma boa compreensão que embasou o tratamento jurídico-penal do erro a partir de 1984, consulte-se: TOLEDO, Francisco de Assis. *O Erro no Direito Penal*. São Paulo: Saraiva, 1977.

[1086] Sobre as teorias do dolo e da culpabilidade em matéria de erro, consulte-se: TOLEDO, Francisco de Assis. *O Erro no Direito Penal*. São Paulo: Saraiva, 1977, p. 6-29; GOMES, Luiz Flávio. *Erro de Tipo e Erro de Proibição*. 5ª ed. São Paulo: Revista dos Tribunais, 2001, p. 66-75, 97-117; MOTTA, Ivan Martins. *Erro de Proibição*

dolo. O erro de fato tinha vinculação com o dolo. Por sua vez, o erro de direito também se referia ao dolo, pois o dolo, que então se localizava na culpabilidade, continha a consciência da ilicitude (dolo normativo ou *dolus malus*). Na lição de Welzel,[1087] para a teoria do dolo, este constitui-se em elemento da culpabilidade, a qual, por sua vez, contém, além da consciência das características do tipo, também a consciência da ilicitude. É por isso que, no âmbito da concepção causal – tanto na clássica como também na neoclássica – fala-se em teoria do dolo, ou seja, em qualquer hipótese, o erro jurídico-penal (erro de fato e erro de direito) refere-se ao dolo.

Porém, ao menos na opção do CP com a redação original da Parte Geral de 1940, o denominado erro de direito era irrelevante como dirimente, tendo, como vimos, apenas repercussão na atenuação da pena. A teoria do dolo subdivide-se em teoria extremada (ou estrita) e teoria limitada. A primeira (extremada ou estrita), e mais antiga, corresponde ao que ora temos exposto, ou seja, o fato de o dolo localizar-se na culpabilidade, e a consciência da ilicitude situar-se no próprio dolo. A segunda coincide na essência a com anterior, distinguindo-se em alguns pontos, consoante salientado por Assis Toledo:[1088] "substitui o conhecimento atual da ilicitude pelo conhecimento potencial; além disso exige a consciência da ilicitude material, não puramente formal.".

A teoria da culpabilidade remonta ao finalismo[1089] de Hans Welzel. Isso porque o professor de Bonn[1090] fez migrar o dolo para a conduta típica e retirou a consciência da ilicitude do dolo, tornando-se esta elemento autônomo da culpabilidade, passando esta última a compreender, portanto, a imputabilidade (capacidade) (como pressuposto para alguns e como elemento para outros), a consciência da ilicitude e a exigibilidade de comportamento conforme ao direito. Nesses moldes, o erro de tipo passa a excluir a tipicidade (dolosa), e o erro de proibição a afastar a culpabilidade. Daí o nome *teoria da culpabilidade*, porquanto afasta-se da ideia de o erro radicar exclusivamente em torno do dolo para abranger também a culpabilidade, passando o erro de tipo a ter relação com a tipicidade, e o erro de proibição, com a culpabilidade, podendo elidi-la, se for se inevitável.

Também nos domínios da teoria da culpabilidade[1091] há que se divisar a teoria extremada (ou estrita) da limitada. Para a primeira (*strenge Schuldtheorie*), todo o erro que recaia sobre uma causa de jusficação deve ser tratado como erro de proibição. Já para a teoria limitada (*eingeschränkte Schuldtheorie*), apesar

---

e Bem Jurídico-Penal. São Paulo: Revista dos Tribunais, 2009, p. 41-50; GALVÃO, Robson. *O Erro no Direito Penal Brasileiro*. Rio de janeiro: Lumen Juris, 2016, p. 11-20.

[1087] WELZEL, Hans. *Das Deutsche Strafrecht*. 11ª ed. Berlin: Walter de Gruyter & Co., 1969, p. 159.

[1088] TOLEDO, Francisco de Assis. *Princípios Básicos de Direito Penal*. 5ª ed. São Paulo: Saraiva, 1994, p. 283.

[1089] MUNHOZ NETTO, Alcides. *A Ignorância da Antijuridicidade em Matéria Penal*. Rio de Janeiro: Forense, 1978, p. 82.

[1090] WELZEL, Hans. *Das Deutsche Strafrecht*. 11ª ed. Berlin: Walter de Gruyter & Co., 1969, p. 164 e ss.; WESSELS, Joahannes; BEULKE, Werner. *Strafrecht – Allgemeiner Teil*. 36ª ed. Heidelberg: C.F. Müller Verlag, 2006, v. I, p. 166-167.

[1091] TOLEDO, Francisco de Assis. *Princípios Básicos de Direito Penal*. 5ª ed. São Paulo: Saraiva, 1994, p. 283 e ss.

de coincidir com a anterior em seus fundamentos, distingue-se dela no tocante ao erro sobre as causas de justificação. Diferentemente da teoria estrita, nem todo o erro sobre uma justificação será tratado como erro de proibição. Será tratado como erro de tipo permissivo (idêntico ao erro de tipo ao menos no que diz respeito às consequências jurídicas) quando o erro incidir sobre os pressupostos fáticos de uma causa de justificação (CP, art. 20, § 1º) ao passo que se erro incidir sobre a existência ou sobre os limites de uma causa de justificação aí sim tratar-se-á de um erro de proibição (indireto), com as consequências jurídicas previstas no art. 21 do CP. Com a Reforma Penal de 1984, em matéria de erro jurídico-penal, *o CP brasileiro adotou a teoria limitada da culpabilidade*.

Os seguintes excertos da Exposição de Motivos da Nova Parte Geral bem esclarecem a posição adotada:

> **17.** É, todavia, no tratamento do *erro* que o princípio *nullum crimen sine culpa* vai aflorar com todo o vigor no direito legislado brasileiro. Com efeito, acolhe o Projeto, nos arts. 20 e 21, as duas formas básicas de *erro* construídas pela dogmática alemã: erro sobre elementos do tipo (*Tatbestandsirrtum*) e erro sobre ilicitude do fato (*Verbotsirrtum*). Definiu-se a evitabilidade do erro em função da *consciência potencial* da ilicitude (parágrafo único do art. 21), mantendo-se no tocante às descriminantes putativas a tradição brasileira, que admite a forma culposa, em sintonia com a denominada "teoria limitada da culpabilidade" ("Culpabilidade e a problemática do erro jurídico penal", de Francisco de Assis Toledo, in *RT*, 517:251).
>
> **18.** (...). Admitiu-se a escusabilidade da falta de consciência da ilicitude. (...).
>
> **19.** Repete o Projeto as normas do Código de 1940, pertinentes às denominadas "descriminantes putativas". Ajusta-se, assim, o Projeto à teoria limitada da culpabilidade, que distingue o erro incidente sobre os pressupostos fáticos de uma causa de justificação do que incide sobre a norma permissiva. Tal como no Código vigente, admite-se nesta área a figura culposa (art. 17, § 1º).

Neste capítulo, dividiremos a abordagem em três partes. A primeira, versando sobre erro de tipo, que se relaciona com a tipicidade, de forma essencial ou de forma acidental. Em sequência, o erro de proibição, que possui seu *locus* categorial no âmbito da culpabilidade. Por derradeiro, as descriminantes putativas, as quais, segundo nosso modelo legal, podem ter consequências tanto nos domínios da tipicidade como da culpabilidade.

2. Erro de tipo

Neste tópico, trataremos sobre o erro de tipo. Dividimos a matéria entre os pontos 2.1 e 2.2 no objetivo de procedermos a uma delimitação conceitual, no primeiro, para, no segundo, tratar mais especificamente sobre o tratamento legal com as consequências jurídicas estabelecidas pelo Código.

2.1. Erro de tipo e erro de fato. Erro de tipo essencial e erro de tipo acidental

Sobre o erro de tipo, são necessárias algumas distinções. O erro de tipo, adotado na Reforma de 1984, não se confunde com o erro de fato, da antiga

Parte Geral de 1940, assim como o erro de proibição não se identifica com o erro de direito. O erro de tipo (essencial) é aquele que incide sobre os elementos constitutivos do tipo, sejam eles descritivos ou normativos.

O *objeto do erro de tipo é o tipo objetivo*. Se tivermos em conta que o que subjaz o dolo são a consciência e a vontade, resulta que se o agente não possui consciência de algum elemento do tipo objetivo não agirá com dolo. Se o dolo consiste na consciência e na vontade de praticar o tipo objetivo, ausente a consciência de qualquer elemento constitutivo do referido do tipo objetivo, restará afastado o dolo.

Impende enfatizar que os elementos objetivos sobre os quais incide o erro, tanto podem ser descritivos (alguém, significando o ser humano, art. 121; mulher, art. 121, § 2º, inc. VI; coisa, art. 163) como também normativos, que reivindicam um juízo de valoração (casa, art. 150, §§ 4º e 5º; coisa alheia, art. 155; documento, art. 297; funcionário público, art. 312).

Assim, se o agente, em uma zona rural, atinge com um tiro uma pessoa (que é o significado da expressão "alguém" do art. 121 do CP) pensando ter atirado contra um espantalho, não terá agido com dolo de homicídio, pois não desejava "matar alguém", mas poderá responder por homicídio culposo, se não observou o dever objetivo de cuidado, sendo o erro, assim, evitável, vencível ou inescusável.

O erro de tipo não incide, rigorosa e estritamente, sobre o fato, e sim sobre algum elemento constitutivo do tipo, podendo, como vimos, ser este elemento descritivo, ou seja, com esclarece Juarez Tavares,[1092] passível de percepção do agente em virtude de sua existência naturalística, ou normativo, a reivindicar um juízo de valoração. Por exemplo, a expressão "coisa alheia" é elemento normativo do tipo legal incriminador de furto (CP, art. 155). Assim, se o agente subtrai para si "coisa alheia" móvel pensando que não se trata de coisa alheia, e sim de "coisa própria", não estará incurso nas penas do delito de furto em virtude do erro de tipo, que nesse caso incidiu sobre um elemento normativo.

De notar-se que no erro de tipo que incide sobre elementos normativos tipo a distinção do erro de fato fica ainda mais evidente. André Vinícius de Almeida[1093] elenca diversos exemplos previstos na lei que tipifica os Crimes contra o Sistema Financeiro Nacional, também denominada Lei dos Crimes do Colarinho Branco (Lei nº 7.492,86), tais como *"juro, comissão, remuneração, operação de crédito, administração de fundo mútuo* (artigo 8º); *fiscalização, investidor, documento, títulos ou valores imobiliários* (artigo 9º); *demonstrativos contábeis, segurado* (artigo 10); *liquidação extrajudicial, falência, declaração de crédito, título falso ou simulado* (artigo 14), dentre outros". Reportando-nos, ainda, ao autor citado,[1094] encontramos exemplos na Lei nº 8.137/90 (crimes contra a ordem tributária), art. 1º, nas expressões *"tributo, contribuição social, autoridades fazendárias, fiscalização tributária, nota fiscal, fatura, duplicata, nota de venda, operação tributária"*, na

---

[1092] TAVARES, Juarez. *Fundamentos de Teoria do Delito*. Florianópolis: Tirant lo Blanch, 2018, p. 301.

[1093] ALMEIDA, André Vinícius de. *O Erro de Tipo no Direito Penal Econômico*. Porto Alegre: Sergio Antonio Fabris Editor, 2005, p. 93.

[1094] Ibid., p. 94.

Lei nº 8.078/90, *"nocividade, periculosidade, produto, afirmação falsa, publicidade – artigos 63 a 69"*, bem como na Lei nº 9.605/98 (Lei Ambiental), dentre outros, nos artigos 40, 60 e 63: *"dano direto ou indireto, unidades de conservação de proteção integral, valor paisagístico, ecológico, turístico, artístico, histórico, etc. solo não edificável"*.

Por derradeiro, diferentemente do erro de tipo essencial, o erro de tipo acidental distingui-se do essencial porquanto não elide a adequação típica entre a representação mental do agente em face da conduta típica prevista em abstrato pelo tipo penal incriminador. O erro de tipo acidental trataremos em tópico separado, em sequência ao erro de tipo essencial.

2.2. Tratamento legal e consequências jurídicas do erro de tipo

O erro de tipo (essencial) está previsto no *caput* do art. 20 do CP com a seguinte dicção:

Erro sobre elementos do tipo

Art. 20. O erro sobre elemento constitutivo do tipo legal de crime exclui o dolo, mas permite a punição por crime culposo, se previsto em lei.

Consoante já afirmamos, o objeto do erro de tipo é o tipo objetivo. Assim, o agente deve representar os elementos do tipo objetivo, sem o que não há dolo. O agente só pode agir com dolo em relação ao tipo incriminador se tiver representado mentalmente seus elementos. É por isso que o erro de tipo essencial ou denominado simplesmente como erro de tipo sempre exclui o dolo. O dolo, que implica conhecimento, e o erro são reciprocamente excludentes. Se há dolo, não há erro, e se há erro, não há dolo.

De notar-se que o erro pode incidir sobre alguma qualificadora ou causa de aumento de pena, fato que excluirá apenas a qualificação ou a causa de aumento, mas não o tipo básico. O erro também poderá incidir sobre, nas palavras de Luiz Luisi, "conotações singulares",[1095] como ocorre em relação à posição de garantidor nos crimes omissivos impróprios também denominados comissivos por omissão. Se o erro for evitável, vencível ou inescusável, restará a punição por crime culposo, se previsto em lei.

São exemplos de erro de tipo:

a) o agente dispara contra alguém supondo tratar-se de um animal feroz. Neste caso, não há dolo de homicídio, pois não há consciência e nem vontade de matar alguém, nos moldes do art. 121 do CP, visto que a expressão alguém significa pessoa humana.

b) A pratica o crime de lesões corporais contra a vítima *B*, que estava grávida, sendo que, em virtude das lesões, *B* vem a abortar. Se *A* desconhece o fato de a vítima estar grávida, não responde por lesões qualificadas pelo resultado aborto (CP, art. 129, § 2º, inc. V), mas tão só pela lesão leve (CP, art. 129, *caput*), caso a lesão não se enquadre em alguma outra qualificadora.

[1095] LUISI, Luiz. *O Tipo Penal, a Teoria Finalista e a Nova Legislação Penal.* Porto Alegre: Sergio Antonio Fabris Editor, 1987, p. 114.

c) "O erro", ensina Luisi,[1096] "quando concernente ao garante, ou seja, quanto à condição de garante é um erro de tipo. Se o agente não sabe essa sua posição, ou tem dela uma errada representação, o erro de tipo pode se configurar. É o caso de A que vendo B se afogar, e podendo impedir não o faz, ignorando que B era seu filho". Neste exemplo, *A* responde por omissão de socorro (CP, art. 135), e não pelo resultado morte em razão do afogamento (CP, art. 13, § 2º).

d) *A* contrata *B*, motoboy, para fazer uma entrega de um buquê de flores na residência de *C*. *A*, previamente concertado com *C*, coloca uma quantidade de droga dentro do buquê, sem que *B* tivesse disso conhecimento. Ao chegar ao destino, *B* é preso pela polícia por tráfico de drogas, sendo que, em sequência, fica esclarecido que *B* desconhecia o fato de que transportava droga. *B* não responde pelo crime previsto no art. 33 da Lei nº 11.343/06, em virtude do erro de tipo.

e) Incorre em erro de tipo o enfermeiro que aplica a injeção letal em paciente atendendo à determinação de médico que desejava matar a vítima. Nesse exemplo, o médico responde pelo crime como autor mediato, ao passo que a enfermeiro, fica isento de pena, em virtude do erro de tipo. Em doutrina, diz-se que o enfermeiro em semelhante situação fática não é agente delitivo, e sim instrumento.

f) Se *A* mantém relação sexual com menina de 13 anos com aparência de 18 anos, que se encontrava em uma casa de festas cuja entrada só era permitida a maiores de 18, fazendo com que acredite estar fazendo sexo com pessoa não menor de 14 anos, faz com que ele seja isento de pena em face do erro de tipo. Nesse caso, *A* não incorre nas penas do art. 217-A do CP, por erro de tipo.

g) Juarez Tavares[1097] fornece interessante exemplo relativo a elemento normativo: "Quem destrói um recibo, achando que se trata de um papel sem importância, erra quanto à avaliação do objeto e, assim, terá excluído o dolo do crime de destruição de documento (art. 305 do CP)".

h) Erro de tipo – Hipótese em que, na doutrina tradicional, se estaria diante de erro de fato extrapenal equiparável a erro de fato.
Acusação, a civil, de prática de crime militar. Conhecimento do recurso (art. 119, II, *b* da CF).
Agente que se apossa de coisa alheia móvel, supondo-a, nas circunstâncias, *res derelicta*.
Caracterização de erro de tipo (erro sobre elemento normativo do tipo) excludente do dolo.
Recurso criminal conhecido e provido" (STF, Primeira Turma, Recurso Criminal nº 1.444-8/RJ, rel. Min. Oscar Corrêa, j. 08.02.1983).

i) O Tribunal Regional Federal da 4ª Região, em decisão por maioria de sua 8ª Turma, em caso em que acolheu a tese de erro de tipo, porém de forma não escusável, aplicando a pena de crime culposo por entender que "As circunstâncias como se deram os fatos, demonstra que os acusados possuíam uma percepção distorcida da realidade convictos que estariam transportando apenas produtos eletrônicos e materiais de informática, quando, em verdade, transportavam, também, medicamentos embalados em caixas lacradas sem autorização da ANVISA. Porém, nada fizeram para ter compreensão correta dos fatos, restando, assim configurado o erro de tipo inescusável. Nesse contexto, deve ser afastado o dolo, o que não impede a punição dos réus na modalidade culposa da conduta, pois tipificada no artigo 273, § 2º do Código Penal" (TRF4, AC 5001055-43.2010.404.7002/PR, 8ª Turma, unânime, j. 12/03/2014, rel. Des. Federal João Pedro Gebran Neto).

Relativamente às consequências jurídicas, o erro de tipo exclui o dolo (art. 20, *caput*), restando afastada a punição por crime doloso. Porém, se o agente que laborou em erro não observou o dever de cuidado exigido, poderá responder por crime culposo, se houver previsão legal relativa à culpa (vide exemplo da letra *"i"* acima). Assim, se o agente desfere tiros contra o carteiro que se

---

[1096] LUISI, Luiz. *O Tipo Penal, a Teoria Finalista e a Nova Legislação Penal*. Porto Alegre: Sergio Antonio Fabris Editor, 1987, p. 114.
[1097] TAVARES, Juarez. *Fundamentos de Teoria do Delito*. Florianópolis: Tirant lo Blanch, 2018, p. 301.

aproximou da casa para entregar uma correspondência, matando-o, de forma açodada e sem qualquer cuidado para certificar se se tratava ou não de um perigoso assaltante, responderá por homicídio culposo. No erro de tipo permissivo, previsto no art. 20, § 1º, que estudaremos no tópico sobre descriminantes putativas, o agente também não responde por crime doloso, mas, de igual forma, também pode vir a responder por crime culposo, se, com seu comportamento, não tiver observado o cuidado e se o fato praticado for previsto como crime culposo. Apesar de distinguir-se conceitualmente do *caput*, como veremos adiante no estudo das descriminantes putativas, as consequências jurídicas são as mesmas.

3. Erro de tipo acidental

Como vimos, o *erro de tipo acidental*, também denominado[1098] *erro não essencial*, não desconfigura a adequação típica entre a representação mental do agente em face da conduta típica prevista em abstrato pelo tipo penal incriminador. No erro em questão, o dolo permanece íntegro, pois, a título de exemplo, se o agente mata *A* pensando que se trata de *B*, continua tendo dolo (do tipo) de homicídio, ou seja, quer matar alguém. O erro incide não sobre o fato de se estar matando alguém, mas sobre a individualização ou identificação da vítima.

Na conceituação de Assis Toledo,[1099] erro de tipo acidental "é o erro que recai sobre circunstâncias acessórias ou estranhas ao tipo, sem as quais o crime não deixa de existir". O erro ora estudado compreende:[1100] *a*) o erro sobre a coisa (*error in objecto*); *b*) o erro sobre a pessoa (*error in persona*) (art. 20, § 3º); *c*) o erro na execução (*aberratio ictus*, art. 73) e *d*) o resultado diverso do pretendido (*aberratio criminis* ou *aberratio delicti*, art. 74)

3.1. Erro sobre a coisa (*error in objecto*)

Dá-se o *erro sobre a coisa* ou *sobre o objeto* (*error in objecto*) quando o agente supõe que seu comportamento delitivo recai sobre determinada coisa quando, na realidade, recai sobre coisa diversa da imaginada. Figurem-se os exemplos em que o agente, supondo que subtrai açúcar, vem a subtrair farinha ou, já na escuridão da noite, em virtude do reflexo da iluminação advinda de uma lâmpada amarela, imaginando que subtrai um relógio de ouro, subtrai um relógio de prata.

Trata-se de erro irrelevante, visto que, considerando os exemplos dados, a norma não tutela determinada especificidade de patrimônio que pertence a outrem, e sim o patrimônio em geral, respondendo o autor do delito criminal-

---

[1098] REALE JÚNIOR, Miguel. *Instituições de Direito Penal – Parte Geral*. 4ª ed. Rio de Janeiro: Forense, p. 229.
[1099] TOLEDO, Francisco de Assis. *O Erro no Direito Penal*. São Paulo: Saraiva, 1977, p. 50.
[1100] MESTIERI, João. *Manual de Direito Penal – Parte Geral*. Rio de Janeiro: Forense, 1999, v. I, 137.

mente, sem que haja qualquer alteração na configuração típica ou nas consequências penais.

3.2. Erro sobre a pessoa (*error in persona*)

O *erro sobre a pessoa* (*error in persona*) está previsto no § 3º do art. 20, nos seguintes termos:

Erro sobre a pessoa
Art. 20 (...).
§ 3º O erro quanto à pessoa contra a qual o crime é praticado não isenta de pena. Não se consideram, neste caso, as condições ou qualidades da vítima, senão as da pessoa contra quem o agente queria praticar o crime.

Na espécie, incorre o agente em erro de representação, porquanto representa mentalmente que sua conduta se dirige contra determinada pessoa quando, em realidade, seu comportamento vem a atingir pessoa diversa da que imaginava. De acordo com o que preceitua o § 3º antes reproduzido, devem, para fins de responsabilização penal, ser consideradas as condições ou qualidades da vítima visada, e não as da pessoa efetivamente atingida.

Consideremos o seguinte exemplo: se *A* deseja furtar *B*, o qual tem 62 anos, mas confunde-o com *C*, que tem 58 anos, sendo este último a pessoa efetivamente furtada, *A* terá praticado o fato com a incidência da agravante consiste em cometer o crime contra pessoa maior de 60 anos (CP, art. 61, inc. II, letra "h"). Porém, se a situação for inversa, ou seja, *A* quer com sua ação atingir *C*, mas atinge *B*, *não* responde com a agravante, pois sua conduta não tinha como escopo atingir uma vítima maior de 60 anos.

3.3. Erro na execução (*aberratio ictus*)

O erro na execução, também conhecido como *aberratio ictus*, tem previsão legal no art. 73, com a seguinte dicção:

Erro na execução
Art. 73. Quando, por acidente ou erro no uso dos meios de execução, o agente, ao invés de atingir a pessoa que pretendia ofender, atinge pessoa diversa, responde como se tivesse praticado o crime contra aquela, atendendo-se ao disposto no § 3º do art. 20 deste Código. No caso de ser também atingida a pessoa que o agente pretendia ofender, aplica-se a regra do art. 70 deste Código.

O dispositivo ora reproduzido contempla, em sua primeira parte, o erro na execução com resultado único (*aberratio ictus* simples), sendo que, na parte final, o erro na execução que dá causa a mais de um resultado lesivo (*aberratio ictus* complexa). Dá-se a primeira hipótese (art. 73, primeira parte), *v. g.*, quando *A* desfere tiros contra *B*, mas vem a acertar *C*. Se *A* deseja atingir *B*, atingindo a este, mas atinge também *C*, que não era a vítima visada, terá causado o agente um resultado duplo, tendo incidência a parte final do art. 73. De notar-se que aqui não há erro de representação, pois o agente não se equivoca em relação a pessoa a quem quer atingir, mas executa mal a ação delitiva. Aplica-se aqui o quanto vimos relativamente ao erro sobre a pessoa, ou seja, devem ser consideradas as condições ou qualidades da pessoa contra quem o agente queria praticar o crime, e não da pessoa atingida, visto que o art. 73 remete ao § 3º do art. 20, cuja regra deve ser aplicada.

Na *aberratio ictus* complexa, com mais de um resultado lesivo, podem ser figuradas as seguintes hipóteses:

a) O agente *A* mata *B* (a quem desejava matar), mas mata também *C* (a quem não desejava matar), por erro na execução. Há homicídio doloso em relação a *B* e culposo em relação a *C*. Em conformidade com o disposto no art. 70, o agente responderá por homicídio doloso (crime mais grave), com a pena aumentada de um sexto até metade.

b) O agente *A* mata *B* (a quem desejava matar) e fere *C* (a quem não desejava atingir). Há homicídio doloso em relação a *B* e lesão corporal culposa em relação a *C*. A solução jurídica é idêntica a anterior, pois a regra do art. 70 determina seja aplicada a pena do crime mais grave com o aumento de um sexto até metade.

c) O agente *A* fere *B* (a quem desejava matar) e fere também *C* (a quem não desejava atingir). Em relação a *B*, há tentativa de homicídio, ao passo que em relação a *C*, *A* causou lesão culposa. O agente responde por tentativa de homicídio (crime mais grave), nos moldes do art. 70.

d) O agente *A* fere *B* (a quem não desejava matar) e mata *C* (a quem não desejava atingir). Há tentativa de homicídio em relação a *B* e homicídio culposo em relação a *C*. Neste caso, A responde por homicídio doloso consumado, pois aplica-se a regra do art. 20, § 3º (não se consideram as condições ou qualidades da vítima, senão as da pessoa contra quem o agente queria praticar o crime), com a pena aumentada de um sexto até metade (art. 70).

As soluções dos casos suprafigurados estão de acordo com o que preceitua o art. 73, o qual faz remissão aos arts. 20, § 3º, e 70, todos do CP. Releva notar que o art. 70 estabelece na parte final do *caput* que se houver mais de um resultado em decorrência de desígnios autônomos as penas aplicam-se cumulativamente. Desígnio autônomo aqui significa dolo direto com relação à vítima visada e dolo eventual com relação ao resultado causado pela conduta única. A solução dada pelo Código é a da soma das penas. Por derradeiro, em caso de concurso formal, a pena não poderá exceder à que seria cabível pela regra do art. 69.

3.4. Resultado diverso do pretendido (*aberratio criminis* ou *aberratio delicti*)

O Código, em seu art. 74, assim dispõe:

Resultado diverso do pretendido
Art. 74. Fora dos casos do artigo anterior, quando, por acidente ou erro na execução do crime, sobrevém resultado diverso do pretendido, o agente responde por culpa, se o fato é previsto como crime culposo; se ocorre também o resultado pretendido, aplica-se a regra do art. 70 deste Código.

O artigo legal trata do resultado diverso do pretendido (*aberratio criminis* ou *aberratio delicti*). Diversamente do disposto no art. 73, em que o erro envolve vítimas virtuais e efetivas, ou seja, o erro incide somente sobre pessoas; na *aberratio criminis*, o erro ocorre entre pessoa ou coisa ou vice-versa.

Assim, o agente, desejando atingir determinada pessoa, atinge uma coisa, ou, pretendendo atingir alguma coisa, atinge uma pessoa, por executar mal sua ação delitiva. As hipóteses de resultado diverso do pretendido podem ser delineadas da seguinte forma:

a) O agente deseja atingir uma coisa (como uma obra de escultura), mas erra o golpe dirigido contra a coisa e vem a atingir somente alguém que se encontrava próximo à obra de arte. Responderá o autor pelo resultado causado à pessoa, morte ou lesões, a título de culpa.

b) O agente quer atingir certa pessoa, mas erra o alvo e atinge uma coisa. Em tal caso, não responde por dano culposo, pois o crime de dano é somente previsto na forma dolosa (art. 163). O autor responderá de acordo com o seu *animus*. Se a intenção era matar a pessoa, responderá por tentativa de homicídio; se a intenção era causar lesões, responderá por tentativa de lesão corporal.

c) Numa variação do exemplo anterior, se o agente atinge a pessoa contra a qual queria praticar o crime e também atinge uma coisa, responde apenas pelo resultado causado contra a pessoa (homicídio consumado ou tentado ou lesão consumada ou tentada, conforme o dolo do agente).

d) Na hipótese de o agente desejar atingir uma coisa, obtendo seu intento, mas indo além, atingindo uma pessoa a quem não deseja atingir, terá praticado dois crimes, o de dano, na forma dolosa, e o crime de homicídio ou de lesões, conforme o caso, na forma culposa, conforme o caso, em concurso formal, aplicando a pena do crime mais grave (a se verificar no caso concreto) com o acréscimo de um sexto até metade, a teor do art. 70, cuja aplicação é determinada pelo art. 74.

e) O agente que deseja atingir uma coisa e, prevendo que poderá atingir uma pessoa, mesmo assim não deixa de agir, por admitir ou se resignar com o resultado ainda que não diretamente o deseje, incorre na prática de um crime de dano (com dolo direto) e um crime contra pessoa, de homicídio ou lesões, conforme o resultado (com dolo eventual). Nesse caso, terá incidência a parte final do art. 70 que determina a soma das penas no caso em que os desígnios sejam autônomos.

Por derradeiro, se considerarmos o exemplo anterior, mas figurando a hipótese de o agente que quer atingir uma coisa e vê a possibilidade de atingir com a mesma ação também uma pessoa, resultado ao qual também passa a querer, não terá incidência o art. 74, pois não se trata de erro. No caso, tanto para o resultado contra a coisa como contra a pessoa está presente o propósito do autor (dolo direto), não havendo, portanto, erro.

4. Erro de proibição e ignorância da lei

O erro de proibição não se confunde com a ignorância da lei. O erro de proibição versa sobre o fato de determinada conduta estar ou não estar proibida, ou seja, diz respeito à permissão ou não de determinada conduta. Portanto, a proibição consiste na relação de contrariedade entre determinado fato e o ordenamento jurídico. A ignorância da lei tem em conta a lei em sentido estrito, ou seja, como explica Assis Toledo,[1101] com "a *norma escrita* editada pelos órgãos competentes do Estado.".

[1101] TOLEDO, Francisco de Assis. *Princípios Básicos de Direito Penal*. 5ª ed. São Paulo: Saraiva, 1994, p. 263.

O art. 21 do CP faz referência às duas situações:

Erro sobre a ilicitude do fato
Art. 21. O desconhecimento da lei é inescusável. O erro sobre a ilicitude do fato, se inevitável, isenta de pena; se evitável, poderá diminuí-la de um sexto a um terço.
Parágrafo único. Considera-se evitável o erro se o agente atua ou se omite sem a consciência da ilicitude do fato, quando lhe era possível, nas circunstâncias, ter ou atingir essa consciência.

No modelo anterior à Reforma de 1984, asseverava Hungria[1102] a então fidelidade do Código ao princípio tradicional segundo o qual *error juris nocet*, apenas admitindo atribuição ao (então) erro de direito, quando escusável, à atenuação da pena, de acordo com a redação original do art. 48, inc. III, do CP.

Com o erro de proibição, consagrado na Reforma de 1984, isso não ocorre, porquanto se o erro for inevitável, o agente fica isento de pena, mas, se for evitável, poderá a pena ser diminuída de um sexto a um terço. Trata-se, assim, de erro com importantes consequências legais.

O erro de proibição, em grandes linhas, pode ser divido em direto e indireto. O erro mandamental, referido pela doutrina, não constitui propriamente uma categoria autônoma ao lado das outras duas referidas. Na realidade, em doutrina, quando se fala em erro de proibição, tem-se em mente o erro em relação a um tipo comissivo, ao passo que o erro mandamental ou de mandamento se refere a crimes omissivos. Porém, o erro mandamental não deixa de ser um erro de proibição,[1103] pois expressa a relação de contrariedade entre o fato (a conduta omissiva) e o ordenamento (a parcela do ordenamento que consagra normas imperativas de um fazer).

4.1. Erro de proibição direto

No *erro de proibição direto*, o agente atua sem saber que sua conduta é contrária ao direito, porque pensa estar praticando algo lícito. Muito embora a Reforma Penal de 1984 tenha trazido essa inovação para o ordenamento brasileiro, conferindo relevância ao equívoco ou ignorância do agente que atua pensando que pode praticar a conduta perpetrada, não se observa na jurisprudência um maior acolhimento do erro de proibição como excludente da culpabilidade, sendo raros os casos em que tribunais reconhecem a escusabilidade dessa classe de erro.

O Tribunal Regional Federal da 4ª Região, em decisão unânime de sua 7ª Turma, acolhendo entendimento que sustentamos em manifestação ministerial, rechaçou o erro de proibição pugnado no recurso, nos seguintes termos: "Se o réu é pescador profissional que cotidianamente realiza atividades de pesca, não merece acolhimento a alegação de que desconhecia o tamanho mínimo permitido para as espécies capturadas. As circunstâncias do caso con-

---
[1102] HUNGRIA, Nelson; FRAGOSO, Heleno Cláudio. *Comentários ao Código Penal*. 5ª ed. Rio de Janeiro: Forense, 1978, v. I, t. II, p. 217.
[1103] Assim esclarece Assis Toledo: "O tratamento do erro de mandamento é basicamente o mesmo do erro sobre a norma proibitiva.". TOLEDO, Francisco de Assis. *O Erro no Direito Penal*. São Paulo: Saraiva, 1977, p. 106.

creto demonstram que os réus tinham consciência da ilicitude da conduta, o que afasta a hipótese de erro de tipo ou erro de proibição" (TRF4, AC 5001844-30.2010.404.7200/SC, 7ª Turma, unânime, j. 21/08/2013, rel. Juiz Federal José Paulo Baltazar Junior).

Não obstante, Luiz Flávio Gomes[1104] relata alguns casos em que tribunais brasileiros reconheceram o erro de proibição escusável, dentre os quais destacamos o a seguir reproduzido: "Não pratica estelionato a viúva que, desconhecendo a ilicitude de sua conduta, bem como suas conseqüências na esfera penal, continua a receber o benefício previdenciário outorgado a seu companheiro após o falecimento deste – incidência da figura do art. 21 do Código Penal, isentando de pena a agente (...). (TRF 2.ª Região, RCCR 98.02.43319-9, 4ª Turma, rel. Juiz Rogério Carvalho, j. 10.02.1999, v.u. – DJ 29.04.1999)".

4.2. Erro de proibição indireto (erro de permissão)

No *erro de proibição indireto*, também denominado *erro de permissão*, o agente sabe que sua conduta é proibida, mas pensa, equivocadamente, que, no caso concreto em que atua, estar ao abrigo de uma causa de justificação, sendo que esse equívoco ou erro pode recair sobre existência de uma causa de justificação ou sobre os limites de uma causa de justificação. Assim sendo, observa-se que o *erro de proibição indireto* pode versar sobre a presença de uma justificante (*erro sobre existência de uma causa de justificação*) ou sobre os limites impostos pela lei (*erro sobre os limites de uma causa de justificação*).

Relativamente à primeira hipótese (suposição errônea da existência de uma causa de justificação), Hans Heinrich Jescheck[1105] refere o caso do soldado que percebe o propósito delitivo de uma ordem, mas a considera vinculante ("uma ordem é uma ordem"), ou seja, acredita que está obrigado a cumprir a ordem e, por isso, estar em uma situação justificante. Enrique Cury Urzúa[1106] exemplifica com o caso em que o agente aplica uma injeção letal em seu cônjuge enfermo, crendo que o pedido desse seja suficiente para assegurar a licitude da conduta. É de referir-se os exemplos de Julio Fabbrini Mirabete,[1107] quais sejam, "vender o relógio que recebeu para conserto depois de escoar-se o prazo em que o proprietário deveria apanhá-lo, supondo o sujeito que a lei permite a venda para pagamento dos serviços de reparos; vender mercadoria do empregador para se pagar de salários atrasados, etc.".

[1104] GOMES, Luiz Flávio. *Erro de Tipo e Erro de Proibição*. 5ª ed. São Paulo: Revista dos Tribunais, 2001, p. 145. Leia-se, ainda, outros exemplos no referido livro.
[1105] JESCHECK, Hans-Heinrich; WEIGEND, Thomas. *Lehrbuch des Strafrechts – Allgemeiner Teil*. 5ª ed. Berlin: Duncker & Humblot, 1996, p. 456.
[1106] CURY URZÚA, Enrique. *Derecho Penal – Parte General*. 8ª ed. Santiago: Ediciones Universidad Católica de Chile, 2005, p. 440.
[1107] MIRABETE, Julio Fabbrini. *Manual de Direito Penal – Parte Geral*. 19ª ed. São Paulo: Atlas, 2003, v. I, p. 203.

Nos casos da denominada legítima defesa da honra, falece, a nosso ver, a caracterização da causa justificante, pois, como afirma Assis Toledo:[1108] "O que se contesta – e a nosso ver com justa razão – é que nessa hipótese ocorra uma real legítima defesa da honra ou que se possa considerar inserido no quadro da necessidade e da moderação o ato de quem mata a mulher infiel ou o seu amante, pelo fato da infidelidade conjugal".

Exemplo interessante, com o qual nos deparamos na Subseção Judiciária de Novo Hamburgo, como juízo deprecado para a oitiva do réu e de testemunhas, por solicitação do Juízo deprecante (Subseção Judiciária de Sant'Ana do Livramento) é o do praticante de tiro, devidamente autorizado pelo Exército brasileiro a adquirir armas e munições, que adquiriu munição no exterior acreditando que a autorização para a compra de munição também o autorizava a adquiri-la no estrangeiro, tanto que teve o cuidado de não ultrapassar o limite legal, em que a tese do erro de proibição foi rechaçada na sentença condenatória (AP 2006.71.06.000860-5/RS, j. 25.11.2010). No caso em questão, o julgador não considerou o erro de proibição sequer para a redução da pena, mas, em virtude da desproporção penal no caso concreto, aplicou a pena do art. 334 do CP, afastando a incidência do art. 18 da Lei nº 10.826/03.

A segunda hipótese de erro de proibição indireto, em que "a conduta não está abrangida pelos limites da norma permissiva (*erro sobre os limites de uma causa de justificação*)"[1109] pode ser ilustrada com o caso em que o agente acredita que "pode matar o ladrão em fuga depois que esse abandona o objeto do furto (ultrapassa os limites da legítima defesa)".[1110] Ou, ainda, nos exemplos referidos por Ivan Martins Motta:[1111] "É o caso do agente que revida agressão consumada, pensando estar atuando em legítima defesa, porém não está, pois, como se sabe, essa causa de exclusão da ilicitude exige agressão atual ou iminente. Enquadra-se no mesmo caso o agente que, prestes a ser injustamente agredido com um pontapé, repele a iminente agressão, disparando um tiro contra o agressor, na certeza de estar agindo em legítima defesa, porém não está, pois essa excludente exige o emprego dos meios necessários que, na hipótese, foram ultrapassados".

4.3. Erro mandamental ou erro de mandamento

Consoante mencionamos acima, o *erro mandamental* ou *erro de mandamento* não consiste em uma categoria autônoma em face do erro de tipo e do erro de proibição, tratando-se, em realidade, de um erro de proibição. Isso porque o erro de mandamento se constitui em um erro sobre a ilicitude do fato (relativamente aos crimes omissivos), nos moldes do art. 21, com as mesmas consequências jurídicas previstas para o erro de proibição direto.

[1108] TOLEDO, Francisco de Assis. *Princípios Básicos de Direito Penal*. 5ª ed. São Paulo: Saraiva, 1994, p. 200.
[1109] SERRA, Teresa. *Problemática do Erro sobre a Ilicitude*. Coimbra: Livraria Almedina, 1991, p. 79.
[1110] TAVARES, Juarez. *Fundamentos de Teoria do Delito*. Florianópolis: Tirant lo Blanch, 2018, p. 472.
[1111] MOTTA, Ivan Martins. *Erro de Proibição e Bem Jurídico-Penal*. São Paulo: Revista dos Tribunais, 2009, p. 77-78.

4.4. *Excursus*: a dúvida e problema da evitabilidade do erro de proibição

A indagação sobre a evitabilidade do erro de proibição é de significativa relevância e atualidade. Considerem-se, por exemplo, as corporações complexas, com diversos setores compartimentados, em que as pessoas que detêm o poder de decisão não possuam, por outro lado, o conhecimento técnico para bem decidir determinadas ações, ao passo que aqueles que possuem o conhecimento técnico não detêm o poder de decisão.

Esse problema nos remete a uma consideração sobre o objeto do erro, no caso de determinada ação tomada por aqueles que detêm o poder de decisão vir a resultar em um fato punível. Nesse ponto, é de lembrar a contribuição de Karl Binding[1112] segundo a qual "só se pode proibir ações, e não resultados.". Nesse passo consideremos o problema evidenciado por Alaor Leite[1113] consistente na seguinte "determinação conceitual e localização sistemática: *a dúvida sobre a proibição integra o conceito de conhecimento do injusto ou configura um verdadeiro erro de proibição?*".

A discussão, assim, está em saber se a dúvida pode ser objeto do erro de proibição. Se um, por um lado, há a consciência da ilicitude e, por outro, o erro sobre a ilicitude, a dúvida seria uma espécie de meio-termo entre uma e outra, do que decorreriam diversas indagações.

Haveria, pois, incompatibilidade entre a dúvida e o erro de proibição? Ao dever de informar-se segue-se um dever do Estado ou de outra entidade que tenha de informar em prestar uma informação válida e apropriada a quem cumpriu o dever de informar-se? Essas e outras questões demandam uma revisita a concepções refratárias a admissão da dúvida como objeto do erro de proibição, para as quais remetemos o leitor ao estudo feito por Leite, com rica pesquisa. Com efeito, a doutrina não pode mais ser complacente, tratando o erro de proibição como uma espécie de doutrina sem efeito prático ou sem incidência nos casos forenses.

Assim é que em processo no qual atuamos em segunda instância, ao apelado era imputada a prática de crime consistente em danificar floresta de preservação permanente (art. 38 da Lei n° 9.605/98), bem como o crime de impedir a regeneração natural de florestas e demais formas de vegetação (art. 48 da Lei n° 9.605/98).

Porém, *in casu*, os autos davam conta que a Prefeitura do Município em que o agente construíra forneceu informações que autorizavam a conduta do agente. Isso porque a referida prefeitura emitiu o documento intitulado "Consulta para uso e ocupação do solo urbano" em que orientava em que moldes e limites poderia ser feita a construção de uma obra, sendo que a orientação do ente público foi rigorosamente respeitada. Porém, em momento ulterior,

---

[1112] Conforme: LEITE, Alaor. *Dúvida e Erro sobre a Proibição no Direito Penal – A Atuação nos Limites entre o Permitido e o Proibido*. São Paulo, 2013, p. 45.

[1113] LEITE, Alaor. *Dúvida e Erro sobre a Proibição no Direito Penal – A Atuação nos Limites entre o Permitido e o Proibido*. São Paulo, 2013, p. 5.

a obra veio a ser embargada pelo poder público, tendo sido, em sequência, o agente denunciado pelos crimes antes mencionados.

Em nossa manifestação como órgão do Ministério Público, sustentamos que não cabia ao imputado questionar a autorização fornecida pela prefeitura, dada a presunção de legalidade dos atos da Administração Pública, tendo, a nosso ver, o agente agido na convicção de que praticava ato lícito, amparado em informação do Poder Público. Em sua decisão, o TRF da 4ª Região acolheu nossa manifestação para absolver o réu em face do erro de proibição inevitável (TRF4, 8ª Turma, unânime. Rel. Des. Fed. Gebran Neto, j. 29.05.2014). Esse é um exemplo em que a dúvida laborou em favor do agente, visto que cumpriu com o seu dever de informar-se.

Assim, estamos de acordo com Leite[1114] em que na teoria do erro de proibição deve a análise abranger o conceito, o objeto e a evitabilidade, de modo que "há de esclarecer *o que é o erro de proibição*, depois *sobre o que esse erro recai* e, por fim, *se deve ser punido (erro de proibição inevitável)* e, se punível, *o quantum da punição (erro de proibição evitável)*." Em consonância com análise proposta, é de aceitar-se[1115] a dúvida como legítimo caso de erro de proibição, devendo na análise da evitabilidade ter como "critério central de avaliação da evitabilidade da dúvida" o "dever de informar-se".

4.5. Consequências jurídicas do erro de proibição

O art. 21 do CP assim preceitua:

Erro sobre a ilicitude do fato
Art. 21. O desconhecimento da lei é inescusável. O erro sobre a ilicitude do fato, se inevitável, isenta de pena; se evitável, poderá diminuí-la de um sexto a um terço.
Parágrafo único – Considera-se evitável o erro se o agente atua ou se omite sem a consciência da ilicitude do fato, quando lhe era possível, nas circunstâncias, ter ou atingir essa consciência.

Pela leitura do artigo, extrai-se que se o agente incorrer em erro de proibição, ou seja, em erro sobre a ilicitude do fato de forma inevitável, afastada estará sua culpabilidade, o juízo de reprovação, cuja consequência é a isenção de pena. Se o erro for evitável, a pena poderá ser diminuída de um sexto a um terço.

5. Descriminantes putativas (erro sobre as causas de justificação)

As *descriminantes putativas* são descriminantes imaginárias. Isso porque não existem no plano da realidade do agente que age supondo estar acobertado por uma justificante, sem que em realidade esteja, a não ser em sua imaginação.

[1114] LEITE, Alaor. *Dúvida e Erro sobre a Proibição no Direito Penal – A Atuação nos Limites entre o Permitido e o Proibido*. São Paulo, 2013, p. 8.

[1115] Com o que concordamos com a tese de Alaor Leite, exposta no livro aqui citado.

Para que possamos entender o tratamento jurídico das descriminantes putativas, é importante ter claro a distinção entre a teoria extremada da culpabilidade e a limitada da culpabilidade. Para a primeira, todo o erro que recaia sobre uma causa de justificação é considerado como erro de proibição ou, mais especificamente, erro de proibição indireto (erro permissivo). Para a segunda, adotada pelo CP brasileiro, o erro sobre uma justificante pode ser tratado como erro de tipo (o denominado erro de tipo permissivo) ou como erro de proibição (indireto).

Assim sendo, pode-se afirmar que na sistemática do nosso CP, as descriminantes serão tratadas como erro de tipo (ao menos quanto às consequências) quando o erro recair sobre uma situação de fato que se existisse tornaria a ação legítima, nos moldes do art. 20, § 1º, ou como erro de proibição, quando incidir sobre a existência ou sobre os limites de uma causa de justificação, tendo aplicação o art. 21.

Há que se esclarecer que no caso do art. 20, § 1º (erro de tipo permissivo), não obstante o CP estabeleça consequências idênticas ao art. 20, *caput* (erro de tipo), *não se trata do mesmo fenômeno*, particularmente em relação ao dolo, porquanto no caso do *caput* o agente erra ou ignora algum elemento do tipo (*v. g.*, mata um ser humano pensando tratar-se de um animal bravio). Em outras palavras, não sabe o que faz. Porém, na hipótese do § 1º, o agente sabe o que faz, mas pensa que na *situação fática* concreta pode fazê-lo em virtude da incidência de uma justificante (*v. g.*, mata um ser humano, sabendo que mata alguém, porque imagina estar sob uma agressão injusta, sem que, em realidade, esteja). Na hipótese do *caput*, não há dolo. No § 1º, ao contrário, há dolo, porque o agente pratica a conduta típica sabendo o que faz (quer matar), mas pensa que no caso concreto está justificado pela situação fática (*v. g.*, imagina, equivocadamente, uma agressão injusta, uma situação de necessidade, etc.).

Nesse quadro, é possível constatar que o erro de tipo permissivo, do ponto de vista de sua caracterização, situa-se, na observação de Jescheck,[1116] entre o erro de tipo e o erro de proibição indireto, fato que leva a doutrina a designá-lo como *error sui generis*[1117] (*Irrtum eigener Art*). Com efeito, se tomarmos como exemplo a legítima defesa putativa, o agente que mata o suposto agressor quer matar e sabe que mata, equivocando-se sobre a situação fática da legítima defesa, ou seja, sobre a agressão injusta que é inexistente na realidade, mas "existe" na imaginação do agente. Como dolo não compreende a consciência do injusto, pode-se afirmar que aquele que "defende-se" de uma agressão imaginária, age com dolo, mas restará isento de pena se o erro for plenamente justificado pelas circunstâncias.

5.1. Natureza jurídica

Para a teoria extrema da culpabilidade, as descriminantes putativas constituem sempre erro de proibição, ao passo que para a teoria limitada da cul-

---

[1116] JESCHECK, Hans-Heinrich; WEIGEND, Thomas. *Lehrbuch des Strafrechts – Allgemeiner Teil*. 5ª ed. Berlin: Duncker & Humblot, 1996, p. 462.
[1117] GOMES, Luiz Flávio. *Erro de Tipo e Erro de Proibição*. 5ª ed. São Paulo: Revista dos Tribunais, 2001, p. 184.

pabilidade, serão elas tratadas como erro de tipo permissivo se o erro incidir sobre situação de fato que se existisse tornaria a ação legítima (CP, art. 20, § 1º) ou como erro de proibição indireto se o erro incidir sobre a existência ou sobre os limites de uma causa de justificação (CP, art. 21).

Assim, se o agente repele suposta injusta agressão por apenas imaginá-la, incorre em descriminante putativa por erro sobre uma situação fática. O mesmo ocorreria com relação àquele que machuca alguém na tentativa de fugir de um teatro em razão da fumaça utilizada na peça, imaginando tratar-se de um incêndio.

Tomando-se o exemplo do médico que acredita poder operar sem o consentimento do paciente em virtude do exercício profissional da medicina, o seu erro incide sobre a existência de uma causa de justificação. Se o mesmo médico estimar suficiente o consentimento não muito claro expressado por seu paciente, errará sobre os limites da causa de justificação.

Melhor esclarecendo, no erro de permissão, o agente equivoca-se sobre a existência ou sobre os limites jurídicos da causa de justificação. Na primeira hipótese, o autor supõe existir uma causa de justificação inexistente. Por exemplo, supõe erroneamente que é permitido o aborto decorrente da constatação de que o feto possui grave anomalia. Na segunda hipótese, o erro incide sobre os limites jurídicos de justificação existente, como no caso em que o cidadão comum, ao realizar prisão em flagrante, supõe equivocadamente ser admissível a causação de lesão corporal no detido.

Essas duas hipóteses do erro de permissão são tratadas como erro de proibição (indireto). Se invencível, o erro afasta a culpabilidade e isenta de pena; se vencível, poderá diminuí-la de um sexto a um terço. A questão da escusabilidade se resolve de acordo com os critérios já referidos ao tratar do erro de proibição.

5.2. Consequências jurídicas das descriminantes putativas

Se a descriminante putativa versar sobre situação de fato que se existisse tornaria a ação legítima, o agente ficará isento de pena, podendo vir a responder por crime culposo, no caso de o erro derivar de culpa, e a hipótese culposa estiver prevista em lei (CP, art. 20, § 1º). No caso do erro de proibição indireto, a solução será exatamente aquela que vimos quando do estudo do erro de proibição.

Capítulo XIV – CONSUMAÇÃO E TENTATIVA

1. Consumação e tentativa: todo e parte

O Código Penal – e também a legislação extravagante – descreve, como regra,[1118] em seus tipos penais incriminadores crimes consumados, de modo

---

[1118] Isso porque há casos, que constituem exceção, em que o crime é tipificado também na forma tentada, como é a hipótese do art. 352 do CP: "Evadir-se ou tentar evadir-se o preso ou o indivíduo submetido a medida de

que para que seja possível a responsabilização penal pela prática de crime tentado, será necessária a incidência de uma norma de extensão prevista na parte geral do CP. A tentativa constitui um delito não consumado, ou seja, ainda que parcial, incompleto, não deixa de ser crime, ao qual é imposto – em regra – uma pena reduzida. É por isso que Reale Júnior[1119] se refere ao binômio crime consumado/crime tentado, de forma gráfica, como "todo e parte". Assim, a *natureza* do crime tentado não é a de uma infração autônoma, e sim de um delito vinculado ao crime consumado mediante uma norma de extensão.

1.1. Breve histórico

O direito romano[1120] não dispensou uma maior atenção ao crime tentado, havendo algumas disposições pontuais que tratavam sobre ele, mas a doutrina informa que há indicativos que, ao menos nos crimes públicos,[1121] era aplicada a mesma pena pela prática de infração penal, fosse ela consumada ou tentada.

O direito germânico medieval não punia a tentativa, porquanto considerava o crime de forma tão somente objetiva. Assim, enquanto o direito romano tendia a punir a tentativa com a mesma pena do crime consumado, o direito germânico não a punia.

Deveras, o instituto do crime tentado foi arquitetado e também ampliada a sua noção em face dos crimes em geral – e não somente a determinados crimes –, no século XVI, pelos práticos ou pós-glosadores, como Deciano[1122] e outros, divisando as diversas fases do delito até o seu momento consumativo.

Segundo Benedetto Pellegrini,[1123] a primeira definição legal de tentativa remonta à Constituição de 1532, de Carlos V, a qual estabelecia, art. 178,[1124] que: "Se alguém tentar cometer um crime com alguma ação visível que possa servir à execução do crime, embora tenha sido impedido por outras razões contrárias a sua vontade de executá-lo, essa vontade má que tenha sido seguida de seus efeitos deve ser punida criminalmente, mas com maior rigor em um caso em face de outro, tendo-se em conta as condições e a natureza da coisa".

---

segurança detentiva, usando de violência contra a pessoa: Pena – detenção, de três meses a um ano, além da pena correspondente à violência".

[1119] REALE JÚNIOR, Miguel. *Instituições de Direito Penal – Parte Geral*. 4ª ed. Rio de Janeiro: Forense, 2013, p. 279.

[1120] RODRIGUES, Castro. *A Tentativa*. 2ª ed. São Paulo: Livraria Teixeira, 1932, p. 32.

[1121] CORREIA, Eduardo. *Direito Criminal*. Coimbra: 1965 (reimpressão com a colaboração de Figueiredo Dias 1988), v. II, p. 225-226.

[1122] Para um maior detalhamento, consulte-se: HUNGRIA, Nelson; FRAGOSO, Heleno Cláudio. *Comentários ao Código Penal*. 5ª ed. Rio de Janeiro: Forense, 1978, v. I, t. II, p. 77. Ainda: PELLEGRINI, Benedetto. *Del Tentativo*. Torino: Unione Tipografico-Editrice Torinese, 1914, p. 15-16.

[1123] PELLEGRINI, Benedetto. *Del Tentativo*. Torino: Unione Tipografico-Editrice Torinese, 1914, p. 15.

[1124] Tradução livre de: "Se taluno avrà tentato di commetere un crimine con qualche azione visibile che possa servire all'esecuzione del reato stesso, benchè per altre ragioni sia stato impedito contro sua volontà di seguirlo, questa malvagia volontà che sia stata seguita dai detti effetti deve essere punita criminalmente, ma con maggiore rigore in uno piuttosto che in altro caso, avuto riguardo alle condizioni e alla natura delle cose".

Dentre os pontos mais tormentosos do Direito Penal, insere-se o relativo ao limite entre os atos preparatórios e os executórios, ou seja, o momento em que aqueles ingressam no plano da execução. O CP brasileiro não oferece nenhum indicativo quanto a isso. Nos tópicos que seguem, estudaremos algumas dentre as principais teorias que se propõem a estabelecer a linha divisória entre uns e outros.

1.2. Elementos da tentativa

Consideremos o disposto no art. 14 do CP:

Art. 14. Diz-se o crime:
Crime consumado
I – consumado, quando nele se reúnem todos os elementos de sua definição legal;
Tentativa
II – tentado, quando, inciada a execução, não se consuma por circunstâncias alheias à vontade do agente.
Pena da tentativa
Parágrafo único. Salvo disposição em contrário, pune-se a tentativa com a pena correspondente ao crime consumado, diminuída de um a dois terços.

Da descrição do dispositivo suprarreproduzido, extraem-se três elementos ou requisitos: *a*) o início da execução; *b*) a não consumação do crime por circunstâncias alheias à vontade do agente; e *c*) a presença do dolo de crime consumado.

O primeiro elemento, objetivo/positivo, consiste no início da execução, acerca do qual há acesa controvérsia, que estudaremos no tópico específico. O segundo elemento é objetivo/negativo, visto que a consideração a ser feita é precisamente aferir se o resultado criminoso *não se materializou*. O terceiro elemento é o dolo de crime consumado, e nisso não difere a tentativa do delito consumado, ou seja, sob o aspecto subjetivo são absolutamente idênticos. Impende ressaltar que, ainda que este terceiro requisito não seja explícito, está implícito na expressão "não se consuma por circunstâncias alheias à vontade do agente". Ora, só é possível a tentativa se o agente teve vontade, intenção, ou, tecnicamente falando, o *dolo* de cometer o crime.

1.3. Espécies de tentativa

Em doutrina, fala-se em *tentativa perfeita* ou *acabada*, também dita *crime falho*, por um lado, e *imperfeita* ou *inacabada*, por outro. Essas distintas designações levam em conta o momento da interrupção dos atos executórios. Há, ainda, outras duas espécies, as quais levam em conta a afetação ao bem jurídico, quais sejam, a *tentativa branca* ou *incruenta* e a *tentativa vermelha* ou *cruenta*.

A *tentativa perfeita* (*crime falho*) ocorre quando o agente exaure os atos executivos disponíveis a atingir seu propósito delitivo, como no caso em que, estando sua arma carregada com seis balas, desfere seis tiros em partes vitais do corpo da vítima, deixando seu corpo em um matagal, na suposição de que consumara o fato punível, mas sendo a vítima, contrariamente à intenção do agente, salva por intervenção médica.

Na *tentativa imperfeita*, o agente não chega a exaurir o processo executivo, ou seja, não consegue levar a cabo todos os atos executivos que, inicialmente, pretendia, como no exemplo em que o agente, após desferir os primeiros tiros contra a vítima, e ainda tendo munição disponível, vê sua ação ser interrompida ao ser preso em flagrante delito pela policia. A distinção tem relevância prática, como veremos ao estudarmos a desistência voluntária e o arrependimento eficaz.

A *tentativa branca* ou *incruenta* é aquela que, nas palavras de Hungria,[1125] "resulta totalmente *improfícua*", como no exemplo em que o agente desfere diversos tiros em seu desafeto na intenção de matá-lo, mas não o atinge. Nesse caso, não é correto afirmar que o bem jurídico não é afetado. Em realidade, não é afetado em termos de dano, mas é afetado na medida em que é posto em perigo. Sobre isso, leia-se o ponto sobre o fundamento da punibilidade da tentativa.

Por derradeiro, a *tentativa vermelha* ou *cruenta* é aquela em que a vítima resta lesionada. Esta última espécie só é compatível com os crimes contra a pessoa: o agente quer matar, mas somente deixa a vítima ferida. A tentativa branca, por outro lado, é compatível tanto com os crimes contra a pessoa como com crimes de dano. Neste último caso, se o agente quer causar dano a alguma coisa e erra o golpe agressivo, há tentativa branca. Porém, se acerta, já não é mais tentativa, e sim crime consumado.

1.4. *Iter criminis*, consumação, exaurimento e o problema da linha divisória entre atos preparatórios e atos de execução

À consumação de um crime, há um caminho a ser percorrido: o *iter criminis*. Esse percurso compreende quatro fases, quais sejam: *a*) a cogitação (*cogitatio*); *b*) os atos preparatórios (*conatus remotus*); *c*) os atos de execução (*conatus proximus*) e *d*) a consumação (*consumatio* ou *meta optata*). Tais fases, por sua vez, divisam-se[1126] em *interna* ou *subjetiva* e *externa* ou *objetiva*. Ademais, há infrações que podem atingir o *exaurimento*, depois de o crime já estar consumado.

A *cogitação* é a primeira fase de um crime e consiste no propósito, na ideação delitiva, a qual jamais é punível (*cogitationis poenam nemo patitur*). Tomando como base o homicídio, a *cogitatio* corresponde na ideia de eliminar-se a vida de alguém.

Os *atos preparatórios* são aqueles que sucedem a cogitação e precedem a execução, os quais são em regra impuníveis, como a aquisição legal de uma arma e um ulterior curso de tiro, salvo alguma previsão legal que venha a incriminar os atos preparatórios como crime autônomo, de que são exemplos

---

[1125] HUNGRIA, Nelson; FRAGOSO, Heleno Cláudio. *Comentários ao Código Penal*. 5ª ed. Rio de Janeiro: Forense, 1978, v. I, t. II, p. 90.
[1126] Para um detalhamento, consulte-se: DARCIE, Stephan Doering. *O Fundamento da Tentativa em Direito Penal*. Rio de Janeiro: Lumen Juris, 2014, p. 11-24.

a associação criminosa para a prática de crimes (CP, art. 288) e os petrechos para falsificação de moeda (CP, art. 291), que configuram, estes últimos, uma preparação à perpetração do crime de moeda falsa (CP, art. 289). Por sua vez, a Lei Antiterrorismo (Lei nº 13.260/2017) apresenta um exemplo ainda mais explícito: "Art. 5º Realizar *atos preparatórios* de terrorismo com o propósito inequívoco de consumar tal delito: Pena – a correspondente ao delito consumado, diminuída de um quarto até a metade" (g.n.).

Os disparos com a arma de fogo contra a vítima são exemplos de *atos executórios*, aos quais se seguem, ou não, a *consumação*, em nossa figura, a morte pretendida pelo autor dos disparos. A tentativa dar-se-ia se o resultado morte não ocorresse por circunstâncias alheias à vontade do agente.

Consoante mencionamos no primeiro parágrafo deste ponto, há crimes cuja conduta, em virtude da construção típica, pode ir além da consumação, ou seja, depois de o delito já haver sido consumado pode materializar-se o resultado que, ainda que não seja exigível para a consumação, configura o denominado exaurimento (*crime exaurido*). Na lição de Sheila Bierrenbach,[1127] nos crimes formais há um resultado previsto no tipo, mas esse resultado é indiferente à consumação.

A *extorsão mediante sequestro* (CP, art. 159) é exemplo de tipo penal que, em razão de sua estrutura, comporta o exaurimento apartado da consumação, porquanto o recebimento de qualquer vantagem como condição ou preço do resgate não é requisito desta última. Outro exemplo é crime de *corrupção passiva* (CP, art. 317) na modalidade *solicitar* vantagem indevida ou aceitar promessa de tal vantagem. Em tais tipos de delitos, fala-se[1128] em *consumação formal*, que é a consumação propriamente dita, e a *consumação material*, que se identifica com o exaurimento.

Sobre o limite divisório entre os atos preparatórios e os atos de execução concorrem *teorias subjetivas*, *objetivas* e *mistas*. As primeiras têm em consideração tão somente o aspecto atinente ao subjetivismo do agente; as segundas possuem como foco de referência elementos objetivos do fato, ao passo que as últimas laboram com a conjugação dos elementos subjetivos e objetivos. Nas linhas que seguem, estudaremos as principais doutrinas que se ocuparam com a problemática.

1.4.1. Teoria subjetiva (e sua variante negativista)

A *teoria subjetiva*,[1129] que teve na Alemanha nomes como Von Buri e Von Bar, e, na Itália, Ferri e Garófalo, como representantes, põe em relevo "a intensidade da vontade delitiva", na expressão dos autores tedescos, ou na "periculosidade criminosa", segundo os positivistas, alijando considerações objetivas, desde que a vontade seja *precisa e decidida* – e não vaga e indecisa – para que os atos sejam considerados executórios.

[1127] BIERRENBACH, Sheila. *Teoria do Crime*. Rio de Janeiro: Lumen Juris, 2009, p. 72.
[1128] PRADO, Luiz Régis. *Tratado de Direito Penal Brasileiro – Parte Geral*. São Paulo: Revista dos Tribunais, 2014, v. 2, p. 509.
[1129] SERRANO, José Antonio de Miguel. *El "Iter Criminis"*. Caracas: Universidade Central de Venezuela, 1957, p. 66.

Delimitar-se quando um ato deixa de ser preparatório, passando a ser um ato executório, é um dos problemas mais tormentosos do Direito Penal, motivo por que há autores que rechaçam uma possível resolução, recaindo na adoção de uma *teoria negativista*, como uma espécie de variante subjetivista. Em consonância com essa postura, Luigi Scarano[1130] conclui que "a distinção entre atos de preparação e de execução tem sido abandonada, porque não responde às exigências da prática".

Porém, como bem assinalam Eugenio Raúl Zaffaroni e José Henrique Pierangeli:[1131] "*Na prática, a teoria negativista é uma teoria subjetiva pura*, porque, ao negar qualquer possível distinção fundada em critérios objetivos, estende a punibilidade a todo ato em que se manifeste a resolução do autor, por longe que possa achar-se do núcleo consumativo do delito".

1.4.2. Teoria formal-objetiva

A designada *teoria formal-objetiva*[1132] é produto do causalismo e propugna serem atos executórios aqueles que adentram na esfera típica, ou seja, a execução terá início com a prática da conduta descrita pelo verbo do tipo. Assim, a tentativa iniciaria com a ação típica estritamente considerada.

1.4.3. Teoria material-objetiva

A *teoria material-objetiva*,[1133] que pretende ser um aperfeiçoamento da anterior, considera ato executório todo aquele que, tendo necessária vinculação, ou sendo consentâneo à conduta típica constituir, em virtude de sua estrutura natural objetiva sua parte integrante. Reivindica a teoria a imediata colocação em perigo do bem jurídico tutelado.

1.4.4. Teoria da idoneidade e univocidade dos atos executórios

A *teoria*[1134] *da idoneidade e univocidade ou inequivocidade* dos atos executórios remonta a Francesco Carrara, cuja concepção teve início[1135] em seu *Programma de Corso de Diritto Criminale* (tomo I, 1860) com ulterior complementação em sua obra *Reminiscenze di Cattedra e Foro* (1883), a qual teve ampla consolidação

---

[1130] SCARANO, Luigi. *La Tentativa*. Bogotá: Temis, 1960, p. 56. Há ainda, em doutrina, quem subdivida em teoria subjetiva pura e moderada. Para um detalhamento, consulte-se: BECKER, Marina. *Tentativa Criminosa*. Campinas: Millennium, 2008, p. 104 e ss.

[1131] ZAFFARONI, Eugenio Raúl; PIERANGELI, José Henrique. *Da Tentativa*. 9ª ed. São Paulo: Revista dos Tribunais, 2010, p. 51.

[1132] SCHÖNKE, Adolf; SCHRÖDER, Horst. *Strafgesetzbuch Kommentar*. 24ª ed. München: C. H. Beck, 1991, p. 341; JESCHECK, Hans-Heinrich; WEIGEND, Thomas. *Lehrbuch des Strafrechts – Allgemeiner Teil*. 5ª ed. Berlin: Duncker & Humblot, 1996, p. 541; WESSELS, Joahannes; BEULKE, Werner. *Strafrecht – Allgemeiner Teil*. 36ª ed. Heidelberg: C.F. Müller Verlag, 2006, v. I, p. 216.

[1133] Id., ibid.

[1134] COSTA JÚNIOR, Paulo José da. *Comentários ao Código Penal*. 4ª ed. São Paulo: Saraiva, 1996, p. 49-50.

[1135] Sobre o ponto: SBRICCOLI, Mario. *Per la Storia del Pensiero Giuridico Moderno*. Milano: Giuffrè, 2007, t. I, p. 488; JIMÉNEZ DE ASÚA, Luis. *Principios de Derecho Penal – La Ley y El Delito*. 3ª ed. (reimpresion) Abeledo-Perrot, Buenos Aires, 1958, p. 477.

da jurisprudência italiana em face do *Codice Zanardelli*, de 1889, e que veio, ulteriormente, a ser positivada no *Codice Rocco*, de 1930, o qual sucedeu o diploma do século dezenove. Eis a dicção do CP italiano vigente:

> **Art. 56.**[1136] (Delito tentado). Aquele que pratica atos idôneos, dirigidos de modo não equívoco à prática de um delito, responde pelo delito tentado, se a ação não se realiza ou se o evento não se verifica.

A idoneidade é a aptidão, a adequação para causar o resultado, ao passo que inequivocidade contrapõe-se à ambiguidade. O ato idôneo deve ser apurado em concreto, caso a caso, mediante um juízo[1137] *ex ante*. Assim é que, como observava Maggiore,[1138] a picada com um instrumento pontiagudo pode tanto ser ineficaz para as pessoas em geral, mas pode produzir a morte de um hemofílico. Ainda, consoante refere Costa Júnior,[1139] o açúcar pode ser uma substância inócua para matar uma pessoa, mas poderá ser letal se ministrado a um diabético.

A inequivocidade ou univocidade consiste na "direção clara dos atos para um determinado fim", o que se traduz em "sintoma da intenção do agente".[1140] Por outro lado, a equivocidade conduz a dubiedade. Fiandaca e Musco[1141] exemplificam com o caso do sujeito que repara uma cerca embraçando um fuzil e, em certo momento, faz mira para disparar, sendo que, isoladamente considerado, tal ato pode estar dirigido a abater um animal, a intimidar, a ferir ou a matar um homem. Referem ainda os autores que o simples fato de alguém entrar numa residência pode estar direcionado ao cometimento de um furto, de uma violência sexual, de um homicídio, etc.

1.4.5. Teoria objetivo-individual

A teoria *objetivo-individual*, *subjetivo-objetiva*, também dita *do plano do autor*, conjuga o elemento subjetivo com o objetivo, sendo, portanto, uma *teoria mista*, preconizada por Welzel, a qual, segundo Günter Stratenwerth,[1142] tendo coincidido no essencial com a jurisprudência e grande parte da doutrina, recebeu consagração legal no CP alemão, a ver-se:

[1136] No original: *Art. 56. (Delitto tentato). Chi compie atti idonei, diretti in modo non equivoco a commettere un delitto, risponde di delitto tentato, se l'azione non si compie o l'evento non si verifica.*

[1137] Sobre o ponto, leia-se: FIANDACA, Giovanni; MUSCO, Enzo. *Diritto Penale – Parte Generale*. 2ª ed. Bologna: Zanichelli, 1994, p. 339.

[1138] MAGGIORE, Giuseppe. *Diritto Penale – Parte Generale*. 5ª ed. Bologna: Nicola Zanichelli Editore, 1951, v. 1, t. 2º, p. 546-547.

[1139] COSTA JÚNIOR, Paulo José da. *Comentários ao Código Penal*. 4ª ed. São Paulo: Saraiva, 1996, p. 50.

[1140] REALE JÚNIOR, Miguel. *Parte Geral do Código Penal* (*Nova Interpretação*). São Paulo: Revista dos Tribunais, 1988, p. 60. No mesmo sentido, consulte-se: BETTIOL, Giuseppe; MANTOVANI, Luciano Pettolello. *Diritto Penale – Parte Generale*. 12ª ed. Padova: Cedam, 1986, p. 623.

[1141] FIANDACA, Giovanni; MUSCO, Enzo. *Diritto Penale – Parte Generale*. 2ª ed. Bologna: Zanichelli, 1994, p. 341-342.

[1142] STRATENWERTH, Günther; KUHLEN, Lothar. *Strafrecht – Allgemeiner Teil*. 5ª ed. Köln/Berlin/München: Carl Heymanns Verlag, 2004, v. I, p. 240.

Título segundo. Tentativa[1143]

§ 22. Definição. Comete tentativa de um fato punível quem, segundo sua representação do fato, conduz-se (ou se põe) de modo imediato à realização do fato típico.

Essa definição legal está em consonância com o que Welzel[1144] já defendia em seu Direito Penal alemão, ao afirmar que a tentativa tem início com aquela atividade com a qual o autor, segundo seu plano criminoso, se põe em relação imediata com a realização do tipo delitivo.

Na lição de Stratenwerth,[1145] determinado fato pode ser absolutamente idêntico a outro em seu aspecto exterior e objetivo, mas podem – a um tempo – ter um significado jurídico completamente distinto, segundo a valoração que possua desde o ponto de vista na realização de seu plano. Assim é que, a título de exemplo, se uma mulher que quer envenenar seu marido prepara-lhe uma bebida envenenada, já estará atingindo os limites da tentativa se ela espera que o marido se sirva da bebida. Por outra via, tratar-se-ia de mera preparação se o plano do autor fosse o de oferecer a bebida à vítima em momento posterior. Como se vê do exemplo trazido pelo penalista alemão, o que se põe em relevo para se determinar o ingresso no terreno da tentativa é, ao lado do aspecto objetivo, o elemento subjetivo, o plano do autor.

1.4.6. Considerações conclusivas

Como adverte Yesid Reyes Alvarado,[1146] passadas décadas de discussão sobre como se fixar o começo da tentativa, ou seja, dos atos executórios, não se logrou encontrar uma fórmula geral que viesse a permitir com segurança a solução para divisar os limites entre esses e os atos preparatórios, fato que determinou fosse o problema tratado em face de determinado crime ou de

---

[1143] Zweiter Titel. Versuch. § 22. Begriffsbestimmung. Eine Straftat versucht, wer nach seiner Vorstellung von der Tat zur Verwirklichung des Tatbestandes unmittelbar ansetzt. Eis a tradução de Zaffaroni e Pierangeli: "Intenta um fato penal aquele que, conforme a sua representação do ato, se esmera imediatamente à realização do tipo". Conforme os autores: "Este conceito, na Alemanha, é conhecido com a denominação de 'fórmula de aproximação', pois é este o sentido que parece dar-lhe o verbo *ansetzt*, que os tradutores chilenos de Welzel vertem para o castelhano como *pone en relación*". ZAFFARONI, Eugenio Raúl; PIERANGELI, José Henrique. *Da Tentativa*. 9ª ed. São Paulo: Revista dos Tribunais, 2010, p. 59. Preferimos traduzir a expressão *ansetzt* como *conduz-se de modo imediato*.

[1144] WELZEL, Hans. *Das Deutsche Strafrecht*. 11ª ed. Berlin: Walter de Gruyter & Co., 1969, p. 190. Tradução livre do original: "Der Versuch beginnt mit derjenigen Tätigkeit, mit der der Täter nach seinem Verbrechensplan unmittelbar zur Verwirklichung des Verbrechenstatbestandes ansetzt".

[1145] STRATENWERTH, Günther; KUHLEN, Lothar. *Strafrecht – Allgemeiner Teil*. 5ª ed. Köln/Berlin/München: Carl Heymanns Verlag, 2004, v. I, p. 287.

[1146] REYES ALVARADO, Yesid. *El Delito de Tentativa*. Montevideo/Buenos Aires: Editorial BdeF, 2016, p. 275-277. Assim, por exemplo, mesmo em crimes relativamente semelhantes, como é o caso do descaminho e do contrabando, a consideração deve ser feita de forma diversa: o primeiro consuma-se com a ultrapassagem da zona primária para a zona secundária, ao passo que o segundo se consuma com o ingresso da mercadoria no território nacional. Isso porque o descaminho criminaliza a internação de mercadoria do estrangeiro sem o pagamento do tributo devido, enquanto o contrabando incrimina o fato de introduzir-se no país mercadoria proibida. Sobre os referidos crimes relativamente à tentativa e consumação, ver: PAULSEN, Leandro. *Crimes Federais*. São Paulo: Saraiva, 2017, p. 356.

determinado grupo de crimes. Já em seu tempo, Jiménez de Asúa[1147] chegou a afirmar que o erro de Carrara foi acreditar que se poderia solucionar de modo abstrato e geral a grave questão do processo executivo do delito.

Por outro lado, a Constituição (art. 93, inc. IX) determina que os juízes fundamentem suas decisões. Assim, a depender do caso concreto com o qual se depara, é impositivo ao magistrado que se valha de fundamentos teóricos a proporcionar consistência à sua decisão, ainda que determinadas soluções não sejam aptas a abarcar todo e qualquer tipo de infração penal. Em sequência, analisaremos as teorias suprarreferidas.

A *teoria subjetiva* encontra-se hoje em franco desprestígio, pois suas deficiências são notórias. Tomemos o exemplo de Hungria:[1148] "Tício, tendo recebido uma bofetada de Caio, corre a um armeiro, adquire um revólver, carrega-o com seis balas e volta, ato seguido, à procura do seu adversário, que, entretanto, por cautela ou casualmente, já não se acha no local da contenda; Tício, porém, não desistindo de encontrar Caio, vai postar-se, dissimulado atrás de uma moita, junto ao caminho onde ele habitualmente passa, rumo de casa, e ali espera em vão pelo seu inimigo, que, desconfiado, tomou direção diversa.". Não há relutância em afirmamos que Tício praticou diversos atos inequívocos reveladores de sua intenção de matar Caio, mas que, evidentemente, não ultrapassaram a barreira da mera preparação. Porém, pela teoria subjetiva, Tício deveria responder por tentativa, apesar de os atos praticados serem meramente preparatórios.

A *teoria formal-objetiva* é frequentemente referida como ponto de partida[1149] ao exame do início da execução e até mesmo tida como doutrina preferível,[1150] mas – ainda que possa ser apropriada em alguns casos – suas insuficiências são visíveis por ser excessivamente restritiva, além de ser praticamente incompatível com certas infrações, como é o caso dos crimes sexuais e outros.

Eis a pertinente crítica de Alberto Silva Franco:[1151] "Basta examinar o tipo do furto (...). Respeitado o critério de correspondência formal com o tipo, ocorreria 'começo de execução' apenas no instante em que o agente se apoderasse da coisa alheia móvel porque só aí penetrou no núcleo do tipo expresso pelo verbo 'subtrair'. E, então, uma desmesurada extensão seria creditada à preparação em detrimento da execução. Por outro lado, a ineficácia do critério objetivo formal é manifesta quando se trata de crime de forma livre, isto é, quando o legislador não se preocupou em pormenorizar a conduta típica satisfazendo-se em apontar um determinado resultado, tal como ocorre com a figura do homicídio e tantas outras da Parte Especial". Continua o penalista: "Se a norma

---

[1147] JIMÉNEZ DE ASÚA, Luis. *Principios de Derecho Penal – La Ley y El Delito*. 3ª ed. (reimpresion) Abeledo-Perrot, Buenos Aires, 1958, p. 477.

[1148] HUNGRIA, Nelson; FRAGOSO, Heleno Cláudio. *Comentários ao Código Penal*. 5ª ed. Rio de Janeiro: Forense, 1978, v. I, t. II, p. 79.

[1149] PRADO, Luiz Régis. *Tratado de Direito Penal Brasileiro – Parte Geral*. São Paulo: Revista dos Tribunais, 2014, v. 2, p. 514.

[1150] Por todos: FRAGOSO, Heleno Cláudio. *Lições de Direito Penal – Parte Geral*. 12ª ed. revista e atualizada por Fernando Fragoso. Rio de Janeiro: Forense, 1990, p. 241.

[1151] FRANCO, Alberto Silva. *Temas de Direito Penal*. São Paulo: Saraiva, 1986, p. 56.

penal não descreve de forma vinculada uma certa conduta e se resume a explicitar o resultado típico, como verificar se um determinado ato representa ou não uma atividade típica? O critério objetivo de correspondência formal com o tipo revela-se, assim, declaradamente insuficiente para diferenciar atos de preparação de atos de execução.".

Já no que respeita aos crimes omissivos, Juarez Tavares[1152] também opõe óbice à teoria, consoante se extrai da seguinte passagem: "Como a *teoria formal-objetiva* parte do início da realização estrita da ação típica, está claro que enfrentará enormes dificuldades quando aplicada aos crimes omissivos, que não podem ser retratados materialmente.". Como se vê, não há dificuldades em se observar as limitações da teoria.

A *teoria material-objetiva*, que pretende de certa forma compensar as deficiências dessa última estudada, apresenta um critério por demais aberto ao conceber uma espécie de *unidade natural*[1153] entre ações típicas e condutas atípicas do ponto de vista objetivo. Não se pode considerar tenha o agente, do ponto de vista objetivo, a começar a execução de um homicídio só pelo fato de pegar uma arma. Peca por sua elasticidade e imprecisão.

Com efeito, as preferências doutrinárias recaem sobre a *teoria da idoneidade e univocidade* dos atos executórios e sobre a *teoria objetivo-individual*. Em adesão à doutrina italiana, Costa Jr.[1154] assevera: "Ato executivo, portanto, é o ato dotado de idoneidade (capacidade potencial de produção do evento) *plus* inequivocidade.". Também adepto da teoria italiana, Reale Júnior[1155] propugna devesse ela ser consagrada pelo legislador, ao afirmar que: "A referência 'meios idôneos e unívocos' desnudaria, com precisão, os elementos constitutivos da figura da tentativa.".

Porém, o critério que hoje tem recebido maior adesão, sobretudo na doutrina alemã, é o objetivo-individual, concebido por Welzel e consagrado no CP alemão (StGB). Nesse sentido, Silva Franco[1156] sustenta "a necessidade de composição dos dois critérios – o da correspondência formal com o tipo e o do plano do autor – para efeito de esclarecer, com nitidez, a linha demarcatória entre a preparação e a execução.". Posição essa esposada por Zaffaroni e Pierangeli,[1157] ao afirmarem que "a razão está com o critério objetivo individual, sustentado por WELZEL.". Em linha de concordância está Regis Prado,[1158]

[1152] TAVARES, Juarez. *Teoria dos Crimes Omissivos*. Madri/Barcelona/Buenos Aires/ São Paulo: Marcial Pons, 2012, p. 409.

[1153] PRADO, Luiz Régis. *Tratado de Direito Penal Brasileiro – Parte Geral*. São Paulo: Revista dos Tribunais, 2014, v. 2, p. 512.

[1154] COSTA JÚNIOR, Paulo José da. *Comentários ao Código Penal*. 4ª ed. São Paulo: Saraiva, 1996, p. 50.

[1155] REALE JÚNIOR, Miguel. *Instituições de Direito Penal – Parte Geral*. 4ª ed. Rio de Janeiro: Forense, 2013, p. 284. Também em: REALE JÚNIOR, Miguel. *Parte Geral do Código Penal* (*Nova Interpretação*). São Paulo: Revista dos Tribunais, 1988, p. 59-61; REALE JÚNIOR, Miguel, *Teoria do Delito*. São Paulo: Revista dos Tribunais, 1988, p. 194-196.

[1156] FRANCO, Alberto Silva. *Temas de Direito Penal*. São Paulo: Saraiva, 1986, p. 58.

[1157] ZAFFARONI, Eugenio Raúl; PIERANGELI, José Henrique. *Da Tentativa*. 9ª ed. São Paulo: Revista dos Tribunais, 2010, p. 59.

[1158] PRADO, Luiz Régis. *Tratado de Direito Penal Brasileiro – Parte Geral*. São Paulo: Revista dos Tribunais, 2014, v. 2, p. 513.

textualmente: "A tentativa exige, portanto, a combinação de um elemento *subjetivo* – resolução para o fato (plano do autor) – e de um critério *objetivo* – começar uma atividade que conduza diretamente à realização do tipo.".

1.5. Infrações que não admitem tentativa

Algumas infrações não admitem a forma tentada, em razão de sua característica típica e até mesmo em virtude de previsão legal, consoante a seguir estudaremos.

Os *crimes culposos* não admitem a tentativa pelo fato de não serem praticados com o propósito criminoso (dolo), mas decorrerem da inobservância do dever de cuidado, do descuido. Não se pode tentar o que não se deseja. Tome-se o exemplo de um atropelamento em que o motorista que dirigia de modo imprudente vem a causar lesões em um pedestre. Caso esse motorista dirigisse imprudentemente sem causar as referidas lesões, não haveria crime algum, nem mesmo tentado. Portanto, há uma antinomia entre a conduta culposa e a tentativa, tanto que Francesco Carrara[1159] assevera que qualquer insinuação de uma possibilidade jurídica seria uma *monstruosidade lógica*.

Todavia, parte da doutrina entende ser possível a tentativa na denominada culpa imprópria, por extensão ou assimilação. Essa modalidade de culpa seria aquela ocorrida em uma situação de legítima defesa putativa, em erro inescusável ou vencível, em que o agente, imaginando estar sendo injustamente agredido – quando na realidade não estava –, reage matando o suposto agressor. Em tal caso, o causador da morte responderia por homicídio culposo – por tratar-se o nosso exemplo de erro inescusável. Porém, se por razões alheias a sua vontade, viesse a não consumar a morte do suposto agressor, há quem diga, como é o caso de Magalhães Noronha,[1160] deva o agente responder por tentativa, pois o resultado era querido pelo agente. Em sentido oposto, é a opinião de Assis Toledo,[1161] para quem, no exemplo figurado, o "intuito [é] de defender-se, não de matar".

Os *crimes preterdolosos* ou *preterintencionais*, em que o crime-base é atribuível a título de dolo e o resultado agravador a título de culpa (combinação dolo/culpa) não comportam a forma tentada pelo mesmo motivo que impossibilita a tentativa no âmbito dos crimes culposos, em que carece o propósito criminoso quanto ao resultado mais grave, que se restringe ao crime-base. No exemplo das lesões corporais seguidas de morte (CP, art. 129, § 3º), o intento criminoso está presente tão somente em relação às lesões, mas não em relação à morte, a qual decorre de culpa (imprudência, negligência ou imperícia).

[1159] CARRARA, Francesco. *Programma del Corso di Diritto Criminale*. 11ª ed. Firenza: Fratelli Cammelli, 1924, v. I. p. 324: "Dunque fra la *colpa* e il *conato* vi è ripugnanza di termini. Immaginare un *attentato colposo* è lo stesso che sognare un mostro logico. Eppure di questo mostro logico si volle da taluno insinuare la giuridica possibilità".
[1160] NORONHA, E. Magalhães. *Do Crime Culposo*. São Paulo: Saraiva, 1957, p. 157, textualmente: "*Para nós, desde que é possível a culpa com resultado querido ou voluntário, é possível também a tentativa*".
[1161] TOLEDO, Francisco de Assis. *Princípios Básicos de Direito Penal*. 5ª ed. São Paulo: Saraiva, 1994, p. 306.

Ou seja, no crime preterdoloso, o resultado causado vai além do propósito do agente, e não há tentar o que não se quer, o que não se pretende.

As *contravenções penais* são impuníveis quando não consumadas por expressa previsão legal, a teor do art. 4º da Lei das Contravenções Penais: "Não é punível a tentativa de contravenção".

Nos *tipos em que há uma equiparação no que tange à pena*, só é possível a tentativa em termos de sua caracterização objetiva/negativa consistente na não obtenção do resultado por circunstâncias alheias à vontade do agente, mas não a incidência da previsão da pena reduzida de um a dois terços, nos moldes do parágrafo único do art. 14 do CP. Eis alguns exemplos: "Evadir-se ou tentar evadir-se o preso ou o indivíduo submetido a medida de segurança detiva, usando de violência contra a pessoa: Pena – detenção, de três meses a um ano, além da pena correspondente à violência" (CP, art. 352); "Votar ou tentar votar mais de uma vez ou em lugar de outrem: Pena – reclusão até três anos" (Código Eleitoral, art. 309). Importa ressaltar que distinguimos[1162] esses dos crimes de atentado, os quais possuem tipificação própria, e não somente a equiparação da pena com a sanção cominada ao crime consumado, que trataremos no tópico seguinte.

Os *crimes de atentado*, enquanto infrações de consumação antecipada, também não comportam a tentativa, porquanto "a consumação se faz com a realização daquele mínimo necessário"[1163] à integrá-la. Exemplo de crime de atentado colhemos na Lei Antiterrorismo (Lei nº 13.260/2016):

Art. 2º O terrorismo consiste na prática por um ou mais indivíduos dos atos previstos neste artigo, por razões de xenofobia, discriminação ou preconceito de raça, cor, etnia e religião, quando cometidos com a finalidade de provocar terror social ou generalizado, expondo a perigo pessoa, patrimônio, a paz pública ou a incolumidade pública.

§ 1º São atos de terrorismo:

(...);

V – atentar contra a vida ou a integridade física de pessoa [g.n.]:

Pena – reclusão, de doze a trinta anos, além das sanções correspondentes à ameaça ou à violência.

Os *crimes omissivos próprios* diferem dos impróprios, porquanto os primeiros constituem espécie de tipo penal em que prevê como crime a omissão propriamente dita, como se dá na omissão de socorro (CP, ar. 135), ao passo que na omissão imprópria a norma determina seja imposta a pena de crime comissivo ao agente que "devia agir para evitar o resultado", por ser garantidor (CP, art. 13, § 2ª), deixa de agir. Como do nada surge (*ex nihilo nihil fit*), torna-se inviável a tentativa de crime omissivo próprio.

Diferente solução ocorre com relação aos *crimes omissivos impróprios*, também chamados de *comissivos por omissão*, porquanto se trata de um crime comissivo que é praticado pela omissão do garantidor. Assim, como observa

---

[1162] Contrariamente, no sentido da equiparação: OLIVEIRA, Edmundo. *Comentários ao Código Penal – Parte Geral*. 3ª ed. Rio de Janeiro: Forense, 2005, p. 334.

[1163] COSTA JR. Paulo José da. *Comentários ao Código Penal*. 4ª ed. São Paulo: Saraiva, 1996, p. 52.

Tavares,[1164] "se a mãe abandona na rua o recém-nascido, deixando-o à sua própria sorte, com este ato de abandono já se inicia a execução [de homicídio ou lesões, conforme o elemento subjetivo], pois, a partir daí, passa ela a não ter qualquer domínio sobre a causalidade, estando desde logo presente o perigo da ocorrência do resultado". A agente responderá[1165] por tentativa de homicídio ou de lesões corporais, conforme seu dolo se dirija a um ou a outro resultado.

Os *crimes unissubsistentes* são aqueles praticados mediante apenas um ato (*unico actu perficiuntur*), motivo por que somente podem ser perpetrados na forma consumada, cujo exemplo é a injúria, quando verbal, tipificada no art. 140 do CP. Alguém não pode tentar chamar alguém de burro. Ou profere a expressão injuriosa, e está consumada a ação, ou não, sem possibilidade de tentativa. Em sentido contrário – e minoritário –, Zaffaroni e Pierangeli[1166] veem possibilidade da tentativa na injúria quando, por exemplo, é "constituída de uma frase" – e não uma palavra isolada –, sendo que, segundo os autores, "em casos tais, o começo da frase é um começo de execução, quando não tenha ela abrangido o sentido total do símbolo injuriante".

O *crime continuado* ocorre quando o agente, mediante mais de uma ação ou omissão, pratica dois ou mais crimes da mesma espécie e, pelas condições de tempo, lugar, maneira de execução e outras semelhantes, devendo os subsequentes ser havidos como continuação do primeiro, aplicando-se-lhe a pena de um só dos crimes, se idênticas, ou a mais grave, se diversas, aumentada, em qualquer caso, de um sexto a dois terços. Nesse caso, é inconcebível[1167] a tentativa, porque não se trata de "um evento complexo em sentido natural",[1168] pois cuida-se de "um concurso de crimes, derrogado apenas para os efeitos da punição, [sendo que] cada um dos crimes conserva a sua integridade, e os respectivos eventos são mantidos individualizados".[1169]

Os *crimes habituais*, de que são exemplos a manutenção de estabelecimento em que ocorra a exploração sexual – o antigo crime casa de prostituição – (CP, art. 229), o rufianismo (CP, art. 230) e o curandeirismo (CP, art. 284), não comportam a tentativa, *ao menos em regra*, pelo fato de se consumarem com a realização de mais de uma conduta, visto que uma ação isolada não seria apta a integrar o requisito da habitualidade. Porém, a doutrina tem admitido em certos casos "como quando o réu for surpreendido pela polícia no instante em que estiver procedendo à abertura de um prostíbulo".[1170] Outro exemplo con-

---

[1164] TAVARES, Juarez. *As Controvérsias em torno dos Crimes Omissivos*. Rio de Janeiro: Instituto Latino-Americano de Cooperação Penal, 1996, p. 94.
[1165] Ibid., p. 95.
[1166] ZAFFARONI, Eugenio Raúl; PIERANGELI, José Henrique. *Da Tentativa*. 9ª ed. São Paulo: Revista dos Tribunais, 2010, p. 67.
[1167] Em sentido contrário: COSTA JR. Paulo José da. *Comentários ao Código Penal*. 4ª ed. São Paulo: Saraiva, 1996, p. 53.
[1168] FAYET JÚNIOR, Ney. *Do Crime Continuado*. 2ª ed. Porto Alegre: Livraria do Advogado, 2010, p. 158.
[1169] PIMENTEL, Manoel Pedro. *Do Crime Continuado*. São Paulo: Revista dos Tribunais, 1969, p. 169-170.
[1170] COSTA JR. Paulo José da. *Comentários ao Código Penal*. 4ª ed. São Paulo: Saraiva, 1996, p. 53.

templado na doutrina,[1171] como exceção à regra, é o do agente que, tendo "instalado um consultório médico – sem diploma e sem licença – está examinando um paciente, sem lhe haver receitado algum medicamento e nem aplicado que qualquer tratamento, e que tem mais pacientes na sala de espera".

Os *crimes condicionados* são incompatíveis com a tentativa, porquanto "ou sobrevém a condição, e o crime se consuma, ou não sobrevém, e o fato é impunível (*non datur tertium*)".[1172] Exemplo de crime condicionado é o induzimento, instigação ou auxílio a suicídio (CP, art. 122) em que ou o suicídio se consuma ou resulta lesão corporal, e, em uma ou outra situação, o crime está consumado, ou nenhum desses dois resultados ocorre, e não há crime, sequer tentado.

1.6. A punibilidade da tentativa e seu fundamento

Duas teorias[1173] tradicionais atinentes ao fundamento da punibilidade disputam preferência: a *teoria subjetiva* e a *teoria objetiva*. Pela primeira teoria, o decisivo é a vontade delitiva do agente. Por outro lado, consoante a teoria objetiva, o que é posto em relevo é a situação de perigo imposta ao bem jurídico.

O CP pátrio adotou a teoria objetiva, ou seja, tem em conta o início da execução, que é momento em que a conduta delitiva passa a pôr em crise o objeto da tutela jurídico-penal. Assim sendo, a punição da tentativa é, salvo disposição em contrário, diminuída de um a dois terços (CP, art. 14, parágrafo único).

A referência do parágrafo único que prevê a não aplicação da regra de diminuição, consoante a expressão "salvo disposição em contrário", significa que há casos em que a pena do crime tentado não é reduzida porque a previsão típica prevê a mesma pena cominada ao crime consumado. São exemplos: "Evadir-se ou tentar evadir-se o preso ou o indivíduo submetido a medida de segurança detentiva, usando de violência contra a pessoa: Pena – detenção, de três meses a um ano, além da pena correspondente à violência" (CP, art. 352); "Votar ou tentar votar mais de uma vez ou em lugar de outrem: Pena – reclusão até três anos" (Código Eleitoral, art. 309[1174]).

1.7. Casuística

As dificuldades que orbitam em torno da tentativa não se restringem à distinção entre os atos preparatórios e os executórios. Há casos em que a inda-

---

[1171] ZAFFARONI, Eugenio Raúl; PIERANGELI, José Henrique. *Da Tentativa*. 9ª ed. São Paulo: Revista dos Tribunais, 2010, p. 66; REALE JÚNIOR, Miguel. *Instituições de Direito Penal – Parte Geral*. 4ª ed. Rio de Janeiro: Forense, 2013, p. 290.
[1172] HUNGRIA, Nelson; FRAGOSO, Heleno Cláudio. *Comentários ao Código Penal*. 5ª ed. Rio de Janeiro: Forense, 1978, v. I, t. II, p. 87; No mesmo sentido: FRAGOSO, Heleno Cláudio. *Lições de Direito Penal – Parte Geral*. 12ª ed. revista e atualizada por Fernando Fragoso. Rio de Janeiro: Forense, 1990, p. 244.
[1173] BRUNO, Anibal. *Direito Penal – Parte Geral*. 3ª ed. Rio de Janeiro: Forense, 1967, t. 2º, p. 243-245.
[1174] Sobre o crime eleitoral: GONÇALVES, Luiz Carlos dos Santos. *Crimes Eleitorais e Processo Penal Eleitoral*. 2ª ed. São Paulo: Atlas, 2015, p. 65-67.

gação que se põe está em saber se houve ou não consumação, ou seja, se o fato manteve no plano da tentativa ou já atingiu seu momento consumativo. Nas linhas que seguem, faremos referência a alguns precedentes jurisprudenciais que buscam dar conta ao estabelecimento do limite divisório tanto dos atos preparatórios/executórios, como também da tentativa/consumação.

Tomemos alguns crimes contra o patrimônio, como o furto, o roubo e o latrocínio (roubo com resultado morte) para apreciação. No furto, discute-se qual o momento consumativo, os quais divergem de acordo com a teoria, quais sejam:[1175] "a) a teoria de *concretatio*: bastaria o agente tocar a coisa para se consumar o furto: b) a teoria da *apprehensio vi*: o agente deveria exercer força física sobre a coisa, segurando-a; c) a teoria da *amotio*: o agente deveria remover a coisa de lugar; e, por fim, d) a teoria da *ablatio*: o agente deveria colocar a coisa no local a que se destinava, para se consumar o crime.". Em relação às referidas teorias, Christiano Fragoso[1176] opõe a seguinte crítica: "Essas teorias, que ainda detêm indubitável valor histórico, não se aplicam ao nosso direito.".

Muito discutiu-se, na doutrina e na jurisprudência, quando seria o momento consumativo do crime quando, por exemplo, o agente subtrai a coisa e logo em seguida é preso. Nesse caso, houve crime consumado ou crime tentado? A solução parece ter sido dada, tanto para o roubo como para o furto (ainda que este não tenha sido mencionado), pelo STJ ao editar o seguinte enunciado:

> **Súmula 582:** Consuma-se o crime de roubo com a inversão da posse do bem mediante emprego de violência ou grave ameaça, ainda que por breve tempo e em seguida à perseguição imediata ao agente e recuperação da coisa roubada, sendo prescindível a posse mansa e pacífica ou desvigiada.

O latrocínio também mereceu atenção da *communis opinio doctorum* e dos tribunais. Tratando-se de crime complexo, que é composto pela conjugação da subtração da coisa alheia e a morte da vítima, pode ter as seguintes[1177] realidades fáticas: *a*) subtração consumada e morte consumada; *b*) subtração tentada e morte tentada; *c*) subtração consumada e morte tentada; e *d*) morte consumada e subtração tentada. Na primeira hipótese, tem-se, por evidente, latrocínio consumado. Na segunda, tentado. Na terceira, tem prevalecido o entendimento de que se trata de delito tentado (STF, RTJ 122/590; STJ, RT 756/529). A última hipótese, após inconciliáveis debates, teve a solução dada pelo STF, ao editar a Súmula 610, com a seguinte redação: "Há crime de latrocínio, quando o homicídio se consuma, ainda que não realize o agente a subtração de bens da vítima".

[1175] MOURA, Maria Thereza Rocha de Assis; SAAD, Marta. Do Furto. In: *Código Penal e sua Interpretação – Doutrina e Jurisprudência*. 8ª ed. (coord. Alberto Silva Franco e Rui Stoco) São Paulo: Revista dos Tribunais, 2007, p. 782.

[1176] FRAGOSO, Christiano. Dos Crimes contra o Patrimônio. In: SILVA FILHO, Acacio Miranda da *et al*. *Código Penal Comentado – Doutrina e Jurisprudência* (coord. de Mauricio Schaun Jalil e Vicente Greco Filho). Barueri: Manole, 2016, p. 461.

[1177] BELLOQUE, Juliana Garcia. Do Roubo e da Extorsão. In: *Código Penal Comentado – Doutrina e Jurisprudência* (coord. Mauricio Schaun Lalil e Vicente Greco Filho). Barueri: Manole, 2016, p. 490.

Há que se ter em conta que o resultado morte tanto pode ser causado por dolo (combinação dolo/dolo, dolo na subtração e dolo no resultado morte) como por culpa (crime preterdoloso, combinação dolo/culpa, dolo na subtração e culpa no resultado morte). Assim sendo, quando não ocorrer o resultado morte, somente poderá haver tentativa[1178] se houver dolo em relação à morte não consumada por circunstâncias alheias à vontade do agente.

2. Desistência voluntária e arrependimento eficaz (tentativa abandonada)

A *desistência voluntária* e o *arrependimento eficaz* são temas correlatos à tentativa, sendo que, em face disso, recebem, ambos, a designação de *tentativa abandonada* ou *desistida*. Enquanto nesta o crime não se consuma por circunstâncias alheias à vontade do agente, nas duas primeiras – ao revés – o crime não se consuma precisamente por sua vontade. Eis a dicção legal:

Art. 15. O agente que, voluntariamente, desiste de prosseguir na execução ou impede que o resultado se produza, só responde pelos atos já praticados.

Na desistência voluntária, o agente, *por sua própria decisão, interrompe a atividade executória*, como no caso em que o agente desfere dois tiros contra a vítima sem atingi-la, sendo que, dispondo ainda de munição, não dá prosseguimento aos atos executórios, por sua própria vontade. Outro exemplo é o do agente que, querendo furtar objetos de uma residência, adentra-a, mas, demovido do propósito delitivo, desiste e vai embora.

No arrependimento eficaz, o agente, após ter exaurido os atos executórios, em nova atividade toma as providências para que o fato não venha a ser consumado. Exemplo clássico é o do agente que, após colocar veneno na bebida da vítima, ministra a essa o antídoto que lhe evita a morte. Outro exemplo é o do agente que empurra a vítima ao mar e depois lhe joga a boia para que se salve.

Eis a famosa fórmula de Frank, reproduzida por Hungria:[1179] "a desistência é *voluntária* quando o agente pode dizer: 'não quero prosseguir, embora pudesse fazê-lo' (*'ich nicht weiter handeln, selbst wenn ich es könnte'*), e é *involuntária* quando tem de dizer: 'não posso prosseguir, ainda que o quisesse' (*'ich kann nicht weiter handeln, selbst ich es wollte'*)".

As razões que subjazem a desistência voluntária e o arrependimento eficaz dizem respeito a considerações de política criminal. Na expressão de Franz von Liszt,[1180] a lei oferece ao autor da tentativa abandonada "uma ponte

---

[1178] Sobre o ponto, consulte-se: SALVADOR NETTO, Alamiro Velludo. Dos Crimes contra o Patrimônio. In: *Código Penal Comentado* (coord. Miguel Reale Júnior). São Paulo: Saraiva, 2017, p. 499-500.
[1179] HUNGRIA, Nelson; FRAGOSO, Heleno Cláudio. *Comentários ao Código Penal*. 5ª ed. Rio de Janeiro: Forense, 1978, v. I, t. II, p. 96.
[1180] LISZT, Franz von. *Tratado de Direito Penal Allemão* (Traduzido da ultima edição e commentado por José Hygino Duarte Pereira). Rio de Janeiro: F. Briguiet & C. – Editores, 1899, t. I, 342.

de ouro para a retirada do agente". Porém, consigna Hungria[1181] que: "Não se deve, porém, confundir o *adiamento* da consumação com a simples *pausa* na execução, como quando o ladrão *suspende* a execução do furto para *continuá-la* posteriormente, aproveitando-se, para penetrar na casa, da perfuração já por êle feita no telhado".

Impende ressaltar que a decisão do agente de abandonar a tentativa *não precisa ser espontânea, bastando que seja voluntária*. Assim, se o agente for dissuadido pela vítima ou mesmo desistir de consumar o crime por medo. Eis a lição de Hungria:[1182] "É indiferente a *razão interna* do arrependimento ou da mudança de propósito: a recompensa da impunidade é condicionada exclusivamente à efetividade da voluntária não-consumação do crime".

Na dicção do art. 15, na tentativa desistida, o agente "só responde pelos atos já praticados". Isso significa que o agente pode, ao dar início aos atos executórios para o cometimento do crime inicialmente pretendido, desistir ou arrepender-se, resultando duas possibilidades: *a*) no transcurso executório, o agente pratica um crime remanescente (o agente adentra em residência para furtar, desiste, não responde por furto, mas responde por invasão de domicílio; o agente fere a vítima no braço, causando-lhe lesões, respondendo penalmente por essas, mas não por tentativa de homicídio); e *b*) na atividade executória não resta qualquer resultado anterior que, por si só, seja um crime autônomo (o agente desfere dois tiros contra a vítima sem atingi-la, sendo que, podendo prosseguir, não o faz). A propósito do que expusemos, Hans Welzel[1183] lecionava que somente o delito tentado do qual se desistiu [ou do qual o agente se arrependeu de forma eficaz] resta impune, mas não o delito consumado que aquele contenha, o que se denomina, em doutrina *tentativa qualificada* (*qualifizierter Versuch*). Exemplificava o penalista tedesco com o crime de roubo desistido, em que a coação ou o constrangimento (*Nötigung*, tipificada no § 240 do CP alemão) contra a vítima permanece punível, o que corresponde à nossa "grave ameaça" (do roubo, CP, art. 157) que constitui delito autônomo de constrangimento ilegal previsto no art. 146 do CP.

No caso do arrependimento eficaz, imperioso seja, efetivamente, *eficaz*. "Contudo", pondera Jair Leonardo Lopes,[1184] "se o Juiz entender que o arrependimento foi 'sincero', apesar de não 'eficaz', poderá considerá-lo como circunstância atenuante, tendo em vista o disposto no art. 66 do CP".

Discute-se sobre a *natureza jurídica* dos institutos ora estudados. Há quem entenda tratar-se de *causa exclusão* ou *extinção de punibilidade*. (Nelson

---

[1181] HUNGRIA, Nelson; FRAGOSO, Heleno Cláudio. *Comentários ao Código Penal*. 5ª ed. Rio de Janeiro: Forense, 1978, v. I, t. II, p. 98.
[1182] Ibid., p. 95.
[1183] WELZEL, Hans. *Das Deutsche Strafrecht*. 11ª ed. Berlin: Walter de Gruyter & Co., 1969, p. 199.
[1184] LOPES, Jair Leonardo. *Curso de Direito Penal – Parte Geral*. 4ª ed. São Paulo: Revista dos Tribunais, 2005, p. 166.

Hungria,[1185] Anibal Bruno,[1186] Magalhães Noronha,[1187] Silva Franco,[1188] Zaffaroni[1189] e Pierangeli). Para outros, a punição decorre da atipicidade da conduta (Reale Júnior,[1190] Heleno Cláudio Fragoso,[1191] Damásio de Jesus[1192]).

A nosso ver, trata-se de causa de extinção de punibilidade. Consideremos o seguinte quadro fático: *A* desfere dois tiros em *B*, no intuito de matá-lo, mas sem atingi-lo. Tem-se que até esse ponto da conduta há tentativa, pois *A* não matou *B* por circunstâncias alheias à vontade do agente. Se tivesse sido preso após dar o segundo tiro, ou mesmo somente o primeiro, responderia juridicamente por homicídio tentado. Então, houve a tipificação da tentativa. Porém, se, após desferir os dois tiros, *A* desistisse de prosseguir com seu intento por sua própria vontade, ou seja, por decisão sua, o que até então foi praticado está caracterizado no mundo dos fatos. Neste último caso, ter-se-ia concretizado a desistência voluntária, mas isso não possui o condão de apagar a realidade, ou seja, o fenômeno anterior, que é a tipificação da tentativa. O que ocorre, com efeito, é a exclusão ou extinção de punibilidade, não prevista no art. 107 do CP, por razões de índole político-criminal.

3. Arrependimento posterior

Em casos em que o crime tenha se consumado sem violência ou grave ameaça à pessoa, é possível a redução da pena se o agente repara o dano ou restitui a coisa à vítima. Essa é a previsão do art. 16:

> **Art. 16.** Nos crimes cometidos sem violência ou grave ameaça à pessoa, reparado o dano ou restituída a coisa, até o recebimento da denúncia ou da queixa, por ato voluntário do agente, a pena será reduzida de um a dois terços.

4. Crime impossível (tentativa inidônea ou quase-crime) e crime putativo

O crime impossível está previsto no art. 17:

> **Art. 17.** Não se pune a tentativa quando, por ineficácia absoluta do meio ou por absoluta impropriedade do objeto, é impossível consumar-se o crime.

[1185] HUNGRIA, Nelson; FRAGOSO, Heleno Cláudio. *Comentários ao Código Penal.* 5ª ed. Rio de Janeiro: Forense, 1978, v. I, t. II, p. 93.

[1186] BRUNO, Anibal. *Direito Penal – Parte Geral.* 3ª ed. Rio de Janeiro: Forense, 1967, t. 2º, p. 247.

[1187] NORONHA, E. Magalhães. *Direito Penal – Introdução e Parte Geral.* 25ª ed. (atual. por Adalberto José Q. T. de Camargo Aranha). São Paulo: Saraiva, 1987, v. 1, p. 127.

[1188] FRANCO, Alberto Silva. *Temas de Direito Penal.* São Paulo: Saraiva, 1986, p. 63.

[1189] ZAFFARONI, Eugenio Raúl; PIERANGELI, José Henrique. *Da Tentativa.* 9ª ed. São Paulo: Revista dos Tribunais, 2010, p. 98.

[1190] REALE JÚNIOR, Miguel. *Instituições de Direito Penal – Parte Geral.* 4ª ed. Rio de Janeiro: Forense, 2013, p. 297.

[1191] FRAGOSO, Heleno Cláudio. *Lições de Direito Penal – Parte Geral.* 12ª ed. revista e atualizada por Fernando Fragoso. Rio de Janeiro: Forense, 1990, p. 244.

[1192] JESUS, Damásio E. de. *Direito Penal – Parte Geral.* 34ª ed. São Paulo: Saraiva, 2013, p. 382.

Ao tratarmos sobre o fundamento da punibilidade da tentativa, verificamos que o CP adotou a teoria objetiva, o que significa que a tentativa é punível por propiciar uma vulneração ao bem jurídico-penal tutelado.

Em linha oposta, se não é possível consumar o crime, ou seja, se de forma alguma a conduta é capaz de pôr em crise o objeto de proteção, seja porque o meio utilizado é absolutamente ineficaz, seja porque o objeto é absolutamente impróprio, resta afastada a caracterização do crime tentado, bem como, por via de consequência, qualquer punição ao agente. Trata-se a hipótese retratada de *crime impossível*, também denominado *tentativa inidônea* ou *inadequada*, ainda, *quase-crime*.

Em matéria de crime impossível, adota o CP brasileiro a *teoria objetiva temperada* (ou *intermédia*), a qual, admite a punição do agente por crime tentado quando for *relativamente* inidôneo o meio empregado ou o objeto, diversamente da teoria objetiva pura (ou extremada), que afasta a tentativa mesmo nesses casos.

Na *impropriedade absoluta do meio*, este, "por sua própria essência ou natureza",[1193] é incapaz de produzir o evento. Exemplo é o do agente que, pretendendo matar a vítima, ministra-lhe bicarbonato de sódio em vez de estricnina "que adquirira para esse fim".[1194]

A *impropriedade relativa do meio* ocorre quando este é capaz de produzir o evento, ou seja, não torna o crime impossível de ser praticado, mas "falha no caso concreto, por uma circunstância *acidental* na sua utilização". Exemplo fornecido pela doutrina[1195] é o do indivíduo que pretende atingir seu adversário, mas a arma falha quando o gatilho é acionado. Outro exemplo colhemos do STJ, que afastou o crime impossível, admitindo a prática do crime em estabelecimento comercial guarnecido por mecanismo de vigilância e de segurança. Considerou o tribunal que, "embora os sistemas eletrônicos de vigilância tenham por objetivo evitar a ocorrência de furtos, sua eficiência apenas minimiza as perdas dos comerciantes", mas não impedem (Inf. 563, REsp 1.385.621-MG, Rel. Min. Rogerio Schietti Cruz, Terceira Seção, j. 27.5.2015, Dje 2.6.2015).

Há *impropriedade absoluta do objeto*, na lição de Fragoso,[1196] "se existindo e podendo ser atingido, ocasionalmente o objeto não se encontra onde poderia ser atacado (disparos feitos sobre o leito, tendo-se ausentado a vítima momentos antes). Há também impropriedade relativa quando um elemento acidental do objeto impede a lesão (objeto metálico que desvia o projétil)".

No estudo do crime impossível, cabe ainda referir o *crime putativo*, que ocorre quando o agente, por erro, supõe estar praticando algum delito, mas, na realidade, pratica um indiferente penal. Há também crime putativo em caso

---

[1193] HUNGRIA, Nelson; FRAGOSO, Heleno Cláudio. *Comentários ao Código Penal*. 5ª ed. Rio de Janeiro: Forense, 1978, v. I, t. II, p. 99.
[1194] Idem.
[1195] Ibid., p. 100.
[1196] FRAGOSO, Heleno Cláudio. *Lições de Direito Penal – Parte Geral*. 12ª ed. revista e atualizada por Fernando Fragoso. Rio de Janeiro: Forense, 1990, p. 249.

de "simulacro de crime por obra de *agente provocador*". Sobre a hipótese, que Hungria denomina *crime de ensaio*, o STF editou a seguinte enunciado:

Súmula 145: Não há crime, quando a preparação do flagrante pela polícia torna impossível a sua consumação.

Capítulo XV – AUTORIA E PARTICIPAÇÃO (CONCURSO DE PESSOAS)

1. Considerações preliminares

O estudo da autoria e participação é um dos mais difíceis e polêmicos na doutrina jurídica do delito. Envidaremos delinear as diversas categorias que fazem parte da temática da forma mais criteriosa e didática possível, fornecendo, na medida do possível, uma visão geral, mas indicando, quando for o caso, as especificidades no tratamento da matéria por parte de alguns autores, no escopo de divisar, por um lado, concepções que, ainda que com terminologia semelhante, se revelam inconciliáveis, e, por outra via, opções terminológicas diversas que tratam de noções semelhantes.

No título dedicado ao tema, o CP utiliza a expressão "Do Concurso de Pessoas" (Título IV, arts. 29 a 31), diversamente da Parte Geral original, de 1940 (que perdurou até a Reforma de 1984), a qual dispunha sobre matéria também no Título IV (arts. 25 a 27), sob o título "Da Co-Autoria". Impende ressaltar que o termo *codelinquência* é utilizada[1197] como sinônimo de *concurso de pessoas*.

Com efeito, a designação *concurso de pessoas* é de melhor técnica. A expressão abrange as formas delitivas em que haja a concorrência de mais de um agente, podendo tratar-se de mais de um autor (coautoria), um autor e um partícipe (admitindo também vários partícipes) ou, ainda, diversos autores concorrendo com um ou vários partícipes. A Parte Geral anterior à Reforma de 1940 não seguia a melhor técnica, visto que tratava todos os concorrentes como coautores, pois orientava-se por um critério causal-extensivo, em que todos quantos contribuíam para a consecução delitiva eram autores (coautores), não sendo contemplada a participação *stricto sensu*. Nas linhas que seguem, trataremos da autoria e da participação, em suas diversas formas.

1.1. Autoria e participação

Ao falar-se em autoria e participação há que se proceder a algumas precisões terminológicas.

[1197] Por todos: FERRAZ, Esther de Figueiredo. *A Co-Delinqüência no Direito Penal Brasileiro*. São Paulo: José Bushatsky Editor, 1976.

Em primeiro lugar, há que se atentar que a autoria[1198] é um conceito central, a partir do qual são formulados outros conceitos, tais como da própria autoria, em suas variadas formas (direta, mediata, coautoria, colateral), bem como da participação em sentido estrito (instigação e cumplicidade).

Para chegarmos à compreensão do que seja um autor e um partícipe de um delito, há que se ter em conta que a diferenciação das diversas pessoas que contribuem para a realização de uma obra comum é algo que decorre da natureza das coisas. Assim é que se um pedreiro constrói uma casa, mas se vale de alguém encarregado de comprar o material de construção, como tijolos, argamassa, telhas, tinta, etc., não se pode dizer que este último construiu a casa, e sim que auxiliou. Pode-se, em outro exemplo, afirmar que a cirurgia a que foi submetido determinado paciente é feita pelo médico-cirurgião, e não pelo enfermeiro que o auxilia, alcançando ao médico os instrumentos para a realização do procedimento. Transpondo a ideia para o Direito Penal, podemos afirmar, em uma noção inicial, que o autor é aquele que pratica o fato, ao passo que o partícipe é aquele que contribui para o fato sem ser autor.

O Código Penal brasileiro não fornece os conceitos de autoria e participação, mas encontramos tais conceitos, *v.g.*, nos Códigos Penais alemão, português e espanhol, nos seguintes termos, respectivamente:

CÓDIGO PENAL ALEMÃO – *Strafgezetzbuch* (StGB)[1199]

§ 25. Autoria

(1) Será punido como autor quem cometer fato punível por si ou por meio de outrem

(2) Se vários cometerem o fato punível em comum, cada um será punido como autor (coautor).

§ 26. Instigação

Será punido igualmente como autor, quem dolosamente determinou a outrem o cometimento de um fato ilícito doloso.

§ 27. Cumplicidade

(1) Será punido como cúmplice quem dolosamente presta auxílio a outrem para o cometimento de um fato ilícito doloso.

(2) A pena para o cúmplice é determinada com base na pena prevista para o autor. A pena deve ser reduzida conforme o § 49, inciso I.

CÓDIGO PENAL PORTUGUÊS

Artigo 26º

[1198] SILVA. Ângelo Roberto Ilha da. O Domínio do Fato por meio de Aparatos Organizados de Poder e sua Aplicação à Criminalidade Empresarial. In: *Temas de Direito Penal, Criminologia e Processo Penal* (org. Ângelo Roberto Ilha da Silva). Porto Alegre: Livraria do Advogado, 2015, p. 38.

[1199] No original: § 25. Täterschaft.
(1). Als Täter wird bestraft, wer die Straftat selbst oder durch einen anderen begeht.
(2). Begehen mehrere die Straftat gemeinschaftlich, so wird jeder als Täter bestraft (Mittäter).
§ 26. Anstiftung.
Als Anstifter wird gleich einem Täter bestraft, wer vorsätzlich einen anderen zu dessen vorsätzlich begangener rechtswidriger Tat bestimmt hat.
§ 27. Beihilfe.
(1). Als Gehilfe wird bestraft, wer vorsätzlich einem anderen zu dessen vorsätzlich begangener rechtswidriger Tat Hilfe geleistet hat.
(2). Die Strafe für den Gehilfen richtet sich nach der Strafdrohung für den Täter. Sie ist nach § 49 Abs. 1 zu mildern.

Autoria

É punível como autor quem executar o facto, por si mesmo ou por intermédio de outrem, ou tomar parte directa na sua execução, por acordo ou juntamente com outro ou outros, e ainda quem, dolosamente, determinar outra pessoa à prática do facto, desde que haja execução ou começo de execução.

Artigo 27º

Cumplicidade

1 – É punível como cúmplice quem, dolosamente e por qualquer forma, prestar auxílio material ou moral à prática por outrem de um facto doloso.

2 – É aplicável ao cúmplice a pena fixada para o autor, especialmente atenuada.

CÓDIGO PENAL ESPANHOL

Artículo 28

Son autores quienes realizan el hecho por sí solos, conjuntamente o por medio de otro del que se sirven como instrumento.

También serán considerados autores:

a) Los que inducen directamente a otro u otros a ejecutarlo.

b) Los que cooperan a su ejecución con un acto sin el cual no se habría efectuado.

Artículo 29

Son cómplices los que, no hallándose comprendidos en el artículo anterior, cooperan a la ejecución del hecho con actos anteriores o simultáneos.

Ainda que haja alguma discrepância observada nas legislações que trouxemos à colação – consideradas dentre as mais atuais, do ponto de vista doutrinário –, os dispositivos dos diplomas acima reproduzidos nos permitem delinear os conceitos de autoria e participação, em conformidade com a concepção atual. Assim, é *autor* quem realiza o fato: *a*) por si mesmo, como no caso daquele que desfere os tiros que causam a morte da vítima (autoria direta ou imediata); *b*) por intermédio de outrem, como no exemplo do agente que se vale de alguém não culpável (*v.g.*, sob coação irresistível), denominado instrumento (autoria indireta ou mediata); *c*) em conjunto, e em acordo, com outro autor ou outros autores (coautoria); ou, *d*) de forma concomitante com outro ou outros autores sem estar em uma relação de coautoria em face da *ausência* de acordo, do *pactum sceleris*, que é o vínculo subjetivo (autoria colateral).

Em se tratando de participação, há que se divisar entre participação em sentido amplo (*lato sensu*) – que vem da ideia de "tomar parte" na obra conjunta, ou seja, no empreendimento delitivo, significando o concurso de pessoas – da participação em sentido estrito (*stricto sensu*), a qual, em linguagem mais contemporânea, compreende a instigação e a cumplicidade.

Assim, *instigador* é aquele que determina a prática do crime, como no exemplo daquele que contrata um matador profissional para executar seu desafeto. Esse é conceito atual, o qual é adotado no CP alemão. Todavia, em doutrina, especialmente no Brasil, há quem distinga induzimento e instigação. O induzimento ocorreria quando o indutor faz nascer no autor o propósito delitivo, ao passo que a instigação se daria quando o autor já estivesse se proposto à prática do crime, e o instigador viesse a reforçar o intento. Essa distinção é observada na fórmula de tipificação do crime de induzimento, instigação ou auxílio ao suicídio (CP, art. 122).

Por sua vez, *cúmplice* é o partícipe que presta auxílio material ou moral, de forma dolosa, para a prática, por outrem (no caso, o autor), de crime doloso. Auxílio material é aquele em que, *v.g.*, o cúmplice fornece a arma ao autor do homicídio. Auxílio moral ocorre quando, *v.g.*, o cúmplice ensina o autor a fazer uma substância tóxica, possibilitando que o autor cometa um homicídio por envenenamento. Impende enfatizar que a cumplicidade não consiste no auxílio estritamente material, como ensinam alguns autores, pois, como vimos, ela abrange não apenas o auxílio material, mas também o moral.

1.2. Pressuposto do concurso de pessoas: concepção monista, dualista e pluralista

Em doutrina, fala-se em *concepção monista* (*monística* ou *unitária*), *dualista* (ou *dualística*) e *pluralista* (ou *pluralística*) do concurso de pessoas. Essa terminologia diz respeito às particulares concepções quanto ao fato de, no concurso de pessoas, haver um crime único, um crime em relação aos autores e outro em relação aos partícipes ou, ainda, tantos crimes quantos forem os diversos autores e partícipes. Não se deve, no entanto, incorrer em imprecisão, como por vezes ocorre na doutrina brasileira, como alerta Nilo Batista,[1200] em casos em que se confunde, indevidamente, a concepção dualista (que se refere à diversidade de crimes, como antes exposto) com o sistema diferenciador (que se refere ao fato de proceder-se à distinção entre autoria e participação), como melhor esclareceremos nas linhas que seguem.

Consoante referido, para a *teoria monista*, *monística* ou *unitária*, todos os concorrentes na participação delitiva respondem por um *crime único*. Essa é a concepção adotada (como regra) pelo nosso CP,[1201] o que fica bem claro quando atentamos para a dicção do art. 29, o qual estabelece que: "Quem, de qualquer modo, concorre para *o crime* (...)", assim como o art. 62, inc. I, que faz referência àquele que promove ou organiza a cooperação "*no crime*" (...). Ou seja, o crime é um só!

A *teoria monista* foi uma opção de nosso CP de 1940, em sua versão original, e que persiste com a Reforma da Parte Geral feita em 1984. Eis as palavras do então Ministro Francisco Campos, consoante Exposição de Motivos da Parte Geral do CP de 1940, textualmente: "Para a teoria monística, finalmente, o crime é sempre *único* e *indivisível*, tanto no caso de unidade de autoria, quanto no de co-participação. É o sistema do Código italiano. Os atos convergem para uma operação única. Se o crime é incindível, do ponto de vista material ou técnico, também o é do ponto de vista jurídico. Foi esta a teoria adotada pelo projeto.".

[1200] BATISTA, Nilo. *Concurso de Agentes*. 4ª ed. Rio de Janeiro: Lumen Juris, 2008, p. 36.
[1201] No sentido aqui exposto: BATISTA, Nilo. *Concurso de Agentes*. 4ª ed. Rio de Janeiro: Lumen Juris, 2008, p. 37.

A *teoria dualista* ou *dualística* era preconizada por Vincenzo Manzini, quando escreveu sua primeira edição do *Tratatto di Diritto Penale Italiano*, ao tempo em que estava em vigência o Código Zanardelli. Nas palavras de Esther de Figueiredo Ferraz,[1202] sustentava o autor italiano "que se a participação pode ser principal e acessória, primária e secundária, deverá haver um crime único para autores e outro crime único para os chamados cúmplices *stricto sensu*.". Assim, a teoria dualista, esboçada por Manzini,[1203] considera que há um crime com relação aos autores e crime diverso em relação aos partícipes, considerando o caráter acessório da participação.

A *teoria pluralista* ou *pluralística* tinha, entre seus adeptos, Eduardo Massari,[1204] o qual defendia que nas ações delitivas com diversos sujeitos concorrentes, não se deve vislumbrar um crime único, e sim tantos crimes quantos forem os vários agentes. Nas palavras do autor, "fra le diverse soluzioni, io creda preferibile quella che, nelle azioni di più soggetti concorrenti, vede non già un reato único, bensì tanti reati quante sono le operazioni svolte das varii soggetti.".

Após uma breve observação das concepções suprarreferidas, não é difícil concluir que a teoria dominante, que é, de fato, a correta, e que foi adotada pelo CP brasileiro, é a monista ou unitária. Isso porque o fato de a infração penal ter sido praticada coletivamente não possui o condão de desdobrá-la em várias. Isso é da natureza das coisas.

Alguns exemplos, tomados de fora dos domínios do Direito Penal, tornam essa conclusão muito clara. Assim é que se vários autores escrevem um livro, o livro continuará sendo único. Se vários pedreiros constroem a mesma casa, tratar-se-á de uma só casa. Uma obra não se desdobra em várias porque houve várias pessoas que contribuíram para sua feitura. Para haver concurso, diversas pessoas devem contribuir para a consecução de *uma obra comum*, inclusive quando se trata de um empreendimento criminoso. Assim, se dois agentes resolvem, em comum acordo, praticar um homicídio contra determinada vítima, não se pode dizer que houve duas mortes...

Portanto, a *identidade de infração penal* constitui verdadeiro *pressuposto do concurso de pessoas*. Nas palavras sempre precisas de Anibal Bruno,[1205] de saudosa memória, o "que distingue o instituto da participação é a existência de um só crime e de vários agentes que cooperam em convergência de esforços para o resultado comum.".

Porém, nem sempre que dois ou mais agentes laborem em convergência de esforços para a realização de um fato redundará em concurso de pessoas, porquanto há casos *excepcionais* em que lei penal incrimina condutas conver-

---

[1202] FERRAZ, Esther de Figueiredo. *A Co-Delinqüência no Direito Penal Brasileiro*. São Paulo: José Bushatsky Editor, 1976, p. 30.

[1203] No sentido do exposto, vide: LEIRIA, Antônio José Fabricio. *Autoria e Participação Criminal*. São Joaquim da Barra: Davidip Editores Ltda., 1974, p. 106.

[1204] MASSARI. Eduardo, *Il Momento Esecutivo del Reato: Contributo alla Teoria dell'atto Punibile*. Pisa: Tipografia Editrice Cav. F. Mariotti, 1923, p. 199.

[1205] BRUNO, Anibal. *Direito Penal – Parte Geral*. 3ª ed. Rio de Janeiro: Forense, 1967, t. 2º, p. 260.

gentes no sentido delitivo em tipos penais diversos. Assim é que a gestante que consente para que outrem lhe provoque aborto responde pelo crime de consentimento (art. 124), ao passo que aquele que provoca o aborto com o consentimento responde por aborto provocado por terceiro (art. 126). O crime de corrupção, em que há uma convergência de vontades entre corrompido e corruptor, desdobra-se em corrupção passiva (art. 317) e corrupção ativa (art. 333). Na hipótese de o funcionário público "facilitar" para a prática de crime de contrabando ou descaminho, responderá pelo crime de facilitação de contrabando ou descaminho (art. 318), ao passo que o agente que teve a sua ação "facilitada", responderá por contrabando (art. 334-A) ou descaminho (art. 334), conforme se trate importação ou exportação de mercadoria proibida ou ilusão do tributo devido pela entrada, saída ou consumo de mercadoria. Todavia, trata-se de *exceção* à regra segundo a qual os participantes respondem pelo mesmo crime.

1.3. Sistema unitário e diferenciador

Para uma melhor compreensão[1206] da doutrina da autoria e da participação, há que se ter em conta o binômio *sistema unitário* e *sistema diferenciador* como sendo os dois modelos mais gerais que buscam fundamentar as diversas formas de perpetração delitiva. O primeiro, numa visão mais simplificada, leva a ideia de que todos quantos intervêm para a consecução do fato delitivo são autores, indistintamente, ou, numa visão que atente para um maior detalhamento,[1207] a uma concepção de autoria na qual as contribuições são igualadas ou, em outra via, ainda que haja distinção conceitual, continua a conferir para a diversidade de contribuições consequências penais idênticas. O segundo sistema procede a uma distinção entre autoria e participação.

Considerando a existência dos sistemas suprarreferidos, que levam a ideia de autoria para todos os casos ou de diferenciação entre essa e participação, são diversas as teorias, decorrentes de um ou de outro, que buscam estabelecer um conceito de autor, sendo as principais[1208] a *teoria causal-extensiva, subjetiva-causal* ou *extensiva* (Leopold Zimmerl, Eberhard Schmidt, Franz von Liszt), a *formal-objetiva* (Ernst Beling, Heleno Cláudio Fragoso, Cláudio Brandão), a *material-objetiva* (Liepmann, Baumgarten, Kohlrausch), a *subjetiva* (sobretudo na jurisprudência alemã, por um período considerável) e a *teoria do domínio do fato* (Hans Welzel, Claus Roxin, Nilo Batista, Luiz Luisi, Juarez Cirino dos Santos, Miguel Reale Júnior), a qual, no estádio atual, contempla diversas variantes.

[1206] Sobre o ponto, consulte-se: ALFLEN, Pablo Rodrigo. *Teoria do Domínio do Fato*. São Paulo, Saraiva, 2014, p. 56 e ss.; GRECO, Luís *et al. Autoria como Domínio do Fato – Estudos Introdutórios sobre o Concurso de Pessoas no Direito Penal Brasileiro*. São Paulo: Marcial Pons, 2014, p. 13-14.

[1207] Referimo-nos aos denominados *sistemas unitário formal* e *unitário funcional*, para cujos pormenores remetemos o leitor para o seguinte e excelente livro: ALFLEN, Pablo Rodrigo. *Teoria do Domínio do Fato*. São Paulo: Saraiva, 2014, p. 56-61.

[1208] SILVA. Ângelo Roberto Ilha da. O Domínio do Fato por meio de Aparatos Organizados de Poder e sua Aplicação à Criminalidade Empresarial. In: *Temas de Direito Penal, Criminologia e Processo Penal* (organizador Ângelo Roberto Ilha da Silva). Porto Alegre: Livraria do Advogado, 2015, p. 38 e ss.

Nas linhas que seguem, nos ocuparemos com as teorias que decorrem de um ou outro sistema aqui mencionados.

2. Teoria unitária: a teoria causal-extensiva

O *sistema unitário* nos leva a uma *teoria unitária*, que aqui designaremos como *causal-extensiva*, também denominada[1209] *subjetiva-causal* ou *extensiva*. Essa foi a opção adotada pelo CP brasileiro, em sua versão original de 1940, o qual, sob influência do Código italiano (*Codice Penale*), apoia-se na ideia da *conditio sine qua non*, ou, consoante Giuseppe Bettiol,[1210] "vale a dire *l'efficienza causale*.".

Não há consenso terminológico relativamente ao ponto ora tratado, tanto que Nelson Hungria[1211] utilizava a denominação *teoria monística*, que, a nosso ver, não é a melhor designação. Daremos preferência à designação causal-extensiva ou subjetiva-causal, por duas razões. Primeiro, porque *estende* a condição de autor a todos quantos contribuem para a consecução delitiva; segundo, porque confessadamente vincula a caracterização da autoria a teoria da *conditio sine qua non* ou teoria da equivalência dos antecedentes, ou seja, a quem, de alguma forma, *der causa* para o resultado.

Eis a lição de José Henrique Pierangeli:[1212] "Para os defensores da teoria subjetiva-causal ou extensiva, que se manifesta através da teoria da equivalência das condições ou da *conditio sine qua non*, todos os que põem uma causa na produção do resultado, são autores.". Em suma, como aduz Gérson Pereira dos Santos:[1213] "Numa conceituação extensiva (*extensiver Täterbegriff*), e apenas dentro dela, o cúmplice pode ser considerado autor.".

A Exposição de Motivos da Parte Geral do Código Penal de 1940 procedeu exatamente a essa opção doutrinária, conforme se extrai da seguinte passagem do item 22 de referida Exposição de Motivos: "O projeto aboliu a distinção entre *autores* e *cúmplices*: todos os que tomam parte no crime são *autores*. Já não haverá mais diferença entre participação *principal* e participação *acessória*, entre auxílio *necessário* e auxílio *secundário*, entre *societas criminis* e a *societas in crimine*. Quem emprega qualquer atividade para a realização do evento criminoso é considerado responsável pela totalidade, no pressuposto de que também as outras forças concorrentes entraram no âmbito da sua consciência e vontade. Não há nesse critério de decisão do projeto senão um corolário da *teoria da equivalência das causas*, adotada no art. 11.".

[1209] PIERANGELI, José Henrique. *Escritos Jurídicos-Penais*. 3ª ed. São Paulo: Revista dos Tribunais, 2006, p. 38.
[1210] BETTIOL, Giuseppe; MANTOVANI, Luciano Pettolello. *Diritto Penale – Parte Generale*. 12ª ed. Padova: Cedam, 1986, p. 636.
[1211] HUNGRIA, Nelson; FRAGOSO, Heleno Cláudio. *Comentários ao Código Penal*. 5ª ed. Rio de Janeiro: Forense, 1978, p. 409.
[1212] PIERANGELI, José Henrique Pierangeli. *Escritos Jurídicos-Penais*. 3ª ed. São Paulo: Revista dos Tribunais, 2006, p. 38-39.
[1213] SANTOS, Gérson Pereira dos. *Inovações do Código Penal – Parte Geral*. São Paulo: Saraiva, 1985, p. 54.

Numa perspectiva crítica, observa-se que a teoria causal-extensiva não atende a dados da realidade, porquanto trata realidades diversas como se idênticas fossem. Tendo em conta que o concurso de pessoas enquanto fenômeno não é uma criação do Direito, no exemplo do médico que procede a um procedimento cirúrgico em um paciente, auxiliado por um enfermeiro que lhe presta auxílio, como alcançar o bisturi, o algodão, a injeção e coisas do gênero, é evidente que o "autor" da cirurgia é o médico, ao passo que a enfermeira "auxilia". Assim se dá no cometimento de um crime praticado em concurso de pessoas, em que nem todos são necessariamente autores. Se um dos agentes tão somente empresta dolosamente a arma para a prática de homicídio, e outro, a quem foi emprestada, desfere os tiros que determinam a morte da vítima, resta clara, em tal caso, a distinção entre autor e partícipe, distinção essa solenemente negada pela teoria extensiva. Na verdade, como adverte Angelo Lataglita[1214] – invocando Pellegrino Rossi – a dificuldade em o legislador distinguir – e lembremos que o referido penalista se encontra no contexto da doutrina italiana – com precisão as diversas espécies e graus de participação no crime é uma das causas para o legislador não buscar estabelecer a delimitação entre autoria e participação.

3. Teorias diferenciadoras

3.1. Teoria formal-objetiva

Dentre as teorias diferenciadoras, a mais tradicional é a *formal-objetiva*. Assim como a teoria causal-extensiva supramencionada, a *teoria formal-objetiva* também decorre de um positivismo causal-naturalista, mas com consequências diametralmente opostas. A primeira, essencialmente extensiva; a segunda, restritiva. Veja-se que a corrente extensiva, como é o caso notadamente de nosso Código Penal de 1940, se preocupava, no contexto causal-naturalista, precipuamente com o resultado. Eis a dicção, e aqui repetimos no escopo de enfatizar, de excerto do item 22 da Exposição de Motivos do referido CP de 1940: "Não há nesse critério de decisão do projeto senão um corolário da *teoria da equivalência das causas*, adotada no art. 11.". Por outro lado, Ernst von Beling, principal representante da teoria formal-objetiva, voltava sua atenção para a conduta típica, e isso repercute em sua concepção acerca da autoria.

De uma atenta leitura de Beling,[1215] chega-se à conclusão, em diversas passagens de seu livro *Esquema de Derecho Penal* (*Grundzüge des Strafrechts*), que seu modelo é o do *autor* como sendo *aquele que pratica a conduta típica*, de modo que, para a teoria formal-objetiva, adotada ainda hoje por importantes penalistas,[1216]

[1214] LATAGLIATA, Angelo Raffaele. *I Principi del Concorso di Persone nel Reato*. 2ª ed. Pompei: Morano Editore, 1964, p. 39.
[1215] BELING, Ernst von. *Esquema de Derecho Penal-LaDoctrina del Delito-Tipo* . Trad. de Sebastián Soler. Buenos Aires: Libreria El Foro, 2002, p. 89, 103, 145, etc.
[1216] No Brasil, é a posição de Heleno Fragoso, asseverando que "em correspondência com a realidade dos fatos, entendemos que deve ser mantida a chamada *teoria formal objetiva*, que delimita, com nitidez, a participação e a

autor é o agente que realiza a ação típica, aquele, por exemplo, que desfere os tiros que determinam a morte da vítima ou aquele que subtrai a coisa alheia móvel na consecução do furto. As ações preparatórias ou secundárias, que não se amoldem àquela descrita no tipo são conceitos que, segundo Beling,[1217] se põem "en nítida oposición al concepto de *autoria*.".

A teoria formal-objetiva, muito embora possa servir como ponto de partida para a caracterização do autor, e seja adequada a situações de autoria direta ou de mão própria, não se mostra em muitos casos adequada para proceder-se a distinção autoria/participação, bem como ressente-se em dar conta às necessidades de proteção ao bem jurídico. Pense-se no caso em que um dos agentes segura a vítima proporcionando que outro golpeie nesta seu punhal cujos ferimentos produzidos acarretam a morte da pessoa atingida. Muito embora, o agente que imobiliza a vítima não tenha praticado a ação típica de matar, revela-se estreme de dúvidas que deve responder como coautor, e tal solução é frontalmente incompatível com a teoria ora estudada.

3.2. Teoria material-objetiva

A *teoria material-objetiva*, a qual é poucas vezes mencionada em nossos manuais, e cuja origem remonta à necessidade de propiciar a responsabilização, como autor, do agente que realiza uma ação que, embora não seja típica, possui com esta uma relação de tal relevância e proximidade como contributo à ação típica, cujo relevo supera a mera condição de partícipe. Decorre, assim, como afirma Jescheck,[1218] da insuficiência da teoria objetivo-formal, no escopo de reconhecer o realce de certas contribuições causais.

Assim é que Liepmann, citado por Roxin,[1219] considera ser autor aquele que aporta as "condições decisivas" (*entscheidenden Bedingungen*). Noutros termos, deve ser punido como autor[1220] "quem tenha realizado uma ação consentânea à ação típica e que a ela se associe de forma ininterrupta.". Pense-se no exemplo do chaveiro que abre a porta do veículo para que alguém o subtraia, perpetrando o furto. Para essa teoria,[1221] a "ação de abrir a porta está tão ligada à subtração" que poderá vir a ser considerada para fins de atribuição de autoria agente que abre a porta, ainda que não tenha subtraído o veículo.

---

autoria, completada pela ideia de autoria mediata.". FRAGOSO, Heleno Cláudio. *Lições de Direito Penal – Parte Geral*. 12ª ed. revista e atualizada por Fernando Fragoso. Rio de Janeiro: Forense, 1990, p 253. No mesmo sentido, posiciona-se Cláudio Brandão: "A melhor teoria para conceituar autor é a restritiva, porque distingue a autoria da participação com um critério acertado: o da realização do verbo-núcleo típico. Assim será autor aquele que realiza a conduta típica e partícipe aquele que concorre de qualquer modo para o crime sem realizá-la.". BRANDÃO, Cláudio. *Teoria Jurídica do Crime*. 2ª ed. Rio de Janeiro: Forense, 2002, p. 236.

[1217] BELING, Ernst von. *Esquema de Derecho Penal-LaDoctrina del Delito-Tipo*. Trad. de Sebastián Soler. Buenos Aires: Libreria El Foro, 2002, p. 145

[1218] JESCHECK, Hans-Heinrich; WEIGEND, Thomas. *Lehrbuch des Strafrechts – Allgemeiner Teil*. 5ª ed. Berlin: Duncker & Humblot, 1996, p. 648-649.

[1219] ROXIN, Claus. *Täterschaft und Tatherrschaft*. 8ª ed. Berlin: De Gruyter Recht, 2006, p. 39.

[1220] TAVARES, Juarez. *Autoria e Participação*. Rio de Janeiro: UERJ, 2009, p. 6.

[1221] Idem.

A teoria ora estudada não angariou maior adesão. Como alerta Günter Stratenwerth,[1222] ela ressente-se da inviabilidade em estabelecer critérios delimitativos da relevância causal das condutas que convergem para o empreendimento delitivo. Tomemos um exemplo similar ao antes referido – e que desvela a insuficiência da teoria – do sujeito que detém a senha de um computador e fornece ao agente que vem a fazer um desvio de dinheiro depositado em conta corrente de terceiro. Na lição de Juares Tavarez,[1223] aquele que fornece a senha não é autor, e sim partícipe, porque "não participou diretamente do desvio, mas, sim, de um ato prévio ao desvio, mas não do desvio propriamente dito.".

3.3. Teoria subjetiva

Em virtude de ter tido outrora considerável aplicação prática, outra teoria de real importância notadamente na jurisprudência alemã foi, por considerável período, a *teoria subjetiva*, a qual se notabilizou, dentre outros, em julgamentos como *Badenwannen-Fall* (caso da banheira) e o *Staschynskij-Fall* (caso *Staschynskij*).

Para essa teoria, que foi adotada, como lembra Reinhardt Maurach,[1224] mais por razões práticas, no escopo de abrandar consequências penais a executores materiais (afastando a pena de morte em alguns casos) que agiram em atendimento a propósitos criminosos de terceiros, *autor* é quem pratica o fato com *animus auctoris*, ao passo que *partícipe* é quem pratica o fato com *animus socii*, ou seja, atendendo à vontade criminosa alheia.

No famoso caso da banheira (*Badewannen-Fall*), ocorrido em 1940, uma mulher deu à luz uma criança concebida no âmbito extraconjugal. Assim, estando acamada, incitou sua irmã a que matasse a criança recém-nascida. Tendo atendido à solicitação da irmã, a executora foi condenada como cúmplice, e não como autora, fato que na Alemanha, à época, era de importante relevância, pois se fosse condenada como autora a pena seria a de morte.

No caso *Staschynskij* (*Staschynskij-Fall*), o Superior Tribunal Federal da Alemanha (*Bundesgerichtschof*, BGHSt) condenou, em 19.10.1962, um agente soviético que assassinou, na cidade de Munique, por encargo de agentes superiores do serviço secreto da URSS, dois exilados políticos que viviam na Alemanha Ocidental.

Isso porque, em ambos os casos citados, os executores materiais, que não desejavam o fato como fato próprio, e sim como fato alheio, teriam agido, segundo se entendeu, com *animus socii*, e não com *animus auctoris*.

[1222] STRATENWERTH, Günter; KUHLEN, Lothar. *Strafrecht – Allgemeiner Teil*. 5ª ed. Köln/Berlin/München: Carl Heymanns Verlag, 2004, v. I, p. 264.
[1223] TAVARES, Juarez. Projeto de Código Penal. A Reforma da Parte Geral. In: *Reforma Penal – A Crítica Científica à Parte Geral do Projeto de Código Penal* (PLS 236/2012) (org. Alaor Leite). São Paulo: Atlas, 2015, p. 72.
[1224] MAURACH, Reinhart; GÖSSEL, Karl Heinz; ZIPF, Heinz. *Derecho Penal – Parte General*. Trad. de Jorge Bofill Genzsch. Buenos Aires: Astrea, 1995, v. 2, p. 303.

A teoria subjetiva é destituída de qualquer guarida científica e de consideração a dados objetivos que subjazem ao fenômeno crime, tendo surgido, como lembrou Maurach, por razões práticas, mas sem amparo científico-dogmático.

3.4. Teoria do domínio do fato

A teoria que hoje conta com ampla preferência é a do *domínio do fato*, concebida por Hans Welzel,[1225] em 1939, aplicável aos crimes dolosos. Não obstante a designação *teoria do domínio do fato*, há diversas concepções sobre sua configuração, sendo que hoje reúne na Alemanha, conforme se observa da investigação de Wolfgang Schild,[1226] a partir das concepções de Welzel, Maurach, Gallas e Roxin, mais de dez variantes. Tendo em conta os limites deste *Curso*, faremos referência tão só às teorias de Welzel (autor da obra seminal) e Roxin (possivelmente a mais debatida hoje).

3.4.1. A concepção de Hans Welzel

No âmbito do Direito Penal, o primeiro a utilizar a expressão *domínio do fato*, consoante nos informa Claus Roxin,[1227] foi August Hegler, em trabalho monográfico publicado em 1915, intitulado *Die Merkmale des Verbrechens* (*As Características do Crime*). Porém, como esclarece ainda Roxin, no referido texto, Hegler em momento algum emprega a expressão *domínio do fato* como critério para divisar a autoria da participação *stricto sensu*.

Em realidade, foi mérito do jusfilósofo alemão Hans Welzel,[1228] em artigo publicado no ano de 1939, intitulado *Studien zum System des Strafrechts* (*Estudos sobre o Sistema de Direito Penal*), estabelecer que autor *final*, diversamente do *partícipe* é o senhor e dono de sua decisão e execução, dono e senhor do *"seu"* fato, ao passo que o partícipe não possui o domínio do fato criminoso, possuindo tão somente um certo domínio sobre sua contribuição. Dentro de sua perspectiva de conduta como atividade final, Welzel[1229] refere-se ao autor como aquele que possui o "domínio final do fato" (*finalen Tatherrschaft*)

Em seu livro *Das Deutsche Strafrecht*,[1230] assevera o penalista que *o autor*, nos delitos dolosos, é somente aquele que, mediante uma condução, consciente numa perspectiva finalística do acontecer causal em direção ao resultado típico, *é o senhor sobre a realização do tipo*, diversamente do partícipe, o qual tão

---

[1225] WELZEL, Hans. Studien zum System des Strafrechts. In: *Zeitschrift für die gesamte Strafrechtswissenschaft*, nº 58, 1939, p. 537-553.
[1226] SCHILD, Wolfgang. *Tatherrschaftslehren*. Frankfurt: Peter Lang, 2009, p. 9 e ss. Entre nós, em trabalho que faz uma síntese das principais teorias, além construir sua própria concepção, consulte-se: ALFLEN, Pablo Rodrigo. *Teoria do Domínio do Fato*. São Paulo: Saraiva, 2014.
[1227] ROXIN, Claus. *Täterschaft und Tatherrschaft*. 8ª ed. Berlin: De Gruyter Recht, 2006, p. 60.
[1228] WELZEL, Hans. Studien zum System des Strafrechts. In: *Zeitschrift für die gesamte Strafrechtswissenschaft*, nº 58, 1939, p. 539.
[1229] Ibid., p. 540.
[1230] WELZEL, Hans. *Das Deutsche Strafrecht*. 11ª ed. Berlin: Walter de Gruyter & Co., 1969, p. 99.

somente ou auxilia o ato dominado finalmente pelo autor ou instiga a este a que pratique o crime.

Em síntese, para Welzel,[1231] nos crimes dolosos, o autor possui as seguintes características: 1) *característica geral*: *o domínio final do fato*; 2) *características especiais*, quais sejam: *a*) *subjetivo-pessoais*, as quais consistem em intenções especiais, tendências ou tipos de ânimos, como, por exemplo, a intenção de apropriação, o intuito lascivo, o ânimo de crueldade, presentes em determinados delitos; *b*) *objetivo-pessoais*, como a posição especial de dever do autor, em certos crimes, como no caso do médico, advogado, devedor, empresário, funcionário público.

3.4.2. A concepção de Claus Roxin

Como visto, foi mérito de Welzel estabelecer que, nos crimes dolosos, autor é aquele que possui o domínio ("final") do fato, o agente que é o senhor sobre a decisão e a execução da vontade final do acontecer típico. Por outro lado, deve-se a Roxin[1232] um acatado delineamento das diversas formas de domínio (ao lado de construção específica para os delitos de infração de dever e de mão própria). Para o autor, nos delitos de domínio, este dá-se fundamentalmente de três formas, quais sejam, domínio da ação, domínio da vontade e domínio funcional, sendo por isso denominado de concepção tripartida.

3.4.2.1. Delitos de domínio

De acordo com a doutrina de Roxin, o *domínio da ação* está presente na denominada autoria imediata ou direta, ou seja, nos casos em que o autor executa o fato ele mesmo, como no exemplo do homicida que surpreende a vítima desprotegida, desferindo-lhe golpes que vêm a causar a morte desta. O *domínio da vontade* ocorre nos casos de autoria mediata ou indireta, valendo-se o autor de um executor material como instrumento, que age em erro, sob coação (ou, ainda, quando se tratar de inimputável, com enquadramento apurável no caso concreto) ou no contexto de um aparato organizado de poder, sendo exigidas certas características para esse aparato. Por fim, o *domínio funcional* é aquele que se refere à coautoria, em que diversos (co)autores, numa repartição de tarefas, realizam a execução comum, de uma decisão comum, em que cada coautor domina sua respectiva parte na execução do crime. Cabe alertar que não se deve confundir domínio funcional com funcionalismo. O termo *funcional* aqui é devido às funções que desempenha cada coautor, e não no sentido de uma teoria funcionalista que se contrapõe, por exemplo, ao finalismo ou ao causalismo.

Retornemos aos casos de domínio da vontade para ilustrar um pouco mais o domínio exercido pelo autor mediato mediante a indução a erro, em

---

[1231] WELZEL, Hans. *Das Deutsche Strafrecht*. 11ª ed. Berlin: Walter de Gruyter & Co., 1969, p. 100.

[1232] ROXIN, Claus. *Täterschaft und Tatherrschaft*. 8ª ed. Berlin: De Gruyter Recht, 2006. Para uma exaustiva distinção entre a concepção de Welzel e a concepção de Roxin, consulte-se: ALFLEN, Pablo Rodrigo. *Teoria do Domínio do Fato*. São Paulo: Saraiva, 2014.

que Roxin faz um escalonamento "desde o erro de tipo até o erro de proibição evitável", segundo Luís Greco e Alaor Leite,[1233] que colacionam os seguintes exemplos: "A dá a B uma arma supostamente descarregada e convence-o a 'assustar' C, apertando o gatilho; o 'susto' é mortal. O estudante de direito X diz a Y que não é proibido sair do país portando U$ 30.000 sem declarar à autoridade competente. Aqui, A e X são autores mediatos do homicídio doloso e da evasão de divisas.".

Impende, ainda, esclarecer que a teoria do domínio do fato só é aplicável, segundo Roxin, aos crimes de domínio, não consistindo, portanto, uma teoria geral aplicável a toda e qualquer modalidade delitiva, mesmo que seja dolosa – a não aplicação aos crimes culposos, revela-se evidente, não requerendo maiores considerações –, visto que o autor propugna, ao lado do critério do domínio do fato, outros, como ocorre, *v.g.*, nos crimes de infração de dever[1234] (*Pflichtdelikte*), em que a condição não decorre do domínio do fato, e sim de uma especial condição do agente.

Nos crimes em que há domínio da vontade por intermédio de aparatos organizados de poder, a caracterização desses aparatos deve contar com três requisitos, a saber:[1235] *a*) uma organização verticalmente organizada; *b*) dissociação dessa organização com o direito; e *c*) a fungibilidade dos executores.

O primeiro requisito significa que o aparato seja uma organização vertical e rigidamente organizada, como ocorre em Estados totalitários, grupos terroristas, organizações criminosas. O segundo significa que o funcionamento do aparato deve ser dar à margem do direito e o terceiro, consistente na fungibilidade dos executores, propicia que o aparato funcione de forma automatizada, na medida em que na falta de um executor outro lhe fará as vezes.

Releva notar que essa construção teórica de Roxin foi edificada sob inspiração do julgamento de Otto Adolf Eichmann, ocorrido em 1961. É consabido que Eichmann ordenou a execução de judeus, mas afirmou em seu julgamento, consoante reproduz Hannah Arendt,[1236] o seguinte: "Nunca matei um judeu, nem um não-judeu – nunca matei nenhum ser humano.". Assim, a partir do caso Eichmann, Roxin passou a construir um fundamento doutrinário que estabelecesse que em determinadas organizações de poder o autor da ordem, o homem de trás, deveria responder como autor do fato (e não como partícipe), assim como o executor material, o que veio a ocorrer com a apresentação de sua tese de cátedra, concluída em suas partes essenciais em 1962 e apresentada em 1963, sob o título *Täterschaft und Taherrschaft* (*Autoria e Domínio do Fato*).

[1233] GRECO, Luís; LEITE, Alaor. O que é e o que não é a Teoria do Domínio do Fato – Sobre a Distinção entre Autor e Partícipe no Direito Penal. In: *Autoria como Domínio do Fato – Estudos Introdutórios sobre o Concurso de Pessoas no Direito Penal Brasileiro*. GRECO, Luís *et alii*. São Paulo: Marcial Pons, 2014, p. 26.

[1234] ROXIN, Claus. *Täterschaft und Tatherrschaft*. 8ª ed. Berlin: De Gruyter Recht, 2006, p. 352 e ss.

[1235] GRECO, Luís; LEITE, Alaor. O que é e o que não é a Teoria do Domínio do Fato – Sobre a Distinção entre Autor e Partícipe no Direito Penal. In: *Autoria como Domínio do Fato – Estudos Introdutórios sobre o Concurso de Pessoas no Direito Penal Brasileiro*. GRECO, Luís *et alii*. São Paulo: Marcial Pons, 2014, p. 25.

[1236] ARENDT, Hannah. *Eichmann em Jerusalém – Um Relato sobre a Banalidade do Mal*. Trad. de José Rubens Siqueira. São Paulo: Companhia das Letras, 1999, p. 33.

Assim é que na Alemanha no período nazista, no Peru ao tempo em que a presidência da República foi exercida por Alberto Kenya Fujimori, distanciando-se de um comando institucional a partir de 1992, com apoio das Forças Armadas, o que veio a se denominar autogolpe, na Argentina, a partir do golpe militar de 1976, são identificados exemplos em que os crimes praticados se deram ante uma dissociação do Estado com o direito.

No Brasil, segundo Rodrigo de Sanctis, exemplo claro de autoria mediante aparato organizado de poder dissociado do direito foi a verdadeira conflagração ocorrida em São Paulo no ano de 2006, a partir da ordem "aterrorizem São Paulo", emitida por Marcola, chefe do Primeiro Comando da Capital (PCC), em que a Capital paulista vivenciou um período de verdadeiro terror com diversos ônibus incendiados e assassinatos praticados em atacado, resultando em uma cidade literalmente sitiada.

Assevera De Sanctis[1237] que o "chefe do PCC não determinou de forma específica o que fazer. Ele só disse para seus subordinados: 'aterrorizem São Paulo'. E por conta de uma das mortes praticadas, um dos homicídios praticados, Marcola foi submetido a júri e condenado. Embora o promotor responsável não tenha falado da teoria do aparato organizado de poder, houve, nesse caso, uma aplicação concreta da teoria de Roxin". Porém, no exemplo de De Sanctis, o autor da ordem responderia a título de autoria tanto em virtude da teoria do domínio do fato nos moldes como a concebe Roxin (ou seja, ordem dada no âmbito de um aparato organizado de poder dissociado do direito em que haja a fungibilidade dos executores), como sob a teoria causal-extensiva ou subjetiva-extensiva. Ambas as teorias propiciam fundamento teórico nesse caso.

Por derradeiro, há que se enfatizar[1238] que no sistema tripartido de Roxin, não é possível considerar-se autor aquele que dá uma ordem no âmbito de uma empresa, de um partido político e de qualquer outro âmbito em que não haja a dissociação com o direito. Isso porque uma empresa ou um partido político são organizações regulares, não dissociadas do direito. Se o diretor de uma empresa dá uma ordem a determinado empregado, e esse pratica o ato delitivo ordenado, o diretor responde como instigador (partícipe), ao passo que quem a executa responde como autor.

3.4.2.2. Delitos de infração de dever

Claus Roxin,[1239] em consonância com a doutrina que desenvolveu, afirma que nos *crimes de infração do dever* – diferentemente do que ocorre nos crimes de domínios –, não é o domínio do fato que fundamenta a autoria, e sim a infração

---

[1237] SANCTIS, Rodrigo de. A Responsabilidade Penal dos Dirigentes nos Delitos Empresariais. In: *Inovações no Direito Penal Econômico: Contribuições Criminológicas Político-Criminais e Dogmáticas* (org. Artur de Brito Gueiros Souza). Brasília: ESMPU, 2011, p. 343.

[1238] Para maiores detalhes, consulte-se: SILVA. Ângelo Roberto Ilha da. O Domínio do Fato por meio de Aparatos Organizados de Poder e sua Aplicação à Criminalidade Empresarial. In: *Temas de Direito Penal, Criminologia e Processo Penal* (org. Ângelo Roberto Ilha da Silva). Porto Alegre: Livraria do Advogado, 2015, p. 37 e ss.

[1239] ROXIN, Claus. *Täterschaft und Tatherrschaft*. 8ª ed. Berlin: De Gruyter Recht, 2006, p. 352.

de um dever especial extrapenal. Impende ressaltar que os delitos de infração de dever, conquanto tenham determinados elementos em comum, não correspondem aos delitos[1240] especiais.

Segundo o autor,[1241] nos delitos de infração de dever, o legislador utiliza como critério a referência ao autor nos tipos incriminadores, como a qualidade de funcionário público nos arts. 331 e ss., o dever de silêncio ou segredo profissional no caso do art. 203 (violação ou revelação de segredos privados), o deter a encomenda confiada (a coisa), no art. 246, I, 2ª parte (modalidade de apropriação indébita).

Em síntese, a infração do dever específico que o tipo penal encerra constitui o critério para a caracterização da autoria, e não o domínio do fato. Assim, em tais delitos, somente o *intraneus* (o autor especificado no tipo), jamais os *extranei* (os agentes que concorrem, ou seja, que contribuem do ponto de vista causal, mas que não estão especificados no tipo) que tenham contribuído, "com relevância causal",[1242] para a consecução do fato típico. Essa doutrina de Roxin não encontra guarida no direito brasileiro, em virtude do que preceitua o art. 30 do CP.

3.4.2.3. Delitos de mão própria

Os delitos de mão própria[1243] são aqueles que somente podem ser cometidos em autoria direta ou imediata, não admitindo, dessa forma, a autoria mediata e a coautoria. Assim, em tais infrações, a autoria está vinculada à inarredável hipótese de autoria direta. No CP brasileiro, exemplo clássico de delito em referência é o crime de falso testemunho, tipificado no art. 342, em que apenas a testemunha pode ser autora do crime, sem a possibilidade de utilizar outra pessoa como instrumento (autoria mediata) e sem a possibilidade de coautoria.

Assim, para Roxin, os pressupostos de autoria nos delitos de domínio, delitos de infração de dever e delitos de mão própria são distintos, consoante a breve síntese ora apresentada.

4. O concurso de pessoas no direito penal brasileiro

Conforme vimos acima, o CP de 1940 adotava uma concepção de autoria única, sem distinguir, portanto, a autoria da participação. Porém, com o advento da Reforma Penal de 1984, a doutrina pátria majoritária passou a considerar que o modelo unitário estava superado.

[1240] Sobre o ponto, consulte-se: ORTIZ, Mariana Tranchesi. *Concurso de Agentes nos Delitos Especiais*. São Paulo: IBCCrim, 2011.
[1241] ROXIN, Claus. *Strafrecht – Allgemeiner Teil*. München: Verlag C.H. Beck, v. II, 2003, p. 107-108.
[1242] LUISI, Luiz. *O Tipo Penal, a Teoria Finalista e a Nova Legislação Penal*. Porto Alegre: Sergio Antonio Fabris Editor, 1987, p. 120.
[1243] ROXIN, Claus. *Strafrecht – Allgemeiner Teil*. München: Verlag C.H. Beck, v. II, 2003, p. 114 e ss.

Ao compulsarmos a Constituição e a legislação infraconstitucional, observamos um claro tratamento distintivo entre a autoria e a participação. Assim é que o art. 5º, inc. XLIII, da Constituição estabelece que "a lei considerará crimes inafiançáveis e insuscetíveis de graça ou anistia a prática da tortura, o tráfico ilícito de entorpecentes e drogas afins, o terrorismo e os definidos como crimes hediondos, por eles respondendo os mandantes, os executores e os que, podendo evitá-los se omitirem.".

O CP, em seu art. 29, *caput*, assim dispõe: "Quem, de qualquer modo, concorre para o crime incide nas penas a este cominada, na medida de sua culpabilidade.". Assim, observa-se que aqui já se indica uma "medida" para fins de responsabilização, a medida da culpabilidade, de modo que já não se faz um presente um critério único, ao menos no que se refere à consequência penal.

Por sua vez, o § 1º (participação de menor importância), nitidamente referindo-se à participação *stricto sensu*, e o § 2º (responsabilização por outro crime menos, para o qual o agente "quis participar") também demonstram uma opção distintiva entre autoria e participação.

O art. 31, a seu turno, também deixa muito clara a opção distinguidora: "O ajuste, a determinação ou instigação e o auxílio, salvo disposição em contrário, não são puníveis, se o crime não chega, pelo menos, a ser tentado.". O art. 62, a seu passo, faz referência ao agente que "coage" à execução do crime (inc. II: autoria mediata), "instiga ou determina a cometer o crime" (inc. III: instigação), assim como ao que "executa o crime, ou nele participa" (inc. IV: autoria direta e participação). Além disso, a Parte Geral de 1940 utilizava a expressão "Da Co-autoria", ao passo que a Parte Geral pós-Reforma de 1984 passou a utilizar como título a expressão "Do Concurso de Pessoas", aí abrangendo coautores e partícipes (coautoria e participação *stricto sensu*), e não apenas coautores.

Na legislação extravagante, verificam-se exemplos no § 2º do art. 25 da Lei nº 7.492/86 e no parágrafo único do art. 16 da Lei nº 8.137/90, os quais utilizam a expressão "co-autor ou partícipe". No parágrafo único do art. 3º da Lei nº 9.605/98, há referência à responsabilização "das pessoas físicas, autoras, coautoras ou partícipes do mesmo fato".

Esses exemplos são suficientes a demonstrar que o ordenamento não se vincula a um sistema que não proceda (ou não permita proceder, sob uma perspectiva sistemática) a uma distinção entre autoria e participação, muito embora não faça uma distinção conceitual explícita como ocorre, por exemplo, no CP alemão.

Na doutrina brasileira, João Mestieri[1244] afirma que o legislador de 1984, em face da expressão "na medida de sua culpabilidade", inserida no art. 29, "adotou uma teoria unitária *temperada* (...)". Na percepção de Luís Greco e Alaor Leite,[1245] "Os artigos que se seguem ao art. 29 não enfeixam um sistema

---

[1244] MESTIERI, João. *Manual de Direito Penal – Parte Geral*. Rio de Janeiro: Forense, 1999, v. I, p. 200.
[1245] GRECO, Luís; LEITE, Alaor. A Distinção entre Autor e Partícipe como Problema do Legislador. Autoria e Participação no Projeto de Código Penal (PLS 236/2012). In: GRECO, Luís *et al*. *Autoria como Domínio do Fato – Estudos Introdutórios sobre o Concurso de Pessoas no Direito Penal Brasileiro*. São Paulo: Marcial Pons, 2014, p. 173.

coerente de autoria e participação, mas se propõem a resolver, cada qual, determinado dilema dogmático decorrente, precisamente, do ponto de partida unitário, que é a lei.". Por sua vez, Pablo Alflen[1246] leciona que o CP brasileiro adotou um *sistema unitário funcional*, mas não rechaça a ideia de domínio do fato, ao contrário, reivindica o professor gaúcho[1247] "a necessidade de construção de uma concepção de domínio do fato, que coadune com o sistema brasileiro vigente (...).".

Não obstante, a teoria do domínio do fato parece reunir a preferência entre os penalistas brasileiros. O próprio Mestieri[1248] consigna que: "Ainda que a lei não explicite a distinção entre autor e partícipes, é possível construir-se doutrinariamente a noção de *autor*. A teoria mais importante é aquela que considera autor aquele que detém o *domínio do fato* (...).". No mesmo sentido, Miguel Reale Júnior,[1249] para quem *autor* "será aquele que (...) tem o domínio do fato.". Também Juarez Tavares[1250] afirma que "ainda deve obter preferência à teoria do domínio do fato.". Por sua vez Juarez Cirno dos Santos,[1251] afirma que "a introdução legal de critérios de distinção entre *autor* e *partícipe* transforma, na prática judicial, o paradigma *monístico* da teoria unitária em paradigma *diferenciador*, admitindo o emprego de teorias modernas sobre autoria e participação, como, por exemplo, a teoria do *domínio do fato*, cujos postulados são inteiramente compatíveis com a disciplina legal de autoria e participação no Código Penal (...).".

Em obras monográficas, a teoria recebe a adesão de Nilo Batista,[1252] Rogério Greco[1253] e Renato Martins Machado.[1254] Outros importantes autores a esposar a teoria são Luiz Régis Prado,[1255] e Cézar Bitencourt.[1256] Por fim, na Exposição de Motivos da Nova Parte Geral (item 25), está afirmado que o Projeto optou "na parte final do art. 29, e em seus dois parágrafos, por regras precisas que distinguem a *autoria da participação*. Distinção, aliás, reclamada com eloquência pela doutrina, em face de decisões reconhecidamente injustas.".

A nosso ver, a teoria do domínio do fato, tanto na concepção de Welzel como na de Roxin oferecem boas soluções na aplicação do direito, desde que

---

[1246] ALFLEN, Pablo Rodrigo. *Teoria do Domínio do Fato*. São Paulo, Saraiva, 2014, p. 169.

[1247] Ibid., p. 170.

[1248] MESTIERI, João. *Manual de Direito Penal – Parte Geral*. Rio de Janeiro: Forense, 1999, p. 205.

[1249] REALE JÚNIOR, Miguel. *Instituições de Direito Penal*. 4ª ed. Rio de Janeiro: Forense, 2013, p. 311-312.

[1250] TAVARES, Juares. *Teoria do Crime Culposo*. 3ª ed. Rio de Janeiro: Lumen Juris, 2009, p. 457.

[1251] SANTOS, Juarez Cirino dos. *A Moderna Teoria do Fato Punível*. 4ª Rio de Janeiro: ICPC/Lumen Juris, 2005, p. 277.

[1252] BATISTA, Nilo. *Concurso de Agentes*. 4ª ed. Rio de Janeiro: Lumen Juris, 2008, p. 73.

[1253] GRECO, Luís. *A Cumplicidade através de Ações Neutras*. Rio de Janeiro: Renovar, 2000, p. 32 e ss.

[1254] Para quem, de forma enfática, a teoria de Roxin é a preferível, "cuja proposta é absolutamente autêntica, coerente, inigualavelmente sistematizada e integralmente compatível com a regulamentação da autoria prevista em nosso Código Penal". MACHADO, Renato Martins. *Do Concurso de Pessoas*. Belo Horizonte: D'Plácido, 2015, p. 272.

[1255] PRADO, Luiz Régis. *Tratado de Direito Penal – Parte Geral*. São Paulo: Revista dos Tribunais, 2014, v. 2, p. 578 e ss.

[1256] BITENCOURT, Cezar Roberto. *Teoria Geral do Delito – Uma Visão Panorâmica da Dogmática Penal Brasileira*. Coimbra: Almedina, 2007, p. 453.

não confundidas. Deverá o intérprete valer-se da teoria que eleger para fundamentar os casos concretos, tendo em conta, ainda, que a(s) teoria(s) não é(são) uma fórmula mágica a ser entoada para estabelecer a responsabilidade penal. Consoante já consignou o STF, "não se pode invocar a teoria do domínio do fato, pura e simplesmente, sem nenhuma outra prova, citando de forma genérica os diretores estatutários da empresa, espalhados pelo Brasil, para lhes imputar um crime fiscal que teria sido supostamente praticado no Estado-membro" (Inf. 866, HC 136.250/PE, j. 23.5.2017).

4.1. A caracterização da autoria e da participação

No presente tópico, verificaremos as diversas formas de autoria e da participação em sentido estrito.

4.1.1. Formas de autoria

4.1.1.1. Autoria individual

A *autoria individual* é aquela em que, no contexto da perpetração do crime, o agente pratica o fato punível sem o concurso de um coautor ou de algum partícipe. Tal modalidade somente é possível nos tipos penais que contemplem a possibilidade de concurso eventual de pessoas, ficando excluídos os tipos de concurso necessário, cujo exemplo encontramos no art. 288 do CP.

4.1.1.2. Autoria mediata ou indireta

A *autoria mediata* ou *indireta* é aquela em que o agente se vale de um executor material como instrumento, que em geral não responde penalmente (instrumento que age em erro, sob coação moral irresistível, etc.). Na sistemática brasileira, há possibilidade[1257] de haver autoria mediata em que o instrumento responda penalmente, como no exemplo do agente que determina dolosamente a prática de uma ação imprudente que venha a causar lesões ou morte a alguém.

Na doutrina de Roxin, há uma hipótese de autoria mediata por meio de aparatos organizados de poder, em que o executor no âmbito do aparato também responde penalmente, sendo que para a caracterização dessa hipótese o

---

[1257] Na Alemanha, o BGH prolatou interessante decisão de autoria mediata com instrumento responsável, consoante relata Friedrich-Christian Schroeder: "Em sua sentença de 26 de julho de 1994 contra membros do Conselho Nacional de Defesa da ex-República Democrática Alemã, pela primeira vez de maneira expressa se viu obrigado o Tribunal Supremo a reconhecer a autoria mediata e uma ação de completa responsabilidade do instrumento, depois de a sentença no famoso caso *Katzenkönig* (no qual o executor atuou sobre erro de proibição vencível) ter se resolvido como um caso de culpabilidade atenuada, e de as sentenças *BGHSt.* 32, 165, 178 y 37, 106, mencionadas agora pelo *BGH* como antecessoras, terem abordado a problemática, embora não explicitamente". Confira-se em: SCHROEDER, Friedrich-Christian. *Autoria, Imputação e Dogmática Aplicada no Direito Penal*. Trad. de Eduardo Carraro Rocha, com revisão de Gustavo de Carvalho Marin e Thais Fiorucci D'Antonio. São Paulo: LiberArs, 2013, p. 23.

aparato deverá ter as características apontadas quando do estudo sobre a teoria do professor alemão.

4.1.1.3. Autoria coletiva (coautoria)

A *autoria coletiva* é a denominada coautoria, em que o crime é praticado por diversos autores, ou seja, dois ou mais, como no caso em que dois assaltantes roubam determinada vítima.

4.1.1.4. Autoria colateral, autoria incerta e autoria desconhecida

A *autoria colateral* ocorre quando diversos autores praticam determinada infração penal sem que haja vínculo subjetivo (o *pactum sceleris*) entre eles, ou seja, sem que haja "acordo recíproco"[1258] ou decisão conjunta para a consecução do resultado. Exemplo de autoria colateral pode ser figurado num contexto fático em que dois ou mais torcedores, cada qual por decisão própria, resolvam agredir fisicamente um torcedor de um time rival.

Denomina-se *autoria incerta* quando, num contexto fático de autoria colateral, não é possível se identificar qual dentre os agentes deu causa a consumação delitiva, ou seja, o problema é de ordem processual-probatória. Eis a síntese de Nilo Batista:[1259] "*A* e *B*, desconhecendo reciprocamente suas atividades, dispararam *necandi* animo suas armas contra *C*, atingido por ambos projéteis, um dos quais produz ferimento letal. Por circunstâncias que não vêm a talhe, não se consegue determinar de quem partira o disparo que causou a morte. A solução mais aceitável entre nós é aquela já preconizada por Magarinos Torres em sua monografia: admitir-se a tentativa para *A* e *B*, fazendo-se '*taboa raza* do evento, cujo autor não se apurou'. Adotam tal ponto de vista Heleno Fragoso, Basileu Garcia e Damásio E. de Jesus, entre outros.".

Impende ademais esclarecer que se distingue a autoria incerta da *autoria desconhecida*. Isso porque, na primeira, são conhecidos os autores das condutas, mas sem que seja possível identificar quem deu causa à consumação, ao passo que na última os autores da prática do fato são desconhecidos.

4.1.1.5. Autoria intelectual?

Em doutrina, fala-se em *autoria intelectual* ou *autor intelectual*, que seria aquele que determinou a outrem a prática do crime. Porém, a utilização dessa designação hoje não é correta. Ao tempo da Parte Geral original do CP vigente, de 1940 (ou seja, antes de 1984), era possível falar-se em autoria intelectual, por que todos os agentes eram autores, não havendo distinção entre autoria e participação *stricto sensu*.

[1258] WELZEL, Hans. *Das Deutsche Strafrecht*. 11ª ed. Berlin: Walter de Gruyter & Co., 1969, p. 111.
[1259] BATISTA, Nilo. *Concurso de Agentes*. 4ª ed. Rio de Janeiro: Lumen Juris, 2008, p. 115-116. No mesmo sentido, consulte-se: GRECO, Rogério. *Concurso de Pessoas*. Belo Horizonte: Mandamentos, 2000, p. 49-51.

Hoje, no entanto, considerando a superação da teoria causal-extensiva, sobretudo se se pretender fundamentar a autoria com base na teoria do domínio do fato, não é adequado falar-se em autoria intelectual, pois aquele que determina a prática do crime é instigador (e, portanto, partícipe), e não autor.

4.1.2. Participação

Aqui, sempre é bom lembrar, trata-se da *participação stricto sensu*.

4.1.2.1. Espécies

Há certa controvérsia terminológica com respeito às diversas formas de participação. A doutrina mais moderna utiliza o binômio instigação e cumplicidade, que, a propósito é opção consagrada no CP alemão. Porém, no Brasil ainda é corrente a divisão entre induzimento e instigação, consoante veremos no tópico seguinte.

4.1.2.2. Instigação

Consoante acima afirmamos, entre nós, é comum utilizar-se as expressões *induzimento* e *instigação*. Isso deve-se, em boa medida, pelo fato de o crime tipificado no artigo 122 (induzimento, instigação ou auxílio a suicídio) utilizar os verbos "induzir" ou "instigar" alguém a suicidar-se, além da terceira hipótese: "prestar-lhe auxílio".

Anibal Bruno[1260] leciona que no induzimento o sujeito faz "nascer no espírito de outrem a ideia de matar-se", ao passo que na instigação o agente estimula o propósito preexistente da vítima de matar-se. No mesmo sentido, José Frederico Marques:[1261] "Há induzimento ao suicídio quando o agente cria, no espírito da vítima, o plano suicida. Quem induz, *cria a resolução* do suicídio.". Quanto à instigação, ensina Marques que "tal ideia já existe e se formou, mas só sob a ação do instigador, ganha mais alento e vigor, cresce e se desenvolve até traduzir-se no ato de suicidar-se ou de tentar suicidar-se.".

Não obstante, o termo *instigação* é mais abrangente, consoante observamos da lição de Nelson Hungria:[1262] "*Induzir* significa persuadir ou levar alguém a praticar algum ato. *Instigar*, além desse mesmo significado, encerra também o de acoroçoar um desígnio". A fórmula mais genérica – instigação – foi a opção adotada pelo CP alemão (StGB, § 26, *Anstiftung*), além de ser a preferida pela doutrina mais atual.

1260 BRUNO, Anibal. *Direito Penal – Parte Especial*. Rio de Janeiro: Forense, 1966, t. 4º, p. 134.
1261 MARQUES, José Frederico. *Tratado de Direito Penal*. São Paulo: Saraiva, 1961, v. IV, p. 128.
1262 HUNGRIA, Nelson; FRAGOSO, Heleno Cláudio. *Comentários ao Código Penal*. 6ª ed. Rio de Janeiro: Forense, 1980, v. V, p. 232.

4.1.2.3. Cumplicidade

É comum, em doutrina, afirmar-se que a participação, na modalidade *cumplicidade*, equivale ao auxílio material. Tal afirmação, por ser incompleta, é incorreta, porquanto a cumplicidade pode ser caracterizada também pelo auxílio psíquico.

Em realidade, a cumplicidade consiste[1263] no auxílio, material ou psíquico, para que outrem, na condição de autor, cometa um fato punível. O auxílio, pois, poderá ser material, como no caso em que o cúmplice empresta a arma ao autor do crime, mas poderá também ser psíquico. Figure-se, em relação a esta última hipótese, o caso em que um químico auxilie o autor de um crime de homicídio, ensinando-lhe (apenas ensinando, e não fazendo) uma fórmula de substância letal que vem a ser utilizada para causar a morte da vítima.

Assim, consoante lição de Johannes Wessels,[1264] na cumplicidade, a *prestação de auxílio* (*Hilfeleisten*) consiste em toda contribuição que tenha *possibilitado* (*ermöglicht*) ou *facilitado* (*erleichtert*) o fato principal ou *reforçado* (*verstärkt*) o fato punível cometido pelo autor.

4.1.2.3.1. *Excursus*: cumplicidade por meio de ações neutras ou cotidianas

Discute-se, em doutrina, se aquele que contribui com uma *ação neutra* ou *cotidiana* deva responder como partícipe. Por ações neutras, deve entender-se, segundo José Danilo Tavares Lobato[1265] *uma contribuição para o injusto penal alheio por alguém cuja reprovação penal não seja manifestamente exteriorizada.*

Assim, indaga-se se o taxista que leva o assaltante até o banco, desconfiando do propósito criminoso do passageiro que transporta, deve responder pelo crime de roubo que vem a ser perpetrado, como partícipe. Miguel Reale Júnior[1266] traz o exemplo "do comerciante que vende um canivete a um dos contendores que em frente à sua loja digladiam, sendo previsível que o utilizará na contenda para ferir o adversário.".

Dadas as limitações deste *Curso* e a extensão da problemática, que reivindica estudos de caráter monográfico[1267] para enfrentar a questão, nos valeremos das conclusões de Luís Greco como propostas de solução. Isso a título exemplificativo, visto que, em doutrina, notadamente germânica, a controvérsia mantém-se acessa.

[1263] STRATENWERTH, Günther; KUHLEN, Lothar. *Strafrecht – Allgemeiner Teil*. 5ª ed. Köln/Berlin/München: Carl Heymanns Verlag, 2004, v. I, p. 308; WESSELS, Joahannes; BEULKE, Werner. *Strafrecht – Allgemeiner Teil*. 36ª ed. Heidelberg: C.F. Müller Verlag, 2006, v. I, p. 208.

[1264] WESSELS, Joahannes; BEULKE, Werner. *Strafrecht – Allgemeiner Teil*. 36ª ed. Heidelberg: C.F. Müller Verlag, 2006, v. I, p. 208.

[1265] LOBATO, José Danilo Tavares. *Teoría General de la Participación Criminal e Acciones Neutrales*. Trad. de Zussel Acuña. Curitiba: Juruá, 2015, p. 9-10.

[1266] REALE JÚNIOR, Miguel. *Instituições de Direito Penal – Parte Geral*. 4ª ed. Rio de Janeiro: Forense, 2013, p. 318.

[1267] Motivo por que remetemos o leitor às monografias de Lobato e Greco citadas neste tópico.

O penalista[1268] propõe que o "problema das ações neutras deve ser resolvido no tipo objetivo de cumplicidade, especificamente, na valoração do risco criado como juridicamente desaprovado ou permitido.". Ademais, afirma: "O princípio da proporcionalidade, principalmente o seu sub-princípio da idoneidade, pode ser utilizado como diretriz de interpretação para restringir o alcance do tipo objetivo da cumplicidade". Por fim, sustenta o autor: "Assim, contribuições que podem ser obtidas em qualquer lugar, de qualquer outra pessoa que age licitamente, sem qualquer ulterior dificuldade para o autor principal, não podem considerar-se proibidas, porque tal proibição seria inidônea para proteger o bem jurídico concreto.".

4.1.2.3.2. *Excursus*: as controvérsias em torno do mandante: autor ou partícipe?

No presente tópico, como ponto de partida, nos valeremos de um exemplo baseado em um caso ocorrido na cidade de Porto Alegre, consoante adiante reproduzido. O fato, conforme divulgado pela imprensa, ocorreu em uma madrugada, no Centro da Capital gaúcha, em que um motorista de táxi se desentendeu com outro motorista no trânsito, sendo que, ato contínuo, o motorista do táxi chamou outros dois taxistas para que perseguissem e matassem o motorista com o qual havia se desentendido. Com efeito, os taxistas executores da ordem do primeiro taxista restaram por matar a vítima com vários tiros.

A questão está em saber se o autor da ordem, no contexto de nosso exemplo, é autor ou partícipe do crime de homicídio. Pois bem! Na perspectiva da teoria do domínio do fato, seja no modelo de Welzel, seja no modelo de Roxin, aquele que dá a ordem é instigador e, portanto, partícipe.

Na doutrina de Welzel,[1269] o autor da ordem não é autor porque não detém a condução do acontecer causal, pois apenas *instigou*. Solução diversa somente teria lugar em um quadro fático em que o chefe de um bando (*Bandenchef*) ou, em linguagem mais atual, de uma associação criminosa, sendo o "senhor sobre a realização do tipo",[1270] ou seja, sendo detentor do "domínio final do fato",[1271] "projeta o plano, distribui os executores do fato e dirige suas atuações, ainda que ele mesmo não participe das ações de execução".[1272] Porém, tal possibilidade ficaria restrita a um contexto de associação criminosa ou organização criminosa, desde que os elementos antes elencados estivessem presentes.

Na doutrina de Roxin, de igual modo, o autor da ordem será partícipe ou mais especificamente instigador. Isso porque este penalista considera autor como "figura central"[1273] do acontecimento em direção à realização do fato punível. Assim, o autor, com exceção da hipótese de autoria mediata por intermé-

---

[1268] GRECO, Luís. *A Cumplicidade através de Ações Neutras*. Rio de Janeiro: Renovar, 2000, p. 169-170.
[1269] WELZEL, Hans. *Das Deutsche Strafrecht*. 11ª ed. Berlin: Walter de Gruyter & Co., 1969, p. 99.
[1270] Idem.
[1271] Idem.
[1272] Ibid., p. 110-111.
[1273] ROXIN, Claus. *Täterschaft und Tatherrschaft*. 8ª ed. Berlin: De Gruyter Recht, 2006, p. 25.

dio de aparatos organizados de poder (em que o autor da ordem é considerado autor do crime, desde que caracterizado o aparato, conforme antes estudado), deve participar do momento consumativo do crime.

4.1.2.4. Teorias da acessoriedade da participação

Em matéria de concurso de pessoas, a autoria é autônoma, ao passo que a participação é acessória. Isso porque só será possível haver participação punível se houver ao menos um autor de um fato tipificado como crime. "A participação", afirma Paul Bockelmann,[1274] "no entanto, pressupõe autoria, pois não se pode pensar em participação isoladamente, ela é necessariamente acessória.".

Nessa senda, em doutrina que remonta a Max Ernst Mayer,[1275] divisam-se diversas *teorias de acessoriedade*, tendo em conta os elementos do crime que vierem a ser implementados pelo autor, para que seja possível a responsabilização penal do partícipe (instigador ou cúmplice), quais sejam: *a*) teoria da *acessoriedade mínima* (quando o autor realiza uma conduta típica); *b*) teoria da *acessoriedade limitada* (quando o autor realiza uma conduta típica e ilícita); *c*) teoria da *acessoriedade máxima* (quando o autor realiza uma conduta típica, ilícita e culpável); *d*) teoria da *hiperacessoriedade* (quando o autor realiza uma conduta típica, ilícita, culpável e punível).

No Brasil, a doutrina[1276] que tem prevalecido, com acerto, é a da *acessoriedade limitada*, a estabelecer que a punição do partícipe depende de uma conduta típica e ilícita do autor. Assim, se o autor cometeu o fato, mas agiu sem culpabilidade (por estar sob coação moral irresistível, por exemplo), isso não afastará a responsabilidade do partícipe que, *v.g.*, o auxiliou material e psiquicamente.

4.2. Requisitos do concurso de pessoas

4.2.1. Identidade de infração penal

Aqui voltamos ao que anteriormente estudamos, ou seja, a concepção monista (não confundir com sistema unitário) como pressuposto do concurso de pessoas. Isso porque só pode haver concurso de pessoas em relação a uma obra comum, a um fato punível. Assim é que a expressão monismo ou *identidade de infração penal* diz respeito "com o título de imputação em delitos praticados por

---

[1274] BOCKELMANN, Paul; VOLK, Klaus. *Direito Penal – Parte Geral*. Trad. de Gercélia Batista de Oliveira Mendes. Belo Horizonte: Del Rey, 2007, p. 220-221.
[1275] MAYER, Max Ernst. *Derecho Penal – Parte General*. Trad. de Sergio Politoff Lipschitz. Montevideo/Buenos Aires: Editorial BdeF, 2007, p. 485.
[1276] BATISTA, Nilo. *Concurso de Agentes*. 4ª ed. Rio de Janeiro: Lumen Juris, 2008, p. 165.

vários intervenientes.".[1277] Portanto, *monismo* é igual a: todos os concorrentes (autores e partícipes) respondem pelo *mesmo crime*.

Porém, há que se atentar que, no contexto do concurso de pessoas, o CP possibilita, excepcionalmente, que determinado concorrente responda por (outro) crime menos grave, ao prever que: "Se algum dos concorrentes quis participar de crime menos grave, ser-lhe-á aplicada a pena deste; essa pena será aumentada até metade, na hipótese de ter sido previsível o resultado mais grave" (CP, art. 29, § 2º).

4.2.2. Pluralidade de agentes

A *pluralidade de agentes* é outro requisito imprescindível à caracterização do concurso de pessoas. É intuitivo e até mesmo decorrência lógica a necessidade de mais de um agente para configurar-se o concurso de pessoas, seja na hipótese de coautoria, seja na hipótese em que haja somente um autor em concurso com algum partícipe (instigação ou cumplicidade).

4.2.3. Assunção subjetiva para o empreendimento delitivo comum

O acordo de vontades, o *pactum sceleris*, ou o *vínculo subjetivo* é outro requisito a caraterizar o concurso de pessoas. Tomemos o seguinte exemplo de Angelo Latagliata[1278] em que o agente imobiliza a vítima, apontando-lhe um fuzil. Aproveitando-se da situação de ausência de reação da vítima, um terceiro agente subtrai-lhe dinheiro. No caso descrito, numa adaptação ao direito brasileiro, sem que haja o concerto entre os agentes, aquele que apontou o fuzil contra a vítima, imobilizando-a, responderia pelo crime de constrangimento ilegal qualificado (art. 146, § 1º). Por sua vez, o sujeito que subtraiu o dinheiro responderia pelo crime de furto (art. 155). Porém, se houvesse a comum resolução entre os sujeitos ativos, ambos responderiam pelo crime de roubo majorado, pelo concurso de duas pessoas e pela ameaça exercida com o emprego de arma de fogo (art. 157, § 2º inc. II, e § 2º-A, inc. I).

4.2.4. Relevância causal das condutas

Para que haja concurso de pessoas, a conduta do *participante deve concorrer* (art. 29) *para dar causa ao crime* (art. 13, *caput*). Isso significa que se a conduta não contribuir para a causação do resultado não será alcançada pela incriminação. Assim é que se o agente obtém um revólver de alguém que lhe emprestou dolosamente para um cometimento de homicídio (e sem ser instigador), mas o autor no momento da consumação resolve utilizar um punhal, e não a arma de fogo, aquele que emprestou a arma não responde como partícipe do crime de homicídio.

[1277] GRECO, Luís *et al*. *Autoria como Domínio do Fato – Estudos Introdutórios sobre o Concurso de Pessoas no Direito Penal Brasileiro*. São Paulo: Marcial Pons, 2014, p. 14.

[1278] LATAGLIATA, Angelo Raffaele. *I Principi del Concorso di Persone nel Reato*. 2ª ed. Pompei: Morano Editore, 1964, p. 95. Também citando o autor italiano e procedendo à capitulação referente ao CP brasileiro: BATISTA, Nilo. *Concurso de Agentes*. 4ª ed. Rio de Janeiro: Lumen Juris, 2008, p. 104-105.

4.3. A participação de menor importância

A previsão de uma redução da pena, de um sexto a um terço, em decorrência da *participação de menor importância* vinculada diretamente ao artigo que dispõe sobre a autoria, constitui inovação da Reforma Penal de 1984. No CP de 1940, em sua redação original, a cláusula era prevista como circunstância atenuante, no art. 48, inc. II.[1279]

A exemplificação de Ney Moura Teles[1280] é elucidativa à compreensão: "Aquele que informa o agente sobre a ausência dos donos da casa, para que ele nela entre e subtraia à vontade, está participando de uma fato típico de furto. Esta participação, a princípio, é de menor importância, mas, se, em vez da informação, ele deixar a porta dos fundos destrancada, tal participação passa a ser um pouco mais importante, e, se, em vez disso, tiver desligado um sistema de alarme, então, tal participação será de importância relevante para a execução do processo típico.". Nesse caso, assevera o autor que caberá ao juiz avaliar o grau de importância da participação.

Em doutrina, é de mencionar-se a teoria dos bens escassos, formulado por Enrique Gimbernat Ordeig,[1281] segundo a qual, em síntese, a participação de menor importância decorre do fornecimento de bens abundantes. Segundo o autor[1282] espanhol, o "que permite una calificación justa de la actividad del partícipe: si yo quiero contribuir a un delito, o único que puedo saber en el momento de realizar mi prestación es si el objeto que entrego es uno cuya obtención presenta dificultades o no las presenta en absoluto; esto es, si el objeto es escaso o abundante.". Na opinião de Renato Martins Machado,[1283] "pode ser, pensa-se comparada com a participação desnecessária prevista, por exemplo, nos mencionados códigos penais da Argentina, da Venezuela e da Espanha.". A nosso ver, sem descartar as contribuições dos autores aqui referidos, cujos elementos poderão estar presentes na consideração da participação de menor importância em determinados casos, a caracterização deve ser feita mediante um *juízo valorativo* pautado na *proporcionalidade*, no caso concreto entre a perpetração delitiva pelo autor e a contribuição do partícipe.

Neste *Curso*, no âmbito da participação, adotamos a terminologia *instigação e cumplicidade*, consoante explicitado há algumas linhas. Conquanto se observe com mais frequência a referência à participação de menor importância em hipóteses de cumplicidade, também na instigação a incidência do § 1º do

---

[1279] Regra semelhante encontra-se no Código Rocco, consoante Gérson Pereira dos Santos: "No Código, ao rigor do princípio do art. 110 se opôs à norma do art. 14, a prever uma circunstância atenuante para o partícipe quando a atuação por este prestada, tanto na hipótese de concurso em crime doloso quanto na hipótese concurso em delito culposo, tenha tido *mínima importância na preparação ou na execução do crime*". SANTOS, Gérson Pereira dos. *Inovações do Código Penal – Parte Geral*. São Paulo: Saraiva, 1985, p. 57.

[1280] TELES, Nei Moura. *Direito Penal – Parte Geral*. São Paulo: Atlas, 2004, v. 1, p. 221.

[1281] GIMBERNAT ORDEIG, Enrique. *Autor y Complice en Derecho Penal*. Madrid: Universidad de Madrid, 1966, p. 151 e ss.

[1282] Ibid., p. 159.

[1283] MACHADO, Renato Martins. *Do Concurso de Pessoas*. Belo Horizonte: D'Plácido, 2015, p. 79.

art. 29 tem sido admitida. Leonardo Augusto de Almeida Aguiar[1284] esposa o entendimento segundo o qual o agente que faz nascer no autor delitivo o propósito de cometer o crime não está albergado pela hipótese da menor importância, ao passo que, para o doutrinador, "a contribuição que somente reforça a resolução delitiva já tomada deve corresponder ao marco penal privilegiado da participação de menor importância.".

Na jurisprudência, o Tribunal Regional Federal da 4ª Região reconheceu a participação de menor importância na prática de crime de estelionato, consistente na obtenção de seguro-desemprego indevidamente, e associação criminosa, em que a ré atuou como auxiliar de seu esposo, sua sogra e sua cunhada em atividades acessórias em escritório de contabilidade, atendendo clientes, lançando dados dos beneficiários no sistema CAGED e preparando documentos (TRF4, 8ª Turma, AC nº 5017952-80.2014.4.04/RS, rel. Des. Gebran Neto, unânime, j. 13.12.2017).

4.4. Cooperação dolosamente distinta: e se o concorrente quis participar de crime menos grave?

O § 2º do art. 29 prevê uma exceção à teoria monista, segundo a qual todos os concorrentes respondem pela mesma infração penal, nos seguintes termos: "Se algum dos concorrentes quis participar de crime menos grave, ser-lhe-á aplicada a pena deste; essa pena será aumentada até a metade, na hipótese de ter sido previsível o resultado mais grave.".

Na observação de Rogério Greco,[1285] "não poderá responder pelo desvio subjetivo de conduta atribuído ao autor executor.". Oferece o doutrinador o exemplo do agente que instiga alguém a causar lesões em determinada pessoa, vindo o executor, agindo com dolo de homicídio, a causar a morte da vítima. Nesse caso, o instigador das lesões responderia por lesões, podendo a pena ser aumentada até a metade, se o resultado morte for previsível, o que, a nosso ver dependerá do contexto fático concreto.

O STJ, em decisão unânime (REsp 2.395-SP), cujo voto-condutor foi da lavra do saudoso Ministro Assis Toledo, relativamente ao crime de latrocínio (art. 157, § 3º), reconheceu três hipóteses distintas, quais sejam: *a*) se o resultado morte não foi querido nem era previsível para aquele que não participou diretamente do resultado morte, responderá pelo crime menos grave que quis praticar, no caso, o roubo; *b*) se o resultado morte era previsível para aquele que não participou diretamente do resultado morte, mas não foi querido ("quis participar de crime menos grave), responderá pelo crime resultante de seu dolo (o crime menos grave), mas com o aumento de pena até metade; *c*) se, ao contrário, o resultado foi previsto e querido (dolo direto) por aquele que não participou diretamente do resultado morte, ou se, pelo menos, dentro de

---

[1284] AGUIAR, Leonardo Augusto de Almeida. *Da Participação de Menor Importância*. Curitiba: Juruá, 2012, p. 320.
[1285] GRECO, Rogério. *Concurso de Pessoas*. Belo Horizonte: Mandamentos, 2000, p. 72.

sua previsão, assumiu o risco de produzi-lo (dolo eventual), responderá pelo crime mais grave (latrocínio).

Em resumo, o quadro fático dava conta de um assalto praticado com o emprego de arma de fogo, em que dois dentre os agentes, durante a fuga, vieram a matar uma vítima da qual intentavam subtrair um automóvel, a qual teria reagido. Entendeu o STJ que todos deveriam responder por latrocínio, até mesmo o agente que não se encontrava no local onde ocorreu a morte, pois, em virtude de estarem portando arma de fogo, o resultado morte insere-se no desdobramento causal previsível da ação criminosa de roubo à mão armada, por ambos planejada, não havendo afronta ao art. 19 do CP.

Eis a ementa (STJ, Quinta Turma, REsp 2.395-SP, rel. Min. Assis Toledo, j. 02.05.1990, unânime):

> PENAL. LATROCÍNIO. CONCURSO DE AGENTES. CO-AUTORIA. ASSALTO A BANCO
>
> Vários co-autores de roubo à mão armada a estabelecimento bancário, com morte causada por dois deles, sem a participação dos demais, durante a fuga, na tentativa de roubo de veículo, ante a resistência oposta pela vítima.
>
> Condenação de todos por latrocínio (art. 157, § 3º, do CP). Pretendida exclusão da qualificadora do § 3º em relação a co-autor que não participou da execução do homicídio.
>
> Limites da responsabilidade penal no concurso de agentes. Nos crimes qualificados pelo resultado, a agravação da pena restringe-se aos intervenientes (co-autor, instigador ou cúmplice) em relação aos quais a conseqüência mais grave era, ao menos, previsível (art. 19 do CP).
>
> Mas, no roubo à mão armada, respondem pelo resultado morte, situado em pleno desdobramento causal da ação criminosa, todos os que, mesmo não participando diretamente da execução do homicídio (excesso quantitativo), planejaram e executaram o tipo básico, assumindo conscientemente o risco do resultado mais grave durante a ação criminosa ou durante a fuga.

Do corpo do acórdão, em virtude de sua didática, destacamos o seguinte excerto, em que o tribunal empreende uma exemplificação fática a ensejar diversas soluções:

> Tome-se este exemplo: duas pessoas planejam um furto. A primeira se incumbe do auxílio à segunda e da vigilância, nas proximidades, enquanto a segunda, galgando a janela, penetra no interior da residência onde deverá praticar a subtração de objetos de valor. Se, no interior da casa, o segundo agente depara-se inesperadamente com o proprietário armado e, na luta, toma-lhe a arma e o mata, somente este – o segundo agente – responderá pelo crime de latrocínio. Ao primeiro agente, que participava de um furto e permaneceu fora da residência, não pode ser imputado o resultado morte, não querido nem situação do necessariamente no desenvolvimento causal de sua contribuição para a ação a ação criminosa. Note-se que a arma, portada pela vítima, surgiu no curso causal, em relação a esse agente, de um caso fortuito, imprevisível.
>
> Modificando-se um pouco esse exemplo para admitir-se que a morte do proprietário tenha sido causada por disparo de arma que o segundo agente portava consigo, desde antes, com pleno conhecimento do primeiro comparsa, o quadro se altera substancialmente. Nesta hipótese, somos levados a concluir que ambos respondem pelo resultado morte: um por ter sido o autor do disparo da arma; o outro, porque o resultado morte se insere no desdobramento causal, previsível, da ação criminosa de roubo à mão armada, por ambos planejada. A esse agente, que permanecera fora da residência onde ocorreu o homicídio, é atribuível a contribuição causal do roubo, sem o qual o resultado morte não teria ocorrido. Além disso, o dolo eventual não poderia, nas circunstâncias, ser-lhe negado, pois quem planeja e participa da execução de roubo à mão armada, admite

como possível o uso efetivo de arma durante ou logo após a execução do crime. Na melhor das hipóteses, o resultado ser-lhe-ia, no mínimo, previsível.

4.5. Comunicabilidade das circunstâncias e condições de caráter pessoal

O art. 30 do CP, ao estabelecer que *não se comunicam as circunstâncias e as condições de caráter pessoal, salvo quando elementares do crime*, reproduz em sua quase integralidade o que dispunha o art. 26 do CP em sua redação original, ou seja, anterior à Reforma de 1984, dispositivo este que não fazia referência à expressão "condições", a qual foi acrescentada em 1984. De resto, as previsões são idênticas.

De acordo com o disposto, por exemplo, se a qualificação do sujeito ativo estiver indicada no tipo penal incriminador, como ocorre no crime de peculato, cujo autor é o funcionário, essa condição, por ser elementar do tipo penal (art. 312), comunicar-se-á ao coautor e ao partícipe, os quais respondem também por peculato, ainda que não sejam funcionários públicos, e desde que conheçam o autor, detêm tal condição, porquanto, se desconhecerem, incorrerão em erro de tipo, respondendo por algum outro crime, como furto, *v.g.*, se o a conduta for a de "subtrair".

O preceito também é aplicável a previsões da Parte Geral. O art. 13, § 2º, *v.g.*, é uma extensão dos tipos incriminadores, e, assim, as hipóteses ali elencadas constituem elementares do tipo. Eis a lição de Reale Júnior:[1286] "O mesmo ocorre no crime comissivo por omissão acima estudado, pois a posição de garante, como dado elementar do crime na forma comissiva por omissão, comunica-se ao concorrente, que responderá pelo crime apesar de não ter a condição de garante (...)".

Porém, as circunstâncias e condições de caráter pessoal que não sejam elementares do tipo penal não se comunicam. Por exemplo, o art. 181, inc. II, do CP dispõe que se o agente, ascendente ou descendente da vítima, cometer crime contra o patrimônio, sem violência ou grave ameaça (art. 183), fica isento de pena. Assim, se o filho de determinada vítima agir, furtando o relógio caro de sua mãe, em coautoria com estranhos que não estejam albergados pelo art. 181, o filho da mãe/vítima fica isento de pena, mas o estranho não. De notar-se que além da previsão do art. 30, o art. 183, inc. II, reforça a não aplicação da isenção de pena aos *extranei*.

4.6. Participação impunível

A teor do art. 31 do CP, o ajuste, a determinação ou instigação e o auxílio, salvo disposição em contrário, não são puníveis, se o crime não chega ao menos a ser tentado. O dispositivo reproduz em sua inteireza o disposto no art. 27

[1286] REALE JÚNIOR, Miguel. *Instituições de Direito Penal – Parte Geral*. 4ª ed. Rio de Janeiro: Forense, 2013, p. 321.

do CP, em sua redação anterior à Reforma Penal de 1984, mas, diferentemente da sistemática anterior à referida reforma, hoje não é mais cabível a imposição de medida de segurança. Isso porque uma das consequências do sistema vicariante adotado em 1984 é o fato de a medida de segurança ser aplicável apenas a imputáveis e semi-imputáveis, neste último caso quando o condenado necessitar de especial tratamento curativo (art. 98).

A previsão do art. 31 pode ser resumida nas seguintes palavras de Nelson Hungria:[1287] "O dispositivo [referindo-se ao antigo art. 27, hoje o atual art. 31] é corolário (tão evidente, que é até ocioso) da regra geral, de que não há fato punível onde não haja, pelo menos, começo de execução.".

O dispositivo legal faz menção à expressão "salvo disposição em contrário", em que o crime de *incitação ao crime*, tipificado no art. 286 do CP, pode ser referido como exemplo, porquanto ainda que as pessoas destinatárias da incitação não venham a perpetrar o crime (devendo ser um crime determinado, específico), o art. 286 é punível de forma autônoma. Na legislação especial, o crime descrito como "induzir alguém a se inscrever eleitor com infração de qualquer dispositivo deste Código", previsto no art. 290 do Código Eleitoral[1288] é outro exemplo do disposto no art. 31 do CP, porquanto, como ensina Luiz Carlos dos Santos Gonçalves,[1289] citando precedente do TSE,[1290] o crime se consuma "com a indução, isto é, a determinação da vontade do eleitor, ainda que este não proceda, efetivamente, à inscrição.".

5. Concurso de pessoas nos crimes culposos

Dúvidas há quanto à possibilidade de *concurso de pessoas nos crimes culposos*. O CP italiano a admite, de forma expressa, a ver-se: "Art. 113.[1291] Cooperação no delito culposo. No delito culposo, quando o evento houver sido causado pela cooperação de várias pessoas, cada uma delas ficará sujeita às penas estabelecidas para o mesmo delito.".

Entre nós, Magalhães Noronha,[1292] sob o fundamento de que a ação causal nos crimes culposos é voluntária e o resultado previsível, asseverava que "não só a prática, como os princípios mostram ser possível a cooperação no crime culposo.". Exemplo clássico de coautoria em crime culposo é referido

---

[1287] HUNGRIA, Nelson; FRAGOSO, Heleno Cláudio. *Comentários ao Código Penal*. 5ª ed. Rio de Janeiro: Forense, 1978, v. I, t. II, p. 439.
[1288] Eis um exemplo do crime em questão: "A indução à inscrição eleitoral com emprego de fraude compreende a transferência do eleitor, para domicílio diverso do regular – TSE, Acórdão nº 13.224, de 18.12.1992". Confira-se em: GONÇALVES, Luiz Carlos dos Santos. *Crimes Eleitorais e Processo Penal Eleitoral*. 2ª ed. São Paulo: Atlas, 2015, p. 33.
[1289] GONÇALVES, Luiz Carlos dos Santos. *Crimes Eleitorais e Processo Penal Eleitoral*. 2ª ed. São Paulo: Atlas, 2015, p. 33.
[1290] TSE, Acórdão nº 15.177, Rel. Min. Maurício Correa, j. 16.4.1998.
[1291] Art. 113. *Cooperazione nel delitto colposo*. **Nel delitto colposo**, *quando l'evento è stato cagionato dalla cooperazione di più persone, ciascuna di queste soggiace alle pene stabilite per il delitto stesso.*
[1292] NORONHA, E. Magalhães. *Do Crime Culposo*. São Paulo: Saraiva, 1957, p. 121.

pela doutrina no caso em que dois trabalhadores que se encontram na parte superior de um prédio lançam, conjuntamente e de forma imprudente, uma tábua em direção à calçada e que vem a atingir um pedestre que por lá passava, ferindo-o ou matando-o. Em posição minoritária, propugna Juarez Tavares:[1293] "Em função dessa relação complexa, os delitos culposos *não comportam coautoria*, somente autoria colateral.".

Porém, conquanto a coautoria seja admitida pela doutrina prevalente no Brasil, a participação culposa em crime doloso é inadmissível. Noronha, citando Bettiol, menciona o exemplo daquele que instiga, dolosamente, o motorista a imprimir velocidade excessiva, no objetivo de ver este atropelar seu desafeto. Se o motorista vem, de forma imprudente e não desejando o resultado, atropelar a vítima, não praticam eles o mesmo crime, porquanto o primeiro comete um crime doloso, e o segundo, um culposo. No mesmo sentido, Heitor Costa Júnior,[1294] que enfatiza: "Não há, pois, no crime culposo, *participação* (...).".

6. Concurso de pessoas nos crimes omissivos

O *concurso de pessoas* também é objeto de controvérsia no âmbito dos *crimes omissivos*, havendo uma tendência pela inadmissibilidade. Armin Kauffmann,[1295] após indagar se pode haver concurso de pessoas nos crimes omissivos, responde, valendo-se do seguinte exemplo: "Se 50 nadadores assistem passivamente ao afogamento de uma criança, todos terão se omitido em socorrê-la, mas não conjuntamente. Cada um por si será autor da omissão, ou seja: autor colateral de omissão.".

Juarez Tavares,[1296] amparado em Welzel, é enfático ao asseverar que "pode-se afirmar que nos crimes omissivos não há concurso de pessoas, isto é, não há coautoria nem participação.". Em sentido contrário, Rogério Greco[1297] entende ser possível a participação nos crimes omissivos, "reconhecida como uma *dissuasão*", como no exemplo do paraplégico que induz um surfista a não socorrer alguém que estava se afogando. Nesse caso, entende o penalista que o agente que dissuadiu responde como partícipe do crime de omissão de socorro praticado pelo surfista.

[1293] TAVARES, Juarez. *Teoria do Crime Culposo*. 3ª ed. Rio de Janeiro: Lumen Juris, 2009, p. 461.

[1294] COSTA JÚNIOR, Heitor. *Teoria dos Delitos Culposos*. Rio de Janeiro: Lumen Juris, 1988, p. 112.

[1295] KAUFFMANN, Armin. *Die Dogmatik der Unterlassungsdelikte*. Göttingen: Verlag Otto Schwartz & CO. 1959, p. 189: "*Wenn 50 Schwimmer dem Ertrinken eines Kindes tatenlos zusehen, só haben sie zwar alle die Rettung unterlassen, aber sie haben dies nicht 'gemeinschaftlich' unterlassen. Jeder für sich ist 'Unterlassungstäter, wenn man will: Nebentäter der Unterlassung.*".

[1296] TAVARES, Juarez. *Teoria dos Crimes Omissivos*. São Paulo: Marcial Pons, 2012, p. 405.

[1297] GRECO, Rogério. *Concurso de Pessoas*. Belo Horizonte: Mandamentos, 2000, p. 94-95.

Terceira Parte

Consequências jurídicas do crime e dos fatos sujeitos à medida de segurança e punibilidade

O objeto da terceira parte deste *Curso* abrange as consequências jurídicas do crime – e aqui, como faz Jorge de Figueiredo Dias,[1298] referimo-nos às consequências jurídicas em sentido estrito, e não àquelas em sentido amplo (culturais, sociais, econômicas, etc.) –, quais sejam, as penas, as consequências dos fatos sujeitos à medida de segurança (os quais, como vimos, não configuram crime), bem como o estudo da punibilidade, suas condições objetivas, escusas absolutórias, causas extintivas e, por derradeiro, o estudo da ação penal.

Capítulo XVI – CONCEITO, FINS DA PENA E SISTEMAS PENITENCIÁRIOS

1. Conceito de pena

Nicola Abbagnano[1299] conceitua pena como a *privação ou castigo previsto por uma lei positiva para quem se torne culpado de uma infração*, mas ressalta que o conceito varia conforme as justificações que se tenha em mente, qual sejam, ordem da justiça, salvação do réu e defesa dos cidadãos.

Eugenio Cuello Calón[1300] formula seu acatado conceito de *pena* como sendo "la privación o restricción de bienes jurídicos impuesta conforme a la ley, por órganos jurisdiccionales, al culpable de una infracción penal". De modo semelhante, Von Liszt[1301] consigna que: "Pena é o *mal, que, por intermedio dos órgãos da administração da justiça criminal, o Estado inflige ao delinquente em razão do delicio. 1º A pena é um mal que o delinquente soffre, é lesão de bens*, offensa de interesses juridicamente protegidos pela mesma ordem jurídica que os protege.".

Com efeito, aduz Luis Gracia Martín[1302] que a pena consiste em uma privação ou restrição de bens jurídicos ou direitos do apenado, característica comum

---

[1298] DIAS, Jorge de Figueiredo. *Direito Penal Português – As Consequências Jurídicas do Crime*. Lisboa: Aequitas/Editorial Notícias, 1993, p. 42.
[1299] ABBAGNANO, Nicola. *Dicionário de Filosofia*. 2ª ed. Trad. de Alfredo Bosi *et al*. São Paulo: Martins Fontes: São Paulo, 1998, p. 749.
[1300] CUELLO CALÓN, Eugenio. *La Moderna Penología*. Barcelona: Bosch, 1973, p. 16.
[1301] LISZT, Franz von. *Tratado de Direito Penal Allemão*. Trad. da ultima edição e commentado por José Hygino Duarte Pereira. Rio de Janeiro: F. Briguiet & C. – Editores, 1899, t. I, p. 400.
[1302] GRACIA MARTÍN, Luis *et al*. *Tratado de las Consecuencias Jurídicas del Delito*. Valencia: Tirant lo Blanch, 2006, p. 59.

com outros tipos de sanções ou reações jurídicas previstas pelo ordenamento jurídico, como ocorre especialmente com as medidas de segurança, as sanções administrativas e disciplinárias, por exemplo, afirmando que a distinção da pena criminal com relação às outras referidas sanções previstas no ordenamento é meramente quantitativa ou formal. Porém, em nosso sistema, a afirmação do penalista espanhol deve ser vista *mutatis mutandis*, pois a medida de segurança se constitui em medida de tratamento, tanto que prevê "internação ou tratamento ambulatorial" (art. 97), sendo que no caso de o agente ser semi-imputável (art. 26, parágrafo único) a pena privativa de liberdade pode ser substituída por medida de segurança, o caso de o agente necessitar de "especial tratamento curativo" (art. 98).

2. Fins da pena

Tradicionalmente, disputavam preferência as teorias absolutas e as teorias preventivas (prevenção negativa) da pena, resultando uma considerável adesão a uma posição intermediária consistente na teoria mista.

Para além das referidas teorias de cunho mais tradicional, hoje há forte debate em torno da teoria da prevenção positiva, da teoria dialética e da teoria agnóstica da pena, as quais passamos a tratar.

2.1. Teorias absolutas ou retributivas

Para as *teorias absolutas* ou *retributivas*, a pena criminal se impõe sob o estrito sentido de realização da justiça (*punitur, quia peccatum est*). Os dois maiores expoentes desta corrente são Immanuel Kant e Georg Wilhelm Friedrich Hegel.

Kant procede a uma fundamentação ética da pena. Em seu livro *A Metafísica dos Costumes* (*Die Metaphysik der Sitten*), o autor[1303] propugna: "A lei da punição é um imperativo categórico e infeliz aquele que rasteja através das tortuosidades do eudaimonismo, a fim de descobrir algo que libere o criminoso da punição ou, ao menos, reduz sua quantidade pela vantagem que promete, de acordo com as palavras farisaicas: 'É melhor que *um* homem morra do que pereça um povo inteiro.' Se a justiça desaparecer não haverá mais valor algum na vida dos seres humanos sobre a Terra.".

Na indeclinabilidade da imposição de pena enquanto *imperativo categórico*, Kant[1304] assevera que se uma determinada sociedade civil tivesse que ser dissolvida pelo assentimento de todos os seus membros, como no exemplo em que os habitantes de uma ilha resolvessem se separar e se dispersar pelo mundo, ainda assim "o último assassino restante na prisão teria, primeiro, que ser executado, de modo que cada um a ele fizesse o merecido por suas ações,

---

[1303] KANT, Immanuel. *A Metafísica dos Costumes*. Trad. de Edson Bini. São Paulo: Edipro, 2003, p. 175.
[1304] Ibid., p. 176.

e a culpa sanguinária não se vinculasse ao povo por ter negligenciado essa punição, uma vez que de outra maneira o povo pode ser considerado como colaborador nessa violação pública da justiça.".

Por sua vez, Hegel[1305] formula uma fundamentação de ordem jurídica segundo a qual, em síntese, *o crime é a negação do direito ao passo que a pena é a negação da negação*. Nessa linha de pensamento, consoante sintetiza Santiago Mir Puig,[1306] a pena se justifica na necessidade de restabelecer a vigência da *vontade geral* representada pelo ordenamento jurídico, a qual resulta negada pela *vontade especial* do delinquente. Se a *vontade geral é negada pela vontade do delinquente, há que se negar esta negação por meio do castigo penal para que novamente prevaleça a vontade geral*.

Assim, para esta última versão da teoria absoluta, a pena criminal se justifica a partir do *método dialético hegeliano* em que a *vontade geral* (ordem jurídica) constitui a *tese*, a *negação da ordem jurídica pelo delito* é a *antítese*, e *a negação desta negação* será a *síntese*, que terá lugar mediante o castigo imposto pelo crime praticado.

2.2. Teorias relativas ou preventivas

Diferentemente das teorias absolutas, cujo norte é a expiação sem qualquer conteúdo preventivo, as *teorias relativas* buscam pôr em evidência a prevenção à ocorrência de novos crimes.

Consoante lição de Anibal Bruno,[1307] pode-se vislumbrar um caráter preventivo já na Antiguidade: "PLATÃO, no *Protágoras*, admite essa posição, quando diz, fazendo calar o sofista, que em todos os povos o princípio da punição assenta na consideração de que o seu motivo não é tirar vingança do injusto passado, uma vez que não se poderia fazer que não se tenha realizado o que já se realizou, mas o que se tem em vista é o futuro, para que se evitem novas injustiças. SÊNECA, em Roma, retomaria a posição de *Protágoras*, citando PLATÃO, mas decerto influenciado também pelos estoicos e epicúreos, que haviam avançado ainda mais, no sentido da pena preventiva, do que o filósofo da República, e estabeleceria a sua fórmula que viria a tornar-se lugar-comum diferenciador das duas atitudes: *nemo prudens punit quia peccatum est sed ne peccetur*.". Nas linhas que seguem, faremos referência às diversas espécies de prevenção mencionadas na doutrina.

[1305] HEGEL, Georg Wilhelm Friedrich. *Princípios da Filosofia do Direito*. Trad. de Orlando Vitorino. São Paulo: Martins Fontes, 1997, p. 89 e ss.

[1306] MIR PUIG, Santiago. *Derecho Penal – Parte General*. 4ª ed. Barcelona: Reppertor, 1996, p. 46-47.

[1307] BRUNO, Anibal. *Direito Penal – Parte Geral*. 3ª ed. Rio de Janeiro: Forense, 1967, t. 3º, p. 36-37. No mesmo sentido: HASSEMER, Winfried. *Introdução aos Fundamentos do Direito Penal*. Trad. da 2ª ed. alemã de Pablo Rodrigo Alflen da Silva. Porto Alegre: Fabris, 2005, p. 369: "*Seneca*, que viveu no início da era cristã – do modo como foi transmitido por *Grotius* –, tomou de *Protagoras* uma teoria da pena que hoje designamos como 'moderna': 'nenhum indivíduo racional pune pelo pecado cometido, mas para que futuramente não mais se peque. Esta frase, que se perdeu na obscuridade histórica da filosofia prática, caracteriza o que hoje nós denominamos '*teorias preventivas da pena*', isto é, teorias que atribuem às penas força e a tarefa inibitória dos futuros delitos.".

2.2.1. Prevenção geral negativa

A *teoria da prevenção geral negativa* foi formulada fundamentalmente por Paul J. Anselm Feuerbach,[1308] o qual, a partir de sua denominada *coação psicológica*, assevera: "I) El objetivo de la conminación de la pena en la ley es la intimidación de todos, como posibles protagonistas de lesiones jurídicas. II) (...). Puesto que la ley intimida a todos los ciudadanos y la ejecución debe dar efectividad a ley, resulta que el objetivo mediato (o final) de la aplicación es, en cualquier caso, la intimidación de los ciudadanos mediante la ley.".

Assim, de acordo com a teoria da prevenção geral (negativa), a pena serve como intimidação à comunidade em geral, de modo a evitar novos crimes. São expoentes dessa corrente, além de Feuerbach, Cesare Beccaria, Bentham, Filangieri e Schopenhauer.

2.2.2. Prevenção especial negativa

Assim como a prevenção geral, a *prevenção especial*, em sua feição *negativa*, tem em conta a prevenção de delitos, mas, diferentemente daquela, dirige-se não à população em geral, e sim ao próprio infrator para que este não volte a delinquir.

Conquanto Franz von Liszt seja um representante sempre lembrado dessa corrente, o próprio penalista qualificava sua doutrina, como lembram Manuel Cobo del Rosal e Tomás S. Vives Antón,[1309] como eclética, não obstante, tenha sido ele um grande defensor da prevenção especial. Porém, consoante ressaltam ainda os autores citados, "*a necessidade da pena* se mede por Von Liszt com critérios de *prevenção especial*, segundo os quais há de se impor para *ressocializar* aos delinquentes necessitados e suscetíveis de reeducação, para *intimidar* àqueles em que não ocorra dita necessidade e para *neutralizar* aos incorrigíveis.".

Assim, na lição de Juarez Cirino dos Santos,[1310] a prevenção especial negativa concretiza-se por meio da *neutralização do infrator*, baseada na premissa segundo a qual a privação de liberdade do condenado conduz à segurança social.

2.2.3. Prevenção geral positiva

A *prevenção geral positiva* divide-se em *fundamentadora* e *limitadora*. Hans Welzel e Günther Jakobs são apontados como representantes da primeira, ao passo que Winfried Hassemer e Santiago Mir Puig incluem-se na segunda.

Com efeito, Welzel[1311] consigna que a mera proteção de bens jurídicos possui somente um fim preventivo, de caráter policial e negativo, mas, pelo

---

[1308] FEUERBACH, Paul Johann Anselm R. von. *Tratado de Derecho Penal Común Vigente em Alemania*. Trad. da 14ª ed. alemã, 1847, de Eugenio Raúl Zaffaroni e Irma Hagemeier. Buenos Aires: Hammurabi, 1989, p. 61.

[1309] COBO DEL ROSAL, Manuel; VIVES ANTÓN, Tomás S. *Derecho Penal – Parte General*. 5ª ed. Valencia: Tirant lo Blanch, 1999, p. 816.

[1310] SANTOS, Juarez Cirino dos. *Teoria da Pena – Fundamentos Políticos e Aplicação Judicial*. Rio de Janeiro: ICPC/Lumen Juris, 2005, p. 7.

[1311] WELZEL, Hans. *Das Deutsche Strafrecht*. 11ª ed. Berlin: Walter de Gruyter & Co., 1969, p. 3.

contrário, a missão mais profunda do Direito Penal é de natureza *ético-social-positiva*, de modo que ao castigar em face da inobservância dos valores fundamentais da consciência jurídica, o Estado revela sua disposição em acentuar a vigência indelével dos valores positivos da ação, fortalecendo nos cidadãos a consciência de permanente fidelidade ao Direito.

Semelhante postura observa-se em Jakobs,[1312] o qual, no entanto, faz questão de ressaltar mais explicitamente sua posição fundamentadora, e não limitadora.

Relativamente à concepção *limitadora*, Mir Puig[1313] obtempera que esta vertente poderia restar questionável na medida em que poderia ser vista como *ampliadora* da ingerência do Direito Penal na esfera de atitude interna do cidadão. Porém, aduz que, por outra via, pode ser entendida como uma forma de limitar a tendência de prevenção geral puramente *intimidatória* (que é o caso da prevenção geral negativa). Assim, a prevenção geral não pode servir apenas como incutidora de medo, senão que, também, de afirmação do Direito em um Estado Social e Democrático de Direito, limitando-se a prevenção geral por uma série de princípios limitadores do Direito Penal nesse referido modelo estatal, como é o caso da proporcionalidade entre o delito e a pena.

2.2.4. Prevenção especial positiva

A *prevenção especial positiva* é dirigida à pessoa do condenado com escopos de ressocialização, ou seja, como afirma Eugenio Raúl Zaffaroni,[1314] *de melhoramento sobre o próprio infrator*.

Assim, tal concepção[1315] busca lograr a *recuperação social* do criminoso. Mediante a execução da pena, se deve lograr sua correção, ou seja, sua adaptação à vida em comunidade.

Pode-se, assim, afirmar que a prevenção positiva (geral ou especial) é prospectiva, na medida em que visa ao futuro, seja pela via da fé no direito, seja pela via, um tanto quanto por vezes sonhadora, da ressocialização do condenado.

2.3. Teorias mistas

Distinguiremos, neste ponto, as teorias mistas tradicionais, as quais combinam ou adicionam elementos das teorias absolutas com elementos das

---

[1312] JAKOBS, Günther. *Strafrecht – Allgemeiner Teil*. 2ª ed. Berlin: Walter de Gruyter, 1993, p. 22. De anotar-se que Jakobs também ó apontado como adepto de uma teoria dialética. Confira-se: AMBOS, Kai. *Direito Penal: Fins da Pena, Concurso de Pessoas, Antijuridicidade e Outros Aspectos*. Trad. de Pablo Rodrigo Alflen da Silva. Porto Alegre: Sergio Antonio Fabris Editor, 2006, p. 33.

[1313] MIR PUIG, Santiago. *Derecho Penal – Parte General*. 4ª ed. Barcelona: Reppertor, 1996, p. 51.

[1314] ZAFFARONI, Eugenio Rául; ALAGIA, Alejandro; SLOKAR, Alejandro. *Derecho Penal – Parte General*. 2ª ed. Buenos Aires: Ediar, 2002, p. 62.

[1315] LANDROVE DÍAZ, Gerardo. *Las Consecuencias Jurídicas del Delito*. 4ª ed. Madrid: Tecnos, 1996, p. 20.

teorias relativas de uma postura mais abrangente, dialética, consoante concebe Claus Roxin.

2.3.1. Teorias mistas tradicionais

As *teorias mistas*, no *modelo tradicional*, agrupam elementos das teorias absolutas e das relativas, numa perspectiva de uma busca – a um tempo – de justiça e também de reclamos preventivos.

Segundo Roxin,[1316] esta foi a opção adotada no Projeto de Código Penal da Alemanha, de 1962, consoante deixa claro a Exposição de Motivos:

> O Projecto não vê o sentido da pena apenas na compensação da culpa do delinquente. Simultaneamente, possui o sentido geral de fazer prevalecer a ordem jurídica. Serve também determinados fins politico-criminais e, em primeira linha, o fim de prevenir futuros crimes. Tal pode ocorrer intimidando o delinquente e os demais para que não cometam tais factos. E pode conseguir-se de modo mais duradouro actuando sobre o delinquente para voltar a ganhá-lo para a comunidade. Todos estes fins se conseguem em parte por si mesmos mediante a pena. Mas, no caso concreto, pode-se igualmente procurar de modo especial consegui-los através do tipo e medida da pena.

Essa também foi a opção sobre a qual se assentou a Reforma Penal levada a efeito no Brasil em 1984. Assim é que o art. 59 do Código Penal brasileiro determina ao juiz, atendendo aos vetores do referido dispositivo a serem observados no momento da pena-base, para que seja ela estabelecida "conforme seja necessário e suficiente para *reprovação* e *prevenção* do crime.".

Nesse passo, os integrantes[1317] da Comissão que laborou na Reforma da Parte Geral do Código, levada a efeito pela Lei nº 7.209/10, e que escreveram livro sobre as penas, assim se posicionam: "Necessário e suficiente à reprovação, porque uma legislação fundada no Direito Penal da Culpa, que pressupõe uma liberdade de opção do agir humano como instante último, posterior à convergência de forças e vetores de ordem biológica e social, não pode deixar de considerar a pena como *castigo*.".

Em sequência:[1318] "A prevenção constitui, também, uma das finalidades da pena. A prevenção geral é fato inconteste atingido pelo Direito Penal, mas muitas vezes minimizado. Na verdade, o Direito Penal tem imensa força intimidativa, como o mais rigoroso instrumento de controle social, ao lado dos demais mecanismos de socialização a que todos estão sujeitos pelo processo de aprendizagem e pela reprovação social.".

[1316] ROXIN, Claus. *Problemas Fundamentais de Direito Penal*. 2ª ed. Trad. de Ana Paula dos Santos Luís Natscheradetz. Lisboa: veja, 1993, p. 25.

[1317] REALE JÚNIOR, Miguel *et al*. *Penas e Medidas de Segurança no Novo Código*. 2ª ed. Rio de Janeiro: Forense, 1987, p. 163. Nem todos os integrantes da referida Comissão participaram da feitura do livro ora citado. Francisco de Assis Toledo, que presidiu a Comissão, voltou maior atenção para a concepção do crime, cujas feições refletindo a Reforma Penal estão delineadas em seu livro *Princípios Básicos de Direito Penal*, citado neste *Curso*.

[1318] REALE JÚNIOR, Miguel *et al*. *Penas e Medidas de Segurança no Novo Código*. 2ª ed. Rio de Janeiro: Forense, 1987, p. 164.

Por fim, os autores[1319] invocam a prevenção especial: "A fixação da pena deve ser feita, também, sob a perspectiva de prevenção especial, que ganhou tanto realce com a escola da nova defesa social. Há, no entanto, hoje reservas com as ideias defensistas.".

2.3.2. Teoria dialética unificadora

A *teoria dialética unificadora* formulada por Roxin[1320] propugna a missão do Direito Penal como proteção subsidiária de bens jurídicos e prestações de incumbências estatais, mediante prevenção geral e especial perpetrada no momento da cominação da pena, da individualização judicial e, por fim, da execução penal.

O autor ressalta que não se pode desconhecer que na maioria dos casos em que a pena é aplicada, surge o elemento de prevenção especial que intimidará o agente para que não venha a reincidir, sendo que o componente da prevenção especial da sentença aplicada possui também um fim último de prevenção geral, a par do robustecimento da consciência jurídica da comunidade, resultando, nesse passo, também numa prevenção positiva. Isso tudo ao mesmo tempo em que refuta quaisquer propósitos expiatórios, no que se distingue das tradicionais teorias monistas ou da teoria da unificação por adição.

Em síntese,[1321] propugna o penalista tedesco uma espécie de consideração *gradual* dos fins da pena. Na tarefa de proteção a bens jurídicos, há confluência de escopos preventivos, a um tempo, negativos e positivos, com a culpabilidade exercendo papel limitativo à pena criminal. Na cominação abstrata, estaria fundamentalmente a prevenção geral; no momento da pena aplicada, a culpabilidade operaria como elemento limitador da sanção; no momento da execução – também com atenção à prevenção geral e nos limites estabelecidos pela culpabilidade do agente –, põe-se em evidência a prevenção especial, com a recuperação ou ressocialização do apenado.

2.4. Teoria negativa ou agnóstica

Zaffaroni[1322] propõe uma *teoria negativa* ou *agnóstica da pena*, exsurgente, segundo o autor, do fracasso das teorias positivas em torno de funções

---

[1319] REALE JÚNIOR, Miguel et al. *Penas e Medidas de Segurança no Novo Código*. 2ª ed. Rio de Janeiro: Forense, 1987, p. 165-166.

[1320] ROXIN, Claus. *Problemas Fundamentais de Direito Penal*. 2ª ed. Trad. de Ana Paula dos Santos Luís Natscheradetz. Lisboa: veja, 1993, p. 33 e ss. Impende esclarecer que Roxin também é apontado como representante da teoria da prevenção geral positiva limitadora, "no sentido de limitar a intervenção penal por parte do Estado, sem afastar os efeitos já referidos da prevenção fundamentadora.". Confira-se: MARQUES, Oswaldo Henrique Duek. *Fundamentos da Pena*. São Paulo: Juarez de Oliveira, 2000, p. 106.

[1321] Consulte-se, ainda, a didática exposição de: GARCÍA-PABLOS DE MOLINA, Antonio. *Introducción al Derecho Penal*. Madrid: Editorial Universitaria Ramón Areces, 2005, p. 311 e ss.

[1322] ZAFFARONI, Eugenio Raúl; ALAGIA, Alejandro; SLOKAR, Alejandro. *Derecho Penal – Parte General*. 2ª ed. Buenos Aires: Ediar, 2002, p. 44 e ss. Sobre a teoria agnóstica da pena, consulte-se, ainda: SANTOS, Juarez Cirino dos. *Teoria da Pena – Fundamentos Políticos e Aplicação Judicial*. Rio de Janeiro: ICPC/Lumen Juris,

manifestas, visto serem, para o autor, falsas ou não generalizantes. A teoria fundamenta-se em modelos ideais de *Estado de Polícia* e de *Estado de Direito*, os quais convivem no interior do Estado moderno em uma tensão dialética que fomenta uma exclusão recíproca.

Para o penalista, a pena é um exercício de poder que não possui função reparadora nem constitui coerção administrativa direta. Trata-se de um conceito negativo pelo fato de não conceder qualquer função positiva à pena, bem como pelo fato de ser obtido por exclusão, sendo agnóstico quanto à sua função por desconhecê-la.

Em suma, a teoria agnóstica assume uma perspectiva não legitimadora do poder punitivo estatal, ante a impossibilidade de se fundamentar juridicamente a sanção penal, consoante assevera, bem como em face da necessidade de maximizar os direitos fundamentais.

3. Sistemas penitenciários

3.1. Introdução

Na Antiguidade e também na Idade Média, era notável a prevalência das penas corporais – cujo conceito forneceremos no próximo capítulo, para desfazer os equívocos conceituais em torno dessas penas. A prisão era utilizada não como pena, mas como meio de propiciar a futura pena, que era por excelência a corporal. Eis as palavras de Heleno Fragoso:[1323] "Um texto de *Ulpiano* contido no Digesto (48.8.19), esclarecia que o cárcere deveria ser usado para detenção, não para punição (*carcer, enim ad continendos homines non ad puniendos haberi debet*).".

Hoje, não apenas no imaginário popular, mas também na consagração legislativa e por conseguinte na prática forense, são postas em relevo as penas privativas de liberdade. Daí a importância em estudarmos *sistemas penitenciários* ditos *clássicos*, propiciando um melhor entendimento da sistemática adotada no Brasil.

3.2. Sistema pensilvânico, de Filadélfia ou celular

O sistema *pensilvânico* ou de *Filadélfia* foi assim designado, por ter sido construída em Filadélfia a prisão de Walnut, em 1790. Também chamado de *celular*, o sistema consistia em segregação e silêncio, sendo os condenados submetidos a um isolamento no período inicial, o qual se prolongava por todo o cumprimento da pena, nos crimes mais graves. Os condenados por crimes

---

2005, p. 14 e ss.; CARVALHO, Salo de. *Penas e Medidas de Segurança no Direito Penal Brasileiro*. São Paulo: Saraiva, 2013, p. 141 e ss.

[1323] FRAGOSO, Heleno Cláudio. *Lições de Direito Penal – Parte Geral*. 12ª ed. revista e atualizada por Fernando Fragoso. Rio de Janeiro: Forense, 1990, p. 285.

mais graves podiam trabalhar em conjunto, mas havia a imposição do silêncio. De acordo com Fragoso,[1324] "O sistema do completo isolamento (*solitary system*) foi introduzido nas novas prisões de Pittsburgh (Western Penitenciary) e Cherry Hill (Eastern Penitenciary) construídas em 1818 e 1829.". A este sistema aplicava-se a conhecida expressão[1325] segundo a qual *a cela é o túmulo do vivo*.

3.3. Sistema auburniano ou *silent system*

O sistema *auburiano*[1326] ou *silent system*, que surgiu na cidade de Auburn, no Estado de Nova Iorque, em 1818, sucedeu ao pensilvânico como uma alternativa menos rígida, na medida em que restringiu o isolamento ao período noturno, permitindo o trabalho em comum dos sentenciados durante o dia, trabalho que deveria ser feito em silêncio. Os detentos somente poderiam conversar com os agentes penitenciários, desde que com prévia autorização, em voz baixa. O trabalho no *silent system* constitui um dos pilares desse sistema.

3.4. Sistema inglês ou progressivo

O denominado sistema *inglês*[1327] ou *progressivo* remonta ao século XIX, na Inglaterra. Por esse sistema, a pena era cumprida em progressão, passando por um período inicial ou de prova, com prazo determinado, ao que se seguia um período ulterior, com o trabalho em comum, para, no período derradeiro, conceder-se ao condenado a liberdade condicional e sob fiscalização.

3.5. Perspectiva brasileira

Consoante se observará no estudo da pena privativa de liberdade neste *Curso*, a Reforma Penal de 1984 adotou um sistema progressivo com características próprias, ou seja, não constitui uma reprodução do sistema inglês na sua integralidade. De ver-se que o Regime Disciplinar Diferenciado (RDD), aplicável quando presentes as hipóteses do art. 52 da LEP, consagra uma sistemática que se assemelha aos sistemas pensilvânico e auburniano.

Importa mencionar que a União está legalmente obrigada a manter estabelecimentos penais de segurança máxima, destinados ao cumprimento de

---

[1324] FRAGOSO, Heleno Cláudio. *Lições de Direito Penal – Parte Geral*. 12ª ed. revista e atualizada por Fernando Fragoso. Rio de Janeiro: Forense, 1990, p. 286.
[1325] NORONHA, E. Magalhães. *Direito Penal – Introdução e Parte Geral*. 25ª ed. (atual. por Adalberto José Q. T. de Camargo Aranha). São Paulo: Saraiva, 1987, v. 1, p. 228.
[1326] PIMENTEL, Manoel Pedro. *O Crime e a Pena na Atualidade*. São Paulo: Revista dos Tribunais, 1983, p. 137-138; BITENCOURT, Cezar Roberto. *Falência da Pena de Prisão*. São Paulo: Revista dos Tribunais, 1993, p. 70 e ss.
[1327] PIMENTEL, Manoel Pedro. *O Crime e a Pena na Atualidade*. São Paulo: Revista dos Tribunais, 1983, p. 139-140; NORONHA, E. Magalhães. *Direito Penal – Introdução e Parte Geral*. 25ª ed. (atual. por Adalberto José Q. T. de Camargo Aranha). São Paulo: Saraiva, 1987, v. 1, p. 228.

penas impostas a condenados de alta periculosidade, cuja permanência em presídios estaduais ponha em risco a ordem ou incolumidade pública (Lei nº 8.072/90, art. 3º).

Em conformidade com os ditames do citado art. 3º da Lei dos Crimes Hediondos, a Lei nº 11.671/08 veio a dispor sobre a transferência e a inclusão de presos em estabelecimentos penais federais de segurança máxima, que admite presos condenados e também provisórios (art. 4º), com rígida disciplina, nos moldes do Dec. 6.049/07. De notar-se que a inclusão de preso em estabelecimento federal deverá ser por prazo determinado (Lei nº 11.671/08, art. 10, *caput*) não superior a 360 dias (art. 10, § 1º), que poderá ser renovado, consoante disposição legal e entendimento jurisprudencial (TRF4, Agravos de Execução: 7ª Turma, 5050449-49.2015.404.7000, j. 26/01/2016; 8ª Turma, 5031119-66.2015.404.7000, j. 18/11/2015).

Capítulo XVII – ESPÉCIES DE PENA

1. Introdução

Nem todas as espécies de pena são admitidas no direito penal brasileiro. As penas consagradas pela Constituição e pela legislação infraconstitucional serão estudas no tópico 2 deste capítulo. As penas não admitidas mencionaremos no tópico 3, dentre as quais incluem-se as *penas corporais*, as quais, com frequência são confundidas com as penas privativas de liberdade. No objetivo de enfatizar e bem esclarecer a distinção, reproduzimos um breve artigo jurídico, que publicamos em obra coletiva, artigo esse que escrevemos[1328] em homenagem ao Professor René Ariel Dotti:

Pena corporal? Homenagem ao Professor René Ariel Dotti

A história das penas é uma caminhada em prol da humanização. "Diz-se", nas palavras de Miguel Reale Júnior, "que a história do Direito Penal é a história de contínuas abolições. Sem recair no abolicionismo, que engendra perigos, podendo levar às ações vindicativas e à exigência de internalização de controles e de autocensura, posso afirmar que a História do Direito Penal é a história de um largo processo de *humanização da repressão*.". Em semelhante sentido, Antonio Scarance Fernandes afirma que "na evolução do relacionamento indivíduo-Estado, sentiu-se a necessidade de normas que garantissem os direitos fundamentais do ser humano contra o forte poder estatal intervencionista". Assim é que neste artigo farei algumas breves notas históricas em torno da pena e de sua gradual humanização, tendo por escopo final um esclarecimento terminológico.

A Antiguidade e a Idade média testemunharam a aplicação de penas cruéis como algo absolutamente *"normal"*. Ilustrativos são os exemplos da crucificação de Jesus e também o da cena do filme Coração Valente, em que William Wallace, interpretado pelo ator Mel Gibson, após ser traído, é submetido a uma sessão de tortura em praça pública, sob o olhar do público e com ares de espetáculo.

[1328] SILVA, Ângelo Roberto Ilha da. Pena Corporal? Homenagem ao Professor René Ariel Dotti. In: *Estudos de Direito Público* (org. Leonardo Schmitt de Bem). Belo Horizonte: D'Plácido, 2018, p. 209-212.

Por longo e triste período da História, as pessoas consideradas como infratoras eram punidas com penas corporais. Muito embora haja uma certa confusão terminológica, ensina Eugenio Cuello Cálon que "*penas corporais* são aquelas que recaem especialmente sobre o corpo do condenado.".

Eis a lição de Aníbal Bruno: "As mais antigas formas de punição foram as penas corporais, que, como vimos, atingem o indivíduo no seu corpo, produzindo-lhe a morte, ou lesões ou sofrimentos físicos. Eram penas dêsse gênero que predominavam no Direito antigo e medieval. Mais tarde, o abrandamento da rudeza e violência dos velhos hábitos punitivos, as ideias do Iluminismo e a ação da Igreja por fazer da punição penitência para purgação do pecado contribuíram para que êsses modos de punição brutais e grosseiros fôssem substituídos pela privação da liberdade. A isso veio juntar-se, nos tempos modernos, o objetivo atribuído à pena, de recuperação social do criminoso.".

Fala-se em penas corporais em sentido amplo e em sentido estrito. A pena de morte é a denominada pena corporal em um sentido amplo. No segundo grupo – *stricto sensu* –, incluem-se aquelas que não possuem outro fim senão o de infligir dor corporal ao apenado, de que são exemplo os açoites, a roda alta (em que os ossos do apenado iam sendo despedaçados e suas juntas esmagadas, mas evitando-se ferimentos letais), o esmaga-seios (aparelho de metal que, após aquecido, era utilizado para dilacerar os seios das condenadas), o empalador (em que o supliciado, após ser desnudado, era colocado de baixo para cima numa estaca pontiaguda, morrendo de hemorragia após longos dias de sofrimento; neste caso o apenado sofria, na prática duas penas, a corporal em sentido estrito, mas cujo desfecho era a morte do torturado), o esmaga-joelhos, o serrote (o carrasco serrava o condenado, que era suspenso pelos pés, de cima para baixo, impondo-lhe sofrimento extremo; neste caso o apenado também aqui sofria, na prática duas penas, a corporal em sentido estrito, mas cujo desfecho era a morte do torturado), a famosa cadeira inquisitória (em que as agulhas da cadeira iam penetrando no corpo do torturado), as mutilações, etc.

Este estado de coisas veio a ser posto em causa pela Ilustração. Com efeito, assevera René Ariel Dotti que "O *Iluminismo* se caracterizou na Europa racionalista do final do século XVIII como um movimento e um modo de pensar diferente. Entre as suas origens se destacou a revolução científica operada no final do século anterior que transformou as concepções que as pessoas tinham sobre o homem, o mundo e a vida. A linha filosófica daquela corrente de pensamento se caracterizou pelo empenho de ampliar a crítica e o guia da razão em todas as atividades humanas.". Numa palavra, pode-se afirmar que o Iluminismo fez soçobrar o *Ancien Régime*. E isso repercutiu na humanização do direto penal, com veiculação de ideias humanísticas que vigoram até hoje, cujo exemplo mais contundente foi a publicação, em 1764, da obra *Dei Delitti e delle Pene*, de Cesare Beccaria.

Essa breve digressão me parece suficiente para deixar claro *o que é e o que não é pena corporal*. Isso porque neste meu artigo me propus a "saldar uma dívida" com o Prof. Dotti, com quem dividi uma banca de mestrado na Faculdade de Direito da UFRGS há alguns anos para arguir um candidato que utilizava a expressão pena corporal como sinônimo de pena privativa de liberdade, o que de resto se observa até mesmo em diversas decisões de tribunais brasileiros. E aqui – conforme anunciado no título – vai minha homenagem ao preclaro professor que naquela oportunidade me instou a escrever um artigo para apontar o equívoco, o que venho saldar com alguns anos de interregno.

Em conclusão, a pena corporal é a que recai sobre o corpo, determinando um sofrimento físico ao condenado. Por sua vez, a pena privativa de liberdade é a que – como o próprio nome sugere – recai sobre a liberdade do indivíduo. Portanto, não podem ser tomadas como sinônimas. Isso fica evidente, por exemplo, ao consultarmos o antigo Estatuto do Estrangeiro (Lei nº 6.815/1980), que, se referindo à extradição, estatuía, em seu art. 91, que: "Não será efetivada a entrega sem que o Estado requerente assuma o compromisso: (...): III – de comutar em pena privativa de liberdade a pena corporal ou de morte, ressalvados, quanto à última, os casos em que a lei brasileira permitir a sua aplicação; (...).". Da mesma forma a atual Lei de Migração (Lei nº 13.445/2017), que revogou o Estatuto referido, mas que dispõe de forma idêntica, em seu art. 96, que: "Não será efetivada a entrega do extraditando sem que o Estado requerente assuma o compromisso de: (...)

III – comutar a pena corporal, perpétua ou de morte em pena privativa de liberdade, respeitado o limite máximo de cumprimento de 30 (trinta) anos (...).". Ora, se a pena corporal fosse a mesma coisa que pena privativa de liberdade, o Estado brasileiro não exigiria a comutação para fins de entrega do extraditando...

2. Espécies de pena albergadas no Direito Penal brasileiro

2.1. Penas privativas de liberdade

2.1.1. Reclusão, detenção e prisão simples

As penas privativas de liberdade são a de reclusão a de detenção e a de prisão simples (esta última não consta no CP, e sim na LCP). A primeira, a mais rígida, distingue-se[1329] da segunda para efeito de execução, porquanto a pena de *reclusão* pode ser cumprida em regime fechado, semi-aberto e aberto, ao passo que a de *detenção* é cumprida em regime semi-aberto ou aberto (art. 33). No caso de imposição de medida de segurança, o juiz poderá submeter o inimputável (ou semi-imputável, quando houver necessidade de especial tratamento curativo, art. 98) a tratamento ambulatorial, se o fato previsto como crime for apenado com detenção, ficando reservada tão somente a internação se o fato punível tiver a cominação da pena de reclusão (art. 97, *caput*). Assim, apesar do fato de a medida de segurança não ser uma pena, será a ela cumprida no se que se refere as alternativas internação ou tratamento ambulatorial com base na referência da pena abstratamente cominada, reclusão ou detenção, com o que se busca conferir uma proporcionalidade à medida de segurança, conforme a gravidade do fato.

A pena de *prisão simples* também se insere entre as penas privativas de liberdade – se bem que hoje mais conceitualmente do que num sentido prático – imposta aos condenados por contravenção penal, devendo ser cumprida sem rigor penitenciário, em estabelecimento especial ou seção especial de prisão comum, em regime semiaberto ou aberto (LCP, art. 6°, *caput*), ficando o condenado separado dos condenados à pena de reclusão ou de detenção (LCP, art. 6°, § 1°), sendo o trabalho facultativo, se a pena aplicada não excede a quinze dias (LCP, art. 6°, § 2°). Impende ressaltar que as previsões dos §§ 1° e 2° do art. 6° da LCP são praticamente letra morta, pois tais infrações hoje constituem infração de menor potencial ofensivo (Lei n° 9.099/95, art. 61), em que o condenado, no máximo, ficará sujeito a alguma pena alternativa (CP, art. 44).

[1329] LOPES, Jair Leonardo. *Curso de Direito Penal – Parte Geral*. 4ª ed. São Paulo: Revista dos Tribunais, 2005, p. 184. Eis as palavras dos juristas integrantes da Comissão de Reforma de 1984, relativamente ao CP de 1940, em sua versão original: "Na primitiva redação do CP de 1940, a reclusão se distinguia da detenção pelos seguintes aspectos: 1° – não admitia em regra o *sursis* (salvo quando o condenado fosse menor de 21 ou maior de 70 anos); 2° – estabelecia o isolamento celular também durante o dia no período inicial de cumprimento da pena, se as condições pessoais do recluso assim o permitissem; 3° – o trabalho não poderia ser escolhido pelo recluso, sendo uma imposição da direção do presídio; 4° – as penas acessórias e as medidas de segurança funcionavam com mais freqüência e importância.". REALE JÚNIOR, Miguel *et al. Penas e Medidas de Segurança no Novo Código*. 2ª ed. Rio de Janeiro: Forense, 1987, p. 40.

2.1.2. Regimes de execução

2.1.2.1. Regime fechado

A teor do que estabelece o art. 34 do CP, no *regime fechado*, o condenado será submetido, no início do cumprimento da pena, a *exame criminológico* de classificação para individualização da execução (art. 34, *caput*). O condenado fica sujeito a trabalho no período diurno e a isolamento durante o repouso noturno (art. 34, § 1º). O trabalho será em comum dentro do estabelecimento, na conformidade das aptidões ou ocupações anteriores do condenado, desde que compatíveis com a execução da pena (art. 34, § 2º), sendo o trabalho externo admitido, em serviços e obras públicas (art. 34, § 3º), desde que cumpridos certos requisitos os quais serão vistos ao tratarmos sobre o trabalho do preso, em tópico específico. Diversamente do que ocorre nos regimes semiaberto e aberto, o CP não prevê a possibilidade de o condenado sob o regime fechado frequentar cursos supletivos profissionalizantes, de instrução de segundo grau ou superior.

2.1.2.2. Regime semiaberto

Diferente do que ocorre no regime fechado, no *regime semiaberto* o exame criminológico não é obrigatório, mas facultativo, consoante se extrai da conjugação do art. 35, *caput* (que remete ao art. 34), do CP, com o art. 8º, parágrafo único, da LEP. O condenado fica sujeito a trabalho em comum durante o período diurno, em colônia agrícola, industrial ou estabelecimento similar (art. 35, § 1º). O trabalho externo é admissível, bem como a frequência a cursos supletivos profissionalizantes, de instrução de segundo grau ao superior (art. 35, § 2º).

2.1.2.3. Regime aberto

O *regime aberto* baseia-se na autodisciplina e senso de responsabilidade do condenado (art. 36, *caput*). Nesse regime, o condenado deverá, fora do estabelecimento e sem vigilância, trabalhar, frequentar curso ou exercer outra atividade autorizada, permanecendo recolhido durante o período noturno e nos dias de folga (art. 36, § 1º). Se o condenado praticar fato definido como crime doloso, frustrar os fins da execução ou, podendo, não pagar a multa cumulativamente aplicada, será transferido do regime aberto (art. 36, § 2º).

2.1.2.4. Regime especial para mulheres

A Constituição estabelece que a pena será cumprida em estabelecimentos distintos, de acordo com a natureza do delito, a idade e o *sexo* do apenado (CF, art. 5º, inc. XLVIII), assegurando, ainda, às presidiárias condições para que possam permanecer com seus filhos durante o período da amamentação

(CF, art. 5°, inc. L). Já o Código Penal prevê que as mulheres devem cumprir pena em estabelecimento próprio, observando-se os deveres e direitos inerentes à sua condição pessoal (CP, art. 37). Por sua vez, a Lei de Execução Penal estatui que os estabelecimentos penais destinados a mulheres serão dotados de berçário, no mínimo até seis meses de idade (LCP, art. 83, § 2°), sendo que esses estabelecimentos deverão possuir, exclusivamente, agentes do sexo feminino na segurança de suas dependências internas (LCP, art. 83, § 3°). A penitenciária para mulheres, além de outros requisitos gerais previstos no art. 88 da LCP (cela individual, aparelho sanitário, lavatório, etc.) será dotada de seção para gestante e parturiente e de creche para abrigar crianças maiores de seis meses e menores de sete anos, com a finalidade de assistir a criança desamparada cuja responsável estiver presa (LCP, art. 89), com os requisitos básicos da seção e da creche legalmente determinados (LCP, art. 89, parágrafo único).

2.1.2.5. Progressão e regressão de regime

Consoante vimos, o CP consagra três regimes de cumprimento de pena, cuja *execução é feita de forma progressiva*. Na dicção do art. 112, *caput*, da LEP, a pena privativa de liberdade será executada em forma progressiva com a transferência para regime menos rigoroso, a ser determinado pelo juiz, quando o preso tiver cumprido ao menos um sexto da pena no regime anterior e ostentar bom comportamento carcerário, comprovado pelo diretor do estabelecimento, respeitadas as normas que vedam a progressão. Assim, observa-se que a progressão de regime consiste na passagem do condenado de regime mais rígido para regime imediatamente (ou seja, sem saltos) menos rígido. A decisão do juiz da execução penal pela progressão será sempre motivada e precedida de manifestação do Ministério Público e do defensor (LEP, art. 112, § 1°).

Para a progressão, devem estar presentes os requisitos objetivo e subjetivo. O primeiro é o cumprimento de 1/6 da pena. Isso como regra, pois há casos em que o prazo é maior, como ocorre na execução de crimes hediondos (Lei n° 8.072/90, art. 2°, § 2°), em que o condenado deverá cumprir 2/5, se primário, e 3/5, se reincidente. Relativamente ao requisito subjetivo, a Lei n° 10.792/03 alterou a redação do art. 112 da LEP, substituindo a palavra "mérito" do condenado por "bom comportamento carcerário". Antes da alteração legislativa, era necessário que a decisão motivada do juiz da execução fosse precedida por parecer da Comissão Técnica de Classificação e exame criminológico, quando necessário, a teor do então vigente parágrafo único do art. 112 da LEP, hoje revogado. Atualmente, não há mais previsão do referido parecer como exigência, sendo que o exame criminológico se tornou "admissível", mas não exigível, deixando, assim, de ser regra para tornar-se exceção, consoante enunciado do STJ:

> **Súmula 439.** Admite-se o exame criminológico pelas peculiaridades do caso, desde que em decisão motivada.

A progressão não pode se dar em saltos, porquanto o condenado deve cumprir 1/6 no regime anterior. Assim, não é possível o condenado progredir do regime fechado diretamente para o regime aberto. O STJ consolidou esse entendimento, editando a Súmula 491, nos seguintes termos:

Súmula 491. É inadmissível a chamada progressão *per saltum* de regime prisional.

O regime de progressão de pena consagra também a possibilidade de *regressão*, com a transferência para qualquer dos regimes mais rigorosos (LEP, art. 118, *caput*), quando o condenado praticar fato definido como crime doloso ou falta grave (LEP, art. 118, inc. I), sofrer condenação, por crime anterior, cuja pena, somada ao restante da pena em execução, torne incabível o regime (LEP, art. 118, inc. II). Além dessas hipóteses, o condenado será transferido do regime aberto se frustrar os fins da execução ou não pagar, podendo, a multa cumulativamente imposta (LEP, art. 118, § 1º). Nas hipóteses do inc. I e do § 1º, deverá ser ouvido, previamente, o condenado (LEP, art. 118, § 2º).

2.1.3. Direitos e deveres do condenado

2.1.3.1. Direitos do condenado

A CF assegura aos presos o respeito à integridade física e moral (art. 5º, inc. XLIX).O art. 38 do CP, a seu turno, preceitua que *o preso conserva todos os direitos não atingidos pela perda da liberdade*, impondo-se a todas as autoridades o respeito à sua integridade física e moral. A LEP também assegura ao condenado (e também ao internado) todos os direitos não atingidos pela sentença ou pela lei (art. 3º, *caput*), além do direito de não ser discriminado m virtude de natureza racial, social, religiosa ou política (art. 3º, parágrafo único).

A LEP, em seu art. 41, elenca, ainda, uma série de direitos, quais sejam: alimentação suficiente e vestuário (inc. I), atribuição de trabalho e sua remuneração (inc. II), previdência social (inc. III), constituição de pecúlio (inc. IV), proporcionalidade na distribuição do tempo para o trabalho, o descanso e a recreação (inc. V), exercício das atividades profissionais, intelectuais, artísticas e desportivas anteriores, desde que compatíveis com a execução da pena (inc. VI), assistência material, à saúde, jurídica, educacional, social e religiosa (inc. VII), proteção contra qualquer forma de sensacionalismo (inc. VIII), entrevista pessoal e reservada com o advogado (inc. IX), visita do cônjuge, da companheira, de parentes e amigos em dias determinados (inc. X), chamamento nominal (inc. XI), igualdade de tratamento salvo quanto às exigências da individualização da pena (inc. XII), audiência especial com o diretor do estabelecimento (inc. XIII), representação e petição a qualquer autoridade, em defesa de direito (inc. XIV), contato com o mundo exterior por meio de correspondência escrita, da leitura e de outros meios de informação que não comprometam a moral e os bons costumes (inc. XV), atestado de pena a cumprir, emitido anualmente, sob pena da responsabilidade da autoridade judiciária competente (inc. XVI). Os direitos previstos nos incisos V, X e XV poderão ser suspensos ou restringidos mediante ato motivado do diretor do estabelecimento (art. 41, parágrafo único).

O condenado também faz *jus* a recompensas, em face de seu reconhecido bom comportamento, de sua colaboração com a disciplina e de sua dedicação ao trabalho (LEP, art. 55). Segundo o art. 56, as recompensas consistem em elogio (inc. I) e na concessão de regalias (inc. II).

2.1.3.2. Deveres do condenado

Além das obrigações legais inerentes ao seu estado, o condenado tem o *dever de submeter-se às normas de execução da pena* (LEP, art. 38). Por sua vez, o art. 39 estabelece os seguintes deveres: comportamento disciplinado e cumprimento fiel da sentença (inc. I), obediência ao servidor e respeito a qualquer pessoa com quem deva relacionar-se (inc. II), urbanidade e respeito no trato com os demais condenados (inc. III), conduta oposta aos movimentos individuais ou coletivos de fuga ou de subversão à ordem ou à disciplina (inc. IV), execução do trabalho, das tarefas e das ordens recebidas (inc. V), submissão à sanção disciplinar imposta (inc. VI), indenização à vítima ou aos seus sucessores (inc. VII), indenização ao Estado, quando possível, das despesas realizadas com a sua manutenção, mediante desconto proporcional da remuneração do trabalho (inc. VIII), higiene pessoal e asseio da cela ou alojamento (inc. IX) e conservação dos objetos de uso pessoal (inc. X).

2.1.3.3. Trabalho do condenado

O trabalho é obrigatório ao condenado à pena privativa de liberdade (LEP, art. 31) e será sempre remunerado, sendo garantidos os benefícios da Previdência Social (CP, art. 39). O trabalho do condenado, como dever social e condição de dignidade humana, possui finalidade educativa e produtiva (LEP, art. 28, *caput*).

De acordo com a LEP, o trabalho será interno, consoante dispõem os arts. 31 a 35, ou externo (arts. 36 e 37). Impende salientar que no regime fechado o trabalho externo somente é admissível em serviços e obras públicas (CP, art. 34, § 3º), devendo ser tomadas as cautelas contra a fuga em favor da disciplina, com a limitação máxima de 10% relativamente ao número de presos do total de empregados da obra (LEP, art. 36, *caput* e § 1º).

2.1.4. Individualização da pena e de sua execução

A *individualização da pena* desenvolve-se, como lembra José Antonio Paganella Boschi,[1330] em três fases, quais sejam, a legal (em que o legislador o "faz baseado em critérios políticos, sociais, econômicos, ideológicos, etc."), a judicial (em que o juiz competente tem em conta "as margens mínimas e máximas estabelecidas pelo legislador", fazendo o cálculo da pena com base no critério trifásico adotado no art. 68 do CP) e a de execução *"tendo por referência os limites*

[1330] BOSCHI, José Antonio Paganella. *Das Penas e seus Critérios de Aplicação*. 6ª ed. Porto Alegre: Livraria do Advogado, 2013, p. 150.

assinalados pela sentença condenatória (...), em acordo com o programa individualizador (art. 6º da Lei 7.210/84) do tratamento penitenciário.".

O programa individualizador da pena será feito pela Comissão Técnica de Classificação (LEP, art. 6º). No caso de cumprimento de pena privativa de liberdade em regime fechado, o exame criminológico será obrigatório, para a obtenção dos elementos necessários a uma adequada classificação, com vistas à individualização (LEP, art. 8º). Porém, como vimos, para a progressão de pena, com o advento da Lei nº 10.712/03, o exame criminológico deixou de ser obrigatório, sendo substituído por atestado de bom comportamento exarado pelo diretor do estabelecimento (LEP, art. 112), podendo o exame criminológico ser feito, diante das peculiaridades do caso concreto, desde que em decisão motivada (Súmula 439 do STJ).

2.1.5. Remição

De acordo com a previsão do art. 126 da LEP, o condenado que cumpre a pena em regime fechado ou semiaberto poderá remir, por trabalho ou por estudo, parte do tempo de execução da pena, nos moldes das previsões contidas nos parágrafos do aludido artigo. A *remição* não está incluída no rol de direitos do preso, pois segundo o STF trata-se de "mera expectativa de direito" (HC 90.107), afirmando o STJ que a decisão que reconhece a remição "não faz coisa julgada nem constitui direito adquirido" (REsp 1417326/RS).

Com a edição da Lei nº 12.433/11, que deu nova redação ao § 6º, a remição passou a ser uma possibilidade também ao condenado que cumpre pena em regime aberto. Não obstante, tal possibilidade tem sido objeto de controvérsia na jurisprudência, havendo uma tendência pela inadmissibilidade da remição pelo trabalho (STF, RHC 117.075, j. 6.12.2013). Conforme entendimento do STJ, no "regime aberto, a remição somente é conferida se há frequência em curso de ensino regular ou de educação profissional, sendo inviável o benefício pelo trabalho" (HC 277885/MG, j. 15.10.2013).

2.1.6. Detração

Por *detração* deve-se entender o abatimento da pena privativa de liberdade ou da medida de segurança relativo ao tempo de prisão provisória, no Brasil ou no estrangeiro, ao de prisão administrativa e ao de internação em estabelecimento como hospital de custódia e tratamento psiquiátrico ou estabelecimento adequado (art. 42).

2.2. Penas restritivas de direitos

2.2.1. Introdução

Diferentemente do que ocorria com a sistemática do CP de 1940, em sua versão original, que consagrava uma forte prevalência da pena privativa de liberdade, hoje, após a Reforma Penal de 1984, somando-se, ulteriormente, com a edição da Lei nº 9.714/98,[1331] as penas restritivas de direito, como alternativas àquela, alcançaram especial relevo.

Eis o conceito de René Ariel Dotti:[1332] "As *penas restritivas de direitos* são reações aplicadas contra o autor da infração, limitando o exercício de determinados direitos, liberdades ou garantias. Tais penas, como a designação bem o diz, se destinam a *restringir* ou *recortar* determinados direitos do condenado como a liberdade e o patrimônio.".

Impende ressaltar que as penas restritivas de direito são *autônomas* e *substitutivas* da pena privativa de liberdade, quando esta, a teor do art. 44 do CP, não for superior a 4 anos e o crime não for cometido com violência ou grave ameaça à pessoa ou, qualquer que seja a pena, em caso de crime culposo (art. 44, inc. I), o réu não for reincidente em crime doloso (art. 44, inc. II), a culpabilidade, os antecedentes, a conduta social e a personalidade do condenado, bem como os motivos e as circunstâncias indicarem que a substituição seja suficiente (art. 44, inc. III).

Jair Leonardo Lopes[1333] pondera que, a seu ver, tais penas "não são alternativas em relação à pena privativa de liberdade, porque esta sempre será aplicada.". Isso porque entende o autor que a pena privativa de liberdade é *sempre* aplicada, sendo, após, *substituída*. Em sequência, trataremos sobre as diversas espécies de penas restritivas de direito, cujas hipóteses e sistemáticas estão previstas nos arts. 43 a 48 do CP.

2.2.2. Espécies

2.2.2.1. Prestação pecuniária

A *prestação pecuniária* consiste no pagamento em dinheiro à vítima, a seus dependentes ou à entidade pública ou privada com destinação social, de importância fixada pelo juiz, não inferior a 1 salário-mínimo nem superior a 360 salários-mínimos. O valor pago deve ser deduzido do montante de eventual condenação em ação de reparação civil, se coincidentes os beneficiários (CP, art. 45, § 1º). Caso haja aceitação do beneficiário, a prestação pecuniária pode consistir em prestação de outra natureza (CP, art. 45, § 2º), como, por exemplo, como refere Reale Júnior,[1334] "alimentos, vestuário", bem como, conforme Cirino dos Santos, a *"dação em pagamento"*[1335] (CC, art. 356).

[1331] Para uma visão crítica e vertical da Lei nº 9.714/98, consulte-se a seguinte obra coletiva: DOTTI, René Ariel et al. *Penas Restritivas de Direitos – Críticas e Comentários às Penas Alternativas* – Lei 9.714, de 25.11.1998. São Paulo: Saraiva, 1999.

[1332] DOTTI, René Ariel. O Sistema Geral e Aplicação das Penas. In: DOTTI, René Ariel et al. *Penas Restritivas de Direitos – Críticas e Comentários às Penas Alternativas* – Lei 9.714, de 25.11.1998. São Paulo: Saraiva, 1999, p. 99.

[1333] LOPES, Jair Leonardo. *Curso de Direito Penal – Parte Geral*. 4ª ed. São Paulo: Revista dos Tribunais, 2005, p. 191.

[1334] REALE JÚNIOR, Miguel. *Instituições de Direito Penal – Parte Geral*. 4ª ed. Rio de Janeiro: Forense, 2013, p. 383.

[1335] SANTOS, Juarez Cirino dos. *Teoria da Pena – Fundamentos Políticos e Aplicação Judicial*. Rio de Janeiro: ICPC/Lumen Juris, 2005, 85.

Tal pena, cujo valor é destinado à vítima e àquelas pessoas e entidades mencionadas no § 1º do art. 45 do CP, não se confunde com a pena de multa, cujo valor é destinado ao fundo penitenciário (CP, art. 49). Impende ressaltar que o art. 17 da Lei Maria da Penha (Lei nº 11.340/06) veda expressamente a prestação pecuniária em substituição à pena privativa de liberdade.

O CPP, em seu art. 63, parágrafo único, prevê que após o trânsito em julgado da sentença, a execução poderá ser efetuada pelo valor fixado nos termos do 387, inc. IV, do referido Código, o qual, por sua vez, estabelece que o juiz, ao proferir a sentença condenatória, fixará valor mínimo para reparação dos danos causados pela infração, considerando os prejuízos sofridos pelo ofendido, numa espécie de "redescobrimento"[1336] da vítima.

Antonio do Passo Cabral[1337] considera que, "embora seja dispensado requerimento do interessado, não basta que haja prova suficiente dos prejuízos para que o juiz fixe o mínimo indenizatório: deve haver debate prévio no processo.". Por sua vez, o TRF4 tem entendido que a referida fixação somente é possível se houver pedido na peça incoativa, consoante se observa do enunciado ora reproduzido:

> **Súmula 131.** Para que o juiz possa fixar o valor mínimo para a reparação dos danos causados pela infração, é necessário que a denúncia contenha pedido expresso nesse sentido ou que controvérsia dessa natureza tenha sido submetida ao contraditório da instrução criminal.

A nosso ver, a posição do TRF4 está em consonância com a doutrina de Cabral, visto que, segundo se infere, o imprescindível é o contraditório, porquanto, se houver o pedido da vítima, instaura-se de pronto o contraditório. Por outro lado, se não foi feito o pedido, mas procedeu-se ao contraditório, estará o juiz habilitado a fixar o valor mínimo para fins de reparação do dano.

2.2.2.2. Perda de bens e valores

A *perda de bens e valores* (art. 43, inc. II) incide sobre o patrimônio do condenado, sendo que, ressalvada a legislação especial, será em favor do Fundo Penitenciário Nacional, tendo como teto o que for maior: o montante do prejuízo causado ou do provento obtido pelo agente ou por terceiro, em consequência da prática do crime (art. 43, § 3º). Não se confunde a pena substitutiva aqui estudada, que recai sobre bens e valores adquiridos de forma lícita pelo condenado, com a perda em favor da união dos instrumentos, do produto ou de qualquer bem ou valor que constitua proveito auferido pelo agente com a prática do fato criminoso, como efeito secundário da condenação (art. 91, inc. II).

2.2.2.3. Prestação de serviços à comunidade ou a entidades públicas

A *prestação de serviços à comunidade ou a entidades públicas* é aplicável às condenações superiores a 6 meses de privação de liberdade (art. 46, *caput*),

---

[1336] CABRAL, Antonio do Passo. A Fixação do valor Mínimo da Indenização Cível na Sentença Condenatória Penal e o Novo CPC. In: *Processo Penal* (coord. Antonio do Passo Cabral, Eugênio Pacelli e Rogerio Schietti Cruz). Salvador: Juspodivm, 2016, p. 407.

[1337] Ibid., p. 415.

consistindo na atribuição de tarefas gratuitas ao condenado (CP, art. 46, § 1º). Essa espécie de pena substitutiva dar-se-á em entidades assistenciais, hospitais, escolas, orfanatos e outros estabelecimentos congêneres, em programas comunitários ou estatais (CP, art. 46, § 2º), devendo ser cumpridas as tarefas atribuídas, conforme as aptidões do condenado, à razão de 1 hora de tarefa por dia de condenação, fixadas de modo a não prejudicar a jornada normal de trabalho (CP, art. 46, § 3º). Prevê ainda o § 4º do art. 46 que, se a pena substituída for inferior a 1 ano, é facultado ao condenado cumprir a pena substitutiva em menor tempo (CP, art. 55), nunca inferior à metade da pena privativa de liberdade fixada.

2.2.2.4. Interdição temporária de direitos

As *penas de interdição temporária de direitos* consistem em proibição do exercício de cargo, função ou atividade pública, bem como de mandato eletivo (art. 47, inc. I), proibição do exercício de profissão, atividade ou ofício que dependam de habilitação especial, de licença ou autorização do poder público (art. 47, inc. II), suspensão de autorização ou de habilitação para dirigir veículo (art. 47, inc. III), proibição de frequentar determinados lugares (art. 47, inc. IV) e proibição de inscrever-se em concurso, avaliação ou exames públicos (art. 47, inc. V).

2.2.2.5. Limitação de fim de semana

A *limitação de fim de semana* consiste na obrigação de permanecer, aos sábados e domingos, por 5 horas diárias, em casa de albergado ou outro estabelecimento adequado (art. 48, *caput*). Durante a permanência, poderão ser ministrados ao condenado cursos e palestras ou atribuídas atividades educativas (art. 48, parágrafo único).

2.2.3. Conversão

A *conversão* prevista no § 4º do CP[1338] consiste em afastar a inflição da pena substitutiva concedida para determinar o cumprimento da pena privativa de liberdade. Tal se dará quando ocorrer o descumprimento injustificado da restrição imposta. No cálculo da pena privativa de liberdade a ser executada, será deduzido o tempo cumprido da pena restritiva de direitos, respeitado o saldo mínimo de 30 dias de detenção ou reclusão (art. 44, § 4º). Sobrevindo condenação à pena privativa de liberdade, por outro crime, o juiz da execução penal decidirá sobre a conversão, podendo deixar de aplicá-la, se for possível ao condenado cumprir a pena substitutiva anterior (art. 44, § 5º).

[1338] No entanto, a LEP também prevê a conversão da pena privativa de liberdade em restritiva de direitos, conforme art. 66, inc. V, letra "c".

2.3. Pena de multa

2.3.1. Introdução

A *pena de multa* é uma espécie de pena pecuniária que já encontramos nos antigos direitos romano e germânico. Em Roma,[1339] a pena de multa está presente tanto no direito penal público como também no privado, havendo menção de que teria se originado como pena privada, como reparação do dano, em detrimento da vindita. Mais tarde, teria ocorrido a assunção à condição de pena pública, como pena patrimonial, ao lado do confisco (*bonorum publicatio*), sendo que este último se constituía em pena acessória às "penas que atingiam a cidadania e a vida.".

Theodor Mommsen[1340] ensinava que o termo *poena* designava, em um primeiro momento, um sentido correspondente à multa, sendo esse o sentido utilizado na Lei das Doze Tábuas, ao passo que *damnum* significava a indenização em favor da vítima.

Relativamente ao direito germânico e ao subsequente direito comum, reproduzimos a síntese de Heleno Cláudio Fragoso:[1341] "No direito germânico, a pena pecuniária é a mais difundida, não só para os crimes privados como também para crimes públicos, na tríplice forma de *Wehrgeld*, da composição ou do *fredum* ou *bannem*. O *Wehrgeld* era a soma em dinheiro a ser paga à família da vítima, em caso de homicídio e crimes a ele assimilados. Chamava-se *Busse* a indenização aplicável os crimes de menor gravidade. O pagamento a ser feito ao tribunal ou ao rei era o preço da paz (*Friedensgeld*) que se denominava *Fredum*. No direito comum, mantém-se a composição e, largamente, o confisco, que vão se transformando. O direito moderno acolhe a pena pecuniária propriamente dita e limita o confisco às coisas que são instrumentos ou produto do crime, como efeito da condenação".

Não obstante o fato de ser aplicada já na Antiguidade, a pena de multa foi impulsionada, a partir do final do século XIX, como ressalta Jorge de Figueiredo Dias,[1342] a ver-se: "O triunfo da pena de multa como peça essencial da política criminal e do sistema sancionatório está ligado à crise que, a partir dos fins do séc. XIX, atinge as penas de prisão de curta duração e para a qual contribuíram decisivamente os escritos de Boneville de Marsangy em França e de v. Liszt na Alemanha".

A noção de pena de multa é fornecida do art. 49 do CP, textualmente:

[1339] FRAGOSO, Heleno Cláudio. *Lições de Direito Penal – Parte Geral*. 12ª ed. revista e atualizada por Fernando Fragoso. Rio de Janeiro: Forense, 1990, p. 313.
[1340] MOMMSEN, Teodoro. *Derecho Penal Romano*. Trad. de P. Dorado. Bogotá: Temis, 1976, p. 625.
[1341] FRAGOSO, Heleno Cláudio. *Lições de Direito Penal – Parte Geral*. 12ª ed. revista e atualizada por Fernando Fragoso. Rio de Janeiro: Forense, 1990, p. 313.
[1342] DIAS, Jorge de Figueiredo. *Direito Penal Português – As Consequências Jurídicas do Crime*. Lisboa: Aequitas/Editorial Notícias, 1993, p. 115.

Multa
Art. 49. A pena de multa consiste no pagamento ao fundo penitenciário da quantia fixada na sentença e calculada em dias-multa. Será, no mínimo, de 10 (dez) e, no máximo, de 360 (trezentos e sessenta) dias-multa.

2.3.2. Cominação da pena de multa

A *cominação da pena de multa* dá-se em conformidade com os parâmetros do disposto no art. 49, e não por especificação no próprio tipo penal incriminador. A pena de multa pode ser aplicada de forma *isolada*, como ocorre, *v. g.*, em certas contravenções penais, como pena *substitutiva*, não sendo a pena de prisão superior a 6 meses (art. 60, § 2º), *alternativamente*, como no exemplo do crime de ameaça (art. 147), ou, ainda, *cumulativamente*, como é o caso do crime de furto (art. 155).

2.3.3. Aplicação da pena de multa

Discute-se se a pena de multa deve ser aplicada em conformidade com o sistema trifásico, consagrado no art. 68 do CP (vide Capítulo XVIII), ou se deve ser aplicada com base em critério que contemple duas fases. Gilberto Ferreira[1343] é adepto do sistema trifásico também para a aplicação da multa, afirmando que, na primeira fase, se observam os ditames do art. 68; na segunda, determina-se o valor unitário do dia-multa e, na terceira, se for o caso, aumenta-se, até o limite do triplo, o valor da condenação (art. 60, § 1º). Inacio de Carvalho Neto[1344] também expressa preferência pelas três fases: "Assim, fixará o Juiz, na primeira fase, a pena-base pecuniária com base nas circunstâncias elencadas no art. 59 do Código Penal, mas também com base na gravidade do delito, como dissemos; na segunda fase, considerará as circunstâncias atenuantes e agravantes; e na terceira fase, as causas de aumento e diminuição. Por último, fixará o valor do dia-multa com base na situação econômica do réu, como já referido".

José Paulo Baltazar Júnior,[1345] amparado em precedentes do STJ e do TRF4, segue orientação diversa: "A pena de multa é aplicada em duas operações, no chamado sistema *bifásico* (TRF4, AC 1999.70.09.003211-0/PR, Vladimir Freitas, 7ª T., u., 13.5.03). Nessa linha, como já decidiu o STJ, não se aplica o critério trifásico, ainda que a pena de multa seja a única aplicada, pois: 'De acordo com o sistema do dia-multa adotado pela nova parte geral do Código Penal, a pena de multa deve ser calculada em duas fases distintas, Na primeira fase, é fixado o número de dias-multa, entre o mínimo de 10 e o máximo de 360, considerando-se as circunstâncias do art. 59 do diploma penal. Na segunda, determina-se o valor de cada dia-multa levando-se em conta a situação econômica do condenado' (REsp. 96.00342490/DF, Vidigal, 5ª T., u., DJ 22.9.97).".

[1343] FERREIRA, Gilberto. *Aplicação da Pena*. Rio de Janeiro: Forense, 1995, p. 230-231.
[1344] CARVALHO NETO, Inacio de. *Aplicação da Pena*. 4ª ed. Rio de Janeiro: Método, 2013, p. 200.
[1345] BALTAZAR JÚNIOR, José Paulo. *Sentença Penal*. 4ª ed. Porto Alegre: Verbo Jurídico, 2012, p. 235-236.

2.3.4. Execução da pena de multa

A pena de multa deve ser paga dentro de 10 dias depois de transitada em julgado a sentença, podendo o juiz, a requerimento do condenado e conforme as circunstâncias, permitir que o pagamento se realize em parcelas mensais (art. 50, *caput*). A cobrança da multa também pode ser efetuada mediante desconto no vencimento ou salário do condenado quando aplicada isoladamente (art. 50, § 1º, letra *"a"*), quando aplicada cumulativamente com pena restritiva de direitos (art. 50, § 1º, letra *"b"*), quando concedida a suspensão condicional da pena (art. 50, § 1º, letra *"c"*). De observar-se que o CP impõe que o desconto não deve incidir sobre os recursos indispensáveis ao sustento do condenado e de sua família (art. 50, § 2º).

Com o trânsito em julgado da sentença condenatória, a multa será considerada dívida de valor, devendo ser aplicada a legislação relativa à dívida ativa da Fazenda Pública, inclusive no que concerne às causas interruptivas e suspensivas da prescrição (CP, art. 51). Em complementação às previsões do CP, os arts. 164 a 170 da LEP dispõem sobre a execução da pena de multa.

Impende ainda mencionar que a atual redação do art. 51 do CP deve-se à alteração proporcionada pela Lei nº 9.268/96, de modo que – repita-se – a multa somente poderá ser executada como dívida de valor, não sendo mais possível a conversão da pena de multa em privativa de liberdade (STF, HC 92.476, rel. Min. Ellen Gracie, j. 24.6.2008), como ocorria antes da alteração legislativa.

2.4. Pena de prisão simples

A pena privativa de liberdade é o gênero que abrange as espécies pena de reclusão, de detenção e de *prisão simples*, sendo esta última a mais branda. Eis o escólio de José Antonio Paganella Boschi:[1346] "A *prisão simples*, como terceira espécie do gênero prisão-pena, prevista na Lei das Contravenções Penais, por sua vez, distingue-se da reclusão e da detenção, porque, além de estar voltadas para os fatos de menor potencial ofensivo, conforme dispõe o art. 61 da Lei nº 9.099/95, é executada, ao contrário das outras duas, em regime semiaberto ou aberto, mas sem nenhum rigor penitenciário (art. 6º). Essas diferentes espécies de penas privativas de liberdade atuam como parâmetros na determinação do procedimento dentre os previstos no Código de Processo Penal – o ordinário, o sumário e o sumaríssimo (art. 394, I a III).".

2.5. Outras penas: Lei de drogas, Lei ambiental e Código Penal Militar

Dentre as penas albergadas no ordenamento brasileiro, cabe mencionar algumas específicas previstas na *Lei de Drogas* (Lei nº 11.343/06), na *Lei Ambiental* (Lei nº 9.605/98) e no *Código Penal Militar*.

[1346] BOSCHI, José Antonio Paganella. *Das Penas e seus Critérios de Aplicação*. 6ª ed. Porto Alegre: Livraria do Advogado, 2013, p. 140.

Com a edição da nova Lei de Drogas, as condutas tipificadas em seu art. 28, que estão relacionadas ao consumo pessoal de drogas, estão previstas as seguintes penas: *a*) advertência sobre os efeitos das drogas; *b*) prestação de serviços à comunidade; e *c*) medida educativa de comparecimento a programa ou curso educativo. A primeira e a última constituem inovação, pois na sistemática anterior, a consequência era a pena privativa de liberdade. Já com relação à prestação de serviços à comunidade, diferentemente do que ocorre no CP, não se trata de pena substitutiva, e sim de pena com aplicação de forma direta.

Em virtude da criminalização da pessoa jurídica, a Lei n° 9.605/98 contempla as seguintes penas restritivas de direitos a serem impostas às pessoas jurídicas: *a*) suspensão parcial ou total de atividades (art. 22, inc. I); *b*) interdição temporária de estabelecimento, obra ou atividade (art. 22, inc. II); e *c*) proibição de contratar com o Poder Público, bem como dele obter subsídios, subvenções ou doações (art. 22, inc. III). Ademais, há as seguintes penas de serviços à comunidade pela pessoa jurídica: *a*) custeio de programas e de projetos ambientais (art. 23, inc. I); *b*) execução de obras de recuperação de áreas degradadas (art. 23, inc. II); *c*) manutenção de espaços públicos (art. 23, inc. III); e *d*) contribuições a entidades ambientais ou culturais públicas (art. 23, inc. IV). Por fim, outra pena cominada às pessoas jurídicas é a multa (art. 21, inc. I).

Por derradeiro, o Código Penal Militar prevê como pena a de morte, de reclusão, de detenção, de prisão, de impedimento, de suspensão do exercício do posto, graduação, cargo ou função e a de reforma, como penas principais (art. 55). É importante lembrar que a pena de morte somente é permitida pela Constituição em caso de guerra declarada (CF, art. 5°, inc. XLVII, letra "*a*"). Por sua vez, o art. 98 prevê as seguintes penas acessórias: *a*) a perda de posto e patente (inc. I); *b*) a indignidade para o oficialato (inc. II); *c*) a incompatibilidade com o oficialato (inc. III); *d*) a exclusão das forças armadas (inc. IV); *e*) a perda da função pública, ainda que eletiva (inc. V); *f*) a inabilitação para o exercício de função pública (inc. VI); *g*) a suspensão do pátrio poder, tutela ou curatela (inc. VII); *h*) a suspensão dos direitos políticos (inc. VIII).

3. Penas proscritas no direito brasileiro

A Constituição estatui, em seu art. 5°, inc. XLVII, que não haverá penas de morte, salvo em caso de guerra declarada, nos termos do art. 84, XIX (art. 5°, inc. XLVII, letra "*a*"), de caráter perpétuo (letra "*b*"), de trabalhos forçados (letra "*c*"), de banimento (letra "*d*") e cruéis (letra "*e*").

Capítulo XVIII – APLICAÇÃO DA PENA

1. Introdução: o método trifásico adotado pelo Código Penal

O *cálculo da pena* desenvolve-se em *três fases*, a teor do que preceitua o art. 68 do CP. O referido dispositivo, na realidade, consagra o método trifásico preconizado por Nelson Hungria em detrimento do método bifásico, que era defendido por Roberto Lyra, nos seguintes termos:

Cálculo da pena
Art. 68. A pena-base será fixada atendendo-se ao critério do art. 59 deste Código; em seguida serão consideradas as circunstâncias atenuantes e agravantes; por último, as causas de diminuição e de aumento.

Assim, o *método trifásico* inicia-se com a apreciação das circunstâncias judiciais, procedendo-se ao estabelecimento da *pena-base* para, em seguida, tendo em conta as circunstâncias atenuantes e agravantes, ser estipulada a *pena provisória*, sendo, por derradeiro, considerando-se as causas de diminuição e de aumento, fixada a *pena definitiva*.

Atente-se que, após a fixação da pena, poderá haver a substituição da pena privativa de liberdade por penas restritivas de direito, desde que cumpridos os requisitos para tanto.

A seguir, passaremos ao exame das três fases previstas em nosso CP.

2. Primeira fase: pena-base. Circunstâncias judiciais

Na primeira fase, o juiz fixará a pena-base, tendo em conta as denominadas *circunstâncias judiciais* expressas no art. 59 do CP.

A primeira vetorial constante no rol elencado no art. 59 do CP é a *culpabilidade*, a qual, consoante se observa em livro publicado por juristas que laboraram para a consecução da Reforma Penal de 1984,[1347] é considerada como principal critério na fixação da pena.

Desde o advento do finalismo – cujo primeiro trabalho sobre o tema, de Hans Welzel,[1348] é o artigo intitulado *Kausalität und Handlung* (*Causalidade e Ação*), publicado em 1931, em que tratou, ao lado de outros textos mais desenvolvidos, como, *v. g.*, *Studien zum System des Strafrechts* (*Estudos sobre o Sistema de Direito Penal*), publicado em 1939,[1349] de proceder a uma reformulação dos elementos do crime e uma crítica às construções teóricas causalistas –, a culpabilidade passou a ser entendida como puro juízo de reprovação, puro juízo de censura.

Assim, ante a ocorrência do injusto (fato típico e ilícito), praticado por agente capaz, num contexto em que lhe era exigível atender aos reclamos normativos, bem como em circunstâncias em que o agente possuía consciência da ilicitude do fato que pratica, ou ao menos poderia chegar a essa consciência (conhecimento potencial do injusto), ainda que não tenha chegado quando isso

---

[1347] REALE JÚNIOR, Miguel *et al. Penas e Medidas de Segurança no Novo Código*. 2ª ed. Rio de Janeiro: Forense, 1987, p. 160.
[1348] WELZEL, Hans. Kausalität und Handlung. In: *Zeitschrift für die gesamte Strafrechtswissenschaft*, nº 51, 1931, p. 703 e ss.
[1349] WELZEL, Hans. Studien zum System des Strafrechts. In: *Zeitschrift für die gesamte Strafrechtswissenschaft*, nº 58, 1939, p. 491 e ss.

lhe era possível, estar-se-á diante de um *injusto culpável*, ou seja, um injusto reprovável ou censurável.

Nesse caso, a consequência jurídico-penal é a inflição de uma pena. Tem-se, portanto, que a culpabilidade é o último requisito para a imposição da pena criminal, sendo precedida por outros requisitos que qualificam a conduta e que a precedem: a tipicidade e a ilicitude.

Porém, a culpabilidade assume duas funções. A primeira é precisamente a que vimos de expor, qual seja, a de constituir o derradeiro elemento do crime, sem o qual a consequência é a absolvição do agente, ao passo que a segunda consiste no estabelecimento do *quantum* da censura.

Desse modo, a culpabilidade cumpre duplo papel, um *qualitativo*, a emprestar o aperfeiçoamento delitivo, afirmando a ocorrência do crime, e outro *quantitativo*, a estabelecer o quanto se reprova. Eis as palavras dos integrantes da Comissão da Reforma Penal de 1984:[1350] "A culpabilidade normativa, contudo, não se limita às hipóteses de *reprovação* e *não reprovação*, pois se culpável a ação é imprescindível saber em que medida merece censura, reprovação.".

Não há, pois, falar em *bis in idem*, porquanto a culpabilidade, além de constituir elemento do crime, figura como parâmetro para o cálculo da pena, visto que o agente pode ser mais ou menos reprovável.

Em segundo lugar, refere-se o art. 59 aos *antecedentes*, os quais constituem, nas palavras de Juarez Cirino dos Santos,[1351] "acontecimentos anteriores ao fato, relevantes com indicadores de aspectos positivos ou negativos da vida do autor e capazes de influenciar a aplicação da pena – com exceção da reincidência criminal, definida como *circunstância agravante*", em relação aos quais há duas posições: uma tradicional e outra dita crítica.

Para a primeira, entende-se por antecedentes, segundo José Cirilo de Vargas,[1352] "o conjunto dos acontecimentos da vida passada do réu: processos criminais em que foi absolvido (há discussão), brigas, prisões, desordens, badernas, etc.". No mesmo sentido, Paulo José da Costa Jr.:[1353] "Serão considerados os precedentes policiais ou judiciais do acusado, toda a sua vida pregressa (CPP, art. 6º, VIII e IX). Serão igualmente levados em conta dados correlatos, apurados durante a instrução criminal. Ao serem analisados os antecedentes, serão enfocados aqueles judiciais, que não se acham contemplados pelo Código, como causas legais de agravamento ou de atenuação da pena. Serão assim considerados processos paralisados por superveniente extinção da punibilidade, inquéritos arquivados, condenações não transitadas em julgado, processos em curso, absolvições por falta de provas.".

[1350] REALE JÚNIOR, Miguel *et al*. *Penas e Medidas de Segurança no Novo Código*. 2ª ed. Rio de Janeiro: Forense, 1987, p. 160.
[1351] SANTOS, Juarez Cirino dos. *Teoria da Pena – Fundamentos Políticos e Aplicação Judicial*. Rio de Janeiro: ICPC/Lumen Juris, 2005, p. 111.
[1352] VARGAS, José Cirilo de. *Instituições de Direito Penal – Parte Geral*. Rio de Janeiro: Forense, 1998, v. I, t. II, p. 52.
[1353] COSTA JR., Paulo José da. *Comentários ao Código Penal*. 4ª ed. São Paulo: Saraiva, 1996, p. 198

Porém, tal posição tem sido abandonada. Cláudio Brandão[1354] observa que "por conta do Princípio Constitucional da Presunção da Inocência ninguém pode ser considerado culpado antes do trânsito em julgado de uma sentença penal condenatória. Isso significa que não se pode considerar na fixação da pena-base os antecedentes que se refiram aos processos penais pendentes de condenação definitiva ou aos inquéritos policiais nos quais esteja o réu indiciado (ver Súmula n. 444 do STJ). Com efeito, nesses casos os réus deverão ser presumidos inocentes, com base no citado comando da Constituição de 1988. Destarte, somente as sentenças penais condenatórias transitadas em julgado podem ser consideradas na análise da circunstância judicial referente aos antecedentes.".

Com efeito, este é hoje o entendimento que prevalece, consoante se observa da dicção do seguinte enunciado do STJ:

> **Súmula 444:** É vedada a utilização de inquéritos policiais e ações penais em curso para agravar a pena-base.

Porém, se a condenação anterior não for apta para ensejar a reincidência por não ter transitado em julgado antes da prática de um crime subsequente (como é o caso da Súmula 444 do STJ), poderá ser considerada para fins de consideração de antecedentes se o trânsito em julgado daquele primeiro fato ocorrer antes da sentença do fato punível subsequente. O entendimento suprarreferido é corroborado do pelo STF, o qual afirma que: "Condenações transitadas em julgado após o cometimento dos crimes objeto da condenação são aptas a desabonar, na primeira fase da dosimetria, os antecedentes criminais para efeito de exacerbação da pena-base (CP, art. 59)" (HC 117.737/SP, Primeira Turma, Rel. Min. Rosa Weber, j. 15.03.2013). No mesmo sentido é a orientação do STJ, consoante se extrai da decisão ora reproduzida: "A condenação por crime anterior à prática delitiva, com trânsito em julgado posterior à data do crime sob apuração, malgrado não configure reincidência, enseja a valoração negativa da circunstância judicial dos antecedentes, justificando a exasperação da pena-base. Precedentes" (HC 336.792/SC, Quinta Turma, Rel. Ribeiro Dantas, j. 19.05.2016, Dje 27.05.2016).

A *conduta social* do agente é a terceira vetorial referida no art. 59. Sobre essa circunstância, reproduzimos a síntese de Ruy Rosado de Aguiar Júnior:[1355] "A conduta social consiste no modo pelo qual o agente exerceu os papéis que lhe foram reservados na sociedade. Trata-se de averiguar, por essa circunstância, o seu desempenho na sociedade, em família, no trabalho, no grupo comunitário, formando um conjunto de fatores do qual talvez não tenha surgido nenhum fato digno de registro especial, mas que serve para avaliar o modo pelo qual o agente se tem conduzido na vida de relação. Esse exame permitirá concluir se o crime é um simples episódio, resultado de má educação ou revela sua propensão para o mal.".

[1354] BRANDÃO, Cláudio. *Curso de Direito Penal – Parte Geral*. 2ª ed. Rio de Janeiro: Forense, 2010, p. 376.

[1355] AGUIAR JÚNIOR, Ruy Rosado de. *Aplicação da Pena*. 5ª ed. Poro Alegre: Livraria do Advogado, 2013, p. 73.

Nesse sentido, decidiu o STF: "Com o advento da Lei 7.209/1984, a conduta social teria passado a ter configuração própria. Introduzira-se um vetor apartado com vistas a avaliar o comportamento do condenado no meio familiar, no ambiente de trabalho e no relacionamento com outros indivíduos. Ou seja, os antecedentes sociais do réu não mais se confundiriam com os seus antecedentes criminais. Tratar-se-ia de circunstâncias diversas e, por isso mesmo, a exasperação da pena-base mediante a invocação delas exigiria do magistrado a clara demonstração de subsunção da realidade fática ao preceito legal, dentro dos limites típicos. Concluiu que teria havido indevida desvalorização plural de circunstâncias – as quais possuiriam balizas próprias – com justificativa na mesma base fática." (RHC 130.132, 2ª Turma, rel. Min. Teori Zavascki, 10.5.2016 – Inf. 825).

A *personalidade* do agente é outra circunstância da qual o aplicador da pena deve-se desincumbir em aferir. Consoante ensina Reale Júnior,[1356] o "agente será mais ou menos reprovável se, na formação de sua *personalidade* (que se compõe de genótipos e fenótipos), tenha dado prevalência ao desenvolvimento de tendências negativas, aderindo a valores básicos na constituição de seu modo de ser, de forma a que a decisão pelo ato delituoso se insira no projeto negativo de vida que escolheu para si mesmo.".

A vetorial de que tratamos pode ser considerada como aspecto *positivo*,[1357] tais como "bondade, alegria, persistência, responsabilidade, nos afazeres, franqueza, honestidade, coragem, calma, paciência, amabilidade, maturidade, sensibilidade, bom-humor, compreensão, simpatia; tolerância, especialmente à liberdade de ação, expressão e opinião alheias", ou, *negativo*, como "agressividade, preguiça, frieza emocional, insensibilidade acentuada, emotividade desequilibrada, passionalidade exacerbada, maldade, irresponsabilidade no cumprimento das obrigações, distração, inquietude, esnobismo, ambição desenfreada, insinceridade, covardia, desonestidade, imaturidade, impaciência, individualismo exagerado, hostilidade no trato, soberba, inveja, intolerância, xenofobia, racismo, homofobia, perversidade.".

José Paulo Baltazar Júnior[1358] leciona que, "limitando-se a uma apreciação leiga, o juiz usualmente apenas verifica se o réu apresenta personalidade normal, e o crime se apresenta como um fato isolado em sua vida ou se tem personalidade desviada, voltada ao delito.". Um exemplo melhor situará a questão: se A vai à casa de sua namorada, B, em busca de favores sexuais, mas lá chegando não a encontra, e, estando na residência a empregada de B, este resolve estuprá-la, pois estava necessitando saciar sua vontade carnal. No exemplo referido, resulta claro que a personalidade leva a um juízo negativo.

O STJ já decidiu que: "A personalidade, negativamente valorada, deve ser entendida como agressividade, a insensibilidade acentuada, a maldade, a ambição, a desonestidade e perversidade demonstrada e utilizada pelo criminoso

---

[1356] REALE JÚNIOR, Miguel. *Instituições de Direito Penal – Parte Geral*. 4ª ed. Rio de Janeiro: Forense, 2013, p. 407.
[1357] NUCCI, Guilherme de Souza. *Individualização da Pena*. 3ª ed. São Paulo: Revista dos Tribunais, 2009, p. 187.
[1358] BALTAZAR JÚNIOR, José Paulo. *Sentença Penal*. 4ª ed. Porto Alegre: Verbo Jurídico, 2012, p. 179.

na consecução do delito" (STJ, HC 50.331/PB, Rel. Min. Laurita Vaz, 5ª Turma, unânime, j. 17.05.07). Em outro julgado, o tribunal consignou que: "A personalidade foi considerada em demérito ao paciente diante de fundamentação idônea, visto que ultrapassou o habitual ao crime em comento, em virtude de reiterada prática delitiva comprovada nos autos." (STJ, HC 198.665/DF, Rel. Min. Maria Thereza de Assis Moura, 6ª Turma, unânime, j. 12.11 13).

Os *motivos* do crime é outra importante vetorial a ser considerada no momento da pena-base. Eis a precisa síntese de Fragoso:[1359] "Motivo é o que move, ou seja, é o antecedente psicológico do ato volitivo. Este pode ser um fenômeno complexo, desencadeado por um motivo preponderante, que se sobrepõe aos demais. A maior ou menor reprovabilidade do motivo influi na gravidade da culpa e, pois, do crime. Tem valor inteiramente diverso a morte do próprio pai, quando o agente pratica a ação para receber a herança e quando atua porque o pai espanca e tortura a mãe. Alguns motivos são destacados para constituir formas qualificadas do homicídio (motivo fútil, motivo torpe, art. 121, § 2º, I, II, CP). O motivo fútil e o motivo torpe, quando se trata de crime de outra espécie, não podem ser considerados na pena-base porque são circunstâncias agravantes legais a serem computadas em fase posterior.".

Releva anotar que o motivo não deve ser considerado se configurar qualificadora. Assim, retomemos o exemplo que expusemos quando examinamos a vetorial personalidade. Figuremos que, por ocasião do estupro, o agente ainda mata o filho menor da empregada pelo fato de este estar chorando, fato que estaria a atrapalhar seu desempenho sexual. Evidente que tal motivo deveria ser valorado negativamente, mas não o será pelo fato de constituir circunstância qualificadora prevista no art. 121, § 2º, inc. I, parte final, do CP (outro motivo torpe), ante a proscrição do *bis in idem*.

As *circunstâncias* (*circum stare* – estar em redor) e *consequências*, vetoriais referidas em mútua adição. As primeiras são indiferentes para a configuração ou não da infração penal, ou seja, as circunstâncias não determinam que um fato seja ou não criminoso, nem tampouco alteram sua designação típica, e sim constituem, consoante ensina Aníbal Bruno,[1360] "condições acessórias, que acompanham o fato punível, mas não penetram na sua estrutura conceitual e, assim, não se confundem com seus elementos constitutivos. Vêm de fora da figura típica, como alguma coisa que se acrescenta ao crime já configurado, para impor-lhe a marca de maior ou menos reprovabilidade.". No dizer de Giuseppe Maggiore,[1361] as circunstâncias são "elementos não constitutivos, mas simplesmente acessórios do crime, que influem em sua gravidade, deixando inalterada sua essência.".

[1359] FRAGOSO, Heleno Cláudio. *Lições de Direito Penal – Parte Geral*. 12ª ed. revista e atualizada por Fernando Fragoso. Rio de Janeiro: Forense, 1990, p. 323.
[1360] BRUNO, Aníbal. *Direito Penal – Parte Geral*. 3ª ed. Rio de Janeiro: Forense, 1967, t. 3º, p. 107.
[1361] MAGGIORE, Giuseppe. *Diritto Penale – Parte Generale*. 5ª ed. Bologna: Nicola Zanichelli Editore, 1951, v. I, t. II, p. 487.

Impende ressaltar que as circunstâncias judiciais (art. 59) não se confundem com as circunstâncias agravantes (arts. 61 a 64) e atenuantes (arts. 65 e 66), as quais estudaremos mais adiante.

Por sua vez, as *consequências* podem acarretar maior ou menor malefício às pessoas atingidas pela prática da infração penal. Figuremos o exemplo em que um trabalhador precariamente alfabetizado, não possuindo sequer um talonário de cheques, após juntar em caderneta de poupança durante vários anos valores no escopo de adquirir sua casa própria, retira do banco os referidos valores para entregar ao vendedor da casa, que o aguardava em um tabelionato, mas é assaltado no trajeto entre o banco e o tabelionato, perdendo toda sua poupança e o sonho da casa própria. Isso é diferente, por exemplo, do roubo de um *Ipad* subtraído de uma pessoa milionária. No primeiro caso, as consequências atingiram de tal forma a vítima que devem ser valoradas negativamente.

Por derradeiro, determina o dispositivo tenha em conta o prolator da sentença o *comportamento da vítima* no escopo de aferir qual a parcela atribuível ao comportamento da pessoa atingida pelo delito, ou seja, em que medida essa contribui para a consecução do fato delituoso. Eis a lição de Ruy Rosado de Aguiar Júnior:[1362] "É relevante para a apreciação de certos delitos, como os de lesão resultante de impulso provocado pelo agredido, os cometidos contra a honra, desde que não seja causa de não aplicação da pena (art. 140, § 1º), contra o patrimônio de quem desleixa no cuidado de seus bens, etc.". Exemplo[1363] curioso de comportamento da vítima ocorreu na cidade de Butiá, no Rio Grande do Sul, em que uma mulher que possuía um ponto de tráfico de drogas adquiriu um colete à prova de balas solicitando à pessoa que lhe vendeu que testasse se o colete resistiria em si mesma, tendo o vendedor nela efetuado um disparo de arma de fogo, o que determinou a morte da vítima.

As suprarreferidas circunstâncias judiciais fornecerão o supedâneo à imposição da pena *conforme seja necessário e suficiente para a reprovação e prevenção do crime*,[1364] o que revela que o legislador atendeu a reclamos conciliadores entre *teorias absolutas* e *teorias preventivas* da pena, sendo que observados esses parâmetros estabelecerá as penas aplicáveis dentre as cominadas, a quantidade dentre dos limites previstos, o regime inicial de cumprimento da pena pri-

---

[1362] AGUIAR JÚNIOR, Ruy Rosado de. *Aplicação da Pena*. 5ª ed. Poro Alegre: Livraria do Advogado, 2013, p. 77.

[1363] Conforme o jornal Zero Hora, de 17 de julho de 2015, Gisbel Ariziane Martins da Silva, "que manteria uma boca de fumo", foi morta no dia 16 de julho de 2015, nas seguintes circunstâncias: "A mulher teria ido até residência na Rua João Carneiro, no mesmo bairro, para comprar o colete. Ela teria pedido ao vendedor que efetuasse um disparo contra ela para testar a peça. O equipamento não resistiu e o tiro atingiu o peito de Gisbel, que morreu na hora. – Ela vestiu o colete, pediu que o rapaz efetuasse o disparo e deu no que deu – conta o delegado. O suspeito, Leonardo Lima, 18 anos, fugiu, mas foi preso na Rua 15 de Novembro, Bairro Medianeira, pouco depois. – Pelo relato inicial dele (*Leonardo*), ela falava ao celular com outra pessoa. Ele disse que era melhor colocar o colete em um moirão para testar, mas a moça insistiu dizendo que 'o cara (*do outro lado da linha*) pediu para vestir'. A investigação vai tentar descobrir quem é essa pessoa – adianta o delegado.".

[1364] FRAGOSO, Heleno Cláudio. *Lições de Direito Penal – Parte Geral*. 12ª ed. revista e atualizada por Fernando Fragoso. Rio de Janeiro: Forense, 1990, p. 321: "São duas as ideias que comendam a determinação da pena: a reprovação pelo malefício praticado e a prevenção do crime.".

vativa de liberdade e a substituição desta, por outra espécie de pena, se cabível (art. 59, incs. I a IV).

Muito embora nosso Código Penal tenha adotado o critério trifásico (art. 68), observa-se a presença de duas ulteriores providências, as quais não dizem respeito ao cálculo da pena, mas constituem consectários desta, quais sejam, o *estabelecimento do regime inicial de cumprimento da pena privativa de liberdade* (fechado, semiaberto ou aberto) e a *substituição desta por outra espécie de pena, se cabível*.

Sobre a primeira fase do cálculo da pena, releva colacionar o seguinte enunciado do STJ:

> **Súmula 440:** Fixada a pena-base no mínimo legal, é vedado o estabelecimento de regime prisional mais gravoso do que o cabível em razão da sanção imposta, com base apenas na gravidade abstrata do delito.

2.1. Como se procede ao cálculo da pena-base?

Para fins de cálculo da pena-base, ou seja, da primeira fase do método trifásico, consideremos os seguintes critérios:

a) Em primeiro lugar, consoante entendimento majoritário, o juiz fixará a pena-base entre o mínimo e o termo médio, sendo que este resulta da soma do mínimo e do máximo cominados em abstrato dividido por dois.

Exemplo do termo médio em homicídio simples (CP, art. 121, *caput*): 6 anos (pena mínima) + 20 anos (pena máxima) = 26 anos, divido por 2 = 13 anos (termo médio do crime de homicídio simples).

Assim, no caso do homicídio simples, a pena-base será fixada entre 6 e 13 anos,[1365] em conformidade com as circunstâncias preponderantes que constem dos autos.

b) A pena sempre parte do mínimo. Se a totalidade das circunstâncias forem favoráveis ou neutras, ou seja, se o juiz não tiver elementos (nos autos) para proceder à valoração negativa, a pena-base dever ser fixada no mínimo (grau de reprovabilidade mínimo).

Nesse caso, é comum o juiz fazer referências, tais como "culpabilidade normal, adequada ao tipo" ou "quanto à conduta social, nenhum traço digno de nota foi evidenciado".

c) havendo uma ou mais circunstâncias desfavoráveis, a pena se afastará do mínimo (grau de reprovabilidade médio).

[1365] Em sentido contrário, é a opinião de Guilherme Nucci, que admite seja aplicada a pena máxima já na primeira fase. Ilustramos a posição do penalista com a seguinte passagem: "Se projetarmos os pesos fixados em escala de pontuação, atingiríamos 10 pontos: personalidade (2), antecedentes (2), motivos (2), conduta social (1), circunstâncias do crime (1), consequências do crime (1) e comportamento da vítima (1). Aplicando-se, ilustrativamente, na fixação da pena-base de um furto simples, cuja variação da pena de reclusão é de 1 a 4 anos, teríamos: *a) 10 pontos negativos = 4 anos de pena-base*; 5 pontos negativos = 2 anos e 6 meses de pena-base; 3 pontos negativos = variação de 1 ano e 6 meses a 2 anos de pena-base; nenhum ponto negativo = 1 ano de pena-base." (g.n.). NUCCI, Guilherme de Souza. *Individualização da Pena*. 3ª ed. São Paulo: Revista dos Tribunais, 2009, p. 210.

d) Por fim, se o conjunto das circunstâncias for preponderantemente negativo, a pena-base deve-se aproximar do termo médio.

Muito embora o Código Penal atual não faça referência ao termo médio, tal critério está em consonância, como ensina Paganella Boschi,[1366] com a ideia de *progressividade* e com a de *proporcionalidade* que devem estar presentes no cálculo da pena. O fundamento para a adoção do critério do termo médio também decorre, na lição do penalista gaúcho,[1367] da inteligência do art. 47 do Código Penal, em sua redação original (1940):

> **Art. 47.** A reincidência específica importa:
> I – a aplicação da pena privativa de liberdade acima da metade da soma do mínimo com o máximo;
> II – a aplicação da pena mais grave em qualidade, dentre as cominadas alternativamente, sem prejuízo do disposto no nº I.

Ora, se do CP de 1940, em sua versão original, já se inferia a adoção do termo médio, com muito mais razão se deve deduzir essa opção no cálculo da pena, considerando as mencionadas progressividade e proporcionalidade que são, a nosso ver, decorrência da clara opção da Reforma Penal pelo princípio da culpabilidade, tendo em vista que esta é graduável, em face da menor ou maior reprovação, o que se faz de forma progressiva e proporcional.

Há que se ter em conta que a culpabilidade como vetorial central do art. 59, que, constituindo o juízo de censurabilidade ou reprovação, ao fim e ao cabo, resultará como parâmetro para a fixação da pena, não se limita a uma fórmula matemática. Nas três fases da fixação da pena, uma fórmula matemática servirá como parâmetro, mas não como regra absoluta.

A expressão *Spielraumtheorie*,[1368] utilizada na jurisprudência e na doutrina alemãs, bem ilustra a questão. Literalmente, tem o significado de teoria (*Theorie*) de espaço (*Raum*) e de jogo (*Spiel*). Santiago Mir Puig[1369] utiliza precisamente essa tradução ("teoría del espacio de juego"), afirmando que Francisco Muñoz Conde traduz a expressão de modo menos literal como "teoría del margen de libertad.". A nosso ver, a opção de Muñoz Conde reflete melhor a ideia.

Nesse sentido, o STF já decidiu que: "A dosimetria da pena submete-se a certa discricionariedade judicial. O Código Penal não estabelece rígidos esquemas matemáticos ou regras absolutamente objetivas para a fixação da pena." (HC 104.045/RJ, 1ª Turma do STF, rel. Min Rosa Weber, un., j. 21.12.2012).

[1366] BOSCHI, José Antonio Paganella. *Das Penas e seus Critérios de Aplicação*. 6ª ed. Porto Alegre: Livraria do Advogado, 2013, p. 187-188.

[1367] Ibid,, p. 186.

[1368] Sobre o ponto, vale reproduzir a lição de Luís Greco: "Na Alemanha, discute a doutrina várias teorias a respeito da medição da pena. Para a teoria da pena pontual (*Theorie der Punktstrafe*), os critérios de medição da pena dados pela lei sempre condiziriam a uma única pena correta. Já para a *Spielraumtheorie* (que traduzi por teoria do espaço livre, ciente das limitações desta tradução), adotada pela jurisprudência, a pena adequada à culpabilidade nunca pode ser determinada com exatidão; restaria sempre um campo livre, uma margem dentro da qual o tribunal poderia mover-se guiado por considerações de prevenção especial (cf. *Jescheck/Weigend*, Lehrbuch des Strafrechts, Allgemeiner Teil, 5ª edição, Berlim: Duncker & Humblot, 1996, p. 880/881).". ROXIN, Claus. Sobre a Fundamentação Político-Criminal do Sistema Jurídico-Penal. In: *Estudos de Direito Penal*. 2ª ed. Trad. de Luís Greco. Rio de Janeiro: Renovar, 2008, nota do tradutor nº 27, p. 88.

[1369] MIR PUIG, Santiago. *Derecho Penal – Parte General*. 4ª ed. Barcelona: Reppertor, 1996, p. 747.

3. Segunda fase: pena provisória. Agravantes e atenuantes genéricas

Na *segunda fase*, o juiz, tendo em conta as *atenuantes* e *agravantes*, fixará a denominada *pena provisória*.

O art. 61 do CP oferece o rol de circunstâncias agravantes, as quais, na dicção do Código, sempre agravam a pena, quando não constituem ou qualificam o crime.

Nesta fase, a pena não poderá ficar aquém do mínimo. Nesse sentido, a Súmula 231 do STJ: "A incidência da circunstância atenuante não pode conduzir à redução da pena abaixo do mínimo legal". Por outro, não deve tampouco a pena superar o limite máximo cominado em abstrato.

3.1. Circunstâncias agravantes

3.1.1 A reincidência

Dá-se a *reincidência* com a prática de novo crime desde que tenha havido trânsito em julgado por delito anterior, sendo indiferente o fato de este ter ocorrido no Brasil ou no exterior. A reincidência que atua como circunstância agravante, na lição de Ney Fayet,[1370] diz-se *ficta* ou *legal*, porquanto não prescinde do trânsito em julgado da sentença condenatória, mas aperfeiçoa-se sem a exigência do cumprimento da condenação anterior transitada. Assim, o Código Penal brasileiro consagra a *reincidência ficta* em detrimento da denominada *reincidência real* ou *verdadeira*, que, como ensina Ariovaldo Alves de Figueiredo,[1371] "seria aquela que só ocorreria com a prática de novo crime após o cumprimento da pena imposta no crime anterior.".

A reincidência figura como a primeira hipótese de agravante prevista no art. 61, inc. I, e está disciplinada nos arts. 63 e 64 do CP, devendo-se incluir também o art. 120, a ver-se:

> **Art. 63.** Verifica-se a reincidência quando o agente comete novo crime, depois de transitar em julgado a sentença que, no País ou no estrangeiro, o tenha condenado por crime anterior.
>
> **Art. 64**. para efeito de reincidência:
>
> I – não prevalece a condenação anterior, se entre a data do cumprimento ou extinção da pena e a infração posterior tiver decorrido período de tempo superior a 5 (cinco) anos, computado o período de prova da suspensão ou do livramento condicional se não ocorre revogação;
>
> II – não se consideram os crimes militares próprios e políticos.
>
> **Art. 120.** A sentença que conceder perdão judicial não será considerada para efeitos de reincidência.

[1370] FAYET, Ney. *A Sentença Criminal e suas Nulidades*. 5ª ed. Rio de Janeiro: AIDE, 1987, p. 171.
[1371] FIGUEIREDO, Ariovaldo Alves de. *Comentários ao Código Penal – Parte Geral*. 2ª ed. São Paulo: Saraiva, 1987, v. 1º, p. 178.

Por sua vez, a Lei das Contravenções Penais trata da reincidência nos seguintes termos:

Art. 7º. Verifica-se a reincidência quando o agente pratica uma contravenção depois de passar em julgado a sentença que o tenha condenado, no Brasil ou no estrangeiro, por qualquer crime, ou, no Brasil, por motivo de contravenção.

Atentando-se para os dispositivos referidos do CP e da LCP, haverá reincidência nos seguintes casos, desde que não superado o interregno de cinco anos entre a data do cumprimento ou extinção da pena e a infração posterior:

a) prática de crime após o trânsito em julgado de sentença que condenou o agente, no Brasil ou exterior, por crime anterior (CP, art. 63);

b) prática de contravenção após o trânsito em julgado de sentença que condenou o agente, no Brasil ou exterior, por crime anterior (LCP, art. 7º);

c) prática de contravenção após o trânsito em julgado de sentença que condenou o agente, no Brasil, por contravenção anterior (LCP, art. 7º);

Por outro lado, não haverá reincidência nas seguintes hipóteses:

a) após o cumprimento ou extinção da pena do crime anterior o crime posterior é praticado após um período superior a cinco anos (CP, art. 64, inc. I);

b) se o crime anterior for militar próprio ou político (CP, art. 64, inc. II);

c) crime posterior e contravenção anterior (CP, art. 63).

d) contravenção anterior praticada no exterior e contravenção posterior (LCP, art. 7º).

Impende salientar que se for declarada a extinção de punibilidade do crime anterior, depois da condenação transitar em julgado, a reincidência subsiste, em regra. Porém, não haverá reincidência[1372] no caso de ter havido perdão judicial no processo anterior, anistia ou ante a superveniência de *abolitio criminis*.

Além de figurar como circunstância agravante prevalente no concurso com as circunstâncias atenuantes (art. 67), a reincidência constitui óbice ou fator de maior dificuldade à fruição de diversos benefícios ou a um tratamento menos recrudescido, tais como: *a)* no regime de cumprimento da pena (art. 33, § 2º, letras "*b*" e "*c*"); *b)* na substituição da pena privativa de liberdade por restritiva de direitos (art. 44, inc. II); *c)* na vedação da substituição da pena privativa de liberdade pela pena de multa (art. 60, § 2º); *d)* no impedimento à concessão de *sursis* (art. 77, inc. I); *e)* na revogação do *sursis* (art. 81, inc. I e § 1º); *f)* no aumento do prazo para a concessão de livramento condicional (art. 83, inc. II); *g)* na revogação do livramento condicional (art. 87); *h)* na revogação da reabilitação (art. 95); *i)* na dilação do prazo da prescrição da pretensão punitiva (art. 110); *j)* no recrudescimento dos prazos para progressão de regime em caso de crime hediondo ou equiparado (Lei nº 8.072/90, art. 2º, § 2º); *k)* na interrupção da prescrição (art. 117, inc. VI), dentre outras. O fato de serem impostas ao agente restrições alheias ao fato pelo qual este foi condenado – ou seja, fatos relativos a outros processos – leva a Juarez Cirino dos Santos[1373] a sustentar a inconstitucionalidade da reincidência.

[1372] FRAGOSO, Heleno Cláudio. *Lições de Direito Penal – Parte Geral*. 12ª ed. revista e atualizada por Fernando Fragoso. Rio de Janeiro: Forense, 1990, p. 331.

[1373] SANTOS, Juarez Cirino dos. *Teoria da Pena*. Rio de Janeiro: ICPC/Lumen Juris, 2005, p. 121.

Todavia, o Supremo Tribunal Federal, em decisão proferida por seu plenário, considerou "constitucional a aplicação da reincidência como agravante da pena em processos criminais" (art. 61, I), rechaçando os alegados *bis in idem* e afronta aos princípios da proporcionalidade e da individualização da pena. Pela importância do precedente, reproduzimos os excertos que sintetizam a decisão: "Consignou-se que a reincidência não contrariaria a individualização da pena. Ao contrário, levar-se-ia em conta, justamente, o perfil do condenado, ao distingui-lo daqueles que cometessem a primeira infração penal. (...). Considerou-se que a reincidência comporia consagrado sistema de política criminal de combate à delinquência e que eventual inconstitucionalidade do instituto alcançaria todas as normas acima declinadas. Asseverou-se que sua aplicação não significaria duplicidade, porquanto não alcançaria delito pretérito, mas novo ilícito, que ocorrera sem que ultrapassado o interregno do art. 64 do CP. (...). Consignou-se que a reincidência não contrariaria a individualização da pena. Ao contrário, levar-se-ia em conta, justamente, o perfil do condenado, ao distingui-lo daqueles que cometessem a primeira infração penal. (...). Estaria respaldado, então, o instituto constitucional da individualização da pena, na medida em que se evitaria colocar o reincidente e o agente episódico no mesmo patamar. Frisou-se que a jurisprudência da Corte filiar-se-ia, predominantemente, à corrente doutrinária segundo a qual o instituto encontraria fundamento constitucional, porquanto atenderia ao princípio da individualização da pena. (...). Por fim, determinou-se aplicar, ao caso, o regime da repercussão geral reconhecida nos autos do RE 591563/RS (DJe de 24.10.2008)"(STF, Informativo nº 700, RE 453.000/RS, rel. Min. Marco Aurélio, Plenário, 4.4.2013).

Consoante dispõe o art. 64, inc. I, a reincidência obedece ao critério da *temporariedade*, de modo que não prevalece a condenação anterior, se entre a data do cumprimento ou extinção da pena e a infração posterior tiver decorrido período superior a cinco anos, computado o período de prova da suspensão ou do livramento condicional, se não ocorrer revogação.

Discute-se se tal lapso de tempo deva ser aplicado também aos antecedentes, os quais, em princípio, seguiriam o critério da *perpetuidade*, visto que o disposto no art. 64, inc. I, refere-se expressamente à reincidência.

A tendência nos tribunais superiores é de não estender a previsão para a vetorial antecedentes, prevista no art. 59, consoante se extrai da seguinte decisão do STF: "Condenações transitadas em julgado após o cometimento dos crimes objeto da condenação são aptas a desabonar, na primeira fase da dosimetria, os antecedentes criminais para efeito de exacerbação da pena-base (CP, art. 59)" (HC 117.737/SP, Primeira Turma, Rel. Min. Rosa Weber, j. 15.03.2013). No mesmo sentido:[1374] "A alegação de que os antecedentes se referem a condenações já alcançadas pelo disposto no inciso I do art. 64 do Código Penal é irrelevante, no caso, uma vez que a extinção dos efeitos da reincidência não elimina a existência de maus antecedentes representados pelos delitos praticados e que justificaram a condenação" (STF, HC 76.665-3/SP, rel. Marco Aurélio,

---

[1374] Em sentido contrário: STF, Segunda Turma, por maioria, HC 126.315/SP, Rel. Min. Gilmar Mendes, j. 15.9.2015, DJe 7.12.2015.

DJ 4.9.98; STF, HC 77.585/SP, rel. Ilmar Galvão, Inf. 130, 11.11.98). Esse entendimento é pacífico no STJ: "As condenações alcançadas pelo período depurador de 5 anos, previsto no art. 64, inciso I, do Código Penal, afastam os efeitos da reincidência, mas não impedem a configuração de maus antecedentes, permitindo, assim, o aumento da pena-base acima do mínimo legal" (Quinta Turma, HC 424.265/SP, rel. Felix Fischer, j. 10.04.2018, DJe 16.04.2018). No mesmo sentido: Sexta Turma, Ag. Rg. Ag. Resp. 1.249.427/SP, rel. Maria Thereza de Assis Moura, j. 19.06.2018, DJe 29.06.2018.

A posição pela não aplicação da previsão do art. 64, inc. I, aos antecedentes (art. 59), a qual prevalece no STF e encontra unanimidade no STJ, nos parece a mais correta, visto que, ao concluir-se de modo diverso, ao fim e ao cabo o Poder Judiciário restaria por fazer as vezes de legislador positivo, papel esse que não lhe cabe. Até porque as circunstâncias agravantes não coincidem com a reincidência em sua formulação, porquanto as consequências desta última são muito mais gravosas ao réu, motivo por que não há sequer falar em analogia. Trata-se de hipóteses nitidamente distintas. Contudo, correta, a nosso ver, a flexibilização admitida pelo STJ de acordo com o caso concreto, sobretudo quando o fato anterior tenha ocorrido há muito tempo ou que não tenha sido particularmente grave, porquanto tal solução revela-se em consonância com o princípio constitucional da proporcionalidade.

3.1.2. O motivo fútil ou torpe

Os motivos do crime serão considerados quando da fixação da pena-base (art. 59). Porém, em se tratando de *motivo fútil* ou *torpe*, o julgador deve se abster de considerá-los naquela primeira fase da aplicação da pena para considerá-los na segunda fase, ou seja, no momento da apreciação das circunstâncias agravantes e atenuantes. Isso se tais motivos não constituírem elemento do crime, como ocorre no caso de homicídio qualificado, nas hipóteses do art. 121, § 2º, incs. I e II, caso em que o motivo fútil ou torpe não serão considerados para a agravação genérica da pena, pois serão considerados para a qualificação do delito, a teor do que determina o disposto no art. 61, *caput*.

O motivo fútil, primeira hipótese da letra "a" do inc. II do art. 61, é o motivo banal, insignificante, desproporcionado, revelando total menoscabo e desprezo para com o bem jurídico ofendido pelo agente, como no exemplo daquele que mata o garçom porque este serviu-lhe um café na temperatura inadequada.

O motivo torpe, segunda figura, é aquele que se revela repugnante, ignóbil, vil, abjeto, impudico, que subverte os princípios éticos mais comezinhos vigorantes no meio social, como ocorre no exemplo daquele que entrega a filha menor para a produção de fotos a serem utilizadas em pornografia infantil.

Porém, cumpre não olvidar, como já mencionamos, que somente será valorado o motivo fútil ou torpe se não configurar qualificadora do delito, afastando-se dessa forma o inadmissível *bis in idem*. Releva ainda notar que, consoante o entendimento jurisprudencial, o motivo fútil revelar-se-ia incompatível com a embriaguez. Contudo, o STJ parece, em sentido contrário, inclinar-se pela admissão ao consignar que: "Embora o estado de embriaguez possa comprometer a capacidade de o réu de analisar a desproporção entre o motivo e a sua ação, tal circunstância não exclui a futilidade do crime, sendo que maiores incursões acerca da matéria demandaria a revolvimento do conjunto fático-comprobatório, vedado na via do *writ*" (STJ, HC 75.177-MS, 5ª Turma, unânime, j. em 22/05/2007, rel. Min. Gilson Dipp. No mesmo sentido: STJ, Resp. 908.396-MG, 5ª Turma, unânime, j. em 03/03/2009, rel . Min. Arnaldo Esteves).

3.1.3. *O escopo de facilitar ou assegurar a execução, a ocultação, a impunidade ou a vantagem de outro crime*

O Código, ao estatuir como agravante o fato de ter o agente cometido o *crime para facilitar ou assegurar a execução, a ocultação, a impunidade ou vantagem de outro crime*, tem em conta a conexão entre um crime-meio e um crime-fim, sendo imprescindível para a incidência da agravante tenha sido o crime-meio ao menos tentado, ao passo que o crime-fim sequer precisa ser tentado, visto que o que agrava é o fim indicado no dispositivo ("para facilitar ou assegurar..."), ainda que a finalidade do agente não venha a ocorrer.

Relativamente à hipótese facilitar ou assegurar a execução, ilustrativo é o exemplo de Roberto Lyra:[1375] "Se agente põe fogo numa casa para aproveitar-se da confusão e furtar, ainda que não furte, subsistirá a agravante. Não é o furto que agrava, mas a intenção de furtar.".

Os termos *ocultação*, *impunidade* ou *vantagem* de outro crime dizem respeito à vantagem que está subjacente ao propósito que constitui o substrato subjetivo do crime-meio.

Releva extremar a noção de ocultação e a de impunidade. Como esclarece Lyra,[1376] na ocultação, tem-se em vista o fato criminoso, ao passo que com relação à impunidade, tem-se em vista o agente. Assim, se o agente ameaça uma testemunha para beneficiar-se de seu depoimento, constrangendo-a a negar a ocorrência do fato punível, o que está em questão é o próprio crime. Porém, se o agente faz com que a testemunha preste depoimento afirmando que esse agiu em legítima defesa ou abrigado por outra qualquer justificante, o que se tem em vista é o agente e sua consequente impunidade.

A vantagem proporcionada por outro crime diz respeito, como lembra João Mestieri,[1377] à "fruição do benefício, patrimonial ou não, trazido por outro crime.".

Impende salientar que a agravante incide sempre na fixação da pena do crime-meio, e não do crime-fim, sendo que essa, por ser de caráter pessoal, não

---

[1375] LYRA, Roberto. *Comentários ao Código Penal*. Rio de Janeiro: Forense, 1942, v. II, p. 241.
[1376] Ibid., p. 242.
[1377] MESTIERI, João. *Manual de Direito Penal*. Rio de Janeiro: Forense, 1999, v. I, p. 287.

se comunica aos coautores ou partícipes que não se incluam na mesma situação subjetiva (CP, art. 30).

Por fim, a circunstância agravante restará incólume mesmo se vier a ser extinta a punibilidade do outro crime.

3.1.4. *A traição, a emboscada, a dissimulação, ou outro recurso que dificulte ou torne impossível a defesa do ofendido*

Na alínea "c", o Código determina seja agravada a pena o fato de ter sido o crime praticado à *traição*, de *emboscada*, mediante *dissimulação* ou *outro recurso que venha a dificultar ou mesmo tornar impossível a defesa da vítima*.

A *traição* consiste em surpreender a vítima que não se encontra preparada para defender-se, é o ataque de inopino, inesperado, como no exemplo em que o agente desfere golpes de punhal na vítima pelas costas.

A *emboscada*, ensina Magalhães Noronha,[1378] "é o ato de esperar, oculto ou escondido, a vítima para agredi-la; é o assalto de quem se esconde. É a *tocaia* do nosso sertanejo, o *agguato* dos italianos e o *guet-apens* dos franceses. Há insídia e covardia do agente, atacando o ofendido, sem este ter tempo sequer, na maior parte das vezes, para saber de onde partiu a agressão.".

Na *dissimulação*, o agente se vale de fingimento no escopo de facilitar a sua ação criminosa em face da ausência criada de prevenção da vítima, como no caso daquele que convida a vítima para fumar maconha fazendo da ocasião uma facilidade para a prática do crime, disparando contra ela diversos tiros à "queima-roupa.".

Por fim, refere ainda a alínea em questão constituir circunstância agravante o fato de o agente cometer o crime mediante a utilização de *outro recurso que dificulte ou torne impossível a defesa do ofendido*. O Código aqui remete a solução para a interpretação analógica em hipóteses nas quais esteja presente a essência da agravante consistente no recurso que venha a impedir ou a dificultar a defesa da vítima, como no exemplo do homicida que ministra sonífero na bebida da vítima e a mata quando esta está dormindo.

3.1.5. *O emprego de veneno, fogo, explosivo, tortura ou outro meio insidioso ou cruel, ou de que poderia resultar perigo comum*

A alínea "d" faz menção ao emprego de *veneno, fogo, explosivo, tortura* ou *outro meio insidioso ou cruel*, ou de que podia resultar *perigo comum*.

O *veneno* é a hipótese da alínea em que o legislador especifica um tipo de meio insidioso, motivo por que somente haverá agravação da pena se o veneno for subministrado de forma subreptícia, impedindo, dessa forma, a reação ou defesa da vítima.

[1378] NORONHA, E. Magalhães. *Direito Penal – Introdução e Parte Geral*. 25ª ed. (atual. por Adalberto José Q. T. de Camargo Aranha). São Paulo: Saraiva, 1987, v. 1, p. 251-252.

Em sequência, a alínea arrolada três hipóteses de meio cruel, quais sejam, o emprego de *fogo*, *explosivo* ou *tortura*, além da abertura para interpretação analógica consistente *em outro meio cruel*. Neste caso, o Código faz pesar sobre o agente um recrudescimento da pena pelo fato de este submeter a vítima à dor reveladora da crueldade no cometimento do delito.

Por sua vez, o *perigo comum* agravador da pena é aquele que expõe a risco uma multiplicidade de pessoas, como pode ocorrer, por exemplo,[1379] com a disseminação do fogo, ocasionando um incêndio de maior proporção ou ainda a contaminação da caixa d'água de um prédio para atingir a vítima.

3.1.6. Crime cometido contra ascendente, descendente, irmão ou cônjuge

Considera-se o comportamento delitivo dirigido *contra ascendente, descendente, irmão* ou *cônjuge* mais reprovável, porquanto aqui tem-se a ruptura do dever de confiança e cuidado que deve haver nas relações familiares.

Porém, o rol constante na alínea é taxativo, não podendo, assim, ser ampliado, visto que não se admite em Direito Penal a analogia *in malam partem*, de modo que se o agente comete o crime contra a namorada, a agravante não incide no momento da aplicação da pena. Poderá, eventualmente, haver a incidência da alínea "f" se o casal de namorados residir na mesma casa, visto que a referida alínea prevê como agravante o fato de o agente coabitar com a vítima.

3.1.7. Crime com abuso de autoridade ou prevalecendo-se de relações domésticas, de coabitação ou de hospitalidade, ou com violência contra a mulher na forma da lei específica

A *autoridade* aqui referida é aquela decorrente das relações privadas, como é o caso da relação do empregador, do tutor ou do curador, em que a vítima está em posição de dependência em relação ao agente. As *relações domésticas*[1380] são aquelas que envolvem os membros da família, são as mais íntimas, proporcionando um ambiente em que se afrouxa a vigilância. Na hipótese de *coabitação*, consoante ensina José Antonio Paganella Boschi,[1381] "a agravação da pena deflui das mesmas razões éticas e jurídicas apontadas na letra anterior: a quebra da solidariedade, da fraternidade e do auxílio mútuo.". Pelos mesmos motivos, agrava-se a pena quando há relação de *hospitalidade*, distinguindo-se esta pelo fato de aquela ser duradoura, ao passo que a hospitalidade é precária,

---

[1379] NUCCI, Guilherme de Souza. *Individualização da Pena*. 3ª ed. São Paulo: Revista dos Tribunais, 2009, p. 233.
[1380] FRAGOSO, Heleno Cláudio. *Lições de Direito Penal – Parte Geral*. 12ª ed. revista e atualizada por Fernando Fragoso. Rio de Janeiro: Forense, 1990, p. 335. Ainda: FIGUEIREDO, Ariovaldo Alves de. *Comentários ao Código Penal – Parte Geral*. 2ª ed. São Paulo: Saraiva, 1987, v. 1º, p. 174.
[1381] BOSCHI, José Antonio Paganella. *Das Penas e seus Critérios de Aplicação*. 6ª ed. Porto Alegre: Livraria do Advogado, 2013, p. 216.

ressaltando ainda Boschi[1382] que a "relação de convivência está ínsita na coabitação, mas, na hospitalidade, depende do consentimento do hospedeiro.".

3.1.8. Crime cometido com abuso de poder ou violação de dever inerente a cargo, ofício, ministério ou profissão

A *ratio* da alínea em comento consiste em agravar a pena daqueles que praticam uma infração no exercício de *cargo, ofício, ministério* ou *profissão*, quando nesta condição deveriam ter a lei em atenção em muito maior medida em relação àqueles que não se encontram em semelhante situação.

Na lição de Hely Lopes Meirelles:[1383] "*Cargo público* é o lugar instituído na organização do serviço público, com denominação própria, atribuições específicas e estipêndio correspondente, para ser provido e exercido por um titular, na forma estabelecida em lei.". O *abuso de poder* ocorre quando o agente se vale do cargo para fins ilícitos. Importante esclarecer que a agravante não incide no caso de se tratar de crime funcional típico ou de crime de abuso de autoridade, visto que, em tais casos, o abuso já é levado em consideração para a própria configuração do delito, sob pena de incorrer-se em inadmissível *bis in idem*.

Ofício, nas palavras de Boschi,[1384] "é atividade pública autorizada a quem não detém cargo público, como a dos leiloeiros oficiais. Equivale à função, atividade pública essencialmente provisória, dada a transitoriedade do serviço a que visam atender.".

O *ministério* diz respeito a exercício de atividade profissional religiosa, como é o caso dos padres ou pastores, ao passo que *profissão* é aquela atividade que reclame "habilitação especial, ou de licença ou de autorização do poder público",[1385] tais como os advogados, médicos, engenheiros, etc.

3.1.9. Crime cometido contra criança, maior de sessenta anos, enfermo ou mulher grávida

Na alínea "*h*", o CP consagra como circunstância agravante o fato de o crime ser praticado contra *criança, maior de sessenta anos, enfermo* ou *mulher grávida*, visto que tais pessoas revelam maior vulnerabilidade em face de sua condição.

Apesar de já ter havido muita discussão em torno de uma definição, hoje o entendimento sobre a caracterização de *criança* orienta-se pelo Estatuto da

---

[1382] BOSCHI, José Antonio Paganella. *Das Penas e seus Critérios de Aplicação*. 6ª ed. Porto Alegre: Livraria do Advogado, 2013, p. 216.
[1383] MEIRELLES, Hely Lopes. *Direito Administrativo Brasileiro*. 16ª ed. São Paulo: Revista dos Tribunais, 1991, p. 356.
[1384] BOSCHI, José Antonio Paganella. *Das Penas e seus Critérios de Aplicação*. 6ª ed. Porto Alegre: Livraria do Advogado, 2013, p. 216.
[1385] SANTOS, Juarez Cirino dos. *Teoria da Pena*. Rio de Janeiro: ICPC/Lumen Juris, 2005, p. 126.

Criança e do Adolescente (Lei nº 8.069/90),[1386] o ECA, considerando como tal a pessoa até doze anos de idade incompletos.

O agravamento da pena em face do crime cometido contra pessoa *maior de sessenta anos* resulta da redação introduzida pela Lei nº 10.741/03, o Estatuto do Idoso, em seu art. 110. O *enfermo*, segundo Baltazar Júnior,[1387] "é o doente ou deficiente, físico ou mental, podendo cuidar-se de moléstia eventual ou crônica, uma vez que o fundamento da agravação é a diminuição da possibilidade de resistir ao delito.". O último fator de agravação da letra *"h"* é o fato de tratar-se a vítima de *mulher grávida*. Boschi[1388] entende que, relativamente às duas últimas hipóteses, a agravação não deve incidir em qualquer caso, porquanto, segundo sustenta, deve haver algum liame entre o crime e a causa, sendo indispensável que a doença da vítima reduza a capacidade de reação, sendo que com relação à grávida, deve o crime oferecer risco à gravidez como ocorre no caso de lesão corporal, estupro, abandono material. Assim sendo, para o autor, não se justificaria a agravação em um caso de furto da carteira de enfermo ou de mulher grávida, em que as vítimas, por exemplo, viessem a se dar conta no outro dia, já em suas casas.

Por derradeiro, deve-se esclarecer que a prova da idade é feita por documento hábil. Eis o entendimento do Superior Tribunal de Justiça, expresso no enunciado abaixo:

> **Súmula 74:** Para efeitos penais, o reconhecimento da menoridade do réu requer a prova por documento hábil.

3.1.10. Crime cometido quando o ofendido estava sob a imediata proteção da autoridade

A circunstância de estar *a vítima sob imediata proteção da autoridade* também é fator de agravamento da pena, em casos, por exemplo, em que o ofendido se encontra preso ou, quando doente mental, internado em hospital.

3.1.11. Crime cometido em ocasião de incêndio, naufrágio, inundação ou qualquer calamidade pública, ou de desgraça particular do ofendido

Não há dificuldade em concluir que, *em ocasião de incêndio, naufrágio, inundação ou qualquer calamidade pública* (terremoto, tornado, temporal), *ou desgraça particular do ofendido* (o agente furta bens do ofendido quando este atendia a seu filho que momentos antes fora atropelado por um carro) a capacidade de proteção é, à evidência, ao menos, reduzida, senão suprimida.

[1386] Lei nº 8.069/90: **Art. 2º** Considera-se criança, para os efeitos desta Lei, a pessoa até 12 (doze) anos de idade incompletos, e adolescente aquela entre 12 (doze) e 18 (dezoito) anos de idade.
[1387] BALTAZAR JÚNIOR, José Paulo. *Sentença Penal*. 4ª ed. Porto Alegre: Verbo Jurídico, 2012, p. 205.
[1388] BOSCHI, José Antonio Paganella. *Das Penas e seus Critérios de Aplicação*. 6ª ed. Porto Alegre: Livraria do Advogado, 2013, p. 218-219.

Além disso, o agente que pratica o fato punível em tais situações revela, como afirma Boschi,[1389] "insensibilidade moral e ausência de solidariedade humana, merecendo, portanto, mais intensidade na reação estatal.".

3.1.12. Crime cometido em estado de embriaguez preordenada

A *embriaguez preordenada* é aquela em que o agente se embriaga no escopo de praticar algum crime. Distingue-se da *embriaguez acidental voluntária* (o agente quer se embriagar) ou *culposa* (o agente não quer se embriagar, mas embriaga-se por imprevidência) (CP, art. 28, inc. II), em que o agente não possui propósito criminoso. Estas duas últimas não isentam o réu de pena, mas também não a agravam.

Por sua vez, a embriaguez proveniente de caso fortuito ou força maior pode isentar o agente de pena, se for completa, de modo a determinar que o agente venha a se encontrar, ao tempo da ação ou da omissão, inteiramente incapaz de entender o caráter ilícito do fato ou de determinar-se de acordo com esse entendimento (CP, art. 28, § 1º), ou reduzir a pena (CP, art. 28, § 2º), se não for completa, no caso em que o agente não possuía, ao tempo da ação ou da omissão, a plena capacidade de entender o caráter ilícito do fato ou de determinar-se de acordo com esse entendimento.

3.1.13. Agravantes no caso de concurso de pessoas

As *agravantes em caso de concurso de pessoas* estão elencadas no art. 62 do CP. A primeira hipótese do artigo, consoante o inc. I, prevê seja a pena agravada em relação ao *agente que promove, ou organiza a cooperação no crime ou dirige a atividade dos demais agentes*. Aqui, assevera Reale Júnior,[1390] "mais grave deve ser a sua reprimenda com relação à do concorrente que não dirija ou oriente a execução do crime.". Impende salientar que o *promotor* ou *organizador* deve ter o domínio do fato, ou seja, figurar na posição de autor, deve ter o domínio sobre o *se* e o *como* do empreendimento criminoso. Assim, o mero partícipe, como é o caso do contador, que auxilia na organização da documentação que embasara a perpetração de um crime envolvendo fraude, não ficará sujeito à agravante. Pensemos no exemplo de um advogado que utiliza seu escritório para organizar e perpetrar crimes de estelionato (aposentadorias fraudulentas) contra a Previdência Social. Nesse intento, organiza o empreendimento criminoso e contrata mão de obra para a consecução das infrações penais, incluindo um contador que organiza a documentação. Não é esta organização de que trata o inciso. Assim, a agravante recai somente sobre o advogado, mas não sobre o contador que, não obstante esteja incumbido de *organizar a documentação*,

---

[1389] BOSCHI, José Antonio Paganella. *Das Penas e seus Critérios de Aplicação*. 6ª ed. Porto Alegre: Livraria do Advogado, 2013, p. 219.
[1390] REALE JÚNIOR, Miguel. *Instituições de Direito Penal – Parte Geral*. 4ª ed. Rio de Janeiro: Forense, 2013, p. 423.

o faz na condição de técnico contratado e sujeito àquele que está em *posição de comando*.

A segunda hipótese de agravação da pena (inc. II) recai sobre aquele que *coage ou induz outrem à execução material do crime*. A coação abrange tanto a física (*vis absoluta*), que afasta a própria noção de conduta por parte do coagido, quanto à moral (*vis compulsiva*), que afasta a culpabilidade (art. 22). "*A indução*", na afirmação de Edmundo Oliveira,[1391] "consiste em persuadir, aconselhar, inspirar.". Boschi[1392] afirma tratar-se de "uma modalidade subliminar de coação, porque o agente vai minando as resistências do induzido até conseguir dele o apoio na execução do projeto criminoso". Reale Júnior[1393] faz uma crítica com relação ao tratamento legal dado ao indutor: "Injustificável considerar-se mais grave a posição de quem *induz*, que pode até mesmo ter participação de menor importância, configurando-se antes a situação descrita como causa de diminuição da pena no art. 29, § 1º".

A terceira hipótese dirige-se a quem instiga ou determina a cometer o crime alguém sujeito à sua autoridade ou não punível em virtude de condição ou qualidade pessoal. Diferentemente da indução, em que o induzido nem tem inicialmente a intenção delitiva, na instigação, o instigador faz nascer, incute no instigado, o propósito criminoso. A determinação consiste na ação de ordenar a realização do crime.

A instigação ou determinação devem ser dirigidas a alguém sujeito à autoridade do agente, como ocorre na obediência hierárquica (art. 22), ou em casos em que o executor material seja inimputável, por ausência de higidez mental (art. 26, *caput*), ou em razão de menoridade (art. 27), como no exemplo em que um menor pratica fato tipificado como crime por instigação ou determinação dos pais.

A quarta e última hipótese prevista no artigo 62, em seu inc. IV, incide sobre o agente que *executa o crime, ou nele participa, mediante paga ou promessa de recompensa*. Cumpre esclarecer que a agravante somente incidirá se não enquadrar em hipótese específica de algum crime, constituindo-o ou qualificando-o, como ocorre no caso do *homicídio qualificado* (art. 121, § 2º, inc. I) pelo fato de ter sido cometido *mediante paga ou promessa de recompensa*, o que qualifica o homicídio, mas afasta a agravante do art. 62, inc. IV, pelo princípio do *ne bis in idem* (art. 61, *caput*).

Releva esclarecer que *não* é o mero fato de o crime ter sido perpetrado em concurso de pessoas que fará com que a pena seja agravada, mas sim o *como* o concurso ocorreu, muito embora a parte especial do Código estipule, em alguns crimes, causa de aumento só pelo fato de haver o concurso (*v.g.*, art. 155, § 4º, inc. IV; art. 157, § 2º, inc. II; art. 158, § 1º).

[1391] OLIVEIRA, Edmundo. *Comentários ao Código Penal – Parte Geral*. 3ª ed. Rio de Janeiro: Forense, 2005, p. 532.
[1392] BOSCHI, José Antonio Paganella. *Das Penas e seus Critérios de Aplicação*. 6ª ed. Porto Alegre: Livraria do Advogado, 2013, p. 221.
[1393] REALE JÚNIOR, Miguel. *Instituições de Direito Penal – Parte Geral*. 4ª ed. Rio de Janeiro: Forense, 2013, p. 424.

3.2. Circunstâncias atenuantes

Diferentemente das circunstâncias agravantes, as *atenuantes* não são taxativas, porquanto, a teor do que estabelece o art. 66, pode o juiz atenuar a pena em razão de circunstância relevante, anterior ou posterior ao crime, embora não prevista expressamente em lei.

3.2.1. Menor de 21 anos e maior de 70 anos

O menor de 18 anos é inimputável, ficando sujeito às normas estabelecidas na legislação especial (art. 27), ou seja, ao Estatuto da Criança e do Adolescente (Lei n° 8.069/90). Após o implemento da maioridade penal, ao completar 18 anos, até os 21 anos, o legislador prevê alguns benefícios em virtude da imaturidade do agente. Assim, não obstante o menor de vinte e um anos na data do fato seja penalmente imputável, o é de forma menos rigorosa. Da mesma forma, o maior de 70 anos, na data da sentença, também terá sua pena abrandada em razão das debilidades e limitações advindas com o avanço da idade.

3.2.2. Desconhecimento da lei

Na opinião de Cirino dos Santos[1394] a "atenuante do *desconhecimento da lei* é um remanescente esclerosado do *sistema causal* do Código Penal de 1940, ainda fundado na dicotomia *erro de fato/erro de direito* e regido pelo princípio *ignorantia legis neminem excusat*: se o erro de direito é *irrelevante*, então o *desconhecimento da lei* seria atenuante.". Discordamos do penalista paranaense. Com efeito, não parece ter sido esse o propósito da Comissão de Reforma. Isso porque a hipótese possui cunho nitidamente liberal. Assim, em casos em que o erro de proibição não for admitido, sequer como erro evitável propiciador de uma diminuição da pena (art. 21, parte final), a lei confere ainda um terceiro benefício, uma derradeira possibilidade, consistente no desconhecimento da lei, ainda, repita-se, que não suficiente para configurar o erro sobre a ilicitude, mas sobretudo diante da complexidade e da inflação normativa poderá o agente ser beneficiado com a atenuante em questão.

Na mesma linha do que aqui sustentamos, é a posição de Eugenio Raúl Zaffaroni e José Henrique Pierangeli,[1395] textualmente: "O inc. II do art. 65 considera circunstância atenuante o desconhecimento da lei, que, como se sabe, não é uma eximente. Na realidade, o desconhecimento da lei pode levar a um menor grau de compreensão da antijuridicidade, que é o que se quer realçar como atenuante.".

[1394] SANTOS, Juarez Cirino dos. *Teoria da Pena – Fundamentos Políticos e Aplicação Judicial*. Rio de Janeiro: ICPC/Lumen Juris, 2005, p.133.
[1395] ZAFFARONI, Eugenio Raúl; PIERANGELI, José Henrique. *Manual de Direito Penal Brasileiro – Parte Geral*. 5ª ed. São Paulo: Revista dos Tribunais, 2004, p. 790; no mesmo sentido: COSTA JÚNIOR, Paulo José da. *Comentários ao Código Penal*. 4ª ed. São Paulo: Saraiva, 1996, p. 226.

Tal linha de pensamento também se observa em juristas[1396] que integraram a Comissão de Reforma da Parte Geral, de 1984, consoante se extrai da seguinte passagem: "A inflação legiferante, com a proteção penal estendendo-se à tutela de interesses e conveniências administrativas, conduz a que se amplie a possibilidade de desconhecimento de lei penal, o que, se é inescusável, deve ser levado em conta para receber menor censura.". Portanto, parece-nos que andou bem o legislador ao prever a referida hipótese atenuante.

3.2.3. Ter o agente cometido o crime por motivo de relevante valor social ou moral

Em doutrina, entende-se a expressão "por motivo de relevante valor social" como sendo aquela em proveito da coletividade, ainda que seja, de um setor específico, como certa categoria profissional, moradores de determinado bairro, etc. Já o "relevante valor moral" diz respeito a interesse do próprio agente, como a prática do fato contra quem trouxe um prejuízo à sua família. Sempre é bom lembrar que não incide a atenuante quando estiver prevista em algum tipo penal específico como causa de diminuição de pena, como é o caso do homicídio privilegiado (art. 121, § 1º) ou de lesão privilegiada (art. 129, § 4º). Nesse caso, considerando-se os exemplos, aplica-se a diminuição de pena do homicídio ou lesão privilegiados, conforme o caso, mas afastando-se a atenuante genérica.

3.2.4. Ter o agente procurado, por sua espontânea vontade e com eficiência, logo após o crime, evitar-lhe ou minorar-lhe as consequências, ou ter, antes do julgamento, reparado o dano

A hipótese em comento não se confunde com o arrependimento eficaz (art. 15), em que o agente, após praticar a conduta no objetivo de alcançar o resultado, em uma nova atividade, impede que o resultado ocorra. Ainda, a teor do que dispõe o art. 16, se o crime for praticado sem violência ou grave ameaça à pessoa, reparado o dano ou restituída a coisa, até o recebimento da denúncia ou da queixa, por ato voluntário do agente, a pena será reduzida de um a dois terços. Amoldando-se o caso ao previsto no art. 16, não incidirá a circunstância atenuante, e sim a causa de diminuição do referido artigo.

Miguel Reale Júnior[1397] assim leciona sobre a atenuante: "Na circunstância da alínea *b* do inciso III do art. 65, exige-se a espontaneidade e eficiência no impedimento ou minoração das consequências de qualquer delito, e prevalece a circunstância, mesmo que a reparação do dano ocorra após a denúncia, mas antes do julgamento.".

[1396] REALE JÚNIOR, Miguel *et al*. *Penas e Medidas de Segurança no Novo Código*. 2ª ed. Rio de Janeiro: Forense, 1987, p. 184.
[1397] REALE JÚNIOR, Miguel. *Instituições de Direito Penal – Parte Geral*. 4ª ed. Rio de Janeiro: Forense, 2013, p. 425.

3.2.5. Ter o agente cometido o crime sob coação a que podia resistir, ou em cumprimento de ordem de autoridade superior, ou sob influência de violenta emoção, provocada por ato injusto da vítima

Muito embora não esteja mencionado na letra "c" do inc. III do art. 65 do CP, trata-se de coação moral (*vis compulsiva*), a qual interfere na liberdade do comportamento do agente. Se for irresistível (art. 22), elide a culpabilidade, a reprovação, por inexigibilidade de comportamento diverso por parte do agente. De modo semelhante, se o agente pratica o fato criminoso em atendimento à ordem não manifestamente ilegal de superior hierárquico, terá sua culpabilidade dirimida, mas, no caso de a ordem ser manifestamente ilegal, a culpabilidade, é dizer, a reprovação permanecerá intacta, mas, ainda assim, a previsão do art. 65 considera haver alguma interferência na vontade do agente, que de algum modo segue afetada, de modo a propiciar a atenuação da pena.

3.2.6. Ter o agente confessado espontaneamente, perante a autoridade, a autoria do crime

A atenuante ora estudada exige, de acordo com a doutrina,[1398] a *espontaneidade*, sendo indiferente o motivo, seja ele por egoísmo, por altruísmo, por nobreza ou por outra razão, devendo ser dirigida à autoridade, aí incluídas[1399] a judicial, a policial e os membros do Ministério Público. Porém, na prática, a espontaneidade tem sido considerada despicienda pela jurisprudência (STJ, HC 201.797, Quinta Turma, j. 02.02.2015; AgRg no REsp. 1.412.043, Sexta Turma, j. 10.03.2015). A tendência da jurisprudência é afastar a atenuante em caso de retratação (STF, HC 91.654/PR, j. 08.04.2008).

Impende lembrar que a antiga redação da Parte Geral do CP era mais restritiva à incidência da atenuante ao exigir ter o agente "confessado espontaneamente, perante a autoridade, a autoria de crime, ignorada ou imputada a outrem" (art. 48, inc. IV, letra "c", na redação original do CP de 1940). Assim é que Roberto Lyra[1400] referia como requisito a situação em que: "A autoridade ignora a autoria ou a atribui a outrem.".

Hoje a admissão é bem mais abrangente, não apenas pela previsão legal, como também pela jurisprudência, de modo que se o réu confessa na fase pré-processual e vem a ser condenado a sua revelia, mas a confissão, ainda que não tenha sido feita em juízo, é considerada na decisão, a atenuação deve ser necessariamente aplicada, consoante se extrai do seguinte enunciado do STJ:

> **Súmula 545** – Quando a confissão for utilizada para a formação do convencimento do julgador, o réu fará jus a atenuante prevista no art. 65, III, *d*, do Código Penal.

A *confissão qualificada*, por sua vez, não tem sido admitida para fins de atenuação, consoante o seguinte julgado: "A confissão qualificada, na qual o

---

[1398] SANTOS, Juarez Cirino dos. *Teoria da Pena – Fundamentos Políticos e Aplicação Judicial*. Rio de Janeiro: ICPC/Lumen Juris, 2005, p.137.
[1399] Idem.
[1400] LYRA, Roberto. *Comentários ao Código Penal*. Rio de Janeiro: Forense, 1942, v. II, p. 340.

agente agrega à confissão teses defensivas descriminantes ou exculpantes, não tem o condão de ensejar o reconhecimento da atenuante prevista no art. 65, inciso III, alínea d, do Código Penal" (STJ, HC 220.526/CE, Quinta Turma, j. 17.12.2013). No mesmo sentido: "Este Superior Tribunal de Justiça possui entendimento pacificado no sentido de que a confissão qualificada – aquela em que o agente agrega à confissão de autoria teses defensivas descriminantes ou exculpantes – não pode ensejar a redução da pena pelo art. 65, III, *d*, do CP" (STJ, HC 175.233/RS, j. 25.06.2013).

3.2.7. Ter o agente cometido o crime sob a influência de multidão em tumulto, se não provocou

A experiência demonstra que as pessoas, quando em grupos, são capazes de incorrer em certas práticas que não realizariam se estivessem sozinhas, cujo exemplo nítido é o aglomeramento de pessoas em estádios de futebol. "Nessas ocasiões", ensina Paganella Boschi,[1401] "muitos indivíduos passam por processo de anulação de seus próprios parâmetros morais e sociais e, contaminados pela multidão, agem segundo os parâmetros da massa, no momento.". René Dotti[1402] ressalta que a "atenuante somente poderá ser reconhecida se o tumulto não foi provocado pelo próprio agente", sendo "irrelevante que a reunião seja ou não autorizada pela lei.".

3.2.8. Atenuantes inominadas

Na dicção do art. 66 do CP, a pena poderá ser ainda atenuada em razão de circunstância relevante, anterior ou posterior ao crime, embora não prevista expressamente em lei. A essa previsão, dá-se o nome de atenuantes inominadas.

Eugenio Raúl Zaffaroni e José Henrique Pierangeli asseveram que estaria abarcada dentre as atenuantes inominadas seria a denominada "co-culpabilidade",[1403] "com a qual a própria sociedade deve arcar" e que consistiriam nas "causas sociais"[1404] que contribuem para a realização do delito.

3.3. Concurso de agravantes e atenuantes. Como se procede ao cálculo da pena provisória?

As agravantes e atenuantes incidem sobre a pena-base fixada na 1ª fase do cálculo, podendo haver concurso entre elas, sobre o que dispõe o art. 67, textualmente:

[1401] BOSCHI, José Antonio Paganella. *Das Penas e seus Critérios de Aplicação*. 6ª ed. Porto Alegre: Livraria do Advogado, 2013, p. 236.
[1402] DOTTI, René Ariel. *Curso de Direito Penal – Parte Geral*. 2ª ed. Rio de Janeiro: Forense, 2004, p. 530.
[1403] ZAFFARONI, Eugenio Raúl; PIERANGELI, José Henrique. *Manual de Direito Penal Brasileiro – Parte Geral*. 5ª ed. São Paulo: Revista dos Tribunais, 2004, p. 791.
[1404] Ibid., p. 580.

Concurso de circunstâncias agravantes e atenuantes

Art. 67 – No concurso de agravantes e atenuantes, a pena deve aproximar-se do limite indicado pelas circunstâncias preponderantes, entendendo-se como tais as que resultam dos motivos determinantes do crime, da personalidade do agente e da reincidência.

No caso de haver incidência apenas de agravantes, serão elas somadas, sendo que o juiz as aplicará cumulativamente. O CP de 1969, que (sempre é bom lembrar) não chegou a entrar em vigência, fornecia parâmetros de forma expressa para a incidência de agravantes e atenuantes, nos seguintes termos: "**Art. 59.** Quando a lei determina a agravação ou atenuação da pena sem mencionar o *quantum*, deve o juiz fixá-lo entre um quinto e um têrço, guardados os limites da pena cominada ao crime.".

No CP atual, não encontramos semelhante previsão, ficando a cargo da doutrina, sendo que o sempre aclamado Paganella Boschi[1405] sugere que o *quantum* de qualquer agravante ou atenuante não venha a superar a fração de 1/6 da pena fixada na pena-base (1ª fase). Isso, segundo o professor,[1406] para "preservar-se a hierarquia das majorantes e minorantes (...).". Porém, é correto afirmar que não se trata de fórmula exata, rigorosamente matemática. Sustenta-se[1407] que devem ser levadas em consideração a *intensidade* e a *relevância* de cada causa, no caso concreto, com o que se põem em evidência "os critérios de isonomia e proporcionalidade.". Nesse sentido, o STF tem reiteradamente se posicionado (HC 107.409/PE; HC 104.045/RJ).

Não obstante, a fração sugerida é um bom parâmetro de referência. Assim, consideremos os seguintes exemplos com base no homicídio simples (art. 121, *caput*): *a*) com pena-base fixada em 6 anos e com 2 agravantes, levaria a pena provisória à monta de 8 anos (ou em torno de 8 anos, já que o marco de 1/6 é referencial, e não estritamente matemático, como afirmamos); *b*) a pena-base é fixada em 9 anos e há 2 atenuantes; como 9 anos correspondem a 108 meses, divididos por 6, chega-se a 18 (1/6 de 9 anos = 1 ano e meio). Assim, as duas atenuantes levariam a pena provisória para 6 anos.

Havendo agravantes e atenuantes em concurso, o juiz poderá considerá-las isoladamente, mas um critério mais simples seria compensá-las, desde que não haja concorrência entre circunstância preponderante com outra que não o seja. Há quem entenda que devam prevalecer as circunstâncias subjetivas (relevante valor moral, por exemplo).

Aceitando-se a preponderância das circunstâncias subjetivas, teríamos as seguintes soluções: *a*) se o concurso for entre duas agravantes objetivas, elas se anulam; *b*) se o concurso for entre duas agravantes subjetivas, elas também se anulam; *c*) se o concurso for entre duas agravantes objetivas e uma atenuante objetiva, resta uma agravante objetiva a ser considera no cálculo, e assim por diante.

[1405] BOSCHI, José Antonio Paganella. *Das Penas e seus Critérios de Aplicação*. 6ª ed. Porto Alegre: Livraria do Advogado, 2013, p. 240.

[1406] Ibid., p. 241.

[1407] SENRA, Alexandre *et al*. *Roteiro de Atuação*: Dosimetria da Pena. Brasília: MPF/2ª Câmara de Coordenação e Revisão, 2016, p. 130.

Na jurisprudência, o STF entende que a reincidência prepondera sobre a confissão espontânea (HC 96.063/MS DJ 08/09/2011; RHC 106.514/MS DJ 17/02/2011; HC 106.172/MS DJ 11/03/2011). Também há forte entendimento jurisprudencial e doutrinário segundo o qual a menoridade é atenuante com força absoluta (STF, RTJ 440/470).

Assim, o juiz terá que se valer de um critério em que as circunstâncias preponderantes tenham um valor maior do que as não preponderantes, como, por exemplo 1/6 para a circunstância não preponderante, e 1/8 para a preponderante.

Por fim, não se deve olvidar que se houver previsão de atenuante em concorrência com causa de diminuição de pena em algum tipo penal incriminador, prevalece este último. Assim, se o agente tiver cometido o crime de homicídio por motivo de relevante valor social ou moral, aplica-se o art. 121, § 1º, e não o art. 65, inc. III, "a".

4. Terceira fase: pena definitiva. Causas de diminuição e aumento de pena

É na terceira fase da fixação da pena que o aplicador da pena deverá fazer incidir as causas de aumento e diminuição de pena. As causas de aumento de pena distinguem-se das qualificadoras, pois as primeiras serão consideradas na terceira fase da fixação da pena (art. 68, *caput*, parte final). Por sua vez, as qualificadoras têm seus limites mínimo e máximo preestabelecidos pelo legislador, cuja pena é independente daquela prevista para o tipo básico. Assim, por exemplo, o homicídio simples (art. 121, *caput*) comina pena de reclusão de 6 a 20 anos, ao passo que o homicídio qualificado (art. 121, § 2º) comina pena de 12 a 30 anos de reclusão. Neste último caso, o cálculo da pena parte desse patamar, ou seja, a pena-base deve partir do mínimo de 12 anos e do máximo de 30 anos para fins de obter o termo-médio e fixar o *quantum* da 1ª fase do cálculo.

As três fases da fixação da pena têm como sequência a 1ª fase, em que se deve estabelecer a pena-base, a qual servirá de base para o cálculo da pena provisória, na 2ª fase, ao que se segue a 3ª fase, em que se chega à pena definitiva, que tem como base a pena provisória. A esse procedimento dá-se o nome de *sistema em cascata*,[1408] com o que se evita a pena zero. No caso de não haver circunstâncias agravantes ou atenuantes e nem causas de aumento ou de diminuição de pena, a pena-base converter-se-á em pena definitiva.

Preceitua o parágrafo único do art. 68 que, no concurso de causas de aumento ou de diminuição previstas na parte especial, pode o juiz limitar-se a

---

[1408] O qual, segundo Paganella Boschi, é respaldado pelo STF: "A majoração derivada de concurso formal ou ideal de delitos não deve incidir sobre a pena-base, mas sobre aquela a que já se ache acrescido o *quantum* resultante da aplicação das causas especiais de aumento a que se refere o § 2º do art. 157 do Código Penal." (HC 70.787, Rel. Min. Celso de Mello, julgamento em 14.6.94, 1ª Turma, *DJE* de 23.10.09). Citado em: BOSCHI, José Antonio Paganella. *Das Penas e seus Critérios de Aplicação*. 6ª ed. Porto Alegre: Livraria do Advogado, 2013, p. 253.

um só aumento ou a uma diminuição, prevalecendo, todavia, causa que mais aumente ou diminua.

Nesta fase derradeira, diferentemente do que ocorre na segunda fase, a pena definitiva poderá ficar aquém do mínimo ou além do máximo fixado no tipo incriminador. Se a pena privativa de liberdade aplicada for superior a 30 anos, o condenado cumprirá a pena somente até o limite 30 anos (art. 75).

5. Concurso de crimes

O *concurso de crimes* consiste na prática de dois ou mais crimes mediante uma ou mais de uma conduta perpetrada pelo agente. Discute-se acerca da localização sistemática do concurso de crimes, ou seja, seu *locus* reside no âmbito da figura delitiva ou no da pena, o que levou Giuseppe Bettiol[1409] a afirmar "que o concurso de crimes constitui uma ponte de passagem entre a doutrina do crime e aquela da pena.". Sobre tal controvérsia, Reale Júnior[1410] leciona: "O legislador brasileiro trata do concurso de crimes no título relativo às penas, diversamente do que sucede com a lei italiana. Sem dúvida, o cerne da questão está na consideração da unidade ou pluralidade da ação penalmente relevante, o que diz respeito à teoria do crime. Mas, o tratamento punitivo das diversas hipóteses pode justificar que a matéria esteja incluída no capítulo da aplicação da pena.".

5.1. Concurso material ou real

O *concurso material* ou *real* de crimes está regulado no art. 69 do CP, nos seguintes termos:

> **Art. 69.** Quando o agente, mediante mais de uma ação ou omissão, pratica dois ou mais crimes, idênticos ou não, aplicam-se cumulativamente as penas privativas de liberdade em que haja incorrido. No caso de aplicação cumulativa de penas de reclusão e de detenção, executa-se primeiro aquela.
> § 1º Na hipótese deste artigo, quando ao agente tiver sido aplicada pena privativa de liberdade, não suspensa, por um dos crimes, para os demais será incabível a substituição de que trata o art. 44 deste Código.
> § 2º Quando forem aplicadas penas restritivas de direitos, o condenado cumprirá simultaneamente as que forem compatíveis entre si e sucessivamente as demais.

Caracteriza-se o concurso material pela pluralidade de ações ou omissões das quais resultem pluralidade de crimes. Trata-se do denominado *concurso próprio*, *verdadeiro* ou *real*. Diz-se *concurso material homogêneo* quando os crimes

---

[1409] BETTIOL, Giuseppe; MANTOVANI, Luciano Pettoelle. *Diritto Penale – Parte Generale*. 12ª ed. Padova: CEDAM, 1986, p. 686. No original: "Siamo, qui, nel cuore della dogmatica penale (...) si possa ben dire che il concorso di reati costituisce un ponte di passagio tra la dottrina del reato e quella della pena.".

[1410] REALE JÚNIOR, Miguel. *Instituições de Direito Penal – Parte Geral*. 4ª ed. Rio de Janeiro: Forense, 2013, p. 431.

resultantes forem da mesma espécie, ao passo que o *heterogêneo* terá lugar nas hipóteses de infrações penais de diversa espécie.

De notar-se que no caso de concurso material de crimes as penas são somadas, devendo ser observando o limite de trinta anos para o cumprimento das penas privativas de liberdade, a teor do art. 75 do CP.

5.2. Concurso formal ou ideal

Diversamente do concurso material, o *concurso formal*, também dito *ideal*, ainda que consista na prática de duas ou mais infrações penais, decorre da prática de uma só ação ou omissão, consoante se extrai da dicção legal:

Art. 70. Quando o agente, mediante uma só ação ou omissão, pratica dois ou mais crimes, idênticos ou não, aplica-se-lhe a mais grave das penas cabíveis ou, se iguais, somente uma delas, mas aumentada, em qualquer caso, de um sexto até metade. As penas aplicam-se, entretanto, cumulativamente, se a ação ou omissão é dolosa e os crimes concorrentes resultam de desígnios autônomos, consoante o disposto no artigo anterior.

Parágrafo único. Não poderá a pena exceder a que seria cabível pela regra do art. 69 deste Código.

Assim, se o agente, desejando atingir determinada vítima com um tiro e ao disparar sua arma contra a pessoa visada atinge também outra que estava atrás da primeira, responderá por um só fato punível, em concurso formal. De acordo com a previsão legal, será aplicada a pena do crime mais grave aumentada de um sexto até metade. Se os crimes forem de gravidade idêntica, será aplicada a pena de somente um dos crimes com o aumento de pena.

No exemplo do atirador, acima mencionado, se o agente matou a vítima a quem pretendia atingir e causou lesões na segunda, a quem não desejava atingir, incorrerá nas penas do crime de homicídio doloso (crime mais grave) com o aumento de um sexto até metade. Pensemos agora no exemplo em que o motorista imprudente atropele duas ou mais vítimas, causando-lhes lesões corporais leves. Nesse caso, trata-se de crimes com penas iguais, sendo que responderá por uma só pena cominada no art. 303 do CTB, com o aumento decorrente do concurso formal (art. 70).

Relativamente à identidade dos crimes decorrentes do concurso formal, dá-se o nome de *concurso formal homogêneo*, no caso de a conduta resultar em crimes idênticos, e *concurso formal heterogêneo* quando o comportamento delitivo der causa a crimes diversos. No que se refere ao elemento subjetivo, diz-se *concurso formal perfeito* ou *próprio* quando não há desígnios autônomos em relação aos crimes resultantes da conduta, ao passo que se denomina *concurso formal imperfeito ou impróprio*, quando os crimes praticados com uma só ação ou omissão advierem de desígnios autônomos, assim entendidos aqueles em que o dolo alcança todos os resultados delitivos.

Para a *teoria objetiva*, é indiferente o desígnio do agente, sendo suficiente a unidade da conduta e a pluralidade de crimes dela resultantes, ao passo que para a *teoria subjetiva*, além da unidade da conduta deve estar presente a unidade de desígnio. O CP brasileiro adota a teoria objetiva. Trata-se de regra cujo escopo é "beneficiar o agente",[1411] visto que impede uma maior exasperação da pena, como ocorre no concurso caso de concurso material.

De notar-se que unidade de conduta não é a mesma coisa que unidade de atos, visto que uma conduta pode ser praticada no contexto de diversos atos, como no caso do agente que carrega a arma, faz a mira contra as vítimas e as mata com um só tiro. A jurisprudência[1412] tem entendido que o roubo contra várias vítimas e patrimônios diversos, como ocorre, por exemplo, quando o crime é praticado em transporte coletivo, no mesmo contexto fático configura caso de concurso formal.

Consoante entendimento do STJ o aumento da pena deve ser considerado em face do número de vítimas, a ver-se:

> *Habeas corpus.* Roubo. Art. 157, § 2º, incisos I e II, do Código Penal. Delitos praticados mediante uma só ação, contra diversas vítimas. Patrimônios distintos. Concurso formaL Configurado. Aplicação de fração superior ao estabelecido no art. 70 do Código Penal. Constrangimento ilegal evidenciado. Concurso formal. Critério objetivo, vinculado ao número de vítimas. sentenciado em cumprimento de pena por outro processo. Competência do juízo das execuções para a determinação do novo regime prisional. Art. 111 da Lei de Execução Penal. Ordem de *habeas corpus* parcialmente concedida. (...). 4. Esta Corte Superior de Justiça possui entendimento firmado no sentido de que "[o] percentual de aumento decorrente do concurso formal de crimes (art. 70 do CP) deve ser aferido em razão do número de delitos praticados, e não à luz do art. 59 do CP [...]" (HC 136.568/DF, 5.ª Turma, Rel. Min. FELIX FISCHER, DJe de 13/10/2009). (STJ, HC 173.068/RJ, 5ª Turma, Rel. Min. Laurita Vaz, j. 08/10/13).

No corpo do acórdão cujo excerto da ementa reproduzimos, há diversas citações de precedentes da Corte Superior, com base nos quais se inferem os seguintes aumentos de pena: *a)* 2 crimes, aumento de 1/6; *b)* 3 crimes, aumento de 1/5; *c)* 4 crimes, aumento de 1/4; *d)* 5 crimes, aumento de 1/3; *e)* 6 crimes ou mais, aumento de 1/2.

Ensinava Giuseppe Maggiore[1413] que o concurso formal foi concebido sob razões de política criminal, em vista da unicidade de ação. O penalista italiano referia como exemplo clássico o caso do pai que mantinha relações sexuais com a filha, incorrendo, ao mesmo tempo, nos crimes de adultério e de incesto, sendo que a adoção do instituto propiciaria uma pena mais branda. Entre nós, Roberto Lyra[1414] lecionava que a distinção entre concurso real e formal já era feita no antigo direito romano, com embasamento em "princípios de justiça.". Assim, afirmava o saudoso mestre que, "se a injúria e o dano proveem do mesmo fato, não há razão para condenar por crimes distintos nem para punir apenas pelo dano.".

Não obstante, Luís Greco, Frederico Horta, Alaor Leite, Adriano Teixeira e Gustavo Quandt, juristas brasileiros que apresentaram, em 2017, uma

---

[1411] FRAGOSO, Heleno Cláudio. *Lições de Direito Penal – Parte Geral.* 12ª ed. revista e atualizada por Fernando Fragoso. Rio de Janeiro: Forense, 1990, p. 350.

[1412] Nesse sentido: STF, HC 73.514/SP, HC 70.550/SP, HC 70.360/SP; STJ, HC 148.447/MG.

[1413] MAGGIORE, Giuseppe. *Diritto Penale – Parte Generale.* 5ª ed. Bologna: Nicola Zanichelli Editore, 1951, v. 1, t. 1º, p. 606.

[1414] LYRA, Roberto. *Comentários ao Código Penal.* Rio de Janeiro: Forense, 1942, v. II, p.362.

Proposta Alternativa de Reforma da Parte Geral do Código Penal, propõem a supressão da distinção. Dentre os argumentos, reproduzimos[1415] a seguinte passagem: "Abandona-se a distinção entre concurso material e formal, de duvidoso fundamento substancial. Essa distinção se baseia na questionável premissa de que haveria maior desvalor ou reprovabilidade nos ilícitos decorrentes de condutas distintas, que naqueles praticados por uma mesma conduta: como se matar várias pessoas com uma bomba fosse menos grave que matá-las com disparos diversos de arma de fogo (art. 121 do CP); como se lançar o anzol n'água diversas vezes para pescar em lugar interditado fosse mais grave que jogar e puxar ali uma vez só a rede (art. 34 c/c 36 da Lei 9.605/1998); como se fosse menos grave a inserção de diversos dados falsos num sistema informatizado da Administração pública, por meio de um único acesso, que por meio de vários acessos (art. 313-A do CP); ou como se fosse mais grave disponibilizar pornografia infantil por meio de diversas conexões à internet, que por meio de uma conexão que durasse dias (art. 241-A da Lei 8.069/1990).".

Estamos de acordo com a proposta para uma grande parte de casos, incluindo aqueles que os autores da proposta apresentam como exemplo. Porém, como se observa das lições de Maggiore e de Lyra, a concepção do concurso formal tinha em conta uma faticidade diversa dos exemplos trazidos pelos autores brasileiros preceptores da alteração legislativa. Neste último contexto, justifica-se uma ponderação/reflexão acerca da oportunidade e conveniência prática do instituto. No exemplo de Maggiore, os fatos mencionados sequer configuram crimes hoje, sendo, assim, despiciendo o instituto do concurso ideal. Por outro lado, no exemplo de Lyra, a nosso ver, seria ao menos duvidoso aplicar-se a regra do concurso material, se o propósito do agente fosse o de injuriar mediante a prática de um dano como crime-meio.

5.3. Crime continuado

O *crime continuado* está disciplinado no CP nos seguintes termos:

Crime continuado
Art. 71. Quando o agente, mediante mais de uma ação ou omissão, pratica dois ou mais crimes da mesma espécie e, pelas condições de tempo, lugar, maneira de execução e outras semelhantes, devem os subseqüentes ser havidos como continuação do primeiro, aplica-se-lhe a pena de um só dos crimes, se idênticas, ou a mais grave, se diversas, aumentada, em qualquer caso, de um sexto a dois terços.
Parágrafo único. Nos crimes dolosos, contra vítimas diferentes, cometidos com violência ou grave ameaça à pessoa, poderá o juiz, considerando a culpabilidade, os antecedentes, a conduta social e a personalidade do agente, bem como os motivos e as circunstâncias, aumentar a pena de um só dos crimes, se idênticas, ou a mais grave, se diversas, até o triplo, observadas as regras do parágrafo único do art. 70 e do art. 75 deste Código.

Figure-se a hipótese em que o agente, valendo-se da iluminação insuficiente em determinada localidade da cidade, aliado ao fato da facilidade em

---
[1415] GRECO, Luís *et al. Parte Geral do Código Penal – Uma Proposta Alternativa para Debate*. São Paulo: Marcial Pons, 2017, p. 85.

deixar o local de forma a não ser percebido, subtraia, em três dias consecutivos, três automóveis com o *animus furandi*. Eis um exemplo de crime continuado ou de continuidade delitiva.

Discute-se acerca da natureza jurídica[1416] do instituto. A *teoria da ficção jurídica*, também dita *teoria da unidade fictícia limitada*, preconiza que a unidade delitiva resultante do instituto do crime continuado constitui uma construção legal baseada em uma ficção, uma criação legal para propiciar a aplicação da pena de um só crime, não obstante haja a ocorrência de várias infrações no plano da realidade. Na concepção da *teoria da unidade real*, haveria, de fato, um delito único. Por fim, para a *teoria da unidade jurídica* ou *mista*, haveria um terceiro crime. O CP brasileiro adota a teoria da ficção jurídica e isso, a nosso ver, está em consonância com a origem histórica[1417] do instituto, o qual, por obra dos práticos, com nítido viés propiciador de um benefício legal, visava a afastar a pena de morte que era infligida no terceiro furto.

Relativamente aos pressupostos ou elementos estruturantes, disputam preferência as teorias subjetiva, objetiva e mista. Sobre a *teoria subjetiva*, escreve Manoel Pedro Pimentel:[1418] "Esta teoria, aceitando a motivação da benignidade do tratamento penal, caracteriza o crime continuado como várias infrações coligadas por um mesmo elemento subjetivo, consistente na unidade de intenção ou de desígnio, pouco importando, ou importando menos, os aspectos exteriores das ações.".

A *teoria objetiva* está assim sintetizada por Ney Fayet Júnior:[1419] "À sua estruturação, bastariam, portanto, os fatores objetivos e externos, que informariam o nexo de continuidade a reunir, em determinadas circunstâncias, todas as condutas sequencialmente realizadas.". Nas palavras do autor,[1420] a referida teoria remonta ao Direito Penal germânico, tendo como principais adeptos Mezger, Mayer e Graf zu Dohna, a qual "exclui da configuração do delito continuado a necessidade de fator subjetivo unificante.".

Por sua vez, a *teoria subjetivo-objetiva* ou *mista*, que, segundo Pimentel,[1421] foi enunciada inicialmente na Alemanha, por inspiração de Mittermaier, é aquela em que, à caracterização da continuidade delitiva, "reúne os elementos subjetivo e objetivo, como vimos, sem conferir prioridade a qualquer dêles.".

A nosso ver, parece estreme de dúvida que nosso CP adotou a concepção objetiva, pois não se observa uma reivindicação do art. 70 senão as de caráter objetivo. Nesse sentido, decidiu o STF:

[1416] Para maiores detalhes, consulte-se: PIMENTEL, Manoel Pedro. *Do Crime Continuado*. 2ª ed. São Paulo: Revista dos Tribunais, 1969, p. 69-90; FAYET JÚNIOR, Ney. *Do Crime Continuado*. 2ª ed. Porto Alegre: Livraria do Advogado, 2010, p. 83-90.

[1417] CARRARA, Francesco. *Programma del Corso di Diritto Criminale*. 11ª ed. Firenza: Fratelli Cammelli, 1924, v. I. p. 436; MAGGIORE, Giuseppe. *Diritto Penale – Parte Generale*. 5ª ed. Bologna: Nicola Zanichelli Editore, 1951, v. 1, t. 1º, p. 617.

[1418] PIMENTEL, Manoel Pedro. *Do Crime Continuado*. 2ª ed. São Paulo: Revista dos Tribunais, 1969, p. 93.

[1419] FAYET JÚNIOR, Ney. *Do Crime Continuado*. 2ª ed. Porto Alegre: Livraria do Advogado, 2010, p. 138-139.

[1420] Ibid., p. 138.

[1421] PIMENTEL, Manoel Pedro. *Do Crime Continuado*. 2ª ed. São Paulo: Revista dos Tribunais, 1969, p. 98.

Crime continuado: conceito puramente objetivo da lei brasileira: relevância de dados subjetivos restrita à fixação da pena unificada. 1. O direito brasileiro, no art. 71 da nova Parte Geral, de 1984, do C. Pen., persistiu na concepção puramente objetiva do crime continuado: a alusão, na definição legal do instituto, a "*outras circunstâncias semelhantes*" àquelas que enumerou – "*de tempo, lugar e modo de execução*" – só compreende as que, como as últimas, sejam de caráter objetivo, não abrangendo dados subjetivos dos fatos. (...). (STF, 1ª Turma, HC 68.661-3/DF, rel. Min. Sepúlveda Pertence, j. 27.08.1991, unânime).

Não obstante a questão não é pacífica, havendo discordâncias na doutrina e na jurisprudência. Paulo José da Costa Jr.[1422] manifesta preferência pela teoria eclética, ao passo que Fayet Júnior,[1423] com apoio em Frederico Marques, é adepto da concepção objetiva. De ver-se que também o STJ, diferentemente da decisão do STF por nós colacionada, já decidiu no sentido da teoria mista (HC 136.224/RJ, 6ª Turma, Rel. Min. Sebastião Reis Júnior, j. 16.8.2012; REsp 1.697.275/MG, rel. Min. Néfi Cordeiro, decisão monocrática, j. 19.06.2018).

A jurisprudência não tem admitido a continuidade delitiva quando o intervalo temporal entre os fatos puníveis seja superior a 30 dias. Nesse sentido, posiciona-se o STF: "Crime continuado: não reconhecimento integral, dado o intervalo superior a 30 dias entre alguns dos seis roubos praticados durante cerca de quatro meses (...)" (HC 69.305). No mesmo sentido: STF, HC 73.219; STJ HC 323.303/RJ. Contudo, no julgamento do REsp 1.627.732/ES (j. 17.05.2018), a Corte Superior consignou que o interregno de 30 dias serve como parâmetro, mas não impede o juiz de apreciar as peculiaridades do caso concreto para fins de reconhecimento da continuidade delitiva.

Cabe referir, que, na hipótese do *caput*, para o aumento da pena pela continuidade delitiva dentro o intervalo de 1/6 a 2/3, previsto no art. 71 do Código Penal, deve-se adotar o critério da quantidade de infrações praticadas. Assim, aplica-se o aumento de 1/6 pela prática de 2 infrações, 1/5, para 3 infrações, 1/4, para 4 infrações, 1/3, para 5 infrações, 1/2, para 6 infrações, e 2/3, para 7 ou mais infrações.

Nesse sentido:

PENAL. *HABEAS CORPUS* SUBSTITUTIVO DE RECURSO PRÓPRIO. ROUBOS MAJORADOS. DOSIMETRIA. CONTINUIDADE DELITIVA. TRÊS CONDUTAS PRATICADAS. AUMENTO DE 1/5 CABÍVEL. FLAGRANTE ILEGALIDADE EVIDENCIADA. WRIT NÃO CONHECIDO. ORDEM CONCEDIDA DE OFÍCIO. (...). 3. A exasperação da pena do crime de maior pena, realizado em continuidade delitiva, será determinada, basicamente, pelo número de infrações penais cometidas, parâmetro este que especificará no caso concreto a fração de aumento, dentro do intervalo legal de 1/6 a 2/3. Nesse diapasão, esta Corte Superior de Justiça possui o entendimento consolidado de que, em se tratando de aumento de pena referente à continuidade delitiva, aplica-se a fração de aumento de 1/6 pela prática de 2 infrações; 1/5, para 3 infrações; 1/4 para 4 infrações; 1/3 para 5 infrações; 1/2 para 6 infrações e 2/3 para 7 ou mais infrações. 4. Writ não conhecido e ordem concedida, de ofício, para estabelecer a pena de 6 anos, 4 meses e 24 dias de reclusão, e 15 dias-multa, mantendo-se, no mais, o teor do decreto condenatório. (HC 408.304/SP, 5ª Turma, rel. Ministro Ribeiro Dantas, j. 05.10.2017, DJe 11/10/2017).

[1422] COSTA JÚNIOR, Paulo José da. *Comentários ao Código Penal*. 4ª ed. São Paulo: Saraiva, 1996, p. 244.
[1423] FAYET JÚNIOR, Ney. *Do Crime Continuado*. 2ª ed. Porto Alegre: Livraria do Advogado, 2010, p. 142.

Por sua vez, o parágrafo único do art. 71, com a redação dada pela Lei nº 7.209/84, tornou sem efeito a Súmula 605 do STF. Isso porque passou a admitir a continuidade delitiva também nos crimes praticados com violência ou grave ameaça à pessoa. Assim, ainda que o agente venha a cometer uma série de homicídios, por exemplo, poderá ser beneficiado pelo instituto do crime continuado.

De notar-se que no caso do parágrafo não há uma previsão relativamente ao *quantum* mínimo do aumento de pena, tendo limitado-se o legislador a preceituar que poderá o juiz, considerando a culpabilidade, os antecedentes, a conduta social e a personalidade do agente, bem como os motivos e as circunstâncias, aumentar a pena de um só dos crimes, se idênticas, ou a mais grave, se diversas, *até o triplo*, observadas as regras do parágrafo único do art. 70 e do art. 75 deste Código.

A doutrina em geral não tem tratado sobre a questão. Porém, o sempre criterioso Paganella Boschi,[1424] em atenção à necessidade de resposta penal mais intensa em tais casos, propõe um critério progressivo, nos seguintes termos: "Assim: para dois crimes, 2/3, três 3/3, quatro, 4/3, cinco 5/3, seis, 6/3, sete, 7/3, oito, 8/3 e 9 crimes, o limite máximo de 9/3.". Essa doutrina do extraordinário professor gaúcho veio a ser adotada pelo Superior Tribunal de Justiça (HC 405.582/SC), consoante se observa da seguinte ementa:

> AGRAVO REGIMENTAL NO *HABEAS CORPUS*. ROUBOS TRIPLAMENTE CIRCUNSTANCIADOS E DUPLAMENTE CIRCUNSTANCIADOS. DOSIMETRIA. CONTINUIDADE DELITIVA ESPECÍFICA. QUANTUM DE AUMENTO. OBSERVÂNCIA DOS CRITÉRIOS OBJETIVOS E SUBJETIVOS. NÚMERO DE INFRAÇÕES COMETIDAS E CIRCUNSTÂNCIAS JUDICIAIS DESFAVORÁVEIS. AUMENTO PROPORCIONAL. CONSTRANGIMENTO ILEGAL NÃO CONFIGURADO. AGRAVO REGIMENTAL IMPROVIDO. 1. A fração de aumento pela continuidade delitiva específica, prevista no art. 71, parágrafo único, do Código Penal, pressupõe a análise de requisitos objetivos, extraídos da quantidade de crimes praticados, e subjetivos, estes consistentes na análise da culpabilidade, dos antecedentes, da conduta social, da personalidade do agente, dos motivos e das circunstâncias do crime. Assim, presentes ambos os requisitos de natureza objetiva e subjetiva, a regra da continuidade delitiva específica ou qualificada, diferentemente da continuidade delitiva comum ou simples – capitulada no caput do mesmo artigo, cujo aumento varia de 1/6 à metade –, permite o aumento das penas até o triplo. 2. Hipótese em que as penas dos pacientes foram aumentadas em 2/3 com base no número de infrações e na existência de circunstância judicial desfavorável, revelando-se proporcional e adequado o incremento realizado na origem. 3. Agravo regimental improvido.

Do corpo do acórdão, extrai-se:

> 5.1.3. Concurso de Crimes
> Entre os dois delitos de roubo, foi aplicada a continuidade delitiva específica prevista no art. 71, parágrafo único, do CP, pois os delitos foram cometidos no mesmo contexto, todavia contra duas vítimas diferentes, motivo pelo qual o Magistrado aumentou a pena do mais grave em 2/3. Escorreita a operação. Isso porque, em que pese a existência de posicionamento diverso, entende-se adequado adotar, como patamar mínimo da continuidade delitiva específica, a máxima fração estipulada no caput do art. 71, isto é, 2/3, com limite máximo do triplo, variando conforme os vetores

---

[1424] BOSCHI, José Antonio Paganella. *Das Penas e seus Critérios de Aplicação*. 6ª ed. Porto Alegre: Livraria do Advogado, 2013, p. 263.

do art. 59 do CP. É nesse sentido a doutrina de José Antonio Paganella Boschi: (...). Por isso, inviável a adoção da continuidade delitiva no patamar mínimo previsto no art. 71, caput, do CP. Desse modo, mantém-se a pena final em 15 anos de reclusão, além de 5 meses de prestação de serviços à comunidade. A sanção pecuniária deve ser somada, pois não há a incidência da continuidade delitiva, o que resulta em 31 dias-multa. (HC 405.582/SC, 5ª Turma, rel. Min. Reynaldo Soares da Fonseca, unânime, j. 23.08.2018, DJe 29.08.2018).

A nosso ver, a doutrina de Paganella Boschi que, em se tratando de bens personalíssimos, estabelece como parâmetro o *quantum* mínimo de 2/3, ao que se segue uma sucessiva e proporcional progressão, e que em recente decisão veio a ser adotada pelo STJ, é correta. Isso porque fornece um parâmetro objetivo, tem em conta o bem jurídico, que deve ser um fio condutor no trabalho interpretativo, e prestigia o princípio da proporcionalidade, propiciando uma adequada individualização da pena.

Capítulo XIX – SUSPENSÃO CONDICIONAL DA PENA

1. Conceito e natureza jurídica

A *suspensão condicional da pena*, nos moldes consagrados na legislação brasileira – ou seja, com condenação do réu, mas com suspensão da pena mediante a imposição de condições – remonta[1425] à Bélgica e à França. Isso porque, no ano de 1884, o senador Bérenger tentou introduzir o instituto na França, no francês designado *sursis*, mas esse veio a ser tornado lei e adotado primeiramente na Bélgica, vindo a ser introduzido na França ulteriormente, em lei editada em 26 de março de 1891, que ficou conhecida[1426] como *Loi Bérenger*. Por isso, o sistema é também conhecido como belga-francês. Donnedieu de Vabres[1427] o conceituava como *uma medida de indulgência que o juiz tem a faculdade de fixar à condenação proferida contra um delinquente primário, é dizer, contra o autor de um primeiro delito.*

Entre nós, o instituto veio a ser adotado com a edição do Decreto nº 16.588, de 24 de setembro de 1924, cujo período probatório era idêntico ao previsto no CP atual, com um prazo mais reduzido relativamente às contravenções penais, 1 a 2 anos, de acordo com o art. 1º de referido decreto.

[1425] VABRES, H. Donnedieu de. *Traité de Droit Criminel et de Legislation Comparee*. 3ª ed. Paris; Libraire du Recueil Sirey, 1947, 518-519. Muito embora sejam feitas referências remotas ao direito romano e germânico. Para maiores detalhes, consulte-se: AULER, Hugo. *Suspensão Condicional da Execução da Pena*. Rio de Janeiro: Forense, 1957, p. 5-6.

[1426] BOULOC, Bernard. *Droit Pénal Général*. 21ª ed. Paris: Dalloz, 2009, p. 580; PIN, Xavier. *Droit Pénal Général*. 5ª ed. Paris: Dalloz, 2012, p. 367.

[1427] VABRES, H. Donnedieu de. *Traité de Droit Criminel et de Legislation Comparee*. 3ª ed. Paris; Libraire du Recueil Sirey, 1947, p. 518: "Le sursis à l'exécution de la peine est une mesure d'indulgence que le juge a la faculté d'attacher à la condamnation qu'il prononce contre un *délinquant primaire*, c'est-à-dire contre l'auteur d'un premier délit.".

A *natureza jurídica*[1428] da suspensão condicional da pena é de um substitutivo penal, em que remanesce a condenação, mas cuja execução é afastada mediante o cumprimento de determinadas condições durante certo período de tempo, ao cabo do qual é a extinta a punibilidade (ou a pena privativa de liberdade), o que fica claro da seguinte previsão do CP: **"Art. 82.** Expirado o prazo sem que tenha havido revogação, considera-se extinta a pena privativa de liberdade.". Reale Júnior[1429] acrescenta que, além da referida característica, constitui-se em "um meio de correção e também medida de ajuda social e, finalmente, mostra aspecto sociopedagógico ativo ao estimular o condenado para que, com suas próprias forças, possa se reintegrar na sociedade.".

2. Espécies

O CP prevê quatro espécies de suspensão condicional da pena. A primeira é designada *sursis* simples, comum ou ordinário, é a regra geral (art. 77 c/c art. 78, § 1º). A segunda denomina-se *sursis* especial, com condições menos rígidas, desde que o condenado tenha reparado o dano, se tiver condições para tanto, e as circunstâncias judiciais previstas no art. 59 lhe forem inteiramente favoráveis (art. 78, § 2º). A terceira é o chamado *sursis* etário, o qual pode ser concedido ao condenado com 70 anos ou mais (art. 77, § 2º). Por fim, o *sursis* humanitário é concedido por razões de saúde que justifiquem a suspensão (art. 77, § 2º).

3. Requisitos

A suspensão condicional da pena reivindica requisitos objetivo subjetivos e de subsidiariedade. O requisito objetivo consiste na aplicação da pena privativa de liberdade não superior a 2 anos (art. 77, *caput*). Os requisitos subjetivos preceituam que o condenado não seja reincidente em crime doloso (art. 77, inc. I) e que a culpabilidade, os antecedentes, a conduta social e a personalidade do agente, bem como os motivos e as circunstâncias autorizem a concessão do benefício (art. 77, inc. II). Por fim, há o requisito de subsidiariedade, decorrente do fato de não ser indicada ou cabível a substituição prevista no art. 44 do CP (art. 77, inc. III).

Sobre o terceiro requisito, leciona Ruy Rosado de Aguiar Júnior:[1430] "O *sursis*, em razão da elevação dos limites da pena para a substituição por restritiva

---

[1428] ZAFFARONI, Eugenio Raúl; PIERANGELI, José Henrique. *Manual de Direito Penal Brasileiro – Parte Geral*. 5ª ed. São Paulo: Revista dos Tribunais, 2004, p. 803; LOPES, Jair Leonardo. *Curso de Direito Penal – Parte Geral*. 4ª ed. São Paulo: Revista dos Tribunais, 2005, p. 235-236; SANTOS, Juarez Cirino dos. *Teoria da Pena – Fundamentos Políticos e Aplicação Judicial*. Rio de Janeiro: ICPC/Lumen Juris, 2005, p. 156.
[1429] REALE JÚNIOR, Miguel. *Instituições de Direito Penal – Parte Geral*. 4ª ed. Rio de Janeiro: Forense, 2013, p. 451.
[1430] AGUIAR JÚNIOR, Ruy Rosado de. *Aplicação da Pena*. 5ª ed. Poro Alegre: Livraria do Advogado, 2013, p. 58.

ou multa (art. 44), passou a ser de aplicação subsidiária àquela substituição, eventualmente incabível por ter sido o crime praticado com violência ou grave ameaça. Quer dizer, a pena até dois anos, por crime praticado com violência ou grave ameaça, que não possa ser substituída por restritiva, pode ser suspensa, atendidos os requisitos do art. 77, I e II".

4. Condições

Como regra, o CP impõe que, no primeiro ano do prazo, deverá o condenado prestar serviços à comunidade, nos moldes do art. 46, ou submeter-se à limitação de fim de semana (art. 78, § 1º).

Fala-se, também, em *sursis* especial. Este será concedido se o condenado houver reparado o dano, salvo impossibilidade de fazê-lo, e se as circunstâncias judiciais (art. 59) lhe forem inteiramente favoráveis, podendo o juiz substituir a exigência prevista no § 1º do art. 78 pela proibição de frequentar determinados lugares (art. 78, § 2º, letra "*a*"), pela proibição de ausentar-se da comarca onde reside, sem autorização do juiz (art. 78, § 2º, letra "*b*") e pelo comparecimento pessoal e obrigatório a juízo, mensalmente, para informar e justificar suas atividades (art. 78, § 2º, letra "*c*"), devendo essas três condições serem aplicadas cumulativamente (art. 78, § 2º).

5. Período de prova

Denomina-se período de prova o período em que a pena privativa de liberdade fica suspensa, interregno esse no qual o beneficiário deve cumprir as condições impostas na sentença. O prazo para o *sursis* segue a regra geral de 2 a 4 anos (art. 77, *caput*), sendo que para *sursis* etário e o humanitário o período de prova será de 4 a 6 anos (art. 77, § 2º).

De notar-se que a Lei de Segurança Nacional (Lei nº 7.170/83), em seu art. 5º, prevê a possibilidade de suspensão condicional da pena por prazo de 2 a 6 anos, ao passo que a Lei das Contravenções Penais estabelece o prazo de 1 a 3 anos. Considerando o disposto no art. 12 do CP, as regras previstas em lei especial devem prevalecer sobre as regras gerais do CP, quando dispuserem de modo diverso.

6. Revogação obrigatória e facultativa

O *sursis* pode ser revogado de forma obrigatória ou facultativa. Após a audiência admonitória, ou seja, no curso do prazo probatório, a suspensão será revogada (revogação obrigatória) se o beneficiário for condenado, em sentença irrecorrível, por crime doloso (art. 81, *caput* e inc. I), frustrar, embora solvente, a execução de pena de multa ou não efetuar, sem motivo justificado, a reparação do dano (art. 81, *caput* e inc. II) ou se descumprir a condição do § 1º do art. 78 do CP, ou seja, não prestar os serviços à comunidade ou não se submeter à limitação de fim de semana, em conformidade com a alternativa que for determinada na sentença (art. 81, *caput* e inc. III).

Por outro lado, a suspensão poderá ser revogada (revogação facultativa) se o condenado descumprir qualquer outra condição imposta ou for irrecorrivelmente condenado, por crime culposo ou contravenção, à pena privativa de liberdade ou restritiva de direitos (art. 81, § 1º)

7. Prorrogação do período de prova

O período de prova será prorrogado até o julgamento definitivo, se o beneficiário estiver sendo processado por outro crime ou contravenção (art. 81, § 2º). Quando a revogação for facultativa, o juiz, em vez de decretá-la, poderá prorrogar o período de prova até o máximo, se este não foi o fixado (art. 81, § 3º).

8. Extinção

Com o cumprimento das condições, ou seja, expirado o prazo do período de prova sem que tenha havido revogação, extingue-se a pena privativa de liberdade imposta e que ensejou o benefício da suspensão (art. 82).

Capítulo XX – LIVRAMENTO CONDICIONAL

1. Conceito e natureza jurídica

O livramento condicional tem seu momento embrionário nas colônias britânicas, na Austrália. Eis a lição de Paulo José da Costa Jr.:[1431] "Para satisfazer as necessidades de mão-de-obra, que se mostravam imperiosas, permitiu-se ao Governador liberar os presos de boa conduta para que pudessem trabalhar como colonos, devidamente estipendiados.". Fragoso ensinava que, na França, o livramento condicional era aplicado para menores delinquentes desde 1832, sendo que, para adultos, a partir de 1885, por iniciativa de Bonneville de Marsangy. Entre nós, remonta ao Decreto nº 16.665, de 6 de novembro de 1924.

Na síntese de Fragoso,[1432] o "Livramento condicional é a liberação antecipada, mediante determinadas condições, do condenado que cumpriu uma parte da pena que lhe foi imposta.". A *natureza jurídica* do livramento condicional é a de direito público subjetivo a que faz jus o condenado, quando satisfeitas as condições exigidas, o qual deve ser implementado, em incidente de execução, na derradeira etapa da execução.

[1431] COSTA JÚNIOR, Paulo José da. *Comentários ao Código Penal*. 4ª ed. São Paulo: Saraiva, 1996, p. 276.
[1432] FRAGOSO, Heleno Cláudio. *Lições de Direito Penal – Parte Geral*. 12ª ed. revista e atualizada por Fernando Fragoso. Rio de Janeiro: Forense, 1990, p. 369.

2. Requisitos

O livramento condicional está sujeito a requisitos objetivos e subjetivos. São requisitos objetivos a aplicação da pena igual ou superior a 2 anos (art. 83, *caput*), o cumprimento de mais de 1/3 da pena, se o condenado não for reincidente em crime doloso e tiver bons antecedentes (art. 83, inc. I), o cumprimento de mais de 1/2 da pena, se for reincidente em crime doloso (art. 83, inc. II). A reparação do dano, salvo efetiva impossibilidade de fazê-lo (art. 83, inc. IV), o cumprimento de mais de 2/3 da pena, nos casos de condenação por crime hediondo, prática da tortura, tráfico ilícito de entorpecentes e drogas afins, tráfico de pessoas e terrorismo, se o condenado não for específico em crimes dessa natureza (art. 83, inc. V).

Porém, impende ressaltar que, na hipótese do tráfico privilegiado de drogas (Lei nº 11.343/06, art. 33, § 4º), o condenado será submetido às regras gerais previstas no art. 83 do CP, consoante entendimento do STF (HC 118.533, j. 23.6.2016), que afastou o entendimento do STJ até então consagrado na Súmula 512, hoje cancelada.

Os requisitos subjetivos são o comportamento satisfatório durante a execução da pena, o bom desempenho no trabalho que foi atribuído ao condenado e a aptidão para prover a própria subsistência mediante trabalho honesto (art. 83, inc. III). Para o condenado por crime doloso, cometido com violência ou grave ameaça à pessoa, a concessão do livramento condicional ficará também subordinada à constatação de condições pessoais que façam presumir que o liberado não voltará a delinquir (art. 83, parágrafo único).

3. Condições

A teor do art. 85, a sentença especificará as condições a que fica subordinado o livramento. As condições são de caráter obrigatório e facultativo, as quais são específicas no art. 132 da LEP.

As condições obrigatórias são a obtenção de ocupação lícita, dentro de prazo razoável, se o condenado for apto para o trabalho (art. 132, § 1º, letra *"a"*), a comunicação periódica ao juiz de sua ocupação (art. 132, § 1º, letra *"b"*), a de não mudar do território da comarca do Juízo da Execução, sem prévia autorização deste (art. 132, § 1º, letra *"c"*).

São condições facultativas não mudar o condenado de residência sem comunicação ao juiz e à autoridade incumbida da observação cautelar e de proteção (art. 132, § 2º, letra *"a"*), recolher-se à habitação em hora fixada (art. 132, § 2º, letra *"b"*) e não frequentar determinados lugares (art. 132, § 2º, letra *"c"*).

4. Revogação

O livramento está sujeito à revogação, obrigatória ou facultativa, conforme o caso. A revogação será obrigatória se o liberado for condenado à pena privativa de liberdade, em sentença irrecorrível por crime cometido durante a vigência do benefício (art. 86, inc. I) ou por crime anterior observado o disposto no art. 84 (soma das penas de infrações diversas) (art. 86, inc. II)

5. Prorrogação e extinção

O juiz não poderá declarar extinta a pena, enquanto não passar em julgado a sentença em processo a que responde o liberado, por crime cometido na vigência do livramento (art. 89). Considerando que o cometimento de crime reconhecido em sentença irrecorrível praticado durante a vigência do benefício constitui causa de revogação, justifica-se a prorrogação prevista no art. 89 enquanto não transitar em julgado a sentença no processo criminal que poderá repercutir na execução em que se concedeu o livramento.

Se até o seu término não ocorrer a incidência de causa revogadora, considera-se extinta a pena privativa de liberdade (art. 90).

Capítulo XXI – EFEITOS DA CONDENAÇÃO E REABILITAÇÃO

1. Efeitos da condenação

1.1. Introdução

O Capítulo VI da Parte Geral do CP trata dos efeitos da condenação. Tais efeitos são classificados pela doutrina como principal, secundários, penais e não penais, dividindo-se estes últimos em genéricos (art. 91) ou específicos (art. 92).

O efeito principal consiste na imposição da pena, não sendo correto considerar como efeito principal a imposição de medida de segurança pelo fato de esta não decorrer de condenação, e sim de absolvição *denominada imprópria* (CPP, art. 386, inc. VI e parágrafo único, inc. III).

Os efeitos secundários de natureza penal são aqueles impeditivos de concessão de *sursis*, revogação de *sursis* ou de livramento condicional, da verificação da reincidência, de aumento de prazo prescricional, etc.

Assim, os efeitos tratados nos arts. 91 e 92 do CP são os secundários de natureza não penal, genéricos (art. 91) e específicos (art. 92).

1.2. Efeitos genéricos

Os efeitos genéricos da condenação são automáticos e estão disciplinados nos seguintes termos:

Art. 91. São efeitos da condenação:

I – tornar certa a obrigação de indenizar o dano causado pelo crime;

II – a perda em favor da União, ressalvado o direito do lesado ou de terceiro de boa-fé:

a) dos instrumentos do crime, desde que consistam em coisas cujo fabrico, alienação, uso, porte ou detenção constitua fato ilícito;

b) do produto do crime ou de qualquer bem ou valor que constitua proveito auferido pelo agente com a prática do fato criminoso.

§ 1º Poderá ser decretada a perda de bens ou valores equivalentes ao produto ou proveito do crime quando estes não forem encontrados ou quando se localizarem no exterior.

§ 2º Na hipótese do § 1º, as medidas assecuratórias previstas na legislação processual poderão abranger bens ou valores equivalentes do investigado ou acusado para posterior decretação de perda.

O primeiro efeito consiste em tornar certa a obrigação de indenizar o dano causado pelo crime. Isso porque há aqui o "efeito do fato"[1433] (*Tatbestandwirkung*), sendo que, para os fins do disposto no art. 91, inc. I, do CP, no dizer de Araken de Assis,[1434] "a autoridade da coisa julgada material constitui a eficácia mais notável da sentença.". Trata-se de *responsabilidade civil* decorrente da infração penal, ou seja, aquela que, segundo Bruno Miragem,[1435] "visa à recomposição do patrimônio jurídico lesado da vítima, mediante indenização e/ou reparação específica de danos suscetíveis ou não de avaliação econômica (patrimoniais ou extrapatrimoniais).". Portanto, a vítima não necessitará ajuizar eventual ação civil para ver reconhecido seu direito à indenização. O que poderá ser discutido é o *quantum debeatur*, mas não a obrigação de indenizar, o *an debeatur*.

Em consonância com o art. 91, inc. I, do CP, o art. 935 do CC estabelece que a responsabilidade civil é independente da criminal, não se podendo questionar mais sobre a existência do fato, ou sobre quem seja o seu autor, quando estas questões se acharem decididas no juízo criminal. Por sua vez, o art. 63 do CPP estatui que, transitada em julgado a sentença condenatória, poderão promover-lhe a execução, no juízo cível, para efeito da reparação do dano, o ofendido, seu representante legal ou seus herdeiros. Em complementação, o CPP, em seu art. 387, inc. IV, estatui que o juiz, ao proferir a sentença condenatória, fixará valor mínimo para reparação dos danos causados pela infração, considerando os prejuízos sofridos pelo ofendido, o que contribui para a fixação do *quantum debeatur*, de forma mais célere.

O STJ tem entendido que a indenização, prevista no dispositivo antes mencionado, "deve ser deferida sempre que requerida e inclui também os danos de natureza moral" (AgRg no REsp 1.688.394, j. 11.05.2018. No mesmo sentido: AgRg no Resp 1.687.660).

Todavia, o TRF4 tem afirmado a necessidade de constar o pedido na denúncia para que o julgador possa fixar o valor mínimo, como base no CPP, art. 387, inc. IV, consoante se extrai do seguinte enunciado:

[1433] ASSIS, Araken de. *Eficácia Civil da Sentença Penal*. 2ª ed. São Paulo: Revista dos Tribunais, 2000, p. 89.
[1434] Idem.
[1435] MIRAGEM, Bruno. *Direito Civil – Responsabilidade Civil*. São Paulo: Saraiva, 2015, p. 74.

Súmula 131 – Para que o juiz possa fixar o valor mínimo para a reparação dos danos causados pela infração, é necessário que a denúncia contenha pedido expresso nesse sentido ou que controvérsia dessa natureza tenha sido submetida ao contraditório da instrução criminal.

O CP determina a perda em favor da União, ressalvado o direito do lesado ou terceiro de boa-fé, dos instrumentos do crime, desde que consistam e coisas cujo fabrico, alienação, uso, porte ou detenção constitua fato ilícito (art. 91, inc. II, letra "a"), como, por exemplo, o documento falso ou o maquinismo, aparelho, instrumento ou qualquer objeto especialmente destinado à falsificação de moeda, etc. Trata-se de *confisco* dos *instrumenta sceleris*.

O agente também perderá em favor da União, ressalvado o direito do lesado ou de terceiro de boa-fé, o produto do crime ou de qualquer bem ou valor que constitua proveito auferido pelo agente com a prática do fato criminoso (art. 91, inc. II, letra "b"). O produto do crime é coisa proveniente diretamente do crime, como o dinheiro roubado (*producta sceleris*). O proveito do crime é o bem advindo indiretamente do crime, como o automóvel adquirido com o dinheiro roubado (*fructus sceleris*).

Figuremos a seguinte hipótese fática, tendo em consideração o crime de descaminho, em que o agente importa cavalos com altíssimo valor de mercado, iludindo em parte o imposto devido. Em tal caso, a indagação que se coloca é se o produto do crime é o cavalo ou o imposto devido? Na verdade, em tal caso, o cavalo constitui objeto do crime, mas não o produto. O produto do crime será o imposto devido ao fisco. Essa necessária compreensão possui efeitos de ordem prática, porquanto o cavalo não poderia ser sequestrado, mas poderia ser objeto de arresto. Assim é que as medidas assecuratórias previstas na legislação processual (art. 91, § 2º) deverão ter em conta especificamente a hipótese cabível.

Por fim, impende mencionar que poderá ser decretada a perda de bens ou valores equivalentes ao produto ou proveito do crime quando estes não forem encontrados ou quando se localizarem no exterior (art. 91, § 1º).

1.3. Efeitos específicos

São efeitos específicos a perda do cargo, da função pública ou do mandato eletivo quando a pena privativa de liberdade for aplicada por tempo igual ou superior a 1 ano, nos crimes praticados com abuso de poder ou violação de dever para com a Administração Pública (art. 92, inc. I, letra "a") ou quando a pena privativa de liberdade for aplicada por tempo superior a 4 anos nos demais casos (art. 92, inc. I, letra "b"). É importante observar que, consoante decidiu o STJ, a perda do cargo público decorrente de condenação somente se aplica ao cargo na época do delito (REsp nº 1.452.935, j. 14.03.2017). Portanto, consoante o referido entendimento, os efeitos consistentes na perda do cargo não alcançam algum outro cargo que o agente tenha assumido após a prática do delito.

Também constituem efeitos específicos a incapacidade para o exercício do pátrio poder, tutela ou curatela, nos crimes dolosos, sujeitos à pena de reclusão, cometidos contra filho, tutelado ou curatelado (art. 92, inc. II), e a inabilitação para dirigir veículo, quando utilizado como meio para a prática de crime doloso (art. 92, inc. III). Tais efeitos não são automáticos (art. 92, parágrafo único), devendo ser motivadamente declarados na sentença.

2. Reabilitação

A reabilitação objetiva, numa palavra, da reinserir o condenado com decisão condenatória transitada em julgado na vida em sociedade, com o mesmo *status* anterior à condenação. Assim sendo, a competência para a concessão é do juízo da condenação (CPP, arts. 743).

2.1. Conceito e alcance

Nas palavras de Reale Júnior:[1436] "A reabilitação consiste, destarte, na suspensão dos efeitos da condenação, *lato sensu*, ou seja, assegurando-se sigilo acerca do processo e de seus elementos, *lato sensu*, com relação aos efeitos previstos nos incisos I e II do art. 92 do Código Penal, para que o condenado seja tratado e sinta-se perante a sociedade como primário, na dependência, tão só, da não ocorrência de um novo crime, em virtude do qual venha a ser reconhecido como reincidente, hipótese em que se revoga a reabilitação.".

A reabilitação alcança quaisquer penas aplicadas em sentença definitiva, assegurando ao condenado o sigilo do registro sobre seu processo e sua condenação (art. 93, *caput*), ou seja, é bem mais abrangente do que a previsão do art. 202 da LEP. A reabilitação poderá, também, atingir os efeitos da condenação, previstos no art. 92 do CP, vedada a reintegração na situação anterior, nos casos dos incisos I e II do referido artigo.

2.2. Requisitos

São requisitos para a concessão da reabilitação, quando decorridos 2 anos do dia em que for extinta, de qualquer modo, a pena ou terminar sua execução, computando-se o período de prova da suspensão e o do livramento condicional, se não sobrevier revogação, desde que o condenado (art. 94, *caput*): *a)* tenha tido domicílio no País no prazo de 2 anos (art. 94, inc. I); *b)* tenha dado, durante esse tempo, demonstração efetiva e constante de bom comportamento público e privado (art. 94, inc. II); e *c)* tenha ressarcido o dano causado pelo crime ou demonstre a absoluta impossibilidade de fazê-lo, até o dia do pedido,

---

[1436] REALE JÚNIOR, Miguel. *Instituições de Direito Penal – Parte Geral*. 4ª ed. Rio de Janeiro: Forense, 2013, p. 479.

ou exiba documento que comprove a renúncia da vítima ou novação da dívida (art. 94, inc. III).

Concedida a reabilitação, haverá recurso de ofício (CPP, art. 746). No caso de a reabilitação vir a ser negada, poderá ser requerida, a qualquer tempo, desde que o pedido seja instruído com novos elementos comprobatórios dos requisitos necessários (art. 94, parágrafo único).

2.3. Revogação

A reabilitação será revogada, de ofício ou a requerimento do Ministério Público, se o reabilitado for condenado, como reincidente, por decisão definitiva, a pena que não seja de multa (art. 95).

Capítulo XXII – MEDIDAS DE SEGURANÇA

1. Introdução

Em linhas gerais, tratando-se de agente inimputável, a consequência jurídica para o agente que pratica fato típico penal nas condições do art. 26, *caput*, será a imposição de *medida de segurança*. Para o caso de embriaguez completa acidental não será imposta medida de segurança, pois neste caso a incapacidade não reivindica tratamento médico, ao passo que os menores de 18 anos que venham a praticar um fato típico penal ficarão sujeitos ao que dispõe o Estatuto da Criança e do Adolescente (ECA), Lei nº 8.069/90, conforme vimos ao estudarmos a inimputabilidade em face da menoridade.

2. Conceito

Ao estudarmos a culpabilidade, vimos que esta se trata de elemento constitutivo do delito. Assim sendo, prática de um fato tipificado por um agente inimputável, além de afastar a culpabilidade, afasta a própria figura delitiva, visto que a culpabilidade é requisito do crime. Todavia, não se deve entender que tal solução signifique um indiferente penal, e sim que a consequência jurídica seja outra medida que não a pena criminal, qual seja, a medida de segurança, enquanto medida de controle social adequada ao autor de fato típico penal que não seja detentor de capacidade de culpabilidade proveniente da ausência de higidez mental.

Se para a pena criminal o pressuposto é a culpabilidade, para a medida de segurança o é a periculosidade do agente, que, em face do Código Penal brasileiro, é presumida, sempre que a prática de um fato típico tiver como autor um agente nas condições estabelecidas pelo art. 26, *caput*. Assim sendo, na lição de Eduardo Reale Ferrari,[1437] a "medida de segurança constitui uma providência do poder político que impede que determinada pessoa, ao cometer um ilícito-típico e se revelar perigosa, venha a reiterar na infração, necessitando de tratamento adequado para sua reintegração social.". Como se vê, trata-se de medida de tratamento decorrente da prática de um fato típico e ilícito por pessoa inimputável, excluídos os inimputáveis em decorrência de embriaguez acidental[1438] completa, por não possuírem, só por isso, qualquer anomalia mental a ser tratada, e os menores de 18 anos, os quais são submetidos à legislação própria.[1439]

3. Breve notícia histórica: a superação do sistema duplo binário e a assunção do sistema vicariante

Luiz Régis Prado[1440] refere que já no "Direito romano medidas preventivas eram prescritas aos menores (*infans*) e aos loucos (*amens* ou *furiosus*)" os quais eram considerados inimputáveis. Segundo o autor, os "impúberes, naquela época os menores de 7 a 12 anos, eram submetidos à *verberatio*, e os loucos, que não pudessem ser contidos por suas famílias eram aprisionados.". No século XVI, medidas de correção passam a ser aplicadas a vagabundos e mendigos. A pena de prisão surgiu, nesse contexto histórico, sob a forma de casas de trabalho e correção, o que evidencia sua semelhança com as medidas preventivas.". Refere ainda o professor paranaense que foi a "Inglaterra o primeiro país a aplicar o tratamento psiquiátrico de criminosos doentes mentais, a partir do *Criminal Lunatic Asylum Act* (1860) – que determinava o recolhimento de pessoas que praticassem algum delito, desde que penalmente irresponsáveis, a um asilo de internados – e do *Trial of Lunatic Act* (1883).". Foi também na Inglaterra que surgiu o primeiro manicômio judiciário, "quando o rei Jorge III foi vítima de uma tentativa de homicídio perpetrada por um insano mental, o qual foi internado por tempo indeterminado.".

No Código Penal francês de 1810, segundo ainda Luiz Régis Prado,[1441] havia previsão de segregação por tempo indefinido (art. 271), bem como medidas de caráter educativo reservadas aos menores (art. 63).

Com o surgimento da Escola Positiva, protagonizada principalmente por Lombroso, Ferri e Garofalo, na última terça parte do século XIX, o Direito Penal passa a ter significativa influência do naturalismo reinante à época, aplicando-se o método das Ciências Naturais ao Direito Penal. Abstraídos seus consabi-

---

[1437] FERRARI, Eduardo Reale. *Medidas de Segurança e Direito Penal no Estado Democrático de Direito*. São Paulo: Revista dos Tribunais, 2001, p. 15.

[1438] Ou seja, proveniente de caso fortuito ou força maior, a teor do § 1º do art. 28 do CP.

[1439] Os menores de 18 anos ficam sujeitos às normas da Lei nº 8.069, de 13 de julho de 1990 (Estatuto da Criança e do Adolescente).

[1440] PRADO, Luiz Régis. *Tratado de Direito Penal Brasileiro – Parte Geral*. São Paulo: Revista dos Tribunais, 2014, v. 3, p. 325.

[1441] Idem.

dos exageros, a Escola Positiva exerceu significativa influência nas legislações penais, sobretudo no âmbito das medidas de segurança e do tratamento dos doentes mentais.

No que tange à autonomia das medidas de segurança ao lado das penas, com a devida sistematização, a doutrina aponta, como marco inicial, o Anteprojeto do Código Penal Suíço, de Karl Stoos,[1442] apresentado em 1893.

No Brasil, nos tempos das Ordenações, não havia referência do tratamento penal a ser dado aos doentes mentais, mas, segundo Joaquim José Caetano Pereira e Souza e também Pascoal José de Melo Freire,[1443] "já os intérpretes das Filipinas ensinavam que não se poderia acusar de crime àquele que não se mostrava capaz de dolo ou de culpa, se louco, insensato e demente.". Com o advento do Código Criminal do Império do Brasil, de 1830, estatui-se que os loucos que tiverem cometido crimes serão recolhidos às casas para eles destinadas, ou entregues às suas famílias, como ao juiz parecer mais conveniente (art. 12). O Código Penal de 1890, por sua vez, estabelecia: "Art. 27. Não são criminosos: § 1º Os menores de 9 annos completos; § 2º Os maiores de nove e menores de 14, que obrarem sem discernimento; § 3º Os que, por imbecilidade nativa, ou enfraquecimento senil, fôrem absolutamente incapazes de imputação; § 4º Os que se acharem em estado de completa privação de sentidos e de intelligencia no acto de commetter o crime; § 5º Os que fôrem impellidos a cometter crime por violencia physica irresistível ou ameaças acompanhadas de perigo actual; § 6º Os que commetterem crime casualmente, no exercício ou prática de qualquer acto licito, feito com atenção ordinaria; § 7º Os surdos-mudos de nascimento, que não tiverem recebido educação, nem instrucção, salvo provando-se que obraram com discernimento.". Pela redação do dispositivo, a exceção dos §§ 5º e 6º, que tratam, respectivamente, de coação moral e exercício regular de direito desprovido do tipo subjetivo delituoso, cuida-se de hipóteses relativas à ausência de capacidade penal. Por sua vez, na dicção do art. 29, os "individuos isentos de culpabilidade em resultado de affecção mental serão entregues ás suas familias, ou recolhidos a hospitaes de alienados, se o seu estado mental assim exigir para segurança do publico".

Em sua feição original (1940), o Código Penal brasileiro consagrava características que interessam particularmente ao estudo das consequências da prática do fato punível: o monopólio da pena privativa de liberdade e o sistema duplo binário, segundo o qual se permitia impor ao autor de delito, a um

---

[1442] Nesse sentido: ANTOLISEI, Francesco. *Manuale di Diritto Penale – Parte Generale*. 30ª ed. (a cura di Luigi Conti). Milano: Giuffrè, 1994, p. 738; GARCÍA-PABLOS DE MOLINA, Antonio. *Introducción al Derecho Penal*. Madrid: Editorial Universitaria Ramón Areces, 2005, p. 355; DIAS, Jorge de Figueiredo. *Direito Penal Português – As Consequências Jurídicas do Crime*. Lisboa: Aequitas, 1993, p. 413. O autor ressalta também o "Contra-Projecto" de Liszt e Kahls, de 1911; URZÚA, Enrique Cury. *Derecho Penal – Parte General*. 8ª ed. Santiago: Ediciones Universidad Católica de Chile, 2005, p. 775; REALE JÚNIOR, Miguel. *Instituições de Direito Penal*. 4ª ed. Rio de Janeiro: Forense, 2013, p. 485; NORONHA, E. Magalhães. *Direito Penal – Introdução e Parte Geral*. 25ª ed. atual. Por Adalberto José Q. São Paulo: Saraiva, 1987, v. 1, p. 301, referindo que: "É no Projeto de Código Penal suíço de Stoos que, no terreno normativo, surge pela primeira vez a medida de segurança como conjunto sistemático de providências de cunho preventivo individual.".

[1443] Conforme REALE JÚNIOR, Miguel *et al*. *Penas e Medidas de Segurança no Novo Código*. 2ª ed. Rio de Janeiro: Forense, 1987, p. 280.

tempo, pena e medida de segurança, e a periculosidade expressa de forma presumida e na forma não presumida, pois revela a mudança de perspectiva comparativamente à realidade atual, notadamente quanto à progressiva humanização a que se procedeu.

Quando da edição do Código Penal brasileiro de 1940, o sistema vigente era o *dualista*, ou *dupla via*, sendo mais conhecido como *duplo binário*, assim denominado em razão da possibilidade de aplicação sucessiva da pena e da medida de segurança pelo mesmo fato. Essa perspectiva é tradução da forte influência exercida pela Escola Positiva, com seu trinômio Lombroso, Garofalo e Ferri. Nas palavras de Miguel Reale Júnior,[1444] com "o cientificismo da segunda metade do século dezenove, buscando uma explicação etiológica do fenômeno delituoso, encontrada inicialmente por LOMBROSO na figura do delinquente vítima de atavismo, que o fazia nascer propenso à prática delituosa, é que se realiza uma revolução copernicana em matéria penal. A focalização volta-se, portanto, para a pessoa do delinquente, que apresenta, como diz GAROFALO, temibilidade por ferir os sentimentos de piedade e probidade, a ser desfeita pela pena como medida profilática, segregação ou morte. Já para FERRI, o crime é decorrente de fatores múltiplos, antropológicos, físicos, psíquicos bem como do meio, socioeconômicos, neste passo vindo a influenciar LOMBROSO.".

Com a Reforma Penal de 1984, levada a efeito pela Lei nº 7.209, aboliu-se o sistema duplo binário, afastando a possibilidade de ser infligida ao autor de um ilícito penal medida de segurança cumulada com pena criminal. A medida de segurança passa, então, a ser medida cabível aos inimputáveis nos moldes estabelecidos no art. 26 do CP. Os semi-imputáveis ficam, em princípio, sujeitos à pena reduzida (art. 26, parágrafo único), mas poderá ser-lhes imposta medida de segurança *substitutiva* em caso de condenação em que houver necessidade de especial tratamento curativo (art. 98). Nesse caso, a medida de segurança será aplicada sempre em substituição à pena, sem cumulação. Antonio García-Pablos de Molina[1445] lembra que as medidas de segurança surgem não em face de necessidade de dispensar tratamento terapêutico a pessoas necessitadas, e sim em face de exigências puramente preventivas, em decorrência da insuficiência da pena retributiva. Günter Stratenwerth,[1446] a seu turno, aduz que enquanto a pena persegue fundamentalmente a reprovação pessoal do agente delitivo, a medida de segurança possui fins preventivos-especiais, com escopo – a um tempo – de correção do autor do fato descrito como crime e de tutela da coletividade. A nosso ver, o Código Penal brasileiro perfilha justamente essa linha, a cumprir propósitos no sentido de propiciar tratamento ao agente sem capacidade de culpabilidade e também a defesa social.

[1444] REALE JÚNIOR, Miguel. *Instituições de Direito Penal*. 3ª ed. Rio de Janeiro: Forense, 2013, p. 485-486.
[1445] GARCÍA-PABLOS DE MOLINA, Antonio. *Introducción al Derecho Penal*. Madrid: Editorial Universitaria Ramón Areces, 2005, p. 354.
[1446] STRATENWERTH, Günter; KUHLEN, Lothar. *Strafrecht – Allgemeiner Teil – Die Straftat*. 5ª ed. Berlin: Carl Heymanns Verlag, 2004, p. 19.

4. Natureza jurídica da medida de segurança

Nos moldes da Reforma Penal de 1984, a medida de segurança não constitui pena. Hans-Heinrich Jescheck[1447] refere que as medidas de segurança não são penas, não sendo, assim, submetidas ao princípio da culpabilidade. Segundo o autor, o Estado, em sua tarefa de tutela coletiva a seus cidadãos frente a ilícitos penais, deve valer-se das medidas de segurança, em face da insuficiência da pena criminal, a qual requer que o fato tenha sido praticado por agente culpável.

Precisa é a lição dos penalistas Miguel Reale Júnior, René Ariel Dotti, Ricardo Antunes Andreucci e Sérgio M. de Moraes Pitombo,[1448] que laboraram na aludida reforma: "O crime representa comportamento, que é a expressão de uma livre escolha do agente, que embora atingido pelas circunstâncias, influentes sobre a motivação, e pois, com área decisional circunscrita, ainda ostenta a expressão de sua própria personalidade, sendo um 'representativo de *in fieri*' próprio. Assim, o delito exige um instante pessoal, consciente do autor, daí que a sanção decorra qual reprimenda a ser absorvida por aquele que entende tanto o ato, quanto suas conseqüências. Diversa é a medida de segurança, que impõe não a um momento abrangente do comportamento, mas que visa a atuar sobre o estado de alguém, que se movimentou, no dizer de De Marsico, como energia. Tais premissas permitem a conclusão de que a culpabilidade se entranha no território ético, enquanto a periculosidade se engasta no naturalístico, adstrita, ainda que por ficção, ao primado da causalidade. Em síntese, na expressão dos antigos, *a medida de segurança resume-se a um atuar, prioritariamente, administrativo*, voltado para aqueles que se denominavam de loucos de todo gênero, fórmula simbólica e tradutora de um *status*, presidido pela alienação, face ao próprio eu, mais a realidade circunjacente. Devem receber, portanto, os inimputáveis e os semi-imputáveis, quando necessário, não a sanção aflitiva, a qual jamais compreenderia, porém tão somente *o tratamento para a afecção do intelecto e da vontade*.". Como se vê, a concepção de medida de segurança delineada na nova parte geral do Código Penal é de medida de tratamento.

Porém, a questão não é pacífica, havendo discussão sobre se a natureza jurídica das medidas de segurança teriam caráter meramente administrativo ou jurídico-penal. Consoante assevera Luiz Régis Prado,[1449] "insere-se a medida de segurança no gênero sanção penal, no qual figura como espécie, ao lado da pena.". A nosso ver, em conformidade com a sistemática adotada pela Reforma Penal de 1984, a medida de segurança tem a natureza de medida de tratamento do agente inimputável, diferentemente da pena, cuja natureza é sancionatória.

[1447] JESCHECK, Hans-Heinrich; WEIGEND, Thomas. *Lehrbuch des Strafrechts – Allgemeiner Teil*. 5ª ed. Berlin: Duncker & Humblot, 1996, p. 802-803.

[1448] REALE JÚNIOR. Miguel *et al*. *Penas e Medidas de Segurança no Novo Código*. 2ª ed. Rio de Janeiro: Forense, 1987, p. 286.

[1449] PRADO, Luiz Régis. *Tratado de Direito Penal Brasileiro – Parte Geral*. São Paulo: Revista dos Tribunais, 2014, v. 3, p. 332.

5. Princípios

Ainda que outros possam ser apontados, relevam no domínio das medidas de segurança o princípio da legalidade e o da proporcionalidade

5.1. Legalidade

A *legalidade* figura como princípio reitor à imposição de medida de segurança. Esse entendimento é assente em doutrina. Luis Gracia Martín[1450] sustenta que se "encuentra implícito en el art. 53.1 CE, que establece que 'Los derechos y libertades reconocidos en el Capítulo segundo del presente Título vinculan a todos los poderes públicos. Sólo por ley, que en todo caso deberá respetar su contenido esencial, podrá regularse el ejercicio de tales derechos y libertades, que se tutelarán de acuerdo con lo previsto en el artículo 161,1 a).'". Consoante aduz José Cerezo Mir,[1451] o "principio de legalidad de las medidas de suguridad puede considerarse implícito en el apartado 2º del artículo 1º del Código penal, aunque en él se establezca únicamente, de un modo expreso, el principio de legalidad en relación con los presupuestos de su aplicación.".[1452]

Na Itália, a *Costituzione della Repubblica*[1453] e mesmo o velho Código Rocco[1454] não deixam dúvidas ao estabelecerem que ninguém pode ser submetido à medida de segurança fora dos casos previstos em lei. Pautado no inc. II do art. 25 da Constituição e no art. 199 do Código Penal, Giuseppe Bettiol[1455] assevera que a aplicação da medida de segurança não é remetida à discricionariedade do julgador, senão às hipóteses legais. Porém, adverte Luigi Ferrajoli[1456] que não vige nessa matéria nem o princípio de estrita legalidade – no sentido em que deve ser entendido em matéria penal –, nem o princípio da irretroatividade da lei penal. E isso porque, segundo entendimento do autor, este último princípio é expressamente negado pelo art. 200 do *Codice Penale*[1457] ao estabelecer que as medidas de segurança são reguladas pela lei em vigor ao tempo de

---

[1450] GRACIA MARTÍN, Luis. *Tratado de las Consecuencias Jurídicas del Delito*. Valencia: Tirant lo Blanch, 2006, p. 443.

[1451] CEREZO MIR, José. *Curso de Derecho Penal Español – Parte General – Introducción*. 6ª ed. Madrid: Tecnos, 2004, vol. I, p. 205.

[1452] Com efeito, estabelece o Código Penal espanhol em seu art. 1º, 2: "Las medidas de seguridad sólo podrán aplicarse cuando concurram los presupuestos establecidos previamente por Ley.".

[1453] Costituzione della Repubblica, art. 25: "(...) Nessuno può essere sottoposto a misure di sicurezza se non nei casi previsti dalla legge.".

[1454] Codice Penale, art. 199: "(Sottoposizione a misure di sicurezza: disposizione espressa di legge). Nessuno può essere sottoposto a misure di sicurezza che non siano espressamente stabilite dalla legge e fuori dei casi dalla legge stessa preveduti (25 Cost.)".

[1455] BETTIOL, Giuseppe; MANTOVANI, Luciano Pettoello. *Diritto Penale*. 12ª ed. Padova: CEDAM, 1986, p. 967.

[1456] FERRAJOLI, Luigi. *Diritto e Ragione*. 4ª ed. Roma-Bari: Laterza, 1997, p. 814.

[1457] Codice Penale, art. 200: "(Applicabilità delle misure di sicurezza rispetto al tempo, al territorio e alle persone). Le misure di sicurezza sono regolate dalla legge in vigore al tempo della loro applicazione. Se la legge del tempo in cui deve eseguirsi la misura di sicurezza è diversa, si applica la legge in vigore al tempo della esecuzione. (…).".

sua aplicação ou de sua execução, o que permitiria a aplicação de uma *lex gravior* a fatos praticados anteriormente a sua vigência. Nesse passo, com relação ao mencionado art. 200, pode-se afirmar que se está diante de um princípio da legalidade relativizado, mas, em todo caso, de duvidosa constitucionalidade, nomeadamente em face do que estabelece o art. 25 da Lei Maior italiana.

A problemática da sucessão de leis em matéria de medidas seguranças era expressamente prevista pelo art. 75 do Código Penal brasileiro, em sua redação original, semelhante à do Código italiano, na seguinte dicção: "As medidas de segurança regem-se pela lei vigente ao tempo da sentença, prevalecendo, entretanto, se diversa a lei vigente ao tempo da execução". Assim se expressava o Ministro Francisco Campos na Exposição de Motivos: "Preliminarmente, é assegurado o *princípio da legalidade* das medidas de segurança; mas, por isso mesmo que a medida de segurança não se confunde com a pena, não é necessário que esteja prevista em *lei anterior ao fato*, e não se distingue entre a *lex mitior* e a *lex gravior* no sentido da retroatividade: regem-se as medidas de segurança pela lei vigente ao tempo da sentença ou pela que se suceder durante a execução (art. 75)". Nelson Hungria,[1458] a seu turno, homologava o referido entendimento: "A lei sucessiva se aplica sempre, imediatamente, em substituição à lei anterior, pouco importando se mais benigna, ou se mais rigorosa". Tal dispositivo não foi reproduzido pela reforma penal levada a efeito pela Lei nº 7.209, de 1984.

A observação de Luigi Ferrajoli antes referida revela-se de especial relevância porque diz respeito ao conteúdo do princípio da legalidade, o qual deve ter como fonte a lei formal (*lex scripta*), ou seja, emanada do Poder Legislativo – e no Brasil é de notar-se a expressa vedação à edição de Medidas Provisórias em matéria penal, *v.g.*, a teor do que dispõe o art. 62, § 1º, I, letra *b*, da Constituição Federal –, e, além dos atributos de constituir *lex stricta* e *lex certa*, a irretroatividade da lei penal, ou seja, a cumprir o princípio da legalidade deverá tratar-se de *lex praevia*. Nesse sentido, é de mencionar-se a expressa previsão em terras lusitanas seja pela Constituição, seja pelo Código Penal, que segundo Jorge de Figueiredo Dias,[1459] "constitui uma posição do direito penal português recente (a partir da CRP, logo na sua formulação inicial, mas sobretudo a partir da sua reforma de 1982, e do CP de 1982) que ainda mal encontra paralelo em legislações estrangeiras, se bem que receba aplauso da doutrina no estado mais recente da sua evolução".

Em *terrae brasilis*, Eduardo Reale Ferrari,[1460] em excelente monografia, assevera a positivação do princípio: "Estendendo o brocardo latino enunciado por Feuerbach: *nullum crimen, nulla misura sine lege praevia*, nenhum indivíduo será acusado e muito menos sancionado penalmente – com medida de segurança criminal – sem anterior previsão legal, configurando o princípio da

---

[1458] HUNGRIA, Nelson. *Comentários ao Código Penal*. Rio de Janeiro: Forense, 1951, v. III, p. 29.

[1459] DIAS, Jorge de Figueiredo. *Direito Penal Português – As Consequências Jurídicas do Crime*. Lisboa: Aequitas, 1993, p. 436.

[1460] FERRARI, Eduardo Reale. *Medidas de Segurança e Direito Penal no Estado Democrático de Direito*. São Paulo: Revista dos Tribunais, 2001, p. 92-93.

legitimidade nas medidas de segurança criminais implícito, tanto na Constituição Federal de 1988 (art. 5º, inc. XXXIX), como no Código Penal Brasileiro (art. 2º)".[1461] A nosso ver, razão assiste ao autor, porquanto não é compatível com o Estado Democrático de Direito consagrado pela Constituição brasileira de 1988 medida constritiva da liberdade – e a medida de segurança assim se traduz – aplicável de forma retroativa.

5.2. Proporcionalidade

Segundo Paul Bockelmann e Klaus Volk,[1462] as medidas de segurança configuram espécie de sanção penal,[1463] não obstante o fato de não constituírem penas, "pois sua imposição não exprime nenhum juízo de desvalor ético-social". Assim sendo, aplicável o princípio da *proporcionalidade*, o qual, é de frisar-se, encontra expressa consagração no ordenamento alemão, ao estabelecer o art. 62[1464] que uma medida de segurança não pode ser ordenada quando desproporcional ao significado das infrações cometidas pelo agente ou aquelas dele esperadas em face do grau de sua periculosidade. Consoante ressalta Hans-Heinrich Jescheck,[1465] o princípio da proporcionalidade deve ser observado, por sua dedução constitucional, bem como em razão de sua expressa previsão no Código Penal alemão.

Na doutrina espanhola, Luis Gracia Martín[1466] observa que as medidas de segurança, assim como qualquer ato estatal que interfira em bens ou direitos do cidadão, devem submeter-se ao princípio da proporcionalidade, por tratar-se de princípio ético-jurídico que deve reger todo tipo de atuação estatal em um Estado de Direito. Francisco Muñoz Conde e Mercedez García Arán[1467] obtemperam que não obstante seja a proporcionalidade "*un concepto propio de las penas, la opción del Código penal permite aplicarlo a las medidas en tanto en cuanto se establece como principio que éstas no podrán resultar ni más gravosas ni de mayor duración que la pena señalada al hecho cometido ni exceder el límite de lo necesario para*

[1461] No mesmo sentido, e invocando Reale Ferrari, é a lição de Miguel Reale Júnior: "A medida de segurança está igualmente sujeita ao princípio da legalidade e ao seu corolário, a irretroatividade, pois como assevera FERRARI, não podem ser aplicadas medidas de segurança não previstas em lei ou de caráter administrativo". REALE JÚNIOR, Miguel. *Instituições de Direito Penal*. 2ª ed. Rio de Janeiro: Forense, 2004, vol. II, p. 174.

[1462] BOCKELMANN, Paul; VOLK, Klaus. *Direito Penal – Parte Geral*. Trad. de Gercélia Batista de Oliveira Mendes. Belo Horizonte: Del Rey, 2007, p. 357.

[1463] Diversamente do penalista tedesco, consideramos a medida de segurança como uma consequência jurídica em virtude da prática de um injusto penal por agente inimputável em razão de alguma dentre as causas elencadas no art. 26 do CP, mas não a considerando como sanção.

[1464] *Strafgesetzbuch*, § 62: "*Grundsatz der Verhältnismäigkeit. Eine Maßregel der Besserung und Sicherung darf nicht angeordnet werden, wenn sie zur Bedeutung der vom Täter begangenen und zu erwartenden Taten sowie zu dem Grad der von ihm ausgehenden Gefahr außer Verhältnis steht*".

[1465] JESCHECK, Hans-Heinrich; WEIGEND, Thomas. *Lehrbuch des Strafrechts – Allgemeiner Teil*. 5ª ed. Berlin: Ducnker & Humlot, 1996, p. 804.

[1466] GRACIA MARTÍN, Luis. *Tratado Tratado de las Consecuencias Jurídicas del Delito*. Valencia: Tirant lo Blanch, 2006, p. 459.

[1467] MUÑOZ CONDE, Francisco; GARCÍA ARÁN, Mercedes. *Derecho Penal – Parte General*. 5ª ed. Valencia: Tirant lo Blanch, 2002, p. 597

previnir la peligrosidad del autor (art. 6, 2)". Gerardo Landrove Díaz[1468] postula que ao passo que a pena deva ser proporcional à gravidade do delito, deve, a seu turno, a medida de segurança ser proporcional à periculosidade do agente. Baseia-se a doutrina no disposto no art. 6, 2, o qual dispõe: "Las medidas de seguridad no pueden resultar ni más gravosas ni de mayor duración que la pena abstractamente aplicable al hecho cometido, ni exceder el límite de lo necesario para prevenir la peligrosidade del autor".

Dentre os autores brasileiros, Eduardo Reale Ferrari[1469] sustenta que "a aplicação da medida de segurança criminal, diante do princípio da proporcionalidade em sentido amplo, deve condicionar-se à sua necessidade, adequação e limitação de seus objetivos". Miguel Reale Júnior,[1470] sempre com sua aguçada abordagem, aponta uma diversidade de problemas atinentes à matéria. Em primeiro lugar, a buscar-se a proporcionalidade da medida em face do gravame ocasionado, recai-se na dificuldade em estabelecer o fato como fundamento da medida, já que o fato típico praticado é pressuposto, mas não fundamento da aplicação da medida, que "reside na doença mental do autor do fato". Menciona o autor a redação original do Código Penal de 1940, que "estatuía (arts. 91 e 92) uma relação entre a pena máxima cominada ao fato previsto como crime e o tempo mínimo de duração da medida de segurança, com internação em manicômio judiciário ou casa de custódia e tratamento, fixando taxativamente graus de tempo mínimo, para cada uma destas espécies de internações, devendo-se observar o cumprimento da internação por este tempo, após o qual se analisaria a cessação da periculosidade com vistas à desinternação". Analisando a aludida previsão hoje revogada, o penalista entende ser correto levar em conta a gravidade do fato, mas não nos moldes daquele antigo regramento pelo fato de a pena e a medida de segurança possuírem fundamentos diversos. O penalista aponta como correta a solução trazida pela Reforma de 1984, levando a que o fato de menor gravidade, punido com pena de detenção, possa levar o juiz a aplicar não à aplicação de internação, e sim o tratamento ambulatorial.

Juarez Cirino dos Santos[1471] opõe severas críticas à duração indeterminada das medidas de segurança, o que, para ele, representa violação da dignidade humana, bem como lesão ao princípio da proporcionalidade, "porque não existe correlação possível entre a *perpetuidade* da internação e a *inconfiabilidade* do prognóstico de periculosidade criminal do exame psiquiátrico". A nosso ver, busca o Código Penal pátrio atender ao princípio da proporcionalidade, sob certo aspecto, quando distingue a medida privativa de liberdade da medida não privativa da liberdade, com base na pena prevista para o ilícito-típico praticado. Com efeito, a teor do art. 97 do Código Penal, ficará o inimputável

---
[1468] LANDROVE DÍAZ, Gerardo. *Las Consecuencias Jurídicas del Delito*. 4ª ed. Madrid: Tecnos, 1996, p. 115.
[1469] FERRARI, Eduardo Reale. *Medidas de Segurança e Direito Penal no Estado Democrático de Direito*. São Paulo: Revista dos Tribunais, 2001, p. 101.
[1470] REALE JÚNIOR, Miguel. *Instituições de Direito Penal*. 2ª ed. Rio de Janeiro: Forense, 2004, v. II, p. 174-175.
[1471] SANTOS, Juarez Cirino. *Teoria da Pena: Fundamentos Políticos e Aplicação Judicial*. Curitiba: ICPC/Lumen Juris, 2005, p. 204

que se encontrar em uma das hipóteses do art. 26 sujeito à internação, se fato que tiver praticado for apenado com reclusão, mas poderá ser submetido a tratamento ambulatorial se o fato previsto como crime por ele praticado for punível com detenção. Nesse passo, buscou o legislador estabelecer um critério de proporcionalidade. Mais audacioso foi o legislador espanhol, que no art. 6, 2, do Código Penal limitou a duração das medidas de segurança à pena máxima cominada em abstrato para o fato praticado.

6. Pressupostos de aplicação da medida de segurança

Dois são os pressupostos à aplicação da medida de segurança: a prática de fato definido como infração penal (crime ou contravenção) e a periculosidade do agente. Serão os pontos tratados neste tópico.

6.1. A prática de fato definido como crime ou contravenção

Dispõe o art. 97 do Código Penal: "Art. 97. Se o agente for inimputável, o juiz determinará sua internação (art. 26). Se, todavia, o fato previsto como crime for punível com detenção, poderá o juiz submetê-lo a tratamento ambulatorial.".

Consoante redação do dispositivo, vê-se que o primeiro pressuposto para aplicação da medida de segurança é a *prática de fato punível*, ou seja, antes de verificar eventual inimputabilidade à imposição de medida de segurança, o comportamento do agente terá que se amoldar a um tipo penal incriminador previsto na parte especial do Código Penal ou em legislação extravagante.

Também a Lei das Contravenções Penais (LCP, Dec.-Lei nº 3.688/41) dispõe sobre a medida de segurança:

Art. 13. Aplicam-se, por motivo de contravenção, as medidas de segurança estabelecidas no Código Penal, à exceção do exílio local.

Assim, toda infração penal, crime ou contravenção, é passível de acarretar a medida de segurança a seu autor. O exílio local foi abolido pela Reforma Penal de 1984.[1472] Outrossim, não se olvide que os arts. 14 e 15 da LCP, que tratavam da medida de segurança, foram revogados pela Reforma Penal de 1984, ao passo que o art. 16 do mesmo diploma deve ser lido em consonância com o art. 97 do CP.

6.2. A periculosidade como pressuposto e fundamentado da medida de segurança

O segundo pressuposto para a aplicação da medida de segurança é a *periculosidade* do agente. Ao tempo da redação original do Código Penal, concorriam hipóteses de periculosidade presumida ao lado de hipóteses de periculosidade denominada real.

[1472] JESUS. Damásio E. de. *Lei das Contravenções Penais Anotada.* 8ª ed. São Paulo: Saraiva, 2001, p. 48.

Leciona René Ariel Dotti que consiste "a *periculosidade real* na constatação pelo juiz e mediante perícia médica que o autor é doente mental ou portador de desenvolvimento mental incompleto ou retardado".[1473] Por outro lado, a "periculosidade é *presumida* quando a lei determina que o inimputável por doença mental ou desenvolvimento mental incompleto (CP, art. 26) deve ser internado (CP, art. 97). Enquanto a periculosidade *real* é verificada pelo juiz, a periculosidade *presumida* decorre da lei".

Sob a égide da Reforma Penal de 1984, a periculosidade do agente inimputável que pratica fato definido como crime é presumida, visto que o CP, ante a confluência da prática de fato punível com a inimputabilidade (nas condições do art. 26, *caput*), estipula como consequência, *ex legge*, a aplicação da medida de segurança, sem que o juiz necessite fazer qualquer apreciação senão a da presença da doença mental, desenvolvimento mental incompleto ou retardado que leve o agente a não ter condições de compreender o caráter ilícito do fato ou de determinar-se de acordo com esse entendimento.

Relativamente aos semi-imputáveis, a periculosidade não é presumida, visto que esses são considerados capazes, e, portanto, culpáveis, passíveis de reprovação. Porém, no caso de necessitarem de especial tratamento curativo, terá lugar a *determinação judicial de periculosidade criminal*,[1474] que é determinada pelo juiz, consoante o que estabelece o art. 98 do CP.

A Lei das Contravenções Penais deve seguir a inteligência dos arts. 97 e 98 do CP, visto que os artigos que tratavam da matéria na LCP (arts. 14 e 15), os quais previam a periculosidade presumida em razão de condenação por motivo de contravenção cometida em estado de embriaguez e também condenação por vadiagem ou mendicância, foram revogados.

7. Espécies

Em doutrina, divisam-se as medidas de segurança pessoais em privativas de liberdade e não privativas de liberdade, sendo ambas encontráveis no Código Penal brasileiro. Ao lado das medidas de segurança pessoais, há países que admitem, ou que já admitiram, a figura das medidas patrimoniais, sendo que estas últimas, ao contrário das medidas pessoais, não são admitidas pelo ordenamento brasileiro, consoante adiante se verá.

7.1. Medidas de segurança privativas de liberdade

As *medidas de segurança privativas de liberdade*[1475] consistem em internação do agente em estabelecimento adequado, de acordo com o transtorno que apresente.

[1473] DOTTI, René Ariel. *Curso de Direito Penal – Parte Geral*. 2ª ed. Rio de Janeiro: Forense, 2004, p. 628.

[1474] SANTOS, Juarez Cirino dos. *Teoria da Pena – Fundamentos Políticos e Aplicação Judicial*. Rio de Janeiro: ICPC/Lumen Juris, 2005, p. 198-199.

[1475] GRACIA MARTÍN, Luis *et al*. *Tratado de las Consecuencias Jurídicas del Delito*. Valencia: Tirant lo Blanch, 2006, p. 467.

O Código Penal brasileiro prevê a *internação em hospital de custódia e tratamento psiquiátrico ou, à falta, em outro estabelecimento adequado* (CP, art. 96, inc. I) como hipótese de medida de segurança privativa de liberdade.

Tal medida visa, pelo menos alegadamente, a um tempo, ao controle social e também ao tratamento do autor do fato previsto como crime.

O critério para que o sujeito seja submetido à internação decorre da espécie de pena prevista em abstrato para o fato praticado, visto que, segundo o art. 97, se o agente for inimputável, por uma das causas arroladas no art. 26, o juiz determinará sua internação, ao passo que se o crime for punível com detenção, poderá o juiz submetê-lo a tratamento ambulatorial. Portanto, ao inimputável nas condições do art. 26 será imposta a internação, ou seja, a medida de segurança privativa de liberdade, se o fato praticado for apenado com reclusão, podendo também o ser se o fato for apenado com detenção.

7.2. Medidas de segurança não privativas de liberdade

Ao lado das medidas privativas de liberdade, prevê o Código *medida não detentiva*, consistente em sujeição a tratamento ambulatorial. Isso quando o fato praticado for apenado com detenção. Ainda assim, segundo o art. 97, *poderá o juiz submetê-lo a tratamento ambulatorial*, significando com isso que a opção fica a critério do juiz, de acordo com apreciação, seguindo um critério de necessidade e adequação.

No particular, Juarez Cirino dos Santos[1476] opõe-se a esse entendimento, afirmando que a pena de detenção determina o tratamento ambulatorial, podendo, ulteriormente, durante a execução do tratamento ambulatorial, o juiz determinar a internação, se necessária para fins curativos, consoante determinaria, para o autor, o § 4º do art. 97.

Não partilhamos de semelhante entendimento. Com efeito, o *caput* do art. 97 é expresso em afirmar que o juiz *poderá* submeter o agente a tratamento ambulatorial. Miguel Reale Júnior[1477] é da mesma opinião por nós aqui defendida: "A menor gravidade do fato realizado, punido com pena de detenção, *pode* levar o juiz a aplicar, segundo o art. 97, segunda parte, do Código Penal, em vez de internação, o tratamento ambulatorial, medida restritiva e não privativa de liberdade". Assim sendo, o inimputável autor de fato típico apenado com detenção tanto poderá ser internado como também ser submetido a tratamento ambulatorial. Porém, neste último caso, se a opção do juiz for pelo tratamento ambulatorial e quando de sua execução mostrar-se mais adequada a internação, aí far-se-á a substituição. Esse é sentido do § 4º, quando lido em harmonia com o *caput* do art. 97.

[1476] SANTOS, Juarez Cirino dos. *Teoria da Pena: Fundamentos Políticos e Aplicação Judicial*. Rio de Janeiro: ICPC/Lumen Juris, 2005, p. 203.
[1477] REALE JÚNIOR, Miguel. *Instituições de Direito Penal*. 2ª ed. Rio de Janeiro: Forense, 2004, v. II, p. 175.

7.3. Medidas de segurança patrimoniais

As *medidas de segurança patrimoniais*[1478] partem do suposto do dano potencial propiciado por determinados objetos para os interesses da sociedade. No escopo de evitar ditos perigos, propugnam-se tais medidas de cunho patrimonial, como, *v.g.*, o confisco do instrumento utilizado pelo agente delituoso.

O Código Penal brasileiro, na redação original do art. 99, previa hipótese de medida de segurança patrimonial, consoante ensina Eduardo Reale Ferrari:[1479] "Disciplinada no art. 99 do Código Penal de 1940, a antiga medida de segurança patrimonial de interdição de estabelecimento incidia sobre o local do comércio, indústria ou sede de associação, pouco se importando com o proprietário do estabelecimento. A medida de segurança patrimonial não interditava o estabelecimento pela própria existência, nem diante da periculosidade de seu proprietário, mas pelas condições de favorabilidade do ambiente criminológico, denotando uma forma preventiva de evitar a reiteração do delito".

As medidas de segurança patrimoniais possuem, entre nós, valor meramente histórico, visto que inadmissível em um Estado Democrático de Direito, em observância ao princípio da culpabilidade, medida que não seja pessoal, ou seja, a responsabilidade criminal é por excelência pessoal atingindo tão somente o autor do fato previsto como crime.

8. Duração

A medida de segurança possui um prazo mínimo previsto em lei, cujo prazo máximo é indefinido (*ergastolo*!!!???).

Dispõe o art. 97:

Imposição de medida de segurança para inimputável

Art. 97. Se o agente for inimputável, o juiz determinará sua internação (art. 26). Se, todavia, o fato previsto como crime for punível com detenção, poderá o juiz submetê-lo a tratamento ambulatorial.

Prazo

§ 1º A internação, ou tratamento ambulatorial, será por tempo indeterminado, perdurando enquanto não for averiguada, mediante perícia médica, a cessação de periculosidade. O prazo mínimo deverá ser 1 (um) a 3 (três) anos.

Perícia médica

§ 2º A perícia médica realizar-se-á ao termo do prazo mínimo fixado e deverá ser repetida de ano em ano, ou a qualquer tempo, se o determinar o juiz da execução.

Desinternação ou liberação condicional

§ 3º A desinternação, ou a liberação, será sempre condicional devendo ser restabelecida a situação anterior se o agente, antes do decurso de 1 (um) ano, pratica fato indicativo de persistência de sua periculosidade.

§ 4º Em qualquer fase do tratamento ambulatorial, poderá o juiz determinar a internação do agente, se essa providência for necessária para fins curativos.

[1478] FERRARI, Eduardo Reale. *Medidas de Segurança e Direito Penal no Estado Democrático de Direito*. São Paulo: Revista dos Tribunais, 2001, p. 88-89.

[1479] Ibid., p. 89.

Como aduz Miguel Reale Júnior,[1480] criticam-se tanto a ausência de prazo máximo quanto o prazo mínimo legalmente fixado, "pois uma vez curado teria de cessar a medida".

Não obstante, o Supremo Tribunal Federal tem limitado o prazo máximo de duração da medida de segurança em trinta anos (RHC 100.383/AP; HC 107.432/RS). Por seu turno, o entendimento do Superior Tribunal de Justiça limitou o prazo máximo de cumprimento da medida de segurança com base na pena máxima cominada para o fato tipificado como crime, consoante se observa da Súmula 527:

> **Súmula 527:** O tempo de duração da medida de segurança não deve ultrapassar o limite máximo da pena abstratamente cominada ao delito.

Assim, se tomarmos como exemplo o crime de homicídio simples, cuja pena máxima é de vinte anos, este *quantum* será o limitativo temporal para o cumprimento da medida de segurança, na visão do Superior Tribunal de Justiça, variando o prazo máximo de acordo com a pena de cada crime, ao passo que para o Supremo Tribunal Federal o prazo máximo de cumprimento da medida de segurança será o prazo fixo de trinta anos, independente da infração penal a que se refira.

9. Medida de segurança e os direitos do internado

Dispõe o art. 99 do Código Penal:

Direitos do internado
Art. 99. O internado será recolhido a estabelecimento dotado de características hospitalares e será submetido a tratamento.

Sobre o tema, acrescenta a Lei de Execuções Penais (LEP), no parágrafo único de seu art. 99 que: "Aplica-se ao Hospital, no que couber, o disposto no parágrafo único do art. 88 desta Lei". Por sua vez, o citado parágrafo estabelece que são requisitos básicos da unidade celular: a) a salubridade do ambiente pela concorrência dos fatores de aeração, insolação e condicionamento térmico adequado à existência humana; e b) área mínima de 6m² (seis metros quadrados).

Consoante aduz Miguel Reale Júnior,[1481] "estas exigências já indicam que o internado não deve apenas ser confinado, mas sim submetido a tratamento, pois é obrigatória a realização de exame psiquiátrico e dos demais exames visando à terapia, conforme dispõe o art. 100 da Lei de Execução Penal. O art. 43 da Lei de Execução Penal garante, ademais, ao internado a liberdade de ter médico de confiança pessoal de seus familiares ou dependentes, que poderá acompanhar e orientar o tratamento".

Constituem, ainda, direitos do internado, aqueles conferidos ao preso, conforme art. 41 da LEP:

Art. 41. Constituem direitos do preso:

[1480] REALE JÚNIOR, Miguel. *Instituições de Direito Penal*. 2ª ed. Rio de Janeiro: Forense, 2004, v. II, p. 176.
[1481] Ibid., p. 179-180.

I – alimentação suficiente e vestuário;
II – atribuição de trabalho e sua remuneração;
III – previdência social;
IV – constituição de pecúlio;
V – proporcionalidade na distribuição do tempo para o trabalho, o descanso e a recreação;
VI – exercício das atividades profissionais, intelectuais, artísticas e desportivas anteriores, desde que compatíveis com a execução da pena;
VII – assistência material, à saúde, jurídica, educacional, social e religiosa;
VIII – proteção contra qualquer forma de sensacionalismo;
IX – entrevista pessoal e reservada com o advogado;
X – visita do cônjuge, da companheira, de parentes e amigos em dias determinados;
XI – chamamento nominal;
XII – igualdade de tratamento salvo quanto às exigências da individualização da pena;
XIII – audiência especial com o diretor do estabelecimento;
XIV – representação e petição a qualquer autoridade, em defesa de direito;
XV – contato com o mundo exterior por meio de correspondência escrita, da leitura e de outros meios de informação que não comprometam a moral e os bons costumes;
XVI – atestado de pena a cumprir, emitido anualmente, sob pena de responsabilidade da autoridade judiciária competente.
Parágrafo único. Os direitos previstos nos incisos V, X e XV poderão ser suspensos ou restringidos mediante ato motivado do diretor do estabelecimento.

Relativamente aos direitos supraelencados, é de registrar que a própria LEP os estende ao submetido à medida de segurança (art. 42).

Por fim, conforme lembra René Ariel Dotti,[1482] os direitos do agente inimputável recolhido em recolhido a local adequado decorrem da observância à dignidade da pessoa humana, enquanto fundamento da República (CF, art. 1º, inc. III).

10. Medida de segurança e extinção da punibilidade

Estabelece o parágrafo único do art. 96 do CP que, extinta a punibilidade, não se impõe medida de segurança nem subsiste a que tenha sido imposta.

Destaca-se, como uma das mais importantes causas de extinção de punibilidade, a ocorrência da prescrição, de modo que uma vez implementados os prazos estabelecidos no art. 109 do CP, deve ser afastada a aplicação da medida de segurança.

11. Execução das medidas de segurança

Nos moldes do art. 171 da LEP, após o trânsito em julgado da medida de segurança, será ordenada a expedição da guia para a execução (carta de guia).

[1482] DOTTI, René Ariel. *Curso de Direito Penal – Parte Geral*. 2ª ed. Rio de Janeiro: Forense, 2004, p. 635.

Para que seja iniciada a execução, imprescindível a emissão da carta de guia, seja para tratamento ambulatorial, seja para internação (art. 172).

A carta de guia deve ser expedida pela autoridade judiciária competente, observando-se as formalidades referidas no art. 173. Estabelece o dispositivo que a guia será extraída pelo escrivão, que a rubricará em todas as folhas e a subscreverá com o juiz, remetendo-a à autoridade administrativa incumbida da execução e conterá: a qualificação do agente e o número do registro geral do órgão oficial de identificação (inc. I); o inteiro teor da denúncia e da sentença que tiver aplicado a medida, bem como a certidão do trânsito em julgado (inc. II); a data em que terminará o prazo mínimo de internação, ou do tratamento ambulatorial (inc. III); outras peças do processo reputadas indispensáveis ao adequado tratamento ou internamento (inc. IV). O recebimento e a internação em estabelecimento psiquiátrico sem as formalidades mencionadas constitui contravenção penal, conforme disposto no art. 22 da LCP.

Ao Ministério Público será dada ciência da guia de recolhimento e de sujeição a tratamento (art. 173, § 1º). Outrossim, será a guia retificada sempre que sobrevier modificação quanto ao prazo de execução (art. 173, § 2º).

Enquanto órgão da execução, incumbe ao Ministério Público relevante mister, devendo, assim, tanto requerer a aplicação como também a revogação das medidas de segurança, além de, dentre outras, fiscalizar, instaurar incidentes e interpor recursos (art. 68).

Convém lembrar que pode-se dar o caso de no curso da execução da pena privativa de liberdade sobrevir ao condenado doença mental ou perturbação da saúde mental, caso em que o juiz, de ofício, a requerimento do Ministério Público ou da autoridade administrativa, poderá determinar a substituição da pena por medida de segurança (art. 183), sendo que o tratamento ambulatorial eventualmente imposto poderá ser convertido em internação se o agente revelar incompatibilidade com a medida (art. 184), cujo prazo mínimo será de um ano (art. 184, parágrafo único). Conforme o art. 42 do CP, na lição de Miguel Reale Júnior[1483] e coautores da Reforma de 1984, o tempo de tratamento será computado para os fins da detração penal.

O cumprimento da medida de segurança dá-se ordinariamente com a cessação da periculosidade, nos termos do art. 175 da LEP (bem como o art. 97 do CP), que deverá ser averiguada ao final do prazo mínimo. "Por exceção", consoante lembra Juarez Cirino dos Santos,[1484] "o exame de periculosidade criminal pode ser realizado *durante* o prazo mínimo, mediante requerimento fundamentado do Ministério Público ou do interessado, observado idêntico procedimento, também válido para exames sucessivos (arts. 176-177, LEP).". Aplicáveis às medidas de segurança, ainda, os arts. 132 e 133, os quais dispõem sobre o livramento condicional.

[1483] REALE JÚNIOR, Miguel *et al*. *Penas e Medidas de Segurança no Novo Código*. 2ª ed. Rio de Janeiro: Forense, 1987, p. 296.
[1484] SANTOS, Juarez Cirino dos. *Teoria da Pena: Fundamentos Políticos e Aplicação Judicial*. Rio de Janeiro: ICPC/Lumen Juris, 2005, p. 206.

Capítulo XXIII – PUNIBILIDADE, CAUSAS IMPEDITIVAS E CAUSAS EXTINTIVAS DA PUNIBILIDADE

1. Punibilidade, condições objetivas de punibilidade e escusas absolutórias

Com a prática de um fato definido como crime, nasce, concretamente, a possibilidade de o Estado exercer seu *jus puniendi* em desfavor daquele que praticou o referido fato. É por isso que Francesco Antolisei[1485] afirmava, em síntese, que *a punibilidade nasce a partir do cometimento do crime*. Assim, o poder punitivo estatal é um poder *latente, não manifesto*, do ponto de vista concreto, ou seja, de seu exercício efetivo, mas isso até que seja praticada alguma infração penal, momento em que este poder punitivo passa a ser possível de ser exercido concretamente, se determinadas causas condicionantes, escusantes ou extintivas não obstarem essa manifestação de *imperium* estatal.

Tendo em conta essa noção, a punibilidade pode ser definida como a possibilidade de o Estado exercer seu poder-dever punitivo ante a prática de um fato punível. Consoante aduzem Giovanni Fiandaca e Enzo Musco,[1486] em certos casos, o legislador subordina a punibilidade em virtude da prática delitiva à presença de particulares condições, que se somam aos elementos típicos constitutivos do fato criminoso, nomeadamente as condições objetivas de punibilidade, as quais são previstas expressamente no CP italiano. Neste tópico, estudaremos em que consistem essas condições e também em que consistem certas causas pessoais que afastam a incidência da norma penal, no que tange a seus efeitos punitivos, as denominadas escusas absolutórias.

Em consonância com a doutrina majoritária, Hans-Heinrich Jescheck[1487] afirma que "condições objetivas de punibilidade são circunstâncias que estão em relação direta com o fato, mas não pertencem nem ao tipo de injusto, nem tampouco ao tipo de culpabilidade.". Tendo em conta esse conceito, identificam-se, não obstante, algumas divergências, havendo um setor doutrinário[1488]

[1485] Textualmente: "A nostro modo di vedere, ciò che nasce dalla commissione del reato non è il rapporto punitivo, ma la *punibilità*". ANTOLISEI, Francesco. *Manuale di Diritto Penale – Parte Generale*. 30ª ed. Milano: Giuffrè, 1994, p. 694.

[1486] FIANDACA, Giovanni; MUSCO, Enzo. *Diritto Penale – Parte Generale*. 2ª ed. Bologna: Zanichelli, 1994, p. 597.

[1487] Nesse sentido: JESCHECK, Hans-Heinrich; WEIGEND, Thomas. *Lehrbuch des Strafrechts – Allgemeiner Teil*. 5ª ed. Berlin: Duncker & Humblot, 1996, p. 555: "Objektive Bedingungen der Strafbarkeit sind *Umstände, die in unmittelbarem Zusammenhang mit der Tat stehen, aber weder zum Unrechts – noch zum Schuldtatbestand zählen*". Para uma síntese da doutrina alemã, ver: SCHÖNKE, Adolf; SCHRÖDER, Horst. *Strafgesetzbuch Kommentar*. 24ª ed. München: C. H. Beck, 1991, p. 177-178. Na doutrina italiana: BETTIOL, Giuseppe; MANTOVANI, Luciano Pettoelle. *Diritto Penale – Parte Generale*. 12ª ed. Padova: CEDAM, 1986, p. 252 e ss.; FIANDACA, Giovanni; MUSCO, Enzo. *Diritto Penale – Parte Generale*. 2ª ed. Bologna: Zanichelli, 1994, p. 597-600.

[1488] PRADO, Luiz Regis. *Tratado de Direito Penal Brasileiro – Parte Geral*. São Paulo: Revista dos Tribunais, 2014, v. 3, p. 352.

que preconiza não serem as referidas condições alcançadas pelo dolo em oposição aos que entendem[1489] que elas podem ser abarcadas pelo dolo. Também há quem[1490] considere tratar-se de eventos futuros e incertos, em contrapartida daqueles[1491] que admitem possa ser o seu preenchimento também anterior ao fato.

O *Codice Penale* italiano, em seu art. 44,[1492] conceitua as condições objetivas de punibilidade nos seguintes termos: "Quando, para a punibilidade do crime, a lei exige que se verifique uma condição, o agente delitivo responde pelo crime, ainda que o resultado do qual depende a verificação da condição não tenha sido querido por ele.".

Exemplos de condições objetivas de punibilidade são a sentença que decreta a falência, concede a recuperação judicial ou concede a recuperação extrajudicial relativamente às infrações penais previstas na lei de regência (Lei nº 11.101/05, art. 180), ser o fato punível também no país em que foi praticado, no caso de extraterritorialidade condicionada, para a aplicação da lei brasileira (CP, art. 7º, § 2º, letra "*b*") e o resultado morte ou lesões graves no crime de induzimento, instigação ou auxílio a suicídio, tipificado no art. 122 do CP.

Paulo José da Costa Jr.[1493] afirma que, no crime do art. 122 do CP, o resultado morte ou lesões graves estão abrangidos pelo dolo do instigador, motivo por que integrariam o tipo e, assim, *não* constituiriam condições objetivas de punibilidade. A afirmação está em consonância com o conceito adotado pelo professor da Faculdade de Direito do Largo do São Francisco.

Porém, a nosso ver, as condições objetivas de punibilidade podem sim ser abarcadas pelo dolo, não sendo correta, dessa forma, a posição de Costa Jr. ao entender que o resultado morte ou lesões graves, previsto no crime de induzimento, instigação ou auxílio ao suicídio, não poderia ser abrangido pelo dolo para configurar condições objetivas de punibilidade. Isso porque o que as caracteriza é o fato de se distinguirem do injusto e da culpabilidade e serem pressupostos materiais a condicionarem a punibilidade.

Também a nós parece claro que as condições podem estar presentes mesmo antes da prática da infração penal. Pense-se nos exemplos lembrados por Joaquín Cuello Contreras,[1494] quais sejam, os atentados contra Chefes de Estado estrangeiro, tipificados nos arts. 605 e 606 do Código Penal espanhol, visto que o art. 606.2 do referido Código prevê como condição objetiva, a caracterizar a forma agravada, que as leis do país do mandatário vítima do delito também

---

[1489] TAVARES, Juarez. *Fundamentos de Teoria do Delito*. Florianópolis: Tirant lo Blanch, 2018, p. 267.; CARVALHO, Érika Mendes de. *Punibilidade e Delito*. São Paulo; Revista dos Tribunais, 2008, p. 68.
[1490] FRAGOSO, Heleno Cláudio. *Lições de Direito Penal – Parte Geral*. 12ª ed. revista e atualizada por Fernando Fragoso. Rio de Janeiro: Forense, 1990, p. 217.
[1491] TAVARES, Juarez. *Teoria do Injusto Penal*. 3ª ed. Belo Horizonte: Del Rey, 2003, p. 244.
[1492] Condizione obiettiva di punibilità. Art. 44. Quando, per la punibilità del reato, la legge richiede il verificarsi di una condizione, il colpevole risponde del reato, anche se l'evento, da cui dipende il verificarsi della condizione, non è da lui voluto.
[1493] COSTA JÚNIOR, Paulo José da. *Comentários ao Código Penal*. 4ª ed. São Paulo: Saraiva, 1996, p. 376-377.
[1494] CUELLO CONTRERAS, Joaquín. *El Derecho Penal Español – Parte General*. 3ª ed. Madrid: Dykinson, 2002, p. 1.169.

contenham uma penalidade agravada para os atentados contra Chefes de Estado estrangeiro.

As denominadas *escusas absolutórias* remontam à doutrina francesa. René Garraud[1495] as conceituava como sendo "os fatos que asseguram a impunidade a um indivíduo juridicamente declarado culpado de uma infração.". O conceito consagrado pela doutrina atual[1496] é aquele segundo o qual *as escusas absolutórias são causas pessoais de isenção de pena*. Afirma Walter Barbosa Bittar[1497] que, da mesma forma como ocorre com as condições objetivas de punibilidade, as escusas absolutórias – as quais o penalista prefere designar *causas pessoais de exclusão de pena* – são circunstâncias alheias ao injusto culpável e que podem ser pessoais ou objetivas e que não possuem relação com o dolo ou a culpa do agente.

A terminologia é de uma multiplicidade significativa, mas prevalece na doutrina a designação *escusas absolutórias*. Ana Luiza Almeida Ferro[1498] refere as seguintes, encontradas na doutrina: escusas peremptórias, escusas legais absolutórias, escusas legais obrigatórias, escusas pessoais absolutórias, causas de exclusão da pena, causas pessoais de exclusão da pena, causas de isenção de pena, causas de impunidade, causas de não punibilidade em sentido estrito, causas pessoais que excluem a penalidade, condições objetivas de punibilidade negativamente consideradas, condições objetivas de punibilidade negativamente formuladas e imunidades penais absolutas.

Também quanto à *natureza jurídica* não há concordância. Ferro[1499] refere que haveria quatro tendências, quais sejam, a que considera a escusa absolutória: *a)* como condição negativa do delito (Fragoso), *b)* como causas pessoais de exclusão de pena que operam incondicionalmente, previstas em lei, em benefício de forma restrita a determinadas pessoas, em geral ligadas à vítima por parentesco ou por outra circunstância que o legislador deseje instituir, em virtude de opção político-criminal (Toledo); *c)* como causas pessoais de exclusão de pena (Prado) e, por fim, *d)* como causa extintiva da punibilidade (Frederico Marques).

Podem ser citadas como exemplos as hipóteses de isenção de pena previstas no art. 181 do CP, ou seja, aquelas que beneficiam certos parentes do agente nos crimes contra o patrimônio praticados sem violência, e a isenção de pena daquele que presta auxílio em caso de crime de favorecimento pessoal, se for ascendente, descendente, cônjuge ou irmão do criminoso (art. 348, § 2º). A escusa absolutória só beneficia ao agente que tenha o vínculo, e não a terceiros que pratiquem o crime em concurso de pessoas que não estejam na situação pessoal legalmente estabelecida. A propósito, no caso do art. 181, antes mencionado, o CP é expresso ao preceituar que não se aplica "ao estranho que participa do crime" (art. 183, inc. II).

[1495] GARRAUD, René. *Précis de Droit Criminel*. 13ª ed. Paris: Sirey, 1921, p. 402.
[1496] PRADO, Luiz Régis. *Tratado de Direito Penal Brasileiro – Parte Geral*. São Paulo: Revista dos Tribunais, 2014, v. 3, p. 355.
[1497] BITTAR, Walter Barbosa. *As Condições Objetivas de Punibilidade e as Causas Pessoais de Exclusão da Pena*. Rio de Janeiro: Lumen Juris, 2004, p. 7.
[1498] FERRO, Ana Luiza Almeida. *Escusas Absolutórias no Direito Penal*. Belo Horizonte: Del Rey, 2003, p. 11.
[1499] Ibid., p. 18-22.

Os institutos aqui estudados podem ser delineados[1500] e sintetizados da seguinte forma: *a*) ambos situam-se fora do injusto e da culpabilidade, integrando a categoria da punibilidade; *b*) as condições objetivas de punibilidade podem ou não ser abarcadas pelo dolo; *c*) a condição objetiva de punibilidade trata-se de condição positiva, ao passo que a escusa absolutória se trata de condição negativa; *d*) em ambas, a condição positiva ou negativa pode ser anterior ou posterior ao crime, pois há exemplos na legislação que abarcam ambas as hipóteses; *e*) as condições objetivas de punibilidade são caráter objetivo, ao passo que as escusas absolutórias são de natureza subjetiva; *f*) nas condições objetivas de punibilidade, o fato não é punível em relação a todos os autores, enquanto nas escusas absolutórias o fato continua sendo punível, isentando tão somente quem se encontrar em determinada circunstância pessoal que venha a afastar a incidência da pena.

2. Causas de extinção da punibilidade

2.1. Introdução

Tendo em conta que a punibilidade consiste na possibilidade do exercício do poder-dever punitivo estatal em face de determinada pessoa que tenha praticado uma infração penal, é intuitivo que esta poderá ser afastada, diante da ocorrência de determinadas causas, cujas principais estão elencadas no art. 107 do CP, tratando-se, pois, de rol exemplificativo, e não taxativo. O próprio CP prevê outras causas como a reparação do dano, no peculato culposo (art. 312, § 3º), bem como em virtude de declaração, confissão e pagamento de contribuição previdenciária em casos de apropriação (art. 168-A, § 2º) e de sonegação (art. 337-A, § 1º). Na legislação especial, causa recorrente extintiva de punibilidade é o cumprimento das condições pelo prazo estipulado em caso de suspensão condicional do processo (Lei nº 9.099/95, art. 89, § 5º). Não obstante, neste capítulo, trataremos das causas previstas no art. 107 do CP.

2.2. Morte do agente

A primeira causa extintiva da punibilidade prevista no art. 107, em seu inc. I, é a *morte do agente*, a consagração[1501] da máxima *mors omnia solvit*, ou seja, a morte solve, apaga tudo, faz desaparecer. Magalhães Noronha afirmava que a presunção legal da morte (CC, art. 6º) é suficiente para extinguir a punibilidade.

[1500] Para uma ampliação, consulte-se: CARVALHO, Érika Mendes de. *Punibilidade e Delito*. São Paulo: Revista dos Tribunais, 2008, *passim*, especialmente as p. 75-81.
[1501] NORONHA, E. Magalhães. *Direito Penal – Introdução e Parte Geral*. 25ª ed. (atual. por Adalberto José Q. T. de Camargo Aranha). São Paulo: Saraiva, 1987, v. 1, p. 330.

Se a morte ocorrer antes da sentença penal condenatória transitada em julgado, a vítima poderá ajuizar ação no juízo cível para haver a reparação dos danos sofridos; se for após, a sentença constituirá título executivo (CP, art. 91, inc. I), cuja reparação recairá sobre os sucessores e sobre eles executada, até o limite do valor do patrimônio transferido (CF, art. 5º, inc. XLV). O juiz somente poderá declarar a extinção da punibilidade à vista da certidão de óbito, e depois de ouvido o Ministério Público (CPP, art. 620).

2.3. Anistia, graça e indulto

O inc. II do art. 107 prevê três causas extintivas da punibilidade, como hipóteses decorrentes da "clemência soberana": a anistia, a graça e o indulto.

A *anistia* é uma causa extintiva de punibilidade em que o Estado renuncia o exercício de seu poder punitivo, elidindo o caráter criminoso do fato, destinada, em regra,[1502] aos crimes políticos, mas que pode alcançar também crimes comuns. Em todo caso, não há dúvida de que é dirigida a fatos puníveis, e não a pessoas. Todavia, há quem[1503] entenda ser causa extintiva de punibilidade exclusivamente dos crimes políticos. A anistia é concedida, durante a persecução ou mesmo após o trânsito em julgado da sentença penal condenatória, mediante a edição de lei ordinária (CF, art. 21, inc. XVII), da competência do Congresso Nacional (CF, art. 48, inc. VIII). Em virtude de a anistia elidir o próprio fato punível, ficam afastados quaisquer efeitos penais, como a verificação da reincidência ou outro, mas permanece a responsabilidade civil decorrente do fato praticado.

A anistia poderá ser *geral* ou *plena*, assim considerada a que beneficiar a todos os agentes que tenham praticado o fato punível, *parcial* ou *restrita*, se favorecer determinados criminosos (por exemplo, primários). Será *própria*, se concedida antes da condenação, ou *imprópria*, se após. Será *incondicionada*, se for concedida sem qualquer condição, e, ao revés, *condicionada*, se alguma condição para a sua concessão for imposta ao réu ou ao condenado.

A *graça* e o *indulto* constituem *indulgentia princips*, de competência privativa do Presidente da República (CF, art. 84, inc. XII), mediante decreto, distinguindo-se pelo fato de a primeira ser individual, beneficiando determinado condenado, sendo por isso também chamada de *indulto individual*, enquanto o indulto é, por natureza, coletivo, alcançando os diversos condenados que se enquadrem em determinada situação. Diferentemente do que ocorre com a anistia, somente podem ser concedidos após a condenação.

A graça pode ser concedida em virtude de pedido do condenado, por iniciativa do Ministério Público, do Conselho Penitenciário ou da autoridade ad-

---

[1502] FRAGOSO, Heleno Cláudio. *Lições de Direito Penal – Parte Geral*. 12ª ed. revista e atualizada por Fernando Fragoso. Rio de Janeiro: Forense, 1990, p. 401; REALE JÚNIOR, Miguel. *Instituições de Direito Penal – Parte Geral*. 4ª ed. Rio de Janeiro: Forense, 2013, p. 509.
[1503] LOPES, Jair Leonardo. *Curso de Direito Penal – Parte Geral*. 4ª ed. São Paulo: Revista dos Tribunais, 2005, p. 261.

ministrativa (LEP, art. 188). O indulto, por sua vez, independe de provocação, podendo ser concedido por iniciativa do próprio Presidente da República.

A graça e o indulto são denominados plenos, quando extinguem a punibilidade, e parciais, quando se limitarem a reduzir ou comutar penas. Essas causas alcançam tão somente os efeitos principais da condenação, remanescendo os secundários, como a verificação da reincidência, bem como os não penais, ou seja, a responsabilidade civil.

Por fim, registre-se que a Lei Maior determina serem insuscetíveis de graça ou anistia a prática da tortura, o tráfico ilícito de entorpecentes e drogas afins, o terrorismo e os definidos como crimes hediondos (CF, art. 5º, inc. XLIII).

A nosso ver, muito embora a concessão de indulto seja da competência privativa do Presidente da República, sem que a Constituição a delimite, não parece razoável que um ato individual, em um país de matiz republicana, possa fazer implodir um sistema jurídico-penal, numa só canetada, consoante já vimos no tópico sobre a Ciência Penal e sistema. Nesse sentido, a 4ª Seção do TRF da 4ª Região, no Incidente de Arguição de Inconstitucionalidade, autos de nº 5034205-88.2018.4.04.0000/RS, rel. Des. Federal Leandro Paulsen, j. 19.12.2018, por maioria, assim decidiu:

> ARGUIÇÃO DE INCONSTITUCIONALIDADE DO ART. 1º, XIV, DO DECRETO 8.172/13. INDULTO NATALINO, PERIÓDICO E GENÉRICO, A TANTOS QUANTOS TENHAM CUMPRIDO 1/6 DAS SUAS PENAS. VIOLAÇÃO À SEPARAÇÃO DOS PODERES, À INDIVIDUALIZAÇÃO DAS PENAS, À VEDAÇÃO AO EXECUTIVO PARA LEGISLAR SOBRE MATÉRIA PENAL E À VEDAÇÃO DA PROTEÇÃO INSUFICIENTE.
> 1. O exercício de toda e qualquer competência, por parte de quaisquer autoridades, por mais elevadas que sejam, tem de ser orientado pelos princípios constitucionais, deles não podendo desbordar, sob pena de invalidade.
> 2. Compete privativamente ao Presidente da República conceder indulto, prerrogativa discricionária, mas não arbitrária, cujo exercício só se justifica em caráter excepcional, sobretudo quando presentes razões humanitárias.
> 3. Os crimes estão sujeitos às penas cominadas pelo Poder Legislativo e aplicadas pelo Poder Judiciário de modo individualizado, com atenção às circunstâncias específicas relacionadas a cada crime e ao seu agente.
> 4. O Presidente da República, ao estabelecer normas redutoras de penas, de cunho geral e abstrato, mediante decretos de indulto editados periodicamente, viola a norma constitucional que lhe proíbe legislar sobre Direito Penal: art. 62, § 1º, b, da CF.
> 5. O Presidente da República, ao conceder indulto mediante cumprimento de apenas 1/6 das penas, viola o princípio da separação dos poderes e o princípio da individualização das penas, de que cuidam os artigos 2º e 5º, XLVI, da CF.
> 6. O Decreto de indulto que retira a eficácia da resposta penal ao reduzi-la a níveis desproporcionalmente brandos viola o princípio constitucional da vedação da proteção insuficiente, que é uma garantia da sociedade.

A decisão certamente constitui-se em importante parâmetro para uma interpretação constitucional do instituto. Impende ainda mencionar que, no caso de concessão de indulto, o STJ editou o seguinte enunciado, acerca dos efeitos da condenação, a ver-se:

Súmula 631: O indulto extingue os efeitos penais primários da condenação (pretensão executória), mas não atinge os efeitos secundários, penais ou extrapenais.

Isso significa que o indulto somente afastará o cumprimento da pena, mas não afastará os efeitos penais secundários, tais como a reincidência e os antecedentes criminais, como também os extrapenais, como a perda do cargo, o fato de tornar certa a obrigação de reparar o dano, etc.

2.4. *Abolitio criminis*

A *abolitio criminis*, consoante vimos quando do estudo da Lei Penal, consiste no fato de uma lei posterior deixar de considerar crime determinada conduta anteriormente legalmente incriminada, sendo indiferente se a lei nova abolidora tenha sido editada anterior o posteriormente à condenação. A extinção da punibilidade (art. 107, inc. III), não afasta os efeitos civis, no caso de o agente já estar condenado (art. 2º, *caput*).

É importante ter-se em conta que não basta a alteração do *nomen juris* do crime para que ocorra a descriminalização e, por conseguinte, a extinção da punibilidade, como ocorreu, por exemplo, com o crime de não repasse à previdência social das contribuições recolhidas dos contribuintes, que era previsto na Lei nº 8.212/91 e depois passou a ser tipificado no CP, consoante entendimento sumulado pelo TRF4:

Súmula 69 – A nova redação do art. 168-A do Código Penal não importa em descriminalização da conduta prevista no art. 95, "d", da Lei nº 8.212/91.

2.5. Renúncia do direito de queixa e perdão nos crimes de ação penal de iniciativa privada

As diversas formas de ação penal serão estudadas no último capítulo deste livro, para o qual remetemos o leitor. Por ora, apenas faremos menção, de forma breve, que as ações penais podem ser divididas, em uma formulação mais geral, em pública (incondicionada e condicionada) e de iniciativa privada. Ao estudo da causa extintiva da punibilidade prevista no inc. V do art. 107, interessa-nos, precipuamente, esta última, a qual se dá naqueles crimes cujo titular da ação penal é a própria vítima, e não o Ministério Público, órgão constitucionalmente incumbido de promover, privativamente, a ação penal pública, na forma da lei (CF, art. 129, inc. I). Todavia, interessa-nos, também, a ação penal pública condicionada, ou seja, nos casos em que o ofendido deve apresentar a representação para que o Ministério Público possa promover a ação penal. Isso porque a composição civil em sede de Juizado Especial Criminal implica renúncia ao direito de representar.

A *renúncia ao direito de queixa* é o ato pelo qual o ofendido (ou seu representante legal, ou seus sucessores, quando for o caso) manifesta sua vontade de não promover a ação penal contra o autor do crime, podendo ser essa manifestação expressa ou tácita (art. 104, *caput*). Trata-se de ato unilateral independente de aceitação do autor do crime, sendo que a renúncia em relação a um dos autores do crime, a todos aproveita (CPP, art. 49). Importa renúncia tácita a prática de ato incompatível com a vontade de exercer o direito de queixa, como, por exemplo, a manutenção de amizade, frequência mútua à casa entre ofendido e ofensor, convite para ser padrinho do filho ou o casamento entre o agente e a vítima.

Como regra, não implica renúncia o fato de o ofendido receber a indenização do dano causado pelo crime (art. 104, parágrafo único). Porém, se a indenização ocorrer mediante composição nos moldes previstos no art. 74, parágrafo único, da Lei nº 9.099/95, ou seja, em sede de Juizado Especial Criminal, cujo acordo deve ser homologado pelo juiz mediante sentença irrecorrível, acarretará a renúncia ao direito de queixa ou de representação. Portanto, além da previsão do CP, há que se atentar também para a hipótese de renúncia prevista na Lei dos Juizados Especiais.

A segunda hipótese de causa extintiva de punibilidade prevista no art. 107, inc. V, é o *perdão do ofendido*, nos crimes de ação penal de iniciativa privada, desde que aceito pelo autor do crime, sendo, portanto, um ato bilateral (art. 106, inc. III). O perdão do ofendido pressupõe a existência de um processo penal instaurado, em que o ofendido desiste do prosseguimento da ação penal, mas essa desistência deve ser exercida até o trânsito em julgado da sentença (art. 105).

O perdão do ofendido pode ser judicial ou extrajudicial, expresso ou tácito (art. 106, *caput*), sendo que o tácito é o que resulta da prática de ato incompatível com a vontade de prosseguir na ação (art. 106, § 1º). Se for concedido a qualquer dos querelados, a todo aproveita (art. 106, inc. I), mas não produz efeito em relação àquele que o recusar (CPP, art. 51). Se for concedido por um dos ofendidos, mantém-se o direito dos demais de prosseguirem na ação (art. 106, § 2º).

2.6. Retratação do agente

O art. 107, inc. VI, estatui que a *retratação do agente* extingue a punibilidade nos casos em que a lei a admite. Tais casos são o da calúnia, da difamação (art. 143) e do falso testemunho e da falsa perícia (art. 342, § 2º). Retratar aqui tem o sentido de retirar o que fora dito, e deve ser feita antes da sentença, devendo ser cabal. Trata-se de ato unilateral, ou seja, independe da aceitação da vítima.

2.7. Perdão judicial

O *perdão judicial* é a causa de extinção da punibilidade prevista no art. 107, inc. IX. Exemplos encontramos no homicídio (art. 121, § 5º) e nas lesões culposas (art. 129, § 8º), quando as consequências da infração atingirem o próprio agente de forma tão grave que a sanção penal se torne desnecessária. Ainda, exemplo muito atual é o perdão previsto no art. 4º da Lei n º 12.850/13, em caso de colaboração premiada.

A causa extintiva de punibilidade aqui estudada só aproveita aquele que se enquadrar na previsão legal, sem alcançar os demais coautores do crime, além do que não depende, em regra, de concordância do agente. Lembremos que no caso da colaboração premiada, o perdão deve ser requerido por alguma das partes, sendo decorrência de negociação.

Muito se discutiu sobre qual seria a natureza jurídica do perdão judicial, havendo entendimento segundo o qual a sentença que o concede seria condenatória, absolutória ou declaratória de extinção de punibilidade. A controvérsia hoje foi superada diante do entendimento consolidado no STJ expresso na Súmula 18: "A sentença concessiva do perdão judicial é declaratória de extinção de punibilidade, não subsistindo qualquer efeito condenatório.". Em consonância com esse entendimento, o art. 120 preceitua que a sentença que concede o perdão judicial não será considerada para efeitos de reincidência.

2.8. Prescrição, decadência e perempção

O art. 107, inc. IV, elenca três causas extintivas da punibilidade que possuem relação com o decurso do tempo a determiná-las, a *prescrição*, a *decadência* e a *perempção*, sendo a primeira mais abrangente, em virtude de seu regramento e por alcançar os crimes em geral, com exceção dos imprescritíveis. Em razão da extensão dessas causas de extinção da punibilidade, deixamos a análise das hipóteses previstas no inc. IV para a parte final deste capítulo, bem como faremos o estudo de cada hipótese em tópicos separados.

2.8.1. Prescrição

A *prescrição penal* pode ser dividida em prescrição da pretensão punitiva, com suas duas subespécies, retroativa e intercorrente ou superveniente, e prescrição da pretensão executória. Na sequência, estudaremos a caracterização das diversas espécies mencionadas, bem como da sistemática legal referente a cada uma delas.

2.8.1.1. Conceito, natureza jurídica e fundamento

A *prescrição penal é a perda do poder-dever de punir estatal pelo decurso do tempo*, ante a inércia ou delonga do Estado na persecução do crime ou na execução do condenado. Todavia, impende esclarecer que esta perda é relativa a determinado ou determinados agentes, tendo em conta determinado ou determinados fatos puníveis, ou seja, o afastamento do poder punitivo do Estado dá-se num contexto delitivo específico e concreto, visto que o poder-dever punitivo enquanto tal, ou seja, em caráter geral, jamais é "perdido", pois é imanente a ideia de Estado. A "perda" do poder punitivo estatal só pode-se dar em relação a determinado(s) agente(s) em face de determinado(s) fato(s), por autolimitação de seu poder de *imperium*.

A doutrina discute se a prescrição penal se trataria de instituto cuja *natureza* seria penal,[1504] processual[1505] ou mesmo mista.[1506] Porém, entre nós, a preferência amplamente majoritária é por considerar que a prescrição possui natureza penal, de direito material. A nosso ver, trata-se, de fato, de instituto de natureza penal. Eis as precisas palavras de Ney Fayet Júnior,[1507] Marcela Fayet e Karina Brack, citando José de Faria Costa: "Em todo caso, as normas que informam a prescrição têm, inegavelmente, um caráter material, até porque os *preceitos legais da prescrição fazem ainda parte daquele conjunto de normas, porque invasivas e instrumentalmente constrictivas de direitos fundamentais, que deve pré-existir a práctica da infracção.*".

A distinção tem interesse prático. Admitindo-se a natureza penal, o cômputo do prazo inclui o dia do começo (CP, art. 10), diferentemente dos prazos processuais, em que o dia do começo não é computado (CPP, art. 798, § 1º). A criação de nova hipótese suspensiva do curso do prazo prescricional não retroage, assim como qualquer outro efeito que seja desfavorável ao agente.

O *fundamento* encontra diversas posições doutrinárias. Fayet Júnior,[1508] Fayet e Brack consignam que *não há* "um fundamento unitário que seja aceito de modo generalizado pela doutrina", apontando os autores o da "absoluta negação da imediatividade e celeridade da justiça; do desaparecimento dos rastros e dos efeitos do delito – a chamada teoria da prova –, da presunção de bom comportamento, do esquecimento social do crime, da desnecessidade da pena, da finalidade da pena criminal, do não-exercício de um direito, etc.).". Damásio de Jesus,[1509] de modo mais restritivo, refere um "tríplice fundamento", quais sejam: "1º) o decurso do tempo (teoria do esquecimento do fato); 2º) a correção do condenado; e 3º) a negligência da autoridade.".

[1504] FAYET JÚNIOR, Ney; FAYET, Marcela; BRACK, Karina. *Prescrição Penal – Temas Atuais e Controvertidos*. Porto Alegre: Livraria do Advogado, 2007, p. 44-45. Para o leitor que deseje se debruçar sobre o estudo da prescrição com mais vagar, há que se referir que o penalista Ney Fayet Júnior, com a contribuição de outros autores, publicou uma sequência do livro *Prescrição Penal*, o qual alcançou, em 2018, o volume de número 6. Também aderindo a essa posição majoritária: PORTO, Antonio Rodrigues. *Da Prescrição Penal*. 4ª ed. São Paulo: Revista dos Tribunais, 1988, p. 22.

[1505] TUCCI, José Rogério Cruz. *Tempo e Processo*. São Paulo: Revista dos Tribunais, 1997, p. 58. Segundo o autor, "a prescrição da ação justifica-se sob o aspecto de conotação processual, uma vez que, com o decurso do tempo, os indícios e os elementos de prova que indicam a autoria e a materialidade do crime se debilitam. A excessiva demora, sobretudo em sede penal, conspira contra o vigor probatório.". No mesmo sentido: ANDRADE, Cristiano José de. *Da Prescrição em Matéria Penal*. São Paulo: Revista dos Tribunais, 1979, p. 13.

[1506] BRUNO, Anibal. *Direito Penal – Parte Geral*. 3ª ed. Rio de Janeiro: Forense, 1967, t. 3º, p. 210: "Mas há dois motivos que realmente concorrem para legitimá-la, um de Direito Penal, que é haver desaparecido o interêsse do Estado em punir, outro de ordem processual, aplicável à prescrição anterior à sentença condenatória, que é a dificuldade de coligir provas que possibilitem uma justa apreciação do delito cometido". Também adepto da posição mista ou eclética: FERRARI, Eduardo Reale. *Prescrição da Ação Penal*. São Paulo: Saraiva, 1998, p. 22.

[1507] FAYET JÚNIOR, Ney; FAYET, Marcela; BRACK, Karina. *Prescrição Penal – Temas Atuais e Controvertidos*. Porto Alegre: Livraria do Advogado, 2007, p. 45.

[1508] Ibid., p. 43.

[1509] JESUS, Damásio E. de. *Prescrição Penal*. 16ª ed. São Paulo: Saraiva, 2003, p. 19.

2.8.1.2. Prescrição da pretensão punitiva

A *prescrição da pretensão punitiva*, também denominada *prescrição da ação*, é aquela que se dá antes do trânsito em julgado da sentença ou do acórdão, com os seguintes prazos, de acordo com a gravidade da infração penal:

Prescrição antes de transitar em julgado a sentença

> **Art. 109**. A prescrição, antes de transitar em julgado a sentença final, salvo o disposto no § 1º do art. 110 deste Código, regula-se pelo máximo da pena privativa de liberdade cominada ao crime, verificando-se:
> I – em 20 (vinte) anos, se o máximo da pena é superior a doze;
> II – em 16 (dezesseis) anos, se o máximo da pena é superior a oito anos e não excede a doze;
> III – em 12 (doze) anos, se o máximo da pena é superior a quatro anos e não excede a oito;
> IV – em 8 (oito) anos, se o máximo da pena é superior a dois anos e não excede a quatro;
> V – em 4 (quatro) anos, se o máximo da pena é igual a um ano ou, sendo superior, não excede a dois;
> VI – em 3 (três) anos, se o máximo da pena é inferior a 1 (um) ano.
> Prescrição das penas restritivas de direito
> Parágrafo único – Aplicam-se às penas restritivas de direito os mesmos prazos previstos para as privativas de liberdade.

Os prazos prescricionais antes do trânsito em julgado regulam-se pelo máximo da pena cominada em abstrato. Assim, no exemplo do homicídio (art. 121), cuja pena máxima prevista em abstrato é superior a 12 anos, o prazo prescricional verifica-se em 20 anos, a teor do art. 109, inc. I.

Cumpre referir que a Lei nº 12.234/10 deu nova redação ao *caput* do art. 109, bem como ao inc. VI, o qual previa a prescrição em 2 anos, se o máximo da pena fosse inferior a 1 ano, prazo prescricional que passou a ser 3 de anos, com a alteração legislativa.

Os prazos da prescrição da pretensão punitiva começam a correr do dia em que o crime se consumou (art. 111, inc. I), ao passo que, no caso de tentativa, do dia em que cessou a atividade criminosa (art. 111, inc. II), nos crimes permanentes, do dia em que cessou a permanência (art. 111, inc. III), nos crimes de bigamia (art. 235) e nos crimes de falsificação ou alteração de assentamento do registro civil (arts. 241, 242 e 299, parágrafo único), da data em que o fato se tornou conhecido (art. 111, inc. IV).

Nos crimes contra a dignidade sexual de crianças e adolescentes, previstos no CP (Título VI da Parte Especial) ou legislação especial (alguns crimes[1510] previstos no ECA, por exemplo), o prazo prescricional passa a fluir da data em que a vítima completar 18 anos, salvo se a esse tempo já houver sido proposta a ação penal.

[1510] Tais como os relativos à pornografia infantojuvenil, como, por exemplo, os arts. 240, 241, 241-A, 241-B, 241-C, 241-D, da Lei nº 8.069/90. Sobre o ponto, consulte-se, de nossa autoria: SILVA, Ângelo Roberto Ilha da. Pedofilia, Pornografia Infantojuvenil e os Tipos Penais Previstos no Estatuto da Criança e do Adolescente, p. 87-104 In: *Crimes Cibernéticos*. 2ª ed. (org. Ângelo Roberto Ilha da Silva) Porto Alegre: Livraria do Advogado, 2018, em especial, p. 95: O entendimento por nós esposado veio a receber a corroboração legislativa, porquanto a Lei nº 13.441, de 8 e maio de 2017, que trata da infiltração de agentes de polícia na Internet, estabelece expressamente tratar-se de *crimes contra a dignidade sexual da criança e do adolescente*.".

A prescrição da pretensão punitiva extingue, além da punibilidade, todos os efeitos[1511] secundários. Isso significa que o agente que praticou o fato continua a ser considerado primário, e eventual efeito decorrente de responsabilidade civil deverá ser reconhecido no juízo cível competente. Assim é que, se o tribunal condenar ou mantiver decisão condenatória, mas, em virtude da pena aplicada vier a reconhecer a prescrição, o réu não poderá recorrer, de acordo com o entendimento da jurisprudência, pois eventual sucesso no recurso não acarretaria qualquer consequência de ordem prática, visto que esta modalidade de prescrição, pode-se dizer, em uma palavra, "apaga tudo", do ponto de vista penal. Porém, há entendimento diverso, como é o caso de Maurício Zanoide de Moraes,[1512] especificamente com relação à prescrição da pretensão punitiva nas modalidades intercorrente e retroativa, visto que, segundo sustenta, em tais casos há "juízo de valor".

2.8.1.3. Prescrição retroativa e intercorrente ou superveniente

Trata-se de subespécies[1513] de prescrição da pretensão punitiva, com embasamento legal no art. 110, § 1º. A *prescrição retroativa*, quando for o caso, é reconhecida com base na pena aplicada, mas sendo considerado o decurso de prazo anterior à data anterior à da publicação do acórdão. Por sua vez, a *prescrição intercorrente* ou *superveniente* é aquela que se dá após a sentença, mas sendo considerado interregno posterior a ela, consoante se extrai da seguinte decisão: "(...). 2. A pena de um ano prescreve em quatro, sendo o réu menor de vinte e um anos à época do fato, prescreve em metade desse tempo. 3. Verificado o transcurso do tempo necessário exigido em lei para a extinção da punibilidade, deve ser declarada a prescrição da pretensão punitiva em sua modalidade superveniente quando o decurso de tempo se verifica após a sentença condenatória. 4. Embargos acolhidos para declarar a prescrição, suprindo, assim, a omissão" (STJ, 6ª Turma, EDcl no REsp 817.698/RS, j. 29.04.2008).

Apesar de a prescrição retroativa ser apreciada com base na pena aplicada, tal pena deverá ser concretizada num determinado processo e efetivamente infligida, não sendo admitida, para tanto, pelos tribunais, eventual pena em perspectiva. Esse entendimento encontra-se consolidado no STJ, consoante se observa do seguinte enunciado:

Súmula 438 – É inadmissível a extinção da punibilidade pela prescrição da pretensão punitiva com fundamento em pena hipotética, independentemente da existência ou sorte do processo penal.

[1511] Para um detalhamento, consulte-se: JESUS, Damásio E. de. *Prescrição Penal*. 16ª ed. São Paulo: Saraiva, 2003, p. 154 e ss.
[1512] MORAES, Maurício Zanoide de. *Interesse e Legitimação para Recorrer no Processo Penal Brasileiro*. São Paulo: Revista dos Tribunais, 2000, p. 366 e ss.
[1513] Para um abordagem em detalhes, consulte-se: CLARO, Adriano Ricardo. *Prescrição Penal*. Porto Alegre: Verbo Jurídico, 2008, p. 67-78; BLASI NETTO, Frederico. *Prescrição Penal*. 4ª ed. Belo Horizonte: Del Rey, 2013, p. 118-182.

2.8.1.4. Prescrição da pretensão executória

A *prescrição da pretensão executória* é aquela que ocorre após o trânsito em julgado da sentença penal condenatória (art. 110, *caput*). Essa modalidade de prescrição baseia-se na pena aplicada, e não no máximo da pena cominada em abstrato, mas os prazos seguem as previsões do art. 109. No caso de o juiz reconhecer a reincidência na sentença condenatória, essa (a reincidência) atuará como causa interruptiva (art. 117, inc. VI).

A prescrição da pretensão punitiva constitui antecedente lógico à ocorrência da prescrição da pretensão executória. Assim, se a primeira ocorrer, a punibilidade resta extinta, não se cogitando acerca de possível implementação desta última.

O prazo prescricional começa a fluir a partir do trânsito em julgado para a acusação, da data em que foi revogado o *sursis* ou o livramento condicional (art. 112, inc. I) ou do dia em que se interrompe a execução, salvo quando o tempo da interrupção deva computar-se na pena (art. 112, inc. II). Se o condenado vier a evadir-se ou for revogado o livramento condicional, a prescrição é regulada pelo tempo que resta da pena (art. 113).

A redação do art. 112, porém, revelava uma incongruência lógica, pois, se houvesse trânsito em julgado para o MP, em face de uma sentença condenatória, mas a defesa recorresse, não poderia, em tese, haver a execução. No entanto, o prazo prescricional começava a fluir para o Estado, sem que este pudesse executar a pena. Isso porque, entre os anos de 2009 e 2016 perdurou o entendimento no STF segundo o qual não poderia haver a execução penal, em face do art. 5º, inc. LVII, da Constituição (HC 84.078, plenário, j. 05.02.2009). Observe-se que, em tal caso, a não execução da pena não se dava por inércia estatal, e sim em virtude da previsão do art. 112.

Em atenção à mencionada incongruência lógica, a 1ª Turma do STF passou a entender que "o início da contagem do prazo da prescrição somente se dá quando a pretensão executória pode ser exercida" (HC 107.710, 1ª Turma, j. 09.06.2015).

Porém, a partir do ano de 2016, a Corte Suprema passou a admitir a execução da pena após a condenação transitada em julgado em segunda instância (HC 126.292/SP, plenário, j. 17.02.2016), ainda que pendentes de julgamento eventual recurso extraordinário ou recurso especial.

A extinção da punibilidade alcança apenas a pena aplicada, sem alcançar os efeitos secundários da decisão condenatória. Dessa forma, o condenado continua a ser considerado reincidente, salvo em virtude do decurso de 5 anos, tendo em vista a previsão do art. 64, inc. I.

2.8.1.5. Causas suspensivas (impeditivas)

O prazo prescricional é suspenso em virtude do que o CP denomina *causas impeditivas*, cujas hipóteses, não exaustivas, estão elencadas no art. 116. De acordo com o artigo mencionado, a prescrição não corre enquanto não resolvida, em outro processo, questão que dependa o reconhecimento da existência do crime (ar. 116, inc. I), bem como enquanto o agente cumpre pena no estrangeiro (ar. 116, inc. II). Porém, há outras causas, decorrentes da lei e também da jurisprudência.

Exemplo de causa legal não prevista no art. 116 do CP encontramos na hipótese em que o acusado, citado por edital, não comparece para se defender em juízo, nem constitui advogado, o que determinará a suspensão do processo, bem como o curso do prazo prescricional, consoante art. 366 do CPP. Na lei sobre organização criminosa, Lei nº 12.850/13, há também um exemplo de suspensão do prazo prescricional previsto no § 3º do art. 4º, nos seguintes termos: "O prazo para oferecimento de denúncia ou o processo, relativos ao colaborador, poderá ser suspenso por até 6 (seis) meses, prorrogáveis por igual período, até que sejam cumpridas as medidas de colaboração, suspendendo-se o respectivo prazo prescricional.".

Na jurisprudência, os crimes contra a ordem tributária, ainda que perfectibilizada a conduta delitiva, não são passíveis de responsabilização penal a quem seja seu agente, até que a discussão sobre o lançamento tributário esteja definida no âmbito administrativo. Na prática, tal compreensão determina a não fluência do prazo prescricional enquanto não definida a questão na via administrativa, ou seja, até que ocorra o lançamento definitivo do tributo, a teor da Súmula Vinculante nº 24 do STF.[1514] Esse exemplo não decorre do texto legal, e sim do entendimento do STF, que restou por ser consolidado e ensejando a edição da referida súmula.

2.8.1.6. Causas interruptivas

As *causas interruptivas* da prescrição estão previstas no art. 117, incs. I a VI, as quais, com exceção das hipóteses previstas nos incs. V e VI (início ou continuação do cumprimento da pena e reincidência), produzem efeitos relativamente a todos os agentes, sendo que, nos crimes conexos, que sejam objeto do mesmo processo, estende-se aos demais a interrupção relativa a qualquer deles (art. 117, § 1º). Com exceção da hipótese do inc. V, interrompida a prescrição, todo o prazo começa a correr novamente do dia da interrupção (art. 117, § 2º). A interrupção do prazo prescricional faz com que este passe a ser contado a partir da interrupção. Em sequência, examinaremos as hipóteses elencadas no art. 117.

2.8.1.6.1. Recebimento da denúncia ou queixa

O *recebimento da denúncia* (nos crimes de ação penal pública) *ou queixa* (nos crimes de ação penal de iniciativa privada) constitui a primeira causa interruptiva da prescrição (art. 117, inc. I). Assim, não basta o membro do Ministério Público oferecer a denúncia ou o ofendido oferecer a queixa-crime, visto que

---

[1514] Textualmente: Súmula vinculante nº 24: "Não se tipifica crime material contra a ordem tributária, previsto no art. 1º, incisos I a IV, da Lei nº 8.137/90, antes do lançamento definitivo do crédito".

o curso do prazo prescricional somente será interrompido com o recebimento da peça incoativa.

Relativamente ao aditamento da denúncia, entende a doutrina, de forma geral, como referem Fayet Júnior,[1515] Fayet e Brack, que o aditamento "que descreve e imputa fato delituoso novo, interrompe a prescrição, e o acréscimo, que visa a incluir co-réu, não.". Não obstante, advertem os mencionados autores que "a fórmula aqui mencionada não alcança nem soluciona todas as situações de maneira justa e com cientificidade jurídica.". Considerando os limites deste *Curso*, remetemos o leitor ao livro citado.

2.8.1.6.2. Pronúncia

A *pronúncia*, segunda causa interruptiva do prazo prescricional (CP, art. 117, inc. II), é a decisão mediante a qual o juiz, fundamentadamente, se convencido da materialidade do fato e da existência de indícios suficientes de autoria ou de participação, determina seja o acusado julgado pelo Tribunal do Júri (CPP, art. 413), o qual é competente para o julgamento em caso de crime doloso contra a vida (CF, art. 5º, inc. XXXVIII, letra *"d"*).

2.8.1.6.3. Decisão confirmatória da pronúncia

No caso de a Defesa interpor recurso contra a decisão de pronúncia e esse vier a ser improvido, ou seja, a decisão que aprecia o recurso *confirmar a decisão de pronúncia*, o prazo da prescrição é novamente interrompido (CP, art.117, inc. III).

Impende ressaltar que, após o acusado ser pronunciado, o tribunal popular poderá desclassificar a infração para outra que seja da competência do juiz singular (CPP, art. 492, § 1º), caso em que o fato será julgado pelo juiz-presidente do Tribunal do Júri (CPP, art. 492, § 2º), como ocorreria se o fato fosse desclassificado do crime de homicídio (CP, art. 121) para o crime de latrocínio (CP, art. 157, § 3º). Não obstante a desclassificação, a pronúncia continua sendo causa interruptiva do prazo da prescrição, consoante Súmula 191 do STJ.

2.8.1.6.4. Publicação da sentença ou acórdão condenatório recorrível

A hipótese do inc. IV do art. 117 teve sua redação alterada pela Lei nº 11.596/07, ao substituir a expressão "pela sentença condenatória recorrível" pela atual e mais abrangente *"pela publicação da sentença ou acórdão condenatórios recorríveis"*. Isso porque, em virtude da antiga redação, o acórdão que se limitasse a confirmar a sentença condenatória não poderia interromper a prescrição por ausência de previsão legal para tanto. A nosso ver, com a nova redação, a questão foi superada, não obstante ainda haver entendimento[1516] em

---

[1515] FAYET JÚNIOR, Ney; FAYET, Marcela; BRACK, Karina. *Prescrição Penal – Temas Atuais e Controvertidos*. Porto Alegre: Livraria do Advogado, 2007, p. 61.
[1516] Para um maior detalhamento, adotando uma posição refratária, consulte-se: FAYET JÚNIOR, Ney; BRACK, Karina. Da Interrupção do Curso da Prescrição Penal. In: FAYET JÚNIOR, Ney. *Prescrição Penal – Temas*

sentido contrário. Com efeito, parece consentâneo com a lógica considerar que o acórdão que confirma a sentença condenatória seja causa interruptiva, não se restringindo a hipótese àquele que condena, ou seja, nas hipóteses em que a acusação interpõe recurso da sentença absolutória.

Na excelente síntese de Paulo Queiroz,[1517] o acórdão que confirma a sentença condenatória interrompe, de fato o curso do prazo prescricional pelas seguintes razões: "1) a lei não faz, atualmente, distinção entre acórdão condenatório e acórdão confirmatório da sentença condenatória, distinção que só está prevista para a decisão de pronúncia, razão pela qual a distinção é agora arbitrária; 2) o acórdão que confirma a sentença condenatória a substitui (CPC, art. 1.008); 3) semelhante acórdão é tão condenatório quanto qualquer outro; 4) a distinção implicaria dar ao acórdão condenatório tratamento idêntico ao acórdão absolutório; 5) não faria sentido algum que o acórdão que condenasse pela primeira vez interrompesse o prazo prescricional e o acórdão que mantivesse a condenação anteriormente decretada não dispusesse desse mesmo poder. Afinal, num e noutro caso há condenação pelo tribunal.".

O STF tem adotado o entendimento de que inc. IV do art. 117 é, com efeito, causa interruptiva também do acórdão que confirma a sentença condenatória, consoante se extrai do seguinte excerto no Agravo Regimental no Recurso Extraordinário com Agravo: "A jurisprudência do Supremo Tribunal Federal (STF) é firme no sentido de que o acórdão que confirma a sentença condenatória é marco interruptivo do prazo prescricional" (STF, 1ª Turma, ARE 1.130.096 AgR, j. 07.08.2018). No mesmo sentido: HC 138.088/RJ, j. 19.09.2017; ARE AgR 778.042/DF, j. 21.10.2014).

2.8.1.6.5. Início ou continuação do cumprimento da pena

A hipótese do CP, art. 117, inc. V, prevê a interrupção do curso do prazo da prescrição pelo *início ou continuação do cumprimento da pena*, porque nesse caso não há inércia estatal. Se o condenado vier a fugir, o curso do prazo prescricional volta a fluir, mas será novamente interrompido com a sua recaptura ou com sua apresentação voluntária para cumprimento da pena.

2.8.1.6.6. Reincidência

Se o apenado vier a ser julgado por outro crime com condenação transitada em julgado, gerando a *reincidência*, está interrompera a prescrição, a qual, não influi no prazo prescricional, consoante Súmula 220 do STJ.

Atuais e Controvertidos (coord. Ney Fayet Júnior). Porto Alegre: Livraria do Advogado, 2009, v. 2, p. 29, 32-47. Em sentido contrário, entendendo que a nova redação é clara no sentido de o acórdão que confirma a sentença condenatória propiciar a interrupção: QUEIROZ, Paulo. *Prescrição e Acórdão Condenatório*. Disponível em: <http://www.pauloqueiroz.net>.

[1517] QUEIROZ, Paulo. *Prescrição e Acórdão Condenatório*. Disponível em: <http://www.pauloqueiroz.net>. Acesso em 23.11.2018.

2.8.1.7. Crimes complexos, crimes conexos, concurso de crimes, penas mais leves em relação a penas mais graves

Dispõe o art. 108 do CP que a extinção da punibilidade de crime que é pressuposto, elemento constitutivo ou circunstância agravante de outro não se estende a este. Também preceitua o dispositivo, em sua parte final, que, nos crimes conexos, a extinção da punibilidade de um deles não impede, quanto aos outros, a agravação da pena resultante da conexão.

Crime complexo[1518] é aquele cuja tipificação abarca dois ou mais tipos que somados o constituem. Assim é que, por exemplo, o crime de roubo é constituído pela subtração de coisa alheia para si ou para outrem, o furto (art. 155), e a grave ameaça (art. 147) ou, ainda, o crime de lesão corporal (art. 129). Se algum dentre os crimes que compõem o roubo estivesse alcançado pela prescrição, isso seria indiferente com relação ao roubo. Nas palavras de Leonardo Luiz de Figueiredo Costa:[1519] "A prescrição somente pode atingir o delito como um todo.".

Os *crimes conexos* são assim denominados em razão de se constituírem, de acordo com o CPP, art.69, inc. V, critérios[1520] de competência. Isso porque um crime que não seria da competência de determinado juízo pode passar a sê-lo em razão de ser atraído, para fins de competência, por outro crime que lhe é conexo. A conexão pode ser[1521] intersubjetiva (CPP, art. 76, inc. I), objetiva ou teleológica (CPP, art. 76, inc. II) e instrumental ou probatória (CPP, art. 76, inc. III). Figuremos um exemplo em que um traficante de drogas mate um rival para efetuar determinada venda de drogas, vindo a responder pelo crime de homicídio em conexão (art. 121, § 2º, inc. V) com o tráfico de drogas (Lei nº 11.343/06, art. 33). Se este último delito fosse alcançado pela prescrição, tal fato será indiferente com relação ao homicídio, para fins de prescrição, motivo por que, no exemplo utilizado, o agente continuará respondendo pelo crime de homicídio, apesar de não mais responder pelo crime de tráfico, em virtude da extinção da punibilidade em relação a este.

O art. 119 estabelece que, no caso de *concurso de crimes*, a extinção da punibilidade incidirá sobre a pena de cada um, isoladamente. O CP consagra três hipóteses de concurso de crimes, o concurso material (art. 69), o concurso formal (art. 70) e concurso formal, os quais vimos quando do estudo sobre a teoria da pena. Em havendo concurso, a prescrição será considerada em relação a cada crime, de forma isolada.

[1518] Na lição de Ricardo Antunes Andreucci, "crime complexo é aquele, em cuja composição normativa entram dois ilícitos penais autônomos, sejam como elementos constitutivos do tipo sejam um como tipo básico e outro como circunstância agravante.". ANDREUCCI, Ricardo Antunes. Apontamentos sobre o Crime Complexo. In: *Estudos e Pareceres de Direito Penal*. São Paulo: Revista dos Tribunais, 1981, p. 40.

[1519] COSTA, Leonardo Luiz de Figueiredo. Prescrição Penal. In: *Direito e Processo Penal na Justiça Federal – Doutrina e Jurisprudência*. São Paulo: Atlas, 2011, p. 189.

[1520] Discute-se, em doutrina, se a conexão seria de fato um critério de determinação da competência ou se seria fator de modificação ou prorrogação de competência. Sobre a controvérsia, consulte-se: BADARÓ, Gustavo Henrique. *Processo Penal*. 5ª ed. São Paulo: Revista dos Tribunais, 2017, p. 258-261.

[1521] BADARÓ, Gustavo Henrique. *Processo Penal*. 5ª ed. São Paulo: Revista dos Tribunais, 2017, p. 259-261.

Por fim, na dicção do art. 118, as penas mais leves prescrevem com as mais graves. Assim, por exemplo, se a pena privativa de liberdade estiver prescrita, também restará prescrita a pena de multa.

2.8.1.8. Pena de multa

Se a *pena de multa* for a única pena cominada ou aplicada, a prescrição ocorre em 2 anos (art. 114, inc. I). Na hipótese de a pena de multa ser alternativa ou cumulativamente aplicada à pena privativa de liberdade, a prescrição será no mesmo prazo desta (art. 114, inc. II).

2.8.1.9. Redução dos prazos de prescrição

Em se tratando de agente menor de 21 anos, ao tempo do fato, ou maior de 70 anos na data da sentença, os prazos prescricionais são reduzidos de metade (art. 115). Com relação ao maior de 70 anos, a previsão do art. 115 do CP não foi alterada com o advento do Estatuto do Idoso, consoante decidiu o STF, a ver-se: "A idade de 60 (sessenta) anos, prevista no art. 1º do Estatuto do Idoso, somente serve de parâmetro para os direitos e obrigações estabelecidos pela Lei 10.741/2003. Não há que se falar em revogação tácita do art. 115 do Código Penal, que estabelece a redução dos prazos de prescrição quando o criminoso possui mais de 70 (setenta) anos de idade na data da sentença condenatória.". De consignar que a Corte Suprema também afirmou que: "Não cabe aplicar o benefício do art. 115 do Código Penal quando o agente conta com mais de 70 (setenta) anos na data do acórdão que se limita a confirmar a sentença condenatória" (1ª Turma, HC 86.320/SP, j. 17.10.2006). No mesmo sentido: AgR no HC 149.253/RJ, j. 24.08.2018; HC 96.968/RS, j. 1º.12.2009.

Assim, importa fixar que deve ser considerada a primeira decisão para fins de redução no caso de condenado com 70 anos. Esse é o entendimento do STF, textualmente: "A redução do prazo prescricional insculpida no art. 115 do Código Penal é aplicável ao agente maior de 70 anos na data da sentença, e não à data do acórdão que confirma o decreto condenatório. Precedentes. 3. Agravo regimental improvido" (AI 844.400 AgR, j. 03/04/2012). No mesmo sentido, é o entendimento do STJ: "O termo 'sentença', contido no art. 115 do CP diz respeito à primeira decisão condenatória, seja ela a do juiz de 1º grau ou a proferida pelo Tribunal" (HC 270.846/CE, j. 02.10.2014).

2.8.1.10. Medida de segurança

Consoante decidiu o STF: "A prescrição de medida de segurança deve ser calculada pelo máximo da pena cominada ao delito atribuído ao paciente, interrompendo-se-lhe o prazo com o início do seu cumprimento" (HC 97.621/RS, j. 02.06.2009). A teor do disposto no parágrafo único do art. 96, extinta a punibilidade, não se impõe medida de segurança nem subsiste a que tenha sido imposta.

A imposição de medida de segurança não decorre de decisão condenatória, e sim de absolvição (CPP, art. 386, inc. VI, c/c parágrafo único, inc. III). Assim, a doutrina[1522] tem entendido que "não há falar em prescrição da pretensão executória, uma vez que a prescrição só incide sobre a pena.".

2.8.1.11. Imprescritibilidade

A Constituição estabelece que "a prática do racismo constitui crime inafiançável e imprescritível, sujeito à pena de reclusão, nos termos da lei" (art. 5º, inc. XLII), bem como que "constitui crime inafiançável e imprescritível a ação de grupos armados, civis ou militares, contra a ordem constitucional e o Estado Democrático" (art. 5º, inc. XLII).

Discute-se, em doutrina, se a injúria racial também seria imprescritível. Paulo Gomes Ferreira Filho assevera que não apenas os crimes previstos na Lei nº 7.716/89 são alcançados pela *imprescritibilidade*, em conformidade com o art. 5º, inc. XLII, da CF, mas também o crime de injúria racial, previsto no art. 140, § 3º, do CP. Isso porque, segundo o autor,[1523] "a *injúria racial* é uma espécie de racismo, portanto também imprescritível.". Acrescenta o autor que: "A diferenciação entre injúria racial e o crime de racismo é uma construção doutrinária e jurisprudencial equivocada, que ignora por completo os valores insculpidos na Constituição Federal.". De ver-se que, em recente decisão, em consonância com esse entendimento, em Embargos de Declaração em Recurso Extraordinário, o STF se posicionou pela imprescritibilidade do crime de injúria racial (ED no RE 983.531/DF, j. 04.06.2018).

Contrariamente à posição suprarreferida, Leonardo Figueiredo Costa[1524] afirma que a "imprescritibilidade não alcança o delito de injúria, mesmo quando qualificado pela utilização de elementos raciais (art. 140, § 3º, do CP).". A nosso ver, de fato, o entendimento esposado por Ferreira Filho e pelo STF, em recente decisão, é o que está em consonância com a Constituição.

2.8.2. Decadência

Consoante se extrai do art. 103, a *decadência é a perda do direito de queixa ou de representação pelo decurso do preço, sem que o referido direito seja exercido*. Trata-se da segunda hipótese de causa de extinção de punibilidade dentre as previstas no inc. IV do art.107, cuja incidência se dá nos crimes de ação de iniciativa privada (cuja propositura da ação é feita mediante a peça formal incoativa denominada queixa) e nos crimes de ação pública condicionada à representação.

[1522] JESUS, Damásio E. de. *Prescrição Penal*. 16ª ed. São Paulo: Saraiva, 2003, p. 91.

[1523] FERREIRA FILHO, Paulo Gomes. Mensagens Racista Postadas na Internet: Interpretação Constitucional e Consequências Processuais-Penais. In: *Crimes Cibernéticos*. 2ª ed. (org. Ângelo Roberto Ilha da Silva) Porto Alegre: Livraria do Advogado, 2018, p. 143.

[1524] COSTA, Leonardo Luiz de Figueiredo. Prescrição Penal. In: *Direito e Processo Penal na Justiça Federal – Doutrina e Jurisprudência*. São Paulo: Atlas, 2011, p. 184.

A decadência ocorre antes de iniciada a ação, sendo pessoal, pois somente alcança a vítima que restou inerte, e não outras cujo o decurso de tempo não tenha operado a perda do direito de ação.

Salvo disposição em contrário, o prazo decadencial é de 6 meses, contado do dia em que a vítima veio a saber quem é o autor do crime ou, no caso de ação de iniciativa privada subsidiária da pública (art. 100, § 3º), do dia em que se esgota o prazo para o oferecimento da denúncia para o Ministério Público (CP, art. 103; CPP, art. 38). Disposição "em contrário" encontramos na Lei nº 9.099/95, que prevê o prazo de 30 dias para a decadência para o exercício da representação (art. 91), aplicável aos casos de lesões corporais leves e lesões culposas, consoante dispõe o art. 88 da referida lei.

Sendo prazo de natureza penal, computa-se o dia do início (*dies a quo*), desprezando-se o último (*dies ad quem*). O prazo decadencial não é passível de interrupção ou de suspensão. Sequer a interpelação judicial nos crimes contra a honra, ou seja, o pedido de explicações em juízo em caso em que "de referências, alusões ou frases" possa inferir-se calúnia, difamação ou injúria (art. 144), tem o condão de interromper ou suspender a decadência. Também de nada adianta a vítima apresentar notícia-crime para fins de instauração de inquérito policial, se não apresentar a queixa-crime em juízo nos 6 meses previstos em lei. O prazo é fatal!

2.8.3. Perempção

A terceira hipótese do inc. IV do art. 107 é a da *perempção, a qual consiste na perda do direito de prosseguir na ação em virtude de inércia do querelante*. Nesta causa extintiva da punibilidade, tem a lei em conta a desídia do querelante. As hipóteses de perempção estão elencadas no art. 60 do CPP:

Art. 60. Nos casos em que somente se procede mediante queixa, considerar-se-á perempta a ação penal:
I – quando, iniciada esta, o querelante deixar de promover o andamento do processo durante 30 dias seguidos;
II – quando, falecendo o querelante, ou sobrevindo sua incapacidade, não comparecer em juízo, para prosseguir no processo, dentro do prazo de 60 (sessenta) dias, qualquer das pessoas a quem couber fazê-lo, ressalvado o disposto no art. 36;
III – quando o querelante deixar de comparecer, sem motivo justificado, a qualquer ato do processo a que deva estar presente, ou deixar de formular o pedido de condenação nas alegações finais;
IV – quando, sendo o querelante pessoa jurídica, esta se extinguir sem deixar sucessor.

A perempção só tem incidência na ação penal de iniciativa privada propriamente dita, pois não alcança a ação de iniciativa privada subsidiária. Consoante se observa do art. 60 do CPP, a perempção somente pode ocorrer após o início da ação penal.

Capítulo XXIV – DA AÇÃO PENAL

O direito penal só se realiza por intermédio do processo penal. Em outras palavras, o processo penal, em relação ao direito penal material, reveste-se de um caráter de *instrumentalidade, instrumentalidade constitucional*,[1525] sem o qual o direito penal não se concretiza, no sentido de ser aplicado, seja para condenar, seja para absolver o réu. Assim sendo, o Título VII da Parte Geral trata "Da Ação Penal", abarcando as ações penais pública e de iniciativa privada (art. 100), a ação penal no crime complexo (art. 101), a irretratabilidade da representação (art. 102), a decadência (art. 103), a renúncia do direito de queixa e o perdão do ofendido (arts. 105 e 106). Alguns desses tópicos já foram tratados quando do estudo da extinção da punibilidade, motivo pelo qual nos reservamos a tratar tão somente dos tópicos não estudados naquela oportunidade.

1. Ação penal

A *ação penal*, numa perspectiva mais tradicional, ao menos no Brasil, pode ser dividida em pública e de iniciativa privada (ou privada). A primeira divide-se em incondicionada e condicionada, sendo que a segunda se desdobra em propriamente dita, personalíssima e de iniciativa privada subsidiária. Porém, cabe mencionar, também, uma terceira, qual seja, a ação popular, a qual constitui regra na Espanha, por exemplo, e é admita em certos casos também no Brasil, consoante se verá. A natureza do direito de ação é objeto de controvérsia doutrinária, havendo excelentes obras de caráter geral[1526] ou monográfico[1527] sobre a temática.

1.1. Ação penal pública

1.1.1. Ação penal pública incondicionada

A *ação penal pública incondicionada*, titularizada pelo Ministério Público (CF, art. 129, inc. I), constitui a regra geral (CP, art. 100; CPP, art. 24), a qual é exercida mediante a propositura de uma peça incoativa denominada tecnica-

---

[1525] LOPES JR., Aury. *Direito Processual Penal*. 9ª ed. São Paulo: Saraiva, 2012, p. 88-94.
[1526] Sem pretensão de exaustão, mencione-se: MARQUES, José Frederico. *Tratado de Direito Processual Penal*. São Paulo: Saraiva 1980, v. II, p. 53-154; GRECO FILHO, Vicente. *Manual de Processo Penal*. 7ª ed. São Paulo: Saraiva, 2009, p. 101-126; OLIVEIRA, Eugênio Pacelli de. *Curso de Processo Penal*. 19ª ed. São Paulo: Atlas, 2015, 97-181; RANGEL, Paulo. *Direito Processual Penal*. 20ª ed. São Paulo: Atlas, 2012, p. 223-224; LOPES JR., Aury. *Direito Processual Penal*. 9ª ed. São Paulo: Saraiva, 2012, p. 95-114; BADARÓ, Gustavo Henrique. *Processo Penal*. 5ª ed. São Paulo: Revista dos Tribunais, 2017, p. 161-164.
[1527] BOSCHI, José Antonio Paganella. *Ação Penal – As Fases Administrativa e Judicial da Persecução Penal*. Porto Alegre: Livraria do Advogado, 2010; JARDIM, Afrânio da Silva. *Ação Penal Pública – Princípio da Obrigatoriedade*. 5ª ed. Rio de Janeiro: Lumen Juris, 2011, p. 27-34. De forma percuciente e exaustiva: BOSCHI, Marcus Vinicius. *Ação, Pretensão e Processo Penal – Teoria da Acusação*. Porto Alegre: Livraria do Advogado, 2015.

mente denúncia (CPP, art. 41). Na ação penal incondicionada, a propositura de ação independe de qualquer manifestação do ofendido ou seu representante legal para que seja exercida.

Relativamente ao crime complexo, assim preceitua o art. 101 do CP: "Quando a lei considera como elemento ou circunstâncias do tipo legal fatos que, por si mesmos, constituem crimes, cabe ação pública em relação àquele, desde que, em relação a qualquer destes, se deva proceder por iniciativa do Ministério Público.". Isso significa que se um dos crimes que compõem o crime complexo for de ação pública, este, por conseguinte, também o será.

1.1.2. Ação penal pública condicionada

A *ação penal pública condicionada* é exercida privativamente pelo Ministério Público, mas depende da manifestação prévia do ofendido ou de seu representante legal, por meio de representação, em conformidade com o art. 39 do CPP.

O direito de representação, salvo previsão expressa em contrário, deve ser exercido dentro do prazo de 6 meses (CP, art. 103; CPP, art. 38), contado do dia em que o ofendido veio a saber quem é o autor do crime, sob pena de decadência. Depois do oferecimento da denúncia, a representação torna-se irretratável (CP, art. 102). Há casos em que a ação condicionada depende de requisição do Ministro da Justiça, como nas hipóteses de crime contra a honra em que a vítima seja o Presidente da República ou chefe de governo estrangeiro (CP, art. 141, inc. I, c/c art. 145, parágrafo único), ou no caso de extraterritorialidade condicionada quando o crime for cometido por estrangeiro contra brasileiro fora do Brasil, desde que presentes as condições previstas no art. 7º, § 2º, letras *"a"* a *"e"*, do CP, de acordo com a previsão da letra *"b"* do § 3º do referido artigo.

1.2. Ação penal de iniciativa privada

1.2.1. Ação penal de iniciativa privada propriamente dita (ou genuína)

A designação *ação de iniciativa privada* é preferível à denominação *ação privada*. A referida ação constitui exceção em nosso direito, tendo lugar tão somente quando expressamente prevista (art. 100). Essa modalidade de ação deve ser exercida pela própria vítima, por intermédio de profissional habilitado, nomeadamente o advogado inscrito na Ordem dos Advogados do Brasil. Para maiores detalhes, remetemos o leitor ao tópico em que tratamos sobre as causas extintivas da punibilidade, decadência e perempção.

1.2.2. Ação penal de iniciativa privada personalíssima

A *ação penal privada personalíssima* constitui modalidade de ação penal de iniciativa privada que somente pode ser exercida pela própria vítima, como ocorre no caso em que o agente contrai casamento, induzindo em erro essencial o outro contraente, ou ocultando-lhe impedimento que não seja casamento anterior (art. 236). Neste crime, a ação penal depende de queixa do contraente enganado e não pode ser intentada senão depois de transitar em julgado a sentença que, por motivo de erro ou impedimento, anule o casamento (art. 236, parágrafo único).

1.2.3. Ação penal de iniciativa privada subsidiária da pública

No caso da ação penal pública, a vítima pode oferecer a propositura de *ação de iniciativa privada subsidiária da pública*, se o Ministério Público restar inerte e não oferecer a denúncia no prazo legal (art. 100, § 3º). A hipótese tem previsão constitucional expressa, no Título II, que trata Dos Direitos e Garantias Fundamentais, textualmente: "Será admitida ação privada nos crimes de ação pública, se esta não for intentada no prazo legal;" (CF, art. 5º, inc. LIX).

Porém, para que a ação subsidiária seja cabível, não basta o não ajuizamento da ação penal, reivindicando-se a total inércia ministerial. Nesse sentido, é o entendimento STF:

> HABEAS CORPUS – AÇÃO PENAL PRIVADA SUBSIDIÁRIA DA PÚBLICA – AUSÊNCIA DOS REQUISITOS PARA O SEU AJUIZAMENTO – ADOÇÃO DA TÉCNICA DA MOTIVAÇÃO "PER RELATIONEM" – LEGITIMIDADE CONSTITUCIONAL – PEDIDO DEFERIDO. – O ajuizamento da ação penal privada subsidiária da pública pressupõe a completa inércia do Ministério Público, que se abstém, no prazo legal, (a) de oferecer denúncia, ou (b) de requerer o arquivamento do inquérito policial ou das peças de informação, ou, ainda, (c) de requisitar novas (e indispensáveis) diligências investigatórias à autoridade policial. Precedentes. – O Supremo Tribunal Federal tem enfatizado que, arquivado o inquérito policial, por decisão judicial, a pedido do Ministério Público, não cabe a ação penal subsidiária. Precedentes. Doutrina.

Assim, a ação penal privada subsidiária da pública somente terá lugar, portanto, se o Ministério Público não ofereceu a denúncia no prazo legal e tampouco requisitou diligências indispensáveis à autoridade policial para tanto ou, ainda, também não promoveu o arquivamento.[1528] Neste último caso, caso o juiz tenha acolhido o pleito do Ministério Público e determinado o arquivamento, somente poderá haver propositura da ação penal diante de novas provas surgidas, consoante entendimento consolidado do STF, a ver-se: "Súmula 524: Arquivado o inquérito policial, por despacho do juiz, a requerimento do Promotor de Justiça, não pode a ação penal ser iniciada, sem novas provas.".

1.3. Ação penal popular

A *ação penal popular* é, nas palavras de José Frederico Marques,[1529] "a ação penal pública (de natureza condenatória) que pode ser proposta por qualquer

---

[1528] FAYET JÚNIOR, Ney; VARELA, Amanda Gualtieri. *A Ação (Penal) Privada Subsidiária da Pública – Das Vantagens ou Desvantagens da Participação do Ofendido na Atividade Jurídico-Penal*. Porto Alegre: Elegantia Juris, 2014, p. 152-153.

[1529] MARQUES, José Frederico. *Tratado de Direito Processual Penal*. São Paulo: Saraiva 1980, v. II, p. 121.

do povo.". No ordenamento espanhol, a *Ley de Enjuiciamiento Criminal* (Real Decreto de 14 de septiembre de 1882), em seu art. 101, assim dispõe: "Todos los ciudadanos españoles, hayan sido o no ofendidos por el delito, pueden querellarse, ejercitando la acción popular establecida en el artículo 101 de esta Ley.". Escrevendo sobre o instituto, Pedro Aragoneses Alonso[1530] afirma: "De ahí que el artículo 270 de la Ley de Enjuiciamiento Criminal, concretando los términos del 101. diga que 'todos los ciudadanos españoles, hayan sido o no ofendidos por el delito, pueden querellarse, ejercitando la acción poúlar estabelecida em el artículo 101 de esta Ley'.".

Na Espanha, a ação popular constitui regra, nos delitos ditos públicos, no contexto daquele país. Na lição de Vicente Gimeno Sendra,[1531] como complemento do princípio da legalidade, o citado art. 101 consagra o princípio de *publicidade* da ação penal, o que significa, na perspectiva do ordenamento processual espanhol, que a *oficialidade* da ação penal, determina seja esta exercida por uma instituição imparcial, como é o caso do Ministério Público, mas essa publicidade, igualmente, franqueia a qualquer cidadão (*quivis ex populo*) a propositura da ação penal, ainda que não seja a vítima do delito. Em síntese, na Espanha, a ação penal pública *deve* ser exercida tanto pelo Ministério Público, ao passo que qualquer cidadão *pode* propô-la, ao que se denomina, neste último caso, *ação popular*.

Porém, a adoção da ação popular hoje encontra-se nitidamente reduzida. Na lição de Paganella Boschi,[1532] "na atualidade alguns países ainda adotam a ação popular, como os Estados Unidos da América do Norte, a Inglaterra, a Argentina (para crimes eleitorais), o Chile e a Espanha.".

Entre nós, a ação penal popular, consoante o professor gaúcho,[1533] "esteve prevista no Código de Processo Criminal de 1832, com expressa autorização do artigo 175 da Constituição do Império como um direito assegurado a 'qualquer do povo' de levar aos Tribunais os autores de certos crimes que, por sua natureza, ofendiam a cada cidadão em particular e a todos em geral.".

Impende ressaltar que o art. 75 do Código de Criminal impunha restrições, em virtude de determinada relação entre o ofendido e o agressor, ou em razão da qualificação de certas vítimas. O dispositivo assim preceituava: "Art. 75. Não serão admitidas denuncias: § 1º Do pai contra o filho; do marido contra a mulher, ou vice-versa; do irmão contra o irmão. § 2º Do escravo contra o senhor. § 3º Do Advogado contra o cliente. § 4º Do impúbere, mentecapto, ou furioso. § 5º Do filho famílias sem autoridade de seu pai. § 6º Do inimigo capital.".

[1530] ARAGONESES ALONSO, Pedro. *Instituciones de Derecho Procesal Penal*. Madrid: Mesbar, 1976, p. 115.
[1531] GIMENO SENDRA, Vicente. *Derecho Procesal Penal*. 2ª ed. Madrid: Colex, 2007, p. 205.
[1532] BOSCHI, José Antonio Paganella. *Ação Penal – As Fases Administrativa e Judicial da Persecução Penal*. Porto Alegre: Livraria do Advogado, 2010, p. 115. Sobre a ação popular na Inglaterra e nos Estados Unidos, consulte-se: ALMEIDA, Joaquim Canuto Mendes de. *Processo Penal – Ação e Jurisdição*. São Paulo: Revista dos Tribunais, 1975, p. 197-217.
[1533] BOSCHI, José Antonio Paganella. *Ação Penal – As Fases Administrativa e Judicial da Persecução Penal*. Porto Alegre: Livraria do Advogado, 2010, p. 114.

Na atualidade, a ação penal popular (condenatória) não está mais contemplada na legislação brasileira, o que já ocorre desde a legislação advinda com a proclamação da República. Há a previsão da possibilidade de impetração da ação de *Habeas Corpus* por qualquer do povo (CF, art. 5º, inc. XXIX), da propositura de revisão criminal (CPP, art. 623) e, conforme Paganella Boschi,[1534] "para requerer correção dos rumos da execução ou concessão de benefícios (na fase de execução da pena)", tal como se observa do art. 743 do CPP e do art. 195 da LEP.

Porém, essas previsões não configuram a ação penal popular no sentido aqui exposto, qual seja, de buscar a condenação do agente. Sobre a questão,[1535] a lição de Paganella Boschi[1536] é, mais uma vez, precisa: "Essas ações – bem assimilado o conceito expendido neste livro de direito subjetivo público ou poder-dever do Estado de *mover a jurisdição* – não são espécies de ações populares na perspectiva que estamos tratando neste item, porque não se revestem de conteúdo condenatório. Bem ao contrário, existem e funcionam como alternativas conferidas ao cidadão individualmente para a proteção de bem jurídico relevante – que não podem, eventualmente, contar com a urgente intervenção de um advogado para postular a restauração da liberdade, a eliminação de erro judiciário ou a sustação da ilegalidade por desvios na execução, por exemplo.".

Essa constatação também encontramos na lição de Carlos Frederico Coelho Nogueira,[1537] em seu *Comentários ao Código de Processo Penal*, textualmente: "Não possuímos o instituto da **ação penal popular condenatória**, aquela em que esse direito é exercido por *qualquer pessoa do povo*, como ocorreu em algumas fases do direito romano, existe hodiernamente em alguns países e já foi prevista em nosso próprio direito anterior.". Assim, o ordenamento brasileiro, em consonância com a tendência dos países em geral – não obstante a presença ainda em alguns países – não mais contempla a ação penal popular.

[1534] BOSCHI, José Antonio Paganella. *Ação Penal – As Fases Administrativa e Judicial da Persecução Penal*. Porto Alegre: Livraria do Advogado, 2010, p. 116.

[1535] Sobre as diversas formas de ação e tutela jurisdicional, consulte-se: RIBEIRO, Darci Guimarães. *Da Tutela Jurisdicional às Formas de Tutela*. Porto Alegre: Livraria do Advogado, 2010.

[1536] BOSCHI, José Antonio Paganella. *Ação Penal – As Fases Administrativa e Judicial da Persecução Penal*. Porto Alegre: Livraria do Advogado, 2010, p. 116.

[1537] NOGUEIRA, Carlos Frederico Coelho. *Comentários ao Código de Processo Penal*. Bauru: Edipro, 2002, v. I, p. 436.

Bibliografia

ABADE, Denise Neves. *Direitos Fundamentais na Cooperação Jurídica Internacional* – Extradição, Assistência Jurídica, Execução de Sentença Estrangeira e Transferência de Presos. São Paulo: Saraiva, 2013.
ABBAGNANO, Nicola. *Dicionário de Filosofia*. 2ª ed. Trad. de Alfredo Bosi *et al*. São Paulo: Martins Fontes, 1998.
AGUIAR, Leonardo Augusto de Almeida. *Da Participação de Menor Importância*. Curitiba: Juruá, 2012.
AGUIAR JÚNIOR, Ruy Rosado de. *Aplicação da Pena*. 5ª ed. Porto Alegre: Livraria do Advogado, 2013.
ALEXY, Robert. *Teoria da Argumentação Jurídica – A Teoria do Discurso Racional como Teoria da Fundamentação Jurídica*. 3ª ed. Trad. de Zilda Hutchinson Schild Silva, revisão de Cláudia Toledo. Rio de Janeiro: Forense, 2011.
——. *Theorie der Grundrechte*. Frankfurt: Suhrkamp, 1994.
ALFLEN, Pablo Rodrigo. Bases Teóricas do Funcionalismo Penal Alemão. In: SILVA, Ângelo Roberto Ilha da. *Crimes Cibernéticos*. 2ª ed. (org. Ângelo Roberto Ilha da Silva) Porto Alegre: Livraria do Advogado, 2018.
——. *Teoria do Domínio do Fato*. São Paulo, Saraiva, 2014.
ALIBRANDI, Juigi. *Il Codice Penale Commentato per Articolo con la Giurisprudenza*. 8ª ed. Piacenza: Casa Editrice La Tribuna, 1998.
ALMEIDA, André Vinícius de. *O Erro de Tipo no Direito Penal Econômico*. Porto Alegre: Sergio Antonio Fabris Editor, 2005.
ALMEIDA, Gevan. *Modernos Movimentos de Política Criminal e seus Reflexos na Legislação Brasileira*. 2ª ed. Rio de Janeiro: Lumen Juris, 2004.
ALMEIDA, Joaquim Canuto Mendes de. *Processo Penal – Ação e Jurisdição*. São Paulo: Revista dos Tribunais, 1975.
ALVES, Alaôr Caffé. *Dialética e Direito – Linguagem, Sentido e Realidade: Fundamentos a uma Teoria Crítica da Interpretação do Direito*. Barueri: Manole, 2010.
ALVES, José Carlos Moreira. *Direito Romano*. 14ª ed. Rio de Janeiro: Forense, 2007.
ALVES, Roque de Brito. *Crime e Loucura*. Recife: Fundação Antonio dos Santos Abranches, 1998.
ALVES, Waldir. Controle de Convencionalidade das Normas Internas em Face dos Tratados e Convenções Internacionais sobre Direitos Humanos Equivalentes às Emendas Constitucionais. In: *Controle de Convencionalidade: um Panorama Latino-Americano – Brasil, Argentina, Chile, México, Peru, Uruguai* (coord. Luiz Guilherme Marinoni e Valerio de Oliveira Mazzuoli). Brasília: Gazeta Jurídica, 2013.
AMBOS, Kai. *Direito Penal: Fins da Pena, Concurso de Pessoas, Antijuridicidade e Outros Aspectos*. Trad. de Pablo Rodrigo Alflen da Silva. Porto Alegre: Sergio Antonio Fabris Editor, 2006.
AMERICANO, Odin. Da Culpabilidade Normativa. In: *Estudos de Direito e Processo Penal em Homenagem a Nelson Hungria*. Rio de Janeiro: Forense, 1962.
ANCEL, Marc. *La Défense Sociale Nouvelle* (Un Mouvement de Politique Criminelle Humaniste). Paris: Éditions Cujas, 1966.
ANDRADE, Arthur Guerra de; OLIVEIRA, Lúcio Garcia de. Principales Consecuencias a Largo Plazo Debidas al Consumo Moderado de Alcohol. In: MALBEIGIER, André *et al*. *El Alcohol y sus Consecuencias: Un Enfoque Multiconceptual* (org. Arthur Guerra de Andrade e James C. Anthony; trad. Sandra Martha Dolinsky). Barueri: Manole, 2011.
ANDRADE, Cristiano José de. *Da Prescrição em Matéria Penal*. São Paulo: Revista dos Tribunais, 1979.
ANDRADE, Manuel da Costa. *Consentimento e Acordo em Direito Penal*. Coimbra: Coimbra Editora, 1991.
ANDRADE, Mauro Fonseca. *Sistemas Processuais Penais e seus Princípios Reitores*. Curitiba: Juruá, 2008 (primeira reimpressão 2009).
ANDREASEN, Nancy C.; BLACK, Donald W. *Introdução à Psiquiatria*. 4ª ed. Trad. Magda França Lopes e Cláudia Dornelles. Porto Alegre: Artmed, 2009.
ANDREUCCI, Ricardo Antunes. Apontamentos sobre o Crime Complexo. In: *Estudos e Pareceres de Direito Penal*. São Paulo: Revista dos Tribunais, 1981.
——. *Coação Irresistível por Violência*. São Paulo: José Bushatsky, 1974.
——. *Direito Penal e Criação Judicial*. São Paulo: Revista dos Tribunais, 1989.

ANITUA, Gabriel Ignacio. *Histórias dos Pensamentos Criminológicos*. Trad. de Sérgio Lamarão. Rio de Janeiro: Revan, 2008.
ANTOLISEI, Francesco. *Manuale di Diritto Penale – Parte Generale*. 30ª ed. Milano: Giuffrè, 1994.
ARAGÃO, Antonio Moniz Sodré de. *As Três Escolas – Clássica, Antropológica e Crítica* (Estudo Comparativo). São Paulo: Freitas Bastos, 1977.
ARAÚJO, Marina Pinhão Coelho. *Tipicidade Penal – Uma Análise Funcionalista*. São Paulo: Quartier Latin, 2012.
ARAUJO JUNIOR, João Marcello de. Os Grandes Movimentos da Política Criminal de Nosso Tempo – Aspectos. In: *Sistema Penal para o Terceiro Milênio – Atos do Colóquio Marc Ancel* (org. João Marcello de Araujo Junior). Rio de Janeiro: Revan, 1991.
ARENDT, Hannah. *Eichmann em Jerusalém – Um Relato sobre a Banalidade do Mal*. Tradução de José Rubens Siqueira. São Paulo: Companhia das Letras, 1999.
ASSIS, Araken de. *Eficácia Civil da Sentença Penal*. 2ª ed. São Paulo: Revista dos Tribunais, 2000.
AULER, Hugo. *Suspensão Condicional da Execução da Pena*. Rio de Janeiro: Forense, 1957.
ÁVILA, Humberto. *Teoria dos Princípios – Da Definição à Aplicação dos Princípios Jurídicos*. 14ª ed. São Paulo: Malheiros, 2013.
AZEVEDO, André Mauro Lacerda; FACCINI NETO, Orlando. *O Bem Jurídico-Penal – Duas Visões sobre a Legitimação do Direito Penal a Partir da Teoria do Bem Jurídico*. Porto Alegre: Livraria do Advogado, 2013.
AZEVEDO, Plauto Faraco de. *Crítica à Dogmática e Hermenêutica Jurídica*. Porto Alegre: Sergio Antonio Fabris Editor, 1989.
AZUMA, Felipe Cazuo. *Inexigibilidade de Conduta Conforme a Norma*. Curitiba: Juruá, 2007.
BADARÓ, Gustavo Henrique. *Processo Penal*. 5ª ed. São Paulo: Revista dos Tribunais, 2017.
BALEEIRO, Aliomar. *Direito Tributário Brasileiro*. 10ª ed. atualizada por Flávio Bauer Novelli. Rio de Janeiro: Forense, 1993.
BALTAZAR JÚNIOR, José Paulo. *Crimes Federais*. 9ª ed. São Paulo: Saraiva, 2014.
——. *Sentença Penal*. 4ª ed. Porto Alegre: Verbo Jurídico, 2012.
BARATTA, Alessandro. *Criminologia Crítica e Crítica do Direito Penal – Introdução à Sociologia do Direito Penal*. Trad. de Juarez Cirino dos Santos. Rio de Janeiro: Revan, 1997.
——. Funções Instrumentais e Simbólicas do Direito Penal. Lineamentos de uma Teoria do Bem Jurídico. In: *Revista Brasileira de Ciências Criminais*, ano 2, nº 5, São Paulo: Revista dos Tribunais, jan.-mar/1994, p. 5-24.
BARBOSA, Marcelo Fortes. *Concurso de Normas Penais*. São Paulo: Revista dos Tribunais, 1976.
BARBOSA, Rui. *Oração aos Moços*. 8ª ed. Rio de Janeiro: Ediouro, 1997.
BARROS, Daniel Martins de; TEIXEIRA, Eduardo Henrique. Perícia em Direito Penal. In: BARROS, Daniel Martins de et al. *Manual de Perícias Psiquátricas* (org. Daniel Martins de Barros e Eduardo Henrique Teixeira). Porto Alegre: Artmed, 2015.
BARROS, Flávio Augusto Monteiro de. *Direito Penal – Parte Geral*. 8ª ed. São Paulo: Saraiva, 2010, v. 1.
BARROS, Suzana de Toledo. *O Princípio da Proporcionalidade e o Controle da Constitucionalidade das Leis Restritivas de Direitos Fundamentais*. Brasília: Brasília Jurídica, 1996.
BARROSO, Luís Roberto. *Curso de Direito Constitucional Contemporâneo*. 4ª ed. São Paulo: Saraiva, 2013.
BASSIOUNI, M. Cherif. *Diritto Penale degli Stati Uniti D'America*. Trad. de Luisella de Cataldo Neuburger. Milano: Giuffrè, 1985.
BASTOS, Marcelo Lessa. *Processo Penal e Gestão da Prova – A Questão da Iniciativa Instrutória do Juiz em face do Sistema Acusatório e da Natureza da Ação Penal*. Rio de Janeiro: Lumen Juris, 2014.
BATAGLINI, Giulio. *Direito Penal*. Trad. de Paulo José da Costa Jr., Armida Bergamini Miotto e Ada Pellegrini Grinover. São Paulo: Saraiva, 1973, v. 1.
BATISTA, Nilo. *Apontamentos para uma História da Legislação Penal Brasileira*. Rio de Janeiro: Revan, 2016.
——. Cem Anos de Reprovação. In: *Cem Anos de Reprovação – Uma Contribuição Transdisciplinar para a Crise da Culpabilidade* (org. André Nascimento e Nilo Batista). Rio de Janeiro: Revan, 2011.
——. *Concurso de Agentes*. 4ª ed. Rio de Janeiro: Lumen Juris, 2008.
——. *Introdução Crítica ao Direito Penal Brasileiro*. 3ª ed. Rio de Janeiro: Revan, 1996.
BECCARIA, Cesare. *Dei Delitti e delle Pene*. Milano: Giuffrè, 1973.
BECHARA, Ana Elisa Liberatore Silva. *Bem Jurídico-Penal*. São Paulo: Quartier Latin, 2014.
BECKER, Marina. *Tentativa Criminosa*. Campinas: Millennium, 2008.
BECKHAUSEN, Marcelo Veiga. *O Reconhecimento Constitucional da Cultura Indígena*. São Leopoldo: Unisinos, 2000 (dissertação de mestrado).
BELING, Ernst von. *Esquema de Derecho Penal – La Doctrina del Delito-Tipo*. Trad. de Sebastián Soler. Buenos Aires: Librería El Foro, 2002.
BELLOQUE, Juliana Garcia. Do Roubo e da Extorsão. In: *Código Penal Comentado – Doutrina e Jurisprudência* (coord. Mauricio Schaun Lalil e Vicente Greco Filho). Barueri: Manole, 2016.
BENFICA, Francisco Siveira et al. *Manual Atualizado de Rotinas do Departamento Médico-Legal do Estado do Rio Grande do Sul*. 2ª ed. Porto Alegre: Livraria do Advogado, 2015.

BENFICA, Francisco Silveira; VAZ, Márcia. *Medicina Legal Aplicada ao Direito*. São Leopoldo: Editora Unisinos, 2003 (2ª reimpressão 2008).
BERDUGO GÓMEZ DE LA TORRE, Ignacio et el. *Lecciones de Derecho Penal – Parte General*. Barcelona: Praxis, 1996.
BERISTAIN, Antonio. *Nova Criminologia à Luz do Direito Penal e da Vitimologia*. Trad. Cândido Furtado Maia Neto. Brasília: Editora UnB, 2000.
BETHENCOURT, Francisco. *História das Inquisições*. São Paulo: Companhia das Letras, 2000.
BETTIOL, Giuseppe; MANTOVANI, Luciano Pettoelle. *Diritto Penale – Parte Generale*. 12ª ed. Padova: CEDAM, 1986.
BIERRENBACH, Sheila. *Crimes Omissivos Impróprios – Uma Análise à Luz do Código Penal Brasileiro*. 2ª ed. Belo Horizonte: Del Rey, 2002.
——. *Teoria do Crime*. Rio de Janeiro: Lumen Juris, 2009.
BINDING, Carlo. *Compendio de Diritto Penale – Parte Generale*. 12ª ed. Trad. de Adelmo Borettini. Roma: Atheneum, 1927.
BIRNBAUM, Johann Michael Franz. *Sobre la Necesidad de una Lesión de Derechos para el Concepto de delito*. Trad. de José Luis Guzmán Dalbora. Montevideo/Buenos Aires: B de F/Julio César Faira Editor, 2010.
BITENCOURT, Cezar Roberto. *Falência da Pena de Prisão*. São Paulo: Revista dos Tribunais, 1993.
——. *Teoria Geral do Delito – Uma Visão Panorâmica da Dogmática Penal Brasileira*. Coimbra: Almedina, 2007.
BITTAR, Walter Barbosa. *As Condições Objetivas de Punibilidade e as Causas Pessoais de Exclusão da Pena*. Rio de Janeiro: Lumen Juris, 2004.
BLACKSTONE, William. *Commentaries on the Laws of England*. Philadelphia: J.B. Lippincott Company, 1893, v. II, Book III e IV.
BLANCO CORDERO, Isidoro. *El Delito de Blanqueo de Capitales*. 3ª ed. Pamplona: Aranzadi, 2012.
BLASI NETTO, Frederico. *Prescrição Penal*. 4ª ed. Belo Horizonte: Del Rey, 2013.
BOCKELMANN, Paul; VOLK, Klaus. *Direito Penal – Parte Geral*. Trad. de Gercélia Batista de Oliveira Mendes. Belo Horizonte: Del Rey, 2007.
BOSCHI, José Antonio Paganella. *Ação Penal – As Fases Administrativa e Judicial da Persecução Penal*. Porto Alegre: Livraria do Advogado, 2010.
——. *Das Penas e seus Critérios de Aplicação*. 6ª ed. Porto Alegre: Livraria do Advogado, 2013.
BOSCHI, Marcus Vinicius. *Ação, Pretensão e Processo Penal – Teoria da Acusação*. Porto Alegre: Livraria do Advogado, 2015.
BOULOC, Bernard. *Droit Pénal Général*. 21ª ed. Paris: Dalloz, 2009.
BRANDÃO, Cláudio. *Curso de Direito Penal – Parte Geral*. 2ª ed. Rio de Janeiro: Forense, 2010.
——. *Teoria Jurídica do Crime*. 2ª ed. Rio de Janeiro: Forense, 2002.
BRITO, Alexis Couto de. *Imputação Objetiva – Crimes de Perigo e Direito Penal Brasileiro*. São Paulo: Atlas, 2015.
BRODT, Luís Augusto Sanzo. *Do Estrito Cumprimento de Dever Legal*. Porto Alegre: Sergio Antonio Fabris Editor, 2005.
BROSSARD, Paulo. *O Impeachment – Aspectos da Responsabilidade Política do Presidente da República*. 2ª ed. São Paulo: Saraiva, 1992.
BRUNO, Aníbal. *Direito Penal – Parte Geral*. 3ª ed. Rio de Janeiro: Forense, 1967, t. 1º.
——. *Direito Penal – Parte Geral*. 3ª ed. Rio de Janeiro: Forense, 1967, t. 3º.
——. *Direito Penal – Parte Especial*. Rio de Janeiro: Forense, 1966, v. I, t. 4º.
BUSTO RAMÍREZ, Juan; LARRAURI, Elena. *La Imputación Objetiva*. Santa Fe de Bogotá: Temis, 1998.
CABRAL, Antonio do Passo. A Fixação do valor Mínimo da Indenização Cível na Sentença Condenatória Penal e o Novo CPC. In: *Processo Penal* (coord. Antonio do Passo Cabral, Eugênio Pacelli e Rogerio Schietti Cruz). Salvador: Juspodivm, 2016.
CABRITA, Teresa Mafalda Vieira da Silva. Imunidade Pessoal. In: BÖHM-AMOLLY, Alexandra von et al. *Enciclopédia de Direito Internacional* (coord. de Manuel de Almeida Ribeiro, Francisco Pereira Coutinho e Isabel Cabrita). Coimbra: Almedina, 2011.
CAHALI, Yussef Said. *Estatuto do Estrangeiro*. 2ª ed. São Paulo: Revista dos Tribunais, 2010.
CAMARGO, Antonio Luís Chaves. *Culpabilidade e Reprovação*. São Paulo: Sugestões Literárias, 1994.
——. *Imputação Objetiva e Direito Penal Brasileiro*. São Paulo: Cultural Paulista, 2001.
——. *Tipo Penal e Linguagem*. Rio de Janeiro: Forense, 1982.
CAMARGO, Joaquim Augusto de. *Direito Penal Brasileiro*. 2ª ed. São Paulo: Revista dos Tribunais, 2005.
CANARIS, Claus-Wilhem. *Systemdenken und Systembegriff in der Jurisprudenz*. 2ª ed. Berlin: Doncker & Humblot, 1983.
CANOTILHO, J. J. Gomes. *Direito Constitucional e Teoria da Constituição*. 2ª ed. Coimbra: Almedina, 1998.
——; MOREIRA, Vital. *Constituição da República Portuguesa Anotada*. 1ª ed. brasileira; 4ª ed. portuguesa. São Paulo: Revista dos Tribunais e Coimbra Editora, 2007, v. I.
CARD, Richard; CROSS, Jones. *Criminal Law*. 19ª ed. Oxford: Oxford University Press, 2010.
CARNELUTTI, Francesco. *Teoria Generale del Reato*. Padova: Cedam, 1933.

──. "Verità, Dubbio, Certezza". In: *Rivista di Diritto Processuale*, Anno XX, nº 1, gennaio-marzo, 1965, p. 4-9.
CARRARA, Francesco. *Programma del Corso di Diritto Criminale*. 11ª ed. Firenza: Fratelli Cammelli, 1924, v. I.
CARROLL, Lewis. *Aventuras de Alice no País das Maravilhas*. Trad. de Maria Luiza X. de A. Borges. Rio de Janeiro: Zahar, 2010.
CARVALHO, Américo A. Taipa de. *Direito Penal – Parte General*. Porto: Publicações Universidade Católica, 2004, v. II.
CARVALHO, Érika Mendes de. *Punibilidade e Delito*. São Paulo; Revista dos Tribunais, 2008.
CARVALHO, Márcia Dometila Lima de. *Fundamentação Constitucional do Direito Penal*. Porto Alegre: Sergio Antonio Fabris Editor, 1992.
CARVALHO, Paulo de Barros. Hermenêutica no Direito. In: *Interpretação, Retórica e Linguagem* (coord. George Salomão Leite e Lenio Luiz Streck). Salvador: Juspodvm, 2018.
CARVALHO, Salo de. *Antimanual de Criminologia*. 5ª ed. São Paulo: Saraiva, 2013.
──. *Penas e Medidas de Segurança no Direito Penal Brasileiro*. São Paulo: Saraiva, 2013.
CARVALHO NETO, Inacio de. *Aplicação da Pena*. 4ª ed. Rio de Janeiro: Método, 2013.
CASTANHEIRA NEVES, António. Entre o "Legislador", a "Sociedade" e o "Juiz" ou entre "Sistema", "Função" e "Problema" – Os Modelos Actualmente Alternativos da Realização Jurisdicional do Direito. In: *Boletim da Faculdade de Direito da Universidade de Coimbra*. Coimbra: Separata v. LXXIV, 1998
──. *Metodologia Jurídica – Problemas Fundamentais*. Coimbra: Coimbra Editora, 1993.
──. *O Direito Hoje e com que Sentido? O Problema Actual da Autonomia do Direito*. Lisboa: Instituto Piaget, 2002.
CEREZO MIR, José. *Curso de Derecho Penal – Parte General – Introducción*. 6ª ed. Madrid: Tecnos, 2004, v. I.
──. *Curso de Derecho Penal Español – Parte General – Teoría Jurídica del Delito*. 6ª ed. Madrid: Tecnos, 1998, v. II.
CHIARELLI, Giuseppe. Territorio dello Stato (Diritto Costituzionale). In: *Novissimo Digesto Italiano*. Torino: Unione Tipografico Editrice Torinese, 1964, v. XIX.
CLARO, Adriano Ricardo. *Prescrição Penal*. Porto Alegre: Verbo Jurídico, 2008.
COBO DEL ROSAL, Manuel; VIVES ANTÓN, Tomás S. *Derecho Penal – Parte General*. 5ª ed. Valencia: Tirant lo Blanch, 1999.
COELHO, Walter. *Teoria Geral do Crime*. Porto Alegre: Sergio Antonio Fabris Editor e Escola Superior do Ministério Público do Rio Grande do Sul, 1991, v. I.
COLAÇO, Thaís Luzia. *Incapacidade Indígena*: Tutela Religiosa e Violação do Direito Guarani nas Missões Jesuíticas. Curitiba: Juruá, 1999,
CORDEIRO, Daniel Cruz. Dependência Química: Conceituação e Modelos Teóricos. In: *O Tratamento da Dependência Química e as Terapias Cognitivo-Comportamentais* (org. Neide A. Zanelatto e Ronaldo Laranjeira). Porto Alegre. Artmed, 2013.
CÓRDOBA, Fernando Jorge. *La Evitabilidad del Error de Prohibición*. Madrid: Marcial Pons, 2012.
CORREIA, Eduardo. *Direito Criminal*. Coimbra: Livraria Almedina, 1971 (reimpressão), v. I.
──. *Direito criminal*. Coimbra: Livraria Almedina, 1965 (reimpressão com a colaboração de Figueiredo Dias 1988), v. II.
COSTA, Álvaro Mayrink da. *Direito Penal – Parte Geral*. 6ª ed. Rio de Janeiro: Forense, 1998, v. I, t. I.
COSTA, Ana Paula Motta. *Os Adolescentes e seus Direitor Fundamentais – Da Invisibilidade à Indiferença*. Porto Alegre: Livraria do Adovgado, 2012.
COSTA, Djalma Martins da. *Inexigibilidade de Conduta Diversa*. Rio de Janeiro: Forense Universitária, 1999.
COSTA, Helena Regina Lobo da. Considerações sobre o Estado Atual da Teoria do Bem Jurídico à Luz do Harm Principle. In: *Direito Penal como Crítica da Pena – Estudos em Homenagem a Juarez Tavares por seu 70º Aniversário em 2 de setembro de 2012*. Madri/Barcelona/Buenos Aires/São Paulo: Marcial Pons, 2012.
COSTA, José Francisco de Faria. Ilícito-Típico, Resultado e Hermenêutica. In: *Revista Portuguesa de Ciência Criminal*. Coimbra: Coimbra Editora, nº 1, ano 12, janeiro/março 2002, p. 7-23.
──. *Noções Fundamentais de Direito Penal* (Fragmenta Iuris Poenalis). Coimbra: Coimbra Editora, 2007.
──. *Noções Fundamentais de Direito Penal* (Fragmenta Iuris Poenalis). 3ª ed. Coimbra: Coimbra Editora, 2012.
──. *O Perigo em Direito Penal*. Coimbra: Coimbra Editora, 1992.
──. *Tentativa e Dolo Eventual (Ou Da Relevância da Negação em Direito Penal)*. Coimbra: Coimbra Editora, 1996.
COSTA, Leonardo Luiz de Figueiredo. Prescrição Penal. In: *Direito e Processo Penal na Justiça Federal – Doutrina e Jurisprudência*. São Paulo: Atlas, 2011.
COSTA, Paula Bajer Fernandes Martins da. *Igualdade no Direito Processual Penal Brasileiro*. São Paulo: Revista dos Tribunais, 2001.
COSTA, Pedro Jorge. *Dolo Penal e sua Prova*. São Paulo: Atlas, 2015.
──. *A Consunção no Direito Penal Brasileiro*. Porto Alegre: Sergio Antonio Fabris Editor, 2012.
COSTA E SILVA, Antonio José da. *Codigo Penal dos Estados Unidos do Brasil Commentado*. São Paulo: Companhia Editora Nacional, 1930.
COSTA JÚNIOR, Heitor. *Teoria dos Delitos Culposos*. Rio de Janeiro: Lumen Juris, 1988.
COSTA JR. Paulo José da. *Comentários ao Código Penal*. 4ª ed. São Paulo: Saraiva, 1996.

——. *Curso de Direito Penal*. 10ª ed. São Paulo: Saraiva, 2009.
——. *Nexo Causal*. 4ª ed. São Paulo: Revista do Tribunais, 2007.
CUELLO CALÓN, Eugenio. *La Moderna Penología*. Barcelona: Bosch, 1973.
CUELLO CONTRERAS, Joaquín. *El Derecho Penal Español – Parte General*. 3ª ed. Madrid: Dykinson, 2002.
CUNHA, Maria da Conceição Ferreira da. *Constituição e Crime – Uma Perspectiva da Criminalização e da Descriminalização*. Porto: Universidade Católica Portuguesa, 1995.
CURY URZÚA, Enrique. *Derecho Penal – Parte General*. 8ª ed. Santiago: Ediciones Universidad Católica de Chile, 2005.
DALGALARRONDO, Paulo. *Psicopatologia e Semiologia dos Transtornos Mentais*. 3ª ed. Porto Alegre: Artmed, 2019.
——. *Psicopatologia e Semiologia dos Transtornos Mentais*. 2ª ed. Porto Alegre: Artmed, 2008.
DARCIE, Stephan Doering. *O Fundamento da Tentativa em Direito Penal*. Rio de Janeiro: Lumen Juris, 2014.
DAVIDOFF, Linda L. *Introdução à Psicologia*. 3ª ed. Trad. de Lenke Peres. São Paulo: Pearson Makron Books, 2001.
DAVID, René. *Os Grandes Sistemas do Direito Contemporâneo*. Trad. de Hermínio A. Carvalho. São Paulo: Martins Fontes, 1998.
D'ÁVILA, Fábio Roberto. Ação e Omissão em Direito Penal – Alguns Aspectos Teóricos e Práticos. In: *Revista de Estudos Criminais*, nº 66, ano XVI, 2017, p. 201-220.
——. *Crime Culposo e a Teoria da Imputação Objetiva*. São Paulo: Revista dos Tribunais, 2001.
——. *Ofensividade e Crimes Omissivos Próprios (Contributo à Compreensão do Crime como Ofensa ao Bem Jurídico)*. Coimbra: Coimbra Editora, 2005.
DAY, Vivian Peres. Transtornos Neuróticos. In: *Psiquiatria forense – 80 Anos de Prática Institucional* (org. Carlos Alberto Crespo de Souza e Rogério Göttert Cardoso). Porto Alegre: Sulina, 2006.
DIAS, Jorge de Figueiredo. *Direito Penal – Parte Geral*. 2ª ed. Coimbra/São Paulo: Coimbra Editora/Revista dos Tribunais, 2007, t. I.
——. *Direito Penal Português – As Consequências Jurídicas do Crime*. Lisboa: Aequitas/Editorial Notícias, 1993.
——. *Temas Básicos da Doutrina Penal*. Coimbra: Coimbra Editora, 2001.
DIAS, Jorge de Figueiredo; ANDRADE, Manuel da Costa. *Criminologia – O Homem Delinquente e a Sociedade Criminógena*. 2ª reimpressão. Coimbra: Coimbra Editora, 1997.
DÍEZ RIPOLLÉS, José Luis. *Los Elementos Subjetivos del Delito – Bases Metodológicas*. Valencia: Tirant lo Blanch, 1990.
DAVID, René. *Os Grandes Sistemas do Direito Contemporâneo*. Trad. de Hermínio A. Carvalho. São Paulo: Martins Fontes, 1998.
DILTHEY, Wilhem. *Introdução às Ciências Humanas*. Trad. Marco Antônio Casanova. Rio de Janeiro: Forense Universitária, 2010.
DINAMARCO, Cândido Rangel. *A Instrumentalidade do Processo*. 11ª ed. São Paulo: Malheiros, 2003.
DOBROWOLSKI, Samantha Chantal. *A Justificação do Direito e sua Adequação Social – Uma Abordagem a partir da Teoria de* Aulis Aarnio. Porto Alegre: Livraria do Advogado, 2002.
DOHNA, Alexander Graf zu. *La Estructura de la Teoría del Delito*. Trad. de Carlos Fontán Balestra. Buenos Aires: Abeledo-Perrot, 1958.
DORSCH, Friedrich; HÄCKER, Hartmut; STAPF, Kurt-Hermann. *Dicionário de Psicologia Dorsch*. Petrópolis: Vozes, 2001.
DOTTI, René Ariel. Algumas Notas sobre o Oráculo da Culpabilidade. In: *Cem Anos de Reprovação – Uma Contribuição Transdisciplinar para a Crise da Culpabilidade* (org. André Nascimento e Nilo Batista). Rio de Janeiro: Revan, 2011
——. *Curso de Direito Penal – Parte Geral*. 2ª ed. Rio de Janeiro: Forense, 2004.
——. *Reforma Penal Brasileira*. Rio de Janeiro: Forense, 1988.
——. O Sistema Geral e Aplicação das Penas. In: DOTTI, René Ariel *et al*. *Penas Restritivas de Direitos – Críticas e Comentários às Penas Alternativas – Lei 9.714, de 25.11.1998*. São Paulo: Saraiva, 1999.
D'URSO Luiz Flávio Borges; D'URSO, Adriana Filizzola. Da Periclitação da Vida e da Saúde. In: SILVA FILHO, Acacio Miranda da *et al*. *Código Penal Comentado – Doutrina e Jurisprudência* (coord. de Mauricio Schaun Jalil e Vicente Greco Filho). Barueri: Manole, 2016.
ECKSTEIN, Arthur M. *Rome Enters the Greek East: From Anarchy to Hierarchy in the Hellenistic Mediterranean, 230-170 BC*. Oxford: Wiley-Blackwell, 2012.
EDINGER, Carlos. *A Cegueira Deliberada como Indicador de Dolo Eventual*. Rio de Janeiro: Lumen Juris, 2018.
ELBERT, Carlos Alberto. *Novo Manual Básico de Criminologia*. Trad. de Ney Fayet Júnior. Porto Alegre: Livraria do Advogado, 2009.
ELSTER, Jon. *Ulysses and the Sirens – Studies in Rationality and Irrationality*. New York: Cambridge University Press, 1996 (reprinted).
ESTELLITA, Heloisa. Dos Crimes contra a Paz Pública. In: SALVADOR NETTO, Alamiro Velludo *et al*. *Código Penal Comentado* (coord. de Miguel Reale Júnior). São Paulo: Saraiva, 2017.

──. *Responsabilidade Penal de Dirigentes de Empresas por Omissão*. São Paulo: Marcial Pons, 2017.
EYMERICH, Nicolau. *Manual dos Inquisidores*. 2ª ed. Trad. de Maria José Lopes da Silva. Brasília: Fundação Universidade de Brasília, 1993.
FALLON, James. *The Psychopath Inside. A Neurocientist's Personal Journey into The Dark Side of The Brain*. New York: Penguin, 2013.
FARIAS, Vilson. *Racismo à luz do Direito Criminal*. Pelotas: Editora Livraria Mundial, 2015.
FAVORETTO, Affonso Celso. *Princípios Constitucionais Penais*. São Paulo: Revista dos Tribunais, 2012.
FAYET, Ney. *A Sentença Criminal e suas Nulidades*. 5ª ed. Rio de Janeiro: AIDE, 1987.
FAYET JÚNIOR, Ney. Considerações sobre a Criminologia Crítica. In: *A Sociedade, a Violência e o Direito Penal* (org. de Ney Fayet Júnior e Simone Prates Miranda Corrêa). Porto Alegre: Livraria do Advogado, 2000.
──. *Do Crime Continuado*. 2ª ed. Porto Alegre: Livraria do Advogado, 2010.
──; BRACK, Karina. Da Interrupção do Curso da Prescrição Penal. In: FAYET JÚNIOR, Ney. *Prescrição Penal – Temas Atuais e Controvertidos* (coord. Ney Fayet Júnior). Porto Alegre: Livraria do Advogado, 2009, v. 2.
──; FAYET, Marcela; BRACK, Karina. *Prescrição Penal – Temas Atuais e Controvertidos*. Porto Alegre: Livraria do Advogado, 2007.
──; VARELA, Amanda Gualtieri. *A Ação (Penal) Privada Subsidiária da Pública – Das Vantagens ou Desvantagens da Participação do Ofendido na Atividade Jurídico-Penal*. Porto Alegre: Elegantia Juris, 2014.
FELDENS, Luciano. *A Constituição Penal – A Dupla Face da Proporcionalidade no Controle de Normas Penais*. Porto Alegre: Livraria do Advogado, 2005.
FERRAJOLI, Luigi. *Diritto e Ragione – Teoria del Garantismo Penale*. 4ª ed. Roma: Laterza, 1997.
──. Per un Pubblico Ministero come Istituzione di Garanzi. In: *Garantismo Penal Integral – Questões Penais e Processuais, Criminalidade Moderna e Aplicação do Modelo Garantista no Brasil*. 3ª ed. (org. Bruno Calabrich, Douglas Fischer e Eduardo Pelella). São Paulo: Atlas, 2015.
FERRARI, Eduardo Reale. *Medidas de Segurança e Direito Penal no Estado Democrático de Direito*. São Paulo: Revista dos Tribunais, 2001.
FERRATER MORA, José. *Dicionário de Filosofia*. Trad. de Maria Stela Gonçalves *et al*. São Paulo: Loyola, 2001, t. II.
FERRAZ, Esther de Figueiredo. *A Co-Delinqüência no Direito Penal Brasileiro*. São Paulo: José Bushatsky Editor, 1976.
FERRAZ JR. Tercio Sampaio. *A Ciência do Direito*. 2ª ed. São Paulo: Atlas, 1995.
──. *Introdução ao Estudo do Direito – Técnica, Decisão*, Dominação. 7ª ed. São Paulo: Atlas, 2013.
FERREIRA, Pinto. *Comentários à Constituição Brasileira*. São Paulo: Saraiva, 1989, v. 1.
FERRO, Ana Luiza Almeida. *Escusas Absolutórias no Direito Penal*. Belo Horizonte: Del Rey, 2003.
FERNANDES, Antonio Scarance. *Processo Penal Constitucional*. 7ª ed. São Paulo: Revista dos Tribunais, 2012.
FERRARI, Eduardo Reale. *Medidas de Segurança e Direito Penal no Estado Democrático de Direito*. São Paulo: Revista dos Tribunais, 2001.
FERREIRA, Gilberto. *Aplicação da Pena*. Rio de Janeiro: Forense, 1995.
FERREIRA, Manuel Cavaleiro de. *Lições de Direito Penal – Parte Geral*. Lisboa: Editorial Verbo, 1992, v. I.
FERREIRA FILHO, Manoel Gonçalves. *Do Processo Legislativo*. 5ª ed. São Paulo: Saraiva, 2002.
FERREIRA FILHO, Paulo Gomes. Mensagens Racista Postadas na Internet: Interpretação Constitucional e Consequências Processuais-Penais. In: *Crimes Cibernéticos*. 2ª ed. (org. Ângelo Roberto Ilha da Silva) Porto Alegre: Livraria do Advogado, 2018.
FERRI, Enrico. *Sociologia Criminale*. 3ª ed. Torino: Fratelli Bocca, 1892.
FEUERBACH, Paul Johann Anselm R. von. *Tratado de Derecho Penal Común Vigente em Alemania*. Trad. da 14ª ed. alemã, 1847, de Eugenio Raúl Zaffaroni e Irma Hagemeier. Buenos Aires: Hammurabi, 1989.
FIANDACA, Giovanni; MUSCO, Enzo. *Diritto Penale – Parte Generale*. 2ª ed. Bologna: Zanichelli, 1989.
FIERRO, Guillermo Julio. *Causalidad e Imputación*. Buenos Aires: Astrea, 2002.
FIGUEIREDO, Ariovaldo Alves de. *Comentários ao Código Penal – Parte Geral*. 2ª ed. São Paulo: Saraiva, 1987, v. 1º.
FISCHER, Douglas. O Que é Garantismo (Penal) Integral? In: *Garantismo Penal Integral – Questões Penais e Processuais, Criminalidade Moderna e Aplicação do Modelo Garantista no Brasil*. 3ª ed. (org. Bruno Calabrich, Douglas Fischer e Eduardo Pelella). São Paulo: Atlas, 2015.
FLEINER, Fritz, *Institutionen des deutschen Verwaltungsrechts*. 4ª ed. Tübingen: Tübingen J. C. B. Mohr, 1919.
FONSECA, Antonio Cezar Lima da. *Direito Penal do Consumidor*. 2ª ed. Porto Alegre: Livraria do Advogado, 1999.
FRAGOSO, Heleno Cláudio. *Conduta Punível*. São Paulo: José Bushatsky, 1961.
──. *Direito Penal e Direitos Humanos*. Rio de Janeiro: Forense, 1977.
──. *Lições de Direito Penal – Parte Geral*. 12ª ed. revista e atualizada por Fernando Fragoso. Rio de Janeiro: Forense, 1990.
FRANÇA, Genival Veloso de. *Direito Médico*. 13ª ed. Rio de Janeiro: Forense, 2016.

FRANCES, Allen. *Saving Normal – An Insider's Revolt Against Out-of-Control Psychiatric Diagnosis, DSM-5, Big Pharma, and the Medicalization of Ordinary Life*. New York: HarperCollins, 2013.
FRANCK JÚNIOR, Wilson. *A Problemática do Dolo (Eventual) no Direito Penal Contemporâneo*. Porto Alegre: PUCRS (dissertação de mestrado), 2013.
FRANCO, Alberto Silva. *Temas de Direito Penal*. São Paulo: Saraiva, 1986.
FRANK, Reinhardt. *Sobre la Estructura del Concepto de Culpabilidad*. Trad. de Gustavo Eduardo Aboso e Tea Löw. Montevideo/Buenos Aires: Editorial B de F, 2002. FREITAS, Juarez. *A Interpretação Sistemática do Direito*. 3ª ed. São Paulo: Malheiros, 2002.
FREITAS, Juarez. A Constituição, a Responsabilidade do Estado e a Eficácia Direta e Imediata dos Direitos Fundamentais. In: *Constituição e Política* (coord. José Adércio Leite Sampaio). Belo Horizonte: Del Rey, 2006.
FREUDENTHAL, Berthold. *Culpabilidad e Reproche en el Derecho Penal* (trad. de José Luis Guzmán Dalbora) Montevideo/Buenos Aires: Editorial B de F, 2003.
GADAMER, Hans-Georg. *Verdade e Método – Traços Fundamentais de Uma Hermenêutica Filosófica*. 4ª ed. Trad. de Flávio Paulo Meurer. Petrópolis: Vozes, 1997.
GALDOS, Julio Armaza. Del Concepto Psicológico al Concepto Normativo de Culpabilidad. In: *Cem Anos de Reprovação – Uma Contribuição Transdisciplinar para a Crise da Culpabilidade*. (org. André Nascimento e Nilo Batista). Rio de Janeiro: Revan, 2011.
GALLAS, Wilhelm. *La Teoría del Delito en su Momento Actual*. Trad. de Juan Cordoba Roda. Barcelona: Bosch, 1959.
GALVÃO, Robson. *O Erro no Direito Penal Brasileiro*. Rio de Janeiro: Lumen Juris, 2016.
GARCIA, J. Alves. *Psicopatologia Forense*. 3ª ed. Rio de Janeiro: Forense, 1979.
GARCÍA-PABLOS DE MOLINA, Antonio. *Introducción al Derecho Penal*. Madrid: Editorial Universitaria Ramón Areces, 2005.
GARCÍA-PABLOS DE MOLINA, Antonio; GOMES, Luiz Flávio. *Criminologia*. 2ª ed. São Paulo: Revista dos Tribunais, 1997.
GARCIA, Basileu. *Instituições de Direito Penal*. 7ª ed. revista e atualizada por vários colaboradores. São Paulo: Saraiva, 2008, v. I, t. I.
GAROFALO, Rafaelle. *La Criminologie – Étude sur la Nature du Crime et la Théorie de la Pénalité*. 2ª ed. Paris: Félix Alcan, 1890.
GARRAUD, René. *Précis de Droit Criminel*. 13ª ed. Paris: Sirey, 1921.
GIACOMOLLI, Nereu José. *O Devido Processo Legal*. São Paulo Atlas, 2014.
GIMBERNAT ORDEIG, Enrique. *Autor y Complice en Derecho Penal*. Madrid: Universidad de Madrid, 1966.
——. *Concepto y Método de la Ciencia del Derecho Penal*. Madrid: Tecnos, 1999.
GIMENO SENDRA, Vicente. *Derecho Procesal Penal*. 2ª ed. Madrid: Colex, 2007.
GLANCEY, Richard; SPAIN, Eimear; SMITH, Rhona. *Constitutional and Administrative Law*. 9ª ed. London: Sweet & Maxwell, 2011.
GOLDSCHMIDT, James. *La Concepción Normativa de la Culpabilidad*. Trad. de Margarethe de Goldschmidt e Ricardo C. Nunez. 2ª ed. Montevideo/Buenos Aires: Editorial B de F, 2002.
GOMES, Enéias Xavier. *Dolo sem Vontade Psicológica – Perspectivas de Aplicação no Brasil*. Belo Horizonte: D'Plácido, 2017.
GOMES, Hélio. *Medicina Legal*. 27ª ed. Rio de Janeiro: Freitas Bastos, 1989.
GOMES, Luiz Flávio. *Erro de Tipo e Erro de Proibição*. 5ª ed. São Paulo: Revista dos Tribunais, 2001.
——. *Princípio da Insignificância e Outras Excludentes de Tipicidade*. São Paulo: Revista dos Tribunais, 2009.
GOMES, Mariângela Gama de Magalhães. *O Princípio da Proporcionalidade no Direito Penal*. São Paulo: Revista dos Tribunais, 2003.
GONÇALVES, Luiz Carlos dos Santos. *Crimes Eleitorais e Processo Penal Eleitoral*. 2ª ed. São Paulo: Atlas, 2015.
GONÇALVES, Vanessa Chiari. Direito Penitenciário: Reflexões e Noções Preliminares. In: *Temas de Direito Penal, Criminologia e Processo Penal* (org. Ângelo Roberto Ilha da Silva). Porto Alegre: Livraria do Advogado, 2015.
GONZAGA, João Bernardino. *A Inquisição em seu Mundo*. 8ª ed. São Paulo: Saraiva, 1994.
GOULART, Henny. *O Excesso na Defesa*. São Paulo: Revista dos Tribunais, 1968.
GRACIA MARTIN, Luis. *Fundamentos de Dogmática Penal – Una Introducción a la Concepción Finalista de la Responsabilidad Penal*. Barcelona: Atelier, 2006.
——. *O Horizonte do Finalismo e o Direito Penal do Inimigo*. Trad. de Luiz Regis Prado e Érika Mendes de Carvalho. São Paulo: Revista dos Tribunais, 2007.
—— et al. *Tratado de las Consecuencias Jurídicas del Delito*. Valencia: Tirant lo Blanch, 2006.
GRAMATICA, Filippo. *Principi di Difesa Sociale*. Padova: Cedam, 1961.
GRANDAZZI, Alexandre. *As Origens de Roma*. Trad. de Christiane Gradvohl Colas. São Paulo: UNESP, 2010.
GRAU, Eros Roberto. *Ensaio e Discurso sobre a Interpretação/Aplicação do Direito*. 2ª ed. São Paulo: Malheiros, 2003.
GRECO, Luís. *A Cumplicidade através de Ações Neutras*. Rio de Janeiro: Renovar, 2000.

——. *Um Panorama da Teoria da Imputação Objetiva*. 3ª ed. São Paulo: Revista dos Tribunais, 2013
—— et al. *Autoria como Domínio do Fato – Estudos Introdutórios sobre o Concurso de Pessoas no Direito Penal Brasileiro*. São Paulo: Marcial Pons, 2014.
——; LEITE, Alaor. *A Distinção entre Autor e Partícipe como Problema do Legislador.* Autoria e Participação no Projeto de Código Penal (PLS 236/2012).
——;——. O que é e o que não é a Teoria do Domínio do Fato – Sobre a Distinção entre Autor e Partícipe no Direito Penal. In: *Autoria como Domínio do Fato – Estudos Introdutórios sobre o Concurso de Pessoas no Direito Penal Brasileiro*. GRECO, Luís *et alii*. São Paulo: Marcial Pons, 2014.
——;——. O que é e o que não é a Teoria do Domínio do Fato – Sobre a Distinção entre Autor e Partícipe no Direito Penal. In: *Revista dos Tribunais*, nº 933, julho de 2013.
—— et al. *Parte Geral do Código Penal – Uma Proposta Alternativa para Debate*. São Paulo: Marcial Pons, 2017.
GRECO, Rogério. *Concurso de Pessoas*. Belo Horizonte: Mandamentos, 2000.
GRECO FILHO, Vicente. *Dos Crimes da Lei de Licitações*. São Paulo: Saraiva, 1994.
——. *Manual de Processo Penal*. 7ª ed. São Paulo: Saraiva, 2009.
——. *Tóxicos – Prevenção – Repressão*. 14ª ed. São Paulo: Saraiva, 2011.
GRINOVER, Ada Pellegrini. Natureza Jurídica da Execução Penal. In: GRINOVER, Ada Pellegrini *et al. Execução Penal* (org. Ada Pellegrini Grinover e Anna Cândida da Cunha Ferraz). São Paulo: Max Limonad, 1987.
——; GOMES FILHO, Antonio Magalhães; FERNANDES, Antonio Scarance. *Recursos no Processo Penal*. 7ª ed. São Paulo: Revista dos Tribunais, 2011.
GUARAGNI, Fábio André. *As Teorias da Conduta em Direito Penal*. São Paulo: Revista dos Tribunais, 2005.
GUERRERO, Hermes Vilchez. *Do Excesso em Legítima Defesa*. Belo Horizonte: Del Rey, 1997.
HAMMERSCHLAG, Heinz. *Hypnose und Verbrechen*. München: Ernst Reinhardt Verlag, 1954.
HAMMOND, N. G. L. The Campaign and the Battle of Cynoscephalae in 197 BC. In: *Journal of Hellenic Studies CVIII*. London: The Society for the Promotion of Helenic Studies, 1988.
HASSEMER, Winfried. Características e Crises do Direito Penal Moderno. Trad. de Felipe Rhenius Nitzke. In: *Direito Penal – Fundamentos, Estrutura, Política* (org. e revisão Carlos Eduardo de Oliveira Vasconcelos). Porto Alegre: Sergio Antonio Fabris Editor, 2008.
——. Direito Justo por meio da Linguagem Correta? Sobre a Proibição da Analogia no Direito Penal. Trad. de Odin Brandão Ferreira. In: *Direito Penal – Fundamentos, Estrutura, Política* (org. e revisão Carlos Eduardo de Oliveira Vasconcelos). Porto Alegre: Sergio Antonio Fabris Editor, 2008
——. *Introdução aos Fundamentos do Direito Penal*. Trad. da 2ª ed. alemã de Pablo Rodrigo Alflen da Silva. Porto Alegre: Sergio Antonio Fabris Editor, 2005.
—— et al. *O Bem Jurídico como Limitação do Poder Estatal de Incriminar?* (org. de Luís Greco e Fernanda Lara Tórtima). Rio de Janeiro: Lumen Juris, 2011.
HAUS, Jacques-Joseph. *Cours de Droit Criminel*. 3ª ed. Gand: H. Hoste Libraire-Éditeur, 1864.
HEFENDEHL, Roland *et al. La Teoría del Bien Jurídico*. Madrid: Marcial Pons, 2007.
HEGEL, Georg Wilhelm Friedrich. *Princípios da Filosofia do Direito*. Trad. de Orlando Vitorino. São Paulo: Martins Fontes, 1997.
HEIDEGGER, Martin. *Ser e Tempo*. 12ª ed. Trad. de Marcia Sá Cavalcante Schuback. Petrópolis: Vozes, 2002.
HENDLER, Edmundo S. *Derecho Penal y Procesal Penal de los Estados Unidos*. Buenos Aires: Ad-Hoc, 1996.
HERINGER JÚNIOR, Bruno. A Imputabilidade Penal do Índio. In: *Revista da Ajuris*. Porto Alegre, nº 73, jul. 1998.
HESSE, Konrad. *Grundzüge des Verfassungsrechts der Bundesrepublik Deutschland*. 20ª ed. Heidelberg: C.F. Müller Verlag, 1999.
HILL JR., Myron G.; ROSSEN, Howard M.; SOGG, Wilton S. *Criminal Law*. St. Paul: West Publishing Co., 1977.
HIRSCH, Hans Joachim. Acerca de la Teoría de la Imputación Objetiva. Trad. de Daniel R. Pastor. In: HIRSCH, Hans Joachim. *Derecho Penal – Obras Completas*. Buenos Aires: Rubinzal-Culzoni, 1998, t. I.
HOLANDA, Sérgio Buarque de. *Raízes do Brasil*. 26ª ed. São Paulo: Companhia das Letras, 1995.
HOMERO. *Odisséia*. Trad. de Carlos Alberto Nunes. Rio de Janeiro: Ediouro, 2001.
HORMAZÁBAL MALARÉE, Hernán. *Bien Jurídico y Estado Social e Democrático de Derecho (El Objeto Protegido por la Norma Penal)*. Barcelona: PPU, 1991.
HORN, Norbert. *Introdução à Ciência do Direito e à Filosofia Jurídica*. Trad. de Elisete Antoniuk. Porto Alegre: Sergio Antonio Fabris Editor, 2005.
HORTA, Frederico. *Elementos Normativos das Leis Penais e Conteúdo Intelectual do Dolo – Da Natureza do Erro sobre o Dever Extrapenal em Branco*. São Paulo: Marcial Pons, 2016.
HORTA, Frederico Gomes de Almeida. *Do Concurso Aparente de Normas Penais*. Rio de Janeiro: Lumen Juris, 2007.
HUNGRIA, Nelson; FRAGOSO, Heleno Cláudio. *Comentários ao Código Penal*. 6ª ed. Rio de Janeiro: Forense, 1980, v. I, t. I.
——;——. *Comentários ao Código Penal*. 5ª ed. Rio de Janeiro: Forense, 1978, v. I, t. II.
——;——. *Comentários ao Código Penal*. 5ª ed. Rio de Janeiro: Forense, 1982, v. VI.

HUNGRIA, Nelson. *Comentários ao Código Penal*. 2ª ed. Rio de Janeiro: Forense, 1959, v. IX.
JAÉN VALLEJO, Manuel. *El Concepto de Acción en la Dogmática Penal*. Madrid: Colex, 1994.
JACQUES, Paulino. *Da Igualdade perante a Lei*. Rio de Janeiro: Forense, 1957.
JAKOBS, Günther. Direito Penal do Cidadão e Direito Penal do Inimigo. In: *Direito Penal do Inimigo – Noções Críticas*. Trad. de André Luís Callegari e Nereu José Giacomolli (org. André Luís Callegari e Nereu José Giacomolli). Porto Alegre: Livraria do Advogado, 2005.
——. *Proteção de Bens Jurídicos? Sobre a Legitimação do Direito Penal*. Trad. de Pablo Rodrigo Alflen. Porto Alegre: Livraria do Advogado, 2018.
——. *Strafrecht – Allgemeiner Teil*. 2ª ed. Berlin: Walter de Gruyter, 1993.
JARDIM, Afrânio da Silva. *Ação Penal Pública – Principio da Obrigatoriedade*. 5ª ed. Rio de Janeiro: Lumen Juris, 2011.
JESUS, Damásio E. de. *Prescrição Penal*. 16ª ed. São Paulo: Saraiva, 2003.
JIMÉNEZ DE ASÚA, Luis. *Principios de Derecho Penal – La Ley y El Delito*. 3ª ed. (reimpresion) Buenos Aires: Abeledo-Perrot, 1958.
——. *Tratado de Derecho Penal*. 2ª ed. Buenos Aires: Losada, 1956, t. I.
——. *Tratado de Derecho Penal*. 2ª ed. Buenos Aires: Losada, 1950, t. II.
——. *Tratado de Derecho Penal*. 2ª ed. Buenos Aires: Losada, 1958, t. III.
JOBIM, Marco Félix. *Medidas Estruturantes – Da Suprema Corte Estadunidense ao Supremo Tribunal Federal*. Porto Alegre: Livraria do Advogado, 2013.
JORGE, Wiliam Wanderley. *Curso de Direito Penal*. 7ª ed. Rio de Janeiro: Forense, 2005.
KANT, Immanuel. *A Metafísica dos Costumes*. Trad. de Edson Bini. São Paulo: Edipro, 2003.
KAPLAN, Harold I.; SADOCK, Benjamin J. *Tratado de Psiquiatria*. 6ª ed. Trad. Andrea Caleffi, Dayse Batista, Irineo C. S. Ortiz, Maria Rita Hofmeister e Sandra de Camargo Costa. Porto Alegre: Artmed, 1999, v. 1.
KAUFFMANN, Armin. *Die Dogmatik der Unterlassungsdelikte*. Göttingen: Verlag Otto Schwartz & CO. 1959.
——. Atribuición. ¿"Atribución Objetiva" en el Delito Doloso? Trad. de Joaquin Cuello. In: *Estudios de Derecho Penal*. Montevideo/Buenos Aires: B de F, 2013.
——. *Teoría de las Normas – Fundamentos de la Dogmática Penal Moderna*. Trad, de Enrique Bacigalupo e Ernesto Garzón Valdés. Buenos Aires: Depalma, 1977.
KAUFMANN, Arthur. *Filosofia do Direito*. 5ª ed. Trad. de António Ulisses Cortês. Lisboa: Fundação Calouste Gulbenkian, 2014.
KELSEN, Hans. *Teoria Pura do Direito*. 6ª ed. Trad. de João Baptista Machado. São Paulo: Martins Fontes, 1998.
KIRCHMANN, Julius Hermann von. *Die Wertlosigkeit der Jurisprudenz als Wissenschaft*. Darmstadt: Wissenschaftliche Buchgesellschaft, 1969.
KNIJNIK, Danilo. *Prova Pericial e seu Controle no Direito Processual Brasileiro*. São Paulo: Revista dos Tribunais, 2017.
KOERNER JÚNIOR, Rolf. *Obediência Hierárquica*. Belo Horizonte: Del Rey, 2003.
KÖHLER, Christian. *Beteilung und Unterlassen beim erfolgsqualifizierten Delikt am Beispiel der Körperverletzung mit Todesfolge (§ 227 I StGB)*. Berlin: Springer, 2000.
KRAMER, Heinrich; SPRENGER, James. *O Martelo das Feiticeiras*. 18ª ed. Trad. de Paulo Fróes. Rio de Janeiro: Editora Rosa dos Tempos, 2005.
KREBS, Pedro. *Teoria Jurídica do Delito*. Barueri: Manole, 2004.
LABORDE, Adolfo Prunotto. *Causalidad e Imputación Objetiva*. Buenos Aires: Editorias Juris, 2004.
LANDROVE DÍAZ, Gerardo. *Introduccion al Derecho Penal Español*. 3ª ed. Madrid: Tecnos, 1989.
——. *Las Consecuencias Jurídicas del Delito*. 4ª ed. Madrid: Tecnos, 1996.
LARENZ, Karl. *Methodenlehre der Rechtswissenschaft*. 6ª ed. Berlin: Springer-Verlag, 1991.
——. *Metodologia da Ciência do Direito*. 7ª ed. Trad. de José Lamego. Lisboa: Fundação Calouste Gulbenkian, 2014.
LATAGLIATA, Angelo Raffaele. *I Principi del Concorso di Persone nel Reato*. 2ª ed. Pompei: Morano Editore, 1964.
LATORRE, Angel. *Introdução ao Direito*. Trad. de Manuel de Alarcão. Coimbra: Livraria Almedina, 1978.
LAW, Jonathan; MARTIN, Elizabeth A. *A Dictionary of Law*. 7ª ed. Oxford: Oxford University Press, 2009.
LEANZA, Umberto. Territorio dello Stato (Diritto Internazionale). In: *Novissimo Digesto Italiano*. Torino: Unione Tipografico Editrice Torinese, 1964, v. XIX.
LEIRIA, Antônio José Fabrício. *Teoria e Aplicação da Lei Penal*. São Paulo: Saraiva, 1981.
LEITE, Alaor. *Dúvida e Erro sobre a Proibição no Direito Penal – A Atuação nos Limites entre o Permitido e o Proibido*. São Paulo: Atlas, 2013.
——. Erro, Causas de Justificação e Causas de Exculpação no Novo Projeto de Código Penal. In: *Reforma Penal – A Crítica Científica à Parte Geral do Projeto de Código Penal (PLS 236/2012)* (org. Alaor Leite). São Paulo: Atlas, 2015.

LENNACO, Rodrigo. *Bem Jurídico e Perigo Abstrato* – Um Desenho Hermenêutico da Ofensividade. Belo Horizonte: D'Plácido, 2014.

LINHARES, Marcello Jardim. *Coação Irresistível*. São Paulo: Sugestões Literárias, 1980.

——. *Legítima Defesa*. 4ª ed. Rio de Janeiro: Forense, 1992.

LISZT, Franz von. *Tratado de Direito Penal Allemão*. Trad. de José Hygino Duarte Pereira. Rio de Janeiro: F. Briguiet & C., 1899, t. I.

LOBATO, José Danilo Tavares. *Teoría General de la Participación Criminal e Acciones Neutrales*. Trad. de Zussel Acuña. Curitiba: Juruá, 2015.

LOEWENSTEIN, Karl. *Teoría de la Constitución*. 2ª ed. Trad. de Alfredo Gallego Anabitarte. Barcelona: Ariel, 1970.

LOEWY, Arnold H. *Criminal Law*. 5ª ed. Eagan : West, 2009.

LOMBROSO, Cesare. *L'Uomo Delinquente in Rapporto all'Antropologia, alla Giurisprudenza ed alla Pscichiatria*. Torino: Fratelli Bocca Editori, 1897.

LOPES, Jair Leonardo. *Curso de Direito Penal – Parte Geral*. 4ª ed. São Paulo: Revista dos Tribunais, 2005.

——. *Nova Parte Geral do Código Penal (Inovações Comentadas)*. Belo Horizonte: Del Rey, 1985.

LOPES, José Reinaldo de Lima. *O Direito na História – Lições Introdutórias*. 4ª ed. São Paulo, Atlas, 2012.

LOPES, Maurício Antônio Ribeiro. *Princípio da Insignificância no Direito Penal*. 2ª ed. São Paulo: Revista dos Tribunais, 2000.

——. *Princípio da Legalidade Penal*. São Paulo: Revista dos Tribunais, 1994.

LOPES JR., Aury. *Direito Processual Penal*. 9ª ed. São Paulo: Saraiva, 2012.

LOVATTO, Alecio Adão. *O Princípio da Igualdade e o Erro Penal Tributário*. Porto Alegre: Livraria do Advogado, 2008.

LUCCHESI, Guilherme Brenner. *Punindo a Culpa como Dolo – O Uso da Cegueira Deliberada no Brasil*. São Paulo: Marcial Pons, 2018.

LUISI, Luiz. *O Tipo Penal, a Teoria Finalista e a Nova Legislação Penal*. Porto Alegre: Sergio Antonio Fabris Editor, 1987.

——. *Princípios Constitucionais Penais*. 2ª ed. Porto Alegre: Sérgio Antonio Fabris Editor, 2003.

——. Um Direito Penal do Inimigo: O Direito Penal Soviético In: *Direito Penal em Tempos de Crise* (org. Lenio Luiz Streck). Porto Alegre: Livraria do Advogado, 2007.

LUNA, Everardo Cunha. *Capítulos de Direito Penal – Parte Geral*. São Paulo: Saraiva, 1985.

——. *Estrutura Jurídica do Crime*. 4ª ed. São Paulo: Saraiva, 1993.

LUTZ, Guálter Adolfo. A Responsabilidade Criminal no Novo Código Penal. In: *Revista Forense*. Rio de Janeiro, v. 38, nº 88, out. 1941.

LUZ, Yuri Corrêa da. *Entre Bens Jurídicos e Deveres Normativos* – Um Estudo sobre os Fundamentos do Direito Penal Contemporâneo. São Paulo: IBCCrim, 2013.

LUZÓN PEÑA, Diego-Manuel. *Curso de Derecho Penal – Parte General*. Madrid: Editorial Universitas, 1996.

LYRA, Roberto. *Comentários ao Código Penal*. Rio de Janeiro: Forense, 1942, v. II.

——. *Introdução ao Estudo do Direito Criminal*. Rio de Janeiro: Editora Nacional de Direito, 1946.

MACHADO, Fábio Guedes de Paula. *Culpabilidade no Direito Penal*. São Paulo: Quartier Latin, 2010.

MACHADO, Renato Martins. *Do Concurso de Pessoas*. Belo Horizonte: D'Plácido, 2015.

MAGGIORE, Giuseppe. *Diritto Penale – Parte Generale*. 5ª ed. Bologna: Nicola Zanichelli Editore, 1951, v. I, t. I.

——. *Diritto Penale – Parte Generale*. 5ª ed. Bologna: Nicola Zanichelli Editore, 1951, v. I, t II.

MAIWALD, Manfred. *Causalità e Diritto Penale*. Trad. de Francesca Brunetta d'Usseaux. Milano: Giuffrè, 1999.

MAÑAS, Carlos Vico. *O Princípio da Insignificância como Excludente da Tipicidade no Direito Penal*. São Paulo: Saraiva, 1994.

MANNHEIM, Hermann. *Criminologia Comparada*. Trad. de Manuel da Costa Andrade e José Faria Costa. Lisboa: Fundação Calouste Gulbenkian, 1984, v. 1, 1985, v. 2.

MANTOVANI, Ferrando. *Diritto Penale – Parte Generale*. 3ª ed. Padova: CEDAM, 1992.

MANZINI, Vicenzo. *Trattato di Dirittto Penal Italiano*. Torino: UTET, 1933, v. I.

——. *Trattato di Diritto Penal Italiano*. 2ª ed. Torino: UTET, 1941, v. II.

MARCONI, Marina de Andrade; PRESOTTO, Zelia Maria Neves. *Antropologia – Uma Introdução*. 7ª ed. São Paulo: Atlas, 2009.

MARINONI, Luiz Guilherme; ARENHART, Sérgio Cruz; MITIDIERO, Daniel. *O Novo Processo Civil*. 3ª ed. São Paulo: Revista dos Tribunais, 2017.

MARQUES, Daniela de Freitas. *Elementos Subjetivos do Injusto*. Belo Horizonte: Del Rey, 2001.

MARQUES, José Frederico. *Tratado de Direito Penal*. 2ª ed. São Paulo: Saraiva, 1964, v. I.

——. *Tratado de Direito Penal*. 2ª ed. São Paulo: Saraiva, 1965, v. II.

——. *Tratado de Direito Penal*. São Paulo: Saraiva, 1961, v. IV.

——. *Tratado de Direito Processual Penal*. São Paulo: Saraiva 1980, v. II.

MARQUES, Natali Maia; SANTOS, Cristiane Ferreira dos. Retardo Mental. In: *Neuropsicologia Forense* (org. Antonio de Pádua Serafim e Fabiana Saffi) Porto Alegre: Artmed, 2015.

MARQUES, Oswaldo Henrique Duek. *Fundamentos da Pena*. São Paulo: Juarez de Oliveira, 2000.

MARTINELLI, João Paulo Orsini; BEM, Leonardo Schmitt de. *Lições Fundamentais de Direito Penal – Parte Geral*. São Paulo: Saraiva, 2016.

MARTÍNEZ-BUJÁN PÉREZ, Carlos et al. *Dolo e Direito Penal – Modernas Tendências*. 2ª ed. (coord. Paulo César Busato). São Paulo: Atlas, 2014.

MARTINEZ ESCAMILLA, Margarita. *La Imputacion Objetiva del Resultado*. Madrid: Edersa, 1992.

MARTINS, José Salgado. *Direito Penal – Introdução e Parte Geral*. São Paulo: Saraiva, 1974.

MARTINS-COSTA, Judith. *A Boa-Fé no Direito Privado*. São Paulo: Revista dos Tribunais, 2000.

MASSARI. Eduardo, *Il Momento Esecutivo del Reato*: Contributo alla Teoria dell'atto Punibile. Pisa: Tipografia Editrice Cav. F. Mariotti, 1923.

MAURACH, Reinhart; ZIPF, Heinz. *Derecho Penal – Parte General*. Trad. da 7ª ed. Alemã de Jorge Bofill Genzsch e Enrique Aimone Gibson. Buenos Aires: Astrea, 1994.

MAXIMILIANO, Carlos. *Hermenêutica e Aplicação do Direito*. 19ª ed. Rio de Janeiro: Forense, 2009.

MAYER, Max Ernst. *Derecho Penal – Parte General*. Trad. de Sergio Politoff Lipschitz. Montevideo/Buenos Aires: Editorial BdeF, 2007.

MAZZUOLI, Valerio de Oliveira. *Curso de Direito Internacional Público*. 7ª ed. São Paulo: Revista dos Tribunais, 2013.

——. *O Controle Jurisdicional da Convencionalidade das Leis*. 3ª ed. São Paulo: Revista dos Tribunais, 2013.

MEIRELES, Hely Lopes. *Direito Administrativo Brasileiro*. 16ª ed. São Paulo: Revista dos Tribunais, 1991.

MELLO, Celso Antônio Bandeira de. *Curso de Direito Administrativo*. 17ª ed. São Paulo: Malheiros, 2004.

MELLO, Lydio Machado Bandeira de. *O Direito Penal Hispano-Luso Medievo*. Belo Horizonte: Faculdade de Direito da Universidade de Minas Gerais, 1961.

MENEZES, Ruben de Souza. Dados Demográficos e Estatísticos Apresentados pelo IPFMC nos Últimos Cinco Anos. In: *Psiquiatria Forense – 80 Anos de Prática Institucional* (org. Carlos Alberto Crespo de Souza; Rogério Göttert Cardoso). Porto Alegre: Sulina, 2006

——. Psicoses Esquizofrênicas. In: *Psiquiatria forense – 80 anos de prática institucional* (org. Carlos Alberto Crespo de Souza; Rogério Göttert Cardoso). Porto Alegre: Sulina, 2006.

MEROLLI, Guilherme. *Fundamentos Críticos de Direito Penal*. Rio de Janeiro: Lumen Juris, 2010.

——. *Fundamentos Críticos de Direito Penal*. 2ª ed. São Paulo: Atlas, 2014.

MESTIERI, João. *Manual de Direito Penal – Parte Geral*. Rio de Janeiro: Forense, 1999, v. I.

MEZGER, Edmundo. *Tratado de Derecho Penal*. Trad. de Jose Arturo Rodriguez Muñoz. Madrid: Editorial Revista de Derecho Privado, 1955, t. I.

MIOTTO, Armida Bergamini. *Temas Penitenciários*. São Paulo: Revista dos Tribunais, 1992.

MIRABETE, Julio Fabbrini. *Manual de Direito Penal – Parte Geral*. 19ª ed. São Paulo: Atlas, 2003, v. I.

MIRAGEM, Bruno. *Direito Civil – Responsabilidade Civil*. São Paulo: Saraiva, 2015.

MIRANDA, Jorge. *Manual de Direito Constitucional*. 2ª ed. reimpressão. Coimbra: Coimbra Editora, 1998, t. IV.

MIR PUIG, Santiago. *Derecho Penal – Parte General*. 4ª ed. Barcelona: Reppertor, 1996.

——. Introducción a las Bases del Derecho Penal. Barcelona: Bosch, 1982.

MOMMSEN, Teodoro. *Derecho Penal Romano*. Trad. de P. Dorado. Bogotá: Temis, 1976.

MONREAL, Eduardo Novoa. *Fundamentos de los Delitos de Omisión*. Buenos Aires: Depalma, 1984.

MONTESQUIEU, Charles de Secondant. *O Espírito das Leis*. 2ª ed. Trad. de Cristina Murachco. São Paulo: Martins Fontes, 1996.

MORAES, Maurício Zanoide de. *Interesse e Legitimação para Recorrer no Processo Penal Brasileiro*. São Paulo: Revista dos Tribunais, 2000.

MORIN, Edgar. *Introdução ao Pensamento Complexo*. 5ª ed. Trad. de Dulce Matos. Lisboa: Instituto Piaget, 2008.

MOTTA, Ivan Martins. *Erro de Proibição e Bem Jurídico-Penal*. São Paulo: Revista dos Tribunais, 2009.

——. Estrito Cumprimento de Dever Legal e Exercício Regular do Direito. São Paulo: Juarez de Oliveira, 2000.

MOURA, Bruno de Oliveira. *A Não-Punibilidade do Excesso na Legítima Defesa*. Coimbra: Coimbra Editora, 2013.

MOURA, Maria Thereza Rocha de Assis; SAAD, Marta. Do Furto. In: *Código Penal e sua Interpretação – Doutrina e Jurisprudência*. 8ª ed. (coord. Alberto Silva Franco e Rui Stoco). São Paulo: Revista dos Tribunais, 2007.

MUÑOZ CONDE, Francisco. *De Nuevo sobre el "Derecho Penal del Enemigo"*. Buenos Aires: Hammurabi, 2005.

——. *Teoría General del Delito*. 2ª ed. Valencia: Tirant lo Blanch, 1991.

——; GARCÍA ARÁN, Mercedes. *Derecho Penal – Parte General*. 5ª ed. Valencia: Tirant lo Blanch, 2002.

MUNHOZ NETTO, Alcides. *A Ignorância da Antijuricidade em Matéria Penal*. Rio de Janeiro: Forense, 1978.

NAHUM, Marco Antonio R. *Inexigibilidade de Conduta Diversa – Causa Supralegal Excludente de Culpabilidade*. São Paulo: Revista dos Tribunais, 2001.

NEUMANN, Ulfrid. Teorias Científicas da Ciência do Direito. In: *Introdução à Filosofia do Direito e à Teoria do Direito Contemporâneas* (org. Arthur Kaufmann e Winfried Hassemer; trad. Manuel Seca de Oliveira). Lisboa: Fundação Calouste Gulbenkian, 2002.

NOGUEIRA, Carlos Frederico Coelho. *Comentários ao Código de Processo Penal*. Bauru: Edipro, 2002, v. I.

NORONHA, E. Magalhães. *Direito Penal – Introdução e Parte Geral*. 25ª ed. atualizada por Adalberto José Q. T. de Camargo Aranha. São Paulo: Saraiva, 1987, v. 1.

——. *Direito Penal*. 25ª ed. atualizada por Dirceu de Mello e Eliana Passarelli Lepera. São Paulo: Saraiva, 1991.

——. *Do Crime Culposo*. São Paulo: Saraiva, 1957.

NOWAK, John E.; ROTUNDA, Ronald D. *Constitutional Law*.5th edition. 2nd reprint. West Group. 1999.

NUCCI, Guilherme de Souza. *Individualização da Pena*. 3ª ed. São Paulo: Revista dos Tribunais, 2009.

OLIVEIRA, Edmundo. *Comentários ao Código Penal – Parte Geral*. 3ª ed. Rio de Janeiro: Forense, 2005.

OLIVEIRA, Eugênio Pacelli de. *Curso de Processo Penal*. 19ª ed. São Paulo: Atlas, 2015.

ORTIZ, Mariana Tranchesi. *Concurso de Agentes nos Delitos Especiais*. São Paulo: IBCCrim, 2011.

PACHECO, Rodolfo Schurmann. *El Delito Ultra o Preterintencional*. Montevideo: Amalio M. Fernandez, 1968.

PAIXÃO, Cristiano; BIGLIAZZI, Renato. *História Constitucional Inglesa e Norte-Americana: Do Surgimento à Estabilização da Forma Constitucional*. Brasília: Editora Universidade de Brasília, 2011.

PALOMBA, Guido Arturo. *Tratado de Psiquiatria Forense, Civil e Penal*. São Paulo: Atheneu, 2003.

PASCHOAL, Janaína Conceição. *Constituição, Criminalização e Direito Penal Mínimo*. São Paulo: Revista dos Tribunais, 2003.

——. *Ingerência Indevida – Os Crimes Comissivos por Omissão e o Controle pela Punição do Não Fazer*. Porto Alegre: Sergio Antonio Fabris Editor, 2011.

PATARA, Alexandre Augusto. Dos Crimes contra a Paz Pública. In: SILVA FILHO, Acacio Miranda da *et al*. *Código Penal Comentado – Doutrina e Jurisprudência* (coord. de Mauricio Schaun Jalil e Vicente Greco Filho). Barueri: Manole, 2016.

PAULSEN, Leandro. *Crimes Federais*. São Paulo: Saraiva, 2017.

PELLEGRINI, Benedetto. *Del Tentativo*. Torino: Unione Tipografico-Editrice Torinese, 1914.

PEÑARANDA RAMOS, Enrique; SUÁREZ GONZÁLEZ, Carlos; CANCIO MELIÁ, Manuel. *Um Novo Sistema do Direito Penal – Considerações sobre a Teoria de Günther Jakobs*. Trad. de André Luís Callegari e Nereu José Giacomolli. Barueri: Manole, 2003.

PETTER, Lafayete Josué. *Princípios Constitucionais da Ordem Econômica – O Significado e o Alcance do Art. 170 da Constituição Federal*. São Paulo: Revista dos Tribunais, 2005.

PIEDADE JÚNIOR, Heitor. *Personalidade Psicopática, Semi-Imputabilidade e Medida de Segurança*. Rio de Janeiro: Forense, 1982.

PIERANGELI, José Henrique. *Códigos Penais do Brasil – Evolução Histórica*. Bauru: Jalovi, 1980.

——. *Escritos Jurídicos-Penais*. 3ª ed. São Paulo: Revista dos Tribunais, 2006.

PIMENTEL, Manoel Pedro. *Crimes de Mera Conduta*. 3ª ed. São Paulo: Revista dos Tribunais, 1975.

——. *Do Crime Continuado*. 2ª ed. São Paulo: Revista dos Tribunais, 1969.

——. *O Crime e a Pena na Atualidade*. São Paulo: Revista dos Tribunais, 1983.

PIN, Xavier. *Droit Pénal Général*. 5ª ed. Paris: Dalloz, 2012.

PINEL, Philippe. *Traité Médico-Philosophique sur L'Alienation Mentale*. 2ª ed. Paris: Brosson, 1809.

PIRES, André de Oliveira. *Estado de Necessidade*. São Paulo: Juarez de Oliveira, 2000.

POLAINO NAVARRETE, Miguel. *Derecho Penal – Parte General*. 4ª ed. Barcelona: Bosch, 2001.

——. *El Bien Jurídico en el Derecho Penal*. Sevilla: Publicaciones de la Universidad de Sevilla, 1974.

PORTO, Antonio Rodrigues. *Da Prescrição Penal*. 4ª ed. São Paulo: Revista dos Tribunais, 1988.

PORTO, Pedro Rui da Fontoura. *Violência Doméstica e Familiar contra a Mulher – Lei 11.340/06 – Análise Crítica e Sistêmica*. 2ª ed. Porto Alegre: Livraria do Advogado, 2012.

PRADO, Geraldo. *Sistema Acusatório*. 2ª ed. Rio de Janeiro: Lumen Juris, 2001.

PRADO, Luiz Regis. *Bem Jurídico-Penal e Constituição*. 3ª ed. São Paulo: Revista dos Tribunais, 2003.

——. *Curso de Direito Penal Brasileiro*. 10ª ed. São Paulo: Revista dos Tribunais, 2010, v. 1.

——. *Tratado de Direito Penal Brasileiro – Parte Geral*. São Paulo: Revista dos Tribunais, 2014, v. 1.

——. *Tratado de Direito Penal Brasileiro – Parte Geral*. São Paulo: Revista dos Tribunais, 2014, v. 2.

——. *Tratado de Direito Penal Brasileiro – Parte Geral*. São Paulo: Revista dos Tribunais, 2014, v. 3.

PRADO, Luiz Regis; CARVALHO, Érika Mendes de. *Teorias da Imputação Objetiva do Resultado – Uma Aproximação Crítica a seus Fundamentos*. 2ª ed. São Paulo: Revista dos Tribunais, 2006.

PRASAD, Vinayak K.; CIFU, Adam S. Ending *Medical Reversal*. Baltimore: Johns Hopkins, 2015.

PRATA, Ana; VEIGA, Catarina; VILALONGA, José Manuel. *Dicionário Jurídico – Direito Penal – Direito Processual Penal*. 2ª ed. Coimbra Almedina, 2009, v. II.

PUMES, José Osmar. *O Poder de Reforma Constitucional: Conceito, o Controle de Emenda e o Papel do STF na Jurisdição Constitucional*. Porto Alegre: PUCRS (dissertação de mestrado), 2009.

PUPPE, Ingeborg. *A Distinção entre Dolo e Culpa*. Trad. de Luís Greco. Barueri: Manole, 2004.

PURVES, Dale et al. *Neurociências*. 2ª ed. Trad. de Carla Dalmaz, Carlos A. S. Gonçalves, Denise Zancan, Fabiana Horn, Jorge A. Quillfeldt, Matilde Achaval Elena e Renata Menezes Rosat. Porto Alegre: Artmed, 2005.
QUEIROZ, Narcélio de. *Teoria da "Actio Libera in Causa" e Outras Teses*. Rio de Janeiro: Forense, 1963.
QUEIROZ, Paulo de Souza. *Do Caráter Subsidiário do Direito Penal – Lineamentos para um Direito Penal Mínimo*. Belo Horizonte: Del Rey, 1998.
RAGUÉS I VALLÈS, Ramon. *El Dolo y su Prueba en el Proceso Penal*. Barcelona: Bosch, 1999.
RAMOS, André de Carvalho. *Teoria Geral dos Direitos Humanos na Ordem Internacional*. 5ª ed. São Paulo: Saraiva, 2015.
RANGEL, Paulo. *Direito Processual Penal*. 20ª ed.. São Paulo: Atlas, 2012.
RAPOSO, Guilherme Guedes. *Teoria do Bem Jurídico e Estrutura do Delito*. Porto Alegre: Nuria Fabris, 2011.
REALE, Miguel. *Filosofia do Direito*. 17ª ed. São Paulo: Saraiva, 1996.
——. *Fontes e Modelos do Direito*: para um Novo Paradigma Hermenêutico. São Paulo: Saraiva, 2002.
——. *Lições de Preliminares de Direito*. 24ª ed. São Paulo: Saraiva, 1998.
REALE JÚNIOR, Miguel. *Dos Estados de Necessidade*. São Paulo: José Bushatsky Editor, 1971.
——. *Instituições de Direito Penal* – Parte Geral. 4ª ed. Rio de Janeiro: Forense, 2013.
——. *Parte Geral do Código Penal (Nova Interpretação)*. São Paulo: Revista dos Tribunais, 1988.
——. et al. *Código Penal Comentado* (coord. Miguel Reale Júnior). São Paulo: Saraiva, 2017.
——. et al. *Penas e Medidas de Segurança no Novo Código*. 2ª ed. Rio de Janeiro: Forense, 1987.
RECASÉNS SICHES, Luis. *Introducción al Estudio del Derecho*. 6ª ed. México: Editorial Porrua, 1981.
REYES ALVARADO, Yesid. *El Delito de Tentativa*. Montevideo/Buenos Aires: Editorial BdeF, 2016.
RIBEIRO, Darci Guimarães. *Da Tutela Jurisdicional às Formas de Tutela*. Porto Alegre: Livraria do Advogado, 2010.
RIBEIRO, Darcy. *Os Índios e a Civilização – A Integração das Populações Indígenas no Brasil Moderno*. 7ª ed. São Paulo: Companhia das Letras, 1996.
RODRIGUES, Castro. *A Tentativa*. 2ª ed. São Paulo: Livraria Teixeira, 1932.
RODRIGUES, Savio Guimarães. *Bem Jurídico-Penal Tributário – A Legitimidade do Sistema Punitivo em Matéria Fiscal*. Porto Alegre: Nuria Fabris, 2013.
RODRIGUEZ DEVESA, Jose Maria; SERRANO GOMEZ, Alfonso. *Derecho Penal Español – Parte General*. 18ª ed. Madrid: Dykinson, 1995.
ROTHENBURG, Walter Claudius. *Princípios Constitucionais*. Porto Alegre: Sergio Antonio Fabris Editor, 1999.
ROXIN, Claus. *Funcionalismo e Imputação Objetiva no Direito Penal*. Trad. de Luís Greco. Rio de Janeiro: Renovar, 2002.
——. *Política Criminal y Sistema del Derecho Penal*. Trad. de Francisco Muñoz Conde. Barcelona: Bosch, 1972.
——. *Problemas Fundamentais de Direito Penal*. 2ª ed. Trad. de Ana Paula dos Santos Luís Natscheradetz. Lisboa: Veja, 1993.
——. Sobre a Fundamentação Político-Criminal do Sistema Jurídico-Penal. In: *Estudos de Direito Penal*. 2ª ed. Trad. de Luís Greco. Rio de Janeiro: Renovar, 2012.
——. *Strafrecht – Allgemeiner Teil*. 4ª ed. München: Verlag C.H. Beck, v. I, 2006.
——. *Strafrecht – Allgemeiner Teil*. München: Verlag C.H. Beck, v. II, 2003.
——. *Täterschaft und Tatherrschaft*. 8ª ed. Berlin: De Gruyter Recht, 2006.
SADOCK, Benjamin James; SADOCK, Virginia. *Compêndio de Psiquiatria – Ciência do Comportamento e Psiquiatria Clínica*. 9ª ed. Trad. Cláudia Dornelles et al. Porto Alegre: Artmed, 2007.
SALES, Sheila Jorge Selim. *Dos Tipos Plurissubjetivos*. Belo Horizonte: Del Rey, 1997.
SALVADOR NETTO, Alamiro Velludo. Crimes contra o Patrimônio. In: *Código Penal Comentado* (coord. Miguel Reale Júnior). São Paulo: Saraiva, 2017.
——. *Direito Penal e Propriedade Privada – A Racionalidade do Sistema Penal na Tutela do Patrimônio*. São Paulo: Atlas, 2014
——. *Tipicidade Penal e Sociedade de Risco*. São Paulo: Quartier Latin, 2006.
SANCTIS, Fausto Martins. *Responsabilidade Penal da Pessoa Jurídica*. São Paulo: Saraiva, 1999.
SANCTIS, Rodrigo de. A Responsabilidade Penal dos Dirigentes nos Delitos Empresariais. In: *Inovações no Direito Penal Econômico: Contribuições Criminológicas Político-Criminais e Dogmáticas*. (org. Artur de Brito Gueiros Souza). Brasília: ESMPU, 2011.
SANTANA, Selma Pereira de. *A Culpa Temerária – Contributo para uma construção no Direito Penal Brasileiro*. São Paulo: Revista dos Tribunais, 2005.
SANTORO FILHO, Antonio Carlos. *Teoria da Imputação Objetiva – Apontamentos Críticos à Luz do Direito Positivo Brasileiro*. São Paulo: Malheiros, 2007.
SANTOS, Gérson Pereira dos. *Inovações do Código Penal – Parte Geral*. São Paulo: Saraiva, 1985.
SANTOS, Juarez Cirino dos. *A Criminologia Radical*. 2ª ed. Rio de Janeiro: Lumen Juris/ICPC, 2006.
——. *Direito Penal – A Nova Parte Geral*. Rio de Janeiro: Forense, 1985.

──. *A Moderna Teoria do Fato Punível*. 4ª ed. Rio de Janeiro: ICPC/Lumen Juris, 2005.
──. *Teoria da Pena*. Rio de Janeiro: ICPC/Lumen Juris, 2005.
SARLET, Ingo Wolfgang. *Dignidade da Pessoa Humana e Direitos Fundamentais na Constituição Federal de 1988*. Porto Alegre: Livraria do Advogado, 2001.
──; WEINGARTNER NETO, Jayme. *Constituição e Direito Penal – Temas Atuais e Polêmicos*. Porto Alegre: Livraria do Advogado, 2016
SAVIGNY, Friedrich Karl von. *Metodologia Jurídica*. Trad. de J. J. Santa-Pinter. Buenos Aires: Depalma, 1994.
SBRICCOLI, Mario. *Per la Storia del Pensiero Giuridico Moderno*. Milano: Giuffrè, 2007, t. I.
SCALCON, Raquel Lima. *Ilícito e Pena – Modelos de Fundamentação do Direito Penal Contemporâneo*. Rio de Janeiro: GZ Editora, 2013.
SCARANO, Luigi. *La Tentativa*. Bogotá: Temis, 1960.
SHECAIRA, Sérgio Salomão. *Criminologia*. 4ª ed. São Paulo: Revista dos Tribunais, 2012.
SHELLEY, Bruce L. *História do Cristianismo*. Trad. de Giuliana Niedhardt. Rio de Janeiro: Thomas Nelson, 2018.
SCHILD, Wolfgang. *Tatherrschaftslehren*. Frankfurt: Peter Lang, 2009.
SCHMIDT, Andrei Zenkner. *O Método do Direito Penal sob uma Perspectiva Interdisciplinar*. Rio de Janeiro: Lumen Juris, 2007.
──. *O Princípio da Legalidade Penal no Estado Democrático de Direito*. Porto Alegre: Livraria do Advogado, 2001.
SCHÜNEMANN, Bernd. Consideraciones sobre la Teoría de la Imputación Objetiva. Trad. de Mariana Sacher. In: SCHÜNEMANN, Bernd. *Obras*. Buenos Aires: Rubinzal-Culzoni, 2009.
SCHÖNKE, Adolf; SCHRÖDER, Horst. *Strafgesetzbuch Kommentar*. 24ª ed. München: C. H. Beck, 1991.
SCHROEDER, Friedrich-Christian. *Autoria, Imputação e Dogmática Aplicada no Direito Penal*. Trad. de Eduardo Carraro Rocha, com revisão de Gustavo de Carvalho Marin e Thais Fiorucci D'Antonio. São Paulo: LiberArs, 2013.
SEGURA GARCÍA, María José. *El Consentimento del Titular del Bien Jurídico en Derecho Penal*. Valencia: Tirant lo Blanch, 2000.
SENRA, Alexandre et al. *Roteiro de Atuação*: Dosimetria da Pena. Brasília: MPF/2ª Câmara de Coordenação e Revisão, 2016.
SERRA, Teresa. *Problemática do Erro sobre a Ilicitude*. Coimbra: Livraria Almedina, 1991.
SERRANO, José Antonio de Miguel. *El "Iter Criminis"*. Caracas: Universidade Central de Venezuela, 1957.
SHECAIRA, Sérgio Salomão. *Responsabilidade Penal da Pessoa Jurídica*. São Paulo: Revista dos Tribunais, 1998.
──; CORRÊA JUNIOR, Alceu. *Pena e Constituição – Aspectos Relevantes para sua Aplicação e Execução*. São Paulo: Revista dos Tribunais, 1995.
SILVA, Ângelo Roberto Ilha da. *Da Inimputabilidade Penal em face do Atual Desenvolvimento da Psicopatologia e da Antropologia*. 2ª ed. Porto Alegre: Livraria do Advogado, 2015.
──. *Dos Crimes de Perigo Abstrato em face da Constituição*. São Paulo: Revista dos Tribunais, 2003.
──. O Domínio do Fato por meio de Aparatos Organizados de Poder e sua Aplicação à Criminalidade Empresarial. In: *Temas de Direito Penal, Criminologia e Processo Penal* (org. Ângelo Roberto Ilha da Silva). Porto Alegre: Livraria do Advogado, 2015.
──. Os Crimes de Perigo Abstrato e a Constituição. In: *Livro Homenagem a Miguel Reale Júnior* (coord. Janaína Conceição Paschoal e Renato de Mello Jorge Silveira). Rio de Janeiro: GZ Editora, 2014.
──. Pedofilia, Pornografia Infantojuvenil e os Tipos Penais Previstos no Estatuto da Criança e do Adolescente. In: *Crimes Cibernéticos*. 2ª ed. (org. Ângelo Roberto Ilha da Silva). Porto Alegre: Livraria do Advogado, 2018.
──. Pena Corporal? Homenagem ao Professor René Ariel Dotti. In: *Estudos de Direito Público* (org. Leonardo Schmitt de Bem). Belo Horizonte: D'Plácido, 2018.
──. Política Criminal e Igualdade Étnico-Racial. In: *Estudos de Direito Público – Aspectos Penais e Processuais* (org. Leonardo Schmitt de Bem). Belo Horizonte: D'Plácido, 2018, v. 1.
──. Sobre a (Não Exigência de) Autorização Prévia da Assembléia Legislativa para o Processo e Julgamento do Governador do Estado. In: *Estudos de Direito Público – Aspectos Penais e Processuais* (org. Leonardo Schmitt de Bem). Belo Horizonte: D'Plácido, 2018, v. 1.
──; DIAS, Nelson Ferreira. *Psicopatas Criminosos e a Sociedade Vulnerável*. Porto Alegre: Livraria do Advogado, 2019.
──; HODARA, Ricardo Holmer. Semi-imputabilidade, Neurose e a Teoria dos Eixos. In: *Revista de Ciências Jurídicas/Universidade Estadual de Maringá, Curso de Doutrina em Direito*. V. 6, nº 1, jan.-jun. 2008, p. 39-60.
SILVA, David Medina da. *O Crime Doloso*. Porto Alegre: Livraria do Advogado, 2005.
SILVA, Germano Marques da. *Direito Penal Português – Parte Geral: Introdução e Teoria da Lei Penal*. Lisboa: Editorial Verbo, 1997, v. I.
──. *Direito Penal Português – Parte Geral*: Teoria do Crime. Lisboa: Editorial Verbo, 1998, v. II.

SILVA, José Afonso da. *Comentário Contextual à Constituição*. São Paulo: Malheiros, 2005.
——. *Curso de Direito Constitucional Positivo*. 35ª ed. São Paulo: Malheiros, 2012.
SILVA, Luís Virgílio Afonso da. O Proporcional e o Razoável. In: *Revista dos Tribunais*, ano 91, v. 798, abril de 2002.
SILVA, Pablo Rodrigo Alflen da. *Leis Penais em Branco e o Direito Penal do Risco – Aspectos Críticos e Fundamentais*. Rio de Janeiro: Lumen Juris, 2004.
SILVA SANCHES, Jesús-María. *Aproximación al Derecho Penal Contemporáneo*. Barcelona: Bosch, 1992.
——. *El Delito de Omision – Concepto y Sistema*. Barcelona: Bosch, 1986.
——. *La Expansión del Derecho Penal – Aspectos de la Política Criminal en las Sociedades Postindustriales*. Montevideo/Buenos Aires: B de F, 2006.
SILVEIRA, Renato de Mello Jorge. Da Periclitação da Vida e da Saúde. In: SALVADOR NETTO, Alamiro Velludo *et al*. *Código Penal Comentado* (coord. Miguel Reale Júnior). São Paulo: Saraiva, 2017.
SILVEIRA, Renato de Mello Jorge. A Aplicação da Teoria da Cegueira Deliberada nos Julgamentos da Operação Lava Jato. *Revista Brasileira de Ciências Criminais*, nº 122, set.-out 2016, p. 255-280.
——. *Fundamentos da Adequação Social em Direito Penal*. São Paulo: Quartier Latin, 2010.
SIMS, Andrew. *Sintomas da Mente – Introdução à Psicopatologia Descritiva*. 2ª ed. Trad. de Dayse Batista e Marcos Guirado. Porto Alegre: Artmed, 2001.
SIQUEIRA, Leonardo. Gênesis da Legítima Defesa como Ponto de União entre o Direito Romano e o Direito Canônico. In: *História do Direito e do Pensamento Jurídico em Perspectiva* (coord. Cláudio Brandão, Nelson Saldanha e Ricardo Freitas). São Paulo: Atlas, 2012.
SOLER, Sebastián. *Derecho Penal Argentino*. 5ª ed. Buenos Aires: Tea, 1987, v. I.
SOUSA, Alberto R. R. Rodrigues de. *Estado de Necessidade*: Um Conceito Novo e Aplicações mais Amplas. Rio de Janeiro: Forense, 1979.
SOUSA, Daniel Brod Rodrigues de. *O Tipo-de-Ilícito dos Crimes Omissivos Impróprios no Direito Penal Brasileiro*: Contributo à sua Conformação e Delimitação. Porto Alegre: PUCRS (tese de doutoramento), 2017.
SOUZA, Artur de Brito Gueiros. *As Novas Tendência do Direito Extradicional*. 2ª ed. Rio de Janeiro: Renovar, 2013.
SOUZA, Carmo Antônio de. *Fundamentos dos Crimes Omissivos Impróprios*. Rio de Janeiro: Forense, 2003.
SOUZA, Luciano Anderson de. *Expansão do Direito Penal e Globalização*. São Paulo: Quartier Latin, 2007.
STARK, Rodney. *The Rise of Christianity*. New York: HarperOne, 1996.
STEINMETZ, Wilson. *A Vinculação dos Particulares a Direitos Fundamentais*. São Paulo: Malheiros, 2004.
STEVENSON, Oscar. Concurso Aparentes de Normas. In: *Estudos de Direito e Processo Penal em Homenagem a Nélson Hungria*. Rio de Janeiro: Forense, 1962.
STRATENWERTH, Günther; KUHLEN, Lothar. *Strafrecht – Allgemeiner Teil*. 5ª ed. Köln/Berlin/München: Carl Heymanns Verlag, 2004, v. I.
STRECK, Lenio. *Hermenêutica Jurídica e(m) Crise – Uma Exploração Hermenêutica da Construção do Direito*. 11ª ed. Porto Alegre: Livraria do Advogado, 2014.
STRUENSEE, Eberhard. Der subjektive Tatbestand des fahrlässigen Delikts. In: *JuristenZeitung*, jan. 1987.
SUTHERLAND, Edwin H. *Crime de Colarinho Branco*. Trad. de Clécio Lemos. Rio de Janeiro: Revan, 2015.
SYDOW, Spencer Toth. *A Teoria da Cegueira Deliberada*. Belo Horizonte: D'Plácido, 2018.
TACITO. *Germania*. Trad. de Elisabetta Risardi. Milano: Oscar Mondadori, 1991.
TANGERINO, Davi de Paiva Costa. *Culpabilidade*. 2ª ed. São Paulo: Saraiva, 2014.
TAVARES, Juarez. *As Controvérsias em torno dos Crimes Omissivos*. Rio de Janeiro: Instituto Latino-Americano de Cooperação Penal, 1996.
——. *Fundamentos de Teoria do Delito*. Florianópolis: Tirant lo Blanch, 2018.
——. Projeto de Código Penal. A Reforma da Parte Geral. In: *Reforma Penal – A Crítica Científica à Parte Geral do Projeto de Código Penal* (PLS 236/2012) (Organizador Alaor Leite). São Paulo: Atlas, 2015.
——. *Teoria dos Crimes Omissivos*. São Paulo: Marcial Pons, 2012.
——. *Teoria do Injusto Penal*. 3ª ed. Belo Horizonte: Del Rey, 2003.
TELES, Ney Moura. *Direito Penal – Parte Geral*. São Paulo: Atlas, 2004, v. 1.
TEOTÔNIO, Luís Augusto Freire. *Culpabilidade – Concepções e Modernas Tendências Internacionais e Nacionais*. Campinas: Minelli, 2002.
THOMPSON, Augusto F. G. *Escorço Histórico do Direito Criminal Luso-Brasileiro*. Rio de Janeiro: Liber Juris, 1976.
TOLEDO, Francisco de Assis. *Ilicitude Penal e Causas de sua Exclusão*. Rio de Janeiro: Forense, 1984.
——. *O Erro no Direito Penal*. São Paulo: Saraiva, 1977.
——. *Princípios Básicos de Direito Penal*. 5ª ed. São Paulo: Saraiva, 1994.
—— *et al*. *Reforma Penal*. São Paulo: Saraiva, 1985.
TORNAGHI, Helio Bastos. *A Questão do Crime Formal*. Rio de Janeiro: A. Coelho Branco Fº, 1944.
TRINDADE, Jorge; BEHEREGARAY, Andréa; CUNEO, Mônica Rodrigues. *Psicopatia: A Máscara da Justiça*. Porto Alegre: Livraria do Advogado, 2009.

TUCCI, José Rogério Cruz e. *Tempo e Processo*. São Paulo: Revista dos Tribunais, 1997.
ULLMANN, Reinholdo Aloysio. *A Universidade Medieval*. 2ª ed. Porto Alegre: EDIPUCRS, 2000.
URRUELA MORA, Asier. *Imputabilidad Penal y Anomalía o Alteración Psíquica: La Capacidad de Culpabilidad Penal a la Luz de los Modernos Avances en Psiquiatría y Genética*. Bilbao: Comares, 2004.
URZÚA, Enrique Cury. *Derecho Penal – Parte General*. 8ª ed. Santiago: Ediciones Universidad Católica de Chile, 2005.
VABRES, H. Donnedieu de. *Traité de Droit Criminel et de Legislation Comparee*. 3ª ed. Paris; Libraire du Recueil Sirey, 1947.
VALENTE, Manuel Monteiro Guedes. *Direito Penal do Inimigo e o Terrorismo – O "Progresso ao Retrocesso"*. Coimbra: Almedina, 2010.
VARGAS, José Cirilo. *Instituições de Direito Penal – Parte Geral*. Belo Horizonte: Del Rey, 1997, t. I.
——. *Instituições de Direito Penal – Parte Geral*. Rio de Janeiro: Forense, 1998, v. I, t. II.
VASSALLI, Giuliano. *Nullum Crimen sine Lege*. In: *Novissimo Digesto Italiano*. Torino: Unione Tipografico Editrice Torinese, 1957, v. XI.
VELO, Joe Tennyson. *O Juízo de Censura Penal (O Princípio da Inexigibilidade de Conduta Diversa e Algumas Tendências)*. Porto Alegre: Sergio Antonio Fabris Editor, 1993.
VENZON, Altayr. *Excessos na Legítima Defesa*. Porto Alegre: Sergio Antonio Fabris Editor, 1989.
VERÍSSIMO, Carla. *Compliance – Incentivo à Adoção de Medidas Anticorrupção*. São Paulo: Saraiva, 2017.
VIANA, Eduardo. *Dolo como Compromisso Cognitivo*. São Paulo: Marcial Pons, 2017.
VIEHWEG, Theodor. *Topik und Jurisprudenz*. München: C. H. Beck'sche Verlagsbuchhandlung, 1953.
——. *Tópica e Jurisprudência*. Trad. de Kelly Susane Alflen da Silva. Porto Alegre: Sergio Antonio Fabris Editor, 2008.
VERRI, Pietro. *Observações sobre a Tortura*. Trad. Federico Carotti e Roberto Leal Ferreira. São Paulo: Martins Fontes, 1992.
WEDY, Miguel Tedesco. *A Eficiência e sua Repercussão no Direito Penal e Processo Penal*. Porto Alegre: Elegantia Juris, 2016.
WEIR, William. *50 Batalhas que Mudaram o Mundo*: Os Conflitos que Mais Influenciaram o Curso da História. 3ª ed. Trad. de Roger Maioli dos Santos. São Paulo: M.Books, 2010.
WELZEL, Hans. *Das Deutsche Strafrecht*. 11ª ed. Berlin: Walter de Gruyter & Co., 1969.
——. Kausalität und Handlung. In: *Zeitschrift für die gesamte Strafrechtswissenschaft*, nº 51, 1931, p. 703 e ss.
——. *O Novo Sistema Jurídico-Penal – Uma Introdução à Doutrina da Ação Finalista*. Trad. de Luiz Regis Prado. São Paulo: Revista dos Tribunais, 2001
——. Studien zum System des Strafrechts. In: *Zeitschrift für die gesamte Strafrechtswissenschaft*, nº 58, 1939, p. 491 e ss.
WESSELS, Johannes; BEULKE, Werner. *Strafrecht – Allgemeiner Teil*. 36ª ed. Heidelberg: C.F. Müller Verlag, 2006.
WITTGENSTEIN, Ludwig. *Investigações Filosóficas*. 9ª ed. Trad. de Marcos G. Montagnoli. Petrópolis: Vozes, 2014.
XAVIER FILHO, Ernesto de Freitas. *Manual de Perícias Médico-Legais*. Porto Alegre: Síntese, 1980.
ZAFFARONI, Eugenio Raúl; ALAGIA, Alejandro; SLOKAR, Alejandro. *Derecho Penal – Parte General*. 2ª ed. Buenos Aires: Ediar, 2002.
ZAFFARONI, Eugenio Raúl; SLOKAR, Alejandro; BATISTA, Nilo; Alejandro; ALAGIA, Alejandro. *Direito Penal Brasileiro – Teoria do Delito – Introdução Histórica e Metodológica, Ação e Tipicidade*. Rio de Janeiro: Revan, 2010, v. II.
——. *El Enemigo en el Derecho Penal*. Buenos Aires: Ediar, 2006.
——. *Manual de Derecho Penal – Parte General*. 6ª ed. Buenos Aires: Ediar, 1991.
——. *Tratado de Derecho Penal – Parte General*. Buenos Aires: Ediar, 1981, v. III.
——; PIERANGELI, José Henrique. *Manual de Direito Penal Brasileiro – Parte Geral*. 12ª ed. São Paulo: Revista dos Tribunais, 2018.
——. *Da Tentativa*. 9ª ed. São Paulo: Revista dos Tribunais, 2010.
ZORATTO, Pedro Henrique Iserhard; MARKUS, Ricardo Luiz Engel. Retardo mental. In: *Psiquiatria Forense – 80 Anos de Prática Institucional* (org. Carlos Alberto Crespo de Souza; Rogério Göttert Cardoso). Porto Alegre: Sulina, 2006.

Índice geral

Agradecimentos..5
Nota prévia..7
Sumário..9
Abreviaturas..11
Prefácio – *Vicente Greco Filho*..13
Apresentação – *Fabio Roberto D'Avila*...15

Primeira Parte – Propedêutica e Teoria da Lei Penal............................19
  Capítulo I – CONCEITO DE DIREITO PENAL..19
    1. Denominação: Direito Penal ou Direito Criminal?.................................19
    2. O Direito Penal objetivo (*jus poenale*)..21
    3. Sobre o (suposto?) Direito Penal subjetivo (*jus puniendi* ou *potentia puniendi*)...............22
    4. Direito Penal substantivo e Direito Penal adjetivo..................................23
    5. Caracteres do Direito Penal..24
  Capítulo II – FUNDAMENTO E MISSÃO DO DIREITO PENAL..............26
    1. Introdução: a distinção entre fundamento e missão do Direito Penal....26
    2. Fundamento do Direito Penal..28
    3. Funções do Direito Penal..29
      3.1. Função de proteção subsidiária de bens jurídicos............................29
      3.2. Função de proteção de valores ético-sociais....................................30
      3.3. Função de confirmação de vigência da norma.................................31
      3.4. Função de controle social 31
      3.5. Função de manutenção da paz social...32
      3.6. Função (meramente) simbólica...33
      3.7. Função promocional..34
  Capítulo III – PRINCÍPIOS LIMITADORES DO PODER-DEVER DE PUNIR ESTATAL...35
    1. A supremacia da Constituição e os direitos fundamentais.....................35
    2. Conceito de princípio: à guisa de uma (indeclinável) pré-compreensão......36
    3. Os princípios limitadores do poder-dever de punir................................38
      3.1. O princípio da dignidade da pessoa humana...................................38
      3.2. O princípio da legalidade..40
      3.3. O princípio da proporcionalidade...40
      3.4. O princípio da ofensividade ou da exclusiva proteção de bens jurídicos.........42
      3.5. O princípio da intervenção mínima: subsidiariedade e fragmentariedade.......43
      3.6. O princípio da adequação social..45
      3.7. O princípio da insignificância...46
      3.8. O princípio da igualdade..48
      3.9. O princípio da culpabilidade...50
      3.10. O princípio da responsabilidade subjetiva......................................51

3.11. O princípio do Direito Penal do fato..52
3.12. O princípio da pessoalidade, personalidade ou da intranscendência da pena.........52
3.13. O princípio da individualização da pena..53
3.14. O princípio do *ne bis in idem*..53
3.15. Princípios limitadores vinculados ao processo penal: devido processo legal e não culpabilidade ou presunção de inocência..54
    3.15.1. O devido processo legal 54
    3.15.2. Não culpabilidade ou presunção de inocência..55

Capítulo IV – AS CIÊNCIAS PENAIS, OBJETO E MÉTODO DO DIREITO PENAL........58
1. O trinômio Dogmática Penal, Criminologia e Política Criminal: a ciência penal conjunta...58
   1.1. A Dogmática Penal..58
   1.2. A Criminologia..59
   1.3. A Política Criminal..61
2. Enciclopédia das ciências penais e as ciências auxiliares..63
   2.1. Medicina Legal e Psiquiatria Forense...64
   2.2. Psicologia Judiciária ou Psicologia Forense...65
   2.3. Criminalística..66
3. O método e o objeto do Direito Penal...66
   3.1. Método e objeto do Direito Penal..66
   3.2. A Ciência do Direito Penal e sistema..72
   3.3. Os critérios clássicos de interpretação da norma penal....................................74
      3.3.1. A interpretação literal 75
      3.3.2. A interpretação lógico-sistemática 77
      3.3.3. A interpretação teleológica..78
      3.3.4. A interpretação histórica 79
   3.4. Analogia e interpretação analógica..80
      3.4.1. Analogia "in bonam partem" e analogia "in malam partem"....................82
   3.5. Fontes ou sujeitos da interpretação..83
   3.6. Resultados da interpretação: declarativos, restritivos e extensivos....................84

Capítulo V – RELAÇÕES DO DIREITO PENAL COM OUTROS RAMOS DO DIREITO....85
1. Direito Penal e Direito Constitucional...85
2. Direito Penal e Direito Processual Penal..87
3. Direito Penal e Direito Administrativo...87
4. Direito Penal e Direito Penitenciário ou da Execução Penal...................................88
5. Direito Penal e Direito Internacional Público..89
6. Direito Penal e Direito Privado..89

Capítulo VI – HISTÓRIA DO DIREITO PENAL...89
1. Primeira aproximação: vingança privada, vingança divina e vingança pública................89
2. Principais influências do Direito Penal continental europeu e latino-americano (*civil law*)..91
   2.1. Direito Penal romano...91
   2.2. Direito Penal germânico...93
   2.3. Direito Canônico...97
   2.4. Direito Penal comum nos países europeus anterior ao pensamento humanitário.....100
   2.5. O iluminismo, a obra de Beccaria e o surgimento do Direito Penal moderno.........101
3. Escolas penais e tendências...103
   3.1. A Escola Clássica..104
   3.2. A Escola Positiva..104
   3.3. A *Terza Scuola* italiana..105
   3.4. A Escola Moderna alemã..105

3.5. O Tecnicismo Jurídico...........106
3.6. A "Velha" e a Nova Defesa Social...........106
4. Evolução epistemológica do Direito Penal...........108
   4.1. Sistema causal: causalismo e neokantismo...........108
   4.2. Finalismo...........109
   4.3. Funcionalismo...........109
5. Breve evolução histórica do Direito Penal brasileiro...........110
   5.1. As ordenações do Reino de Portugal...........110
   5.2. O Código Criminal de 1830...........111
   5.3. O Código Penal de 1890 e a Consolidação das Leis Penais de 1932...........113
   5.4. O Código Penal de 1940...........114
   5.5. O Código Penal de 1969: o Código natimorto...........115
   5.6. A Reforma de 1984...........116
6. Movimentos Político-Criminais contemporâneos...........117
   6.1. Lei e ordem (*law and order*)...........117
   6.2. Abolicionismo...........118
   6.3. Garantismo penal...........119
   6.4. Direito penal do inimigo...........120
   6.5. Direito penal de duas (ou três?) velocidades e direito de intervenção...........121

Capítulo VII – TEORIA DA LEI PENAL...........122
1. Fontes do Direito Penal...........122
   1.1. Fontes materiais, substanciais ou de produção...........123
   1.2. Fontes formais ou de conhecimento...........123
      1.2.1. Fontes formais imediatas...........123
         1.2.1.1. A Constituição...........123
         1.2.1.2. A lei...........124
      1.2.2. Fontes formais mediatas ou indiretas...........125
         1.2.2.1. O costume...........125
         1.2.2.2. Princípios Gerais de Direito...........126
   1.3. *Excursus*: é a jurisprudência fonte do direito penal?...........127
   1.4. *Excursus*: o papel da doutrina...........129
2. Princípio da legalidade (*nullum crimen, nulla poena sine lege*)...........129
   2.1. Introdução...........129
      2.1.1. A origem do princípio...........129
      2.1.2. Significado político e significado jurídico...........131
      2.1.3. Legalidade formal e legalidade material...........131
   2.2. Desdobramentos ou corolários do princípio da legalidade...........133
      2.2.1. *Lex praevia* (exigência de lei anterior)...........133
      2.2.2. *Lex scripta* (proscrição e admissibilidade dos costumes)...........135
      2.2.3. *Lex stricta* (proscrição e admissibilidade da analogia)...........136
      2.2.4. *Lex certa* (exigência de taxatividade da lei penal)...........138
   2.3. A problemática das leis penais em branco...........139
   2.4. *Excursus*: a legalidade no sistema *commom law*...........141
3. Conceito de norma e lei penal...........142
4. Estrutura da norma penal...........143
5. Função da norma penal...........145
6. Lei penal no tempo...........145
   6.1. Nascimento, vida e morte da lei penal (*tempus regit actum*)...........145
   6.2. Irretroatividade da lei penal...........146
   6.3. Retroatividade da lei descriminalizante (*abolitio criminis*)...........147
   6.4. Retroatividade da lei penal mais benéfica (*lex mitior*)...........147

6.5. Crime continuado e crime permanente: retroatividade da lei penal?
(A Súmula 711 do STF)..148
6.6. Combinação de leis..148
6.7. Leis excepcionais e temporárias..149
6.8. Tempo do crime...149
7. Lei penal no espaço..150
7.1. Princípios que regem a aplicação da lei penal no espaço................................151
7.1.1. Princípio da territorialidade..151
7.1.2. Princípio da defesa ou real..152
7.1.3. Princípio da justiça universal..153
7.1.4. Princípio da personalidade ou da nacionalidade..................................153
7.1.5. Princípio do pavilhão, da bandeira ou da representação......................153
7.2. Aplicação da lei penal a fatos cometidos no Brasil (territorialidade).............154
7.2.1. Aplicação do princípio da territorialidade e conceito de território......154
7.2.1.1. Espaço aéreo territorial..155
7.2.1.2. Mar territorial..155
7.3. Aplicação da lei penal brasileira a fatos praticados no estrangeiro
(extraterritorialidade)..156
7.3.1. Extraterritorialidade incondicionada..156
7.3.1.1. Crimes contra a vida ou a liberdade do Presidente da República........156
7.3.1.2. Crimes contra o patrimônio ou a fé pública da União, do Distrito
Federal, de Estado, de Território, de Município, de empresa pública,
sociedade de economia mista, autarquia ou fundação instituída pelo
Poder Público...156
7.3.1.3. Crimes contra a administração pública, por quem está a seu
serviço..156
7.3.1.4. Crimes de genocídio, quando o agente for brasileiro ou domiciliado
no Brasil...157
7.4. Extraterritorialidade condicionada...157
7.4.1. Crimes que, por tratado ou convenção, o Brasil se obrigou a reprimir
(princípio da justiça penal universal)..157
7.4.2. Crimes praticados por brasileiro (princípio da personalidade ativa)............158
7.4.3. Crimes praticados em aeronaves ou embarcações brasileiras, mercantes ou
de propriedade privada (princípio do pavilhão, da bandeira ou da
representação)..158
7.4.4. Crime praticado por estrangeiro contra brasileiro fora do Brasil
(princípio da defesa ou da personalidade passiva)................................158
7.5. Condições..159
7.6. Lugar do crime..159
7.7. Pena cumprida no estrangeiro..160
7.8. Eficácia da sentença penal estrangeira...160
8. Lei penal com relação a determinadas pessoas..161
8.1. Imunidades substanciais e formais...161
8.1.1. Imunidades decorrentes do direito internacional.................................161
8.1.1.1. Imunidade diplomática..161
8.1.1.2. Imunidade relativa a Chefes de Estado.................................162
8.1.1.3. Imunidade consular...163
8.1.2. Imunidades e tratamentos jurídicos especiais decorrentes do direito
público interno...164
8.1.2.1. Imunidades parlamentares...164
8.1.2.1.1. Deputados e Senadores...164
8.1.2.1.2. Deputados estaduais e distritais............................166
8.1.2.1.3. Vereadores...166

    8.1.2.2. Chefes do Poder Executivo..167
      8.1.2.2.1. O Presidente da República Federativa do Brasil 167
      8.1.2.2.2. Os governadores dos Estados-membros e do Distrito Federal.169
      8.1.2.2.3. Prefeitos...170
 9. Extradição, deportação e expulsão..170
 10. Conflito aparente de normas...172
  10.1. Princípio da especialidade..173
  10.2. Princípio da consunção..173
  10.3. Princípio da subsidiariedade..174
  10.4. Princípio da alternatividade...175
  10.5. Antefato e pós-fato impuníveis..175
 11. Disposições finais..176

Segunda Parte – Teoria jurídica do crime..177
 Capítulo VIII – INTRODUÇÃO..177
 1. Primeira aproximação...177
 2. Breve referência evolutiva das principais concepções doutrinárias do crime................180
  2.1. O positivismo causal-naturalista: a concepção clássica.............................180
  2.2. O neokantismo: a concepção neoclássica...181
  2.3. O finalismo: concepção ontológica 181
  2.4. O funcionalismo: a concepção normativa..182
 3. Conceito de crime..183
  3.1. Algumas precisões conceituais...183
  3.2. Conceito formal..186
  3.3. Conceito material..186
  3.4. Conceito analítico...187
 4. O crime como ofensa ou exposição a perigo de bens jurídicos........................187
  4.1. Breve referência evolutiva à teoria do bem jurídico..................................187
  4.2. Conceito de bem jurídico..189
  4.3. Bem jurídico e Constituição..191
  4.4. Bem jurídico e objeto da conduta: distinções..192
  4.5. Bem jurídico individual e transindividual..192
  4.6. Funções do bem jurídico...193
 5. Classificação das infrações penais..193
  5.1. Crime, delito e contravenção 194
  5.2. Crimes comissivo e omissivo, próprios e impróprios................................194
  5.3. Crimes doloso, culposo e preterdoloso..194
  5.4. Crimes instantâneo, permanente e instantâneo de efeitos permanentes....195
  5.5. Crimes material, formal e de mera conduta 195
  5.6. Crimes de dano e de perigo...197
  5.7. Crimes unissubjetivo e plurissubjetivo...198
  5.8. Crimes unissubsistente e plurissubsistente...198
  5.9. Crimes comum, próprio e de mão própria...198
  5.10. Crimes de ação única e de ação múltipla...199
  5.11. Crimes de forma livre e de forma vinculada...199
  5.12. Crimes principal e acessório..200
  5.13. Crimes simples, privilegiado, qualificado, *sui generis* e majorado..........200
  5.14. Crimes de tipo fechado e de tipo aberto..200
  5.15. Crimes transeunte e não transeunte..201
  5.16. Crime vago, multivitimário ou de vítimas difusas..................................201
  5.17. Crime achado...201

Capítulo IX – CONDUTA PUNÍVEL..201
  1. Introdução 201
  2. Conceitos de conduta (ou teorias da ação)..203
      2.1. Conceito causal-naturalista ou clássico (Liszt, Beling)......................................203
      2.2. Conceito finalista (Welzel)..204
      2.3. Conceito social (Ebehardt Schmidt, Jescheck, Wessels)....................................206
      2.4. Conceito da ação pessoal (Roxin)..207
      2.5. Conceito negativo ou da evitabilidade individual (Herzberg, Jakobs)................207
  3. Apreciação crítica..208
  4. Ausência de conduta..211
      4.1. Coação física (*vis absoluta, corporalis* ou *atrox*) e força física irresistível..............212
      4.2. Estados de inconsciência..213
      4.3. Movimentos reflexos..213
      4.4. *Excursus*: a problemática da hipnose, das ações em curto-circuito e do automatismo...214

Capítulo X – TIPICIDADE..216
  1. Introdução..216
      1.1. Referência evolutiva à teoria do tipo...216
      1.2. Tipo e tipicidade...221
      1.3. Tipicidade formal e tipicidade material...221
      1.4. Tipicidade conglobante...222
      1.5. Elementos objetivos e subjetivos do tipo...222
      1.6. Tipo objetivo e tipo subjetivo..223
      1.7. Funções do tipo e da tipicidade...223
  2. Tipo objetivo..224
      2.1. Conduta comissiva: a ação..224
      2.2. Conduta omissiva: a omissão..225
          2.2.1. Crimes omissivos próprios...225
          2.2.2. Crimes omissivos impróprios ou comissivos por omissão........................225
              2.2.2.1. A teoria das fontes e a posição de garante: o art. 13, § 2º, do CP.........226
                  2.2.2.1.1. A lei...226
                  2.2.2.1.2. A assunção da responsabilidade de impedir o resultado por causa diversa da imposição legal..............................226
                  2.2.2.1.3. A assunção da responsabilidade daquele que, com seu comportamento anterior, criou o risco da ocorrência do resultado..227
          2.2.3. A caracterização típica dos crimes omissivos próprios e impróprios............227
              2.2.3.1. A inação...227
              2.2.3.2. A real possibilidade de agir..227
              2.2.3.3. A situação típica omissiva..227
              2.2.3.4. O dever (específico) de agir para impedir o resultado: requisito adicional aos crimes omissivos impróprios..228
      2.3. Sujeito ativo: o agente..228
          2.3.1. A pessoa jurídica criminosa?..228
      2.4. Sujeito passivo: a vítima...230
      2.5. Bem jurídico e objeto material da conduta...230
      2.6. Resultado..231
      2.7. Relação de causalidade ou nexo causal...231
          2.7.1. Teoria da *conditio sine qua non*..232
          2.7.2. Teoria da causalidade adequada..233
          2.7.3. Apreciação crítica e casuística...234

2.8. Imputação objetiva do resultado...238
  2.8.1. A concepção de Roxin..239
    2.8.1.1. Criação de um risco não permitido...240
    2.8.1.2. Realização do risco não permitido..240
    2.8.1.3. Alcance do tipo..241
  2.8.2. A concepção de Jakobs...242
  2.8.3. Considerações conclusivas...244
3. Tipo subjetivo...245
  3.1. Dolo: a doutrina do crime doloso. Teorias tradicionais..............................245
    3.1.1. Teoria da vontade...245
    3.1.2. Teoria da representação...245
    3.1.3. Teoria do consentimento ou do assentimento....................................245
  3.2. Elementos do dolo: elemento intelectual e elemento volitivo....................246
  3.3. Elemento subjetivo geral: o dolo..246
    3.3.1. Espécies de dolo..246
      3.3.1.1. Dolo direto de 1º grau...247
      3.3.1.2. Dolo direto de 2º grau...248
      3.3.1.3. Dolo eventual. Teorias e distinção da culpa consciente...........249
        3.3.1.3.1. Teorias volitivas...250
        3.3.1.3.1.1. A fórmula de Frank...250
        3.3.1.3.1.2. Teoria do consentimento: a jurisprudência alemã e o
                       critério do levar a sério (o caso da correia de couro).........250
        3.3.1.3.2. Teorias da representação ou cognitivas............................252
        3.3.1.3.2.1. Teorias tradicionais: da possibilidade e a da
                       probabilidade..252
        3.3.1.3.2.2. Teoria da qualidade do risco criado (Ingebord Puppe)......253
        3.3.1.3.3. A doutrina da cegueira deliberada (*wilful blindness*) ou
                  teoria do avestruz..253
      3.3.1.4. Outras designações: dolo indireto (alternativo e cumulativo), dolo
                geral e dolo de perigo..255
  3.4. Elemento subjetivo especial: os elementos subjetivos do tipo ou do injusto............256
  3.5. Culpa: a doutrina do crime culposo..257
    3.5.1. Conceito de crime culposo...257
    3.5.2. Modalidades de culpa..259
      3.5.2.1. Imprudência..259
      3.5.2.2. Negligência..259
      3.5.2.3. Imperícia...259
    3.5.3. Espécies de culpa..260
      3.5.3.1. Culpa consciente..260
      3.5.3.2. Culpa inconsciente...261
      3.5.3.3. Culpa imprópria..262
    3.5.4. *Excursus*: o problema da culpa temerária..262
    3.5.5. Dolo eventual e culpa consciente. Distinção.....................................263
    3.5.6. Requisitos à configuração do crime culposo......................................263
      3.5.6.1. Conduta sem observância do dever objetivo de cuidado e
               excedente aos limites do risco permitido (critério do
               "homem médio"?)..263
        3.5.6.1.1. *Excursus*: o princípio da confiança como limitador do
                  dever de cuidado..266
      3.5.6.2. Previsibilidade do resultado..266
      3.5.6.3. Produção de um resultado e nexo causal (em regra). Desvalor da
               ação e desvalor do resultado..267
        3.5.6.3.1. *Excursus*: o problema dos crimes omissivos próprios
                  culposos..268

  3.5.7. Compensação de culpas..269
 3.6. Crimes qualificados pelo resultado e o elemento subjetivo do crime-base e do resultado agravador. Crimes majorados. Crimes preterdolos ou preterintencionais..269
4. Ausência de tipicidade..271
 4.1. Princípio da adequação social..271
 4.2. Princípio da insignificância...271
 4.3. Consentimento do titular do bem jurídico...271
 4.4. Erro de tipo...272
 4.5. Ausência de algum elemento do tipo (ausência não aparente *prima facie*).......272
 4.6. Não imputação objetiva..274

Capítulo XI – ILICITUDE E CAUSAS DE EXCLUSÃO (JUSTIFICANTES)..........274
 1. Ilicitude, antijuridicidade e injusto...274
 2. Ilicitude formal e ilicitude material..276
 3. Ausência de ilicitude. As justificantes, causas de justificação ou causas excludentes de ilicitude..277
  3.1. O requisito subjetivo nas causas excludentes de ilicitude......................277
  3.2. O excesso nas causas excludentes de ilicitude....................................278
  3.3. O estado de necessidade..278
   3.3.1. Conceito e fundamento...278
   3.3.2. Estado de necessidade justificante e estado de necessidade exculpante e a natureza jurídica do instituto no direito brasileiro..................279
   3.3.3. Estado de necessidade defensivo e estado de necessidade agressivo............281
   3.3.4. Requisitos do estado de necessidade....................................282
    3.3.4.1. Perigo atual..282
    3.3.4.2. Não provocação voluntária do perigo............................283
    3.3.4.3. Inevitabilidade da lesão...283
    3.3.4.4. Inexigibilidade de sacrifício do bem ameaçado................284
    3.3.4.5. Direito próprio ou alheio...285
    3.3.4.6. Elemento subjetivo: o "animus" de salvamento................285
    3.3.4.7. Ausência do dever legal de enfrentar o perigo.................285
  3.4. Estado de necessidade putativo...285
  3.5. Excesso punível..286
 4. A legítima defesa..286
  4.1. Conceito e fundamento..286
  4.2. Requisitos da legítima defesa..287
   4.2.1. Agressão injusta, atual ou iminente....................................287
   4.2.2. Direito próprio ou alheio..288
   4.2.3. Meios necessários usados moderadamente (proporcionalidade)............289
   4.2.4. Elemento subjetivo: "animus" de defesa..............................289
  4.3. Legítima defesa putativa...290
  4.4. Excesso punível..290
 5. Estrito cumprimento do dever legal..292
 6. Exercício regular de direito...293
 7. Consentimento do titular do bem jurídico como causa supralegal de atipicidade e como causa supralegal justificante..295
 8. A controvérsia em torno da natureza jurídica dos ofendículos...................297

Capítulo XII – CULPABILIDADE E CAUSAS DE EXCLUSÃO (DIRIMENTES)......297
 1. A evolução histórica do conceito de culpabilidade..................................297
 2. Os requisitos da culpabilidade..301
  2.1. Imputabilidade..301

- 2.2. Consciência potencial da ilicitude...........302
- 2.3. Exigibilidade de conduta diversa...........302
- 3. A culpabilidade como requisito estrutural do crime...........303
- 4. Ausência de culpabilidade. As exculpantes, dirimentes ou causas excludentes de culpabilidade...........305
  - 4.1. Inimputabilidade...........305
    - 4.1.1. Sistemas...........305
      - 4.1.1.1. Biológico...........305
      - 4.1.1.2. Psicológico...........306
      - 4.1.1.3. Biopsicológico...........306
    - 4.1.2. A inimputabilidade decorrente de doença mental...........307
    - 4.1.3. A inimputabilidade decorrente de retardo mental...........311
    - 4.1.4. A inimputabilidade decorrente de desenvolvimento mental incompleto......313
      - 4.1.4.1. O indígena. Concepção atual...........313
      - 4.1.4.2. O surdo-mudo...........319
      - 4.1.4.3. O menor de 18 anos e o critério biológico...........321
    - 4.1.5. Alcoolismo: embriaguez patológica e embriaguez não patológica...........321
      - 4.1.5.1. Conceito de embriaguez...........322
      - 4.1.5.2. Os diferentes graus de embriaguez...........322
      - 4.1.5.3. Características gerais da embriaguez patológica e tratamento legal...323
      - 4.1.5.4. Embriaguez não patológica: tratamento legal...........324
        - 4.1.5.4.1. Embriaguez acidental: proveniente de caso fortuito ou força maior...........325
        - 4.1.5.4.2. Embriaguez não acidental: voluntária ou culposa...........325
      - 4.1.5.5. *Actio libera in causa*...........326
    - 4.1.6. Toxicomania...........327
  - 4.2. Semi-imputabilidade: a capacidade diminuída...........328
    - 4.2.1. Perturbação da saúde mental...........329
      - 4.2.1.1. Doença mental...........330
      - 4.2.1.2. Neurose...........330
      - 4.2.1.3. Psicopatia...........333
    - 4.2.2. Desenvolvimento mental incompleto...........336
    - 4.2.3. Retardo mental...........336
  - 4.3. Emoção e paixão...........336
  - 4.4. Consequências jurídicas pela prática de fato definido como infração por inimputável...........337
  - 4.5. O erro de proibição...........338
  - 4.6. Inexigibilidade de conduta diversa...........338
    - 4.6.1. A coação moral irresistível (*vis compulsiva* ou *vis conditionalis*)...........338
    - 4.6.2. A obediência hierárquica...........339
    - 4.6.3. A inexigibilidade de conduta diversa como causa supralegal de exculpação....340

Capítulo XIII – TEORIA DO ERRO JURÍDICO-PENAL...........341
1. A teoria do erro, causalismo, finalismo, teorias do dolo e da culpabilidade...........341
2. Erro de tipo...........343
   - 2.1. Erro de tipo e erro de fato. Erro de tipo essencial e erro de tipo acidental...........343
   - 2.2. Tratamento legal e consequências jurídicas do erro de tipo...........345
3. Erro de tipo acidental...........347
   - 3.1. Erro sobre a coisa (*error in objecto*)...........347
   - 3.2. Erro sobre a pessoa (*error in persona*)...........348
   - 3.3. Erro na execução (*aberratio ictus*)...........348
   - 3.4. Resultado diverso do pretendido (*aberratio criminis* ou *aberratio delicti*)...........349

4. Erro de proibição e ignorância da lei..350
    4.1. Erro de proibição direto..351
    4.2. Erro de proibição indireto (erro de permissão)..352
    4.3. Erro mandamental ou erro de mandamento...353
    4.4. *Excursus*: a dúvida e problema da evitabilidade do erro de proibição...................354
    4.5. Consequências jurídicas do erro de proibição..355
5. Descriminantes putativas (erro sobre as causas de justificação)............................355
    5.1. Natureza jurídica...356
    5.2. Consequências jurídicas das descriminantes putativas..................................357

Capítulo XIV – CONSUMAÇÃO E TENTATIVA..357
1. Consumação e tentativa: todo e parte..357
    1.1. Breve histórico..358
    1.2. Elementos da tentativa..359
    1.3. Espécies de tentativa...359
    1.4. *Iter criminis*, consumação, exaurimento e o problema da linha divisória entre atos preparatórios e atos de execução..360
        1.4.1. Teoria subjetiva (e sua variante negativista)..361
        1.4.2. Teoria formal-objetiva..362
        1.4.3. Teoria material-objetiva...362
        1.4.4. Teoria da idoneidade e univocidade dos atos executórios...................362
        1.4.5. Teoria objetivo-individual..363
        1.4.6. Considerações conclusivas..364
    1.5. Infrações que não admitem tentativa..367
    1.6. A punibilidade da tentativa e seu fundamento..370
    1.7. Casuística...370
2. Desistência voluntária e arrependimento eficaz (tentativa abandonada)..............372
3. Arrependimento posterior..374
4. Crime impossível (tentativa inidônea ou quase-crime) e crime putativo................374

Capítulo XV – AUTORIA E PARTICIPAÇÃO (CONCURSO DE PESSOAS)..................376
1. Considerações preliminares..376
    1.1. Autoria e participação..376
    1.2. Pressuposto do concurso de pessoas: concepção monista, dualista e pluralista.......379
    1.3. Sistema unitário e diferenciador...381
2. Teoria unitária: a teoria causal-extensiva...382
3. Teorias diferenciadoras...383
    3.1. Teoria formal-objetiva..383
    3.2. Teoria material-objetiva...384
    3.3. Teoria subjetiva..385
    3.4. Teoria do domínio do fato..386
        3.4.1. A concepção de Hans Welzel...386
        3.4.2. A concepção de Claus Roxin..387
            3.4.2.1. Delitos de domínio..387
            3.4.2.2. Delitos de infração de dever...389
            3.4.2.3. Delitos de mão própria...390
4. O concurso de pessoas no direito penal brasileiro...390
    4.1. A caracterização da autoria e da participação..393
        4.1.1. Formas de autoria..393
            4.1.1.1. Autoria individual..393
            4.1.1.2. Autoria mediata ou indireta...393
            4.1.1.3. Autoria coletiva (coautoria)..394
            4.1.1.4. Autoria colateral, autoria incerta e autoria desconhecida.......394

    4.1.1.5. Autoria intelectual? 394
   4.1.2. Participação 395
    4.1.2.1. Espécies...395
    4.1.2.2. Instigação...395
    4.1.2.3. Cumplicidade...396
     4.1.2.3.1. *Excursus*: cumplicidade por meio de ações neutras ou cotidianas...396
     4.1.2.3.2. *Excursus*: as controvérsias em torno do mandante: autor ou partícipe?...397
    4.1.2.4. Teorias da acessoriedade da participação.................................398
  4.2. Requisitos do concurso de pessoas...398
   4.2.1. Identidade de infração penal...398
   4.2.2. Pluralidade de agentes 399
   4.2.3. Assunção subjetiva para o empreendimento delitivo comum.....399
   4.2.4. Relevância causal das condutas...399
  4.3. A participação de menor importância 400
  4.4. Cooperação dolosamente distinta: e se o concorrente quis participar de crime menos grave?..401
  4.5. Comunicabilidade das circunstâncias e condições de caráter pessoal 403
  4.6. Participação impunível...403
 5. Concurso de pessoas nos crimes culposos..404
 6. Concurso de pessoas nos crimes omissivos..405

Terceira Parte – Consequências jurídicas do crime e dos fatos sujeitos à medida de segurança e punibilidade...407
Capítulo XVI – CONCEITO, FINS DA PENA E SISTEMAS PENITENCIÁRIOS............407
 1. Conceito de pena...407
 2. Fins da pena..408
  2.1. Teorias absolutas ou retributivas..408
  2.2. Teorias relativas ou preventivas...409
   2.2.1. Prevenção geral negativa..410
   2.2.2. Prevenção especial negativa..410
   2.2.3. Prevenção geral positiva..410
   2.2.4. Prevenção especial positiva...411
  2.3. Teorias mistas...411
   2.3.1. Teorias mistas tradicionais..412
   2.3.2. Teoria dialética unificadora...413
  2.4. Teoria negativa ou agnóstica...413
 3. Sistemas penitenciários..414
  3.1. Introdução..414
  3.2. Sistema pensilvânico, de Filadélfia ou celular...414
  3.3. Sistema auburniano ou *silent system*..415
  3.4. Sistema inglês ou progressivo...415
  3.5. Perspectiva brasileira...415
Capítulo XVII – ESPÉCIES DE PENA..416
 1. Introdução 416
 2. Espécies de pena albergadas no Direito Penal brasileiro....................................418
  2.1. Penas privativas de liberdade...418
   2.1.1. Reclusão, detenção e prisão simples..418
   2.1.2. Regimes de execução..419
    2.1.2.1. Regime fechado...419

  2.1.2.2. Regime semi-aberto...419
  2.1.2.3. Regime aberto..419
  2.1.2.4. Regime especial para mulheres..419
  2.1.2.5. Progressão e regressão de regime...420
 2.1.3. Direitos e deveres do condenado...421
  2.1.3.1. Direitos do condenado...421
  2.1.3.2. Deveres do condenado..422
  2.1.3.3. Trabalho do condenado...422
 2.1.4. Individualização da pena e de sua execução...............................422
 2.1.5. Remição..423
 2.1.6. Detração...423
2.2. Penas restritivas de direitos...423
 2.2.1. Introdução..423
 2.2.2. Espécies..424
  2.2.2.1. Prestação pecuniária..424
  2.2.2.2. Perda de bens e valores..425
  2.2.2.3. Prestação de serviços à comunidade ou a entidades públicas............425
  2.2.2.4. Interdição temporária de direitos..426
  2.2.2.5. Limitação de fim de semana..426
 2.2.3. Conversão...426
2.3. Pena de multa..427
 2.3.1. Introdução..427
 2.3.2. Cominação da pena de multa...428
 2.3.3. Aplicação da pena de multa...428
 2.3.4. Execução da pena de multa..429
2.4. Pena de prisão simples..429
2.5. Outras penas: Lei de drogas, Lei ambiental e Código Penal Militar.....429

Capítulo XVIII – APLICAÇÃO DA PENA...430
1. Introdução: o método trifásico adotado pelo Código Penal 430
2. Primeira fase: pena-base. Circunstâncias judiciais 431
 2.1. Como se procede ao cálculo da pena-base?.......................................437
3. Segunda fase: pena provisória. Agravantes e atenuantes genéricas........439
 3.1. Circunstâncias agravantes 439
  3.1.1 A reincidência 439
  3.1.2. O motivo fútil ou torpe 442
  3.1.3. O escopo de facilitar ou assegurar a execução, a ocultação, a impunidade ou a vantagem de outro crime 443
  3.1.4. A traição, a emboscada, a dissimulação, ou outro recurso que dificulte ou torne impossível a defesa do ofendido 444
  3.1.5. O emprego de veneno, fogo, explosivo, tortura ou outro meio insidioso ou cruel, ou de que poderia resultar perigo comum 444
  3.1.6. Crime cometido contra ascendente, descendente, irmão ou cônjuge 445
  3.1.7. Crime com abuso de autoridade ou prevalecendo-se de relações domésticas, de coabitação ou de hospitalidade, ou com violência contra a mulher na forma da lei específica 445
  3.1.8. Crime cometido com abuso de poder ou violação de dever inerente a cargo, ofício, ministério ou profissão 446
  3.1.9. Crime cometido contra criança, maior de sessenta anos, enfermo ou mulher grávida 446
  3.1.10. Crime cometido quando o ofendido estava sob a imediata proteção da autoridade 447

3.1.11. Crime cometido em ocasião de incêndio, naufrágio, inundação ou qualquer calamidade pública, ou de desgraça particular do ofendido 447
3.1.12. Crime cometido em estado de embriaguez preordenada 448
3.1.13. Agravantes no caso de concurso de pessoas 448
3.2. Circunstâncias atenuantes 450
3.2.1. Menor de 21 anos e maior de 70 anos 450
3.2.2. Desconhecimento da lei 450
3.2.3. Ter o agente cometido o crime por motivo de relevante valor social ou moral 451
3.2.4. Ter o agente procurado, por sua espontânea vontade e com eficiência, logo após o crime, evitar-lhe ou minorar-lhe as consequências, ou ter, antes do julgamento, reparado o dano 451
3.2.5. Ter o agente cometido o crime sob coação a que podia resistir, ou em cumprimento de ordem de autoridade superior, ou sob influência de violenta emoção, provocada por ato injusto da vítima 452
3.2.6. Ter o agente confessado espontaneamente, perante a autoridade, a autoria do crime 452
3.2.7. Ter o agente cometido o crime sob a influência de multidão em tumulto, se não provocou 453
3.2.8. Atenuantes inominadas 453
3.3. Concurso de agravantes e atenuantes. Como se procede ao cálculo da pena provisória? 453
4. Terceira fase: pena definitiva. Causas de diminuição e aumento de pena 455
5. Concurso de crimes 456
5.1. Concurso material ou real 456
5.2. Concurso formal ou ideal 457
5.3. Crime continuado 459

Capítulo XIX – SUSPENSÃO CONDICIONAL DA PENA 463
1. Conceito e natureza jurídica 463
2. Espécies 464
3. Requisitos 464
4. Condições 465
5. Período de prova 465
6. Revogação obrigatória e facultativa 465
7. Prorrogação do período de prova 466
8. Extinção 466

Capítulo XX – LIVRAMENTO CONDICIONAL 466
1. Conceito e natureza jurídica 466
2. Requisitos 467
3. Condições 467
4. Revogação 467
5. Prorrogação e extinção 468

Capítulo XXI – EFEITOS DA CONDENAÇÃO E REABILITAÇÃO 468
1. Efeitos da condenação 468
1.1. Introdução 468
1.2. Efeitos genéricos 468
1.3. Efeitos específicos 470
2. Reabilitação 471
2.1. Conceito e alcance 471
2.2. Requisitos 471
2.3. Revogação 472

Capítulo XXII – MEDIDAS DE SEGURANÇA 472
1. Introdução 472
2. Conceito..472
3. Breve notícia histórica: a superação do sistema duplo binário e a assunção do sistema vicariante..473
4. Natureza jurídica da medida de segurança..476
5. Princípios 477
   5.1. Legalidade..477
   5.2. Proporcionalidade...479
6. Pressupostos de aplicação da medida de segurança..481
   6.1. A prática de fato definido como crime ou contravenção.................................481
   6.2. A periculosidade como pressuposto e fundamentado da medida de segurança......481
7. Espécies...482
   7.1. Medidas de segurança privativas de liberdade...482
   7.2. Medidas de segurança não privativas de liberdade..483
   7.3. Medidas de segurança patrimoniais..484
9. Medida de segurança e os direitos do internado...485
10. Medida de segurança e extinção da punibilidade..486
11. Execução das medidas de segurança..486

Capítulo XXIII – PUNIBILIDADE, CAUSAS IMPEDITIVAS E CAUSAS EXTINTIVAS DA PUNIBILIDADE 488
1. Punibilidade, condições objetivas de punibilidade e escusas absolutórias...................488
2. Causas de extinção da punibilidade..491
   2.1. Introdução..491
   2.2. Morte do agente...491
   2.3. Anistia, graça e indulto..492
   2.4. *Abolitio criminis*..494
   2.5. Renúncia do direito de queixa e perdão nos crimes de ação penal de iniciativa privada......494
   2.6. Retratação do agente...495
   2.7. Perdão judicial...495
   2.8. Prescrição, decadência e perempção...496
      2.8.1. Prescrição..496
         2.8.1.1. Conceito, natureza jurídica e fundamento..496
         2.8.1.2. Prescrição da pretensão punitiva...498
         2.8.1.3. Prescrição retroativa e intercorrente ou superveniente.....................499
         2.8.1.4. Prescrição da pretensão executória...500
         2.8.1.5. Causas suspensivas (impeditivas)..500
         2.8.1.6. Causas interruptivas..501
            2.8.1.6.1. Recebimento da denúncia ou queixa...501
            2.8.1.6.2. Pronúncia 502
            2.8.1.6.3. Decisão confirmatória da pronúncia...502
            2.8.1.6.4. Publicação da sentença ou acórdão condenatórios recorríveis.........502
            2.8.1.6.5. Início ou continuação do cumprimento da pena.........................503
            2.8.1.6.6. Reincidência...503
         2.8.1.7. Crimes complexos, crimes conexos, concurso de crimes, penas mais leves em relação a penas mais graves.....................................504
         2.8.1.8. Pena de multa..505
         2.8.1.9. Redução dos prazos de prescrição..505
         2.8.1.10. Medida de segurança...505
         2.8.1.11. Imprescritibilidade..506

  2.8.2. Decadência..506
  2.8.3. Perempção..507
Capítulo XXIV – DA AÇÃO PENAL..508
 1. Ação penal..508
  1.1. Ação penal pública..508
   1.1.1. Ação penal pública incondicionada..508
   1.1.2. Ação penal pública condicionada..509
  1.2. Ação penal de iniciativa privada..509
   1.2.1. Ação penal de iniciativa privada propriamente dita (ou genuína)...............509
   1.2.2. Ação penal de iniciativa privada personalíssima..................................509
   1.2.3. Ação penal de iniciativa privada subsidiária da pública..........................510
  1.3. Ação penal popular..510
Bibliografia..513

Impressão:
Evangraf
Rua Waldomiro Schapke, 77 - POA/RS
Fone: (51) 3336.2466 - (51) 3336.0422
E-mail: evangraf.adm@terra.com.br